明治天皇紀

第二

明治天皇紀　第二

目次

明治天皇紀 巻二十六

明治二年　寶算十八

正月

四方拜
一日　四方拜を行はせらる、其の儀概ね從來の例に據る、卽ち丑の半刻過出御、御手水は右大辨坊城俊政、御服は正三位堀河親賀奉仕す、左近衞權中將油小路隆晃、晝御座の御劍を奉じ、同東園基敬、御裾に候す、挿鞋は左近衞權中將滋野井實在奉仕し、右近衞權少將山本實政は笏を式の筥の蓋に載せ捧持して供奉す、寅の刻御拜あり、畢りて入御す、偶〻天曇り地濕へるを以て雨儀を用ゐらる、

新年拜賀
午の刻小御所に出御、親王・大臣以下三等官以上の朝拜の儀を行はせらる、其の次第は、先づ輔相・議定・議定席出仕、次に五官知事・參與・副知事、次に辨事・判事・三等陸軍將、次に親王、次に大臣にして、卽ち五回に分ちて朝拜を受けさせらる、親王・大臣・五官知事以上は中段に候し、

節會

議定席出仕・參與以下は下段に候す、朝賀の儀、初め輔相以下副知事に至るまでは一回の豫定なりしが、議定席出仕の參賀ありしを以て、特に出御二回に及べり、畢りて一同に祝酒を賜ふ、尋いで諸臣、大宮御所竝びに中宮御所に參賀す、本日、軍務官徵兵分隊は皇宮内外を警衛し、操練場に於て始めて祝砲を發す、夜に及び紫宸殿に節會を行はせらる、申の半刻頃先づ陣の儀あり、尋いで節會の儀行はれ、内辨内大臣廣幡忠禮・外辨權大納言正親町實德以下參仕す、酉の刻紫宸殿に出御、諸臣を召して酒饌を賜ひ、同半刻入御あらせらる、戌の半刻頃節會畢りて諸臣退下す、皇太后、新旦を賀して内侍所に二種一荷を奉り、天皇に菱葩・干鯛一箱を獻じたまふ、皇后亦菱葩・二種一荷を獻ぜらる、尚是の日、元日・白馬・踏歌の三節會及び舞御覽の陪觀を在京諸藩主に許すべき旨を令す、同日東京に於ては在府の公卿・藩主・百官有司等東京城に參賀す、又英國公使パークス及び米國辨理公使ファルケンブルグは書を議定兼外國官副知事東久世通禧に致して新正を賀す、○太政官日誌、東京城日誌、官中日記、辨事日記、梅溪通善日記、山本實政日記、近衞忠凞日記、木戸孝允日記、橋本實麗日記、冷泉爲理日記、萩原員光日記、中山績子日記、押小路甫子日記、押小路師親日記、門脇重綾辨事在職中日記、神山郡廉日記、嵯峨實愛備忘、青山御所御納戸日記、法令全書、嘉永年中行事

二日　朝、引直衣を著して清涼殿に出御、乃ち大床子の御膳を供す、前參議右近衞權中將久世通凞陪膳を奉仕す、午の刻、御學問所に於て輔相・議定・五官知事・參與第一・辨事第一・京都府知事

皇后行啓始

等に天盃を賜ふ、未の半刻、小御所に於て勤番の公卿・藩主、小番御免・未勤及び在京諸藩主に謁を賜ふ、四等官以下の諸臣亦參賀す、乃ち酒饌を賜ふ、從來下賜の雉子酒、別品を以て雉子に代へしが、今年特に雉子を用ゐらる維新以前、朝廷に於ては、毎年正月御雉子とて茶碗の中に燒豆腐二切を入れ、溫酒を差して臣下に賜ひしものなり、こは本來雉子肉の燒きたるを用ゐらるべくも、當時朝廷の御賄御不自由なるより、燒豆腐を以て雉子に代へられたるなり、是の日、常御所に於て皇后に御對面、三獻の儀あり、次いで一の間に於て祝宴あり、本日は宮中の恆例たる行啓始とて、皇后新年始めての參殿なるを以て、皇后は天皇に眞綿三十結・三種二荷、外に衝立・鮮魚、併せて取初の初穗を獻ぜらる、還啓の際、天皇、皇后に鳥子千代紙一匣・鮮魚一折を、又行啓始につき机及び鮮魚を進ぜらる、皇太后亦賀して天皇・皇后に各〻鮮鯛一折を進ぜらる、又宮中御使始なるを以て、天皇、皇太后・皇后に各〻白銀十枚を進ぜらる、但し皇太后には今年は方違中にて御使御斷ありしを以て、御書に由りて贈進せらる、又淑子內親王桂宮より板始なるに因り、鯉魚を天皇に進獻す、天皇乃ち三種交肴を賜ふ、○太政官日誌、辨事日記、橋本實麗日記、山本實政日記、山科言繩日記、梅溪通善日記、廣橋胤光日記、非藏人日記抄、押小路甫子日記、青山御所御納戸日記、法令全書、嘉永年中行事

三日　午の半刻小御所に出御、幟仁親王有栖川宮・晃親王山階宮・博經親王華頂宮・前左大臣近衞忠熈・內大臣廣幡忠禮・勤番第一權大納言醍醐忠順・近習第一權大納言三條西季知・小番御免第一前權大納言綾小路有長・諸藩主勤番第一福井藩主松平茂昭・未勤第一侍從舟橋康賢等に謁を賜ひ、且天盃を賜

ふ、次に御座所に於て各々末廣一柄を賜ふ、其の他、親王・大臣・近習・内番・外番・小番御免・未勤及び在京藩主に各々其の第一を經て末廣一柄を下賜せらる、〇太政官日誌、辨事日記、近衞忠凞日記、萩原員光日記、非藏人日記抄、押小路甫子日記

政始

四日　小御所に於て政始の儀を行はせらる、輔相・議定・參與・五官知事・同副知事・京都府知事・辨事・權辨事・五官判事・京都府判事等各々序を以て中段・下段左右に候す、未の刻、天皇、短直衣を著し切袴を穿ちて出御、勅を下したまふ、輔相岩倉具視勅書を捧讀す、曰く、

朕惟ミルニ在昔　神皇基ヲ肇メシヨリ　列聖相繼キ以テ朕カ躬ニ逮フ朕否德夙夜兢業　先皇ノ緒ヲ墜サンコトヲ之懼ル曩者兇賊命ニ梗シ億兆塗炭ニ苦シム幸ニ汝百官將士ノ力ニ賴リ速ニ戡定ノ功ヲ奏シ萬姓堵ヲ安スルニ至ル今茲歲在己巳三元啓端上下乂寧遠邇來賀ス朕何ノ慶カ之ニ如ン惟フニ天道靡常一治一亂内安ケレバ必外ノ患アリ豈ニ戒愼セサル可ンヤ朕益　祖業ヲ恢弘シ覃テ中外ニ被ラシメ以テ永ク　先皇ノ威德ヲ宣揚センコトヲ庶幾ス汝百官將士勉勵不懈各其職ヲ竭シ敢テ忌憚ナク朕カ闕漏ヲ匡救セヨ汝百官將士其勉旃

と、次に議定以下各々官中の慶事を奏上す、但し辨事は輔相より奏聞あるを以て之れを奏せず、次に東北地方既に平定せしを以て、速かに將卒の功を論じ賞を行ふべしとの勅を賜ひ、諸臣之れを奉

ず、畢りて入御す、次いで輔相勅書の寫を四等官・五等官に示す、是の日、輔相以下五官判事以上に祝酒を賜ふ、○太政官日誌、辨事日記、山本實政日記、木戸孝允日記、神山郡廉日記、門脇重綾辨事在職中日記、非藏人日記抄、近衞家日記、岩倉公實記

皇太后行啓始等の贈答

皇太后行啓始の儀を行はせらるゝ豫定なりしが、偶ゝ不例なるを以て其の儀なし、乃ち使を遣はして、行啓始の賀儀として二種一荷、取初の初穗及び文匣に紙入・文鎭を納めて獻ぜらる、尙客歳立太后後行啓始の儀を行はれず、又天皇元服後出御始としての大宮御所行幸の事御斷ありしを以て、是の日、立太后後行啓始の賀儀として紗綾三卷・强供御一荷・二種一荷・鮮魚一折及び花瓶・花臺等を、元服後出御始の賀儀として眞綿二十結及び鮮魚一折、別に小衝立を贈進せらる、天皇亦元服後出御始の際進ぜらるべき黄金二枚・綾二端・紗綾五卷・鮮魚一折を、又今日の賀儀として末廣五柄・鮮魚一折を皇太后に贈りたまふ、○辨事日記、山本實政日記、大宮御所祗候日記、中山績子日記、押小路甫子日記、青山御所御納戸日記

曩に女御入内立后の儀を行はせられたるを以て、諸臣の奉賀獻物の品目及び其の期を定む、卽ち今月十六日より十八日までの間に在京竝びに在國の諸藩主及び一等官より四等官までは各ゝ禁中に太刀一口、大宮御所・中宮御所に干鯛一箱宛を獻じ、在國藩主は特に重臣を以て假建所に參賀せしむ、又五等官以下九等官までは各等毎に共同にて禁中・大宮御所・中宮御所に干鯛一箱宛を奉獻すべく、藩主の嫡子・嫡孫・隱居は禁中に各ゝ太刀一口を獻ずることゝ爲す、○太政官日誌

客歳東京行幸の際、留守中京都御所九門内巡邏を命ぜられし高取・園部・津和野・丹南四藩の任を解く、〇太政官日誌

諸藩主參朝の際、從者をして私かに御車寄・假建所玄關等に於て附添送迎せしむるを禁じ、又猥りに廊下等を通行するを禁ず、〇太政官日誌

客歳五月以來、五等官以上の官吏の俸給を半減せしが、國內既に平定せしを以て、其の減額を支給す、尋いで三十日に至り、更に令して、將に俸給規則を制定せんとするを以て、其の間姑く舊の如く減給せしむ、〇木戶孝允書翰、法令全書

客春以來、大村藩をして長崎府警衞の任に當らしめしが、國內漸く靜謐に歸せしを以て、是の日、警備の兵をして歸休せしむ、但し緩急あらば直に兵を出さしむ、二月に至りて同藩は衞兵を撤去し、爾後重臣を長崎に派遣して警衞の用を辨ぜしむ、〇太政官日誌、臺山公勤王錄

千秋萬歲

五日　午の半刻參內殿に出御、千秋萬歲を覽たまふ、鶉舞ありて一獻の儀あり、御前に於て典侍・掌侍等に御盃及び燒餠を賜ひ、畢りて入御あらせらる、又輔相以下近習・內番・外番の諸臣に祝酒を賜ふ、〇太政官日誌、辨事日記、非藏人日記抄、山本實政日記、中山績子日記、押小路甫子日記

披露始

宮中に披露始あり、披露始とは新年に當り堂上の官位加級の小折紙を披露する儀なり、本日の儀其

横井平四郎の遭難

の次第詳かならざるも、王政復古以前に在りては、議奏を經て天覽に供し、御覽畢りて返付したまひ、攝家に勅問の後異議なければ宣下あるを例と爲す、○太政官日誌、山本實政日記、中山績子日記、嘉永年中行事

未の刻頃參與横井平四郎退朝の途、寺町通を過ぐるや、兇徒數人突如短銃を放ちて駕籠に迫り、平四郎を刃せんとす、平四郎駕籠を排して出で、短刀を以て抗す、病餘衰憊扞禦する能はず、終に兇刃に斃る、年六十一、隨行の門弟・從僕等拒ぎ鬪ふと雖も及ばず、兇徒皆遁逃す、事上聞に達するや、天皇大に驚きたまひ、侍臣少納言長谷信成を其の寓居に遣はして之れを問はしめたまひ、且負傷せる門弟・從僕等に治療手當金四百兩を賜ふ、翌日、熊本藩主細川詔邦をして厚く平四郎を葬らしめ、特に祭資金三百兩を賜ふ、七日、府藩縣に令して嚴に兇徒を捜索せしめらる、後、兇徒名古屋藩陪臣鹿島又之丞等を高野山に捕へ、引續き連累者を捜捕す、兇徒は、平四郎を以て外國人と通じ天主教を我が國內に流布せしめんとし、國を賣る者なりと輕信し、遂に此の暴擧に出でしものの如し、尙十津川鄕士の中に之れに關係せる者ありしを以て、彼等が常に勤王のために盡瘁するに拘らず、誤りて斯の擧に出でしを惜み、篤く之れを諭す所あり、又平四郎の一たび兇刃に斃るゝや、參與大久保一藏、天下の志士動もすれば其の方向を誤り、輒ち國家の禍根を爲さんことを憂ひ、嚴に十津川鄕士を督し其の規律を正しくせんことを建議す、又之丞等の捕はれて福岡藩邸に禁錮せら

るゝや、同藩主黑田長知書を上りて兇徒を寛典に處せられんことを請ふ、其の他特赦を歎願する者尠からず、○太政官日誌、大久保利通日記、横井平四郎關係書類、肥後藩國事史料、黑田家記錄、明治二年己巳祕記、横井時存小傳

六日　巳の刻頃京都市民等承明門外に參集して紫宸殿を禮拜す、是の日、特に建禮門・承明門を開き、天皇徼かに近習等を隨へて紫宸殿に出御、簾中より之れを覽たまふ、是れ客冬東京より還幸あらせらるゝや、祝酒を賜ひしを以て、市民、深く天恩に感じ、之れを謝せんために禮拜せるなりと云ふ、○公文錄、辨事日記、山科言成日記、山本實政日記、壬生官務家日記、速水家日記

白馬節會

七日　白馬節會を行はせらる、辰の刻頃參內殿前にて檢非違使の北陣の作法あり、午の刻紫宸殿に出御、白馬御覽等例の如く、二獻畢りて未の刻頃入御あらせらる、參役は、內辨に內大臣廣幡忠禮、外辨に權大納言醍醐忠順・同中院通富・權中納言冷泉爲理・同西洞院信堅、御酒勅使に參議岩倉具慶、宣命使に參議梅溪通善奉仕す、尋いで申の刻頃、天皇徼かに淸涼殿に出御、皇后と倶に白馬を御覽あらせらる、是の日、在京諸藩主に白馬節會の陪覽を許され、議定・參與・辨官事・近習等に酒饌を賜ふ、○太政官日誌、辨事日記、山科言成日記、橋本實麗日記、非藏人日記抄、中山績子日記、御內儀日記抄、押小路甫子日記、嘉永年中行事

八日　後七日御修法を眞言院代東寺寶菩提院に於て行はしめ、又太元帥法を東寺に於て修せしめらる、○太政官日誌、冷泉爲理日記、山本實政日記、押小路甫子日記、青山御所御納戶日記

在東京公卿・諸藩主・徵士・諸官・大夫・上士に令し、客歲十二月二十二日、天皇京都御著輦、同二十八日女御入內、卽日立后の禮を行はせられたるを以て東京城に參賀せしむ、〇法令全書軍務官をして東京市中取締の諸藩兵を總管せしむ、〇官中日記

花房藩主西尾忠篤曩に遠江國橫須賀より轉封せられ、其の失費多きに困めるを以て、特旨に依り三年間每歲米七百石及び金一萬五百兩を賜ふ、〇西尾忠篤家記、花房藩重臣屆

前棚倉藩主阿部正靜及び其の高祖父正備を藩主正功に付して東京藩邸に謹愼せしむ、尋いで正備の謹愼を釋す、〇官中日記

九日　出御始、申の半刻、天皇、引直衣を著して中宮御所に臨御あらせらる、皇后入內後始めての儀なり、典侍中山績子御裾に候し、掌侍花園總子御劍を奉ず、先づ新年の祝として三獻の儀あり、次に入內立后につき三獻の儀を行ひ、次いで宴を開き、前左大臣近衞忠凞・准大臣中山忠能をして陪せしめ、天盃・天酌を賜ひ、且物を賜ふ、丑の上刻に及びて還御す、是の日、皇太后、出御始を賀して天皇に鮮鯛一折を獻じ、皇后に盃臺及び鮮鯛一折を進ぜらる、天皇・皇后乃ち皇太后に鮮鯛一折を贈りたまふ、忠凞亦賀して天皇・皇后に物を獻じ、且中宮御所の裝飾を奉仕す、〇辨事日記、近衞忠凞日記、橋本實麗日記、近衞家別殿日記、御內儀日記抄、押小路甫子日記、青山御所御納戶日記

出御始

勅祭の神社及び勅願の寺院領地にして各藩封内に在るものは、藩廳に於てその政務を掌らしめ、又舊幕府許す所の農商民の苗字・帯刀及び給俸・免役等總て之れを停む、○太政官日誌

諸禮

十日　諸禮なるを以て本願寺・東本願寺以下諸寺院門主・非藏人・北面・醫師等參內、小御所に於て賀を上る、御用あらせらるゝに因り、臨期出御なし、皇學所・漢學所の儒員亦參賀し、其の名簿を獻ず、諸禮とは、院家・諸寺・非藏人等の新年參賀を云ひ、小御所上段に出御、賀を受けたまふを例と爲す、○太政官日誌、辨事日記、山本實政日記、嘉永年中行事

京都市民に酒肴を賜ふ

京都市民に酒及び肴を賜ふ、市民感激措く能はず、今日・明日各〻業を休み、或は神社に參詣して寶祚の無疆を祈願するあり、或は盤樂舞踏して聖壽の萬歳を謳歌するあり、齊しく天恩の涯なきを奉謝し、國運の隆昌を慶賀す、是の日賜ふ所の物、酒は二百三十七石餘、鯣は十一萬八千五百餘枚、其の他の價を合せて金四千二百六十六兩餘なり、○公文錄、門脇重綾辨事在職中日記、上野公園臨幸一件

外國官副知事大隈八太郎を以て參與と爲し、前官を兼知せしむ、十二日、本官を以て會計官に出仕せしむ、○太政官日誌、百官履歴

前結城藩主水野勝進の謹愼を釋す、十二日、西大路藩主市橋長義・前山形藩主水野忠精亦同じ、又客歳、官軍に抗せし奥羽諸藩の處置既に決定せしを以て、是の日、會津藩を除き、奥羽同盟に加は

りし諸藩士の入京の禁を停む、○太政官日誌、官中日記、木戸孝允日記、水野忠弘家記

百官に令し、一新の趣旨に基づき、禮儀を守り廉恥を重んじて公務に勵精すべく、賄賂苞苴を納れ、又私意を恣にし、或は官權を張るが如き行爲なからしむ、○官中日記、保古飛呂比

客歲、箱館に據る所の舊幕臣榎本釜次郎等の追討を水戸藩主德川昭武に令せしが、今や其の賊勢挫折し、將に鎭靜せんとするを以て、是の日、昭武の出征を停む、然れども昭武は來る十五日征途に上らんとし、準備既に成れるを以て、尙藩兵を進めて征討に從はんことを請ふ、仍りて二十五日、特に精兵二百人を出して諸軍と共に追討の事に從はしむ、○官中日記、水戸藩史料

從來諸藩の巨費を投じて外國人より船艦を購入するや、知らずして往々老朽粗造のものを購ひ、意外の損失を招くことあるを以て、是の日、諸藩に令し、自今外國船艦を購はんとする時は、諸開港場の府縣に指揮檢査を請はしむ、○官中日記

獨逸北部聯邦と通商條約を締結

曩に議定兼外國官副知事東久世通禧・神奈川縣知事兼外國官判事寺島陶藏・外國官判事井關齊右衞門をして獨逸北部聯邦と通商條約締結の事を掌理せしめしが、是の日、神奈川に於て獨逸北部聯邦全權委員フォン・ブラントと修好通商航海條約二十三條及び貿易定則十則を締結し、其の調印を了す、尋いで九月十一日、批准書を交換す、○百官履歷、條約彙纂

觀音崎野島崎燈臺の設置

燈臺を相模國觀音崎及び安房國野島崎に新設し、是の日、之れを中外に布告す、是れより先慶應元年、幕府、船舶夜航の安全を圖り、觀音崎に燈臺築造の議を決し、横須賀製鐵所首長佛國人ウェルニーに命じて燈臺用機械の製造を佛國に囑託せしむ、明治元年機械竣成して横須賀に到著するや、ウェルニー、朝廷に稟申する所あり、朝廷乃ちウェルニー等をして觀音崎に於て其の建設に從事せしめ、工既に竣る、又別に地を野島崎に相して之れが築造を命じ、其の完成に至る間、假燈臺を設けしむ、仍りて此の布告を發せるなり、觀音崎燈臺は煉瓦石造の方樓にして、光射十四浬に達す、野島崎燈臺は木製刷白高樓にして光射九浬に及び、布良暗礁に向ひて別に返照の燈臺あり、其の光力十六浬に及ぶ、十四日、横濱波止場燈臺亦竣工す、○航海關係諸布告寫、法令全書、横須賀造船史

神宮奏事始

十一日　巳の刻頃引直衣を著して小御所に出御、神宮奏事始の儀を行はせらる、神祇官知事近衞忠房陪侍す、同權判事北小路隨光、神宮の傳奏として御前に進み、神事を奏上す、奏事畢りて神宮御遙拜あり、次いで參仕の諸臣に祝酒を賜ふ、○太政官日誌、祭典錄、久志本家日記、山科言成日記、非藏人日記抄、中山績子日記、押小路甫子日記、嘉永年中行事

賀茂奏事始

十二日　辰の半刻小御所に出御、賀茂奏事始の儀を行はせらる、其の儀神宮奏事始に同じ、但し代拜を同社に差遣するを異と爲す、○太政官日誌、祭典錄、辨事日記、山科言成日記、賀茂別雷神社記、嘉永年中行事

內侍所御神樂追行

客歲東幸の事ありて、其の十二月內侍所御神樂を行はせられざりしを以て、是の日、之れを追行せ

らる、酉の刻出御、御鈴畢り、同半刻過入御あらせらる、御神樂は丑の刻に至りて訖る、儀、深夜に及ぶを以て、皇太后より交肴一折を御贈進あり、天皇亦皇太后に溫飩を進めらる、尙宮中に御鑯あること例の如し、○太政官日誌、祭典錄、辨事日記、山科言成日記、山本實政日記、非藏人日記抄、中山績子日記、靑山御所御納戶日記

曩に芝村藩主織田長易は神武天皇畝傍山東北陵を、高松藩主松平賴聰は崇德天皇白峯陵を修復し、倶に功ありしを以て、是の日、之れを賞して各〻襖狩衣一領を賜ふ、又二人の家臣各〻其の主に從ひ、山陵修復に勤めしを以て金若干を賜ふ、山陵修復に勞せる山陵副管高德藩主戶田忠至・同前館林藩主秋元志朝の家臣亦同じ、○太政官日誌

内侍所臨時御神樂

十三日　客歲東幸に當り、內侍所御動座ありたるを以て、是の夜、臨時御神樂を行はせらる、酉の刻出御、御鈴畢りて同半刻入御あらせらる、御神樂は子の半刻に至りて訖る、又宮中に於て御鑯あり、○太政官日誌、祭典錄、辨事日記、山科言成日記、萩原員光日記、中山績子日記、靑山御所御納戶日記

松代藩主眞田幸民、曩に德川慶喜の大義名分を誤れるに當り、力を之れが匡救に盡さゞりしことを愧ぢ、客歲東京御駐輦中上書して罪を謝せしが、還幸後上京すべき命を蒙りしを以て、去る五日上京、書を上りて罪を待つ、是の日、特に賊徒平定の功勞尠からざるを嘉し、其の罪を問はせたまはず、翌十四日、幸民參內、天恩を拜謝す、乃ち謁を賜ひ、且天盃を賜ふ、○眞田幸民家記、眞田家譜、眞田幸民家譜略傳抄、神山郡廉日

記、松代藩士片岡志道見聞錄

自今拜賀の獻物を定め、宮中には太刀一口、大宮御所竝びに中宮御所には各〻干鯛一箱とし、兩局以下には總て獻品に及ばざることとし、是の日、之れを布告す、○近衞家御廻文寫、帝室日誌、法令全書

新に葛飾・小菅の二縣を置き、下總知縣事水筑小相龍を以て葛飾縣知事と爲し、武藏知縣事河瀬外衞秀治を小菅縣知事と爲す、○官中日記、奥羽處置留、公卿補任、百官履歷

軍務官に令して假に奥州五箇國內產馬の事を管せしむ、○東京城日誌、官中日記

曩に參與横井平四郎暗殺の事ありしに因り、兇徒探索のため京都諸出口の通行を禁止せしが、今や其の要無きを以て、是の日、其の禁を解く、○太政官日誌

十四日　御修法・太元帥法結日なるを以て、御修法導師無量壽院法務僧正元譽及び太元帥法導師理性院前大僧正行雅參內して撫物を返納す、午の刻過、天皇謁を小御所に賜ふ、元譽等下段二帖目に於て加持を奉仕す、○辨事日記、平松時厚在職中日記、冷泉爲理日記、押小路甫子日記

馬場始

十五日　午の刻過馬場に出御、馬場始の儀を行はせらる、畢りて白衣緋袴を著して馬を御したまふ、宸憩中、參候の諸臣に酒饌を賜ふ、次いで再び騎乘あり、權中納言鍋島直正・同伊達宗城及び池田慶德等に陪騎を命じたまひ、又右大臣三條實美・前右大臣鷹司輔凞・准大臣中山忠能・權大納言德

大寺實則・同中御門經之・左馬頭大原重朝等に騎乘せしめて天覽あらせらる、○辨事日記、山本實政日記、明治己巳筆記

吉書三毬打の儀

小御所東庭に於て吉書三毬打の儀を行はせらる、酉の半刻小御所東廂に出御、簾中より之れを覽たまふ、儀畢りて入御、御粥にて一獻、强供御の御膳にて三獻の儀あり、參仕の諸臣に祝酒を賜ふ、吉書は元日の宸筆にして、三毬打葉付の竹に御幣・末廣を付す、其の數十本なり、と共に之れを燒くを儀と爲す、十七日、午の半刻小御所に出御、復、三毬打の儀を行はせらる、○太政官日誌、辨事日記、山科言成日記、中山績子日記、押小路甫子日記、嘉永年中行事

在國諸藩主に命じ、重臣を名代として新年の賀詞を奏上せしむ、○辨事日記、法令全書

皇學所開講

漢學所開講

皇學所開講の式を擧ぐ、博經親王等參集、辰の半刻頃講堂前にて神座を拜す、次いで講堂に於て古事記表文の講義あり、又十七日、漢學所を開き、講堂に於て論語・孟子の講義あり、○太政官日誌、公文錄、辨事日記、廣橋胤光日記、壬生官務家日記、法令全書

御學問所出御始

十六日　御學問所出御始あり、○辨事日記、山科言成日記、御布告留記

踏歌節會

酉の刻紫宸殿に出御、踏歌節會を行はせらる、立樂に次いで內敎坊の舞妓舞踏し、又國栖奏あり、一獻畢りて同半刻入御あらせらる、是の日、內辨は內大臣廣幡忠禮、外辨は權大納言醍醐忠順等奉仕し、諸藩主をして陪覽せしめ酒肴を賜ふ、○太政官日誌、辨事日記、節會次第奏上、山科言繩日記、山本實政日記、神山郡廉日記、壬生官務家日記、中山績子日記、押小路甫子日記

岩倉具視輔相を辭す

十七日　議定兼輔相岩倉具視表を上り、疾を以て職を辭せんことを請ふ、輔相三條實美大に憂ひ、諫止せんと欲すれども、具視切に請ひて已まず、實美遂に之れを奏す、是の日、具視の懇請を容れ、優諚を賜ひて輔相を罷め、議定舊の如く、班を議定の首に置かしめたまふ、又實美を慰諭して獨り其の職に膺らしめらる、當時正親町三條實愛・木戸準一郎等東京に在り、具視辭表を上りしと聞き憂慮に堪へず、書を具視に寄せて切に之れを諫む、具視其の好意を謝して辭職の止むべからざる所以を辨疏し、且輔相の任を解かれしも舊に依り議定席に勤仕すべき旨を答ふ、○太政官日誌、木戸孝允日記、大久保利通日記、柳原前光輒誌、神山郡廉日記、保古飛呂比、木戸孝允書翰、岩倉公實記

十八日　元參與西郷吉之助・軍務官判事吉井幸輔・元東山道先鋒總督府參謀伊地知正治に上京を命じたまふ、客歳、薩長兩藩主各〻藩地に歸り、吉之助等亦鹿兒島に歸るや、流言あり、吉之助新政に慊らざる所あり、又兩藩不和なりと、爲に人心恟々として動もすれば輒ち騷擾せんとする形勢あり、輔相三條實美・議定岩倉具視之れを憂ひ、以爲らく、來る四月を以て公卿・百官及び諸藩主等を東京に召集して國是を議せんとするに當り、先づ政府の基礎を定めて將來の施政に及ぼさゞるべからず、薩長は復古の唱首、維新の元勳にして又其の中堅なり、列藩皆其の下風に立つもの、宜しく兩藩主及び名望ある吉之助等を起用して廟議を贊襄せしめ、以て政府の信望を厚からしめざるべ

からずと、之れを參與大久保一藏等に謀る所あり、遂に勅使を差遣して兩藩主を慰問し、其の出京を促すこととし、吉之助等に上京を命ぜられたるなり、然れども吉之助辭して上京せず、○太政官日誌、大西郷全集、西郷隆盛傳、大久保利通傳

親子內親王上京

客歲、親子內親王靜寬院宮上京の勅命を拜するや、奏請して德川氏及び其の臣僚の動靜の定まるまで姑く其の期を延べしが、今や德川氏の處分既に定まり、奧羽の騷亂亦鎭定せしを以て、是の日、東京を發し、東海道を經て上京す、○東京城日誌、官中日記、靜寬院宮御日記、靜寬院宮記、青木信寅日記

諸藩主府縣知事等に四月中旬東京會同を命ず

曩に勅して、東京に再幸し、輿論公議を採り、國是を定めんとするを以て、諸藩主・中大夫・下大夫・上士等に命じ、三月十日を期して東京に會同せんことを令せしが、是の日、諸藩主以下召集の期を四月中旬に改む、尋いで各府縣に令し、知事・判事の內一人をして亦東京に參集せしめらる、○太政官日誌

議定參與辨官の分課及び議政行政兩官の規則を定む

議定・參與・辨官の分課を定め、以て事務の進捗を圖らしむ、又議政・行政兩官の規則を制定し、出勤時間・議事・坐式等の規律を定む、卽ち參朝を每日巳の刻と爲し、議定・參與は輔相候所なる水鳥間に集まりて會議を開き、午後各〻其の候所に出勤せしむ、而して天皇、御學問所に出御、萬機を親裁したまふを以て、輔相・議定・參與をして御前に候して宸斷を仰がしむ、但し輔相の外は

近習若しくは兒を以て候して後、參入すべきこととす、○太政官日誌、門脇重綾辨事在職中日記、神山郡廉日記、大久保利通日記

客歲、車駕東京より還幸あらせらるゝに際し、西尾藩領三河國幡豆郡の農民騷擾せしを以て、是の日、藩主松平乘秩の平常の撫育不行屆を譴め、速かに其の曲直を糺明し、農民をして安堵せしむべきを令す、○太政官日誌

東北地方既に鎭定せるを以て、出征諸藩に令し、客歲下付せし旗・肩章及び兵器等を返納せしむ、後、肩章は之れを下賜し、公用に限りて使用することを許す、○肥後藩國事史料、己巳年間舊藩記事

舞樂御覽

十九日　舞樂御覽を以て內侍所に御鈴を奉り、初穗金三百疋及び鮮魚一折を供へたまふ、巳の刻小御所に出御、東庭に於て鶴庖丁の儀を行はせらる、鶴は輔相三條實美及び議定より各〻一羽を進獻する所なり、午の刻前引直衣を著して紫宸殿に出御、皇后と倶に舞樂を覽たまひ、公卿・殿上人・諸藩主・徵士等に陪覽せしめたまふ、奏する所の舞樂、左方は萬歲樂・太平樂・陵王、右方は延喜樂・陪臚・納蘇利なり、太平樂の演奏中、天皇及び皇后に鶴の獻を上る、三位局中山慶子及び女官等に祝酒を賜ふ、同半刻過舞樂畢りて入御あらせらる、宮・大臣・輔相以下三等官・近習・內外番・在京諸藩主等に酒饌及び鶴の羹を賜ひ、四等官以下には酒饌料の下賜あり、鶴肉の賜賚は判司事までを限とす、是の日、皇太后より天皇・皇后に祝品を進ぜられ、天皇・皇后亦皇太后に祝品を

贈りたまふ、〇太政官日誌、辨事日記、近衞忠凞日記、萩原員光日記、神山郡廉日記、門脇重綾辨事在職中日記、中山績子日記、押小路甫子日記、青山御所御納戸日記、大藏省文書

玉松操を堂上に列す

特旨を以て皇學所御用掛玉松操を其の生家山本家の庶流として堂上の列に加へ、従五位下に敍す、操嚢に岩倉具視を輔けて維新の大業を贊襄し、當時出づる所の詔勅・制誥・官制・文移多くは其の草する所なりと云ふ、〇太政官日誌、山本實政日記、勤勞事蹟、玉松眞弘傳

二十日　小御所に出御、神宮・賀茂下上社・春日・松尾・稲荷・日吉・住吉・平野・熱田・石清水各社の神職十三人に謁を賜ひ、新年の賀を受けさせらる、吉田・大原野・八坂・金刀比羅・北野・太宰府・戸隱の七社の神職七人亦參賀す、乃ち辨官をして之れを受けしめたまふ、〇太政官日誌、久志本家日記、賀茂別雷神社記、津守國美履歴

版籍奉還の上表

山口藩主毛利敬親・鹿兒島藩主島津忠義・佐賀藩主鍋島直大・高知藩主山内豐範、連署上表して封土人民を奉還せんことを請ふ、表に曰く、

臣某等頓首再拜謹案スルニ　朝廷一日モ失フ可ラサル者ハ大體ナリ一日モ假ス可ラサル者ハ大權ナリ　天祖肇テ國ヲ開キ基ヲ建玉ヒシヨリ　皇統一系萬世無窮普天率土其有ニ非サルハナク其臣ニ非サルハナシ是大體トス且與ヘ且奪ヒ爵祿以テ下ヲ維持シ尺土モ私ニ有スルコト能ハス一民モ私ニ攘ムコト能ハス是大權トス在昔　朝廷海内ヲ統馭スル一ニコレニヨリ　聖躬之ヲ親ラス故ニ

名實並立テ天下無事ナリ中葉以降綱維一タヒ弛ヒ權ヲ弄シ柄ヲ争フ者踵ヲ　朝廷ニ接シ其民ヲ私シ其土ヲ攘ムモノ天下ニ半シ遂ニ搏噬攘奪ノ勢成リ　朝廷守ル所ノ體ナク秉ル所ノ權ナクシテ是ヲ制馭スルコト能ハス姦雄迭ニ乗シ弱ノ肉ハ强ノ食トナリ其大ナル者ハ十數州ヲ幷セ其小ナル者猶士ヲ養フ數千所謂幕府ナル者ノ如キハ土地人民擅ニ其私スル所ニ頒チ以テ其勢權ヲ扶植ス是ニ於テ乎　朝廷徒ニ虚器ヲ擁シ其視息ヲ窺テ喜戚ヲナスニ至ル横流之極滔天回ラサルモノ玆ニ六百有餘年然レ共其間往々　天子ノ名爵ヲ假テ其土地人民ヲ私スルノ跡ヲ蔽フ是固ヨリ君臣ノ大義上下ノ名分萬古不拔ノモノ有ニ由ナリ方今　大政新ニ復シ萬機之ヲ親ラス實ニ千歳ノ一機其名アツテ其實ナカル可ラス其實ヲ擧ルハ大義ヲ明ニシ名分ヲ正スヨリ先ナルハナシ嚮ニ德川氏ノ起ル古家舊族天下ニ半ス依テ家ヲ興スモノ亦多シ而シテ其土地人民コレヲ　朝廷ニ受ルト否トヲ問ハス因襲ノ久シキヲ以テ今日ニ至ル世或ハ謂ラク是祖先鋒鏑ノ經始スル所ト吁何ソ兵ヲ擁シテ官庫ニ入リ其貨ヲ奪ヒ是死ヲ犯シテ獲所ノモノト云ニ異ナランヤ庫ニ入ルモノハ人其賊タルヲ知ル土地人民ヲ攘奪スルニ至ツテハ天下コレヲ怪シマス甚哉名義ノ紊壞スルコト今也丕新ノ治ヲ求ム宜シク大體ノ在ル所大權ノ繫ル所毫モ假ヘカラス抑臣等居ル所ハ卽チ　天子ノ土臣等牧スル所ハ卽チ　天子ノ民ナリ安ンソ私有スヘケンヤ今謹テ其版籍ヲ收メテ之ヲ上ル願クハ　朝廷其宜ニ處シ其與

フ可キハ之ヲ與ヘ其奪フ可キハコレヲ奪ヒ凡列藩ノ封土更ニ宜シク　詔命ヲ下シコレヲ改メ定ムヘシ而シテ制度典型軍旅ノ政ヨリ戎服器械ノ制ニ至ルマテ悉ク　朝廷ヨリ出テ天下ノ事大小トナク皆一ニ歸セシムヘシ然后ニ名實相得始テ海外各國ト竝立ヘシ是　朝廷今日ノ急務ニシテ又臣子ノ責ナリ故ニ臣某等不肖謭劣ヲ顧ミス敢テ鄙衷ヲ獻ス　天日ノ明幸ニ照臨ヲ賜ヘ臣某等誠恐誠惶

頓首再拜以表

越えて二十四日、朝廷之れを嘉し、東京に再幸の後、公議を竭して其の議を決裁すべきを以て後命を待たしめ、且各ゝ版籍を檢して之れを錄上せしむ、是れより先慶應三年十月、德川慶喜既に政權を朝廷に奉還せしと雖も、土地人民の還納に至りては論議頗る囂しく、容易に實行の運に至らず、遂に鳥羽・伏見の戰と爲り、海內騷擾を極め、從ひて朝廷の基礎未だ確立せず、諸藩は今猶土地人民を領有し、各ゝ兵馬を蓄へて獨立割據の形勢を存し、國政歸一する所なし、是の時に方り、參與木戸準一郎以爲らく、內は普く人材を登庸して萬民を安堵せしめ、外は世界各國と對立して邦家を泰山の安きに置く、是れ洵に王政維新の宏謨なり、而して之れを成就せしめ、其の實を擧げんとするには、先づ至正至公の精神を以て七百年來の積弊を一洗し、三百諸侯をして悉く其の領有せる土地人民を奉還せしめざるべからずと、乃ち客歳二月、其の意見を草して副總裁三條實美・同岩倉具

木戸準一郎の建言

木戸準一郎大久保一藏と版籍奉還を議す

視に建言し、速かに英斷あらんことを請ふ、實美・具視、準一郎の言を善とす、然れども其の事稍〻漏洩し物議紛起の兆あるを以て、大事を釀生せんことを虞れ、乃ち姑く其の議を閣く、鹿兒島藩に於て亦夙に其の議あり、慶應三年十一月、藩主島津茂久朝命を拜し、藩士西郷吉之助・同大久保一藏を隨へて上京せんとするに當り、同藩士寺島陶藏、意見書を茂久に呈して版籍奉還の急務なる所以を說き、且其の政策を述べ、又一藏にも說く所あり、尋いで客歲二月、忠義茂久改名上表して封土十萬石を獻じ、軍政を宏張せんことを請ふ、蓋し是れ陶藏等の進言に基づけるなるべし、同藩士森金之丞米國より歸朝するや、一藏を訪ひて切に廢藩置縣の急務を勸說す、同年閏四月、準一郎耶蘇教徒處分のために朝命を奉じて長崎に赴くに當り、途、山口を過ぎりて敬親に謁し、曩に實美等に建言したる趣旨を陳じ、天下に率先して版籍奉還の斷行を勸む、後、用務を終へて長崎より歸京するや、轉じて江戶に赴き、實美及び一藏と相會して機務を議し、關東の動靜を審かにして京都に還る、爾來益〻版籍奉還の急務なるを悟り、七月、京都に於て敬親に謁して再び之れを勸說す、敬親贊意を表し、準一郎をして鹿兒島藩に說かしむ、幾もなく一藏東京より歸京せるを以て、準一郎之れに說く、一藏大に其の說に贊同し、相與に盡力せんことを約す、準一郎更に參與後藤象二郎を訪ひ、大策決行の大要を述べて贊同を求むる所あり、斯くて準一郎は先づ鹿兒島藩をして首唱せしめ、山口藩之れに贊襄し、更に同志の諸藩主と相協力して朝廷に建言せしめんと欲す、又一藏は準一郎の説に贊同せしと雖も、事重大なるを以て、先づ鹿兒島藩の意見を求め、一致協力せしめざるべからずと爲し、同藩士參與小松帶刀と密議す、既にして一藏は京都を發して再び東京に赴く、十月、車駕東京に幸するや、具視・準一郎供奉して東京に抵る、準一郎以爲らく、今や兵亂既に平ぎ海內乂安、版籍奉還の機既に熟す、宜しく此の時を以て一藏と協議し、而して後、諸藩主の同意を得るを得策と爲すべしと、偶〻十一月、姫路藩主酒井忠邦書を上り、藩制を改正して府縣と其の軌を同じくせんことを建議す、朝廷、忠邦に命じて其の趣旨を具陳せしむ、十二月、忠邦、更に、悉く列藩の領地を收め、以て府縣と爲し、封建割據の舊制を革めて郡縣劃一の新制を施行せんとするの趣意を陳ぶ、兵庫縣知事伊藤俊輔之れを傳へ聞き、上書して曰く、宜しく忠邦の願意を勅許し、之れを公卿の列に加へ、爵位を進め、俸祿を賜ひ、且勅して忠邦の版籍奉還の忠誠を感賞せらるべし、斯くして天下の耳目を聳動せば、三百の諸侯誰か敢へて非違を唱ふる者あらんや、是に於て朝威始めて海內に赫々たるべく、維新の大業亦大成すべしと、既にして車駕還幸の途に上り、具視亦將に歸京せんとする前日、準一郎を招きて將來施設の要務を諮問す、準一郎乃ち意見を開陳して曰く、方今急務とする要件二大策あり、第一策は外交なり、特に朝鮮に關するを緊要とす、第二策は

酒井忠邦の建議

木戸準一郎急務二件を岩倉具視に説く

內治の根本に關する重大事なり、今日の政治は名分を正し、大義を明かにするを以て最も急とす、鎌倉幕府以來武將權を擅にして皇土皇民を私有し、猥りに之れを臣隷に分與す、封建の因襲既に久し、今や大權朝廷に歸す、丕新の政績を擧げんと欲せば、速かに列藩の版籍を收むべし、而して後朝廷に於て規律を定め、以て與ふべきは之れを與へ、與ふべからざるは之れを收むべし、斯くの如く其の區別判然たる時は、玆に始めて名分明かなるを得べし、今、海內既に平定し、機運亦熟す、宜しく速かに之れが實行を期すべしと、具視此の第二策を實行するを以て最も急務なりと爲し、準一郎の意見を歎稱す、斯くの如く準一郎は東京に在りて專ら畫策し、一藏は京都に歸りて極力同志を糾合し、參與廣澤兵助・同小松帶刀・同板垣退助等と胥謀り、遂に鹿兒島・山口・高知三藩の議を一にし、更に佐賀藩に交涉す、前佐賀藩主鍋島直正亦夙に決する所あり、參與大隈八太郎・同副島二郎等斡旋して玆に始めて四藩の協商成り、是の日、四藩主連署上表して版籍奉還を奏請するに至りしなり、尋いで鳥取藩主池田慶德・熊本藩主細川韶邦等亦之れに倣ひて版籍を奉還せんことを請ふ、爾後大小二百五十餘藩主、相繼ぎて之れを表請す、皆敬親等に令する所と同じく之れを嘉し、後命を待たしむ、○太政官日誌、議政官日記、木戸孝允日記、大久保利通日記、三條實美公年譜、岩倉公實記、松菊木戸公傳、大久保利通傳、振武餘光

平田大角中沼了三を侍講と爲す

皇學所御用掛平田大角・漢學所御用掛中沼了三之舜をして侍講を兼ねしめ、特旨を以て大角を從六位

上に、了三を従六位下に敍す、○太政官日誌、辨事日記

大阪府の管地を割きて河内縣・攝津縣を置き、尋いで大阪府判事税所長藏篤を以て河内縣知事に任じ、同權判事陸奥陽之助宗光を攝津縣知事と爲す、○議政官日記、職務進退錄、百官履歷、法令全書

箱根以下關門の廢止

大政更始四海一途の宏謨を立つるに因り、令して箱根其の他諸道の關門を廢す、蓋し關門を設けしは、戰國以來兇暴亂盜の徒を制遏せんがためにして、今日に當り脫走潛行の者あるべからざるを以てなり、尋いで二月三日、府藩縣をして脫籍の輩を歸復せしむるに力めしむ、○太政官日誌、官中日記

客歲九月を以て、瑞典諾威國竝びに西班牙國と修好通商航海條約を締結せしことを公布す、○太政官日誌、公文錄

皇太后御誕辰祝賀

二十二日　皇太后御誕辰の祝賀を延引し、是の日、之れを行はせらる、天皇乃ち鮮鯛・寄肴及び小豆餠を進じたまふ、皇太后、鮮鯛及び寄肴を獻ぜらる、○青山御所御納戶日記

是れより先慶應三年七月、福岡藩士金子才吉、長崎丸山散策中、泥醉して路傍に睡臥せる英國軍艦の水兵二人を殺して逃亡す、偶〻其の翌拂曉、高知藩の汽船長崎を解纜したるに因り、或は其の乘組藩士の所爲ならんとの風說あり、英國公使之れを追窮して止まざるを以て、朝廷、參與大隈八太郞をして高知藩士を伴ひ、長崎に抵りて審理せしめしに、犯人の才吉なること發覺す、然れども才

吉既に自殺せり、仍りて是の日、福岡藩主黒田長溥の事を祕して上申せざりしを責めて差控を命じ、被害英人の遺族に養育の資を出さしむ、三十日、長溥の差控を免ず、○太政官日誌、黑田長知家記、有栖川宮家記抄、大隈侯八十五年史

御講釋始

二十三日　午の刻過小御所に出御、御講釋始の儀を行はせらる、皇學所御用掛玉松操・同平田大角は日本書紀を、大學頭東坊城任長・漢學所御用掛中沼了三は論語を進講す、畢りて入御あらせられ、進講者に酒饌を賜ふ、○太政官日誌、辨事日記、非藏人日記抄、山本實政日記、阿野公誠日記

諸藩主の退隱・繼嗣・襲封奏請の例規を定む、卽ち藩主在國中退隱を請はんとする時は、直に願書を提出し、必ずしも上京するを要せざらしむ、然れども家督相續者は本人自ら上京して襲封を願ひ、其の許可の印章を受くべきものとし、他家より入りて襲封せる者、十五歲以上なる時は本人をして上京し以て恩を謝せしめ、十四歲以下なる時は重臣を名代として上京せしむることと爲す、尙其の養父は上京を要せざれども、重臣をして代理せしむべきものとす、○太政官日誌

親王・輔相・議定及び大臣參仕の時は、使番一人拜伏して送迎すべく、參與以下在官の公卿・諸藩主參仕の時は、送迎するに及ばざる旨を令す、○太政官日誌

和歌御會始

二十四日　午の半刻過小御所東廂に出御、御代始の和歌御會始を行はせらる、御製に曰く、

春風來海上

ちよ萬かはらぬ春のしるしとて

海へをつたふ風そのとけき

皇后御歌に曰く、

おきつ浪霞にこめて春きぬと

風もなきたるよもの海つら

其の儀、讀師・講師・發聲・講頌の諸役、衣冠或は直衣にて參仕し、治部卿晃親王出座す、先づ親王及び諸臣の詠進歌披講あり、畢りて御製讀師中山忠能御前に進みて御製懷紙を拜受し、退きて文臺の上に披載す、御製講師冷泉爲理御製を奉頌す、發聲綾小路有長之れを受け、講頌正親町實德以下五人相唱和したてまつること五反なり、皇后御歌は披講なし、畢りて入御、二獻の儀あり、諸役及び參候の諸臣に祝酒及び菓子を賜ふ、從來講頌の反數、御製は七反なりしを、更始一新の趣意を以て改めて御製三反、親王・大臣二反、他は各〻一反と定めらる、然るに御製三反にては甲乙二種の博士樂譜を云ふ、諧ひ難きを以て、有長、五反と爲すべき旨を建言し、御用掛飛鳥井雅典之れに贊し、俄かに之れを改めて五反と爲す、是の日、皇太后・皇后賀して各〻鮮魚一折を、又皇后は初度の詠進なるを以て、別に鮮魚一折を獻ぜらる、天皇乃ち皇太后・皇后に鮮鯛各〻一折を進じたまふ、○太

政官日誌、御製御歌懐紙、非藏人日記抄、冷泉爲理日記、山科言成日記、押小路甫子日記、青山御所御納戸日記

神宮御參拜東京再幸の期を三月上旬と定む

神宮御參拜及び東京再幸の期を三月上旬と定め、再幸御用掛を議定德大寺實則・同松平慶永・參與阿野公誠・同岩下佐次右衞門・辨事坊城俊政・權辨事戸田忠至に命ず、時に再幸を以て遷都なりと傳ふる者あり、爲に京都府民動搖の兆あり、仍りて京都府をして其の然らざる旨を管下に諭さしむ、〇太政官日誌、公文錄、議政官日記、神山郡廉日記、京都府下人民告諭大意

兵部卿嘉彰親王仁和寺宮に家祿千石を賜ひ、仁和寺寺務總職を解き、之れを菩提院住職某に命ず、〇太政官日誌

百官に勅諭して、同心協力し、人材を諸官に公擧し、互に猜疑愛憎の念を挾むことなからしめたまふ、〇官中日記

元福島藩主板倉勝達の舊封岩代國信夫郡及び上總國山邊郡の地を收め、岩代國大沼郡の地を以て之れに代へ、三河國重原陣屋を預く、又關宿藩主久世廣業の封和泉國大鳥郡・泉郡の地を收め、下總國葛飾郡内の地を以て之れに代ふ、〇官中日記、東京城日誌、板倉勝達家記、伊地知正治書翰、伊地知正治意見書、百官履歴

岩倉具視を權大納言正二位に任敍

二十五日　議定右兵衞督岩倉具視を以て權大納言に任じ、正二位に敍す、客歲大納言右近衞大將從一位宣下の儀御沙汰ありしも、具視固辭して姑く其の奉命を稽延せんことを請ふ、後、屢〻受命を促せども、尙期を延べられんことを請ひて止まず、是に於て是の日、更めて此の恩命を下したまふ、

具視猶且之れを辭す、輔相三條實美・參與大久保一藏切に其の奉命を勸說せしを以て、遂に之れを拜受す、○太政官日誌、中山忠能日記、山本實政日記、柳原前光輒誌、岩倉公實記

軍務官に令し、箱館府兵を解きて各〻其の本貫に復歸せしむ、○官中日記

青森口總督清水谷公考、山口・弘前・津・久留米・松前・福山・大野の各藩兵等を陸奧國石神ケ原に閱す、其の數三大隊二十小隊なり、偶〻寒氣凜冽なるを以て、閱兵終りて後、諸兵に酒を給す、○岡山藩記、土井利恆家記、清水谷公正家記

岩倉具視の時務四策

政體の事

議定岩倉具視、時務四策を書して輔相三條實美に呈し、之れを朝議に付せんことを請ふ、其の大要に曰く、一、政體の事　上に萬世一系の聖天子を戴き、下に忠良の諸臣あり、君臣の義、上下の分自ら定まりて萬古不易なるは、是れ我が國體の精華なり、政體亦之れに基づきて建てざるべからず、其の制度は時勢に順應し、其の宜しきに從ひて之れを變易するの要あり、抑〻大政維新に當り、其の實を擧げんと欲せば、普く人材を登庸し、各〻才能に應じて其の地位に立たしめ、大に其の材幹を發揮せしめざるべからず、然るに今、輔相・議定・知官事の如きは親王・諸王・公卿・諸侯に非ざれば其の職に就くことを得ず、是れ門地に拘るの餘風猶存するものにして、制度未だ全く其の宜しきを得たるものと謂ふべからざるなり、若し之れを改めずんば、或は其の材に非ずして常に其の

職に居り、遂に大政不振の基とならんことを懼る、是れ制度更改の要ある所以なり、仍りて政體取調御用掛を設けて其の起案を命ずべし、但し施政上害なきものは舊慣に仍るも可なり、二、君德培養の事　君德を培養するは古今不易の美制なり、今や大政維新の初に當り、天皇春秋に富ませらるるを以て輔導の任一日も闕くべからず、されば君側に侍せしむる者は其の才能人格を精選せざれば、縱令天資聰明に在らせたまふと雖も、時に或は聖德を累したてまつるが如きことなきを保し難し、故に人と爲り篤實謹嚴なる者、器識高遠なる者、又は和漢洋の學識ある者を公卿・諸侯・徵士の中より選拔し、或は侍臣と爲し、或は侍讀と爲し、以て君德を培養することに努めしむべし、蓋し才智鋭敏なる者は卻りて其の任に非ざるなり、夫れ天下億兆の瞻仰する所は政府なり、政府の賴る所は君主なり、君主聰敏にして明德を備へ、大綱を總攬したまふ時は、政府則ち其の人を得べし、政府其の人を得れば天下億兆其の所を得て安泰なり、是れ古今不易の眞理にして輔導の任其の人を精選する所以なり、三、議事院の事　議事院を設くるは泰西各國の風に摸するが如しと雖も決して然らず、我が國神代既に公論を採るの美風之れ有りしにあらずや、抑〻維新の鴻業は天下の公論に由りて始めて就れりと謂ふべく、有志の士多年大義名分を論じ、幕府の失政を責めて遂に今日の盛運を致せるにあらずや、今次中興の業、天皇、天下の公論を聞食し、其の歸著する所に向ひて宸斷を

君德培養の事

議事院の事

定めたまへるものにして、實に公明正大の聖業を成したまふものと謂ふべし、是の故に將來に於ても議事院を設け、施政の法度は之れを衆議に付して後之れを廟議に決し、宸裁を仰ぎて玆に始めて施行せば、縦令他日異論を生ずとも容易に之れを變更することを得ざるべし、斯くの如くして朝權重く、億兆之れを信じ、朝令暮改の誹謗は自ら其の跡を絶たん、蓋し議事院を設置するは五箇條御誓文の趣意を擴充するに在るなり、四、遷都論の事　今次東京再幸につき、臣民聖意の在る所を察せず、遷都あらせらるゝが如く解する者亦尠からず、之れがために京阪の人心動搖すること最も甚し、客歳江戸を以て東京と稱する所以のものも、畢竟天子は四海を以て家と爲したまふの本義に據り、東西一視の叡旨に出でたるものにして、決して遷鼎の聖意に非ざるなり、殊に京都は桓武天皇以來千有餘年の帝都にして、列聖山陵の在る所なり、今後千百年を經とも、決して遷鼎して京都を廢するが如きことなかるべし、由來關東諸國は未だ王化に霑はざるを以て、已むを得ず車駕再幸し、新政を施し、延いて奥羽は勿論蝦夷・千島の末に至るまで、普く聖德を光被せしめんと欲したまふに外ならず、遷都の事、叡慮に出づるに非ざるよりは、余の敢へて贊する能はざる所なり、宜しく天下に諭告し、萬民をして眞意を領會せしむるに如かずと、具視の策言、以て當時の狀勢を知るに足る、○岩倉公實記

二十六日　皇祖考仁孝天皇の聖忌に丁るを以て、天皇、終日御精進あらせられ、代参として典侍中山績子を泉涌寺に參向せしめ、尊前に香華及び菓子を供へ、寺僧に布施を賜ふ、○押小路甫子日記

御樂始

二十七日　御代始の御樂始を行はせらるゝを以て、内侍所に御鈴を奉り、鮮魚・供米を供せらる、巳の半刻頃、天皇、皇后と倶に小御所に臨御、奏樂を聽きたまふ、是の日の所役、笙は前左大臣近衞忠房・前内大臣久我建通等八人、篳篥は前權中納言町尻量輔・從三位高野保美等六人、笛は准大臣中山忠能・前權中納言野宮定功等六人、琵琶は式部卿邦家親王伏見宮・前權大納言綾小路有長等三人、箏は前左大臣近衞忠凞・前權大納言葉室長順等五人之れを奉仕し、平調調子・萬歳樂・合歡宴殘樂三反・郢曲嘉辰三反・長慶子を奏す、樂畢りて午の半刻入御、二獻の儀あり、參仕の諸員及び三等官以上に酒饌を賜ひ、樂人に料理を賜ふ、是の日、天皇・皇太后互に祝品を贈答せらる、○太政官日誌、公文錄、辨事日記、非藏人日記抄、近衞忠凞日記、萩原員光日記、神山郡廉日記、御内儀日記抄、押小路甫子日記、青山御所御納戸日記

熊本藩主細川韶邦以下九藩の藩主又は世子に京都御發輦まで滯京を命じ、岩國藩主吉川經健以下三十一藩主に暇を賜ひて藩地に就かしめ、四月を期して皆東京に參集せしむ、○太政官日誌、公文錄、神山郡廉日記

圖書刊行例則を定む

圖書刊行例則を定む、凡て圖書開板の際は其の管轄の府藩縣に出願せしめ、其の府藩縣より稿本竝びに著述者の鄕貫姓名を記して行政官の許可を受け、製本一部を同官に納入せしむ、飜刻・縮刷等

は初版の年月を記して官許を受けしむ、又改題・重版を嚴禁す、〇官中日記
外國官副知事東久世通禧、各國公使に通牒し、官軍將に箱館の賊徒を討攘せんとするを告げ、各國民の箱館在留者をして速かに難を避けしむ、〇外務省記

賀茂臨時祭追行

二十九日　客冬車駕東幸のため延引せし御代始の賀茂臨時祭を追行せらるゝを以て、二十七日晩より宮中潔齋す、是の日、參議左近衞權中將東園基敬を勅使として同社に參向せしめ、宣命竝びに幣帛を奉らしめたまふ、天皇、卯の刻過引直衣を著して清涼殿に出御、御禊あり、次いで庭座を行はせらる、是れに先だち、勅使、陪從・舞人を率ゐて東庭に入る、勸盃畢りて陪從歌笛を、舞人舞を奏す、次に勅使の飾馬を東庭に牽き入る、勅使以下參向の諸員、盛裝して冠に葵を翳し、行裝を整へて宜秋門を出で、建禮門前を經て進發す、是の時同門內の御覽所に於て、天皇、皇后と倶に其の行裝を覽たまひ、畢りて巳の半刻過入御あらせらる、既にして勅使下賀茂社に參著、社頭の儀ありて宣命を奏す、宣命に曰く、

天皇我　詔旨止掛畏岐賀茂
皇大神乃廣前尓恐美恐美毛申賜倍止申久寛平　御代與利奉出賜布宇都乃御幣乎吉日良辰乎撰定氏參議從三位
行左近衞權中將藤原朝臣基敬乎差使氏令捧持氏東遊走馬等調備氏奉出賜波久止掛畏岐

皇大神乎久安久聞食氏天皇朝廷乎寶位無動久常磐堅磐尓夜守日守尓護幸賜氏天下國家乎平久安久守幸賜倍止恐美恐美毛申賜波久止申辭別氏申久去年式月令辰尓祭典乎令行賜布倍岐尓姦賊乃有禍氏利與人心不安止有司奏言勢利熟考尓民者此國乃本々固計礼者國安止所念行氏強氏輦輿乎東京尓令巡行賜比志加纔尓日月乎重奴留万尓万尓安久穏尓成奴留者深岐御恤尓依氏奈利止畏美尊美賜比氏一先令還幸賜布故是以氏此祭儀毛延引氏今日尓及倍利此状乎平久安久聞食氏自今以後者彌御稜威乎四方尓輝志賜比一天泰平尓萬民安堵尓護助賜倍止恐美恐美毛申賜波久止申

祭儀畢りて勅使上賀茂社に參向す、其の儀前の如し、日暮歸參せるを以て、酉の刻、天皇再び清涼殿に出御、還立の儀あり、同半刻入御あらせらる、皇太后鮮鯛一折を天皇に獻じ、天皇乃ち鮮鯛一折を皇太后に進ぜらる、皇后籤の品及び三種の鮮魚を、淑子内親王籤の品を天皇に獻じ、天皇、皇后・内親王に籤の品を進ぜらる、翌朝神事解く、〇太政官日誌、祭典錄、公文錄、大内記新作留、日々申遣帳、賀茂別雷神社記、山科言成日記、橋本實麗日記、押小路甫子日記、青山御所御納戸日記

三十日　明二月一日大原野祭なるを以て、今夕より宮中潔齋す、二月二日に至りて解く、〇押小路甫子日記、青山御所御納戸日記

勅使を鹿兒島山口兩藩に差遣

右少辨柳原前光を鹿兒島藩に、權右中辨萬里小路通房を山口藩に差遣し、島津久光・毛利敬親の積

年勤王の勞を慰し、手詔して二人を召し、大政に翼贊せしめたまふ、會々山口藩世子毛利廣封歸國の暇を請ひしを以て、命じて通房の副使と爲し、又參與大久保一藏を前光に副たらしむ、廣封上書して勅使の下向を辭すれども聽さず、二月二日、勅使及び副使を御前に召し、輔相三條實美聖旨を傳宣し、且久光・敬親に賜はんとする所の宸翰を拜見せしむ、○太政官日誌、官中日記、大久保利通日記、三條實美書翰、神山郡廉日記、柳原前光輒誌、華族家記、大久保利通傳

淑子內親王參內して寄肴一折を上る、天皇常御殿一の間に於て謁を賜ひ、三つ肴を以て盃を賜ひ、又隨從の上﨟に酒饌を賜ふ、內親王終日歡談して退出す、是の日、天皇親ら物を內親王に賜ふ、○桂宮日記、押小路甫子日記

兒入江藤丸爲福宮中を退出せんとするを以て、召して親ら夏冬の裝束及び羽二重一匹・金十五兩を賜ひ、又蒔繪文匣の內に紙入・末廣・印籠・煙草入・人形・掛物等二十餘品を納めて之れを賜ふ、藤丸、中宮御所に候するや、皇后亦謁を賜ひ、物を下賜せらる、○押小路甫子日記

論功行賞の議

奧羽既に戡定せしを以て、論功行賞の典を擧行せんがために、軍務官に命じて其の功績を檢覈錄上せしむ、客歲八月、總督以下兵士の軍功を各々上・中・下の三等と爲し、督府・列藩及び參謀・軍監・長官等をして其の姓名及び功績を錄上せしむることとし、十一月重ねて之れを令す、當時復古

贊襄の文武諸臣をも併せて賞すべきや否やの議起りしが、未だ決せざりき、是の月四日、政始の式を行はせらるゝや、速かに行賞の典を擧行すべき旨を勅命あり、仍りて二十四日、議定岩倉具視意見書を提出して其の決議を促す、尋いで朝議賞典祿を百萬石と定め、奥羽諸藩削封の土地等を以て之れに充つることと內定するや、會計官知事中御門經之、廟堂の再議を請ひて曰く、奥羽諸藩削封の土地凡そ百五十萬石あり、前に其の內百萬石を割きて海陸軍の經費に充てたり、今、軍功及び復古の功を褒賞するに更に百萬石を以てせば、奥羽土地の殘額五十萬石に加ふるに、關西の土地五十萬石を以てせざるべからず、若し此の如くせば國家の財政益〻窮乏し、將來如何とも爲す能はざるに至らんと、參與大久保一藏乃ち議を具視に進めて曰く、恩賞は國家の重事にして、其の當否の人心の離合、國家の興亡に關するは固より論を俟たず、而も之れを施行するの時に當りて其の當否を審かにするは至難中の至難の業なり、然れども不日之れを決行せざれば、其の機を逸すべし、今、賞典祿の額を定むるに百萬石を以てす、故を以て國帑益〻窮乏すとせば、其の額を減殺して八十萬石或は六十萬石と爲すも亦敢へて不可なきなり、又土地を以て功を賞するは國家の長計に非ずと雖も、現今の形勢を以てせば、或は已むを得ざるものあるべし、願はくは早急に廟議を決せんことをと、昨二十九日朝議あり、賞典祿百萬石の中、八十萬石を軍功を樹てし諸臣に、二十萬石を復古の功臣に頒賜するに決す、參與木戸準一郎亦議を建てゝ曰く、今や封建を廢して郡縣の制に復せんとするの秋に方り、功を賞するに土地を以てするは斷じて不可なり、宜しく之れに代ふるに廩米を以てすべしと、是に於て具視は輔相三條實美と議し、更に經之に諭して廩米を以て賞典祿に充てしむ、經之乃ち頒賜の量を二十五萬石に限らんことを稟候す、朝議之れを容る、○太政官日誌、議政官日記、神山郡廉日記、大久保利通日記、大久保利通文書、岩倉具視書翰、岩倉公實記、大久保利通傳、松菊木戸公傳

嘉永六年以來、有志の徒、皇室の式微を慨き、遂に藩籍を脱し、遠く郷里を離れ、一身を忘れて大義を唱へ、一意專心皇運の挽回を期せしも、時未だ至らずして或は斬殺に遇ひ、或は幽囚に就き、困苦艱蹇する者尠からず、今や中興の盛業成り、諸臣褒賞の大典を擧げんとする時に當り、叡慮深く是れ等志士盡忠の大節を憐みたまひ、是の日、府藩縣に令し、是れ等既に死亡せる者は祭祀し、其の妻子及び現存者は收錄して扶助の典に浴せしむべきを以て、來る二月を期として之れを錄上せしむ、○太政官日誌、議政官日記、神山郡廉日記

會津若松の民政を會計官をして管掌せしむ

會津若松戰後の民政は朝廷特に留意する所なり、曩に岩國藩士玉乃世履を行政官雇と爲し、若松の民政取締の事に當らしめしが、是の日、會計官に命じて之れを管掌せしむ、又米澤・二本松の二藩は騷亂の後を承け、且藩主其の領地に在らざるを以て、紛擾絕ゆることなし、仍りて米澤藩主上杉

茂憲・二本松藩主丹羽長裕、歸藩して藩政を更革せんことを請ふ、二月二日之れを聽す、〇官中日記、上杉茂憲家記、丹羽長裕家記、百官履歴

是の月　權辨事戸田忠至、上書して曰く、願はくは速かに皇居を定め、太政官を造立し、戰功者及び勤王の者を賞し、脱籍者の處理法を定め、又少壯有爲の堂上子弟を選拔して海外に留學せしめ、且我が國の事情を彼の國人に傳へしめ、皇學を奬勵し、以て異教の蔓延を防止し、特に侍讀の人選を嚴にし、少壯の藩主中より近習に採用あらんことをと、又鹿兒島藩士伊地知正治、書を議定岩倉具視に呈し、英國の制度に倣ひて海軍局を創設し、海軍に必要なる飜譯書を鏤版し、又農政を整へ、里程田畝の制を畫一にし、兵賦を公平にせんこと等を建議す、〇戸田家文書、伊地知正治書翰、伊地知正治意見書、百官履歴

料金受取人払

本郷局承認

336

差出有効期間
平成14年6月
30日まで

郵便はがき

113-8790

251

東京都文京区本郷7丁目2番8号

吉川弘文館 行

本書をお買い上げいただきまして、まことにありがとうございました。
このハガキを、小社へのご意見またはご注文にご利用下さい。ご注文は
通常より早くお取寄せになることができます。

愛読者カード

お買上書名 明治天皇紀 第二

*本書に関するご感想、ご批判をお聞かせ下さい。

お買上書店名　　区市町　　書店

ふりがな ご氏名	年齢　　歳　男・女
〒□□□-□□□□ ご住所	電話
ご職業	
ご購読 新聞名	ご購読 雑誌名

現在、どちらかの学会・研究会等に所属していますか。

1.いる（　　　　　　　　　　　　）　2.いない

注 文 書

月　　日

書　　名	本体価格	部　数
	円	部
	円	部
	円	部
	円	部

配本は、○印を付けた方法にして下さい。

イ.下記書店へ配本して下さい。

（直接書店にお渡し下さい）

（書店・取次帖合印）

書店様へ＝貴店帖合印を捺印の上ご投函下さい。

ロ.直接送本して下さい。

代金（書籍代＋手数料、冊数に関係なく380円〈税込〉）は、お届けの際に現品と引換えにお支払い下さい。

＊お急ぎのご注文には電話、FAXもご利用ください。

電話　03―3813―9151（代）

FAX　03―3812―3544

明治天皇紀 巻二十七

明治二年

二月

一日 内侍所に初穂金百疋及び供米を奉り、掌侍花園總子をして代参せしめたまふ、〇押小路甫子日記大原野祭、權大納言三條西季知上卿たり、夜、内廷に御籤の事あり、〇太政官日誌、祭典錄、冷泉爲理日記、押小路甫子日記、青山御所御納戸日記

毛利元就を祀る仰徳大明神に豐榮神社の號を賜ふ

二日 贈從三位毛利元就の勤王の功を追賞し、其の祠山口鎭座の仰徳大明神に豐榮神社の號を賜ふ、元就戰亂の世に當り、率先して大義名分を明かにし、兇賊を勦討し、屢〻貢獻して朝儀の闕乏を補へり、天皇深く其の志を追感あらせられ、玆に神號宣下ありしなり、〇太政官日誌、公文錄、祭典錄、議事日錄、華族家記、毛利敬親事蹟、法規分類大全、防長回天史、稿本もりのしげり

親王・公卿・藩主の騶從の制を守るべきを令し、又藩主の兵士を隨へて九門内に入るを禁じ、且喝

道の禁を申ぬ、九日、親王・大臣及び近習に九門内の乗馬を許す、〇法令全書

親子内親王京都に著す

三日　親子内親王京都に著して聖護院に入る、天皇乃ち絹地張六枚折屏風一雙・鮮魚一折、別に二枚折屏風一雙及び重肴を賜ふ、翌四日、内親王、侍女土御門藤子を以て恩を謝す、〇太政官日誌、公文錄、橋本實麗日記、押小路甫子日記

幟仁親王第三王女宜子女王、彦根藩主從四位下井伊直憲に降嫁せんとするを以て、參內、暇を奏す、天皇乃ち謁を賜ひ、又天盃を賜ふ、且眞綿十結・六歌仙手鑑一箱及び親ら加羅香合一合・小町形銀地紙入一組・繼煙管一本・銀製煙管一本・筆洗一個・袖入二個・爪袋一個・盃二枚・飾簪二本・平打一本等を納めたる二番切張文匣を賜ふ、次に皇后亦謁を賜ひ、盃を賜ひ、眞綿五結・自贊歌一箱其の他を賜ふ、〇押小路甫子日記

鳥取藩主池田慶德を以て議定と爲し、從二位に敍し、且權中納言に任ず、又廣島藩主淺野長勳を參與と爲す、尋いで翌四日金澤藩世子前田利嗣の大宮御所警衞の勞を賞して特に筑前守に任じ、從五位下に敍し、同日更に左近衞權少將に任じ、從四位下に敍す、〇太政官日誌、議政官日記、淺野長勳家記

各國條約改定取調を外國官に命ず、〇太政官日誌

是れより先、京都府に於て一書を編し、告諭大意と題して管下に頒つ、是の日、朝廷該書册を普く

府藩縣に頒布す、書中、我が國の國體、國是、王政の趣意、宇內の形勢等を說きて庶民を諭す、其の文簡易にして俚俗に通じ易く、戶每に藏し人每に誦せば、上下の趣意自ら分明となりて戾る所なく、政教竝行の基と爲すに足るを以てなり、○太政官日誌、公文錄、告諭大意

御講學日課の改訂

來る六日より日課として每月一・六の日は皇學所御用掛玉松操の日本書紀神武天皇紀進講、二・七の日は巳の刻より論語輪講を行ふことに定められしが、尋いで日課を改訂して一・六の日は巳の刻より習字、幟仁親王奉仕、午の半刻より神武天皇紀進講、二・七の日は巳の刻より習字、午の半刻より論語輪講、三・八の日は午の半刻より御乘馬、四・九の日は巳の刻より復讀・習字、五の日は午の半刻より四書輪讀、十の日は同刻より神皇正統記輪讀に治定せられ、二・七・五・十の日の輪講・輪讀には近習・內番等參仕することと爲したまふ、○山科言成日記、萩原員光日記、有栖川宮御達竝諸願伺屆留、庭田家廻文帳

敍任規則を定む

四日　從來堂上・諸藩主其の家格に依りて初任敍に別ありしが、是の日、官武一途の趣意を以て新に敍任規則を定め、堂上・諸藩主の嫡子十五歲にして元服の節、其の初官初位の任敍あることと爲す、但し當主の任敍は年齡を制限せず、○太政官日誌

春日祭

五日　春日祭使發遣の儀を行はせらる、上卿は權大納言醍醐忠順、辨は右中辨葉室長邦、近衞使は左近衞權少將武者小路公香なり、丑の半刻宣命奏聞の儀あり、尋いで卯の半刻過、天皇、淸涼殿晝

御座に出御あらせらる、是れに先だち、近衞使以下參入す、勸盃畢りて舞人・陪從歌舞を奏す、儀畢りて近衞使以下進發す、是の日、賢所に御鈴を奉り、鮮魚一折を供へられ、夕刻全改火につき、復御鈴を奉り、行水・髮湯の事あり、夜、別殿なるを以て盃三獻の儀あり、翌六日、春日祭當日なるに因り、上卿及び近衞使以下社頭に參向す、同夜内廷に春日賭あり、○太政官日誌、祭典錄、大内記新作留、非藏人日記抄、押小路師親日記、押小路甫子日記

府縣施政順序を定む

地方の制、府藩縣の三治は固より一途に出づべきに、未だ一定規則の範と爲すべきものあらず、府縣すら動もすれば其の統一を缺き、庶民の疑惑を招くものあるを以て、是の日、府縣施政順序を定め、地方官をして由りて以て施政の方針を立てしむ、其の大綱に曰く、一、知府縣事職掌の大規則を示す事、二、平年租税の額を量り府縣各〻其の經常費を定むる事、三、議事の法を立つる事、四、戸籍を編制して戸伍編成を爲す事、五、地圖を精覈にする事、六、凶荒豫防の事、七、賞典を擧ぐる事、八、窮民を救ふ事、九、制度を立て風俗を正しくする事、十、小學校を設くる事、十一、地力を起し富國の道を開く事、十二、商法を盛にし漸次商税を徴收する事、十三、税制を改正すべき事、而して地方官たる者、土地の情勢を案じ、著實手を下し、終に全備を謀るべしと、更に聚斂を避け正議を採り、賞を先にし罰を後にし、務めて教化を布くべく、租税の制度を改正するに當りて

は、人民の貧富を洞察して勇決果斷に出づべき旨を追訓す、〇官中日記

議事の制を立てんとして曩に府藩縣に諭す所ありしが、是の日、復、令して、今次東京に於て會議を開かんとする朝旨を奉じ、各府藩縣に於ても亦博く公議を興し、輿論を採り、下情上に通ずるの途を開かしむ、其の議事體裁は姑く公議所法則案の大意に基づき、變通を加へ、建言の上達に力めしむ、〇太政官日誌、官中日記

造幣局の設置

曩に政府は會計官中に貨幣司を設けて貨幣の事務を管理し、大阪の同司出張所及び東京の金・銀座に於て金・銀貨を、東京錢座に於て天保錢を鑄造せしめたり、然るに貨幣司其の職責を盡す能はず、貨幣管理其の當を得ざるを以て、是の日、之れを廢し、更に太政官中に造幣局を置き、會計官權判事甲斐九郎尙を以て知事と爲し、議定中御門經之・參與三岡八郎をして造幣局掛を兼ねしめ、精金を以て新貨を鑄造し、銖錙允當、以て幣制の統一を圖らしむ、又貨幣改所を京都・大阪・兵庫・長崎等に增置して舊貨濫惡の弊を除去するに努む、〇太政官日誌、公文錄、議政官日記、官中日記、御布告留記、大藏省文書、公卿補任、法令全書、由利公正傳、大隈伯昔日譚、明治財政史

御講學

七日　午の半刻頃御學問所に出御、論語の輪講あり、漢學所御用掛豐岡隨資・侍從梅溪通治竝びに從三位高辻修長等奉仕す、〇梅溪通善日記

歳入調査のために各府藩縣及び中大夫・下大夫・上士・社寺に令し、元治元年より明治元年に至る五箇年間の歳入平均額を、府藩縣は行政官辨事局に、中大夫・下大夫等は府縣に錄上せしめ、期するに四月を以てす、〇官中日記

八日　東幸の輦路を東海道に治定す、但し關驛より伊勢路を廻輦、神宮御參拜の事ある旨を布告す、又東幸供奉前衞を久留米藩主有馬賴咸に命じ、後衞は昨七日を以て金澤藩主前田慶寧に命ず、〇太政官日誌

權大納言橋本實麗の女夏子を典侍と爲し、今參と稱せしむ、翌九日、夏子參內、鮮肴一折を獻ず、仍りて常御所に於て御盃を賜ひ、謁を一の間に賜ふ、次いで申口にて口祝あり、且濃色の袴一領・練絹一匹・紅絹一匹を賜ふ、夏子更に中宮御所に候す、〇官中日記、橋本實麗日記、押小路甫子日記

再び越後府を置き、三等陸軍將壬生基修を以て知事と爲す、尋いで二十二日、新潟府を廢して新潟縣を置き、新潟府判事楠田十左衞門英世を以て知事と爲す、又佐渡縣を廢して越後府に併す、〇議政官日記、職務進退錄、勤勞事蹟

是の月十五日を以て公議所を開くことを令し、且以後每月二・七の日を會議日とし、各廳より四等官以上一人を出席せしめ、更に東京諸學校及び仙臺藩以下奥羽越十八藩よりも公議人各〻一人を出

さしむ、又府縣公議人は追て徴集すべきも、即今時務を論ぜんとする者は書面を以て公議所に建言せしむ、尋いで十五日の開議を延期す、〇官中日記、嵯峨實愛備忘、岩倉家文書

新聞紙の發行を公許す

始めて新聞紙の發行を公許し、昌平學校をして之れを取締らしむ、〇官中日記、保古飛呂比、法令全書

九日　品川・大宮・宮谷・若森の四縣を置き、武藏知縣事古賀一平定雄を品川縣知事、上總安房監察兼知縣事柴山文平を宮谷縣知事、常陸知縣事池田德太郎種德を若森縣知事、宮原中務忠英を大宮縣知事と爲す、二十六日、隱岐縣を置き、辨事出仕眞木直人益夫を以て知事と爲す、〇官中日記、奧羽處置留、神山郡廉日記、眞木直人日記、職務進退錄、公卿補任、百官履歷

東京に會同する諸藩主等に令して、道中從者の員數を定め、大藩百人以下、中藩七十人以下、小藩五十人以下、中大夫十人、下大夫九人、上士六人と爲し、尋いで申令して、力めて舊習を除き冗費を省かしむ、〇太政官日誌

會津降伏人を蝦夷地に移し開拓に從はしむ

會津藩降伏人は從來軍務官に於て之れを管せしが、是の日、更に同官に命じて之れを管理し、且其の廩餼資給地を料度上申せしめ、又參與木戸準一郎をして軍務官と協議して之れを處分せしむ、尋いで蝦夷地の中、發作部・石狩・小垂內の三地を軍務官の管轄に屬せしめ、會津降伏人を此の地に移し、開拓に從事せしむ、但し該所の收稅は箱館府の管理たること前の如し、〇官中日記、木戸孝允日記、木戸孝允書翰、法令

全書

十日　東幸中、山口藩主毛利敬親をして大宮御所を、鹿兒島藩主島津忠義をして中宮御所を、高知藩主山内豊範をして桂御所を警衞せしむ、是れより先、敬親・忠義・豊範上書して九門内を警衞せんことを請ふ、是の日、各〻兵を藩邸に置き、以て不虞に備へんことを令し、更に此の命あり、○太政官日誌、神山郡廉日記、毛利敬親事蹟

姑く徵兵を歸休せしむ、蓋し東北既に平定し、且兵制を釐革する要あるを以てなり、○太政官日誌、官中日記、議政官日記、法令全書

勅使萬里小路通房勅書を毛利敬親に傳達す

十一日　勅使權右中辨萬里小路通房、海路長門國に達し、是の日、山口に至り、同藩主毛利敬親を旅館に召して勅書を傳ふ、其の文に曰く、

天下ノ大義ヲ明ニシ朝廷ノ體裁ヲ正シ爭亂ヲ撥シテ之ヲ正ニ反スハ此汝ト薩藩トノ力ニ之ヨル而今而後社稷長計モ亦正ニ汝兩藩股肱トシテ勉ムヘキニアリ凡國體ヲ正シ強暴ニ備ヘ公義ヲ立テ民安ヲ虞リ獨立不羈ノ基ヲ成ス等ノ事件殊ニ汝等ニ問テ以テ施サントス其レ速ニ上京朕一人ヲ助ケテ以テ永ク衆庶ト與ニ天祿ヲ保タシメンコトヲ謀レ宜ク此意ヲ奉體セヨ

又敬親及び其の世子廣封に各〻直垂一領・羽二重十匹を賜ふ、輔相三條實美亦手書を敬親に贈り、

具に聖旨の在る所を告げて曰く、

實美謹テ長門宰相中將座下ニ白ス今月一日　主上臣實美ニ宣シテ曰玉フ　朝家七百年ノ頽廢一旦緒ニ就ク此　天神天祖在天ノ靈ニ頼ルト雖モ偏ニ薩長兩藩積年ノ誠忠貫ク所ニアリ朕深ク之ヲ嘉ス然ルニ國基未タ定ラス外患難測此レ深ク　先朝ノ憂念スル所況ヤ萬機草創ノ際汝等宜ク薩長ト相協ヒ匡救輔翼以テ長策ヲ決定シ　朕ヲシテ罪ヲ　先皇ニ得セシムルコト勿レ　朕自書ヲ以テ長門宰相中將島津中將等ニ下ス敢テ兩臣ニ私スルニ非ス永ク天下ト休戚ヲ倶ニセンコトヲ欲スルナリ汝等厚ク　朕ノ意ヲ致セ臣等淺劣ト雖モ忝クモ　天意ヲ奉體シ足下兩藩ト同心協力永ク前途ノ規模ヲ定メ　聖旨ノ所在ヲ達センコトヲ望ム依テ兩侯速ニ上京益國家ノ爲ニ忠益ヲ盡サレンコトヲ欲ス則　皇國ノ大慶臣等ノ幸甚也

と、十二日、敬親父子、勅使に旅館に候して奉答書を上る、十四日、勅使明倫館に臨みて三兵調練を覽、十六日、山口を發し、歸京して復命す、是れより先、流言あり、薩長兩藩相善からずと、實美大に憂ひ、密かに之れを敬親に質す、敬親是の月五日を以て答書を實美に致して曰く、薩長二藩互に往事を忘れて協心戮力、皇國のために盡すの外敢へて思念なしと、○毛利家記錄、三條家書類、勅使萬里小路卿御下向一件、毛利敬親事蹟、毛利家譜、三條實美公年譜、岩倉公實記

皇太后大宮御所に移徙せらる

皇太后假殿九條道孝第に在せしが、大宮御所新築竣成せるを以て移徙あらせらる、昨十日、上﨟水無瀨榮子を遣はして天皇に綾五卷・三種一荷・屛風一雙及び五種寄肴一折を獻ぜらる、天皇乃ち掛物二幅を贈進したまふ、是れ客歳東京に於て畫かしめたまへるものなり、是の日、皇太后、巳の半刻御出輿、皇太后宮權大夫三條西季知・權中納言淸水谷公正以下供奉す、午の刻大宮御所に著御あらせらる、祇候・非常附等の諸員門外に奉迎し、諸臣祝詞を上る、乃ち諸員に祝粥・酒饌・菓子及び鮮鯛一尾宛を賜ふ、天皇賀して三種三荷・眞綿二十結・卓香爐一箱・鮮鯛一折、別に五種寄肴一折を贈りたまひ、皇后亦二種一荷・風呂先屛風一箱を進めらる、宮・堂上・諸藩主以下諸臣、禁中・大宮御所・中宮御所に參賀す、○太政官日誌、大宮御所祇候日記、大宮御移徙行啓一會之記、山科言成日記、押小路甫子日記、靑山御所御納戶日記、賀茂別雷神社記

十二日　客歳東京より還幸あらせられたる土產として、是の日、皇太后に臺火鉢一對・海苔及び鮭を、皇后に硯箱一個・置物附臺一個・海苔及び鮭を贈進せられ、淑子內親王に置物附臺一個・海苔及び鮭を、幟仁親王に硯附文臺一個・太刀掛一箱・海苔及び鮭を賜ふ、尋いで各宮・近臣・女官・舊女官等に金品を賜ふ、○押小路甫子日記

軍務官副知事心得久留米藩主有馬賴咸を以て軍務官副知事と爲し、翌十三日曩に命ぜし東幸前衞供奉を免じ、更めて當官を以て供奉すべきを命ず、○太政官日誌、官中日記、議政官日記

諸藩に令して、外國官の許可を得ずして貨幣を外國人より借るを禁ず、〇官中日記、法令全書

曩に盛岡藩主南部利剛の封を沒し、其の子利恭を白石に封ずるや、舊封の民故主を慕ひ、黨を結びて舊主の舊領に復せんことを欲す、其の數凡そ四萬人、遂に其の總代二百數十人野邊地に至りて青森口總督清水谷公考に控訴するに至る、是の日、朝廷、利恭を譴め、舊領民を諭解し亟かに盛岡の城池を致さしむ、〇官中日記、己巳年間舊藩記事、南部家譜、諸官其外往復留

御乘馬

十三日　申の刻馬場に臨御、御乘馬あり、又前權大納言飛鳥井雅典・參議梅溪通善・從二位萩原員光等をして寮馬に騎乘せしめらる、畢りて雅典等に菓子を賜ふ、〇梅溪通善日記

護良宗良兩親王の祠宇を創建せしめらる

護良親王の祠宇を相模國鎌倉に、宗良親王の祠宇を遠江國井伊谷に創建せしめ、護良親王の臣村上義光及び侍女南之方の靈を鎌倉宮の攝社として祀らしめたまふ、兩親王は倶に後醍醐天皇の皇子にして、元弘以後天業の恢復に力を盡し、勳業甚だ大なり、鎌倉二階堂は實に護良親王終焉の地にして、井伊谷は宗良親王の遺址なり、是の日、其の舊勳を追賞して會計官營繕司に此の命を下したまふ、而して井伊谷は彥根藩主井伊氏發祥の地なるを以て、同藩主井伊直憲の請を容れて工役を助けしむ、〇祭典錄、官中日記、神祇省記錄、伊達宗城日記、井伊家譜、傳覽箇條備忘、宗良親王御宮創營書類

權中納言萬里小路博房の弟秀麿後、男爵正秀に兒勤仕を命ず、〇太政官日誌

客歳奥羽の戰亂に際し、久保田藩は官軍に屬せしを以て同盟列藩の惡む所となり、敵中に孤立して其の夾撃を受け、米穀貨財及び民屋大半掠奪若しくは兵燹に罹り、爲に藩力疲弊、士民困憊を極む、仍りて金五十萬兩を借らんことを請ふ、朝廷之れを憐み、是の日、特に金二十萬兩を賜ふ、○太政官日誌、官中日記

勅使柳原前光勅書を島津久光に傳達す

十四日　勅使右少辨柳原前光、八日京都を發し、十三日鹿兒島に至る、島津久光、藩主島津忠義と倶に出で迎ふ、是の日、勅使、久光を旅館鹿兒島城に召して勅書を授けんとせしかども、久光會〻病むを以て忠義をして代りて拜受せしむ、其の勅書は山口藩主毛利敬親に賜ふ所に略〻同じ、又久光父子に各〻直垂一領・羽二重十匹を賜ふ、輔相三條實美手書を久光に贈りて具に聖旨の在る所を告げ、議定岩倉具視亦書を副使大久保一藏に託して久光に贈り、切に上京を促す、十六日久光奉答書を上る、同日勅使馬見所に臨みて藩士の騎乘を、十七日集成館等を、二十一日砲臺に大砲發射の狀を覽、二十二日鹿兒島を發して二十五日歸京し、二十六日巳の刻參朝す、仍りて謁を賜ひ、其の復命を聽きたまふ、○宸翰寫、柳原前光輒誌、大久保利通日記、島津家國事鞅掌史料、三條實美書柬寫、柳原前光履歷、大久保利通傳、岩倉公實記、島津久光公實紀

皇后、年日なるを以て、辨當始の祝を兼ねて天皇・皇太后に各〻寄肴一折・盃五個を進獻せらる、天皇五種寄肴一折を、皇太后寄肴及び文匣に物を納めて皇后に贈らせらる、又天皇、女官等に金品

を賜ひ、皇后亦酒饌を賜ふ、〇押小路甫子日記、青山御所御納戸日記
彦根藩主井伊直憲に東幸前衛供奉を命じ、翌十五日水口藩主加藤明實に內侍所警衛供奉を命ず〇太政官日誌

十六日　客歳十月以降、東幸の事に因り內侍所の御拜あらせられざりしが、是の日御拜あり、十月・十一月分初穗金各〻三百疋を納めたまふ、翌十七日亦御拜あり、十二月分初穗を供へたまふ、〇押小路甫子日記

熾仁親王有栖川宮に勅して東幸中、宮中取締を命ず、十七日同じく東幸中、姫路藩主酒井忠邦に大宮御所を、松代藩主眞田幸民に中宮御所を、龜山丹波藩主松平信正に桂御所を、岡崎藩主本多忠直に靜寬院宮を警衛せしめ、十九日鹿兒島・山口・高知三藩の大宮御所・中宮御所・桂御所の警衛を免ず、又熊本以下二十二藩の兵を徵して京都を留守せしめ、其の他在京の諸藩兵を歸邑せしむ、尙和歌山藩をして大阪の警衛に當らしめ、丸岡・鯖江・勝山三藩の敦賀港警衛を免ず、二十四日忠邦の大宮御所、幸民の中宮御所、信正の桂御所警衛及び久留米藩主有馬賴咸の東幸供奉を免じ、更に忠邦に桂御所警衛を命ず、〇太政官日誌、官中日記、公文錄、有栖川宮御達竝諸願伺屆留、熾仁親王行實

東幸の期を三月七日と定む

十八日　車駕東幸の期を定めて三月七日とし、之れを布告す、又供奉の臣僚を戒め、沿道の士民中、

近者非常の往來絡繹絶えず困憊する者多きを以て、濫りに之れを勞擾するを禁じ、之れに違ふ者は府藩縣をして糺察上申せしむ、尋いで沿道の府藩縣に令して、供帳は簡易を主とし、農功を妨ぐることなからしむ、〇太政官日誌、議政官日記

岡藩主中川久昭に謹愼を命じ、其の家臣里見莊二郎を禁錮に處せしむ、蓋し去夏駿府出兵の期を遲延せしを以てなり、〇官中日記、議政官日記、神山郡廉日記、中川久成家記

典藥寮醫師横山忠俊・同賀川滿載をして京都府種痘の事務を兼掌せしむ、是れ同府、其の管下に種痘を奬勵すること頗る力め、成績見るべきものあるを以て此の命ありたるなり、〇太政官日誌、京都布令書

若王子遠文を堂上に列す

十九日　前聖護院院家若王子遠文を山科家庶流として新に堂上に列し、其の寺務を解き、家祿四十石を賜ふ、尋いで三十石三人口俸に改む、遠文は客歳海軍參謀御用を以て復飾を命ぜられしなり、〇太政官日誌、山科言成日記

二十日　行政官、復、奥羽地方に告諭を發し、同地方兵亂後の人心をして安定せしむ、告諭の要に曰く、天皇は天孫の裔にして斯の土に君臨し、國土を保全し、生靈を覆育したまふを以て、天地の間何處に行くとして王土にあらざるなく、一民として其の子にあらざるはなし、故に之れに敵する者は、假令諸侯たりと雖も之れを誅するに何の憚る所あらんや、然れども是れ偏に教化の洽からざ

るに因るとの叡慮を以て、會津の如き賊魁すら寛典に處して尚且之れを誅せず、況んや其の他の藩主をや、僅かに減知轉封に處せられたるに過ぎず、庶民之れを辨ぜずして徒らに騷擾せんか、唯領主の罪を増すあるのみ、叡慮宏大、苟くも生を本邦に稟けたる者は、之れを視ること赤子の如く、一民も其の所を得ざれば深く宸襟を惱ましたまふを以て、山間僻遠の地、蝦夷松前の末に至るまで普く撫恤を加へたまはんとす、奥羽の民たる者、宜しく朝旨を遵奉して各〻生業に勉勵すべしと、○官中日記、法令全書

東海・東山兩道各驛に目安箱を設置し、庶民をして思ふ所を建言せしむ、○法令全書

令して鑛山開掘を許し、府藩縣をして其の管内鑛山の採出額を鑛山局に錄上せしむ、○太政官日誌、法令全書

二十一日　典侍中山績子大典侍隱居せるを以て、正三位に敍し、新大納言の稱を賜ひ、縮緬二卷・白銀三十枚代金十五兩別に判金一枚・繻珍小袖・御服被衣を賜ふ、特に永年の勤勞を賞し、黄金五枚を加賜す、績子文化四年光格天皇の朝、儲君仁孝天皇の上﨟と爲りしより長く宮中に奉仕し、今や齡已に七十五歳に躋るを以て職を辭せるなり、是の日、典侍廣橋靜子帥典侍を大典侍と稱せしめ、從四位下に敍し、典侍四辻淸子權典侍を權中納言典侍、典侍葉室光子新典侍を權典侍、典侍橋本夏子今參を新典侍と改稱せしむ、又新に式部大輔唐橋在光の女貞子を掌侍と爲し、今參と稱せしむ、乃ち貞子に謁を賜ひ、

賜物あること例の如し、靜子以下恩を謝して各〻鮮魚一折を獻ず、〇官中日記、廣橋胤光日記、橋本實麗日記、押小路甫子日記、伏見宮御達竝諸願伺届留

元會津征討越後口總督府參謀前原一誠の兵部卿嘉彰親王を輔翼し、速かに東北平定の功を奏せしを賞し、太刀料金三百兩を賜ふ、〇太政官日誌、百官履歷

二十二日　通商司を諸開港場に置き、貿易事務を管せしむ、〇太政官日誌、官中日記

皇太后新殿移徙後行啓始

二十三日　皇太后新殿移徙後の行啓始として參內あらせらる、巳の刻御出門、供奉仙洞の例に準ず、天皇乃ち常御所に於て御對面、盃三獻の儀あり、花鳥間に於て供奉の女官等に酒饌を賜ふ、是の日、皇太后新殿移徙の恩を謝して花瓶附臺一箱・二種一荷を、又立太后賀儀として庭煙草盆一箱・寄肴一折を獻ぜらる、天皇同じく賀儀として紗綾三端・高坏二本を進じたまふ、夕刻より宴あり、且御籤の事あり、歡を罄して亥の半刻還りたまふ、是の時、天皇、行啓始を賀して側棚一箱・鮮魚一折を、又親ら萌黃地帙に銀地角取紙入一組・文鎭一個・袖入一個・煙管一本・筆洗一個・水注一個を納めて之れを進ぜられ、供奉の女官等に金品の下賜あり、皇太后歸殿の後、更に二種一荷・絹三匹の御贈答あり、〇大宮御所祇候日記、押小路甫子日記、青山御所御納戸日記

東京市民に吹上御苑拜觀を許す

東京城吹上御苑を灑掃するを以て、之れを機として是の日より三日間、東京市民に同苑の拜觀を許

す、是れ未だ曾て有らざる所なり、市民歡喜し、參集する者其の數を知らず、二十四日の如きは、拜觀者半藏門外に雲集し、雜閙を極め、遂に死者八人、傷者若干人を出すに至る、仍りて二十五日、特に金三百兩を其の遺族及び負傷者に下賜す、〇東京城日誌、公文錄、官中日記、木戸孝允日記、伊達宗城日記、青木信寅日記、岩倉家文書

親子内親王參内

二十四日　親子内親王、上京以來病に因り參内を延引せしが、既に癒えたるを以て、是の日、午の半刻頃東京より隨從せる侍臣を隨へて參内す、天皇、常御殿二の間に於て謁を賜ひ、天盃を賜ふ、次いで内親王、中宮御所に候す、夕刻内廷に内宴あり、歡談時の遷るを知らずして亥の半刻頃退下す、是の日、内親王初參内の賀儀として紅白縮緬十五卷・二種一荷を、別に机一箱・寄肴一折・細工物數種を獻ず、又故將軍德川家茂養母敬子より造花一箱、中納言德川慶賴妻光子より掛物二幅、從三位德川家達より同じく掛物二幅を獻上せるを以て、内親王之れを傳獻す、退下に際し、天皇、眞綿三十結・花瓶花臺一箱・綸子二端を賜ひ、親ら賜ふに萌黃地帙に小町形紙入一組・煙管一本及び袖入・筆洗・水注・人形各〻一個を納めたるを以てしたまふ、綸子は正月著用として下賜あるべきを延引して今日に及べるなり、〇靜寬院宮御日記、押小路甫子日記、橋本實麗日記

晃親王の請に依り、邦家親王第十七王子定麿王を以て其の養嗣子と爲すことを勅許あらせらる、二十七日、親王恩を謝して寄肴一折を獻ず、〇官中日記、公文錄、押小路甫子日記、依仁親王

東幸中太政官を東京に移す

東京御駐輦の間、太政官を東京に移し、留守官を京都に置くこととす、乃ち議定鷹司輔凞・參與岩下佐次右衞門・權辨事東園基敬・同山本實政等をして留守官員たらしむ、尋いで京都留守の宮・堂上竝びに諸官人に諭告し、戒愼以て事に當らしめ、又京都府をして府下の取締を嚴ならしむ、〇太政官日誌、官中日記

車駕東幸、且諸藩主以下東京に會同するを以て、沿道士民の衰微困憊せんことを慮り、諸道の驛遞賃錢を增加して平日の十倍とし、使役人馬の數を定む、但し限るに二月二十九日より四月二十九日に至る間を以てす、〇太政官日誌、法令全書

曩に前結城藩主水野勝知に隱居謹愼を命ぜしが、是の日、其の義叔父勝寛に祿一萬七千石を賜ひ、其の家を繼がしむ、〇官中日記、水野忠順家記

御講學

二十五日　漢學御會あり、四書輪讀を行はせられ、大學・中庸を訖へさせらる、侍從千種有任等奉仕す、〇梅溪通善日記

公議所開設の詔

車駕將に東幸し、衆議公論を採り、國是を一定せんとす、乃ち詔して公議所を開き、制度律令を議せしめたまふ、詔書に曰く、

朕將ニ東臨公卿羣牧ヲ會合シ博ク衆議ヲ諮詢シ國家治安ノ大基ヲ建ントス抑制度律令ハ政治之本

億兆ノ頼トコロ以テ輕シク定ム可ラス今ヤ公議所法則略既ニ定ルト奏ス宜シク速ニ開局シ局中禮法ヲ貴ヒ協和ヲ旨トシ心ヲ公平ニ存シ議ヲ精確ニ期シ専ラ　皇祖ノ遺典ニ基キ人情時勢ノ宜ニ適シ先後緩急ノ分ヲ審ニシ順次ニ細議シ以テ聞セヨ朕親シク之ヲ裁決セン

且在東京五等官以上の諸官をして各ゝ意見を陳ぜしめ、限るに三月十五日を以てす、又議事所を東京城に置き、公卿・諸藩主・二等官以上の會議を興さんとするを以て、議事取調局に命じて其の規則を草せしむ、○太政官日誌、官中日記

二十六日　特に勅して京都妙心寺の前住職蓬州に大圓正覺禪師の號を賜ふ、宣文に曰く、

勅前住妙心蓬州和尚者開山六朝國師八世正宗法幢禪師的孫也夙徹大道源登正覺位常提佛心印乘弘願輪開化門於十方利生濟世陰翊皇化建法幢於諸刹拈槌竪拂宣揚祖宗遠近檀信服其慈誨湖海龍象浴其恩波實是超宗大士可謂出格名師也德音充日域道價播扶桑

叡感之餘特立嘉號賜大圓正覺禪師

○大内記新作留

二十七日　來月七日京都御發輦、東幸の途に上りたまふを以て、是の日より一七日間、神宮・賀茂下上社・上下御靈社等に輦路平安、玉體康寧を祈禱せしめたまふ、尙皇后亦諸社に祈願あらせらる、

○久志本家日記、久志本常庸公文所日記、青山御所御納戸日記、賀茂別雷神社記、下御靈社日記

祈年祭再興

二十八日　祈年祭を再興せらるゝを以て、二十六日より宮中神事に入る、二十七日全改火を行ひ、御行水、御髪の湯を召させらる、是の日、吉田社齋場所太元宮を神祇官代と爲し、上卿内大臣廣幡忠禮・辨右中辨葉室長邦以下參向して奉幣使發遣の儀を行ふ、奉幣使は神祇大副藤波敎忠奉仕す、辰の半刻、天皇紫宸殿に出御、御拜あらせらる、尙祭儀復興に因り、内侍所に御鈴を奉り、初穗三百疋及び鮮魚を供へらる、皇太后・皇后・淑子内親王・親子内親王倶に賀して鮮魚を獻ぜらる、天皇各〻鮮魚を贈進して之れに應へたまふ、祈年祭は天神地祇に年穀の豐熟を祈らせらるゝ祭儀にして、事民命に繫る所甚だ重し、然るに中世以來祭祀廢絶し、而も祈年の功に豐熟の稻穀を以て諸神を祀る新嘗祭ありて祈年祭なきは理に於て盡さずとの神祇官の建言ありしを以て、玆に是の典を復したまへるなり、○太政官日誌、祭典錄、公文錄、己巳祭儀、祈年祭一會、非藏人日記抄、久志本家日記、山科言成日記、押小路甫子日記

宮・堂上に令し、菊紋章附器物を祈願所に寄附し、且新に祈願所を設くることを禁ず、○官中日記、法令全書

東幸供奉公卿・藩主以下の服裝及び騎馬の制を定む、卽ち御出輦には公卿・藩主は衣冠・著袴、御社參には御拜奉仕者は束帶、其の他は衣冠・單・差貫、輦路には狩衣若しくは直垂を用ゐ、公卿以下徵士の道中供奉當番の者は騎馬たるべきこととす、○法令全書

岩倉具視三事を建議す

外交の事

英國公使パークスの請を聽し、未の刻東京城吹上御苑を觀覽せしむ、○公文錄、伊達宗城日記

議定岩倉具視、書を輔相三條實美に呈し、外交・會計・蝦夷地開拓の三事を論じ、之れを朝議に付せんことを請ふ、其の要に曰く、第一、外交の事たる、國家安危の繫る所にして最も深慮遠謀を要す、嘉永六年米艦渡來せしより、和戰の議論紛々として起り、事難悉く端を玆に發す、卽ち孝明天皇遜位の詔を下したまひしと云ひ、水戶賜勅と云ひ、尊融親王の蟄居、四公の落飾、戊午の大獄、櫻田門外の變、姉小路公知の兇刃に斃れたる、七卿の西竄したる、或は大和・但馬の一擧、或は堺町の騷變、長防の國難、敦賀の慘死、幕府の倒壞、又伏見・鳥羽・房總・兩野・奧羽越の兵亂等、數へ來れば皆是れ外交の事に起因せざるはなし、而して王政復古するに當り、世人竊かに以爲らく、必ずや攘夷の命下るべしと、而も外國交際を開くの令發せられ、尋いで外國公使の參朝を見る、舊幕府の時に在りては洋裝する者は禁門に入るを許されず、今や如何、世人之れを觀て謂はん、朝廷前に攘夷を主張せるは、卽ち之れに藉口して討幕の擧に出でたる謀略なるなからんかと、抑〻今日外國交際の所以を領會する者、世上果して幾人かある、故を以て今の時に方りては、外國と交際を開かざるべからざる所以を天下に宣明して世人の蒙を啓くを急務と爲す、又其の曉諭の事項の一として、世界萬國苟くも生を稟くる者、豈夷狄禽獸を以て輕視すべき理あらんや、宜しく朋友の禮を

以て接し、信義の道を以て交はり、學を修め、智を磨き、交通貿易して互に有無を通ずべき旨を加ふるを要す、是れ天下の公道、獨り我が國のみ鎖國の舊法を墨守することを得んや、故に國家の富强を謀らんと欲せば、宜しく諸港灣を開きて貿易を盛にし、以て其の利を收むるに如かず、嘗て舊幕府外國と交際を開くに當り、事を閣老間に決して俄かに條約を締結し、偸安是れ事とし、遂に其の覆亡を招けり、外交の事は先づ衆議を一にし、公明正大以て事に臨み、和親すべきは和親し、戰鬪すべきは戰鬪し、進退周旋其の宜しきを得て皇威を墮さず、國權を損せざるを以て一大眼目と爲さば、天下億兆其れ朝旨の在る所を領會せん、既に國威を墮さず、國權を損せざるを眼目とす、然るに諸外國擅に兵を我が港内に駐屯せしむるのみならず、居留外人にして我が國法を犯すも、朝廷之れを如何とも爲すこと能はず、之れに反し、邦人にして外人を殺傷せんか、償金を輸し、其の罪を謝せざるべからず、然るに外人にして我が國人を殺傷するも、亦之れを如何とも爲すこと能はずと謂ふに至りては、國威振ひ國權立つと謂ふべからず、是れ條約改訂の要ある所以にして、國際上條約改正に至るまで外國交際に關する國法の制定を急務とする又理なしとせず、以上亦天下億兆宜しく意を此に致すべき旨を諭し、以て大に之れを奮起せしむべし、既に外國公使參朝の禮を致せり、我が國亦勅使を海外に遣はし、帝王大統領を歷訪して條約改正の事を協議せしむべし、又海外に渡航する者の取締を嚴にし、無頼の徒をして皇國の威信を海外に失墜せざることに力めしむべし、清國は輓近國勢委靡して振はず、朝鮮亦國小にして羸弱なり、然れども共に亞細亞洲に位し、一衣帶水を隔てゝ我が國と鄰り、同文にして同種、好を通ずること亦久し、速かに勅使を派して舊好を修め、鼎立の勢を爲さしむべし、第二、會計の立たざるや、其の因既に遠し、舊幕府、天下の政權を掌握すること久しく、百弊竝び生じて政挨擧らず、其の末葉に至りては國力疲弊して財帑匱乏す、是に於て粗惡なる金・銀・銅の貨幣を濫鑄して目前の急を救ふに糊塗せり、朝廷其の後を受けしより、積弊疊出し容易に收拾すべからず、自今以後如何なる財力を以て之れが會計を立てんとするか、而も財政の事たる國家安危の繫る所、若し一歩其の道を誤らんか、國家の機能盡く停滯するに至らん、人或は謂はん、朝廷は既に八百萬石の土地を領す、成さんと欲せば天下何事か成らざらんと、然れども客歳、東北の軍資千餘萬兩と、楮幣の流通二三千萬兩とあり、又諸藩私鑄の贋金にして朝廷に於て兌換せざるを得ざるもの數千萬兩あり、八百萬石の土地より得る所の現米二百萬石を以て之れを處辨せんとす、其の難きや固より言を俟たず、加ふるに皇室及び政廳の經費あり、海陸軍擴張の費用あり、是れ等の如きは今後如何にして之れを支辨することを得べきか、故を以て宜しく國家會計の窮乏を天下に公表すべし、又畏くも至尊朝夕の奉を節して敢へて豐にしたまはず、供御の費より後宮に至るの歳費を十萬石と限定して國家會計の本を立て、國家の困窮を救濟せんと欲したまふの大意を諭すと共に、在廷の諸臣審思熟慮、量入制出の計を運らし、傍ら萬國の貨幣に比較して新金銀貨を鑄造し、大に融通の道を興して財力を豐富にすべし、是れ目下の急務なり、第三、蝦夷地開拓の事たるや、多年識者の論ずる所なりと雖も、幕府因循姑息、何等施設することなかりしは遺憾と謂ふべし、之れに反して露人此の土に著眼垂涎するや久し、天の皇國に賦與せし土地を棄てゝ顧みず、徒らに外人の蠶食に委せしむるは、此れ豈吾人の忍ぶ能はざる所にあらずや、客歲、天皇、在廷の臣僚に諮問したまひ、開拓事業其の緖を開きたりと雖も、未だ以て足れりと爲すべからず、今や奧羽既に平定し、箱館の賊徒亦日ならずして勦滅せんとす、宜しく此の好機を逸せず、畢生此の土の開拓に盡瘁すべき有爲の人材を選びて其の事務を專任せしむべし、先づ議定・參與・辨事各〻一人を差遣して事業を經畫し、多年山野を跋涉し地理に明かなる有志者を扶助し、且士民を敎諭し、墾田漁獵に從事せしめ、海陸の利を興すことに努めしむれば、數十年ならずして殷賑の土地と化すべし、斯くして土地相開け、住民繁殖し、府或は縣を置き、敎化を布洽せば、必ずや一小日本國を現出すること敢へて難きに非ざるなり、內は以て殖產興業旺盛と爲り、外は以て外人の覬覦を絕ち、皇國の勢威是れより海外に宣揚することを得ん、論者或は謂はん、今や國家の財政未

蝦夷地開拓の事

だ立たざるに當り、斯くの如き一大事業を起すは不可なり、須く數年の後を待つべしと、然れども此の地未だ一の貨幣有るにあらず、土地を開き、敎化を施さんと欲せば、僅かに酒と煙草とを與ふれば足る、且內地人民に楮幣を與へて其の費に充つれば可なり、是れ實に與し易きのみ、徒らに財政確立せざるの故を以て、此の好機を失ふべきに非ざるなりと、○岩倉公實記

賀茂社に行幸

二十九日　賀茂下上社に行幸あらせられ、東幸輦路の平安を祈禱したまふ、卯の半刻紫宸殿に出御、直に葱華輦に御して御出門あらせらる、熾仁親王・輔相三條實美・內大臣廣幡忠禮・議定中山忠能・同中御門經之・同池田慶德等供奉す、辰の刻下賀茂社に著御、御拜あり、畢りて競馬を天覽あらせらる、巳の刻同社御發輦、上賀茂社に幸す、諸臣騎馬又は徒歩にて扈從す、巳の半刻頃同社に著御、御拜あり、競馬を叡覽の後、便殿に於て熾仁親王以下供奉の諸員に酒饌を賜ひ、未の刻啓蹕、同半刻過還幸あらせらる、是の日、下賀茂社より植葵桂一臺・鯉魚一桶・清酒一荷を、上賀茂社より同じく植葵桂一臺・鯉魚一桶・清酒一荷を獻ず、○太政官日誌、祭典錄、公文錄、議政官日記、賀茂別雷神社記、賀茂下上社行幸御列、有栖川宮御達竝諸願伺屆留、非藏人日記抄、柳原前光輒誌、冷泉爲理日記、梅溪通善日記、神祇官日記、門脇重綾辨事在職中日記、押小路甫子日記、青山御所御納戸日記

權辨事戸田忠至を遣はして東幸の輦路を檢せしむ、仍りて沿道の府藩縣に令し、諸事客歲東幸の例に準ぜしむ、○公文錄

是の月　東京在留の官吏に令し、再幸を待ちて立后賀儀の獻物を爲さしむ、〇法令全書

明治天皇紀　巻二十八

明治二年

三月

眉拭の儀

一日　眉拭の儀を行はせらる、宮・堂上・在京諸藩主等の參賀を受け、祝酒を賜ふ、是の日、内侍所に御鈴を奉り、强供御・鮮魚・昆布・神酒等を供へ、上下御靈社に代參を遣はして各〻初穗を供へたまふ、又皇太后・皇后に各〻金千五百疋・强供御・昆布・清酒・鮮鯛等を進め、淑子内親王・親子内親王に各〻眞綿・鮮魚を贈り、女官竝びに舊女官に賜物あり、皇太后・皇后亦之れを賀して各〻紗綾五卷・二種二荷、別に盃臺・鮮鯛を進じ、淑子・親子兩内親王參賀して賀品を獻ず、天皇對面ありて祝酒を進めたまふ、宮中の俗、幼時八字眉とて眉に黛を施す、十五歳元服に當りて引眉に改む、十八歳に至りて引眉を除き、自然の眉を立つ、之れを眉拭と云ふ、○太政官日誌、平松時厚在職中日記、大宮御所祗候日

記、橋本實麗日記、梅溪通善日記、桂宮日記、押小路甫子日記、青山御所御納戸日記、岩倉家文書

二日　內侍所御拜あり、初穗を奉りたまふ、○押小路甫子日記

熊本藩世子細川護久を以て參與と爲し、四日、鹿兒島藩主島津忠義を議定出仕と爲す、五日、長崎府知事澤宣嘉を參與と爲し、東幸中京都留守を命ず、○太政官日誌、議政官日記、肥後藩國事史料、細川家譜、百官履歷

三日　上巳の節なるを以て、巳の刻小御所に於て三等官以上の賀を受けたまひ、畢りて酒饌を賜ふ、未の刻皇太后參內あらせられたるを以て御對面、御盃の儀あり、皇太后、天皇に獻ずるに花瓶・薄板及び寄肴を以てし、更に車駕東幸につき、御挨拶ありて箱物を進ぜらる、夕刻、天皇、皇太后と倶に中宮御所に臨御、皇后に物を贈り、雛人形を天覽あり、夜、內宴を開きたまふ、扈從の者に酒饌を賜ひ、御鐵の事あり、亥の半刻に至りて還御あらせらる、其の際皇后、天皇に箱物及び鐵の物を獻ぜらる、是の日、諸官宮中參賀の後、大宮御所竝びに中宮御所に參賀す、○宮中日記、龜井茲監奉務要書殘編、嵯峨實愛備忘、橋本實麗日記、大宮御所祗候日記、押小路甫子日記、青山御所御納戸日記

毛利敬親島津久光上京す

山口藩主毛利敬親・鹿兒島藩主島津忠義の父久光、勅を奉じて前後上京す、是の日、二人倶に參內し、曩に勅使を賜はりたる恩を謝す、天皇乃ち二人を小御所に引見して天盃を賜ふ、尋いで鶴間廊下休息所に於て酒饌を賜ふ、六日、二人、復倶に參內して連署の建言書を上り、人材を精選し、衆

議を採納し、一視同仁の叡慮を以て海内を統馭せられんことを奏請す、同日、久光を参議に任じ、左近衞權中將を兼ねしめ、又從三位に敍し、特に御料の打衵を賜ひ、別に置物その他を賜ふ、敬親には中啓・床飾を下賜せらる、久光恐懼し、翌日表を上りて官を辭す、聽したまはず、○太政官日誌、官中日記、新納立夫日記、非藏人日記、木戸孝允日記、大久保利通日記、毛利敬親上京中側日記、毛利公爵家之回答書、島津家國事鞅掌史料、忠正公一代編年史、島津久光公實紀

四日　明年は仁孝天皇二十五回聖忌に丁るを以て、親子内親王の京都滯在の期を延べ、之れを府中藩主徳川家達に達せしめたまふ、○太政官日誌、駿河藩主徳川家達に達せしめたまふ、○太政官日誌、橋本實麗日記

出雲國造家千家北島二氏敍位の舊典を復す

從五位下千家尊澄・同北島全孝に謁を賜ひ、各〻大和錦二卷を賜ひ、更に從四位下に推敍せらる、千家・北島二氏は倶に出雲國造家にして天穗日命の後裔なり、血統連綿五十四世孝時に至り、其の男貞孝、北島氏を稱し、二男孝宗、千家氏を稱し、爾來國造兩立して大社に奉仕せしが、中古以來敍位の事廢絶す、今次復古の際特に舊典を復し、是の月二日、尊澄・全孝を從五位下に敍す、是の日、二人、敍位の恩を謝せんがため參内せるなり、○公文錄、官中日記、議政官日記、華族明細短册、非藏人日記

池田茂政等に東幸中桂御所等の警衞を命ず

前岡山藩主池田茂政に東幸中桂御所警衞を命ず、五日、姫路藩主酒井忠邦の桂御所警衞を免じ、更に中宮御所警衞を命ず、六日、東幸中幟仁親王を桂宮御用掛と爲し、尋いで前左大臣二條齊敬を大宮御所御用掛、同近衞忠凞を中宮御所御用掛、左大臣九條道孝を靜寛院宮御用掛と爲す、同日又留

守熊本藩以下十三藩に内外諸門の守衛を命じ、和歌山藩をして大阪の警守を嚴にせしめ、福岡藩の同地警衛を罷む、〇太政官日誌、公文錄、有栖川宮日記、大宮御所祗候日記

五日　再幸につき、鹿島・香取・氷川の各神社及び東京准勅祭社に七日より一七日間平安を祈禱せしむ、十四日祈禱滿了せるを以て、各社玉串を獻ず、又皇太后嚢に賀茂兩社・御靈兩社・北野天滿宮・城南宮に命じて東幸輦路の平安を祈禱せしめられしが、是の日滿了せるに因り、天皇に神符及び寄肴を贈進せらる、天皇乃ち文匣竝びに寄肴を贈りて之れに酬いたまふ、〇祭典錄、青山御所御納戸日記

宇和島藩主伊達宗德を譴めて謹愼を命じ、其の支封吉田伊豫藩主伊達宗敬を譴責す、客歲九月、二人倶に箱館征討軍津輕藩兵應援の命を拜せしが、其の出兵、期に後れたるを以てなり、尋いで十二日、前宇和島藩主伊達宗城進退を候す、乃ち謹愼を命ず、〇太政官日誌、宇和島藩廳記錄

六日　前名古屋藩主德川慶勝を引見して天盃を賜ひ、且短刀一口を賜ふ、又慶勝及び參與淺野長勳を以て議定と爲し、長勳を權中納言に任じ、從二位に敍し、辨事神山佐多衛を參與と爲す、〇太政官日誌、議政官日記、神山郡廉日記、尾張名古屋德川家譜、藝藩史要、三世紀事略

朝彥王の罪一等を減ず

特旨を以て朝彥王の罪一等を減じ、尙安藝國に在りて謹愼せしめ、現米三百石を賜ふ、客歲、事を以て朝彥王を安藝國に謫し、廣島藩主淺野長勳をして警護せしめしが、今、此の恩命を下したまへ

るなり、又伏見・鳥羽の事を以て前松山伊豫藩主久松定昭に蟄居を命ぜしが、是の日、特に之れを宥す、前今尾藩主竹腰正美亦事を以て蟄居を命ぜられしが、謹慎して哀を請ひしに因り、十日特に之れを宥す、但し二人倶に藩務及び家事に干與することを禁ず、○太政官日誌、公文錄、官中日記、門脇重綾維新公書、美濃今尾竹腰家譜、藝藩史要

嚢に復飾を命ぜられし興福寺の元門跡・元院家及び藤原氏堂上出自の元住侶を堂上格に列し、他姓堂上出自の元住侶を一代限堂上に加へ、地下出自の元住侶は姓を改め新に春日神社社司と爲す、但し位階は孰れも從五位下と爲す、尋いで春日神社神司松園隆溫以下二十二人を堂上に准ず、○公文錄、山科言成日記

大和國十津川鄉士の多年王事に勤勞せるを賞して現米五千石を賜ひ、鄉中の豪族十人を中士に班し、且兵を出して京都に宿衞せしめ、其の地六十箇村を奈良府に屬せしむ、○官中日記、議政官日記、門脇重綾維新公書

山縣狂介西鄉眞吾を露佛兩國へ差遣

山口藩士山縣狂介・鹿兒島藩士西鄉眞吾從道を露佛兩國に差遣し、地理形勢を視察せしむ、尋いで二人に英國倫敦に留學を命ず、○太政官日誌、官中日記

東幸御發輦

七日　東幸のため京都を發したまふ、卯の刻頃小御所に出御、留守議定以下諸臣に謁を賜ひ、同半刻紫宸殿に出御、直に葱華輦に乘御、內侍所を奉じて建禮門を御出門あり、輔相三條實美・議定中山忠能・同中御門經之・同池田慶德・參與阿野公誠以下供奉す、名古屋藩主徳川徳成は先驅として

去る四日進發し、彦根藩主井伊直憲は前衞、金澤藩主前田慶寧は後衞として各〻藩兵半大隊を率ゐて護衞したてまつり、水口藩主加藤明實は內侍所警衞供奉を奉仕す、供奉の列に加はる者總て三千五百餘人なり、留守熾仁親王以下公卿・在官藩主・五等官以上及び徵士は大宮御所門前通に於て、其の他の在京諸藩主は九條道孝第前に於て奉送す、順路は略〻客秋東幸の際と同じ、辰の半刻粟田口靑蓮院に御小憩、奉送の三等官以上の諸員に謁を賜ふ、同院菓子を獻ず、次いで板輿に移御して發したまふ、山科の奴茶屋に御小休、午の刻大津（本陣大塚嘉右衞門の家）に著御、御晝餐、圓滿院より昆布一臺、園城寺より菓子一箱を獻ず、暫くにして發御、鳥居川に御小休、申の半刻草津に著御、行在所（本陣田中七左衞門の家）に入りたまふ、內侍所は同驛田中九藏の家に奉安す、膳所藩主本多康穰郊迎し、且行在所に候して鮒魚を獻ず、錦織寺亦白砂糖を上る、是の日、行在所警衞の膳所藩兵に酒肴料一萬疋を賜ふ、爾後各地に於て警衞の藩兵に酒肴料を下賜して其の勞を慰したまふを例と爲す、○太政官日誌、公文錄、官中日記、議政官日記、大藏省文書、御布告留記、有栖川宮御達竝諸願伺屆留、非藏人日記抄、大宮御所祇候日記、柳原前光輒誌、山科言成日記、橋本實麗日記、梅溪通善日記、廣澤眞臣日記、押小路師親日記、中山績子日記、押小路甫子日記、靑蓮院御用部屋日記、東京御再幸供奉雜誌、成瀨正肥朝覲留、百官履歷

始めて公議所を開く

公議所第一回會議を東京に開く、午の刻、議定正親町三條實愛・軍務官准副知事久我通久・辨事大原俊實・神祇官權判事古川三郎・會計官判事長谷川三郎兵衞・刑法官判事佐佐木三四郎及び議事取

公議人分課を定む

調御用掛・諸藩公議人二百二十七人參集し、抽籤を以て席次を定め、諸員著席するや、議長秋月種樹、客月二十五日下したまへる勅書を捧讀す、諸員平伏拜聽す、畢りて御下問五條の議案を各議員に配布し、異議ある者は次會に之れを錄して提出せしむ、申の刻議畢りて退散す、是の日、公議人分課を勸農・租稅・驛遞・貨幣・外國交際・外國交易・礦山・度量・國内商業・開墾・學校出版・刑法・軍律・海軍・陸軍・宗門・營繕水利の十七課に分ち、議長は更に議事心得八條を頒つ、曰く、一、公議人は其の課に限らず總て議案を作るべきこと勿論なれども、特に擔當の課に就きては議案調製に盡力すべし、二、公議人は議案の可否を論定するを以て本務とす、三、各課調製の議案は之れを議長に提出すべし、四、他より建白若しくは箱訴等あらば、議員幹事之れを調査して適當の課に廻送すべし、五、各課に於て議員幹事より受けたる建白書等は、調査の上採用すべきものは體裁を整へて議案と爲すべし、六、事宜に由り、建白者・箱訴者を召喚して說明せしめ、法に觸るゝ時は說諭の上刪正して議案と爲すことあるべし、七、議案として公議に付するに當り、該案提出の課員と雖も他議員と同一に議席に著くべし、八、議案は允裁を經、法令として發布せる結果及び其の利害の如何を熟察し、之れを衆員に告示すべしと、又公議所法則案補を定めて議事の規準と爲す、斯くの如く廣く公議を採用し、國法を制定せんとするを以て、公議所目安箱を置き、庶人をして意

御下問案の審議

見を書して投函せしむ、十二日、開會、曩に配布せる御下問案たる諸侯より上士に至る處置規則案を討議す、其の一に曰く、諸侯其の所領の地を割きて末家と爲し、諸侯或は旗下等の一家格を立てたる後、其の者罪ありて改易せらるゝ時は、其の秩祿を朝廷に沒收する事、其の二に曰く、前條の者にして維新後德川家に隷屬する者も亦其の知行所を朝廷に沒入する事、其の三に曰く、諸侯其の藏米を支給して諸侯・旗下等の一家を立てし後、罪ありと雖も、其の祿固より諸侯の祿中に在るを以て、單に減籍するに止むる事、其の四に曰く、既に一家格を立てたる上は、國役に從事せざるべからず、仍りて其の祿高の多寡に應じ、所定の軍資金・軍役等を課する事、其の五に曰く、本家或は末家の都合を以て減籍希望の者には之れを聽許する事等なり、各議員其の意見書を朗讀し、畢りて説の是非得失を討議し、申の刻過に至りて散會す、

御用金の廢止を可決

十七日、開會、御用金の存廢に關する議案に就き討議し、二十二日、其の廢止を可決す、〇公議所日誌、官中日記、嵯峨實愛備忘

草津發御

八日　卯の半刻草津行在所發御、梅ノ木に御小憩、時に夜來の雨全く霽れ、風日和暢なり、巳の刻石部本陣小島金左衛門の家に御晝餐、次いで三雲に御小休、未の刻水口に著御、行在所本陣鵜飼喜内の家に入りたまふ、内侍所は三太寺境内の新舍に奉安す、水口藩主加藤明實天機を候し、眞綿一臺を獻ず、爾後、概ね朝は卯の刻發御、夕は申の刻行在所著御を例と爲す、〇太政官日誌、公文錄、柳原前光輒誌、押小路師親日記、東京御再幸供奉雜誌、御再幸一件留書帳、滋賀縣廳

報告

嘉彰親王の久留米藩主有馬頼咸女頼子を娶るを勅許あらせらる、後、十一月六日に至り、親王婚儀を行ふ、歸俗皇族の結婚之れを嚆矢と爲す、〔○公文錄、仁和寺宮家職日記、東伏見宮御達諸願伺屆書、彰仁親王年譜資料、太政類典〕

水口發御

九日　水口行在所發御、大野に御小休、巳の刻土山〔本陣土山平重郎の家〕に著御、御晝餐を上る、時に西大路藩主市橋長義天機を候す、午の刻過山內に御小憩、次いで鈴鹿峠を越え、坂ノ下に御小休、關に著御、行在所〔本陣川北久左衛門の家〕に入りたまふ、龜山〔伊勢〕藩主石川成之・隱居閑翁、車駕を封境に奉迎し、更に行在所に候し、鯉魚・鮮鯛を獻ず、津藩主藤堂高猷、世子高潔を遣はして天機を候し、且領內供奉を奉仕せしむ、是の日、午後微雨あり、龜山藩兵行在所を警衛す、是の日より伊勢・尾張兩國內輦路に沿ひたる延喜式內社にして、客歲東幸の際奉幣の事無かりし神社に順次勅使を遣はして幣を奉らしめたまふ、〔○太政官日誌、祭典錄、公文錄、柳原前光輒誌、押小路師親日記、東京御再幸供奉雜誌、滋賀縣廳報告〕

嚢に府縣に令して、聽訟斷獄の事は施政の順序に基づき、姑く舊貫に仍らしめしが、既に徒刑を設け、火刑を廢せるを以て、是の日、更に府縣に命じ、從來處斷せし體裁情實等を錄して四月東京會同の日を以て提出せしむ、〔○太政官日誌、官中日記〕

軍艦甲鐵以下北海に向ふ

客歲、德川氏の舊臣榎本釜次郎・大鳥圭介等箱館五稜郭に據り、松前・江差を拔き、兇暴を逞しくす、是に於て朝廷乃ち之れが追討の令を發し、陸軍は既に進みて青森に屯し、賊と海を隔てゝ對峙す、時漸く沍寒、北地大雪、用兵に便ならず、則ち東風融雪の候を待ちて撃攘せんことを謀る、是の歳二月、軍務官權判事増田虎之助明道を以て海軍參謀と爲し、軍艦を率ゐて北海に赴き、青森口總督清水谷公考の節度を受け、陸軍と協力して賊徒を討たしむ、偶ゝ軍艦武藏火を失し、又之れに代れる軍艦陽春修理の要ありしを以て、出航稽延す、是の日に至り、虎之助、軍艦甲鐵・春日・陽春・丁卯及び運送船四隻を率ゐ、品川灣を拔錨して十八日宮古港に著す、○蝦地追討記、己巳年間舊藩記事、勤勞事蹟、贈從三位大村君事蹟、維新實紀

關發御

十日　關を發したまひ、伊勢街道に入らせらる、津藩世子藤堂高潔、藩兵一中隊を率ゐて前驅し、且沿道に兵を配して警衞す、椋本・窪田に御小休、午の刻津賓館に著御、御晝餐、津藩主藤堂高猷、高潔と倶に天機を候し、鮮鯛を上る、乃ち謁を賜ひ、輔相三條實美をして之れを勞はらしめたまふ、既にして島貫に御小休、申の刻松坂に著御、行在所和歌山藩陣屋に入りたまふ、内侍所は御厨神社に奉安す、和歌山藩主德川茂承、重臣を遣はして天機を候し、鯉魚を獻ず、此の地、茂承の所領なるを以てなり、○太政官日誌、公文錄、柳原前光輒誌、押小路師親日記、東京御再幸供奉雜誌、伊勢津藤堂家譜、藤堂家日記、松坂町行在所平面圖、龜井玆監奉務要書殘編、南紀德川史、官幣使御參向御用諸事引留、三重縣廳報告、神宮要綱

藤井九成直幸及び高知藩士平川和太郎外十六人に積年報國の志を賞して各ゝ終身扶持を賜ふ、○太政官日誌

松坂發御

開墾役所を東京府に置き、無産の民を下總國小金原其の他不毛の地に移して開墾に從事せしむ、是れ脱籍徒食の者をして其の所を得せしめんがためなり、尋いで五月三日、開墾局を民部官に置き、開墾役所の事務を移管し、東京府判事北島千太郎秀朝をして開墾局知事を兼ねしむ、〇太政官日誌、官中日記、木戸孝允日記、百官履歴、法令全書

十一日　神宮親謁に由り、神宮に大御饌を奉るの儀を再興せしめたまふ、乃ち卯の刻、禰宜等、由貴大御饌に准じて之れを供進す、今次特に攝社祝部等を勤仕の列に加へらる、〇久志本常庸公文所日記

神武天皇崩御の日に丁るを以て、畝傍山東北陵に勅使として權大納言橋本實麗を差遣し、幣を奉らしめ、且寶祚長久・國家安泰・國運隆昌を祈願せしめたまふ、〇祭典錄、橋本實麗日記、大内記新作留

晴陰定まらず、未の刻過雨あり、卯の下刻松坂行在所發御、齋宮に御小休、小俣に至りて再び宸憩の後葱華輦に乘御して宮川渡御、東岸祓幄に著御あらせらる、宮司河邊教長輦前に進みて大麻を揮ひ、御祓を上る、是れより久居藩主藤堂高邦先驅し、午の刻豐受太神宮文殿に著御、之れを行在所と爲したまふ、内侍所は九丈殿に奉安す、度會府知事橋本實梁僚屬を率ゐて郊外に奉迎し、行在所に候して生魚二桶を獻ず、高邦亦天機を候し鮮鯛一折を上り、外宮一禰宜名代・同禰宜中總代より大麻一臺・鮑一籠を獻ず、〇太政官日誌、祭典錄、公文錄、柳原前光輒誌、久志本家日記、藤堂家日記、東京御再幸供奉雜誌、伊勢行幸之記、久志本常庸公文所日記、外宮行在所之圖、三重縣廳報告

豐受太神宮に親謁

十二日　天氣晴朗にして風塵なし、神宮に於ては寅の刻朝御饌を供して後、再び大床下に於て朝御饌供進の儀あり、辰の刻、天皇、黃櫨染袍を著御、葱華輦に御して行在所御出門、豐受太神宮に親謁したまふ、第一鳥居・第二鳥居間に於て祭主藤波教忠・宮司河邊教長奉迎して先導を奉仕す、御輦參道を進御の間、禰宜正殿の御戸を開き、幣物奉納の儀を行ふ、幣物は卽ち黃金二枚・白絹十匹・眞綿十把及び麻苧なり、御輦を第二鳥居の下に駐めたまふや、禰宜松木朝彦大麻を捧持し、輦前に進みて蹲踞の禮を行ひ、御輦に向ひ大麻の儀を上り、再び蹲踞して本座に復す、次に禰宜久志本常伴鹽及び榊の枝を捧持して進み、輦前に鹽水の儀を上る、乃ち御輦進御、禰宜等先驅し、權禰宜は一本榊邊に於て平伏す、外玉垣御門第四御門と云ふに到りて下御す、禰宜中之重に於て平伏す、是れより藺の草履を穿ち筵道を步したまふ、乃ち菅蓋を翳したてまつる、內玉垣御門玉串御門と云ふ前にて沓に更めたまひ、蕃垣御門前にて神祇官副知事龜井玆監御手水を上る、次に木綿蔓を議定中山忠能に付す、忠能之れを獻ず、乃ち徐に瑞垣御門を入御、軒下の濱床に著御あらせらる、宮司案上の太玉串を捧持して參進し、之れを副知事に渡す、副知事之れを獻ず、祭主進みて御前に出づるや、乃ち太玉串を祭主に授けたまふ、祭主之れを一禰宜久志本常庸に授く、常庸之れを捧持して正殿の階を昇り、大床の中央に設けたる案上に供へたてまつりて退下し、御階男柱の東方に於て天皇に向ひ平伏して本座に復す、是の時親しく御拜、拍手あらせらる、畢りて御歩を回し、瑞垣御門を通御の後草履に更めて歩したまふ、御蓋を翳したてまつること前の如し、時に禰宜數人左右に分れて前驅す、外玉垣御門通御の比、正殿の御戸を閉づ、是れより御輦に乘御、第二鳥居にて前驅の禰宜左右に蹲踞す、直に行在所に還御あらせられ、外宮御拜の儀畢る、御晝餐の後、皇太神宮御拜のため、午の刻御出門、文武百官正裝して供奉し、宇治橋渡御、午の半刻過皇太神宮文殿に著御、內侍所を一禰宜藤波氏朝の家に奉安す、御小休の後沐浴あり、未の刻皇太神宮に御拜あらせらる、其の儀、豐受太神宮に同じ、但し外宮は權禰宜一本榊邊に平伏せしが、內宮は御輿舍邊に平伏す、外宮は外玉垣御門、內宮は冠木鳥居外に下御若しくは乘御あらせられたるの別あり、未の半刻內宮文殿に還御、之れを行在所と爲したまふ、斯くして神宮親謁の盛儀を畢らせたまふ、抑ゝ天皇の兩太神宮親拜は實に神宮鎭座以來始めて行はせたまふ所の盛儀にして、其の儀典は神祇官勅を奉じて新定せし所なり、禰宜等の上れる解狀に曰く、謹みて舊典を考ふるに、今次の御親謁は神宮創基以來未だ曾て列聖の観幸を見ざるの洪蹤なり、方今陛下神武の神武を襲ぎ、六合を惟れ新にす、景行の景行を仰ぎ、四海を巡狩し、其の成功を大廟に告げたまふ、聖孝倉山の雲よりも高く、叡念宮川の水よりも深し、是れを以て神明相歆け、天壤以て和ぎ、堂々乎として千古の典を成し、洋々然として萬歳の聲あり、

皇太神宮に親謁

是れに由りて寶祚彌〻悠久に、國家益〻清平ならんことを禱り、恭しく丹衷を寫して奉賀言上すと、尚今次の神宮親謁に當り、神祇官副知事龜井茲監・同權判事北小路隨光・同青山稻吉を別宮竝びに攝社に遣はして代拜せしめ、別宮に金二千疋宛を、攝社に金千疋宛を供へしめたまふ、祭主藤波教忠は御祓大麻一合及び福多味五百を、伊勢盈子慶光院住尼は御祓及び干鰹一箱を、外宮禰宜一同は大麻一臺・鮑一籠を獻ず、又內宮禰宜權禰宜總代として五禰宜藤波氏命・七禰宜澤田泰綱行在所に候し、一萬度御祓及び肴一臺を獻ず、天皇、祭主に金千疋、宮司に金五百疋、宮司附屬に金二千疋、兩宮各禰宜以下に鰹節三百本・酒肴料金百兩を賜ひ、且今次の御用精勤を賞して更に兩宮禰宜以下に鰹節五十本・酒肴料金一萬疋を賜ふ、度會府知事橋本實梁に末廣一柄・絹二匹、同判事以下に絹或は酒肴料を、同府警衞兵士に金一萬疋を賜ふ、神宮警衞の久居藩主藤堂高邦に謁を賜ひ、且同藩兵士に金二萬疋を賜ふ、京都に於ては宮中に內祝あり、在京諸藩主及び三等官以上徵士等皇居に參賀す、

○太政官日誌、祭典錄、公文錄、官中日記、御東幸中日記、久志本常庸公文所日記、久志本家日記、孫福弘孚筆記、外宮子良館日記、柳原前光輒誌、押小路師親日記、藤堂家日記、中山績子日記、押小路甫子日記、青山御所御納戸日記、大宮御所祇候日記、東京御再幸供奉雜誌、龜井茲監奉務要書殘編、伊勢行幸之記、內宮御參拜之圖、外宮御參拜之圖、內宮行在所之圖、明治二年日記抄錄、官幣使御參向御用諸事引留、三重縣廳報告、藤波家系譜、河邊家系譜

待詔局を東京城に置く

待詔局を東京城に設け、庶民をして國家のために意見を上陳するを得せしむ、大政更始以來舊弊一洗、言路洞開、上下貫徹、毫も壅蔽する所無からしめんとす、故に天下の有志丹誠を竭し、國家の

宇治發御

ため建言して忌憚する所なく、朝廷に於ても漸次之れを採用すと雖も、尚未だ實效を擧ぐるに至らず、是れ畢竟朝意の下に徹底せざるに因るものと爲し、乃ち此の局を設け、假令草莽卑賤の輩と雖も國家のために建言せしめ、其の所長を採用せんとせるものにして、蒿萊に沒し欝々其の志を達する能はざる者無からしめんがためなり、而して姑く辨事局をして其の事務を兼ねしむ、○官中日記、民部官書記類、嵯峨實愛備忘、伊達宗城日記、平松時厚在職中日記、宇和島藩日記、職務進退錄、法令全書

十三日　車駕宇治を發したまふ、津藩世子藤堂高潔、雲出川邊より宮川迄前驅す、外宮文殿・小俣に御小休、次いで齋宮に至り宸憩中、和歌山藩主德川茂承、重臣を遣はして天機を候し、福多味一臺を獻ず、午の刻松坂和歌山藩仕入役所に著御、御晝餐、次いで島貫に御小休、申の刻津に著御、行在所賓館に入りたまふ、高潔行在所に伺候し、望遠鏡及び菓子を獻ず、鳥羽藩主稻垣長敬眞珠を、專修寺住職前大僧正堯熙菓子を獻ず、是の夜、藤堂高猷・高潔父子に各〻菓子及び包物を賜ふ、○太政官日誌、公文錄、柳原前光輒誌、押小路師親日記、久志本家日記、孫福弘孚筆記、東京御再幸供奉雜誌、藤堂家記錄、三重縣廳報告

智成親王照高院宮の修驗道總管を罷む、○官中日記

客歲十二月七日、龜田藩主岩城隆邦、奧羽諸賊と同盟して王師に抗衡せしを以て、封領の内二千石を削り、隱居を命ぜしが、是の日、其の養子隆彰に祿一萬八千石を賜ひて家を繼がしむ、○官中日記、岩城隆彰家

記

津發御

十四日　津行在所發御、上野・白子に御小休、津藩世子藤堂高潔江戸橋に、龜山藩主石川成之封境に奉送す、次いで神戸藩主本多忠貫の奉迎を受けて神戸（本陣富坂榮太郎の家）に著御、御晝餐の後、忠貫に謁を賜ふ、忠貫、白木綿五端を獻ず、次いで啓蹕、日永に御小休、申の刻四日市に著御、行在所（本陣黑川彦兵衞の家）に入りたまふ、内侍所は諏訪神社に奉安す、（○太政官日誌、公文錄、柳原前光輙誌、押小路師親日記、東京御再幸供奉雜誌、藤堂家記錄、三重縣廳報告）

天皇、國事を諮詢せんがため、晃親王をして親王總代として東京に至らしめたまふ、又前右大臣大炊御門家信等をして同じく東京に至らしめらる、（○太政官日誌、公文錄、梅溪通善日記）

大原重德等をして十津川郷を巡視せしむ

高山縣下の騷擾

是れより先、大和國十津川郷民は朝旨を誤り、近郷を煽動せるを以て、是の日、刑法官知事大原重德・奈良府知事園池公靜等をして十津川郷を巡視して之れを諭さしむ、十七日、重德、京都を發し、十津川に至りて懇諭する所あり、四月三日歸京す、又高山縣民中、知事梅村速水の施政及び其の行動を慊ばざる者あり、速水上京の虚に乘じて頑民を煽動す、去る二月二十九日、高山町に蜂起する者約二千人、兇器を携へて市中を横行し、火を民家に放ち、財物を毀損し、人命を戕害し、遂に發砲するに至る、縣官等之れを制する能はず、爲に名古屋・郡上二藩、兵を出して鎭撫に當る、既にして速水變を聞きて急遽歸縣するや、暴民之れを萩原に要す、速水遁れて援を苗木藩に請ふ、仍りて監察司知事宮原大輔積を遣はして之れを鎭撫せしむ、是の日、速水及び高山縣判事村上俊介等を罷む、幾もなくして事平ぐ、○太政官日誌、御書通案、大原重德履歷、職務進退錄、坤儀革正錄、公卿補任、明治史要、飛騨史壇

四日市發御

十五日　四日市を發したまふ、富田に御小休、巳の半刻桑名に著御、行在所本陣大塚與六郎の家に入りたまふ、內侍所は春日神社に奉安す、次いで小舟に乘御、打網の狀を天覽あり、是の日、供奉の金澤藩主前田慶寧・彥根藩主井伊直憲・水口藩主加藤明實・高德藩世子戶田忠綱等に謁を行在所に賜ふ、○太政官日誌、公文錄、柳原前光輒誌、押小路師親日記、東京御再幸供奉雜誌、御本陣記錄、桑名神社社務所報告、三重縣廳報告

會計官管する所の商法司を廢す、尋いで租稅司をして其の事務を管掌せしむ、○官中日記、法規分類大全

十六日　熱田宮に御代拜として右大辨坊城俊政を參向せしめ、幣物黃金一枚を獻らしめたまふ、○太政官日誌、祭典錄、公文錄、廣澤眞臣日記、直支配神社願窺屆、愛知縣聖蹟誌

桑名發御

桑名行在所發御、白鳥丸に乘御、木曾川を溯航し、船中に欸乃を聽きたまふ、巳の半刻前ケ須新田に御上陸、佐屋川堤通を經て佐屋本陣加藤五左衞門の家に御晝餐、次いで神守・萬場・高須賀に御小休、申の刻熱田に著御、行在所名古屋藩主德川德成の西濱別邸に入りたまふ、內侍所は八劍宮拜殿に奉安す、前名古屋藩主德川慶勝鮮鯛を、同藩主德川德成生魚を獻ず、熱田宮大宮司千秋季福神符及び熨斗を獻ず、是の夜輔相三條實美以下供奉員一同及び警衞の兵士に酒肴を賜ふ、○太政官日誌、公文錄、御書通案、柳原前光輒誌、押小路師親日記、押小路甫子日記、東京御再幸供奉雜誌、

佐屋宿御本陣留、於杼呂我中、愛知縣聖蹟誌、名古屋市史

熱田發御

十七日　例刻熱田を發したまふ、鳴海・東阿野に御小休、巳の半刻池鯉鮒本陣永田清一郎の家に著御、御晝餐、刈谷藩主土井利教天機を候し、眞綿五結を獻ず、西端藩主本多忠鵬亦候す、次いで大濱に御小休中、岡崎藩主本多忠直、重臣を以て天機を候し、杉原紙を獻ず、矢矧川を渡御、岡崎に著御、行在所本陣服部專左衛門の家に入りたまふ、擧母藩主内藤文成・西大平藩主大岡忠敬・西尾藩主松平乘秩名代世子乘承等天機を候し、忠敬は晒木綿を、乘承は杉原紙を獻ず、○太政官日誌、公文錄、柳原前光輒誌、押小路師親日記、東京御再幸供奉雜誌、西尾藩主松平乘秩記錄、愛知縣聖蹟誌

岡崎發御

十八日　車駕岡崎を發す、西尾藩主松平乘秩名代世子乘承封境に奉送す、藤川に御小休、赤坂本陣平松彥十郎の家に著御、御晝餐、吉田三河藩主大河内信古郊迎し、半原藩主安部信發御晝餐所に候す、次いで伊奈に御小休、吉田に著御、行在所本陣中西與右衛門の家に入りたまふ、内侍所は舍を新に設けて奉安す、信古行在所に候し、眞綿を獻ず、○太政官日誌、公文錄、柳原前光輒誌、押小路師親日記、大河内家日記、東京御再幸供奉雜誌、愛知縣聖蹟誌

昌平學校に府縣學校取調御用掛を置く、○法規分類大全

吉田發御

十九日　吉田行在所發御、二川及び白須賀に御小休、新井本陣飯田武兵衛の家に著御、御晝餐、吉田三河藩主大河内信古天機を候す、次いで御船に乘御、今切渡を渡御す、天氣晴朗にして順風なるを以て、御船

須臾にして舞坂に達す、御上陸、御小休の後啓蹕、篠原に宸憩、申の刻濱松に著御、行在所本陣杉浦助右衞門の家に入りたまふ、内侍所は諏訪神社に奉安す、尚輔相三條實美風邪に罹れるを以て供奉を辭す、是の日、供奉諸員竝びに警衞の兵士に酒肴を賜ひ、又今切渡船の水手等に金を下賜す、○太政官日誌、公文錄、御書通案、大河内家日記、柳原前光輒誌、押小路師親日記、廣澤眞臣日記、御東幸中日記、押小路甫子日記、東京御再幸供奉雜誌、東幸記錄、靜岡縣廳報告、愛知縣聖蹟誌

府中藩主德川家達駿河に米五萬俵を賜ひ、舊淸水家の臣隷に賑給せしむ、但し米に代ふるに金を以てす、○官中日記、華族家記

濱松發御

二十日　濱松を發したまふ、天龍川の船橋を渡御、池田及び見附に御小休、袋井本陣田代八郎左衞門の家に著御、御晝餐、次いで原川に宸憩の後掛川に著御、行在所本陣澤野彌三左衞門の家に入りたまふ、京都御發輦より日を閲すること十四日、輦路既に其の半を過ぎ、玉體恙あらせられず、仍りて供奉諸員に酒肴料を賜ひ、連日の勞を慰したまふ、○太政官日誌、押小路師親日記、柳原前光輒誌、東京御再幸供奉雜誌、靜岡縣廳報告

議定東久世通禧・參與後藤象二郎・同大隈八太郎に民政取調を命ず、○東京城日誌、職務進退錄、百官履歷

掛川發御

二十一日　車駕掛川を發し、日坂に至りて御小休、是れより山路なるを以て、夜啼石邊より山中十三町許騎馬にて進御あらせられ、小夜中山に宸憩、金谷本陣佐塚佐次右衞門の家に著御、御晝餐、午の刻大井川の假橋を渡御あらせられ、島田に御小休、申の刻藤枝に著御、行在所本陣村松伊右衞門の家に入りたまふ、時恰

も河水暴漲の季節なるを以て、假橋に故障あらんことを虞れ、掛員及び府中駿河藩主徳川家達の臣僚等心を勞する所多かりき、京都御所に於ては、本日大井川渡御あらせらるゝを以て、玉座に祝膳を供へ、御通輦の平安を祈る、又皇太后・皇后・淑子内親王互に賀品の贈答あり、中山績子以下女房賀して皇太后に重肴を、皇后に鮮魚を獻ず、諸臣亦參賀す、乃ち皇太后・皇后より績子其の他諸臣に祝酒を賜ふ、藤枝行在所に於ては供奉の議定中山忠能・同池田慶德等連署して書を京都留守議定・參與に致し、天機益〻麗しく御進輦、大井川渡御亦事無かりし旨を報ず、此の書二十五日京都に達するや、議定等直に之れを皇太后・皇后に啓す、○太政官日誌、公文錄、御書通案、柳原前光輒誌、押小路師親日記、冷泉爲理日記、押小路甫子日記、中山績子日記、桂宮日記、非藏人日記、東京御再幸供奉雜誌、子爵藤波言忠談話筆記

石清水八幡宮臨時祭

二十二日　石清水八幡宮臨時祭を行ふ、左近衞權少將梅溪通治を勅使として參向せしむ、天皇東幸の途に在らせらるゝを以て宮中に於ける勅使發遣等の儀なし、宣命に曰く、

天皇我　詔旨止　掛畏岐　石清水尓　御座勢留

八幡太神乃廣前尓恐美恐美毛申賜倍止申久去天祿元年與利始氐奉出賜布宇都乃御幣乎正四位下行左近衞權少將源朝臣通治乎差使氐令捧持氐東遊走馬調備氐奉出賜布掛畏岐

大神平久安久　聞食氐

天皇朝廷乎　寶位無動久常磐堅磐尓夜守尓日守尓護幸倍賜比天下國家乎毛平久安久守幸賜倍止恐美恐美毛申賜者久止申辭別氏申久去年凶徒乃禍起氏與利國土不穩公民毛不安食深久　叡慮乎凝志賜氏親躬東京尓　行幸志賜比志加纔尓日乎經月乎重留間尓安久穩尓成奴故一先此　皇城尓還利坐志氏公事毛無障久例乃隨尓遂行志免賜布者偏尓大神乃護賜加故止奈利畏美崇美賜布此狀乎　聞食氏益明助乎輝志此新　御代乎常磐尓堅磐尓彌遠長尓守助賜倍止恐美恐美毛申賜者久止申

○祭典錄、梅溪通善日記、冷泉爲理日記、押小路甫子日記、大内記新作留

藤枝發御

藤枝發御、岡部及び鞠子に御小休、午の刻駿河府中本陣小倉平左衞門の家に著御、御晝餐あらせらる、藩主德川家達奉迎し、御晝餐所に天機を候し、硯蓋・重几竹組細工・興津鯛を獻ず、天皇、家達を引見して包物を賜ふ、次いで啓蹕、小吉田に御小休、申の刻江尻に著御、行在所本陣寺尾與右衞門の家に入りたまふ、是の日、雨、供奉頗る艱苦す、○太政官日誌、柳原前光輒誌、押小路師親日記、東京御再幸供奉雜誌、渡邊安藏日記、靜岡縣廳報告東京府に令し、無籍及び漏籍者を檢覈して其の所を得せしむ、○官中日記、平松時厚在職中日記

江尻發御

二十三日　江尻發御、興津清見寺に御小休、清見潟・三保松原の風景を叡覽あらせられ、倉澤に至りて御小休、次いで蒲原本陣平岡久兵衞の家に御晝餐、次いで岩淵を過ぎ、富士川の船橋渡御、例刻吉原に著御、行在所本陣長谷川八郎兵衞の家に入りたまふ、○太政官日誌、公文錄、御書通案、柳原前光輒誌、押小路師親日記、東京御再幸供奉雜誌、靜岡縣廳報告

教育の普及に御軫念

教育の普及に軫念あらせられ、特に東北地方の教化に叡慮を注がせたまふ、是れより先、府縣施政順序を頒ちて小學校設立の事を定めしが、是の日、特に東北諸府縣に對し、速かに小學校を設くべき旨を令し、昌平學校より府縣學校取調御用掛を派遣することと爲す、又東京府をして中學校小學校取調掛を置かしむ、〇官中日記、公文錄、法規分類大全

吉原發御

二十四日　吉原發御、柏原・原に御小休、沼津本陣清水助右衛門の家に著御、御晝餐、未の刻三島に至らせられ、行在所本陣樋口傳左衛門の家に入りたまふ、內侍所は三島神社に奉安す、〇太政官日誌、公文錄、柳原前光輒誌、押小路師親日記、東京御再幸供奉雜誌、靜岡縣廳報告

公卿・諸藩士に令して曰く、今次の東幸は公卿・諸侯を會同し、衆議公論を採り、以て國是の大本を定め、萬世不易の鴻業を確立せんとの叡慮に出づるを以て、諸藩士は勿論公卿臣隷の輩に至るまで聖旨を奉體し、宜しく其の分に應じて報效の誠を輸すべく、各〻其の主より懇諭すべしと、又東京府民に告諭するに、四海平和、衆庶をして各〻其の業に安んぜしめんとする再幸の趣旨を奉體し、苟くも不法怠慢の行なく、至誠を以て公に奉ずべき旨を以てす、〇官中日記、法令全書

重ねて令を發し、內外人道路を往來するに互に相讓りて粗暴の所爲なからしむ、〇法令全書

二十五日　孝明天皇月忌に丁るを以て、後月輪東山陵に代參として前權中納言野宮定功を遣はし、眞榊を供へしめたまふ、〇押小路甫子日記

三島發御

晴、箱根の險路を越えさせらるゝを以て、寅の半刻三島行在所發御あり、韮山縣知事江川太郎左衛門先驅す、三ツ谷新田・山中新田・石割坂に御小休、巳の半刻過箱根（本陣駒佐五右衛門の家）に著御、御晝餐の後、前後衛兵中各〻十五人を選拔して角打を演ぜしめて天覽あらせられ、賞金を賜ふ、太郎左衛門此の地より辭去す、既にして發御、白見坂に御野立あり、畑及び湯本に御小休、申の刻小田原に著御、行在所（本陣清水金左衛門の家）に入りたまふ、小田原藩主大久保岩丸（忠良）郊迎し、又行在所に候して鮑を獻ず、是の日、議定正親町三條實愛・同蜂須賀茂詔・同山內豐信等の天機奉伺の書東京より行在所に至る、議定中山忠能等乃ち之れを奏す、京都御所に於ては、箱根御通輦の祝賀あらせらるべきも、孝明天皇月忌に丁るを以て、之れを二十七日に延引す、（○太政官日誌、公文錄、御書通案、大原家文書、御東幸中日記、柳原前光輒誌、押小路師親日記、押小路甫子日記、中山績子日記、非藏人日記、大宮御所祇候日記、東京御再幸供奉雜誌）

宮古港海戰

曩に品川海を發したる北征の軍艦竝びに運送船、共に宮古港に碇泊し、風濤の定まるを待ちて北航せんとす、是の日早曉、賊艦回天來り襲ひ、甲鐵艦を砲擊す、官艦應戰して之れを破り、且追擊す、賊の一艦高雄自ら燒き、其の徒、白石藩主南部利恭に就きて降を乞ふ、官艦亦賊彈を蒙り、死傷尠からず、是れより先是の月二十一日、箱館の賊將荒井郁之助等、官艦を襲はんがため、回天・蟠龍・高雄の三艦を率ゐて箱館を發し、翌日颶風に遇ひ三隻皆離散す、是の日、回天獨り宮古港に至り、官艦の碇泊するを見て直に甲鐵艦を衝けるなり、回天其の將甲賀源吾以下十數人を失ひ、纔かに逃れ歸ると雖も、激戰奮鬪大に官軍の膽を寒からしめたり、尋いで二十六日、官軍の艦船前後青森港に至る、○太政官日誌、蝦地追討記、東夷戰記、宮古湊戰、大野藩箱館戰記、政好日記、清水谷公考在陣日記

小田原發御

二十六日　例刻小田原を發御、藩主大久保岩丸酒勾川西岸に奉送す、神奈川縣知事寺島陶藏兵を率ゐて其の東岸に奉迎して前驅す、山西に御小休の後、大磯本陣小島才三郎の家に著御、御晝餐の後、馬入川の船橋を渡御、南湖に御小休、藤澤に著御、行在所清淨光寺に入りたまふ、金澤武藏藩主米倉昌言・荻野山中藩主大久保教義行在所に候す、○太政官日誌、公文錄、柳原前光輒誌、押小路師親日記、東京御再幸供奉雜誌

皇后御不例

皇后不例なるを以て、護淨院權僧正湛海に命じ、本日より三日間祈禱を行はしめ、二十九日、祇園社及び因幡藥師をして平癒を祈らしむ、二閱月にして漸く快癒、五月二十七日、牀拂あらせられ、女官・醫師其の他に金品を賜ふ、○橋本實麗日記、押小路甫子日記、護淨院湛海日記

藤澤發御

二十七日　車駕藤澤を發し、戸塚及び程ケ谷に御小休、神奈川在留の外國人等芝生村に奉迎して鹵簿を拜觀す、神奈川本陣石井源右衛門の家に著御、御晝餐、次いで川崎・蒲田に御小休、申の半刻品川に著御、行在所本陣鳥山金右衛門の家に入りたまふ、東京在留の議定正親町三條實愛・同蜂須賀茂韶・同東久世通禧・刑法官副知事池田章政等行在所門外に奉迎す、次いで天機を候するや、謁を實愛等に賜ふ、○太政官日誌、柳原前

光輒誌、嵯峨實愛備忘、押小路師親日記、龜井茲監奉務要書殘編、大御乳東京日記、宇和島藩日記

二十八日　快晴、辰の刻板輿に御して品川行在所を發御あらせらる、文武百官正裝して供奉し、前驅後衞隊伍を整へ、鹵簿京都御發輦の時に同じく、肅々として大路を進む、輦路の兩側には滿都の庶民堵列して聖駕を奉迎す、高輪・新橋通より尾張町通左へ、數寄屋橋門・大名小路を左折して馬場先門通を進輦あらせらる、同門外には四等官以下、門内には三等官以上の諸官、元平岡丹波守屋敷前には在府の諸藩主等整列して奉迎す、午の刻前天機麗しく東京城是の日改めて皇城と稱すに著御あらせられ、三等官以上に謁を賜ふ、供奉の公卿・藩主・徵士亦天機を候す、内侍所は山里の社殿に渡御あらせらる、乃ち御鈴・初穗金三百疋を奉る、是の日、諸官に休暇を賜ふ、翌二十九日は三等官以上、三十日は四等官以下、四月一日は在府諸藩主及び在國諸藩主の重臣、同二日は中大夫・下大夫・上士參賀す、乃ち藩主及び六等官以上には祝酒、七等官以下には酒肴料を賜ふ、京都御所に於ては、東京著御の日を以て祝膳を玉座に供へ、大宮御所・中宮御所竝びに祝賀あり、在京の宮・堂上・五等官以上・徵士及び諸藩主・在國諸藩主重臣・中大夫・下大夫・上士等をして、四月二日より三日以内に宮中・大宮御所・中宮御所に參賀せしむ、○太政官日誌、祭典錄、公文錄、官中日記、御布告留記、柳原前光輒誌、橋本實麗日記、押小路師親日記、嵯峨實愛備忘、保古飛呂比、押小路甫子日記、中山績子日記、桂宮日記、非藏人日記抄、大御乳東京日記、東京御再幸供奉雜誌、龜井茲監奉務要書殘編、成瀨正肥朝覲留、大藏省文書、法令全書、皇居御造營誌

二十九日　東京在留の議定・參與等を召し、謁を御學問所代に賜ひ、其の精勤を賞し、物を賜ふこと各〻差あり、○嵯峨實愛備忘、大御乳東京日記、宇和島藩日記

客冬、福山城賊のために陷落し、民庶兵禍に罹り、藩力疲弊せるを以て、藩主松前修廣に米三萬俵を貸與す、○官中日記、松前修廣家記、華族家記

靑森口總督淸水谷公考、出征海陸軍を檢閱し、且宮古港海戰に參加せる海軍各艦船長以下竝びに鹿兒島藩兵の戰功を賞して感狀を授け、一同に金或は酒饌を頒つ、○蝦地追討記、己巳年間舊藩記事、野田豁通日記、胸中記、勤勞事蹟

三十日　議定正親町三條實愛・同伊達宗城の勤勞を賞して各〻短刀一口を賜ふ、○嵯峨實愛備忘

神奈川縣知事寺島陶藏を以て參與と爲す、又參與兼外國官副知事大隈八太郎をして會計官副知事を兼ねしめ、贋金惡貨に關して惹起せる外交問題等を處理し、財政上の弊竇を革除せしむ、○東京職務進退錄、大隈重信關係文書、百官履歷、大隈侯八十五年史、文書より觀たる大隈重信侯

久我通久を鎭撫總督と爲し仙臺に赴かしむ

箱館の賊徒內地を侵さんとする處あり、陸奥の殘賊亦所在に潛伏し、又仙臺藩內騷擾し、脫走して箱館の賊に投ずる者あるを以て、之れを鎭撫せんため、是の日、三等陸軍將久我通久をして鎭撫總督を兼ねしむ、通久命を奉じ、四月二日、兵約六百人を率ゐ、船に搭じて品川海を發し、六日仙臺に至る、乃ち藩主伊達宗基に詰るに奸徒任用・贋金鑄造・殘賊隱匿等の五事を以てし、速かに之れ

を處置せしむ、十四日、宗基、重臣和田織部以下七人に屠腹を命じ、其の籍を沒し、以て罪を謝す、〇太政官日誌、柳原前光輒誌、蝦地追討記、久世景孝雜記、百官履歷、仙臺藩記、仙臺戊辰史

教導局の設置

是の月　敎導局を太政官に置く、尋いで七月八日に至り、宣敎使設置に因りて之れを廢す、〇法規分類大全

明治天皇紀　巻二十九

明治二年

四月

一日　朔日の祝儀として、皇太后竝びに皇后に各〻鮮魚一折を贈りたまふ、〇押小路甫子日記

天皇東京著御の報京都に至る、留守辨事之れを皇太后・皇后に啓す、〇中山績子日記、押小路甫子日記

外國人に對する暴行事件の頻發

二日　議定・參與等御前に候し、外國人に對する暴行事件に關し英國公使パークスと折衝の事情を陳奏して議する所あり、是れより先客月、品川街頭に於て英國公使に、横濱街上に於て佛國人に無禮を加へし者あり、其の他外國の官民を毆打する等、事故頻々として起る、英國公使等激怒し、政府を難詰して止まず、乃ち無禮の徒を搜索せしも未だ其の實を得るに至らず、公使等益〻憤激し、事將に重大ならんとす、乃ち此の議を作す所以なり、翌三日、議定德大寺實則・同蜂須賀茂韶、英

國公使を訪ひて謝せしも、公使意解けず、尋いで輔相三條實美・議定正親町三條實愛・參與兼外國官副知事大隈八太郎等、同公使を訪ひて懇談する所あり、又四日、令を下して外國人に對する粗暴の所爲を嚴禁し、五日、軍務官に命じ、東京・六郷川間を巡警して不虞に備へしむ、○公文錄、嵯峨實愛日記、伊達宗城日記、木戸孝允日記、熊本藩探索書控、復古帳、外交事類全誌、法令全書

曩に東幸留守中、中大夫・下大夫・上士各總代の京都御所伺候の日を毎月十五日と定めしが、是の日、之れを改めて毎月五の日とし、辰の刻より午の刻に至る間に參候せしむ、○公文錄、法令全書

公議所會議

公議所會議を開く、議長秋月種樹以下議事取調御用掛・議員等參集し、御下問第一號議案たる、諸侯より上士に至る本末處置規則案の改正案を議決し、次に福知山藩公議人中野齋提出の、里程計算法を整理し、一里を三十六町と爲し、且除外地を置かざる件の議案を討議す、七日、第一號議案に就き再修正の議起り、改刪の上再議決し、里數改正案を可決す、翌八日、議長は以上二件の裁可を奏請す、同日、軍務官判事森金之丞の提出せる、通稱を廢して實名のみを用ゐ、又官位を以て通稱に換ふる弊を矯むべしとの議案を前日に引續きて審議し、二十七日に至り之れを議決す、十二日の會議には會計官權判事神田孝平提出の、人材登庸の際漢土の進士及第法を參酌するの議案を討議し、又御用金廢止の件を再議に付して可決し、乃ち裁可を奏請す、十七日の會議には外國官判事山口範

通稱を廢し實名のみを用ゐるの議を可決す

藏芳《尚》・同中井弘藏出席して、外債償還及び悪貨流通等に關する事項を説明する所あり、〇公議所日誌

三日　馬に御して吹上御苑に出御あらせらる、十三日・十六日亦同じ、〇東京御再幸供奉雜誌、萩原員光日記

祿税の賦課

行政官支配・同附屬の者及び各官・府縣出仕者にして祿米二十五俵以上を受くる者に祿税を課す、其の税率、俸祿千俵の者は七分、五百俵の者は六分、五百俵以下三百俵迄は五分、三百俵以下百俵迄は四分、百俵以下二十五俵迄は三分とす、〇太政官日誌

國史の撰修を命ぜらる

四日　新に史局を開き、修史の業を起さんとし、詔して輔相三條實美に之れを總裁せしめたまふ、宸翰の勅書に曰く、

修史ハ萬世不朽ノ大典祖宗ノ盛擧ナルニ三代實錄以後絕テ續ナキハ豈大闕典ニ非スヤ今ヤ鎌倉已降武門專權ノ弊ヲ革除シ政務ヲ振興セリ故ニ史局ヲ開キ祖宗ノ芳躅ヲ繼キ大ニ文敎ヲ天下ニ施サント欲シ總裁ノ職ニ任ス須ク速ニ君臣名分ノ誼ヲ正シ華夷內外ノ辨ヲ明ニシ以テ天下ノ綱常ヲ扶植セヨ

是れより先三月二十日、史料編輯國史校正局を舊和學講談所內に設けしが、是に至りて此の命あり、〇宸翰御沙汰書、職官表、三條實美公年譜、明治史要

御乘馬日課

御責馬竝びに堂上・地下乘馬の日を改め、一・六及び三・八の日は倶に御責馬、一・六は堂上、三・

八は地下の諸員をして乘馬の練習を爲さしむ、時刻は同じく卯の半刻よりとす、〇太政官日誌

御駐輦中なるを以て、東京府に令して特に府下の取締を嚴にせしむ、〇太政官日誌

六日　松尾祭を行ふに因り、權中納言清閑寺豐房を以て上卿と爲し、左中辨勘解由小路資生を辨と爲す、東京行幸中なるを以て宮中に神事なし、〇祭典錄、冷泉爲理日記

七日　會計官知事萬里小路博房の山陵總管を罷め、左中辨勘解由小路資生を以て之れに代ふ、〇諸家系譜

民部官の設置

八日　太政官中に民部官を置き、府縣事務を總判せしむ、乃ち議定蜂須賀茂韶をして民部官知事を、參與廣澤兵助をして同副知事を兼ねしむ、又刑法官副知事池田章政を同知事と爲し、其の議定心得を罷め、參與神山佐多衞をして同副知事を兼ねしむ、甲斐府權判事清岡岱作公張を待詔局知事と爲し、議定東久世通禧に軍務官事務取調を命ず、尋いで十日、假に民部官規則を定め、他の五官に於ても各〻其の規則を定めて之れを上申せしむ、〇太政官日誌、東京職務進退錄、史官職務進退錄、大藏省文書、百官履歷

內辨事を置く

從來行政官辨事は宮中府中の事務を處辨せしが、新に內辨事を置きて專ら宮中の庶事を掌らしむ、又諸願伺等は總て之れを辨事に提出せしが、自今六官に關係する申牒稟狀は辨事を經ずして直に主管の各官に出さしむ、且尋常の案件は各官に於て處置し、其の事體重大若しくは決裁し難きものは

各官より輔相に稟申し、府藩縣に布告すべきものは辨事に提出せしむ、○太政官日誌、公卿補任

府縣の兵隊編成を禁ず

申ねて府縣に令し、私に兵隊を編成するを禁じ、其の既に編成せしものは其の兵數を軍務官に錄上せしむ、是れ兵制を一定する要あるを以てなり、○太政官日誌

曩に政府の紙幣を發行するや、世人之れを信用せず、爲に金貨と價位の等差を生じ、弊害甚だ大なるを以て、五官及び府藩縣の官員に令し、紙幣を以て金貨と兌換使用するを禁じ、其の減價の弊を助長することなからしむ、○太政官日誌

福羽文三郎を侍講と爲す

九日　神祇官判事福羽文三郎を以て侍講と爲し、高知藩士板垣退助を以て參與と爲す、○東京職務進退錄、諸家履歷

官軍江差を復す

青森口海陸軍參謀山田市之允、去る六日海陸兩軍を率ゐて青森港を發し、是の日、江差の北方乙部村海岸に進み、山口・福山等六藩兵を上陸せしむ、夫れより直に賊を掃蕩して海・山兩道より江差に向ひ、海軍亦之れを掩護して江差に進航し、砲臺を砲擊す、賊遂に支ふる能はず、兵器輜重を棄てゝ松前に走る、官軍乃ち江差を復す、○太政官日誌、土井利恆家記、松前修廣家記、備後福山阿部家譜、蝦地追討記、戊己征戰紀略、德山藩兵函館松前戰爭概略、弘前藩誌草稿、函館交戰記、討北紀略、北地過眼錄、麥叢錄、赤塚源六北地日記、勤勞事蹟、函館區史

陸軍編制軍資金の課徵

十日　曩に陸軍編制を布告し、諸藩士等に命じて祿一萬石につき軍資金三百兩を納めしめしが、是

の日、更に令して中大夫・下大夫・上士に至るまで同比率の納金を課す、○太政官日誌、法令全書

松前方面の戰況

是れより先、官軍江差を復するや、賊、松前に走り、福山城に據る、又壘を木古内・矢不來等に築きて官軍を防ぐ、官軍乃ち江差の兵を分ちて一は木古内に、一は松前に向はしむ、兩道人烟絶え、道路險惡にして行軍頗る艱む、是の日、松前口の官軍、賊を江良町村に撃ちて之れを破り、根部田村に至りしも、翌十一日、賊の襲撃する所と爲り、防戰利あらずして小砂子村に退く、江良町村亦賊の手中に落つ、既にして賊之れを棄てゝ福山城に退く、時に賊將大鳥圭介木古内に、同土方歳三二股に在り、十二日遲明、官軍之れを攻め、激闘二晝夜に亙るも捷たず、偶ゝ降雨あり、河水汎濫し、爲に軍隊の行動意の如くならず、○太政官日誌、土井利恆家記、松前修廣家記、弘前藩記錄拾遺、弘前藩士履歷、齋藤璉筆記、蝦地追討記、戊己征戰紀略、德山藩兵函館松前戰争概略、毛利元功家記、北地過眼錄、南柯紀行、奥越戰争日記、麥叢錄、赤塚源六北地日記、討北紀略、函館交戰記、大鳥圭介傳

御講學日課の改定

十二日　侍講福羽文三郎をして日本書紀を進講せしめらる、又御講學の日課を改め、二・七の日は辰の半刻より詩經講義を侍講中沼了三に、午の半刻より資治通鑑講義を侍讀秋月種樹に奉仕せしめたまひ、三・八の日は辰の半刻より詩經御稽古竝びに御復讀を、午の半刻より貞觀政要及び帝範の御親講を行ひ、種樹をして之れに侍せしめらる、四・九の日は辰の半刻より詩經御稽古竝びに御復讀あり、午の半刻より大學講義を了三に奉仕せしめられ、五・十の日は辰の半刻より詩經御稽古竝

びに御復讀あり、午の半刻より文三郎竝びに侍講平田大角をして國史を進講せしめたまふ、〇太政官日誌

鹿兒島・山口二藩に命じ、京都守衛の兵を以て皇城を守衛せしめ、又高知・佐賀二藩兵をして之れと守衛を共にせしむ、尋いで十四日、鹿兒島藩に增兵を命ず、十六日、津・岡山二藩をして各〻兵一大隊を出し、東幸御留守中京都を警衛せしむ、蓋し鹿兒島・山口兩藩兵東下するを以て、之れに代らしめんがためなり、翌十七日、山口・高知・佐賀三藩兵の皇城守衛を停む、〇太政官日誌、公文錄、議事日錄、三條實美公年譜

議定參與の行政官兼務を停む

十三日　議定・參與兩職の行政官を兼ね、機務に與るの制を停めて政體書の制に復す、但し特に議定岩倉具視・同東久世通禧・同鍋島直正・參與後藤象二郎・同板垣退助に命じ、當官を以て行政官機務を取扱はしむ、〇東京職務進退錄、議事日錄、保古飛呂比、法令全書

氷川神社奉幣

十四日　神祇官副知事龜井茲監を奉幣使として氷川神社に差遣し、車駕東幸、萬機親裁あらせらるるを以て、將に百官諸侯以下を會同せんとする旨を奉告し、併せて寶祚長久・國運隆昌を祈願せしめたまふ、茲監、社頭に參向して幣物を奉り、左の祝詞を奏す、

天皇我大御命尓坐世掛卷毛恐伎氷川社尓鎭座須

大神乃大御前尓神祇副知官事從四位下行左近衛權中將源朝臣茲監乎差使弖白給久去志彌生乃初旬尓

玉敷平安京乎

御發輦弖東海道乃路乃長手乎遙々尓同月乃廿日阿万里八日止云日尓平加尓安良加尓東京尓著御給比弖食國天下乃萬機乎御自親聞食給布止爲弖御前尓侍良布人等波更尓母不言四方國諸臣等尓毛廣久事議給比深久令思給比天萬世尓堅磐尓常磐尓動久万自岐天津日嗣乃基業乎起弖天下豐饒尓民勇美天遂尓百千足國浦安國止成給波万久思食須事乃由乎大前尓祈白須止爲弖幣帛奉良志米給波久止宣畏伎大神此狀乎平氣久安介久聞食天八十禍津日乃禍事令有不給皇軍尓射向布醜乃奴波大神乃稜威以天速介久誅罰女賜比天大御世波朝日豐榮登尓榮延行倍久守里幸比賜倍止鹿自物膝折伏世鵜自物頸根突拔弖畏美畏美毛白給波久止申

〇太政官日誌、公文錄、祭典錄、氷川神社勅祭書類、龜井茲監奉務要書殘編

御講學

午の刻過より侍講中沼了三をして大學を進講せしめらる、二十日、日本書紀の進講あり、侍講平田大角之れを奉仕す、〇東京御再幸供奉雜誌

山里馬場に出御、アラビヤ馬及び白牛を御覽あらせらる〇東京御再幸供奉雜誌

內廷職の設置

內廷職を置き、議定德大寺實則をして內廷知事を兼ねしむ、〇東京職務進退錄

軍律を定む

十五日　軍律を定めて之れを京都軍務官に達す、其の要に曰く、一、徒黨の禁を犯す者は黨首を死刑に、與黨を謹愼に處す、二、武器・戎服を携帶して脫走する者は死刑に處す、其の數年を經過す

る も罪を減ぜず、三、武器・戎服を返して後脱走する者は、初犯は五十日の假牢、再犯は流刑に處す、四、局外に於て故無く金談或は押賣强談を爲す者は其の罪の輕重に因り、死刑若しくは遠流等に處すと、且賞典は遲きも妨なしと雖も、刑罰は速かならざるべからざるを以て、軍律に適應する者は稟伺に及ばず、屆書を以て處置せしむ、尋いで十一月二十四日、更に局の內外を問はず、賭博を爲す者は三十日の假牢に處すべく、再三犯す者は刑期を延長して百日に及ぶの一項を加ふ、○太政類典

脱籍者復籍の措置を令す

脱籍浮浪の徒に關しては客歲以來屢〻令を下し、其の貫籍を查覈して復貫歸籍の方法を講ぜしかども、尙無籍無賴の者所在に流寓し、治安を害する懼尠からず、蓋し復貫の途開けず、戶口の調査其の當を得ざるに基づくなり、仍りて是の日、申ねて令して曰く、府藩縣に於て戶籍人別の調査を嚴にし、親兵・府兵・縣兵及び其の附屬の內に脱籍者あらば、其の鄕國を查覈して上申すべく、復籍の方法を講ずること能はざる者は其の姓名・年齡・脱籍年月を錄上せしむ、宮・堂上・中大夫・下大夫・上士・社寺等の臣隸中の脱籍者にして、詮議し能はざる者亦府藩縣の例に準じて之れを錄上せしむ、而して戶籍の調査を等閑にし、爲に脱籍者の非行出來せば、其の責舊主に在るべく、事の大小に依りて之れを罪科に處すべしと、○太政官日誌、公文錄、法令全書

制度寮の復置

十七日　議事取調局を廢し、制度寮を復置し、制度律令の撰修を掌らしめ、議定兼知學事山内豐信をして其の總裁を、神祇官判事福羽文三郎をして撰修を兼ねしめ、軍務官判事兼外國官判事森金之丞を撰修に、會計官權判事神田孝平を准撰修に任ず、又參與兼外國官副知事兼會計官副知事大隈八太郎の外國官副知事兼務を罷め、參與寺島陶藏を以て外國官副知事と爲し、公議所議長秋月種樹を副知學事と爲す、其の議長たること故の如し、尋いで十九日、金之丞をして姑く制度寮副總裁の心得を以て執務せしめ、又種樹の議長を罷め、孝平を以て姑く副議長を兼ねしむ、二十日、豐信の知學事を罷む、○太政官日誌、東京職務進退錄、百官履歷

海外渡航規則を定む

海外渡航規則を定め、條約國に航する者をして、外國官若しくは開港地外國掛役所の許可を得て旅行劵を携帶せしむ、且該旅行者に須知書を交付し、在外中言行を愼み、見聞する所にして國益と爲るものは之れを申報せしむ、○法令全書

官軍福山城を復す

北地の賊勢頗る猖獗にして、官軍の攻擊進捗せず、是に於て青森口總督府參謀黑田了介、江差に來り、海陸軍參謀山田市之允と議して松前攻擊の策を定め、是の日、陸兵は江良町村方面より、海軍は陸奧國三厩を發して松前に逼り、海陸の合擊甚だ急なり、賊支ふる能はず、木古內方面に走る、是に於て官軍、福山城を收め、更に進みて賊を追擊し、二十日、遂に木古內の壘を破り、官艦亦賊

艦を木古内海に撃ちて之れを走らす、二十九日、矢不來・富川の壘を撃破す、賊敗走し、悉く箱館若しくは五稜郭に退き、松前地方鎭定す、〇太政官日誌、慶應出軍戰狀、毛利元功家記、松前修廣家記、有馬賴咸家記、備後福山阿部家譜、岡山藩記、弘前藩誌草稿、蝦地追討記、戊己征戰紀略、德山藩兵函館松前戰爭概略、奧越戰爭日記、赤塚源六北地日記、函館交戰記、北地過眼錄、南柯紀行、麥叢錄、苟生日記、勤勞事蹟、大鳥圭介傳、函館區史

十八日　各官正副知事をして、毎月五・十の日を以て行政官に會して諸政務を商議せしむ、〇太政官日誌

昌平學校講義日を定む

昌平學校講義の日を毎月十日・十五日・二十五日と定め、時を巳の刻よりとし、公卿・諸藩主・中大夫・下大夫・諸官人・非藏人・北面以下の聽講を許す、〇太政官日誌

十九日　賀茂祭なるを以て、遙拜あらせらる、仍りて十八日夜より十九日酉の刻に至るまで僧尼・重輕服者の參朝を停む、又是の日、勅使右近衞權中將大炊御門師前を賀茂下上兩社に參向せしむ、京都御所に於ては東幸留守中につき宮中神事無きも、撫物を兩社に付し、初穗銀二枚を納め、葵桂を常御殿一の間・二の間に懸け、皇太后・皇后に祝酒・重肴を上る、〇祭典錄、冷泉爲理日記、大宮御所祗候日記、押小路甫子日記、大內記、新作留、法令全書

宮・堂上・諸藩主等の朝廷に進獻する品目を定め、宮・堂上・諸藩主は太刀代金二千疋・干鯛一箱代金千疋、中大夫・下大夫は太刀代金千疋・干鯛一箱代金三百疋、上士は太刀代金五百疋・干鯛一箱代金二百疋と爲す、〇太政官日誌、法令全書

在東京諸藩主に令し、毎日交互十人、參內して天機を候せしむ、○太政官日誌

國是確立の方策等を御諮詢

二十日　小御所代に出御、謁を二等官以上に賜ひ、詔して國是一定、萬機總攬の方を諮詢したまふ、詔に曰く、

詔朕嚮ニ汝百官群臣ト五事ヲ掲ケ天地神明ニ質シ綱紀ヲ皇張シ億兆ヲ綏安スルヲ誓フ然ルニ兵馬倉卒未タ其績ヲ底サス朕夙夜上ハ以テ神明ニ畏レ下ハ以テ億兆ニ慚ツ今ヤ乃チ親臨汝百官群臣ヲ朝會シ大ニ施設スルノ方ヲ諮詢ス是神州安危ノ決今日ニ在リ誠ニ宜ク腹心ヲ披キ肺肝ヲ表シ可否ヲ獻替スヘシ朕將ニ勵精竭力大ニ經始スル所アラントス汝百官群臣ソレ勖哉

御諮詢趣意書

二十二日、巳の刻過、曩に召に依りて東下せる晃親王及び公卿竝びに四位以上の諸藩主を大廣間に召見し、輔相三條實美をして詔書を捧讀せしめたまふ、畢りて實美、聖旨を傳宣し、國是確立に關して各〻見る所を錄上せしめ、期するに五月四日を以てし、特に建言せんと欲する者は參朝して言はんと欲する所を盡さしめ、且左の趣意書を頒つ、

大政一新天下更始ノ折柄內外多難深ク被爲惱　宸衷屢　詔勅ヲ下サレ宵旰圖治被爲在候處實美短才微力叨ニ重任ヲ辱メ未タ丕績ヲ贊成シ　宸襟ヲ慰シ蒼生ヲ安スルコト能ハス恐懼措トコロヲ不知次第ニ候エ共　聖眷優渥御責任ヲ蒙リ且今度　勅旨モ有之ニ付テハ彌以在職諸公及ヒ列侯ト共

ニ心ヲ同シ力ヲ戮セ以テ今日之計ヲ爲ニ非スンハ焉ソ國勢ヲ挽回シ萬世ノ基礎ヲ立皇國ヲ維持シ可申哉今日之事實美獨リ諸公列侯ニ望ムノミナラス諸侯列侯亦臣子ノ責ニ候エハ冀クハ倶ニ　勅旨ヲ遵奉シ各肺肝ヲ吐露シ忌諱ヲ憚ラス　朝廷ノ爲メ建議指畫有之度候也

二十三日、巳の刻過及び午の刻過の兩度に亙り、三等官及び諸藩主五十人宛を大廣間に召見して勅を下したまふ、其の儀昨日の如し、又同日、四等官・五等官を大廣間に召し、輔相臨席し、辨事をして詔書を捧讀せしむ、二十四日、兩度に亙りて諸藩主を召見したまひ、二十五日、府縣知事・判事を召見したまふ、其の儀三等官等に同じ、更に二十五日は中大夫を、二十六日下大夫、二十七日上士を、二十八日諸藩主の名代として其の重臣を召集せらるゝこと四等官等に同じ、同日、前に所勞不參の諸藩主を召見して勅したまふ、尙六等官以下は其の長官をして詔書寫を示して之れを諭さしめ、且太政官をして天下に公布せしむ、輔相、更に左の告諭書を發す、

輔相の告諭書

實美不肖薄德ノ身ヲ以テ夙ニ大任ヲ荷ヒ日夜戰兢不知所措幸ニ諸賢ノ協力ニ賴テ今日ニ職ヲ奉ストト雖モ今ヤ國家多難安危ノ際ニ當リ　皇綱不振百度無擧人心洶々不安其生實其責予一身ニアリ恐惶慙愧何ヲ以テ天下ニ謝セン今度　主上御東幸後千載ノ基礎ヲ建國是ヲ定メントス然ルニ内外ノ事故一時ニ相迫リ人心不服復亂ヲ思ハントス實ニ不容易之時ナラスヤ今ヤ天下ノ侯伯奔馳集會ス

奮發協力して國家の難に當らんことを要請す

ト雖モ今日ノ情態全ク如此百官有司亦何ノ面目有テ天下庶人ニ對センヤ然ト雖モ竊ニ案スルニ今日ノ事盡ス可ラサル事ニアラス又爲スヘカラサルノ秋ニアラス百官庶僚奮發興起自志ヲ勵シ苟モ協和戮力皇室ヲ以テ已カ責トナシ各其職ヲ盡サハ今日ノ如キ誠ニ頽弛ヲ振ヒ紀綱ヲ張ノ嘉會ナリ百官庶僚何ヲ苦ンテカ上　皇室ノ爲メニ勳業ヲ奉シ下自家ノタメニ芳名ヲ就サヽルヤ近頃聞賄賂私謁ノ路開ケ奢侈游惰ノ風行ハレ偸安萎靡或ハ酒色ニ沈淫シ或ハ口腹ニ經營ス此果シテ何等ノ操履乎憂國ノ者決シテ爲サヽル所ナリ廉耻ノ人屑ト爲サヽル所ナリ況ヤ今日ノ如キ不可安寢食之時ナルヲヤ今也　主上御若齡天下多事ニシテ廟堂ノ事乃チ如此シ焉ソ中興ノ業ヲ就シ國勢ヲ挽回セン乃チ千載ノ遺憾而已ナラス實臣子ノ罪ナラスヤ更ニ望ラクハ百官庶僚戰ヲ厭ヒ逸ヲ求メ小成ニ安スルナク身計ヲ爲ス事ナク天下存亡ノ機ヲ考ヘ　皇室浮沈ノ際ヲ察シ各其任ヲ盡サン事ヲ古今創業事ヲ就ス百戰ノ後初テ國ヲ興ス今也中興ノ業亦創業ニ不異豈容易ナランヤ宜群臣兵馬軍陣ノ間ニ處スルノ心ヲ存シ艱苦勵精ヲ以テ經綸ヲナスヘシ冀諸卿百官倶ニ協力國家ノ難ニ當リ臣子一日ノ分ヲ盡シ以テ　皇基ヲ保護セン諸卿百官努力セヨ

〇太政官日誌、嵯峨實愛日記、三條實美公年譜、岩倉公實記、法令全書

二十二日　吉田祭なり、上卿權大納言橋本實麗・辨左中辨勘解由小路資生をして參向せしむ、〇祭典錄、

六等官以下の選任は之れを其の官の正副知事に委任し、毎月十の日を以て其の進退を上申せしむ、冷泉爲理日記、御東幸中日記

御學問所代出御輔相以下參朝規定を定む

二十三日　御學問所代出御・入御の時刻及び輔相等參朝の規定等を定む、卽ち毎日辰の刻出御、夕刻入御、輔相・議定・參與は毎日御前に候し、六官知事・副知事は參朝の節天機を候すべく、時に議定・參與竝びに六官知事・副知事御前に於て政務を評議することとし、又輔相・議定・參與等は日々參朝の有無を内廷知事に申告することと爲す、○太政官日誌、法令全書

開成昌平兩校の歲費生徒數を定む

辨事大原重實を以て公議所議長と爲す、○大原重實履歷、諸家系譜

開成・昌平兩學校の歲費を定め、開成學校は金一萬八千兩、昌平學校は金九千六百兩とし、二十五日、兩校入寮生徒の數を定めて各〻三百名と爲す、○太政官日誌

公議所會議を開く、是の日、制度寮撰修森金之丞臨席し、去る二十日賜ひし所の詔書を捧讀す、○公議所日誌

二十四日　是れより先、天皇、三等陸軍將烏丸光德を攝津國有馬に遣はし、議定岩倉具視の病を問ひ、且東下を促さしめたまふ、具視、是の歲三月暇を請ひ、同溫泉に浴して宿痾を養ふを以てなり、

輔相三條實美亦書を具視に致して人心の不安、綱紀の頽弛、外交の紛糾等を陳じ、速かに來りて此の難局を收拾せんことを勸む、仍りて具視、參與大久保一藏と倶に海路東下し、是の日東京に至る、蓋し當時朝政略〻條緒に就くと雖も、動もすれば紊亂の虞無きにあらず、且箱館の賊未だ平夷せず、大小諸藩主の意向尙審かならざるものあり、之れに加ふるに外國敵視の風習未だ除かず、往々無禮を外人に加ふる者あり、各國公使忿怒し、將に事端を釀さんとす、實美・具視・一藏及び木戸準一郞等殊に之れを憂ひ、遂に具視・一藏の東下ありしなり、〇木戸孝允日記、大久保利通日記、三條實美公年譜、岩倉公實記

箱館沖の海戰

甲鐵・春日・朝陽・丁卯の四艦、箱館港に入り、賊艦回天・蟠龍・千代田形の三艦と戰ふ、辨天岬の賊の砲臺亦應戰す、尋いで二十九日、千代田形、辨天岬の岩礁に觸れ、賊將森本弘策自ら機關を破りて陸に遁れ、艦體漂流し遂に官軍の獲る所と爲る、〇太政官日誌、蝦地追討記、北地過眼錄、函館交戰記、戊己征戰紀略、赤塚源六北地日記、函館區史

國事に就き衆庶の建言を求む

二十五日　令して、今般國是確定の會議を開かんとするに因り、國事に關し意見ある者は微賤を顧みず、進みて待詔局に建言せしむ、〇太政官日誌、公卿補任

刑法官知事大原重德を罷む、〇諸家系譜、百官履歷

二十六日　平戸藩主松浦詮を以て上局副議長と爲す、〇華族明細短冊

東幸供奉者に賄を給するを改め、月給を以て手賄の事と爲す、又從前支給せる月手當は六等官以下

に限りて支給することとし、新に非役の輩の賄料を定め、共に五月一日より施行す、○法令全書

二十七日　未の半刻過地震あり、議定正親町三條實愛等急遽御前に參上して天機を候す、○嵯峨實愛日記

議定鷹司輔凞を以て宮・公卿取締と爲し、學校御用掛を兼ねしむ、○史官職務進退錄

二十八日　議定中御門經之京都に在り、近時天皇隔日乘馬あらせらるゝと聞き、車駕東幸中、騎乘に耽りたまはんことを慮り、是の日、書を議定岩倉具視に致し、之れを每月三・八の日に限られんことの奏請を勸む、○岩倉家文書

二十九日　議定鍋島直正の行政官機務取扱を罷む、○東京職務進退錄

紙幣の價位を廢す

紙幣の價位を廢し、正貨と同一に通用せしむ、是れより先、政府は紙幣百二十兩を以て正貨百兩に當て、市場に於て私かに其の價位を昂低せしむるの弊を矯めんとせしが、其の結果卻りて紙幣の信用を損し、姦商亦之れに乘じて奇利を占めんとするを以て、遂に正貨百兩を得んとするには勢紙幣二百四十兩を以てせざるべからざるに至り、富豪の徒、正貨を蓄積して市場の間に散せず、紙幣及び諸藩私鑄の惡貨贋金盛に流布して著しく貨幣の流通を梗塞せしため、商取引自ら澁滯し、財政上洵に寒心に堪へざるものあり、是に於て此の令を下し、將に新貨幣を鑄造せんとするを以て、其の間紙幣を正貨と等しく通用すべき旨を令せるなり、五月二日、紙幣と正貨と兌換することを禁じ、

紙幣の發行を停め兌換期限を定む

二十八日、更に令して、曩に發行を豫定せる紙幣金五千萬兩の增製を停止し、且其の機械を燒棄し、新貨幣を鑄造して紙幣と兌換すべき期限明治五年を定め、期限後猶殘餘の紙幣を有する者には一箇月五朱の利息を與ふることとし、紙幣通用十三年の制を廢す、又正貨・紙幣の兌換に依りて私利を圖る者に對する罰則を設く、○太政官日誌、岩倉公實記、大日本貨幣史

邦人布哇國密送事件

幕府の末造に當り、米國人ヴァン・リード來朝し、我が國人を傭ひ、布哇國に送りて勞働に從事せしめんことを請ふ、其の交涉猶未だ終らざるに、幕府瓦解せり、客歲、ヴァン・リード竊かに我が國人を傭ひて布哇國に渡航す、出帆後約三週日を經て政府之れを知り、外國事務局輔東久世通禧、米國公使ファルケンブルグに交涉する所ありしが、荏苒決せず、是の日、更に外國官副知事寺島陶藏をして米國公使に面して折衝せしむ、公使之れを諒とし、特使を布哇國に遣はして其の還付を求めんことを勸む、陶藏之れを諾す、○外交事類全誌、公卿補任

五月

一日　朔日なるを以て、三等官以上及び諸藩主參賀す、乃ち謁を賜ひ、酒饌を賜ふ、皇太后・皇后京都に在すを以て、賀儀を贈りたまふ、○内廷辨事御用日記、嵯峨實愛日記、押小路甫子日記、龜井玆監奉務要書殘編

御講學

二日　卯の半刻御學問所代に出御、侍講中沼了三をして詩經を進講せしめたまふ、三日、侍讀秋月

種樹病のために參仕を闕くを以て、了三をして代りて御復讀に候せしめ、午の刻過御會讀あり、前大藏卿豐岡隨資等奉仕す、四日、了三出仕、辰の半刻より詩經御復讀に候し、午の半刻より大學を進講す、六日、種樹姑く參仕を闕くを以て、復了三をして之れに代りて讀書御用を仰付けらる、七日、詩經の進講例の如く、午の半刻より資治通鑑を進講せしめたまふ、資治通鑑の進講は、了三、種樹に代りて奉仕せるなり、〇内廷辨事御用日記

御乘馬

午の刻過山里馬場に出御、馬を御したまふ、五日亦同じ、七日、馬を御せらるゝこと前に同じく、特に廐員に金員を賜ふ、〇内廷辨事御用日記

漢學所令して、諸家の家臣は其の二三男に至るまで入學を許し、二・七の日聽講せしむ、尋いで寄宿寮を假設し、三十歳以下の宮竝びに公卿の入寮を許す、〇太政類典

權中納言大原重德を以て議定と爲し、議定鍋島直正に上局議長を兼ねしめ、神祇官副知事龜井玆監をして教導局事務を管せしむ、〇東京職務進退錄、公卿補任

四日　曩に前庄內藩主酒井忠篤の嗣忠祿忠寶に若松へ轉封を命ぜしが、是の日、之れを停めて若松縣を置き、若森縣判事立木兼善林轍之丞を以て知事と爲す、又辨事平松時厚をして岩代國巡察使を兼ねしむ、六月十五日に至り、磐城の地十二萬石を忠祿に賜ひ、磐城平に治せしむ、〇太政官日誌、公文錄、官中日記、東京職務進退

錄、太政類典、百官履歷

封建郡縣制の是非を公議人に諮ふ

是れより先、制度寮撰修森金之丞、公議所に諮りて曰く、方今の政體、封建・郡縣相半するものの如し、果して斯くの如くんば國是の確立は得て望むべからず、若し之れを改めんとせば、封建・郡縣孰れに歸すべきや、其の理非得失如何と、是の日、諸藩公議人等各〻意見を上申す、金澤藩等郡縣の制に贊するもの尠からず、其の要は、宜しく一切の私有地を收公して郡縣の制を布き、大藩を府、中藩・小藩を縣と爲し、以て政令を一途に出でしむべしと云ふにあり、十二日、公議所會議を

公議所會議

開き、民間所持船規則案を可決す、二十二日、天主教徒を笞刑に處することを可決し、嚴刑を行ふ

切腹禁止の議を否決す

ことを否決す、二十七日、切腹禁止の議を否決し、奥羽綏撫のため鎭守府將軍を置くべき議案及び新規株式許可の議案を可決す、○公議所日誌

議定松平慶永をして行政官機務取扱を兼ねしむ、○東京職務進退錄

五日　端午の佳節なるを以て、巳の刻過小御所代に出御、三等官以上及び當番藩主の拜賀を受けさせられ、之れに酒饌を賜ふ、京都に於ては在京の諸臣、宮中・大宮御所・中宮御所に參賀す、○內廷辨事御用日記、嵯峨實愛日記、青山御所御納戸日記、押小路甫子日記、龜井茲監奉務要書殘編

七日　制度寮總裁山內豐信を上局議長、上局議長鍋島直正を制度寮總裁と爲す、又軍務官副知事有

馬頼咸・同長岡護美・待詔局知事清岡岱作を罷め、上局副議長松浦詮・公議所議長大原重實をして制度寮副總裁を兼ねしめ、議定正親町三條實愛に學校知事を兼ねしむ、又是の日、令して、今般上局會議を開かんとするを以て、非職の宮・堂上・諸藩主及び中大夫總代二人・下大夫總代五人・上士總代三人をして同會議に列席せしむ、〇太政官日誌、職務進退錄、顯要職務補任錄

非職宮堂上諸侯等を上局會議に列席せしむ

官軍既に松前地方を鎭定し、進みて有川・追分に屯し、官艦亦有川濱沖に集中し、將に箱館を攻めんとす、二日早曉、賊、七重濱斥候所を襲ふ、官軍利あらずして退く、官艦、賊艦及び辨天岬砲臺を砲擊して陸軍を援く、賊、辨天岬砲臺を固守し、綱索を海中に張りて官艦の進入を礙げ、又水雷敷設の說を流布す、官軍綱索を截り、進入の策を決す、是の日黎明、甲鐵・春日・朝陽の三艦、深く港內に逼りて回天・蟠龍の賊艦を砲擊し、又陽春・丁卯の二艦は辨天岬砲臺に迫る、時に蟠龍機關を損せるを以て、砲臺の下に退き、浮砲臺と爲して奮戰す、回天獨り出でて戰ひ、龜田・川尻・築島各砲臺亦辨天岬砲臺と共に砲擊す、既にして官艦放つ所の彈丸回天に中り、其の機關を損せしを以て、賊之れを沖之口番所の淺洲に擱坐せしめ、以て浮砲臺と爲し、巨砲十二門を舷側に列ねて應戰す、然れども賊遂に支ふる能はずして陸に遁る、仍りて官艦有川濱沖に還る、〇太政官日誌、戊己征戰紀略、蝦地追討記、赤塚源六北地日記、麥叢錄、北地過眼錄、函館交戰記、渡島國戰爭心得日誌

辨天岬砲臺の攻防

會計官職制を定む

八日　會計官の職制及び事務條令を定め、造幣局及び監督・租税・出納・用度・營繕・鑛山の六司を管せしむ、〇太政官日誌

仁和寺・大覺寺・勸修寺に令し、位階或は國名を醫師・畫工其の他の工匠等に授與することを禁ず、其の既に許與したるものは悉く之れを停めしむ、〇太政官日誌、法令全書

賊將榎本釜次郎・大鳥圭介等、兵八百餘を率ゐ、七重濱の官軍本營及び大川村屯營を襲はんとす、官軍諜知し、兵を有川・赤川の草澤中に伏せて之れを待つ、是の日、寅の刻賊兵來襲するや、伏兵忽ち起る、賊兵狼狽して潰走し、死傷頗る多し、官軍、勝に乘じ、追擊して赤川・石川兩村に至る、是れより賊勢挫折し、遂に降を乞ふ者多し、〇太政官日誌、慶應出軍戰狀、戊己征戰紀略、蝦地追討記、赤塚源六北地日記、德山藩兵函館松前戰爭概略、函館交戰記

松平定敬の自首

九日　是れより先、前桑名藩主松平定敬箱館より歸來し、自首して罪を乞はんとするの報至る、乃ち是の日、名古屋藩主德川德成に命じて之れを其の藩邸に監禁せしむ、又德成の行幸供奉を免じ、東幸留守中京都の警衞を命ず、但し重臣を名代として東京に留めしむ、尋いで定敬、米國船に搭じて横濱に著し、二十日東京の名古屋藩邸に入る、〇太政官日誌、議事日錄、桑名藩家老酒井孫八郎日記

十日　攝津縣を改めて豐崎縣と稱す、知事陸奧陽之助故の如し、〇太政官日誌、公卿補任、百官履歷

東京府所轄の病院を昌平學校に屬せしむ、〇太政官日誌、法令全書

多田隊の陰謀

前權大納言八條隆祐の家臣河合縫殿助、攝津多田隊頭取と稱し、攘夷を唱へて黨與を糾合し、火を京都市中に放ち、高貴の人を奪ひ、更に東京を襲撃せんことを謀る、黨與中刑法官に自首する者あり、是の日、縫殿助等を捕ふ、〇太政官日誌、公文錄、議事日錄、海江田信義書翰、太政類典、維新前後實歷史傳、明治漫錄

箱館總攻撃

十一日　箱館の賊、西方の要地を失ふと雖も、龜田・五稜郭を根據と爲し、千代ヶ岡・赤川・神山の諸寨を擁し、又箱館を占有して其の勢猶崛強なり、是の日、官軍、海陸より大擧して四面箱館に進撃す、黎明箱館口の陸兵は山背泊及び寒川に上陸して背面より箱館を衝く、一は分れて官艦と協力して辨天岬砲臺を攻撃し、一は箱館山等の賊を攘ひ、勝に乘じて追撃し、卯の刻頃箱館の一部を占領し、進みて一本木に達す、七重・大川兩道の陸兵は又官艦と相呼應し、赤川村に迫り、一軍は有川村より桔梗野の賊を破り、箱館口の陸兵と竝び進みて龜田を占領し、千代ヶ岡に薄る、時に海軍は陸兵の上陸を援護し、就中朝陽・丁卯の兩艦は七重濱の陸軍を援け、竝び進む、賊艦蟠龍は陸兵援護の下に二艦を砲撃す、一彈朝陽の火藥庫に命中して全艦破裂し、死傷者百名を超ゆ、又甲鐵・春日、蟠龍を砲撃して戰鬪數刻に及ぶ、會ゝ佐賀藩の軍艦延年來り援く、丁卯、勢に乘じて港內に突進し、蟠龍の賊兵、艦を棄てゝ逃る、未の刻頃官艦、蟠龍を燒き、又回天を火す、是に於て賊艦潰滅し、翌十二日、官軍全く箱館を占領す、殘賊、五稜郭に逃れ、尙同郭・千代ヶ岡・辨天岬

朝陽の爆沈

官軍箱館を占領す

砲臺等に據りて抵抗し、砲聲數日止まず、○太政官日誌、慶應出軍戰狀、土井利恆家記、松前修廣家記、藤堂高潔家記、岡山藩記、備後福山阿部家譜、蝦地追討記、戊己征戰紀略、南柯紀行、赤塚源六北地日記、北地過眼錄、函館交戰記

十二日　參與大久保一藏・同副島二郎に行政官機務取扱を命ず、○百官履歷

榎本釜次郎等に降伏を勸告す

官軍既に箱館を略し、賊の病院を收む、是の日、鹿兒島藩隊長池田次郎兵衞・村橋直衞等同病院に至り、負傷入院中の賊の裨將諏訪常吉に朝旨を傳へ、諭すに順逆を以てし、降を勸む、常吉、重傷のため書を裁する能はず、同院の醫師高松凌雲・小野權之丞に之れを託す、十三日、二人乃ち書を榎本釜次郎・松平太郎正親に致して降を勸む、釜次郎、義を守り死を決して之れを肯ぜず、十四日、凌雲等に賴りて官軍に贈るに其の嘗て和蘭國に留學して得る所の海律全書二卷を以てす、乃ち參謀黑田了介等、釜次郎に酒五樽を贈りて其の厚意を謝し、且懇に歸順を勸む、十五日、辨天岬砲臺糧盡き力窮まり、永井尙志等二百四十人降を請ひ、湯川村の賊二百七十人亦降る、十六日、官軍、千代ケ岡の賊壘を陷る、賊遁れて五稜郭に據る、官軍追擊して之れを圍む、○太政官日誌、慶應出軍戰狀、土井利恆家記、蝦地追討記、赤塚源六北地日記、麥叢錄、北地過眼錄、函館病院日記、小野權之丞日記、奧越戰爭日記、戊己征戰紀略、函館交戰記、高松凌雲翁經歷談

榎本釜次郎海律全書を官軍に贈る

官制の改正と官吏の公選

十三日　議政官を廢して上下二議局を開き、更めて行政官に輔相・議定・參與・辨事を置き、詔して投票公選法を用ゐしめたまふ、詔書に曰く、

朕惟ニ治亂安危ノ本ハ任用其人ヲ得ト不得トニアリ故ニ今敬テ　列祖ノ靈ニ告テ公選ノ法ヲ設ケ更ニ輔相議定參與ヲ登庸ス　神靈降鑑過ナカランコトヲ期ス汝衆ソレ斯意ヲ奉セヨ

又、左の御沙汰書あり、

去歳閏月政體御造立相成候處時勢之變遷ニ隨ヒ適宜之政體大ニ御確定可有之候得共千古未曾有御改革之儀ニ付一時ニ被施行候テハ却テ其宜ヲ失ヒ候儀モ可有之依而即今至急御改正無之候テハ不相濟廉々別紙之通御改删被　仰付候事

議政官の廢止

即ち議政官を廢して新に上局・下局を設け、上局に議長・副議長及び議員を、行政官に輔相一人・議定四人・參與六人・辨事若干人を置く、輔相・議定・六官知事・內廷職知事の四職は三等官以上の總會に於て公卿竝びに諸侯の中より選擧し、參與・副知事は同總會に於て貴賤を問はず選出せしむ、仍りて三等官以上を大廣間に召集し、輔相・議定・參與の選擧を行ふ、乃ち辨事坊城俊政、右の詔書を捧讀し、次に辨事、入札箱を案上に置き、史官其の側に著座す、先づ輔相の選擧あり、各

輔相の選擧

各擧ぐべき人名を記して之れを箱に納む、是の時正に巳の半刻なり、天皇出御あらせらる、參與、御前に於て開票して其の數を檢し、史官之れを記錄す、三條實美の名最も多し、俊政乃ち之れを奏聞す、次いで入御あらせられ、實美を小御所代に召し、更めて實美を以て輔相と爲し、宸翰を賜ふ、

三條實美を輔相に任ず

曰く、

朕牧伯ヲ會同シ治教ノ本ヲ建センコトヲ詢ル然ニ廟堂ハ一日萬幾任用其人ヲ獲ニアリ故ニ今謹テ列祖ノ靈ニ告テ公選ノ法ヲ設ケ更ニ議定參與ヲ登庸ス輔相ハ躬神靈ニ質シ以テ之ヲ擧用セリ汝衆ソレ斯意ヲ體セヨ

議定參與六官知事等の選擧

と、次に議定・參與の選擧を行ひ、議定には權大納言岩倉具視・權中納言鍋島直正・權大納言德大寺實則・左近衞權中將東久世通禧、參與には大久保一藏・木戸準一郎・副島二郎・後藤象二郎・板垣退助等當選す、翌十四日、三等官以上大廣間に參集し、六官知事・同副知事・內廷職知事を選擧す、輔相三條實美開票を檢知し、辨事之れを行ふ、是れより先、具視召命を奉じて東京に至るや、官紀紊亂し、政綱頽弛し、內憂外患測るべからざるものあるを見、大に之れを憂ひ、以爲らく、今や太政官既に東京に移れり、卽ち官紀を振肅し、政綱を更張し、施政の方針を定め、天下億兆をして適從する所を知らしめんと欲するの秋なり、然るに政府の威信地に墜ちて百事爲すべからず、今、

政府首腦精選の必要

之れを匡濟せんと欲せば、朝官其の人を得るを以て最大急務と爲すと、乃ち一藏と胥謀りて曰く、丁卯戊辰の改革は事草創に屬し、人材登庸其の精を盡さず、爲に玉石相混淆するを以て、施政の機關動もすれば左支右吾し、弊害疉出して事務停滯す、故を以て屢〻任免黜陟を行ひ、人材を精選し

て之れを矯正せんと欲するも、情實纏綿して朝官濫選の弊起り、廟堂亦優柔不斷の責免るべからず、宜しく正に冗員を汰し、情實を去りて威嚴を保ち、以て施政の根軸を牢固にせざるべからずと、一藏之れを贊し、且曰く、人選は政體書に公選入札法に據るべしとあるを以て、先づ三職を公選すべしと、是に於て具視之れを提議し、實美之れを善とし、乃ち上奏して裁可を得たるなり、其の施行の日に至り、軍務官副知事大村益次郎、具視に謂ひて曰く、公選入札法、因襲例と爲り、他日共和政治を唱ふる者出づるあらば、國家不測の禍根は蓋し今日に胚胎すと謂ふべきなりと、大に其の不可を論ず、具視、斯の言を以て理ありと爲す、之れに由りて公選入札法は此の一次に止むることに決議し、之れを群臣に諭告すと云ふ、〇明治天皇宸翰、太政官日誌、嵯峨實愛日記、內廷辨事御用日記、大久保利通日記、保古飛呂比、大藏省文書、龜井茲監奉務要書殘編、三條實美公年譜、岩倉公實記

公選反對論

御講學

十四日　卯の半刻御學問所代に出御、詩經の御復讀あり、侍講中沼了三之れに侍す、次いで了三をして大學を進講せしめらる、十五日、詩經の御復讀には了三、日本書紀の進講には侍講平田大角奉仕す、〇內廷辨事御用日記、東京御再幸供奉雜誌

親王・輔相の外、一等官は大手橋外に於て下乘下馬せしむ、〇太政官日誌、法令全書

出版條例の頒布

書籍出版准許は議政官に於て掌りしが、是の日、之れを昌平・開成兩校に屬せしめ、出版取調所を

校中に設けて其の事務を掌らしめ、又新に出版條例を頒布す、〇太政官日誌、法令全書、明治史要

奥羽越諸藩抗戰者の處分

客月二十四日奥羽越諸藩の官軍に抗せし首謀者處分を軍務官に委せしが、是の日、其の罪を斷じ、會津藩士萱野權兵衞・仙臺藩士但木土佐成行・同坂英力時秀・盛岡藩士楢山佐渡・山形藩士水野三郎右衞門元宣・村上藩士鳥居三十郎和祚・村松藩士堀右衞門三郎・同齋藤久七・結城藩士水野又兵衞・同茂野喜內・關宿藩士小島彌兵衞を斬に處し、既に死せる者會津藩士田中土佐・同神保內藏介・庄內藩士石原倉右衞門成知・米澤藩士色部長門久長・二本松藩士丹羽一學・同丹羽新十郎・棚倉藩士阿部內膳・長岡藩士河井繼之助・同山本帶刀・結城藩士水野甚四郎を斬に擬して其の後を絶ち、會津藩士手代木直右衞門・同秋月悌次郎・二本松藩士丹羽丹波を從犯者として永預に處し、其の所在を失する者關宿藩士木村正右衞門・同丹羽十郎右衞門を搜索せしむ、〇太政官日誌、公文錄、會津藩往復書類、仙臺藩記、舊會津松平家戊辰史稿、三條實美公年譜、仙臺戊辰史

議定參與等の任命

十五日　小御所代に出御、輔相三條實美侍坐して勅諚を傳宣し、投票公選に基づき議定・參與・六官正副知事・內廷職知事を任命す、卽ち議定岩倉具視・同鍋島直正・同德大寺實則を以て更に議定と爲し、議定東久世通禧を參與に任じ、參與大久保一藏・同木戶準一郎・同副島二郎・同後藤象二郎・同板垣退助を更に參與と爲す、又議定中山忠能・同正親町三條實愛・同中御門經之・同鷹司輔

凞・同大原重德・同山內豐信・同松平慶永・同伊達宗城・同蜂須賀茂詔・同池田慶德・同淺野長勳・參與萬里小路博房・同廣澤兵助・同大隈八太郎・同阿野公誠・同大木民平・同澤宣嘉・同細川護久・同鍋島直大・同小松帶刀・同神山佐多衞・同岩下佐次右衞門・同三岡八郎・神祇官知事近衞忠房・同副知事龜井玆監・刑法官知事池田章政を罷め、忠能を神祇官知事に、福羽文三郎を同副知事に、慶永を民部官知事に、兵助を同副知事に、博房を會計官知事に、八太郎を同副知事に、嘉彰親王を軍務官知事に、大村益次郎を同副知事に、宗城を外國官知事に、寺島陶藏を同副知事に、實愛を刑法官知事に、佐佐木三四郎を同副知事に、經之を內廷職知事に、豐信を學校知事に、重德を上局議長に、公誠を同副議長に任ず、尋いで十六日、議定心得毛利廣封を罷め、十七日、議定德川慶勝を罷む、〇太政官日誌、內廷辨事御用日記、嵯峨實愛日記、大久保利通日記、保古飛呂比、廣澤眞臣日記、百官履歷

前議定等を麝香間祗候と爲す

前議定蜂須賀茂詔・同池田慶德・前參與鍋島直大・前神祇官副知事龜井玆監・前刑法官知事池田章政を小御所代に召見して客歲以來の勤勞を賞したまふ、又是の日、茂詔以下に命じ、隔日に麝香間に祗候し、國事諮詢に奉對せしめらる、翌日、前議定心得毛利廣封を召見し、同じく國事諮詢の御沙汰あらせらる、尋いで十七日、前議定德川慶勝・同淺野長勳・前參與細川護久をして出仕の際麝香間に祗候せしめたまふ、〇太政官日誌、官中日記、內廷辨事御用日記、蜂須賀茂詔家記、毛利元德家記、山田宗平書翰、佐嘉藩家臣書翰、龜井玆監奉務要書殘編、文公紀事略、藝備志要、肥後藩國事史料、

留守長官の任命

前議定鷹司輔凞を以て留守長官に任じ、留守諸省を管轄せしむ、又前參與岩下佐次右衛門を同次官に任じ、尋いで三等陸軍將烏丸光德を同じく次官と爲す、○太政官日誌、公文錄、帝室日誌、百官履歷

十六日　晃親王、病のため京都に歸養せんとして暇を請ふ、之れを聽したまふ、○帝室日誌

議政官管轄の日誌司を行政官に移し、外國官附屬の通商司を會計官に移屬す、○太政官日誌、法令全書

諸藩の不法の商行爲を禁ず

近時、諸藩に於て大阪其の他開港場に商會所を開き、藩力を以て商品の買占等不法の取引を行ひ、私かに市利を罔せんとする者漸く多からんとす、仍りて是の日、諸藩に令し、開港場に於て自藩物產の外、他藩の商品の買占等を行ひ、以て商業を妨害することなからしむ、○法令全書

御講學

十七日　辰の刻前御學問所代に出御、侍講中沼了三をして詩經を、更に侍讀秋月種樹に代りて資治通鑑を進講せしめ、又大學旣に終講せるを以て、爾後孟子を進講せしめたまふ、是の日、前大藏卿豐岡隨資、御料の四書五經を調進、獻上す、十八日、巳の刻詩經の御復讀例の如く、未の半刻貞觀政要を親讀あらせらる、十九日、卯の半刻了三參仕例の如く、詩經の御復讀等に候す、○內廷辨事御用日記、東京御再幸供奉雜誌

御乘馬

未の刻山里馬場に出御、馬を御したまふ、又麝香間祗候蜂須賀茂詔・同池田慶德・同龜井玆監・同

鍋島直大・同毛利廣封・同池田章政等を召して馬を御せしめて天覽あらせられ、畢りて梅御茶屋に於て茂韶等に酒饌を賜ふ、〇内廷辨事御用日記、嵯峨實愛日記

練兵御覽

十八日　辰の刻本丸跡に臨幸、軍務官知事嘉彰親王等に謁を賜ひ、御覽所に於て親兵四大隊の練兵を天覽あらせられ、畢りて各隊長に各〻晒布二匹・金一萬疋等を下賜して教導の勞を慰したまひ、辰の半刻還御あらせらる、是の日、諸藩主及び六官の官員をして陪覽せしめたまふ、〇太政官日誌、内廷辨事御用日記、傳覽箇條備忘、仁和寺宮家職日記、東征總督記、龜井茲監奉務要書殘編、谷干城遺稿

岩代國巡察使平松時厚を罷め、侍從四條隆平をして民部官副知事の心得を以て之れに代らしむ、尋いで二十二日、輔相三條實美、隆平に民政の要綱を諭し、委任狀を授く、〇太政官日誌、百官履歴

制度取調所の設置

制度寮を廢して制度取調所を置き、制度寮撰修森金之丞を以て學校判事と爲し、制度寮准撰修兼公議所副議長神田孝平を公議所副議長と爲し、公議所議長大原重實・神祇官副知事福羽文三郎・學校權判事加藤弘藏及び金之丞・孝平等に制度取調御用掛を兼務せしむ、〇太政官日誌、法規分類大全、百官履歴

五稜郭開城

官軍、五稜郭に迫るや、賊、力盡き勢窮まり、十七日、賊將榎本釜次郎・松平太郎・大鳥圭介・荒井郁之助等、龜田の官軍斥候所に來り、參謀黑田了介・同增田虎之助に見えて降を請ふ、了介等、釜次郎等に命じ、首謀者は軍門に降伏し、寺院に入り謹愼して朝裁を待つべく、又五稜郭を開き、

兵器は悉く之れを提出せしむ、是の日、釜次郎以下千餘人降る、尋いで室蘭の賊澤太郎左衛門貞説等

蝦夷地平定

亦降る、前後降る者千三百餘人なり、佛國人賊中に在る者二人、之れを同國公使に付す、是に於て北地悉く平定す、是れより先四月二十七日、青森口總督清水谷公考、青森を發し、江差に至りしが、今月十九日箱館に入る、二十一日以後、降人を漸次内地に送還し、諸藩の兵亦歸還す、獨り伏見親兵二中隊・箱館府兵一中隊・松前藩兵一中隊・弘前藩兵二中隊・大砲四門及び延年艦を留めて守備に充つ、○太政官日誌、慶應出軍戰狀、土井利恆家記、藤堂高潔家記、岡山藩記、備後福山阿部家譜、戊辰己巳軍事日記、蝦地追討記、戊己征戰紀略、北地過眼錄、南柯紀行、函館交戰記、大鳥圭介傳、函館區史

御乘馬

十九日　午の刻過山里馬場に出御、馬を御したまふ、二十八日亦同じ、二十九日、馬に御して吹上御苑に幸したまふ、○内廷辨事御用日記、東京御再幸供奉雜誌

親子内親王をして京都に居住せしめたまふ、但し故德川家茂年回の節は東下を許したまふ、尋いで其の居所を榮御殿と稱す、○太政官日誌、辨事日記、御東幸中日記、橋本實麗日記、押小路甫子日記、山科言成日記

御講學

二十日　卯の半刻御學問所代に出御、侍講中沼了三を召して詩經を復讀あらせらるゝこと例の如く、又侍講平田大角の國史の進講あり、二十二日、了三の詩經進講あり、近習・内番等に陪聽せしめらる、二十三日、詩經の御復讀例の如く、未の刻貞觀政要を親講あらせらる、了三之れに候す、二十四日、詩經の御復讀あり、次いで孟子を進講せしめたまふ、了三奉仕す、二十五日、辰の刻出御、

復讀あらせらる、侍讀秋月種樹之れに奉仕す、種樹、久しく病牀に在りしが、病癒えて是の日出仕せるなり、二十七日、辰の刻より了三をして詩經を、種樹をして資治通鑑を進講せしめたまふ、二十八日、辰の刻詩經の御復讀あり、畢りて貞觀政要を親讀あらせらる、了三參仕し、前大藏卿豐岡隨資陪侍す、〇内廷辦事御用日記

皇道興隆知藩事選任蝦夷地開拓に就き御諮詢

二十一日　巳の刻大廣間に出御、御帳臺に御し、行政官・六官・學校・待詔局及び府縣の五等官以上を召見し、勅して皇道興隆、知藩事選任、蝦夷地開拓の三事を諮詢したまふ、輔相三條實美勅旨を傳宣し、上局議長大原重德御下問書を捧讀す、畢りて入御あらせらる、未の刻再び出御、非役堂上・麝香間祗候諸藩主を召して御諮詢あること前の如し、宮・大臣の代理は別に大廣間に於て御下問書を拜聽せしむ、御下問書に曰く、

我　皇國　天神　天祖極ヲ立基ヲ開キ給ヒシヨリ　列聖相承天工ニ代リ天職ヲ治メ祭政維一上下同心治教上ニ明ニシテ風俗下ニ美シク　皇道昭々萬國ニ卓越ス然ルニ中世以降人心偸薄外教コレニ乘シ　皇道ノ陵夷終ニ近時ノ甚キニ至ル天運循環今日維新ノ時ニ及ヘリ然トモ紀綱未タ恢張セス治教未タ浹洽ナラス是　皇道ノ昭々ナラザルニ由トコロト深ク　御苦慮被爲遊今度祭政一致天祖以來固有之　皇道復興被爲在億兆ノ蒼生報本反始ノ義ヲ重シ敢テ外誘ニ蠱惑セラレス方嚮一

定治教浹洽候樣被爲遊度　思食候其施爲之方各意見無忌憚可申出候事
版籍返上之儀追々衆議被　聞食候處全ク政令一途ニ出ルノ外無之依而府藩縣三治ノ制ヲ以テ海内統一可被遊　御旨趣ニ付改而知藩事ニ被任候　思食ニ候間所存無忌憚可申出候事
蝦夷地之儀ハ　皇國ノ北門直ニ山丹滿州ニ接シ經界粗定トイヘトモ北部ニ至テハ中外雜居致候處是迄官吏之土人ヲ使役スル甚苛酷ヲ極メ外國人ハ頗ル愛恤ヲ施シ候ヨリ土人往々我邦人ヲ怨離シ彼ヲ尊信スルニ至ル一旦民苦ヲ救フヲ名トシ土人ヲ煽動スル者有之時ハ其禍忽チ箱館松前ニ延及スルハ必然ニテ禍ヲ未然ニ防クハ方今ノ要務ニ候間箱館平定之上ハ速ニ開拓敎導等之方法ヲ施設シ人民繁殖ノ域トナサシメラルヘキ儀ニ付利害得失各意見無忌憚可申出候事
奉答の期を二十四日と爲す、○太政官日誌、内廷辨事御用日記、大久保利通日記、大藏省文書、三條實美公年譜

十津川郷士の鎭撫

大和國十津川郷士等不穩の聞あるに因り、是の日、三等陸軍將正親町公董を以て十津川郷巡察使と爲し、赴きて之れを鎭撫せしむ、二十七日、同郷を奈良府より移して軍務官に屬せしむ、○太政官日誌、保古飛呂比、百官履歴

諸藩主に皇道興隆蝦夷地開拓を御諮詢

二十二日　巳の刻東京在留の諸藩主を召し、皇道興隆、蝦夷地開拓の二事を諮詢したまふ、輔相三條實美之れを傳宣すること前日に同じ、未の刻中大夫・下大夫・上士・諸官人の各總代及び諸藩主

代理を召し、上局議長大原重德御下問書を捧讀す、奉答は二十五日を期とす、○太政官日誌、内廷辨事御用日記、押小路師親日記、橋本實麗日記、松平慶永建白書、大原家文書、於杼呂我中、三條實美公年譜

彈正臺の設置

東京監察司を廢して彈正臺を置き、尹・弼・大忠・少忠の職を定む、辨事門脇少造重綾・軍務官判事吉井幸輔を以て大忠と爲し、尹・弼姑く之れを闕く、○公文錄、大久保利通日記、傳覽箇條備忘、法令全書

二十三日　申の刻麝香間祇候の諸藩主を召して謁を賜ひ、茶菓を賜ふ、又御前に於て書畫を揮毫せしめたまふ、正親町三條實愛、旨を奉じて斡旋す、申の半刻諸藩主退下す、○内廷辨事御用日記、嵯峨實愛日記

左大臣九條道孝・會計官知事萬里小路博房を東京に召したまふ、○太政官日誌

外交財政に就き御諮詢

二十四日　巳の半刻大廣間に出御、行政官及び六官の五等官以上を召見し、勅して外交・財政の二事を諮詢したまふ、御下問書に曰く、

夫宇內ニ國スルモノ內外親疎ノ別アリト雖トモ安ンソ相往來セザルノ理アランヤ既已ニ往來ス亦盟約ノ信ヲ固クセザルベカラス故ニ信義ヲ尋ネ條理ヲ追ヒ愈以獨立自主ノ體裁ヲ確立候儀交際上ノ準的ト被　思召候間意見無忌憚可申出候事

理財之道ハ經國之要務ニシテ人心之離合風俗之厚薄ニ關係シ至重之事ニ候嚮キニ幕府之衰ル理財其道ヲ失ヒ用度不節新貨屢製シテ府庫愈空シク外ハ各國ノ債ヲ負ヒ內ハ私鑄之弊ヲ生シ殆ント矯

救スベカラザルニ至ル一旦　朝廷其疲弊之甚ヲ受ケ續テ東北之軍費莫大ニ及ヒ楮幣御發弘相成候得共國債私鑄之害上下之困迫此極ニ至リ量入爲出之御目的スラ未相立然ルニ外國交際日ニ開ケ貿易月ニ盛ニ此時ニ膺リ會計之基礎不相立候テハ　皇國御維持之儀如何可有之哉ト深ク　御憂慮被爲在今度上下同體政令歸一之思食ヲ以テ偏ニ全國之力ヲ合セ從來之弊害ヲ矯救シ富國强兵之本ヲ被爲開度就而ハ條目ヲ以テ　御下問被爲在候間各意見可申出候事

奉答の期を二十八日とす、未の刻更に非役堂上・麝香間祗候諸藩主及び親王代理を召して諮詢したまふこと前の如し、是の日、輔相三條實美、特に方今政務變通の要領を錄して諸官に諭告す、〇太政官日誌、嵯峨實愛日記、内廷辨事御用日記、大藏省文書、三條實美公年譜

諸藩主等に外交以下三事を御諮詢

二十五日　巳の半刻大廣間に出御、東京在留諸藩主を召し、外交・財政及び知藩事任用の三事を諮詢したまふ、又中大夫・下大夫・上士・諸官人の各總代及び諸藩主の代理を召して之れを諮詢したまふ、〇太政官日誌、内廷辨事御用日記、大藏省文書

板倉勝靜の自首

是れより先、前松山備中藩主板倉勝靜箱館より東京に至るの報あり、仍りて是の日、同族安中藩主板倉勝殷に命じて同藩御預と爲す、勝靜、二十六日東京駒込の吉祥寺に入り、宇都宮藩主戸田忠友に就きて自首し、天裁を乞ふ、後、勝靜を宇都宮藩御預と爲す、〇太政官日誌、板倉勝弼家記

神宮御垣木造始

二十六日　皇太神宮御垣木造始の儀あり、仍りて宮中、昨二十五日晩より神事に入り、是の日午の刻に終る、二十八日、豊受太神宮御垣木造始に依り、二十七日晩より神事に入り、翌日午の刻解く、〇太政官日誌、祭典録

二十七日　遠江権介押小路實潔新政を慊ばず、書を三條實美に呈して啻に私見を陳ずるのみならず、黨を樹て民を蠱するを以て、是の日、謹慎を命じ、宗家實美に付して之れを監守せしむ、〇太政官日誌、議事日録、編年雜録

吹上御苑内宸遊

二十九日　辰の半刻吹上御苑に出御、公卿・麝香間祗候等供奉す、既にして瀧見御茶屋に臨御、諸員に茶菓を賜ひ、更に山里馬場に於て馬を御したまふ、又公卿等に騎乗せしめて御覧あり、再び御茶屋に幸し、諸員に酒饌を賜ひ、且御苑の風光を即吟せしめたまふ、正親町三條實愛詠進す、曰く、

ひるかへる青葉にみへて涼しくも

風吹上の木々の下陰

と、斯くて終日苑内宸遊、酉の刻に至りて還御あらせらる、是の日、麝香間祗候鍋島直大・同池田章政・同龜井玆監に短刀各ゝ一口を賜ふ、辨事旨を傳へて曰く、有合の御物内賜あらせらると、〇内廷辨事御用日記、嵯峨實愛日記、龜井玆監奉務要書殘編

外國官知事伊達宗城の請を聽して其の職を罷め、右衞門權佐澤宣嘉を以て之れに代へ、尋いで宗城を麝香間祇候と爲して國事の諮詢に奉對せしめらる、〇東京職務進退錄、華族家記、百官履歷

公用人の風紀を戒飭す

是の月　諸藩公用人中には往日の留守居の弊風を脫せず、事を要談に託して數〻遊里に出入し、風儀を紊す者あり、既に訓戒する所ありしが、風紀未だ矯正されざるを以て、是の月、重ねて之れを戒飭す、〇法令全書

明治天皇紀　巻三十

明治二年

六月

一日　朔日なるを以て、三等官以上の諸官、麝香間祗候及び諸藩主参賀す、乃ち小御所代に於て謁を賜ひ、酒饌を賜ふ、○内廷辨事御用日記、嵯峨實愛日記、大久保利通日記、龜井茲監奉務要書殘編

中島直人の兵庫縣知事を罷めて辨事と爲す、○百官履歴

御講學

二日　卯の半刻御學問所代に出御、侍講中沼了三をして詩經を、申の刻侍讀秋月種樹をして十八史略を進講せしめたまふ、三日、了三御復讀に、種樹御親講に參仕す、四日、御復讀あり、畢りて直に了三をして孟子を進講せしめたまふ、孟子の進講は午の刻過にあるを例とせるも、天皇、了三をして徒らに時を待たしむるを憐み、此の命ありしなり、五日、種樹參仕を闕くを以て、了三をして

代りて御復讀に奉仕せしめらる、七日、了三進講を奉仕し、八日亦了三參仕し、午の刻過親讀あらせられ、近習・內番陪侍す、九日、了三參仕す、十日、種樹忌を服し參仕せざるに因り、了三、復代りて候し、侍講福羽文三郎國史を進講す、十二日、了三・種樹出仕す、十三日、了三御復讀に參仕し、十四日亦同じ、十五日、種樹詩經御復讀に候す、十七日、種樹をして詩經御復讀に奉仕の後、十八史略を講ぜしめらる、十八日、復讀あらせられ、十九日、御復讀の後、了三孟子を進講す、二十日、了三の詩經進講あり、次いで侍講平田大角をして國史を講ぜしめ、麝香間祗候に陪聽せしめらる、二十二日、種樹詩經御復讀及び十八史略の講筵に奉仕し、二十三日、了三參仕すること例の如く、二十四日亦同じ、同日、日課の內、三・八の日を孟子に、四・九の日を貞觀政要に改めたまふ、二十五日、了三・大角參仕す、二十七日、種樹御復讀及び十八史略の講筵に奉仕し、近習・內番等に陪聽せしめらる、二十八日、御復讀あり、次いで了三孟子を進講し、二十九日、御復讀の後、種樹貞觀政要の輪讀に參仕すべきに、會〻病のため之れを闕くを以て、豐岡隨資・萩原員光等奉仕す、三十日、了三・大角參仕す、是の月、講學あらせらるゝこと一・六の日を除く外連日に亙り、卯の半刻より辰の半刻の間に開筵し、午の刻過、復講筵を開きたまふを以て例と爲す、○內廷辨事御用日記、萩原員光日記、東京御再幸供奉雜誌、龜井茲監奉務要書殘編

鳥羽伏見役以降の軍功を賞せらる

巳の刻大廣間に出御、御帳臺に著御あらせられ、輔相・議定・參與・辨事等御前に候し、軍務官知事嘉彰親王以下海陸諸將座に列す、乃ち海陸軍將士の客歲以來各地征討の功を賞したまふ、輔相三條實美勅書を捧讀す、曰く、

朕惟復皇道之衰濟天下之溺一資汝有衆之力而其建節巖疆宣威遠方艱苦盡瘁無所不至朕切嘉奬之乃頒賜以酬有功顧前途甚遠矣厥克翼贊大成朕益有望汝有衆汝有衆其懋哉

次に嘉彰親王・熾仁親王竝びに左大臣九條道孝以下の有功の公卿に賞功の御沙汰書を賜ふ、未の刻再び出御、鹿兒島藩主島津忠義の父島津久光、山口藩主毛利敬親以下の諸藩主及び諸軍參謀等に同じく賞功の御沙汰書を賜ふ、賞典に浴する者、嘉彰親王祿千五百石、熾仁親王同千二百石を始めとし、久光・敬親を權大納言に任じ、從二位に敍し、山口藩世子毛利廣封及び忠義を參議に任じ、從三位に敍す、且敬親・廣封に祿十萬石を賜ふ、久光・忠義亦同じ、前高知藩主山內豐信・同藩主山內豐範に祿四萬石を賜ひ、鹿兒島藩士西鄉吉之助に祿二千石、山口藩士大村益次郎に同千五百石を賜ふ、其の他祿を賜ひ、官位を進め、褒詞慰勞各〻差あり、其の員數四百餘人、祿米七十四萬五千餘石、金二十萬三千三百兩餘なり、後、敬親父子竝びに久光父子上書して任敍及び賞典祿を、金澤藩主前田慶寧賞典祿を辭す、爾來之れに傚ふ者尠からず、優詔して聽したまはず、○太政官日誌、公文錄、辨事日記、官中

日記、島津久光公實紀、熾仁親王御日記、大久保利通日記、木戸孝允日記、萩原員光日記、嵯峨實愛日記、柳原前光輒誌、內廷辨事御用日記、仁和寺宮家職日記、華族家記、傳覽箇條備忘、毛利家記錄、小松侯爵家文書、肥後藩國事史料、太政類典、岩倉公實記、大藏省沿革略志、明治史要

麝香間祇候諸藩主參內の例日なるも、政務多端なるを以て謁を賜はず、〇嵯峨實愛日記

公議所會議
廢刀案を否決す

公議所會議を開く、議長以下議員參集し、諸藩主及び諸藩士の傍聽あり、是の日、曩に制度寮撰修森金之丞の提出せる官吏・兵隊の外帶刀を廢するは隨意たるべしとの議案の決を採り、滿場一致之れを否決す、〇公議所日誌

三日　自今行政官以下諸官の官人に嘉祥米を賜ふを停む、尋いで宮・堂上及び近習・內番・御醫・執次・非藏人等に亦今年嘉祥米を賜ふことを停む、〇內廷辨事御用日記、法令全書

鍋島直正をして蝦夷地開拓を督せしむ

四日　議定鍋島直正上書して自ら蝦夷地開拓の事に當らんことを請ふを以て、之れを嘉納し、勅して督務を命じたまふ、勅に曰く、

蝦夷開拓ハ　皇威隆替ノ關スル所一日モ忽ニス可ラス汝直正深ク國家ノ重ヲ荷ヒ身ヲ以テ之ニ任センコトヲ請フ其憂國濟民ノ至情朕嘉納ニ堪ヘス獨恐ル汝高年遽ニ殊方ニ赴クコトヲ然レトモ朕之ヲ汝ニ委ス始テ北顧ノ憂ナカラン仍テ督務ヲ命ス他日　皇威ヲ北疆ニ宣ル汝方寸ノ間ニアルノミ汝直正懋哉

六日、直正を以て蝦夷開拓總督と爲し、會計官判事島彈右衞門義勇・軍務官判事櫻井愼平直養及び松浦武四郎弘等に蝦夷開拓御用掛を命ず、○太政官日誌、開拓使日誌

麝香間祗候池田慶德・同蜂須賀茂韶・同龜井玆監・同鍋島直大及び前外國官知事伊達宗城を召して謁を賜ふ、○內廷辨事御用日記

民部官職制を定む

民部官職制を定め、聽訟・庶務・驛遞・土木・物產の五司を置き、知官事・副知官事・判官事・權判官事を以て官務を掌り、各司に知司事・判司事・權判司事を置きて司務を處理せしむ、○官中日記、明治職官沿革表、法令全書

山口藩主毛利敬親致仕し、世子廣封襲封す、○華族家記

御乘馬

五日　山里馬場に於て馬を御したまふ、○內廷辨事御用日記

左大臣九條道孝官を辭す、是の日、之れを聽す、又久保田藩主佐竹義堯を以て參議と爲し、從三位に敍す、○太政官日誌、諸家系譜

紙幣の流通を圖る

六日　曩に紙幣の流通を圖り、其の價値を挽回せんがため種々方策を講ずる所ありしが、國民未だ紙幣を信用するに至らず、殊に地方に在りては其の使用を嫌忌し、京都・東京・大阪の三都に於て之れを正金に兌換する者多きを以て、三都の貨幣地方に散じ、紙幣三都に偏在す、爲に三都の物價

逐日騰貴し、市民困窮す、仍りて之れを救濟せんがため、是の日、府藩縣に令し、三都に集まれる紙幣を府藩縣京都・東京・大阪の三府及び豊崎・兵庫・堺の三縣を除く、の石高に應じて配賦し一萬石につき二千五百兩、奈良府・大津縣は半額と為す、各〻定むる所の期限内に正金に換納せしめ、之れを都市の人民に引替下付することと爲す、○太政官日誌、官中日記、法令全書

八日　麝香間祗候を御前に召し、言談あらせられ、且各〻太刀の帛紗を賜ふ、十日、復召して各〻末廣二柄を賜ふ、○内廷辨事御用日記、嵯峨實愛日記、龜井玆監奉務要書殘編

陸軍局を廢す

陸軍局を廢し、其の軍將をして軍務官に出仕せしむ、○法令全書

十日　箱館より凱旋せる海陸軍參謀・各艦長等九人を小御所代に召して謁を賜ひ、慰勞の御沙汰を賜ふ、○内廷辨事御用日記、東京御再幸供奉雜誌、赤塚源六北地日記

前岡山藩主池田茂政の桂御所警衞を罷め、熊本藩主細川韶邦の弟長岡護美に之れを命ず、○太政官日誌、華族家記

三陸巡察使等の任命

三等陸軍將久我通久をして三陸巡察使を兼ねしめ、民部官權判事渡邊清左衞門を附屬とす、又三等陸軍將坊城俊章をして兩羽巡察使を兼ねしめ、軍務官權判事船越洋之助を附屬とす、十二日、通久の三陸巡察使を罷め、權大納言醍醐忠順を以て之れに代へ、民部官雇岡部正藏綱紀を其の附屬と爲す、十四日、更に忠順を罷め、兩羽巡察使坊城俊章をして之れを兼ねしむ、翌十五日、輔相三條實美、

巡察使の任務

俊章に諭し、民政を委任して曰く、三陸の地、客歳兵馬の事起りしより今に萬民危懼して物情騷然

たり、又各藩中議論紛紜未だ定まらざるものあり、國家の治亂隆替に關すること極めて大なり、巡察使たる者、宜しく地方官及び出張諸有司と同心戮力、偏に聖旨を奉體して風土民俗を熟察し、能く撫育の道を盡して專ら民心を收め、上下の意思を疏通せしめ、且時に依りては親しく其の城邑に臨み、審かに其の情狀を檢し、訓戒教導以て人心を一定せしむべしと、尋いで十八日、俊章をして磐城巡察使を兼ねしめ、淸左衞門・正藏を磐城巡察使附屬に兼任す、○太政官日誌、太政類典、法規分類大全

神宮御垣造立立柱式

十一日　十二日皇太神宮御垣造立立柱式に因り、是の日夕刻より翌日午の刻に至るまで宮中神事あり、十六日豐受太神宮御垣造立柱式に因り、十五日晩より神事に入ること前に同じ、○祭典錄

辰の半刻吹上御苑に出御、瀧見御茶屋に於て供奉の諸員に酒肴を賜ひ、諸員の乘馬を御覽あり、申の半刻還御あらせらる、○內廷辨事御用日記、萩原員光日記、東京御再幸供奉雜誌

十二日　伊勢國桑名郡內に鎭座せる天武天皇社は同天皇御駐輦の舊跡なり、今や境內荒廢に委するを以て、名古屋藩主德川德成に命じて之れを管守せしむ、○太政官日誌、公文錄

諸侯の乘馬を御覽

申の刻山里馬場に出御、麝香間祗候及び當役・非役の諸藩主二十餘人を召して馬を御せしめ、天覽あり、輔相・議定・參與・辨事等に陪覽せしめらる、畢りて御茶屋に於て諸員に酒饌及び菓子を賜ひ、酉の半刻頃還御あらせらる、○內廷辨事御用日記、嵯峨實愛日記、龜井玆監奉務要書殘編、華族家記

箱館の賊徒既に平定せるを以て、青森口總督清水谷公考を罷む、箱館府知事故の如し、○太政官日誌、公卿補任

金澤藩主前田慶寧の東幸供奉後衞、彥根藩主井伊直憲の同前驅及び水口藩主加藤明實の東幸供奉を免ず、但し明實の內侍所警衞は故の如し、又彥根藩兵の輔相附を免ず、○太政官日誌

大砲操練御覽

十三日　辰の刻本丸跡に臨御、鹿兒島・山口・高知・佐賀四藩兵の大砲操練を覽たまひ、巳の刻頃還御あらせらる、○內廷辨事御用日記、仁和寺宮家職日記、傳覽箇條備忘、東京御再幸供奉雜誌

內番衆に歌題「夏月」を賜ひ、卽日詠進せしめたまふ、內番衆乃ち詠進す、○內廷辨事御用日記、東京御再幸供奉雜誌

十四日　新に民部官に於て地方の事務を總轄するを以て、昌平學校所管の府縣學校取調事務を廢す、○公文錄、官中日記

十五日　氷川神社祭を行ふを以て、昨夕より宮中神事に入る、是の日、勅使左近衞權少將綾小路有良をして同神社に參向して幣帛を奉らしむ、又八坂神社臨時祭なるを以て、侍從西洞院信愛を勅使として參向せしむ、東幸中なるに因り、京都御所に於ては祭儀なし、○太政官日誌、祭典錄、公文錄、金穀錄、辨事日記、非藏人日記抄、冷泉爲理日記、押小路甫子日記、法令全書

御乘馬

未の刻山里馬場に出御、馬を御したまふ、十七日・二十一日・二十三日・二十七日亦同じ、○內廷辨事御用日記

月蝕なるを以て、舊例に依り御殿裏の事あり、京都御所に於ては中務權少丞細川常典之れを奉仕し、酉の半刻を以て畢る、清涼殿は官人奉仕す、○内廷辨事御用日記、辨事日記、非藏人日記抄

府縣奉職規則を頒つ

府縣奉職規則を定めて之れを頒つ、其の要に曰く、民政は經國の大本なるを以て、任に地方に在る者、御誓文の旨を奉體し、朝命を確守し、詳かに下情を察し、教化を廣め、風俗を敦くし、萬民をして安堵せしむべし、官吏は長官の命に從ひ、公正を旨とし、號令必ず始めを愼み、賞罰必ず事情を審かにし、產業を奬勵し、豫め凶年饑歲の計をなし、民患賑濟の備を設け、諸上司より閭胥に至るまで嚴に音問贈答を禁ずと、○官中日記

大學校の設置

大學校の職員

昌平學校を改めて大學校とし、開成・醫學の二校及び兵學校を其の分局と爲す、但し兵學校は姑く之れを軍務官に付す、大學校は專ら五箇條御誓文の旨趣を遵奉し、神典・國典に依りて國體を辨へ、兼ねて漢籍を講明し、實學實用を成すを以て其の要とす、七月八日、太政官官制の制定に際し大學校に大少監以下の諸官を設け、更に八月二十日、別當・大少丞を置き、別當をして大學校及び開成・醫學二校を監督し、國史を監修し、府藩縣の學政を總判することを掌らしむ、十二月十七日に至り、大學校を大學と改め、開成學校を大學南校、醫學校を大學東校と稱し、外來生徒を廢す、十九日、公選法を用ゐて教官を黜陟せしめ、尋いで中博士芳野世育・少博士木村正辭・同岡松辰・同

藤野正啓以下大助教・中助教を合せて十二人の教官を選任す、○太政官日誌、官中日記、日本教育史資料、公卿補任、太政類典、法規分類大全、法令全書、東京帝國大學五十年史

版籍奉還の聽許

十七日　諸藩に勅して版籍奉還の請を聽し、其の未だ請はざる者には奉還を命ず、是れより先正月二十日、鹿兒島・山口・高知及び佐賀の四藩主連署して封土人民を奉還せんことを奏請するや、諸藩主之れに傚ひ相繼ぎて表請す、乃ち勅して其の處分を輔相・議定・參與に諮問したまふ、五月四日、輔相三條實美、四藩の重臣を召して曰く、版籍奉還は實に國家の重事なり、四藩亦更に其の處分方法に關し、宜しく愼重審議して歸著する所を建言すべしと、同月二十一日、勅して皇道興復、蝦夷地開拓の二件と共に、之れを親王・公卿及び五等官以上に諮詢し、更に二十五日、廣く諸藩主・中大夫以下に諮詢したまふ、是の時に當り、參與東久世通禧・同大久保一藏・同木戸準一郎等各〻其の意見に緩急ありて廟議決せず、一藏・準一郎、頻りに具視に勸めて其の奮起を促し、切に一大英斷を以て事を處せんことを請ふ、是に於て具視意を決し、實美・通禧等に之れが斷行を促す、斯くて朝議一決、奏請する所ありしを以て、是の勅を下したまへるなり、乃ち金澤藩主前田慶寧・

知藩事の任命

鹿兒島藩主島津忠義以下總て二百七十四人に逐次勅書を授けて各〻其の藩の知事と爲し、翌年八月に至りて終る、又是の日、官武一途、上下協同の思召を以て、公卿・諸侯の稱謂を廢し、改めて華

公卿諸侯を華族と改稱

族と稱せしめらる、尙其の官位は舊の如くならしむ、〇太政官日誌、公文錄、大久保利通日記、三條家文書、四海雜記、熊本藩國事史料、三條實美公年譜、明治職官沿革表、岩倉公實記、島津久光公實紀、大久保利通傳、明治史要

凱旋諸艦の檢閲

甲鐵艦・春日艦・陽春艦・丁卯艦、箱館より品川海に凱旋す、仍りて是の日、軍務官知事嘉彰親王をして諸艦を檢閲せしめたまふ、〇彰仁親王年譜資料、法令全書

諸臣を戒飭せらる

十八日　勅を下して諸臣を戒飭し、言を愼み行を正しうし、謹直以て庶民の模範と爲り、嚴に苞苴を禁じ、奢侈を戒め、遊蕩の行なからしめらる、〇官中日記、法令全書

上局副議長松浦詮を罷む、〇公卿補任

護良親王著用の鎧を御覽

二十日　小御所代に出御、護良親王の著用せし著背長を天覽あらせられ、尋いで之れを鎌倉宮の神體と定めたまふ、此の鎧は梶井門跡の所藏に係りしが、今次命じて提出せしめたまへるなり、〇祭典錄、公文錄、內廷辨事御用日記

長崎府を改めて縣と爲し、長崎府判事兼外國官判事野村宗七盛秀を以て知事と爲す、且大阪府知事西四辻公業・元長崎府判事井上聞多を長崎に遣はして其の事務を更革せしむ、〇太政官日誌、官中日記、公卿補任、百官履歷

二十一日　內廷職知事中御門經之、召命に依りて京都より至り、參內天機を候す、乃ち謁を御學問所代に賜ふ、尋いで二十四日、會計官知事萬里小路博房亦至る、乃ち謁を賜ふ、二十五日、從一位

九條道孝亦同じ、〇内廷辨事御用日記

會計官權判事伊藤俊輔を東京府に、同判事山口範藏・元長崎府判事井上聞多を大阪府に、會計官權判事五代才助を神奈川縣に派遣して各〻通商司の事務を管せしむ、〇官中日記、百官履歴

通商事務の管掌

二十二日　府藩縣の商會所を三都府及び開港場に建つることを禁ず、〇太政官日誌

官制改革案等に就き諮詢せらる

二十三日　巳の半刻大廣間に出御、六官知事及び上局議員等を召見し、官位相當表及び職員令の案を示して其の可否を諮詢したまふ、上局議長大原重德御下問書を捧讀す、且明日之れを討議し、二十六日を期して奉答せしむ、其の要に曰く、從來の官名たるや、大寶令を制定せしより以來歷朝相承け、沿襲の久しき、有名無實のもの尠からず、客春以來改正する所ありしも、尙未だ其の名を正すに暇あらず、今や舊官の名に據りて更始の實を取り、斟酌潤飾す、是れ職制一定名實相稱はしめんがためなりと、翌二十四日、諸藩知事等に參內を命じて其の意見を徵したまふ、〇太政官日誌、公文錄、內廷辨事御用日記、萩原員光日記、門脇重綾日記、東京御再幸供奉雜誌、慶永公建白書類、華族家記、熊本藩國事史料、水戸藩史料、太政類典、法令全書

二十四日　三河縣を廢し、其の管地を伊那縣に倂す、〇太政官日誌

二十五日　山口藩知事毛利廣封の支族吉川經健を岩國、同毛利元蕃を德山、同毛利元敏を府中長門、同毛利元純を淸末藩知事と爲し、佐賀藩知事鍋島直大の支族鍋島直虎を小城、同鍋島直紀を蓮池、

同鍋島直彬を鹿島藩知事と爲し、津藩知事藤堂高猷の支族藤堂高邦を久居、岡山藩知事池田章政の支族池田政保を鴨方、大洲藩知事加藤泰秋の支族加藤泰令を新谷藩知事と爲す、皆宗藩と共に其の版籍を奉還せるを以てなり、〇太政官日誌、行政官達、華族明細短册、吉川經健家譜、毛利元敏家譜、毛利元蕃家譜、毛利元純家譜、池田政保家譜、鍋島直虎家譜、鍋島直紀家譜、鍋島直彬家譜、百官履歷、豐浦藩主毛利元敏公用人廻狀、鍋島直正公傳

知藩事家祿の制等を定む

知藩事家祿の制を定め、舊封現石の十分の一を給し、一門以下平士以上を悉く士族と稱し、其の祿制は適宜改正し、重職の人撰は之れを經伺せしむ、而して租稅額、公廨の歲費、藩士兵卒の員數・祿高、管內の人口・戶數・地圖及び藩治の職制等を併せ、今年十月を限りて錄上せしめ、又知家事を改めて家令と稱し、家扶・家從等を置かしむ、地所藏米及び藏米と稱する諸家亦之れに準ず、〇太政官日誌、公文錄、華族家記

大夫・士等の削地及び存錄未定の者の舊采地の租稅は、姑く其の所轄地方廳をして之れを管せしむ、〇太政官日誌

二十六日　從一位九條道孝を以て彈正尹と爲す、〇太政官日誌、內廷辨事御用日記、公卿補任

元村上藩主內藤信思・山形藩主水野忠弘の謹愼を釋す、〇太政官日誌

教道試講を聽きたまふ

二十七日　辰の半刻小御所代に出御、教道試講を聽きたまふ、講師教導局御用掛小野述信奉仕す、

輔相・議定・參與・麝香間祗候・辨事・神祇官員等をして陪聽せしめらる、〇內廷辨事御用日記、萩原員光日記、東京御再幸供奉雜誌

徵士雇士の稱を廢す

令して徵士・雇士の稱を廢し、藩士の任用は之れを各藩に諮問せず直に選用す、〇太政官日誌

神祇官に行幸國是確立を御奉告

二十八日　祭政維一の叡旨を以て、國是の確立を天神地祇及び列聖の神靈に告げたまはんため、板輿に御して辰の刻御出門、神祇官に幸す、輔相・議定・參與以下步して供奉す、是れより先、神祇官に於ては神座を設け、天神地祇竝びに歷代皇靈の靈代を奉祀し、神祇官知事中山忠能以下著座、先づ祓除の儀あり、次に忠能降神詞を奏す、此の間伶人五常樂を奏す、次に忠能祝詞の奏あり、此の間萬歲樂を奏す、次に神饌を供す、天皇、御服を束帶に改めて出御あらせらるゝや、幣物を神前に獻供す、天皇進御、御拜あり、輔相三條實美、天神地祇に祝詞を奏すること左の如し、

天神地祇に奏する祝詞

掛巻毛綾尓恐支　天御祖大御神乎始奉利弖　天神地祇八百萬神乃宇豆乃大御前尓恐美恐美毛白左久今般東京尓再來利弖更尓百官人八十伴緒乎集閇尓集閇弖去年乃春乃御祭尓誓比立都留五事乎以弖長閇尓動久事无久變留事无久大御政乃大支基礎乎思議良志米改定牟留命乃隨末尓　皇神等乎伊都伎祭留御事波即知政尓志弖此乎以弖萬機毛祭事乎基刀正志明良米弖官乃名刀其職刀乎古今尓考定米藩々縣々乃政毛專同狀尓弖公民乎諭教布留道尓至留麻弖尓論比議良志米多留尓己命乃御心乃如久取總夫留大御政乃基波毛速尓調比定万礼留波全久人々乃忠心尓勞支成世留事云万久毛更奈礼

杼專　皇神等乃御恩頼尓依礼利止辱美思布賀隨尓今与利後皇大御國乃大御稜威乎宇宙間尓輝賀左志牟倍久掟多留尓就弖毛天大神等乃御幸比尓依良受弖波得有良奴事叙刀只管尓頼美思比弖神代乃昔常世往久枉事多奈利志時高天乃原尓事始米世留天乃八湍乃河原乃故事乃隨尓八百萬乃神毛相宇豆奈比坐弖勇美進牟己命乃御心乎心刀志弖臣等波毛武久雄々志久明久清支眞心乎以弖事不過萬民庶毛大御令事乎戴支持知受祁捧祁弖大地乃厚久青海乃廣久天下國乃限利嶋乃崎落受地刀敷支施古志海刀行回良志米猶毛　皇神等乃御心尓協比坐奴事有良婆取直志善事尓改米志米大御政亂留々事无久頽留々事无久彌榮尓榮志米給閇刀斯久奉告留事乃由乎　天津神地津神八百萬神等聞食弖天下乃公民尓至留麻弖尓内外乃國乃禍无久平加尓安加尓在志米給閇刀申須事乎彌高々尓聞食世刀恐美恐美毛申須

皇靈に奏する祝詞

次に實美、歴代皇靈に左の祝詞を奏す、

掛卷毛綾尓恐支　橿原宮尓天下知食志々天皇乎始米奉利御代々々乃　天皇等乃大神靈乃宇豆乃大前尓恐美恐美毛白左久今般東京尓再來利弖更尓百官人八十伴緒乎集閇尓集閇弖去年乃春乃御祭尓誓比立都留五事乎以弖長閇尓動久事无久變留事无久大御政乃大支基礎乎思議良志米改米定牟留命乃隨末尓　皇神等又御代々々乃　天皇等乎伊都伎祭留御事波即知政尓志弖此乎以弖萬機毛祭事乎基刀正志明良米弖官乃名刀其職刀乎古今尓考定米藩々縣々乃政毛専同狀尓弖公民乎諭教布留道尓至留万弖尓論比議良之米多留尓己命乃御心乃如久取利總布留大政乃基皮毛速尓調比定万礼留波全久人々乃忠心尓勞支成世留事云万久毛更奈礼杼專皇神等又御代々々乃　天皇等乃御恩頼尓依礼利刀辱美思

明治二年六月

布賀隨末尓今与利後皇大御國乃大御稜威乎宇宙間尓輝賀左志牟倍久掟多留尓就弖毛御幸比尓依受弖波得有良奴事叙刀只管尓頼美思比弖神代乃昔常世往久枉事多奈利志時高天原尓事始米世留天乃八湍乃河原乃古事乃隨尓八百萬乃神毛諸共尓相宇豆奈比相阿奈奈比坐弖勇美進牟己命乃御心乎心刀之弖臣等波毛武久雄々志久明久清支眞心乎以弖事不過萬民庶毛大御令事乎戴支持知受祁捧祁弖大地乃厚久青海乃廣久天下國乃限利島乃先落受地刀敷支施古志海刀行回良志米猶毛御心尓協比坐奴事有良婆取直志善事尓改米志米大御政亂留々事无久頽留々事無久彌榮尓榮志米給閇刀斯久奉告留事乃由乎　天津神地津神八百萬神等毛諸共尓聞食弖天下乃公民尓至留万弖尓内外乃國乃禍无久平加尓安加尓在志米給閇刀申須事乎彌高々尓聞食世刀恐美恐美毛申須

畢りて入御、巳の半刻還幸あらせらる、次いで三等官以上竝びに知藩事等參進して拜禮、午後、四・五等官參拜す、乃ち神饌を頒賜す、又官吏に休暇を賜ふ、翌二十九日、直會神事あり、非役華族・中大夫・下大夫・上士・六等官以下竝びに公議人等參拜す、○太政官日誌、祭典錄、公文錄、布令錄、己巳諸祭儀、官中日記、内廷辨事御用日記、大御乳東京日記、嵯峨實愛日記、押小路師親日記、仁和寺宮家職日記、大藏省文書、東京御再幸供奉雜誌

招魂社の創建

二十九日　招魂社を九段坂上に造營し、戊辰以來國事のために戰死せる者三千五百八十八人の靈を祀り、是の日より祭典を行ふこと五日、祭主は軍務官知事嘉彰親王なり、乃ち彈正大弼五辻安仲を勅使と爲し、參向して幣物を納め、拜禮せしめたまふ、○太政官日誌、祭典錄、己巳諸祭儀、内廷辨事御用日記、木戸孝允日記、嵯峨實愛日記、東京御再幸供奉雜

誌、太政類典、法令全書、靖國神社誌

濱殿下乘・下馬規則を定む、卽ち親王・輔相は大番所前、三等官以上竝びに華族は大手門橋際、四等官以下は下馬札の處に於て各〻下乘・下馬せしむ、○官中日記

岩倉具視時務七條を建議す

議定岩倉具視、時務七條を擧げ、之れを朝議に付せんことを請ふ、其の要に曰く、意思相通じ上下心を一にせんことを欲す、人材登庸の道を明かにせんことを欲す、言路洞開の實を擧げんことを欲す、廉恥の風を興さんことを欲す、國家賑恤の典を厚くせんことを欲す、上下衣服の制を定めんことを欲す、皇道を明かにし正學を興さんことを欲すと、○岩倉公實記

三十日　京都御所に於て大祓を行ふ、神祇權大副吉田良義奉仕す、○祭典錄、公文錄、辨事日記、押小路甫子日記

令して外國船を以て物資を開港場以外に運輸することを禁ず、犯したる者は其の載貨を沒收し、罰金を科することとす、○太政官日誌

東京爲替會社證券の發行

是の月　東京爲替會社に於て銀三匁七分五厘の證券二十萬兩を發行し、以て商事に便す、○大藏省沿革略志

七月

一日　日蝕、御殿裏の儀あり、仍りて朔日參賀を停む、○太政官日誌、官中日記、辨事日記、內廷辨事御用日記、非藏人日記抄、嵯峨實愛日記、押小路甫子日記

御講學

二日　辰の刻御學問所代に出御、復讀あらせらる、侍讀秋月種樹奉仕す、次いで種樹をして十八史

略を進講せしめらる、四日、御復讀あり、侍講中沼了三參仕す、五日、辰の半刻了三參仕し、又午の刻過國史の進講あり、十日、侍講平田大角をして日本書紀を講ぜしめられ、二十九日、貞觀政要の輪讀あり、〇內廷辨事御用日記、東京御再幸供奉雜誌

權中納言西園寺公望・侍從岩倉具定・勘解由長官岩倉具經、學に就くを以て官位を辭す、乃ち之れを聽す、〇太政官日誌、內廷辨事御用日記、辨事日記

元磐城平藩主安藤信勇の謹愼を釋す、四日、元結城藩主水野勝知を二本松藩に移錮す、〇太政官日誌、官中日記

垂仁天皇千八百年祭

三日　垂仁天皇千八百年祭を京都御所後院の庭上に修するを以て、勅使權中納言清閑寺豐房を遣はし、幣物を奉らしめたまふ、〇辨事日記、押小路甫子日記、傳覽箇條備忘

祈年のため氷川神社等に奉幣

四月以降天候順ならず、淫雨農事を害するを以て、天皇深く叡慮を悩ましたまひ、勅して是の日より一七日間氷川神社・神明宮・日枝神社に祈年の祭典を行はしめ、六日、右近衞權少將町尻量衡を氷川神社に、左近衞權少將六條有義を神明宮及び日枝神社に遣はし、幣物を奉らしめたまふ、〇太政官日誌、祭典錄、公文錄、己巳諸祭儀、內廷辨事御用日記、東京御再幸供奉雜誌、太政類典

諸藩知事を召見せらる

曩に大政諮詢のため諸藩主等を東京に會同せしめしが、議既に終れるを以て、昨二日、勅を賜ひて之れを慰勞し、各〻其の藩に就かしめ、未だ知事に任ぜざる者亦歸邑せしむ、仍りて是の日、小御

所代に出御、麝香間祗候徳島藩知事蜂須賀茂韶・同鳥取藩知事池田慶德・同山口藩知事毛利廣封・同津和野藩知事龜井茲監・同佐賀藩知事鍋島直大・同岡山藩知事池田章政を召見し、客歲以來の勤勞を慰し、天盃を賜ふ、又各ゝ直垂一領及び鞍・鐙を賜ふ、茂韶・慶德・廣封・章政には各ゝ馬一匹を加賜せらる、次いで再び小御所代に出御、熊本藩知事細川韶邦等諸藩知事を召見して慰勞の勅語を賜ひ、且天盃を賜ふ、輔相三條實美諭示する所あり、四日、麝香間祗候元宇和島藩主伊達宗城を召し、賜勅賜物茂韶等に同じ、其の他列藩知事等の召見、本日より六日に至る、〇太政官日誌、公文錄、内廷辨事御用日記、華族家記、龜井茲監奉務要書殘編、熊本藩國事史料、諸家系譜、東京御再幸供奉雜誌、法令全書

御乘馬

山里馬場に出御、馬を御したまふ、六日亦同じ、〇内廷辨事御用日記

無賴の徒の取締を嚴にせしむ

近年無賴の徒所在に徘徊する者尠からず、客歲兵亂の後は益ゝ暴威を逞しうす、特に上野國等は最も甚し、仍りて是の日、令を發し、府藩縣に命じて是れ等の徒を逮捕して良民を安堵せしむ、〇太政官日誌

五日　申の刻頃地震あり、輔相三條實美等參內、天機を候す、〇内廷辨事御用日記、東京御再幸供奉雜誌

高田藩知事榊原政敬監する所の舊會津藩降伏人に手當として各ゝ二人扶持を給し、其の資給地三萬石を止む、〇太政官日誌

六日　名古屋藩知事徳川德成の京都留守警衞、岡崎藩知事本多忠直の大宮御所警衞、姫路藩知事酒井忠邦の中宮御所警衞を免じ、夫々歸藩せしむ、孰れも曩に知藩事に任ぜられたるを以てなり、○太政官日誌、公文錄、神山郡廉日記、傳覽箇條備忘

七日　七夕の節なるを以て、巳の半刻頃小御所代に出御あり、三等官以上の諸官の賀を受け、酒饌を賜ふ、又當番の侍臣に歌題「七夕草花」を賜ひて和歌を詠進せしめらる、○內廷辨事御用日記、龜井茲監奉務要書殘編、東京御再幸供奉雜誌

副知學事秋月種樹を罷む、龜岡藩知事松平信正・菊間藩知事水野忠敬・狹山藩知事北條氏恭上表して其の職を辭す、是の日、批して聽さず、○太政官日誌、公卿補任

官制改定神祇太政二官以下を置く

八日　職員令を定め、新に神祇・太政二官を置き、神祇官を太政官の上に班せしむること、大寶令の舊に仍る、而して神祇官に伯・大少副・大少祐・大少史等を置き、太政官には左大臣・右大臣・大納言・參議・大中少辨・正權大少史等の諸官を置く、更に民部・大藏・兵部・刑部・宮內・外務の六省及び待詔院上下二局あり、・集議院公議所の改稱、上下二局あり、・大學校・彈正臺・皇太后宮職・皇后宮職・春宮坊・府・藩・縣・海軍・陸軍・留守官・宣敎使・開拓使・按察使を以て太政官に隷屬せしむ、六省に卿・大少輔・正權大少丞等を、待詔院上局に學士を、同院下局及び集議院上下二局・留守官・開

拓使に長次官その他を、大學校に大少監・大中少博士・大中少助教等を、彈正臺に尹・弼・正權大少忠等を、皇太后宮職・皇后宮職に大夫・亮・大少進等を、春宮坊に傅・學士・大夫・亮・大少進等を、府・藩に知事・正權大少參事等を、縣に知事・大少參事等を置き、海陸二軍に新に大中少將を置く、京都には別に留守彈正臺を置く、後改めて京都出張彈正臺と稱す、

位階及び官位相當を制定す

又是の日、位十八階を設く、初位より一位に至り、一位以下八位迄各〻正從あり、初位に大少あり、其の正從一位は官を當てず、神祇伯及び左右大臣を正二位又は從二位、大納言及び各省卿・彈正尹・海陸軍大將等を正三位、參議・各省大輔等を從三位相當とし、其の他官位相當ること各〻差あり、若し官位不相當の時は位署書に行・守の字を記して之れを分つ、

從來の百官受領を廢す

乃ち舊制の百官及び受領を廢す神職僧官は、舊に仍る、前に帶ぶる所の位階は舊に仍るも、四位以下は上下の稱を廢す、官無き者は位階を稱せしむ、

右大臣三條實美以下の任命

是に於て從一位三條實美を以て右大臣と爲し、正二位岩倉具視・同德大寺實則を大納言と爲し、從四位副島種臣・同前原一誠を參議と爲し、從一位中山忠能を神祇伯、正三位白川資訓を神祇大副と爲す、從二位松平慶永を民部卿、從四位廣澤眞臣を民部大輔、同大隈重信を大藏大輔卿闕く、、二品嘉彰親王を兵部卿、從四位大村永敏を兵部大輔、正二位正親町三條實愛を刑部卿、從四位佐佐木高行を刑部大輔、從三位萬里小路博房を宮內卿、從四位澤宣嘉を外務卿、同寺島宗則を外務大輔と爲し、彈正尹九條

道孝・留守長官鷹司輔凞竝びに故の如し、〇太政官日誌、公文錄、嵯峨實愛日記、木戸孝允日記、大久保利通日記、柳原前光輒誌、保古飛呂比、小松侯爵家文書、三條實美公年譜、公卿補任、職官表、法規分類大全、岩倉公實記、憲法類編、明治史要

大久保利通木戸孝允板垣退助を待詔院學士に任ず

從四位大久保利通・同木戸孝允・同板垣退助・同後藤象二郎の多年の勤勞を賞して劇職を解き、更に利通・孝允・退助を以て待詔院學士と爲して前途尙獻替すべきを命じ、象二郎に東京在留を命じたまふ、仍りて特に利通・孝允を小御所代に召見して勅語を賜ひ、且太刀一口宛を下賜せられ、右大臣三條實美、御沙汰書を授く、是れより先、職員令制定の議あるや、議定岩倉具視、實美に謂ひて曰く、利通・孝允は柱石の臣なり、其の進退は實に國家の治亂隆替に關す、宜しく二人を優遇して至尊の顧問に備へ、以て天下の重望を負はしむべし、退助亦有爲の士なり、共に擧げて國家の用と爲さゞるべからずと、實美之れを善とし、奏請する所あり、乃ち是の勅命を賜ひたるなり、十一日、待詔院學士を廢し、更に利通等に待詔院出仕を命じ、國事を諮詢したまふ、〇太政官日誌、公文錄、木戸孝允日記、大久保利通日記、保古飛呂比、三條實美公年譜、岩倉公實記

九日　上局議長大原重德・同副議長阿野公誠を罷め、公誠を待詔院下局長官と爲す、蓋し職員令制定に因りて上局は廢せられたるを以てなり、〇諸家系譜、法規分類大全、百官履歷

十日　東幸中なるを以て、八朔の佳節に太刀を獻ずることを停む、〇官中日記、辨事日記、法令全書

島津久光毛利敬親を東京に召す

十一日　勅して從二位島津久光・同毛利敬親を東京に召したまふ、是れより先、大納言岩倉具視、右大臣三條實美に勸めて曰く、今や國是一定すと雖も、尙薩長二藩に倚り、守成の基礎を固めざるべからず、公宜しく手書を久光・敬親に贈り、其の上京を促すべしと、實美乃ち奏請する所あり、是に於て是の命ありたるなり、○太政官日誌、島津久光公實紀、三條實美公年譜

勅奏判任の制

勅奏判授の等級を改定し、四位以上を勅授、六位以上を奏授、七位以下を判授と爲す、尋いで勅奏判授の稱を改めて勅任・奏任・判任と爲す、○太政官日誌、法令全書

酷刑の廢止

客歲以來國家多事、未だ法憲制定の遑あらざるにより、世人往々にして知らず識らず法を犯し、今日其の法を正さんには罪免るべからざる者あり、仍りて是の日、令して曰く、法は固より枉ぐべからずと雖も、其の行爲私利私怨に出でざるよりは、之れを處するに寬典を以てすべしと、又是の月、令して晒・引廻・鋸引等の酷刑を廢す、○太政官日誌、憲法類編

元堂上華族に救助金を下賜せらる

十二日　元堂上華族に秩祿增賜の叡慮あれども、未だ租稅上納期に至らざるに因り、特旨を以て盂蘭盆前の救助として、當主に各〻金二百兩、十五歲以上の息孫に各〻金百兩を賜ふ、○辨事日記、橋本實麗日記

中務卿幟仁親王・大宰帥熾仁親王連署上表して官名を返上せんことを請ふ、十五日、彈正尹博經親王亦之れを請ふ、蓋し幟仁・熾仁兩親王の意は百官受領の啻に有名無實なるのみならず、此れを以

て大寶の令條に乖戾し、維新の精神を沒卻するものと爲すに在り、實は百官既に廢せらると雖も、其の報未だ京都に達せざりしなり、○熾仁親王御日記、有栖川宮御達竝諸願伺屆留、皇族家記

太政官規則を定む

十三日　太政官規則を定め、毎日巳の刻を以て出仕し、未の刻を以て退廳と爲し、暑中は辰の刻出仕とす、但し宸斷を仰がんとする者は午の半刻參入とし、待詔院出仕の輩預參の事と爲す、而して其の座次左大臣・右大臣は北上東面とし、大納言・參議は北上西面とす、辨官提出の文書は各分課の印を捺し、決議の上、其の分課に交付すべく、自今諸願伺出の事件は特別を要する外、總て辨官を經ずしては議事に付するを得ざることとす、八月七日、更に御前に於て大臣・納言・參議政務を議するの例及び太政官の執務等を規定す、卽ち毎日巳の刻より午の刻まで小御所代に出御、大臣・納言・參議列坐して事を議し、萬機を宸斷あらせらる、但し諸省卿は許可を得て會議に列し、重大事件あるに方りては待詔院出仕の輩及び卿以下の官人亦席に列す、議決の事件は納言・參議、大臣と同じく諸務執行に任ず、座次は上段に大臣・納言・參議、東の間に辨官分課の序を以て著座す、願伺屆諸書類は毎日巳の刻より午の刻まで辨官之れを調査して意見を付し、各分課の印を捺したる上、午の半刻より參議に提出せしめ、參議之れを商量し、翌朝御前に披露す、三職之れを協議したる後、午の半刻より未の刻の間に於て、參議之れを各分課の辨官に下すものとす、又諸願伺出の事、

總て辨官を經ずして議事に付すべからず、御前參仕の輩、衣冠・狩衣・直垂等の内を著用すべきこととす、（〇官中日記、法令全書）

鍋島直正を開拓長官に任ず

從二位大原重德・同山内豐信を麝香間祗候と爲し、隔日出仕せしむ、又蝦夷開拓總督鍋島直正を以て開拓長官と爲し、諸省の卿と同班たらしむ、尋いで正四位清水谷公考を以て同次官と爲し、令して長官・次官交替して石狩に在勤せしむ、（〇太政官日誌、開拓使日誌、官中日記、大久保利通日記、諸家系譜、山内豐信國事關係略年譜）

節朔の參賀は從來三等官以上なりしが、自今改めて勅授官以上と爲す、又下乘規則を定め、親王は車寄門外に、神祇伯・左大臣・右大臣・大納言・六省卿・長官・彈正尹は中仕切門外に下乘とし、他は從前の如し、同日、京都御所守衛の諸藩兵に守衛規則十四條を令す、（〇太政官日誌、法令全書）

福江藩管民の騷擾

十四日　是れより先、福江藩知事五島盛德をして支族五島盛明の采邑を併合せしむ、盛明の管民爲に騷擾す、是の日、二人の敎諭至らざるを譴め、盛明に謹愼、盛德に差控を命ず、尋いで十九日、盛德の差控を免じ、二十日、盛明の謹愼を釋す、（〇太政官日誌）

贋貨處分に就き御諮詢

十五日　勅して各藩知事に贋貨禁遏の方法を諮詢したまふ、是れより先、贋貨流布し、貿易を障礙するを以て、各國公使連疏して之れを論ず、是を以て是の命を下し、明十六日を以て奉對せしむ、

外人所有贋貨の引換

然れども遂に良對策を建つる者なし、朝議已むことを得ず、外人所有の惡貨は悉く新鑄正貨と交換

することに決し、十九日、外國公使と約し、一定の期限を定め、横濱・神戸・長崎・新潟・箱館に於て檢査し、正貨と替ふることとす、○太政官日誌、公文錄、木戸孝允日記、大久保利通日記、熊本藩國事史料、太政類典、岩倉公實記、皇國造幣濫觴之記

十七日　從一位近衞忠房を以て靜寛院宮非常御用掛と爲す、又大納言德大寺實則官を辭せんことを請ふ、聽さず、○公文錄、辨事日記、傳覽箇條備忘

三府の外悉く縣と爲す

京都・東京・大阪三府を除くの外、悉く府を改めて縣と爲し、奈良・度會・長崎・堺・日田・伊那六縣知事の外、各縣知事を降して權知事と爲す、東北諸縣知事降等の命は二十日にあり、同日、酒田・福島・桃生・佐渡の四縣を置き、眞岡縣を日光縣に併す、二十七日、越後府を改めて水原縣と爲し、新潟縣を之れに併す、乃ち津田信弘を酒田縣、清岡公張を福島縣、山中獻を桃生縣、新貞老を佐渡縣、鍋島貞幹を日光縣の權知事とし、越後府知事壬生基修を水原縣知事と爲す、○太政官日誌、公文錄、官中日記、公卿補任、法令全書

鎌倉宮の創建

二十一日　是れより先、征夷大將軍護良親王の社殿落成せるを以て鎌倉宮と稱す、是の月十九日、神體神祇官を發し、二十日、鎌倉に著し、假殿に安置す、是の日、淸祓式・道饗祭・大殿祭・御門祭・鎭火祭を行ひ、畢りて鎭座の式を行ふ、仍りて正二位飛鳥井雅典を宣命使として參向せしめらる、尙親王薨去の日に丁れる七月二十三日を以て例祭の日と定む、○祭典錄、公文錄、己巳諸祭儀、押小路師親日記、內廷辨事御用日記、神祇

省記錄、大藏省文書、鎌倉宮記、諸家系譜

山陵副管秋元志朝を罷め、其の功勞を賞して狩衣地を賜ふ、○辨事日記、傳覽箇條備忘、諸家系譜

議定或は參與等在職中の功勞を賞し、正二位德川慶勝に鞍・鐙を、從二位淺野長勳に直垂一領・馬一匹及び鞍・鐙を賜ひ、從四位細川護久・同長岡護美に各〻直垂一領及び鞍・鐙を、從五位成瀬正肥に直垂一領を賜ふ、○太政官日誌、公文錄、華族家記、熊本藩國事史料

麝香間祗候華族

自今親王は八景間に、元大臣は麝香間に參入せしむ、時に麝香間參入者は從一位九條尙忠・同近衞忠凞・同二條齊敬・同近衞忠房・同德大寺公純・正二位久我建通・同大炊御門家信・同廣幡忠禮・同德川慶勝・從二位大原重德・同中御門經之・同蜂須賀茂韶・同山內豐信・同伊達宗城・同池田慶德・同淺野長勳・從三位毛利廣封・正四位鍋島直大・從四位龜井茲監・同細川護久・同池田章政なり、○太政官日誌、辨事日記、華族家記

大久保利通廣澤眞臣を參議に任ず

二十二日　待詔院出仕大久保利通を以て參議と爲し、大藏大輔大隈重信を民部大輔と爲す、二十三日、民部大輔廣澤眞臣を參議に任ず、○木戸孝允日記、大久保利通日記、保古飛呂比、公卿補任、岩倉公實記、大久保利通傳

南部利恭酒井忠禄を舊領に復す

特旨を以て、白石藩知事南部利恭を盛岡に、磐城平藩知事酒井忠禄を庄內に復歸せしめ、竝びに知藩事と爲し、各〻金七十萬兩を獻ぜしめたまふ、○太政官日誌、公文錄、華族家記、公卿補任

蝦夷地開拓者に土地割與を令す

大に蝦夷地を開拓せんとするを以て、士族・庶民を論ぜず志願者に土地を割與するを令す、〇太政官日誌、大久保利通日記

二十三日　宮中帶刀規則を定め、勅任官は詰所、奏任官は休所、判任官は彈正臺出座前まで帶刀を許す、〇法令全書

恭明宮の造營

從二位中御門經之の治河掛を罷め、恭明宮造營御用掛と爲す、恭明宮は從來宮中黑戸に奉祀せる御歴代その他の靈牌竝びに神體・佛像等を移置、奉齋せられんがために造營する所の殿舍にして、地を京都東山の大佛殿境内に相して其の工を起さんとするなり、翌二十四日更に經之を留守長官に任じ、二十七日、從四位岩下方平を更めて留守次官と爲す、乃ち同長官鷹司輔凞・同次官烏丸光德を罷め、翌月二人を東京に召す、輔凞病癒えざるを以て辭す、〇太政官日誌、公文錄、官中日記、辨事日記、神山郡廉日記、非藏人日記抄、傳覽箇條備忘、水藥師寺文書、公卿補任、諸家系譜

英國王子の來朝

二十五日　英國皇帝第二王子エヂンバラ公アルフレッド來朝し、東京に至る、王子年齒二十六、海軍大佐を以て同國軍艦ガラテアの艦長たり、慶應三年、世界周遊の途に上れるなり、是れより先四月十日、輔相三條實美、英國公使パークスに會するや、公使、實美に告ぐるに王子來朝の事を以てす、實美之れを奏す、乃ち勅を下して國賓の禮を以て王子を遇せしめたまふ、仍りて濱殿延遼館を

領客使を置く

英國王子入京

修補して其の旅館に充て、又新に領客使を置き、從二位伊達宗城・正四位大原重實を以て之れに補し、中辨中島錫胤・外務大丞町田久成を其の隨使とし、外務權少丞宮本小一郎を掌客として專ら其の接伴に當らしめ、公使と協議して待遇に遺憾なきを期せしむ、今月二十二日、王子横濱港に著するや、外務大輔寺島宗則其の艦に就きて慰問す、翌二十三日、宗城・宗則、錫胤を隨へて横濱に赴き、英國公使館に王子を訪問す、先づ暫時對話の後、宗城、衣を直垂に更め、歡迎の勅旨を王子に傳ふ、王子奉答す、同日、辰の刻韓神祭祭神大名牟遲神・五十猛神を神祇官に修し、神祇伯中山忠能祝詞を奏す、翌二十四日、送神祭祭神八衢比古神・八衢比女神・久那止神を高輪八山麓に行ひ、神祇少祐青山景通祝詞を奏す、又延遼館門下に於て路次祭祭神阿須波神・波比伎神を修し、神祇少副福羽美靜祝詞を奏す、是れ等の祭事は專ら外賓の平安を祈願するものにして、八山は王子入府の道途に當るを以てなり、同日、神奈川砲臺、王旗の艦上に揭げられしを望みて祝砲を發す、英艦亦答砲し、且王子の乘艦に我が皇旗を揭げ、聖壽を祝して二十一發の禮砲を放つ、各國軍艦亦祝砲を發す、是の日、王子、公使及び水師提督サー・ヘンリー・ケッペル等十人を隨へ、横濱を發し、陸路東京に向ふ、神奈川縣兵護衞して川崎に至り、是れより兵部省別手組之れに代る、掌客、品川に郊迎して延遼館に誘引す、時に未の刻なり、外務卿澤宣嘉竝びに宗城等之れを迎ふ、天皇、嘉彰親王を遣はして王子を勞問して勅旨を傳へしめ、宣嘉亦就きて之れを勞す、蓋し外國皇族の我が國に來航する者是れを以て嚆矢と爲す、故に朝廷之れが接遇竝びに護衞に頗る苦慮する所あり、六月二十五日、軍務官に嚴命して警備の事を掌らしめ、東京府に亦命ずる所あり、今月二日、王子滯在中濱殿參入規則を定め五日・二十五日復命す、四日、彈正臺をして王子通行の途上を巡察せしめ、九日、神奈川・品川二縣に管下の取締を嚴にせしむ、特に横濱より東京に至る途次の警備に意を用ゐ、又鹿兒島藩兵を護衞の任に充て、宇和島藩兵をして常服を著けて機察の任に當らしむ、○太政官日誌、祭典錄、公文錄、己巳諸祭儀、官中日記、仁和寺宮家職日記、華族家記、伊達宗城手記、伊達家文書、明治二年神奈川縣史、明治職官沿革表、三條實美公年譜、岩倉公實記、法令全書、百官履歷、歷史地理第四十卷第一號所收英王子デゥーク・オブ・エディンバラ略譜

二十七日　正二位正親町實德を以て皇太后宮大夫、從二位竹屋光有を同亮と爲し、正二位野宮定功を皇后宮大夫、正三位堀河親賀を同亮と爲す、八月十五日、大宮・中宮兩御所祇候を廢す、○辨事日記、非藏人日記抄、公卿補任、諸家系譜

留守長官の職務權限を定む、卽ち長官は大政に關係せずと雖も、留守諸省を管轄し、諸務を預り聞き、恆例小事を裁決するを得、其の他は總て太政官等に稟申して決を仰ぐこととす、○太政官日誌

民部省規則府縣奉職規則を定む

民部省規則を定め、府縣奉職規則を增補す、民部省規則の要に曰く、一、民政は治國の大本たるを以て、五箇條御誓文の趣旨を奉體し、府藩縣と戮力協心、教化に力め、風俗を敦くし、生業を奬め、

撫育を盡し、賑濟の道を開き、上下の情を通じ、以て民心を安んぜしむべし、一、在職の吏僚は協力勉勵して長官の命に從ひ、號令を始めに愼みて民の信を失はざるを緊要とす、又事に當りて所存あらば、官等の上下を論ぜず公正商議すべし、一、信賞必罰以て勸懲の實を擧ぐるは地方官の要務たりと雖も、稟伺煩濫に亙るべからず、一、節義篤行の者を賞し、其の事蹟を旌表すべし、一、郡國の地圖戸口名籍を明かにし、租稅の多寡を知るべし、一、府藩縣に於て斷じ難き訴訟は毫も壅蔽なからしめ、公平に裁斷すべし、一、堤防橋梁道路等の土木は忽にすべからず、一、驛遞人馬の制、賃錢の法等は總て戸口の多寡及び貧富等を審かにし、當時の米價を規準として定むべし、府藩縣に對する指揮は本省の任にして、之れを施行するは府藩縣の務たり、總て下民の疾苦を察し、旅人の通行を便ならしむべし、一、殖產の道を講じ、以て富國の實を擧ぐべし、一、重大なる事件は本省決議の上更に天裁を仰ぐべし、一、奏聞を經て施行すべき重大の事件は太政官の布告を請ふべし、其の他は本省に於て布令すべし、一、太政官に稟伺の案件は卿輔の任とす、一、丞は省事を糾判する定例の外、重大事件は決を卿輔に取るべし、正は司中委任する定例の外、重事は決を丞以上に取るべし、一、前日の事務は巳の刻參仕し、午の刻に至る間に處斷し、當日の事務は未の刻退出に至るまでに檢知すべし、一、諸有司音物贈答を嚴禁し、出張の時は總て尊大の弊あるべからず、一、同僚相戒めて職務に勉むべしと、府縣奉職規則亦略〻之れに準ず、又縣官人員竝びに常備金規則を定む、卽ち石高十萬石を標準として知縣事・參事各〻一人、大屬・小屬各〻四人、史生三人、捕亡五人、總計十八人とす、開港場管轄には外國事務專掌の參事一人を加ふ、常備金は石高五萬石を規準として總計金二千六百兩を以て定則とし、他は之れに準じて增減あり、是の月、外務省規則を定む、卽ち外國交際は國家の興廢、國威の消長に至大の關係あるを以て、省中勤務の官吏は同心協力、長短相助け、確乎不拔の識見を持し、我が朝の大典を根軸と爲し、宇內の通義に基づき、信義を外國に失せざるを旨とし、以て皇威を海外に宣揚せんことを期すべく、嚴に其の責務を規定す、〇太政官日誌、憲法類編

縣官人員常備金規則を定む

外務省規則を定む

治河使を廢し、其の事務を土木司に屬し、又刑部省京都留守を廢し、兵部省京都陸軍附屬治療所を廢止することを允許す、〇太政官日誌、公文錄、官中日記

曩に目安箱を置きて民意を徵せんとせしが、無記名の書を投じ、私利私怨を遂ぐるの具に供せんとする者あるを以て、自今之れを彈正臺に檢閱せしめ、書疏其の居所姓名印署なきものは之れを燒棄せしむ、〇太政官日誌、公文錄

箱訴に姓名等を記さしむ

二十八日　未の刻英國王子アルフレッド參內す、乃ち對面あらせらる、是れより先、領客使大原重

英國王子參內

實、旅館延遼館に迎へ、王子に馬車に陪乘す、王子、公使パークス及び提督サー・ヘンリー・ケッペル等を隨へ、儀仗を整へて宮門に至るや、祓祓事あり、第三門に入りて下車するや、隼人非藏人奉仕等吠聲を發す、大納言岩倉具視・同德大寺實則・外務卿澤宣嘉・領客使伊達宗城迎へて休憩所に導き、右大臣三條實美出でて對應す、既にして天皇、大廣間に出御、嘉彰親王上段に侍し、右大臣以下大納言・參議・外務卿・辨官等下段に侍立す、領客使、王子を誘引す、是の時奏樂あり、王子、親王と對坐し、公使及び隨員は下段に立つ、天皇立御、御對面御會釋あり、此の間停樂、畢りて王子と倶に椅子に御す、次に隨員に謁を賜ふ、禮畢りて入御、王子退下す、次いで領客使、王子を吹上御苑紅葉御茶屋に導き、茶菓を饗す、既にして天皇、瀧見御茶屋に臨御、王子を招き、椅子に御して談話あらせらる、實美侍す、茶菓の饗あり、是の時、王子の獻品を受けたまふ、申の刻頃王子辭去せんとするや、立御御會釋あり、實美は階邊に、宣嘉は庭外に送る、王子歸館して後、天皇、嘉彰親王を遣はして答禮せしめたまふ、○太政官日誌、公文錄、伊達宗城手記、仁和寺宮家職日記、大久保利通日記、保古飛呂比、萩原員光日記、大原家文書、東京御再幸供奉雜誌、明治二年神奈川縣史

各縣知事に治民の要を諭告す

二十九日　各縣知事將に歸任せんとするを以て、右大臣三條實美、治民の要を諭告す、其の書に曰く、

民者國之本也其安不安　皇運隆替之所係ニシテ億兆父母之天職夙夜　御怵惕被遊候知縣事ハ其赤子ヲ撫育スルノ重任ニ付深ク　朝廷御仁恤之　御趣意ヲ宣布シ生ヲ樂ミ業ニ安スルノ治化行屆候樣勉勵盡力可有之事

又知縣事の席次を定め、有位者は位階の次、無位者は奉命の前後を以て序と爲す、〇太政官日誌、法令全書

去る八日諸藩に令し、更に公議人・公用人を東京に置かしむ、是の日、之れを京都に置くことを止む、〇太政官日誌、法令全書

明治天皇紀 巻三十一

明治二年

八月

英國王子に能樂等を供覽す

一日 右大臣三條實美・大納言岩倉具視・同德大寺實則・參議大久保利通・同廣澤眞臣・同副島種臣及び民部卿松平慶永・從二位鍋島直正等、英國王子アルフレッドを延遼館に存問す、其の他諸官・華族等隨時候問す、又王子遠來の旅情を慰めんため、客月二十六日、延遼館に於て槍劍試合を台覽に供す、二十七日、王子芝增上寺を觀覽し、歸館後、太神樂、夜、奇術の興あり、二十八日夕、放鷹、夜、舞踊、二十九日、赤坂和歌山藩邸にて能狂言を台覽に供し、且日本料理を饗す、是の日、延遼館に於て相撲の技を演じ、夜、烟火及び奏樂の興あり、二日、打毬・曲藝・漁獵等あり、夜、席畫を催す、〇太政官日誌、公文錄、大久保利通日記、伊達宗城手記、伊達家文書、三條實美公年譜

英國公使樺太經營の要を説く

曩に露艦一隻樺太クシュンコタンに入港し、其の乗員中上陸する者約二百五十人、家屋を構へて永住の計を爲す、我が官吏之れを拒めども敢へて肯ぜざりき、是の日、英國公使パークス、外務大輔寺島宗則に會し、談樺太の事に及ぶや、公使、宗則に樺太施政の方針に就き問ふ所あり、且曰く、露國人は遠く首都を距ること數千里の異域に來りて之れを經營す、貴國は東京より僅かに三百里許の近きに在りて、尙且此の地を捨てゝ顧みず、是れ策の得たるものにあらず、抑ゝ土地は人類の棲息すべきものなり、貴國にして樺太を放置せんか、露國人の來住する亦何の不可かあらん、余嘗て外國官知事伊達宗城等に之れを警告し、慫慂するに、英國測量技師を雇ひて海路を測量せしむるの得策なるを以てせるも、是れ亦其の意なきものの如しと、宗則、此の言を聞き、北門の鎖鑰として樺太の警備の急務なるを痛感し、乃ち北地經營の方針を確定して能吏を駐在せしめざるべからざる所以を建言す、○柯太概覽

學神祭の擧行

二日　山里御苑に臨御、英國人をして洋笛を奏せしめ、簾中に於て之れを聞きたまふ、○東京御再幸供奉雜誌來る五日大學校を開校せんとするを以て、是の日、同校の齋場に於て學神八意思兼神・久延毘古神を祀る、仍りて勅使として從四位綾小路有良を參向せしめ、幣を奉り宣命を奏せしめたまふ、大學少監秋月種樹、祝詞を奏す、本日及び五日、教官・生徒等拜禮す、○祭典錄、公文錄、大藏省文書、法規分類大全、太政類典、東京帝國大學五

十年史

諸縣の新置併合

大森縣を置き、隱岐縣を之れに併合し、隱岐縣權知事眞木益夫を以て權知事と爲す、又河內縣を堺縣に、豐崎縣を兵庫縣に併す、七日、新に白河・白石・登米・九戶・江刺の五縣を置き、福島縣權知事淸岡公張を白河縣權知事に、民部大錄武井守正を白石縣權知事に、大學少監鷲津宣光を登米縣權知事に、盛岡藩大參事林友幸を九戶縣權知事に、山口藩士小笠原長淸を江刺縣權知事に任ず、十日、久美濱縣を割きて生野縣を置き、尋いで大垣藩士井田讓を以て權知事と爲す、十二日、膽澤縣を置き、大洲藩士武田敬孝を權知事と爲す、翌十三日、桃生縣を改めて石卷縣と稱す、二十五日、水原縣を割きて再び柏崎縣を置き、尋いで岡山藩士新莊厚信を以て權知事と爲す、〇太政官日誌、公文錄、官中日記、公卿補任

彈正臺管轄區域を定め、三河國以東、加賀國以北、蝦夷地に至るまでを東京の本臺に、尾張國以西、越前國以南、九州に至るまでを京都留守彈正臺に各〻之れを管せしむ、二十日、彈正臺に大少弼を置く、尋いで留守彈正臺の御所・大宮御所・中宮御所・飛香舍等の巡察箇所を定め、東幸中なるを以て特に中外の巡察紀正に努めしむ、〇公文錄、官中日記、法令全書

英國王子に宸筆御製を贈りたまふ

三日　英國王子に宸筆の御製を贈りたまふ、曩に王子參內するや、瀧見御茶屋に於て右大臣三條實

美に依りて宸筆を賜はらんことを請ふ、蓋し歸國の後、女帝に獻ぜんがためなり、是の日、實美を延遼館に遣はし、之れを贈らせたまふ、御製に曰く、

世を治め人をめくまは天地の
　ともに久しくあるへかりけり

又蒔繪見臺・同十種香箱・同手箪笥・古銅置物各〻一個、金魚鉢二個・盆栽二十七鉢・金裝短刀一口及び畫帖を贈り、水師提督以下隨員に太刀各〻一口を賜ふ、〇伊達宗城手記、伊達家文書、明治三年對話書英國之部、明治天皇御製集、三條實美公年譜

英國王子離京

英國王子、東京を發して横濱に還る、巳の刻濱殿より小蒸氣船に駕して品川沖に至り、本艦に移乘す、外務卿澤宣嘉之れを埠頭に送り、嘉彰親王、參議大久保利通・同廣澤眞臣等を隨へて英艦に至る、英艦三隻、親王に對して禮砲を發すること各〻二十一、水夫は挂帆の禮を行ふ、我が富士艦亦之れに應ふ、親王等、王子の案内にて艦内を巡覽し、會食の後辭去す、未の半刻英艦出航す、領客使伊達宗城等乘艦して王子を送る、艦横濱に至る、神奈川砲臺禮砲を發す、五日、王子の招待に因り、嘉彰親王、宗城及び利通等と倶に之れを横濱に訪ふや、公使館に於て饗應あり、十一日、王子横濱港を發す、砲臺禮砲を發すること著港の時の如し、王子、大阪・神戸・長崎を巡覽し、二十二

英國王子接遇の苦心

日、長崎港を發して清國芝罘に向ふ、今次王子來朝に當り、其の儀例に就き英國公使と折衝すること多し、初め王子を吹上御苑の茶亭に延見せんとしたまふや、公使は席を宮中に設けんことを要め、大廣間延見の事決す、公使又躬ら上段に昇り、大臣と對坐せんことを求め、且王子の隨員水師提督の待遇亦同じくせんことを主張して已まず、其の他參內の時自國の步騎兵を以て儀仗に加へ、又其の兵の參集地點等に就きて異議を唱へ、我が王子を遇するに之れを薄しとするものの如く、頗る不平の色あり、當時要路の官人西洋の儀禮に通ぜざりしため、朝廷の苦心は蓋し想像の外に在りしなり、是れより先、外國皇族接遇の令を發するや、在野の士は其の禮遇厚きに失すと爲し、論難攻擊して已まず、遂に大臣・納言・參議に謁し、朝議の在る所を聞かんことを請ふに至る、岩倉具視等、諭すに朝旨を以てし、始めて鎭靜すと云ふ、○太政官日誌、公文錄、伊達宗城手記、大久保利通日記、仁和寺宮家職日記、伊達家文書、大藏省文書、岩倉公實記

曩に磐城平藩主安藤信勇の祖父信正の奧羽諸藩と同盟し、王師に抗衡せる罪を斷じて永蟄居に處し、信勇に謹愼を命じ、且其の封を陸中國磐井郡に轉ぜしが、是の日、特に舊封に復せしめ、金七萬兩を獻ぜしむ、尋いで信勇を磐城平藩知事に任じ、管地を三萬石と爲して其の餘を上地せしめ、獻金を止む、○太政官日誌、東京城日誌、安藤信正家記

稱德天皇千百年祭

四日　稱德天皇千百年祭を京都御所後院の庭上に修せしめ、正二位冷泉爲理を奉幣使として參向せ

しめたまふ、〇辨事日記、冷泉爲理日記、非藏人日記抄

五日　北野天滿宮臨時祭なるを以て、勅使として正五位冷泉爲柔を參向せしめたまふ、東幸中なるを以て宮中神齋なし、〇祭典錄、公文錄、內廷辨事御用日記、辨事日記、冷泉爲理日記、非藏人日記抄、大內記新作留

按察使府を白石に置く

三陸兩羽磐城按察使府を白石に置き、陸軍少將坊城俊章をして按察次官を兼ねしむ、是れより先二日、右大臣三條實美、按察使心得を達して曰く、三陸・兩羽・磐城の地、客歲以來の兵革に因り民心未だ安定せざるを以て、克く藩縣の政績を熟察し、地方官と戮力協心、專ら聖旨を奉體して政教治化其の道を盡し、以て上下の情を貫徹せしむべしと、〇太政官日誌、公文錄、憲法類編、華族家記、諸家系譜、百官履歷、津輕承昭公傳

七日　大臣・納言の家に公用人を置く、尋いで之れを公務人と改稱す、〇太政官日誌

八日　各藩知事將に藩地に就かんとするを以て、諭書を發して曰く、曩に諮問せる案件は更に衆議を盡して逐次施行すべし、外國との交際は既に垂示せる如く、獨立自主の精神を以て樽俎折衝すべし、列藩は宜しく緩急事に從ひ、國威を失墜せず、愼重職務に勉勵すべしと、〇三條實美公年譜

濱殿に行幸

九日　卯の半刻直衣の裝にて板輿に乘御し、濱殿に幸す、右大臣三條實美等狩衣若しくは直垂を著し、行廚を携へ騎して供奉す、中島御茶屋の御座所に著御の後、過日英國王子の宿泊せる延遼館を巡覽したまふ、尋いで御苑の秋色を賞し、諸臣の乘馬及び池水の漁獵を御覽あらせられ、諸臣を御

前に召して酒饌を賜ひ、又「秋衣」・「秋地儀」の御題を賜ひて詠進せしめたまふ、參議大久保利通詠進して曰く、

かきりなきめくみの露をから衣
　かけていく世の秋をかさねむ

從四位竹屋光昭亦詠進して曰く、

大君のもれぬ惠の露を得て
　みのります也秋の千町田

酉の刻天機麗しく還御あらせらる、〇公文錄、嵯峨實愛日記、大久保利通日記、押小路師親日記、東京御再幸供奉雜誌、大藏省文書、華族家記

太政官親臨

大臣以下新政の實を擧ぐるを誓ふ

十日　巳の刻、天皇、太政官(小御所代を議場と爲す、)に親臨して政を聽きたまふ、大臣・納言・參議、御前に於て宣誓す、其の文に曰く、

皇國前途ノ事今日廟謨ヲ大定シ確乎不拔之體裁ヲ立テンコトヲ要ス抑舊幕府名分大義ヲ誤リ私ニ外國條約ヲ結ヒ大ニ國體ヲ損シ天下人心離叛シ殆ント救フ可カラサルノ形勢ニ陷リ遂ニ天運循環シ王政復古百度一新ノ機會ニ立至ル此機會ニ於テ名分ヲ正シ國體ヲ維持シ政令一途天下萬民ヲシテ其惠澤ヲ被ラシメ全國一和之基本ヲ立テ皇威ヲ海外ニ輝サシメント欲シ不得已干戈ヲ以テ不庭

ヲ討セリ今ヤ天下平定シ國家ノ基礎ヲ確立スルノ時ニ方リ聖旨ヲ奉體シ新政ノ實蹟ヲ擧クルノ大目的ヲ一定セサル可カラス宜ク斷然ト心志ヲ堅固ニシテ狐疑狼顧スルコト無ク全國ヲ方寸ノ中ニ容レ天下ノ英豪ヲ綜攬シ區々タル小節ニ拘ハラス公明正大活眼ヲ以テ宇宙ノ間ニ注視シ全國之力ヲ戮セテ皇威ヲ宣揚シ國權ヲ擴張スルヲ以テ己カ務メトシ各奮發盡瘁シテ其成功ヲ奏センコトヲ努ムヘキナリ

大臣以下約束四条を立つ

署名する者右大臣三條實美・大納言岩倉具視・同德大寺實則・參議大久保利通・同廣澤眞臣・同副島種臣なり、又約束四條を立つ、其の文に曰く、

一従前政府専ラ公平ヲ旨トシ萬機内外ノ別ナク施行ノ處卻テ輕易ニ渉リ自然ト廟議未發前ニ漏洩シ世人之物議ヲ引起シ候次第實ニ朝權ノ輕重ニ關係ス三職之輩殊ニ誠愼ス可キ事ニ候依之向後各自相誓ヒ機密之件ハ勿論縦令既ニ宸斷ヲ經テ發表ス可キ事タリトモ未發前ニハ同列ノ外家人ハ勿論父子ノ間ト雖決シテ漏洩致間敷事

一萬機宸斷ヲ經テ施行ス可キハ勿論タリト雖公論ニ決スルノ御誓文ニ基キ大事件ハ三職熟議シ諸省卿輔辨官又ハ待詔院集議院ヘ其事柄ニ依リ咨問ヲ經タル後上奏宸裁ヲ仰ク可キ事

一大小ノ事件三職ノ輩邂逅ニハ異論相容レサルノ筋之レ有ル可キモ忌憚ナク心腹ヲ吐露シ反覆討

論シテ之ヲ決定ス可シ縦令自己ノ論行ハレストモ他ノ衆論ニ從ヒ一定決行スルニ至リタルトキハ異論四方ニ起リ天下ノ人皆之ヲ是非スルコト有ルモ難ヲ他ニ譲リテ之ヲ避クルカ如キ輕薄ノ醜態ヲ爲ス可カラス斷然トシテ動カス確乎トシテ懼レス同心戮力其責ニ任スルヲ以テ專要トスヘキ事

一三職ノ輩ハ毎月三四度或ハ五六度各自ノ宅ニ相往來集會シ情ヲ通シ親ヲ結ヒ一點ノ隔心ナク相交リテ奉公ノ便ヲ計ル可キ事

右之通約束相立各自遵守ス可キ者也

御前會議の開催

署名前に同じ、次いで北地開拓の事を議す、十二日再び御前會議あり、十三日・十七日・十八日・十九日・二十日・二十二日・二十三日・二十五日・二十七日・二十八日・二十九日亦同じ、毎會巳の刻小御所代に出御あり、大臣・納言・參議等出仕し會議するを例と爲す、〇大久保利通日記、三條家文書、岩倉公實記

集議院に幹事十二名を置き、議員の公選とす、其の班次は同院權判官に準じ、其の次席と爲す、〇集議院日誌、明治職官沿革表、職官表、法令全書、法規分類大全

刑名改定

客月、令して晒・引廻・鋸引等の酷刑を廢せしが、是の月五日、刑名を改定して磔を磔罪、梟首を梟示、刎首を斬罪、徒刑を徒罪、笞刑を笞罪とし、是の日、笞罪從一十至一百・徒罪從一年至三年は府藩縣の處斷

に委任し、流罪従三年至五年又七年・自盡・斬罪・梟示・磔罪は刑部省に稟申して斷定し、斬以上は天裁を經しむ、○憲法類編

神宮心御柱安置祭典

十二日　皇太神宮心御柱安置の祭典あり、仍りて十一日晩より十三日朝に至る間宮中神事あり、豐受太神宮同じく心御柱安置につき十三日晩より十五日朝まで亦是の事あり、○太政官日誌、祭典録

民部大藏二省を併す

民部・大藏二省を併す、前一日、民部卿松平慶永をして大藏卿を兼ね、民部大輔大隈重信をして大藏大輔を兼ねしむ、○明治職官沿革表、公卿補任、百官履歴

水戸藩知事德川昭武、祖父齊昭の遺志を繼ぎ、自ら蝦夷地を跋渉し、山川の夷險風土の美惡を視察し、管下の民を移して開拓に從事し、聖明の威德を殊域に宣布せんことを請ふ、是の日、之れを聽し、且管地は開拓使の指示を俟たしむ、○太政官日誌、公文錄、水戸藩史料

十三日　京都御所に於ける親王の留守宿仕を免じ、元大臣の九門内乘馬を止む、十五日、親王・神祇伯・大臣・大納言・六省卿・長官・彈正尹の宮門出入の際は守衞下座して送迎し、夜陰と雖も開扉せしむ、○官中日記、辨事日記

待詔院下局を集議院に併す

十四日　待詔院下局を集議院に併せ、同院をして其の事務を掌らしめ、待詔院下局長官阿野公誠を以て集議院次官と爲す、尋いで二十日、同院の規則を定め、九月亦改正する所あり、更に十月七日、

同院建白取扱規則を定む、〇太政官日誌、官中日記、集議院日誌、大久保利通日記、公卿補任、諸家系譜、法令全書

十五日　石清水八幡宮中秋祭を行ひ、勅使として正二位橋本實麗を參向せしめたまふ、宮中、十三日晩より神事に入り、十六日朝に至りて之れを解く、〇祭典錄、公文錄、大内記新作留、内廷辨事御用日記、辨事日記、橋本實麗日記、冷泉爲理日記、非藏人日記抄

皇后宮大夫野宮定功をして山陵御用掛を兼ねしむ、十六日、山陵總管勘解由小路資生を罷め、召して東京に至らしむ、〇官中日記、辨事日記、華族家記、諸家系譜

松平定敬板倉勝靜等の處分

元桑名藩主松平定敬・元松山備中藩主板倉勝靜・其の子勝全及び舊幕府陸軍奉行竹中重固の死一等を減じ、定敬を津藩に、勝靜父子を安中藩に、重固を福岡藩に永錮し、特旨を以て各〻其の家を存錄し、定敬の弟定教をして其の先祀を承け、舊封の地六萬石を管せしめ、勝靜をして後嗣を奏請して舊封の地二萬石を管せしめ、重固の父重明に祿三百石を賜ふ、〇太政官日誌、公文錄、嵯峨實愛日記、華族家記

蝦夷地を北海道と改稱

蝦夷地を改めて北海道と稱し、分ちて渡島・後志・石狩・天鹽・北見・膽振・日高・十勝・釧路・根室・千島の十一國と爲し、更に八十六郡に分ち、其の郡名を定む、〇太政官日誌、木戸孝允日記、大久保利通日記、法令全書

鍋島直正を大納言に任ず

十六日　從二位鍋島直正を以て大納言に任ず、開拓長官故の如し、又直正に命じ、開拓に關して更に調査して奏上する所あらしめ、期するに數日を以てし、且速かに移住民を渡道せしむ、是の日、

北海道開拓御用掛を置く

民部大輔大隈重信・外務大輔寺島宗則・大藏少輔伊藤博文・兵部權大丞船越衛を北海道開拓御用掛

と爲し、外務卿澤宣嘉竝びに博文を箱館に遣はし、開拓次官清水谷公考と議して北海道の諸務を處理せしむ、尋いで直正、北海道開拓の事たるや、闔國の全力を擧げて之れに傾注し、始めて其の成功を期すべき所以を建言し、以て廟議の評決を促す所あり、○公文錄、開拓使日誌、公卿補任、復古事蹟

上田小諸兩藩伊那縣管下農民の騷擾

上田藩管下小縣郡入奈良本村農民騷擾し、響應するもの數十村、到る所暴威を逞しくし、十七日上田に闌入す、其の數約七百人、商舖を襲擊して什器を破壞し、遂に火を放つに至る、藩吏說諭し、十九日鎭靜す、入奈良本村は元寒村にして、數年以來凶荒相繼ぎ闔邑の倉廩空乏するに至るも、土民頑迷にして事理を解せず、近時養蠶の利潤を以て得たる新貨二分金の融通梗塞し、物價騰貴し、農民困窮に陷るは是れ商賈の蠶種・絲類を諸方に鬻ぐに由れるものとし、怨讟して措かず、遂に是の暴擧に出でたるものなり、二十五日、伊那縣下筑摩郡會田驛の農民等凡そ千人騷擾し、家屋を破壞して放火するに至る、同縣、松本藩に出兵を請ふ、同藩乃ち兵三小隊を派遣す、暴民、衆を恃み、犀川を渡りて同藩管下に闌入し、遂に死傷者を見るに至る、同藩遂に暴徒百七十五人を捕ふ、又小諸藩管下佐久郡芦田村・藤澤村の農民中に不穩の擧動あり、平三郎と云ふ者亦之れに加はる、藩廳、吏を遣はして之れを捕へしむ、二十八日、近村の農民群集して平三郎を奪はんとし、遂に騷擾して山部村里正の家を破壞し之れに放火し、更に宿々富家の金穀を掠奪するに至る、是れ租稅課役の減

兇及び公米借用を强訴せるに出でたるものなり、藩吏出張之れを說諭し、其の首魁二十五人を捕へ漸く鎭靜す、十月十五日、政府は上田・小諸二藩及び伊那縣に命じ、暴動首謀の罪狀を檢覈して處置の方法を刑部省に稟請せしむ、○太政官日誌、公文錄、華族家記、公卿補任

北海道開拓を諸藩等に分擔せしむ

十七日　水戶藩知事德川昭武をして天鹽國四郡・北見國一郡を、佐賀藩知事鍋島直大をして釧路國三郡を、一ノ關藩知事田村崇顯をして膽振國一郡を管せしめ、十九日、德島藩に日高國一郡を、二十日、高知藩に石狩國一郡・膽振國二郡を、兵部省に石狩國一郡・後志國二郡を管理せしむ、二十三日、仙臺藩士伊達邦成の請願を納れ、特に膽振國一郡を管せしむ、又同藩知事伊達宗基に諭し、士民を移して北海道を開拓せしむ、二十八日、金澤藩には北見國三郡を、鹿兒島藩には十勝國三郡・日高國二郡を、靜岡藩には十勝國四郡を、名古屋藩には北見國二郡を、和歌山藩には北見國一郡を、熊本藩には根室國二郡を、廣島藩には北見國二郡を、福岡藩には後志國二郡を、山口藩には石狩國二郡・天鹽國二郡を、二十九日、久保田藩には千島國一郡を管せしむ、蓋し朝議北海道の開拓を急務と爲し、全國の力を擧げて之れに當らしめんとせるなり、○太政官日誌、公文錄、官中日記、公卿補任、熊本藩國事史料

英國公使兇徒に襲はる

酉の刻過英國公使パークス外務省を訪ひ、其の歸途芝口を過ぐるや、兇徒あり、刀を拔きて公使を斫らんとす、公使馬を馳せて纔かに難を免れ、從者をして兇徒を捕へしむ、兇徒は熊本藩兵卒谷留

熊彦なり、九月二十五日、刑部省に於て其の罪を斷じ、熊彦を庶民に下して流罪に處す、熊彦に同行せる同藩兵卒佐藤七左衞門亦罰せらる、又同藩知事細川韶邦を譴めて謹愼を命じ、二十八日之れを解く、〇太政官日誌、公文錄、官中日記、嵯峨實愛日記、熊本藩國事史料

官位相當の更定

二十日　官位相當を更定し、新に初位の上に正從九位を置き、左右大臣は從一位・正二位、神祇伯・大納言・海陸軍大將は從二位、參議・各省卿・彈正尹・東宮傅・大學別當及び集議院・留守官・開拓使の長官は正三位、大輔・次官・海陸軍中將等は從三位とし、以下從九位に至るまで各〻官位相當を定む、二十四日、按察使官員の官等を定め、開拓使と同等と爲す、〇太政官日誌、公卿補任、職官表、明治史要

浦口令を定む

浦口令八條を定め、浦港に榜示す、之れを浦高札と稱し、遭難船舶の救助及び積載物陸揚の報酬等を規定す、尋いで九月十八日改正を加ふ、〇太政官日誌、公文錄、官中日記、公卿補任

東京諸邸址に桑茶を栽培せしむ

産業奬勵のため、上地せる東京府下の諸邸址にして目下空地のものは、郭の内外、市村を論ぜず、總て桑茶を栽培せしむ、〇公文錄、官中日記、公卿補任

留守宮内省の設置

二十一日　留守宮内省を京都に置く、是の日、京都に於て之れを令達す、〇辨事日記、非藏人日記抄

二十二日　招魂社に祭資として永世米一萬石を付す、十二月十九日に至り、兵部省は國庫窮乏の故を以て、當分の間其の半額を返上す、〇太政官日誌、太政類典、靖國神社誌

是の月九日濱殿に幸するや、領客使伊達宗城供奉の列に在り、乃ち召して英國王子接伴の勞を慰したまふ、是の日、宗城の領客使を免じ、更に其の勤勞を慰して硯箱一個・白羽二重三匹を賜ふ、又領客使大原重實・同隨使中島錫胤等の職を免じ、物を賜ひて慰勞あらせらる、〇官中日記、伊達家文書、百官履歷

侍從の任命

正二位醍醐忠順・同三條西季知・正三位堀河康隆・從三位高辻修長・正四位三條西公允・同富小路敬直・同長谷信成・從四位東園基愛・同裏松良光・從五位入江爲福を以て竝びに侍從と爲す、九月十三日、從四位勘解由小路資生亦侍從に任ず、〇東京御再幸供奉雜誌、華族家記、諸家系譜

官祿の制を立つ

官吏の官祿の制を立て、其の支給規則を定む、卽ち祿級を十六等に分ち、第一等は現米千二百石なり、以下遞減して第十五等二十六石に至る、第十六等は之れを三等に分ち、二十石より十二石に至る、更に等外を設け、十石・七石の二等と爲す、以上金員若しくは現米を以て給す、金員は前月十日・二十日・晦日の平均拂米相場を以て勘算す、又旅費定則を頒つ、二十四日、官吏の家族を東京に移すを許し、其の費用を給す、尋いで非職華族・諸官人等の家族の東京移住も亦其の自由に任せ、相當の手當を給す、尙歲計困迫せるを以て、明年正月より九月に至る官祿は米一石を以て金八兩とし、十等以上には其の十分の一、十一等より十三等までには十分の二、十四等以下には十分の三を現米を以て給することと爲し、十二月二十七日之れを令す、〇太政官日誌、公文錄、公卿補任、法令全書

御講學

二十四日　貞觀政要を親讀あらせらる、二十六日、侍讀秋月種樹をして十八史略を進講せしめたまふ、〇東京御再幸供奉雜誌

皇后將に東京に行啓したまはんとするを以て、是の日、其の期を九月中と爲し、奉迎のため正四位大原重實を京都に差遣したまふ、九月十九日に至り、來る十月五日京都御發輿と治定せらる、〇太政官日誌、公文錄、御布告留記、久世通凞日記、押小路甫子日記、中山績子日記、青山御所御納戸日記、有栖川宮御達竝諸願伺屆留、公卿補任

客春以來伏見衞戍の親兵各地に轉戰せしが、今次京都に凱旋せるに因り、酒肴を之れに頒賜し、特に物を傷病兵に賜ひて療養せしめらる、皇太后亦其の凱旋を喜び、留守官に懿旨を賜ひて厚く之れを犒はしめたまふ、〇官中日記

松平慶永の民部卿兼大藏卿を罷め、大學別當と爲し、侍讀を兼ねしむ、〇松平慶永建白書類、華族家記、公卿補任、百官履歷

親王家菊章の制を定む

二十五日　親王家菊章の制を定め、十六葉を用ゐるを禁じ、十四葉・十五葉以下若しくは裏菊等に改めしめ、神宮及び石淸水八幡宮・賀茂下上社・泉涌寺・般舟院の外、社寺に菊章を用ゐることを禁ず、又寺院の下馬・下乘の札を撤せしむ、〇太政官日誌、公文錄、官中日記、御布告留記、公卿補任

東久世通禧を開拓長官と爲す

大辨東久世通禧を以て開拓長官と爲し、御沙汰書を下して其の勞苦を慰し、且奮勵努力、土地を開拓し、人民を蕃殖し、北門の鎖鑰を嚴にし、皇威更張の基を樹つべき旨を諭す、翌二十六日、通禧

及び開拓判官島義勇等八人を慰勞して酒饌を賜ふ、○太政官日誌、開拓使日誌、大久保利通日記、東久世通禧書翰

岩代國巡察使を廢す、○太政官日誌、諸家系譜

兵部省に令し、箱館役の降伏者を東京に送り、而して後各〻其の本貫に復せしむ、但し靜岡・仙臺二藩士は仍ほ箱館に置かしむ、○官中日記、公卿補任

窮民賑恤の御沙汰

二十六日　巳の刻過大廣間に出御、右大臣以下奏任官以上を召見し、窮民賑恤の詔を下したまふ、曰く、

朕登祚以降海內多難億兆未タ綏寧セス加之今歲淫雨農ヲ害シ民將ニ生ヲ遂ル所ナカラントス朕深ク怵惕ス依而躬ラ節儉スル所有テ以テ救恤ニ充ントス主者施行セヨ

官吏減祿の請を聽す

卽ち宮廷從來の經費年額米七萬五千石の內一萬二千石を減ずべき命を下し、供御を減じ、諸費を節して窮民賑給に充てしめたまふ、右大臣三條實美亦諸官の同意を得、官祿の一部を返納して救荒の一助たらしめんことを奏請せるを以て、之れを嘉納したまふ、仍りて勅任官以上は俸給の五分の一、奏任官以上は同十分の一を納め、以て窮民救助の資に充つ、乃ち大藏省に命じ、每月東京府に現米三千石、京都府に同七百石を施與せしむ、是の日、太政官、叡旨を奉戴して布告を發すること左の如し、

詔書被　仰出候通兵馬之後庶民未タ安堵ニ至ラサル折柄當年諸道不作物價日增ニ騰貴無告之窮民ハ勿論一同之難澁差迫リ殊更東京ハ近來衰微之砌人口ハ從前之通莫大ニテ遊民最多ク漸次產業ニ基クヘキ御施法モ未タ行屆カセラレサル中今日ノ姿ニ相成且又京都ニ於テハ卽今御留守ト相成自然職業ヲ失ヒ困窮ニ立至リ候者モ不少全ク時勢之變遷無據次第トハ申ナカラ必至難澁彼是以テ深被爲惱　宸襟格別之御節儉被遊旣ニ餔饌供給ヲモ御減少被爲在窮民御扶助被遊候就而ハ於諸官モ官祿之内ヲ以テ救恤ニ被充候樣願出候段神妙之儀ニ被　聞食候右ハ　御不本意ニ被爲在候得共願之趣至誠貫通セサルモ御殘念ニ被　思食當年之所夫々減少返上之儀御許容相成兩京救荒ニ可宛行旨　御沙汰候事

但救荒ハ一時之變ニ處スル事ニテ總而遊手徒食之者無之樣仕法立最可爲急務事

○太政官日誌、嵯峨實愛日記、大久保利通日記、梅溪通善日記、橋本實麗日記、押小路甫子日記、華族家記、岩倉家文書、三條家記錄、三條實美公年譜、公卿補任

二十八日　御前會議あり、畢りて後、右大臣三條實美・大納言岩倉具視・同德大寺實則・同鍋島直正・參議大久保利通・同廣澤眞臣等を常御殿に召して英國王子接伴の勞を慰するの勅語あり、酒饌竝びに天酌を賜ひ、且親ら各〻金五十兩・印籠一個・羽二重一匹を賜ふ、利通、日乘に記して曰く、卑賤の身を以て天顏に咫尺し、綸言を辱うし、又恩賚あり、光榮何物か之れに如かん、往事を顧み

れば茫乎として夢の如し、子孫たる者深く鑑みるべきなりと、待詔院出仕木戸孝允亦召されたれども、時に病を箱根に養ふを以て參内する能はず、後日賜物を拜戴す、〇木戸孝允日記、大久保利通日記

二十九日　神宮例幣に因り、是の日、晩より宮中に神事あり、九月九日晩より天皇潔齋あらせらる、同十二日に至りて神事解く、仍りて宮中神事中、重輕服者・僧尼の參朝を憚らしむ、但し政府出仕の輩は服忌中と雖も、御潔齋以前は出仕を憚るを要せざるものと爲す、〇太政官日誌

制度取調所を制度局と改稱

各藩の大參事・權大參事をして公議人を兼ねしむ、〇太政官日誌

是の月　制度取調所を改めて制度局と稱す、〇職官表、公卿補任

九月

北海道開拓神鎭座祭

一日　北海道開拓の祭神として大國魂神を祀り、之れに大名牟遲神・少彥名神を配祀す、是の日、鎭座祭を神祇官に行ふを以て、宣命使として宮内權大丞四辻公賀を參向せしむ、返祝詞の後宣命使退座し、次に太政官員拜禮し、次に開拓使官員拜禮す、〇帝室日誌、祭典錄、開拓使日誌

御前會議開催

二日　御前會議あり、三日・四日・五日・十三日・十五日・十七日・十八日・十九日・二十日・二十三日・二十四日・二十五日・三十日亦同じ、月中合せて十四回なり、主として入道公現親王輪王寺宮・前將軍德川慶喜・元會津藩主松平容保等の寛典と賊徒榎本武揚等の處分とに關する審議ありたるな

り、〇大久保利通日記

中村藩知事従五位相馬季胤の治績を擧げ、且福島附近を監守し、兵亂後の鎭撫其の宜しきを得たるを賞し、特旨を以て位一級を進めて正五位に敍す、〇太政官日誌、華族家記、公卿補任

集議院贋金處分新律撰定を審議す

集議院に令して贋金處分・新律撰定の二事を議せしむ、七日、同院贋金處分を議す、議論區々たり、就中新に紙幣を製造して眞贋貨幣共に之れと兌換すべしとの説最も多數を占む、十日、新律撰定の事を議す、教化を先にして刑律を後にすべしと論ずる者あり、又姦猾の民を御せんとせば、始めは宜しく嚴なるべく、教化行はれし後にあらざれば寛を以て臨むべからずと説く者あり、論者多く寛嚴宜しきを得て剛柔相濟ひ、偏用すべからずと爲す、〇集議院日誌、大久保利通日記、大原重德履歷、公卿補任

皇學所漢學所を廢す

集議院皇漢學合併規則案を審議す

京都大學校を設置せんとし、留守長官中御門經之をして其の事務を兼管せしめ、姑く皇學所・漢學所を廢し、皇學所祀る所の學神を神祇官に返座せしむ、又大學別當、博士合議の皇漢學合併規則案を具して朝裁を仰ぐを以て、十二日之れを集議院に諮詢す、案の綱領は、皇國の學神を祭りて孔廟の釋奠を廢し、漢籍の素讀を止めて專ら國書を素讀することとし、其の初級・中級・上級の句讀書目を定め、又講義質問の講座を設け、之れを明經・明法・紀傳・文章の四科に分ちて夫々講義書目を定め、尙孟子を正科に課すべからずと爲す、十七日、同院之れを議す、其の答議、學神は應神天

皇を崇祀すべきも、釋奠を廢止することを不可と爲し、漢籍素讀も亦廢すべからず、孟子を正科に課するを禁ぜずとの説多數を占む、〇太政官日誌、集議院日誌、伏見宮御達竝諸願伺屆留、公卿補任、東京帝國大學五十年史

兵部省に令し、會津の降人を寛典に處して北海道に移住せしむ、尋いで其の士分以上に苗字を稱することを允す、〇太政官日誌、公卿補任、法令全書

開拓使官員を戒諭して成功を期せしめらる

三日　開拓長官東久世通禧・同判官島義勇等十人將に北海道に赴任せんとするを以て、之れを召見し、開拓の成否は皇國の汚隆に關するを以て、同心協力功を奏すべき旨の御沙汰を賜ひ、又物を賜ふこと各〻差あり、右大臣三條實美亦撫育の實を擧げ、墾闢の業を勵し、樺太に在りては露國人と釁隙を啓くことなからしめ、殊方新造の國なるを以て、官員協和戮力して國家百年の大計を樹立すべきことを諭示す、尋いで通禧、開拓神の靈代を護持して箱館に到る、是の日、增上寺をして日高國一郡を管せしむ、又東本願寺門主光勝、北海道の新道を創開し、其の移住門徒を教諭せんことを請ふに因り、之れを聽す、乃ち同寺法嗣光瑩、翌年親ら渡道して其の工を督し、四年新道開鑿の工を竣ふ、五日、兵部省をして更に石狩國三郡の内及び後志國四郡を、七日、庄內藩をして膽振國一郡を、十二日、仙臺藩士片倉小十郎・同石川源太の請を容れて各〻膽振國一郡を、十四日、米澤藩及び舊幕臣五島盛明をして後志國一郡の內を、兵部省をして後志國・膽振國及び釧路國の內六郡を、

十五日、開拓使をして膽振國・日高國所在の牧場地を、十七日、彦根藩をして千島國一郡を、十九日、弘前藩をして後志國一郡の內を管せしむ、〇太政官日誌、公文錄、官中日記、開拓使日誌、三條家文書、華族家記、公卿補任、札幌區史、北海道開教紀要

洋方醫を侍醫と爲す

高階經德・伊東方成・青木邦彥を以て大典醫と爲す、經德は漢方醫にして、方成・邦彥は洋方醫なり、是れより先、玉體拜診は專ら漢方を採用せられしが、大納言岩倉具視切に玉體の乾健ならんことを祈り、宮中の積弊を一洗し速かに洋方醫をして漢方醫と竝びに拜診せしめんことを獻言す、待詔院出仕木戸孝允亦之れに贊し、且洋方醫拜診は行宮に在す時を以て機と爲し、尙從一位中山忠能・右大臣三條實美及び具視の斡旋を希へり、是に於て漢洋の兩方醫を任用せられたるなり、〇顯要職務補任錄、岩倉具視意見木戸孝允附箋意見

諸省を始め府藩縣官員參朝の節、奏任官以上の輩は帶刀を許し、他省に參仕する時亦之れに準ず、官內役員は判任官と雖も帶刀を許すこと從前の如し、〇官中日記、法令全書

邦人召還のため上野景範を布哇國に派遣

監督正上野景範を布哇國に派遣す、客歲、米國人ヴァン・リード我が邦人を傭ひて布哇國に渡航するや、政府は米國公使に交渉する所ありしが、今尙傭奴として使役せらるゝを以て、ヴァン・リードの罪を問ひ、之れを解放せしめんため景範を派遣せるなり、時に米國公使ファルケンブルグ及び英佛二國公使各〻書を布哇國駐劄の自國公使に致して斡旋せしむる所あり、景範同國に到るや、彼

の政府と折衝し、傭賃及び待遇の方法を改め、被傭者の中一人を支配頭と爲して彼等を監督せしめ、且同國政府との交渉に當らしむる等、其の處置を畢へて翌年二月二十五日歸朝す、特に其の功を賞して絹一匹を賜ふ、○太政官日誌、上野景範履歴抄、外交事類全誌、牧野富三郎鑑要記、牧野富三郎備忘錄、公卿補任

皇太神宮正遷宮御遙拜

四日　神宮造營成り、皇太神宮正遷宮を行はせられ、酉の半刻頃東庭代に下御、御拜あらせらる、御拜所は皇城内内侍所南庭の東偏に之れを設け、其の鋪設は舍內地上に葉薦二枚を敷き東西行、上に御拜御座半疊一帖を西面に設け西方より少しく南、內侍所出御間の簀子階まで莚道布毯を敷く鎭子を置く、御拜御座の左右に燈臺二基を備へ、屛風一雙片を以て之れを圍み、庭上に二個の庭燎を設け預め黑木を以て之れを設く、出御間簀子の未申の柱に燈掛一個を懸く、是の日、勅使祭主從二位藤波敎忠・使王代從五位河越種弘及び忌部正六位眞繼敬弘を皇太神宮に參向せしめ、幣物竝びに神寶を奉らしめたまふ、神宮社殿を二十年毎に造營して新殿に遷御したてまつるは我が國古來の例にして、客歲、朝廷既に其の經營に著手し、今年正月二十二日地曳祭を、二月十二日立柱祭を、同月十七日上棟祭を行ひ、心御柱祭は、皇太神宮は八月十二日、豐受太神宮は十六日を以て執行し、是の日を以て內宮の正遷宮を行はれしなり、又兩宮の外玉垣・荒垣を再興す、○太政官日誌、祭典錄、公文錄、押小路師親日記、嵯峨實愛日記、藤波敎忠遷宮幷奉務參向記、久志本家日記、久世通凞日記、華族家記、藤波氏朝日記

從二位大原重德を以て集議院長官と爲し、侍讀を兼ねしむ、〇保古飛呂比、大原重德履歷、公卿補任

是の日、從來、節朔參賀の諸臣に酒饌を賜ひしが、既に窮民救恤のため供御を減じたまへるを以て、令して爾後天長節及び歲旦・年末の外は賜饌を停む、〇官中日記、公卿補任

永宣旨による僧官授與を停む

仁和寺・大覺寺・勸修寺三門跡に令して、其の永宣旨を以て僧官を授くることを停む、既に授與せる僧官は一世を以て限と爲す、〇太政官日誌、仁和寺宮家職日記、公卿補任

大村永敏の遭難

兵部大輔大村永敏、兵學校竝びに兵營建築、兵器製造、海軍設置等の公務を帶びて屢〻京阪の間を往來し、是の日、京都の逆旅に在りて兇徒のために刺さる、仍りて翌日、療養の資として金二百五十兩を賜ひ、十日、少辨長岡惟忠を遣はして之れを慰問せしめたまふ、兇徒は山口藩士團伸二郎外八人なり、其の懷にする所の斬奸書の要に曰く、永敏好みて洋風を摸擬し、神州の國體を汚し、蠻夷の俗を尊びて朝憲を蔑し、萬民塗炭の苦を顧みず、故に人心日に浮薄と爲りて道義地を拂ひ、遂に外夷あるを知りて皇朝あるを知らざるに至る、其の罪條枚擧に遑あらず、仍りて天誅を加ふるものなりと、〇官中日記、辨事日記、司法省雜纂錄、大村兵部大輔旅寓へ致亂入候暴人吟味、久世家文書、大村兵部大輔一件書類、木戸孝允日記、保古飛呂比、大村益次郎先生傳

御講學

五日　侍講平田鐵胤をして日本書紀を進講せしめらる、十四日、貞觀政要の輪讀あり、侍讀大學別當松平慶永・刑部卿正親町三條實愛等之れに侍す、十九日亦貞觀政要御會あり、〇東京御再幸供奉雜誌、嵯峨實愛日記

豐受太神宮正遷宮御遙拜

七日　豐受太神宮正遷宮を行はせらるゝを以て、酉の半刻東庭代に下御、御拜あらせらる、其の儀、皇太神宮正遷宮に同じ、〇太政官日誌、公文錄、押小路師親日記、嵯峨實愛日記、久志本家日記、藤波氏朝日記

中山忠能等をして君德培養に膺らしむ

神祇伯中山忠能・刑部卿正親町三條實愛をして公務の暇を以て御前に祗候せしめ、君德培養の任に膺らしむ、十日、實愛、右大臣三條實美に面し、其の勤仕の心得方に就き議する所あり、乃ち御學問所代出御の際は隨意に御前に祗候し、又和漢御會・御當座・御乘馬等の時、亦同じく祗候することと定む、〇嵯峨實愛日記

八日　留守官中の辨官・史官を廢し、尋いで留守判官は辨官、同大主典は史官の心得を以て庶務を鞅掌せしむ、〇太政官日誌、官中日記、公卿補任

彈正臺彈例を公布す

彈正臺の彈例を定めて之れを公布す、卽ち親王以下の奏彈・糺彈、刑部省・府藩縣の糺移、彈員の臨監・京中巡察、囚獄司非違の糺彈、彈正反坐法其の他糺正・對彈・勘問等を規定すること二十二條なり、然るに刑部省と同臺との間、權限不明なりとの論議起る、〇太政官日誌、嵯峨實愛日記、保古飛呂比、公卿補任

九日　重陽の節なり、親王・大臣等參賀す、故ありて出御あらせられず、〇嵯峨實愛日記、大久保利通日記

京都大學校學神祭

十日　神祇官に於て京都大學校學神八意思兼神・久延毘古神を祭る、神祇伯中山忠能祝詞を奏す、尋いで靈代を同校に奉遷す、〇祭典錄、己巳諸祭儀、太政類典

水戸藩知事徳川昭武、自ら北海道に赴きて開拓の業を起さんとするに因り、是の日、召見して之れを激勵したまふ、○華族家記

従四位烏丸光徳を以て宮内大輔と爲す、○公卿補任、百官履歴

十一日　神嘗祭につき神宮例幣使發遣の儀あり、巳の刻前小御所代に出御、御拜あらせらる、諸官省長官及び辨官等候す、例幣使は祭主従二位藤波教忠なり、○帝室日誌、嵯峨實愛日記、橋本實麗日記

澳國使節國書を捧呈す

十二日　澳地利洪噶利國全權使節アントニー・ペッツ朝見、國書を捧呈す、是れより先、同使節來朝し、英國公使を介して修交通商航海條約を締結せんことを請ふ、乃ち外務卿澤宣嘉・外務大輔寺島宗則に全權を委して使節と折衝せしめ、既に是の月七日、條約を締結すべき旨を布告せり、是の日、午の半刻過奏樂裡に大廣間に出御、右大臣三條實美及び宣嘉侍立す、使節、随員合議官兼諸司長セルチヘル等七人を隨へて參進するや、大譯官使節の名稱を披露し、右大臣之れを奏す、使節禮拜し、來朝の旨趣を言上して後國書を捧ぐ、天皇、立御之れを受け、叡覽の後玉座の側に置かせられ、勅答書を讀みて之れを右大臣に付したまふ、右大臣拜受し、大譯官をして譯して使節に傳へしむ、次に左の勅語あり、

澳太利竝ホンガリー皇帝陛下安全ナルヤ此度我國ト和親貿易ノ條約ヲ結ハン爲メ汝ヲ撰擧シ特派

使節トシテ來ラシメ皇帝陛下ノ手書ヲ受タルコト朕深ク喜悦ス朕又重臣ニ命シ汝ト條約調印セシメントス茲ニ貴國皇帝陛下ノ康寧ヲ祝シ兩國交際永久親睦ヲ希望ス

且使節來朝の勞を慰したまふ、使節禮拜、畢りて退下し、天皇入御あらせらる、次いで殿上間に於て使節に茶菓を賜ひ、又延遼館にて酒饌を賜ふ、英國公使之れに同席し、外務卿輔等接伴す、本日、使節は同國皇帝より天皇・皇后に贈る所の方物を上る、其の品目、天皇には白石彫刻皇帝像・皇帝寫眞・寫眞山水諸畫寶匣入一箱・澳地利遊獵畫本一匣・洪噶利鞍諸具附二具・ボヘミヤ硝子花瓶二個・帝室紋章附眼鏡一個・澳地利金銀貨幣數品一匣にして、皇后には澳地利琴一面・寫眞眼鏡畫三十六葉入一匣・澳地利名產砂糖菓子一匣等なり、天皇亦同皇帝・皇后に漆器・古銅器・太刀・織物・本邦產草木風俗畫卷を贈らせられ、使節及び其の隨員に各〻物を賜ふ、國書左の如し、

澳國國書

上帝ノ惠ヲ受タル澳地利皇帝婆希密ノ「レクス」兼洪噶利ノ「アホストリリツクレクス」第一世「フランツジヨーセフ」ヨリ威權赫々トシテ美名輝キタル尊貴ナル日本天皇陛下ニ敬意ヲ表ス貴國ト和親貿易航海ノ條約ヲ結ヒ兩國ノ間ニ往來存在スル交誼ヲ更ニ固定シ兩國ノ便宜ヲ增ンコトヲ祈望シ且貴國政府ニテ我誠意ヲ宜シク了察セラレンコト疑ハサル所ナレハ我寵愛ノ忠臣第三等水師提督獨派公使全權ミニストル等「ベッツ」貴族「アントン」ニ委任シ全權ヲ與ヘリ此者ハ我

外國事務宰相ヨリ命スル趣意ニ基キ貴國ノ全權ト合議決定シ以テ調印スヘキ權ヲ有スル也故ニ其命ノ趣意ニ基キ右全權ノ議定セシ事ハ我ニ於テ無異存承諾スヘキヲ茲ニ約ス右證據トシテ此委任狀ニ我名ヲ自記シ我國印ヲ調セシメタリ今我陛下ノ健康安寧ヲ上帝ニ祈ル

於ウヰーナ府

千八百六十八年第十二月廿日

即我位ニ卽キシヨリ二十一年ノ後

フランツジヨーセフ自記

國印

勅答書

勅答書に曰く、

日本天皇敬テ澳太利兼洪噶利皇帝陛下ニ復ス朕久陛下ノ威權赫々美名輝々タルヲ聞ク今陛下誠信懇篤第三等水師提督特派公使全權ミニストルベツツ貴族アントン氏ニ命シ貴書ヲ齎ラシ來リ以テ和親條約ヲ結ヒ委スルニ合議調印之權ヲ以テス朕素ヨリ深ク望ム所ナリ朕乃チ華族重臣從三位守外務卿清原朝臣宣嘉及ヒ從四位守外務大輔藤原朝臣宗則ヲシテ貴國全權公使ト協議調印セシメテ以テ陛下ノ盛意ニ答フ今ヨリ以後兩國之際交誼親厚永ク以テ渝ラサランコトヲ庶幾ス更ニ皇帝陛

下ノ健康安寧ナランコトヲ祈ル敬テ復ス

明治二年己巳九月十二日

御諱　御國璽

奉命右大臣従一位藤原朝臣實美

花押

〇太政官日誌、公文錄、官中日記、勅語錄、勅語言上、仁和寺宮家職日記、嵯峨實愛日記、大久保利通日記、皇國駐在外國使臣履歷附錄

館藩知事松前修廣に金四千六百兩を下賜す、曩に政府は同藩戰亂の後を承けて財政窮困するを憐み、之れを救はんがために上記の金員を貸與せしが、同藩尙疲弊を極むるのみならず、年穀登らざるを以て、遂に貸與の金員を返納すること能はず、猶豫を請ふを以て是の命あり、〇華族家記

十三日　開拓次官清水谷公考を罷む、〇華族家記、諸家系譜、公卿補任

庄内藩を大泉藩、九戸縣を八戸縣と改稱す、十九日に至り八戸縣を三戸縣と更め、二十九日大宮縣を浦和縣と改稱す、〇官中日記、華族家記、公卿補任

箱館役の論功行賞

十四日　詔して箱館役の功を賞し、元箱館府知事兼青森口總督清水谷公考以下參謀・艦長・舊箱館府兵及び出兵諸藩主等に祿を給し金員を賜ふこと各〻差あり、詔に曰く、

方流賊鴟張汝有衆建節宣威艱苦盡瘁克靖北疆朕嘉奬之乃頒賜以酬有功汝有衆懋哉

公考等恩賞を辭す、聽さず、〇太政官日誌、公文錄、大藏省文書、華族家記、公卿補任

從二位伊達宗城を以て民部卿兼大藏卿と爲す、〇公文錄、公卿補任、百官履歴

濱殿を離宮と爲す

外務省所轄の濱殿の內、延遼館を除くの外之れを宮內省に屬せしめ、離宮と爲す、〇官中日記、公文錄

日澳修好通商條約締結

澳地利洪噶利國と修好通商航海條約二十四條及び交易定則十一則を締結し、東京に於て調印を了す、後、四年十二月三日に至り條約本書を交換す、〇條約彙纂

十六日　山里御苑に臨御し、澳地利洪噶利國使節隨員中の士官にして琴曲を善くする者を召し、同國寄贈の澳地利琴を彈ぜしめて之れを聽きたまふ、〇帝室日誌、東京御再幸供奉雜誌

諸陵寮の設置

十七日　諸陵寮を神祇官內に置き、是の日、之れを布告す、從來山陵の事務は神祇官の管掌に屬せるを以て、職員神祇・山陵の事務を兼掌し、淸穢の別を立つる能はざる虞あり、仍りて同官內に別に該寮を設け、專ら陵墓に關することを管掌せしめ、宮內大丞戶田忠至をして諸陵頭を兼ねしむ、〇太政官日誌、公文錄、官中日記、帝室日誌、嵯峨實愛日記、公卿補任

佐竹義堯に謁を賜ふ

久保田藩知事佐竹義堯東京に到り、參內して天機を候す、乃ち謁を賜ひ、且天盃を賜ふ、又客歲奥羽の賊王師に抗するや、義堯敵中に孤立するも、毅然大義を守りて終始渝らず、克く精忠を盡せる

を嘉尚したまふ、大納言岩倉具視勅旨を傳宣す、〇佐竹義堯日記、華族家記

吹上藩知事有馬氏弘の藩政不肅を譴めて閉門を命ず、二十八日に至りて之れを釋す、是れ同藩士鈴木錞次等胥謀りて同藩重臣辻元宗之進等を殺し、其の情狀を越訴自首せるに因る、〇太政官日誌、官中日記、公卿補任

嚴原藩知事宗重正をして、新に豐後國玖珠・直入・國東の三郡及び豐前國宇佐郡の地合せて三萬五千餘石の地を管せしむ、蓋し同藩歳入甚だ乏しきを以て、舊幕府給するに毎年現米三萬石を以てす、今之れに仍れるなり、尙其の管地下野國安蘇・都賀二郡四千二百石餘の地を收め、代地として豐後國玖珠郡内の地を管せしむ、〇太政官日誌、公文錄、官中日記

小額紙幣の發行

民部省通商司に於て紙幣を發行す、一歩・二歩・一朱・二朱の小札四種とし、以て僻遠下民の間に融通に便ならしむ、〇太政官日誌、公文錄、公卿補任

海軍操練所の設置

十八日　海軍操練所を設け、鹿兒島・廣島・福岡・和歌山・金澤・熊本・山口・高知・久留米・佐賀・德島・水戸・福井・柳河・鳥取・大村十六藩に令し、其の練習生として十八歳以上二十歳までの男子、大藩は五人、中藩は四人、小藩は三人を選出せしむ、尋いで十月十九日再び令して十一月二十五日を限り、之れを同所に出頭せしむ、〇法令全書

海陸軍興張策を御諮詢

十九日　海陸二軍興張の策を集議院に諮詢あらせらる、御下問書に曰く、海陸二軍は國家の重事、

方今の急務なり、然るに兵制未だ立たず、規律未だ定まらず、軍艦銃器未だ充實に至らず、内外の守備共に闕く、蓋し騷亂の餘、用度の足らざるに仍れり、今にして二軍興張の策如何と、○集議院日誌

近時諸藩中米穀輸出を禁ずるものあり、爲に三都を始め庶民頗る困難す、是の日、令して海内一家遠邇同視の聖旨を奉體して輸出の禁を解き、米穀の出入を妨ぐることなからしむ、○太政官日誌、公文錄、公卿補任

二十日　山里馬場に出御、馬を御したまふ、偶〻刑部卿正親町三條實愛參候して英姿を瞻仰す、○嵯峨實愛日記

御乘馬

勅任官以上の諸官に京都御所九門内乘馬及び御車寄昇降を許す、○官中日記

豫て諸藩に對して、非常の際京都七口丹波口・長坂口・鳥羽口・粟田口・鞍馬口・大原口・伏見口の警衞に出兵すべきことを令せしが、目今東幸留守中なるを以て、諸藩をして出兵し、特に其の警備を嚴にせしむ、尋いで粟田口警衞隊及び長坂口警衞隊、警衞の規則等に就き、兵部省の指揮を仰ぐ、○官中日記、太政類典

小諸藩、曩に其の藩士の長岡藩逋亡者を隱匿せし者を擅に斬罪に處す、仍りて是の日、同藩主牧野康濟に謹愼を命じ、尋いで十月十日、之れを免ず、○太政官日誌、華族家記、公卿補任

二十一日　本日より三日間、招魂社大祭を施行す、是の日、從三位高辻修長を勅使とし、參向して幣を奉り、宣命を奏せしむ、○己巳諸祭儀、仁和寺宮家職日記、法令全書、靖國神社誌

天長節

二十二日　天長節、小御所代に出御、勅任官以上の賀を受けたまひ、畢りて酺宴を賜ふ、年穀不登の故を以て其の品目を減じ、冷酒・紙敷肴なり、奏任官以下は各官省に於て奉賀し、名刺を長官に呈し、長官之れを言上す、賜はる所の祝酒は冷酒、肴は鯣・切昆布なり、是の日、松江藩兵、兵部省の命に依りて祝砲を發す、又諸官に休暇を賜ふ、午の刻各國公使竝びに書記官を延遼館に招集して酒饌を賜ふ、御名代嘉彰親王衣冠を著して臨み、宴酣なるや、親王起ちて玉體の乾健、聖壽の無窮及び海內平安を慶祝し、併せて締盟各國の治平と元首の健康を祝す、英國公使パークス、各國公使を代表して祝詞を上る、佳節に方り外國公使に酺宴を賜ふこと、是れを以て嚆矢と爲す、京都に於ては奏任官以上の諸官、禁中竝びに大宮御所・中宮御所に參賀す、今年東幸中なるを以て酺宴を停め、祝儀を賜ふ、〇太政官日誌、公文錄、官中日記、仁和寺宮家職日記、冷泉爲理日記、嵯峨實愛日記、大久保利通日記、非藏人日記抄、山科言成日記、大藏省文書、華族家記

各國公使に酺宴を賜ふ

二十三日　忍藩兵の東京市中警邏に盡せるを賞す、又同藩知事松平忠敬、昨年東山道先鋒總督府に調達せる金穀の內未だ返濟を受けざる現米一萬俵を獻納せるに因り、二十五日、之れを嘉納したまふ、〇太政官日誌、公文錄

二十四日　是の歲五月下旬以來信濃國淺間嶽鳴動して熄まず、是の日、神座を登山路上に設け、臨時勅祭を行ひて鎭靜を祈らしめ、神祇大祐北小路隨光を勅使とし、參向して幣物を奉り、宣命を奏

淺間山鳴動鎭靜を祈らしむ

せしむ、同國熊野皇大神社及び淺間神社祠官等祭事に奉仕す、伊那縣の神祇官に錄上する所に據れば、爾後時に噴烟して勢を增すことあれども鳴動漸く熄むと云ふ、○祭典錄、公文錄、華族家記、縣社熊野皇大神社社司同答書

元岡山藩主池田茂政を以て彈正大弼と爲す、○華族家記、諸家系譜

復古功臣の行賞

二十六日　巳の半刻大廣間に出御、諸臣を召し、詔して復古の鴻業贊襄の功を賞し、右大臣三條實美・大納言岩倉具視等三十三人に祿を給し、位を進め金を賜ふ、詔に曰く、

朕惟皇道復古朝憲維新一資汝有衆之力朕切嘉奬之乃頒賜以酬有功汝有衆勖哉

と、特に實美に勅を賜ひて曰く、

汝實美皇道ノ衰運ニ際シ夙ニ恢復ノ業ヲ期ス竟ニ躬天下ノ重ヲ係ケ出テハ則鎭將入テハ則輔相能中興ノ業ヲ成ス洵ニ國ノ柱石朕ノ股肱朕切ニ厥偉勳ヲ嘉ミス乃チ賞賜シテ厥勞ニ酬ユ吁將來輔導益望ムコトアリ汝實美其懋哉

と、乃ち永世祿五千石を賜ひ、又具視に、

汝具視皇道ノ衰ヲ憂ヒ大ニ恢復ノ志ヲ抱ク竟ニ太政復古ノ基業ヲ輔ケ躬ヲ以テ天下ノ重ニ任シ夙夜勵精規畫圖治以テ中興ノ業ヲ成ス洵ニ國ノ柱石朕ノ股肱朕切ニ厥偉勳ヲ嘉ミス乃チ賞賜シテ厥勞ニ酬ユ吁將來輔導益望ムコトアリ汝具視其懋哉

の勅を賜ひ、同じく祿五千石を賜ふ、從四位木戸孝允・同大久保利通・同廣澤眞臣に各〻永世祿千八百石を、從一位中山忠能・從二位中御門經之に各〻永世祿千五百石を賜ひ、從二位山内豐信に終身祿五千石を、同伊達宗城に同じく千五百石を賜ひ、又正二位德川慶勝を從一位に、豐信及び從二位松平慶永・同淺野長勳を正二位に進め、西鄕隆盛を正三位に敍し、孝允・利通の位階二級を進めて從三位に敍す、又一時賞賜として從五位田中不二麿に金千兩を賜ふ、大辨坊城俊政御沙汰書を交付す、其の他正二位正親町三條實愛以下賞賜各〻差あり、翌年十二月、從四位由利公正に永世祿八百石を賜ひ、同じく其の功を賞せらる、賞賜總額祿三萬五千百五十石、金千五百兩なり、尙是の歲六月以來、前後恩典に浴せし鹿兒島藩知事島津忠義及び其の父久光・山口藩知事毛利廣封及び其の父敬親・名古屋藩知事德川德成及び其の父慶勝・福岡藩知事黑田長知・廣島藩知事淺野長勳及び孝允・利通・眞臣等上書して任敍及び賞典祿を辭す、又佐賀藩知事鍋島直大は賞典祿を以て北海道開拓の資に、兵部大輔前原一誠以下兵部省官員十人は之れを海陸軍費に充てんことを請ふ、勅して聽さず、但し今年に限り其の半を納れて救荒の資に充て、或は北海道開拓の費を助けしむ、利通更に殘半額を奉還せんことを請ふ、三年四月に至りて之れを聽したまふ、〇太政官日誌、公文錄、官中日記、嵯峨實愛日記、木戸孝允日記、大久保利通日記、華族家記、岩倉公實記、大久保利通傳

集議院に行幸議事を聴きたまふ

海陸軍興張策を討議す

公現親王の謹愼を解き德川慶喜以下を赦す

二十七日　辰の刻過板輿に御して御出門、集議院に臨幸す、兵部卿嘉彰親王及び右大臣三條實美以下大納言・參議・卿等狩衣若しくは直垂を著し、騎馬にて供奉す、前後警衛する兵四小隊なり、既にして著御、暫時便殿に宸憩、同院規則書竝びに日誌を叡覽あらせらる、辰の半刻議場に出御、簾中に於て議事を聽きたまふ、嘉彰親王・實美及び大納言岩倉具視・同德大寺實則・同鍋島直正・參議大久保利通・同廣澤眞臣・同副島種臣・同前原一誠・神祇伯中山忠能・彈正尹九條道孝・刑部卿正親町三條實愛・民部卿伊達宗城・外務卿澤宣嘉等侍坐す、議題は去る十九日御諮詢の海陸二軍興張策にして、議員の答議を朗讀する者三十人、討論する者二人、其の議する所、海軍を急とし、陸軍を緩と爲し、海軍は英式を採り、陸軍は佛式を用ゐ、兵學校・造兵所を設け、各藩祿高二十萬石につき軍艦一隻を備へ、軍艦・銃器等の製作法を外人より傳習して工を本邦に起し、又親兵は各藩及び中大夫・下大夫・上士中より選び、軍費は開墾・互市・殖產・鑛山開掘等にて得たる資を以て辨じ、又諸藩の實收を檢して兵賦を課するも可なりと爲す者多數を占む、畢りて議員竝びに同院官吏に酒饌を賜ひ、未の半刻還幸あらせらる、○太政官日誌、公文錄、官中日記、集議院日誌、集議院行幸御列、仁和寺宮家職日記、嵯峨實愛日記

二十八日　特旨を以て入道公現親王の謹愼を解き、伏見宮に復歸せしめ、御扶助として終身祿三百石を賜ひ、品位・親王及び仁孝天皇御養子の儀を停む、又詔して前將軍德川慶喜以下の罪を宥した

まふ、詔に曰く、

朕聞明君徳ヲ以テ下ヲ率ヒ庸主法ヲ以テ人ヲ待ツ顧フニ亂賊常ニ有ラス君徳奈何ニアルノミ今ヤ北疆始テ平キ天下粗定ル慶喜容保以下ノ如キ各宜シク寛宥スル所アツテ自新ニセシメ以テ天下ト更張セン

と、乃ち慶喜の謹慎を宥し、元會津藩主松平容保・元請西藩主林忠崇の家を存錄し、繼嗣を奏請せしめ、元小田原藩主大久保忠禮・元磐城平藩主安藤信正の永蟄居、元姫路藩主酒井忠惇の蟄居、元仙臺藩主伊達慶邦・其の子宗敦・元盛岡藩主南部利剛・元庄內藩主酒井忠篤・元二本松藩主丹羽長國・元棚倉藩主阿部正靜・元長岡藩主牧野忠訓・元結城藩主水野勝知の謹愼を宥し、元米澤藩主上杉齊憲・元關宿藩主久世廣文・元村松藩主堀直賀・元福島藩主板倉勝尙・元一ノ關藩主田村邦榮・元上ノ山藩主松平信庸・元松山（出羽）藩主酒井忠良・元龜田藩主岩城隆邦・元泉藩主本多忠紀・元湯長谷藩主內藤政養・元盛岡藩支藩（七戸藩）主南部信民の隱居を免じ、元松山（伊豫）藩主久松定昭の家事に與るを許し、齊憲以下を竝びに從五位に敍す、是の日、關係諸藩の重臣を辨官役所に召し、大納言・參議・刑部卿・彈正忠等列座の上、大辨坊城俊政詔書を捧讀し、畢りて申渡書を交付し、添ふるに左の御沙汰書を以てす、

明治二年九月

法律ハ國家之重事ニ候處昨年犯逆之罪ニ於テハ名義紊亂ノ後ヲ承ケ政教未洽ノ際ニ付　聖上深ク御反躬被爲在專ラ非常寛典ニ被處候次第就テハ今度深キ　思食ヲ以テ　詔書之通更ニ被　仰出候間名義ヲ明ニシ順逆ヲ審ニシ反省自新　盛意ニ對膺可致候事

宣教使官制を定む

○太政官日誌、公文錄、官中日記、嵯峨實愛日記、大久保利通日記、皇族家記、華族家記、能久親王年譜、公卿補任

二十九日　宣教使の官制を定む、卽ち長次官・判官は神祇官員之れを兼ね、權判官及び正權大中少宣教使・正權大少主典・大中少講義生・史生は專任なり、長官は正三位、次官は從三位、判官は從四位以下順次正從相當し、史生・少講義生は正九位とす、翌三十日、宣教使の教導施行の方途を定めんとし、集議院に令して氏子改の法則及び宣教使官員選擧の法を議せしむ、十月七日、集議院會議を開くや、大納言鍋島直正・神祇伯中山忠能・神祇大副白川資訓・同少副福羽美靜等臨席す、答議の內、宣教使は府藩縣より選擧すべく、氏子改の法は從前の宗旨改の法に倣ふべしと爲す者多きを占む、中には宣教使を不可と爲し、學校を以て教を施すの本と爲すべしと論じ、又氏子改は宜しく民情を斟酌し、漸を以て行ふべしと爲す者亦尠からず、尋いで九日、宣教使を神祇官に屬せしむ、

集議院宣教使教導施行の法を議す

○公文錄、官中日記、集議院日誌、公卿補任、法令全書

蠶卵紙生絲改所を設く

是の月　蠶卵紙生絲改所を東京の外、新に大阪及び諸開港場に設け、輸出の蠶卵紙及び生絲等の品

質を檢査せしめ、又其の税則を定む、〇公卿補任、法令全書

會計年度を定む

會計年度を定め、九月を以て限とし、府縣及び諸藩寄託地に令し、元年以後今年九月に至るまでの貢納及び諸費を精算して民部・大藏二省に錄上せしむ、尋いで諸官省亦之れに準ず、〇公卿補任、法令全書、明治財政史

爲替會社の紙幣發行

曩に商業を振興し庶民の融通に資せんため、東京爲替會社に命じて銀券を發行せしめしが、是の月、更に京都・大阪の各爲替會社をして錢券を發行せしむ、尋いで京都・東京・大阪・横濱・神戶・大津・新潟・敦賀に於ける各爲替會社に金券の發行を許す、又翌年四月、特に横濱爲替會社をして洋銀券を發行せしむ、是れ外國銀行の洋銀券の勢力を防遏し、外國商人の隨意に洋銀相場を高低するを制止し、又我が商人取引の便を圖らんがためなり、〇京都府布令書、諸官往復書、貨政考要、會社全書、明治財政史、大藏省沿革略志

歲計決算

今年正月より九月に至る期間の歲計決算額は經常歲入金四百六十六萬六千餘圓、臨時歲入金二千九百七十七萬二千三百餘圓にして、總計金三千四百四十三萬八千四百餘圓なり、經常歲出は金九百三十六萬二百餘圓、臨時歲出は金千百四十二萬五千六百餘圓にして、其の總計金二千七十八萬五千八百餘圓なり、故に當期間に於ける歲計は歲入の歲出に超過すること千三百六十五萬二千五百餘圓なりとす、今、當期に於ける經常歲入を以て、前期慶應三年十二月より明治元年十二月まで に於ける經常歲入と對比すると

きは金百萬千餘圓を增加せり、而して其の經常歳出に至りては前期より增加せること金三百八十五萬三千餘圓の多きに上れり、思ふに當期間に於ける總歳入の總歳出に超過するものありと雖も、之れを經常歳入と經常歳出とに相對照するときは、前期に比して經常歳入の經常歳出に及ばざること更に甚しく、金四百六十九萬四千餘圓の不足を生ぜり、蓋し本年度の經常歳入歳出に此の如き結果を來せるは、當時の歳入洵に寡少なるにも拘らず、諸般の政務を擴張するの必要ありたるがためなり、而して歳計の不足を補はんには臨時歳入に賴らざるべからず、又本期の臨時歳出は前期に比して大に其の額を減ずるものありと雖も、尙歳入總計の三分の一に相當し、其の費額亦尠しとせず、今其の重要なるものを擧ぐれば、征討諸費は金二百三十一萬五千餘圓、臨時貸出金は金四百五十萬七千餘圓にして、官工及び東幸其の他に屬する諸經費金二百二十三萬六千餘圓なり、是れ等の費用は一に臨時歳入に仰がざるを得ず、是れ本年度に於ても亦金二千三百九十六萬二千餘圓の太政官札を發行するに至れる所以なり、然れども歳入歳出の決算上に就きて之れを見れば、歳入の歳出より多きこと金千三百六十五萬餘圓に上るを以て、此の如き餘裕あらば宜しく臨時歳入中紙幣發行の數を減少するを以て至當と爲すべきが如しと雖も、當時事玆に出でざりしは、曩に豫期せし歳出は反つて其の額を減じ、又歳入は俄かに其の額を增加したるを以てなり、今期に於ける歳入歳出の現計既に上述の如き結果を呈するに至りし所以のものは、是れ全く當時太政官札金四千八百萬圓の外、尙數千萬圓の紙幣を發行して、之れを諸藩又は商法司其の他各地方の會社等に貸付し、以て內外の貿易を奬勵するの經畫あり、且又各官廳の經費は毫も檢束あるなく、政府の歲入は幾許の金額を實收し、如何なる事務に之れを支辨し得るやを忖度せざるものの如くなりしを以て、今期大に財政の改革を決行し、官祿・旅費及び官舍營繕等の制を改め、諸官廳の費額を概定し、諸藩石高割貸金を中止する等力めて一般の經費を節減し、又勸業貸金の如きも大に之れを減殺し、專ら其の回收を計りたるを以てなり、〇明治財政史

明治天皇紀 巻三十二

明治二年

十月

御前會議

二日 御前會議あり、三日・四日・五日・七日亦同じ、○大久保利通日記

按察使府を越後國に置く

三日 按察使府を越後國に置く、又若松縣知事四條隆平をして若松城守を兼ねしむ、○太政官日誌、公卿補任、諸家系譜、百官履歴、史談會速記録

鹿兒島藩の軍艦獻納

是れより先六月五日、鹿兒島藩知事島津忠義、其の所有せる春日・乾行の二艦を乗員と共に獻納して兵備の充實に資せんことを請ふ、當時朝廷は海軍規則編成中なるを以て、暫く後命を俟たしめしが、是の日、之れを聽し、倶に兵部省に屬せしむ、但し乾行丸は船體のみを收受し、尋いで民部省に移管して郵船に編入す、○公文錄、官中日記

甲斐國白石縣高崎藩農民の騷擾

九月中旬、從二位徳川慶頼の管地甲斐國八代・山梨二郡の農民、惡貨兌換等の事に就き甲府縣に哀訴し、且騷擾す、輓近信濃國にも亦人民屢ゝ蜂起の事ありしかば、朝廷大に之れを憂慮し、是の日、甲府縣及び慶頼に命じ、其の事情を檢覈して之れを鎭撫せしむ、十二月に至り慶頼の家臣大塚市五郎等、鎭定の旨を辨官に稟申す、又白石縣民、客歳兵亂のため奔命に疲れ、今年亦凶歉に遭ひて貢納に苦しみ、人心安からず、兇悍の徒之れを奇貨として煽動せるに因り、本月四日、伊具郡西根二十四村民千人餘、梶賀村倉場に屯集して不穩の擧に出でんとす、縣吏説諭して漸く鎭定せしが、六日夜、同郡東根十三村の農民千二三百人蜂起して金津表に屯集す、縣吏之れを諭し、且首魁を捕縛し、九日鎭靜す、又是の月に入り高崎藩管内群馬郡の農民等、其の租法、鄰接せる岩鼻縣と等しからざるの故を以て減税を强訴し、同縣内の綿貫村に屯集し、更に高崎藩管下上佐野村に闌入す、藩吏出張し之れを諭して一旦退散せしめしが、二十日、復、綿貫村に集合す、仍りて藩吏説諭を重ね、事態漸く鎭靜を見んとす、但し事租税に關するを以て、之れが處置其の宜しきを得ざれば不測の變未だ以て知るべからざるものあり、二十二日、政府は高崎藩・岩鼻縣に令して鎭撫に盡力せしむ、十一月に至り全く鎭定す、〇太政官日誌、公文錄、官中日記、公卿補任、華族家記

四日　神祇伯中山忠能をして宣教長官を、神祇少副福羽美靜をして同次官を兼任せしむ、〇太政官日誌、公卿補

任、華族家記、百官履歴

皇后東京に行啓

五日　皇后、東京に行啓せんとして京都を發したまふ、是れより先客月三十日、大宮御所に啓して別を皇太后に告げたまひ、是の日、辰の半刻板輿に乘御、宜秋門を出でたまふ、皇后宮大夫野宮定功・同亮堀河親賀・皇后宮東京行啓御用掛少辨五辻安仲・皇后宮非常附清岡長凞・同石野基佑・同三室戸和光等供奉す、奉迎使正四位大原重實亦御列に加はり、女官等扈從す、熊本・姫路兩藩兵各〻一小隊を以て前衞と爲し、熊本・淀兩藩兵各〻一小隊を殿後と爲す、在京の皇族・華族・諸官廳總代等宜秋門外に奉送す、巳の刻前輿を青蓮院に停めて御小憩あり、留守判官久世通凞・宮內權大丞梅溪通善等來りて奉送す、青蓮院家士菓子を獻じ、一條忠貞使を以て粽を獻ず、午の刻前御發輿、長凞・基佑・和光等是れより辭去す、申の刻大津に御著輿、御泊所に入りたまふ、大津縣權知事朽木綱德等御機嫌を候す、爾後概ね卯の刻を以て御發輿、申の刻御泊所に入りたまひ、沿道藩縣知事等の伺候するを以て例と爲す、同日、在京の皇族・華族等、宮中及び大宮御所に參賀す、○公文錄、官中日記、皇后宮行啓御用留、中宮行啓一件、辨事日記、非藏人日記抄、橋本實麗日記、押小路甫子日記、中山績子日記、青山御所御納戸日記、大藏省文書、華族家記、諸家系譜、三條實美公年譜、岩倉公實記

無位の華族は天機奉伺のために參內することを允さず、若し召命に依りて參內する時は內玄關より昇降し、又敍爵の時は內玄關より參入し、拜敍畢りて後御車寄より退出せしむ、○官中日記、御布告留記

七日　三條西公允に謁を賜ひ、且天盃及び物を賜ふ、公允曩に水原縣知事に任ぜられ、將に任に赴かんとし、參内暇を奏せるを以てなり、尋いで二十日、越後國按察使兼勤を命ず、十二月五日、公允を諭して、同國戰禍を受け、且地方官屢〻更迭せるを以て、特に藩縣の政績を熟察し、地方官と協力して民心の安撫に努めしむ、○太政官日誌、三條西季知日記、公卿補任、法規分類大全

新律制定の趣旨を令す

刑部省に命じて新律を制定せしめんとす、仍りて是の日、同省に令し、寛恕の聖意を奉體するを以て新律撰定の基礎と爲し、凡そ叛逆・殺傷・强盜・放火等を除くの外は力めて流刑以下を以て斷じ、遂に無刑に至らんことを期せしむ、維新の後、刑法官に於て遽かに刑法を編し、名づけて假律と稱す、抑〻假律は匆卒の際に成りたるものにして、固より完備を期すること能はざるを以て、處罰に當りては專ら舊幕府の刑律と明律とを參酌して之れを行ひ、而して期するに寛大の處斷を以てすれども、動もすれば舊幕律に拘束せられて嚴に失するの憾なきこと能はざりき、仍りて茲に此の令を下し、專ら寛仁の聖旨を以て立法の精神と爲さしめたまふ、○太政官日誌、保古飛呂比、公卿補任

洋型船舶の民有を許す

大藏省の管轄たりし御廐を改めて宮内省に屬せしむ、尋いで御厨子所亦同じ、○官中日記、法規分類大全

從來洋型の風帆船・蒸氣船は農商民に至る迄之れを所有すること敢へて妨なきも、未だ確乎たる布告の發せられしこと無し、爲に士民は朝意を憚りて之れを所有する者なかりき、是に於て諸開港場

に繫泊する所のものは外國船其の多きを占め、從ひて内國貨物の大部は之れが運輸を外國船に託せざるべからざるを以て、外商の我が奸商と結託して利を漁る者尠からず、其の弊害延いて漸く不開港場に瀰漫せんとす、仍りて海運の業を振興して此の弊を防止せんとし、是の日、令して四民皆洋式の船舶を所有することを許し、造船若しくは之れを購入せんと欲する者は地方廳の添書を得て外務省に出願せしむ、但し外國人と相結び、自己の名義に託して一時を糊塗することなからしむ、○太政官日誌、公文錄

米國新舊公使の信任狀解任狀捧呈

八日　米國辨理公使ファン・ファルケンブルグ本邦駐劄を免ぜられ、チャールス・イー・デ・ロング新に本邦駐劄辨理公使と爲り既に著任せるを以て、新舊公使拜謁して大統領の信任狀竝びに解任狀を捧呈せんことを請ふ、是の日、未の刻大廣間に出御、新舊公使及び同國公使館書記官、軍艦指揮官、東京・神戸駐劄領事等九人を召して謁見の式を行ひ、信任狀竝びに解任狀を受けたまひ、且二人に勅語を賜ふ、嘉彰親王式に列す、其の儀、曩日澳洪國使節朝見の時に同じ、是れを我が國駐劄新舊公使の信任狀及び解任狀捧呈の嚆矢と爲す、信任狀に曰く、

米利堅合衆國大統領ユリスセス・ユス・ガラントヨリ日本

天皇陛下へ

明治二年十月

明治二年十月

二一二

信友

余秀逸ナル國民ノ内ヨリ米利堅合衆國ミニストル・レシデント職トシテ　天皇陛下政府ノ許ニ居住セシムルタメチヤルス・イ・デイ・ロングヲ撰擧シタリ兩國ニ關係スル益且ツ兩國親睦及ヒ通信ヲ彌厚フセンモノ余ガ信意ヲ彼レ能ク承知ス余彼レノ忠信正直且ツ行狀正シキヲ知リ彼レ兩國ノ益及ヒ幸福ヲ存保シ且ソレヲ增ス事ヲ常々勉勵シ　陛下ノ滿足シ給ハンコト余ニヲイテ實ニ疑ヒナシ依テ　陛下彼レニ懇ニ接待シ彼レ合衆國ニ代リテ何事ニヨラス奏スル時且合衆國ノ親睦及ヒ　陛下ノ幸福ヲ祈望スル事ニ付　陛下ニ奏スル時ハ別テ彼レヲ信シ給ハン事ヲ懇願ス　陛下ノ安全ヲ天神ノ守護アラン事ヲ余天神ニ祈願ス

紀元千八百六十九年第四月廿八日華盛噸府ニ於テ是ヲ認メタリ

米利堅合衆國大統領ユリスセス・エス・ガラントヨリ日本

天皇陛下へ

信友

解任狀に曰く、

ミストル・アル・ビ・ファン・ファルケンボルク是迄米利堅合衆國ミニストル・レシデントノ職

トシテ　陛下ノ元ヘ送リ置シ處今般歸國イタスニ付　陛下ニ別レヲ告ル樣予彼ニ命セリファルケンボルク氏ヘ主タル命令ハ日本政府之益親睦ノ厚キヲ堅フセンガ爲ニシテ幸ニ兩國ノ間ニ連綿スル平和ノ交際ヲ愈深カラシメントノ予ガ信意ヲ　陛下ニ奏スル事彼ノ任タリシナリ彼前條ノ命令ニ隨ヒ夫ヲ果セシ彼ノ處爲ニ付　陛下滿足シ給ヒ且　陛下ニモ心良ク彼今度ノ命令ヲ遂ケン事ヲ予イノル　陛下ノ幸福且日本帝國ノ繁榮ヲ祈願ス

米國大統領に贈りたまへる勅答書に曰く、

日本天皇米利堅大統領ニ復ス貴國公使アル・ビー・ウハン・ウハルケンボルク久ク我國ニ在リ能ク其職ヲ奉シ兩國ノ交誼ヲ重ンジ誠信懇篤朕深ク之ヲ嘉ミス今又新公使チヤルレス・イ・デイ・ロングヲシテ來テ其任ニ代ラシム其本國ニ代リテ告ル所ノ件々朕固リ之ヲ信シ敢テ疑ヲ容レス且貴書ヲ致ス殊ニ其誠意ヲ領ス益以兩國之際交誼彌深ク親昵永久ナランコトヲ欲ス今舊公使國ニ歸ル因テ懇ロニ朕カ意ヲ傳ヘシメ以テ大統領ノ健康安寧ヲ祝ス

又政府より舊公使ファン・ファルケンブルグに蒔繪文臺一脚・蒔繪硯箱一個を贈る、〇太政官日誌、公文錄、官中日記、勅語言上、仁和寺宮家職日記、皇國駐在外國使臣履歷附錄、公卿補任、法令全書

九日　仙臺藩は客歲降伏後朝廷より祿二十八萬石を賜はりしが、敗殘の餘、度支窮乏し、善後の計

殆ど盡く、偶〻支族伊達邦成、北海道を視察して歸り、開拓の有望なるを說く、是に於て本藩及び一族伊達邦直・伊達廣高北地に移住して開墾に從事せんことを請ふ、是の日、仙臺藩をして千島國の一郡を、邦直及び廣高をして石狩國二郡内の地を管せしむ、○太政官日誌、公文錄、開拓使日誌

十日　從一位鷹司輔凞を以て麝香間祗候と爲し、日々祗候せしむ、○官中日記、華族家記、公卿補任

女官の名稱官位相當等を改定す

十二日　女官の名稱・人員及び官位相當を改む、乃ち其の官名・國名等を以て稱呼と爲すを止め、人員は典侍四人、掌侍四人、命婦四人を定員とし、尙侍は定員なく、其の人あらば之れに任ず、典侍は大典侍・二典侍・三典侍・新典侍、掌侍は勾當掌侍・二掌侍・三掌侍・新掌侍、命婦は一命婦・二命婦・三命婦・新命婦の四階に稱呼を分ち、命婦の中一人大御乳人を兼ねしむ、又命婦に權官ありて權命婦・新權命婦の二等に分ち、其の下に御差あり、是に至りて女房と稱するを止め、又長橋局を廢す、官位相當としては尙侍を正從三位、典侍を正從四位、掌侍を正從五位、命婦を正從六位とし、廣橋靜子を大典侍、四辻淸子を二典侍、葉室光子を三典侍、橋本夏子を新典侍と稱せしめ、花園總子を勾當掌侍、植松務子を二掌侍、唐橋貞子を新掌侍と呼ばしむ、大宮御所・中宮御所に奉仕する者には上﨟・小上﨟・中﨟・下﨟・御乳人・御年寄等の階級あり、但し各人の稱呼は地名を以てし、隱居女房亦地名にて呼ぶ、是れより先八月、天皇、神祇伯中山忠能・宮內卿萬里小路

博房・刑部卿正親町三條實愛に命じて後宮女房の階級・人員・稱呼等の改革を議せしめたまふ、三人協議し、同月十七日を以て議を畢へて奏聞す、仍りて是の日此の命ありしなり、○官中日記、押小路甫子日記、嵯峨實愛日記、女官錄、公卿補任

安德天皇陵の調査

十三日　安德天皇陵の事蹟に關し、其の調査を嚴原藩知事宗重正に命ず、安德天皇、平氏に奉ぜられて西國に幸し、壽永四年三月長門國壇ノ浦に崩御あらせられしが、世に天皇の陵と傳ふるもの頗る多し、對馬國に於ける古墳墓亦其の一なり、客歲中、山陵方之れを重正に質す所あり、是の年七月重正の答申する所に據れば、天皇壇ノ浦を逃れて遂に對馬國に崩じたまひ、其の山陵と稱するもの、一は同國久根村大內隙カウヤの地と、一は內山村字信二子塚とに在るが如し、年紀悠遠にして徵證とすべきものなしと雖も、重事なるに因り、尙檢覈を要すと爲し、更に此の命ありたるなり、○太政官日誌、神祇官神祇省明治四年考證錄

兵部省より軍監を柏崎・水原二縣に遣はして屯在の兵隊を督せしむ、○太政官日誌、公卿補任

官省用度を節約せしむ

用度司の稟議を聽許し、用度物品を各官廳に供給する規則を定む、卽ち方今窮民を賑恤するに急なるを以て、供御を減じ用度を節したまふに因り、各官省をして聖旨を奉體し、力めて冗費を省かしめんとし、同司發給の用度物品の品目及び支給期日を限定し、又各官省より豫め職官の員に應じて

月中用度の需用定額を大藏省に錄上せしむ、民部省亦之れを府縣に通達し、且供用物品の價格を制限せしむ、〇法令全書、大藏省沿革志

皇后濱松に御著

十四日　皇后、濱松に著したまふ、今月六日大津御發輿、水口・關・四日市に宿したまひ、九日、巳の半刻桑名に御著輿、御晝餐の後、御舟召試として舟を浮べて漁夫の打網を御覽あらせらる、十日、木曾川御渡船、前ケ須に御上陸、熱田の御泊所に入りたまふ、熱田社御祓を獻じ、名古屋藩知事德川德成御泊所に候して生鯛を上る、乃ち包物・菓子等を賜ふ、尋いで岡崎・豐橋に御泊、十三日、新井に御著輿、是の日、今切御渡船、濱松に抵りたまふ、旅程既に其の半を經させたまふを以て、供奉の諸員に祝酒を賜ふ、秋葉寺護符を上る、〇公文錄、皇后宮行啓御用留、皇后宮御泊輿御宿目錄、桑名驛御本陣記錄、明治二年佐屋宿御本陣留、押小路甫子日記

御醫は三典醫を除くの外三十歲以上を醫員とし、以下は命じて醫學を修めしめ、之れを大學校に隷せしむ、〇太政官日誌、公文錄、公卿補任

十七日　待詔下院出仕の輩に藩制取調掛を命ず、〇太政官日誌、公卿補任

皇后吉原に御著

十八日　皇后、吉原に御著輿、去る十五日濱松を發し、掛川に御宿泊、十六日、日坂に御小休、尋いで金谷に御駐輿、富士の清景頗る雅興を添ふ、既にして大井川を御渡船、例刻藤枝に泊せらる、同日、京都に於ては大井川御渡船を祝し、皇太后、女官等に料理を賜ふ、十七日、藤枝御發輿、安

倍川を通輿あらせらるゝや、玲瓏たる富士の秀嶺、復、玉眸に映ずるあり、未の刻静岡に御晝餐、静岡藩知事徳川家達、興津鯛及び籠を獻ず、江尻に御泊、是の日、倉澤御小休中、海人の鮑を採取する狀を覽たまふ、尋いで富士川御渡船、吉原に至らせらる、○皇后宮行啓御用留、押小路甫子日記、中山績子日記

當百錢の增鑄

曩に大藏・民部兩省、當百錢を增鑄し、以て北海道開拓の用に供せんことを請ふ、是の日、之れを聽す、○公文錄、法令全書

十九日　彥根藩をして皇城内西桔橋前吹上御苑入口門・吹上土橋門・非藏人口東吹上門を警衛せしめ、又前橋藩に命じ、彥根藩に代りて東京市中を警衛せしむ、○井伊家史料

騎乘御覽

二十日　申の刻前山里馬場に出御、騎乘を天覽あり、正親町三條實愛等の舊堂上及び彈正大弼池田茂政・久保田藩知事佐竹義堯等に陪覽せしめ、畢りて同所御茶屋に於て酒肴を賜ふ、義堯は天機を候せんがために今次上京せるなり、○公文錄、嵯峨實愛日記、華族家記、魚雁錄

陸軍操練所の設置

東京芝新錢座に陸軍操練所を設け、兵部省より教官を派し、日を期して徵兵及び諸藩兵等を操練せしむ、○法令全書

徵兵の操練を御覽

二十二日　辰の半刻板輿に御して本丸跡に出御、鹿兒島藩徵兵銃隊二大隊・同砲隊砲二門・山口藩徵兵銃隊一大隊の操練を天覽あらせられ、諸官省長官・麝香間祗候及び諸官に陪覽せしめ、未の刻還

御あらせらる、〇公文錄、官中日記、嵯峨實愛日記、仁和寺宮家職日記、陸軍省文書、太政類典、法令全書

侍從三條西季知に謁を賜ひ、聖談あらせられ、且御製を賜ふ、御製に曰く、

菊の色紅葉の色も久しくて
としかさぬるを我そ待らん

〇三條西季知日記

皇后品川に御著

二十三日　皇后、品川に著したまふ、去る十九日吉原御發輿、三島に御泊、二十日、箱根の險峻を踰えさせらるゝを以て、寅の半刻三島御泊所御發輿、亭午箱根に御晝餐、戌の刻小田原に著したまふ、二十一日、大磯に御泊あり、風穩かに波靜かなる海邊を逍遙して漁獵を覽たまふ、同日、藤澤に御宿泊の豫定なりしが、十七日同驛に祝融の災ありしを以て日程を變更せられたるなり、二十二日、寅の半刻大磯御發輿、酉の刻神奈川に著せらる、神奈川附近には外國人居留するを以て、外務省は豫め各國領事に牒して暫く其の國人の往來散策を禁ぜしむ、是の日、神奈川御發輿、午の刻梅屋敷に御小休、同半刻品川御泊所に入りたまふ、天皇乃ち元掌侍高野房子を遣はして迎へしめたまひ、親子內親王亦使を遣はして奉迎せしめ、大辨坊城俊政・宮內權大丞長谷信成・侍從堀河康隆・從四位竹屋光昭等夫々奉迎す、同日、御輿神奈川御通過の時、横濱港碇泊の英國軍艦祝砲を發す、

○公文錄、皇后宮行啓御用留、押小路甫子日記、大御乳東京日記、明治二年神奈川縣史

新に野村藩を置き、大垣藩知事戸田氏共の支族戸田氏良を以て知事と爲す、氏良曩に其の管轄地を檢して增收あるを發見し、且本藩の管地三千石を分割せられたるに因り、其の所管一萬三千石を超ゆ、仍りて藩知事たらんことを請へるを以てなり、○公文錄、華族家記、公卿補任

皇后東京に御著

二十四日　皇后、辰の刻儀裝を整へて品川御泊所御發輿、是の時甲鐵・富士の二艦祝砲を發す、巳の刻增上寺に御小休、午の半刻皇城に著したまふ、天皇乃ち御學問所代に出御、皇后に對面あらせらる、次いで供奉皇后宮大夫野宮定功・同亮堀河親賀・正四位大原重實・少辨五辻安仲等に謁を賜ふ、勅任官以上參賀し、奏任官以下は各省に於て之れを賀す、諸官に祝酒を賜ひ、供奉員に三日の休暇を賜ふ、京都に於ては二十八日より三日の間、皇族・華族竝びに奏任官以上等、禁中・大宮御所に參賀す、中宮御所への祝賀は禁中に於てす、○太政官日誌、公文錄、官中日記、宮內省日錄、皇后宮行啓御用留、嵯峨實愛日記、柳原前光輒誌、中山績子日記、押小路甫子日記、大原家文書、法令全書

贋金兌換の制を建つ

贋金兌換の制を建て、銀質鍍金のもの百兩を以て紙幣三十兩に抵て、本年十二月を限り兌換を許す、尋いで一萬石につき三百兩を規準として紙幣を府藩縣に交付し、引換の資に充てしむ、是に至り贋造貨幣の處分始めて其の局を結ぶ、○公文錄、官中日記、太政類典、法令全書、岩倉公實記

輓近、尙攘夷の論を唱へ、外國人に危害を加ふる者あり、乃ち申ねて府藩縣に令して士民を戒飭せしむ、〇公文錄、法令全書

外國人に對する暴行の取締

二十五日　東京鎌倉町家持善介、祖父の世より天恩報謝のために日々貯金せしが、既に積みて百兩に至れるを以て之れを獻納せんことを請ふ、乃ち嘉納し、特に紬二匹を賞賜す、又是の月、集議院權判官稻津濟・同幹事伊達五郎・同有竹裕・同園田保の集議院創立以來精勤の功を賞して各ゝ絹一匹を賜ひ、岡崎藩議員坂口音度の老齡を以て同院議事に精勵せるを賞して末廣及び眞綿一包を賜ふ、〇太政官日誌、集議院日誌

東京府民善介の獻金を賞す

二十七日　久保田藩知事佐竹義堯を召見して天盃を賜ひ、且文臺・硯箱を賜ふ、義堯曩に上京し、天機を候して劍備前國長光作・短刀筑前國安吉作各ゝ一口及び吹拔金・吹拔銀各ゝ百匁を內獻せしが、明日を以て將に歸藩せんとするを以てなり、〇華族家記

申ねて府藩縣に令し、嘉永六年以降國事に殉ぜし者及び其の遺族を錄上せしむ、又若松縣をして同地征討のために戰死せる官兵の墳墓を建て每歲祭祀を修せしむ、〇太政官日誌、公卿補任、法令全書

嘉永以降殉國者の錄上

二十九日　皇族・元堂上華族の婚姻は成婚後の稟告を止め、勅許を得て後婚儀を行はしむ、〇官中日記、公卿補任

國史編輯局の設置

史料編輯國史校正局を廢し、更に國史編輯局を大學校内に置き、漢文を以て國史を編輯せしむ、卽ち十一月五日より少博士頼惟復・同藤野正啓・同岡松辰に命じて出仕せしむ、〇太政類典、公卿補任、職官表

山內豐範朝權振興策を建議す

是の月　高知藩知事山內豐範、書を上りて朝權振はざる所以を述べ、之れが振興の策を建議す、其の要に曰く、綱紀張らず人心安んぜざるは是れ朝權の重からざるに因る、朝廷宜しく獨立不羈の權を把持し、其の爲さんと欲する所を斷行し、道を永遠に期し、義を百世に立て、道義の存する所、利害を顧みず、强弱を論ぜず、善あれば必ず賞し、惡あれば必ず罰し、以て天下人心の嚮ふ所を知らしむべし、顧ふに方今繁文縟禮其の弊漸く滋し、武斷を以て之れを濟ふにあらずんば、士氣遂に委靡不振の虞あらんと、〇山內豐範建議書

十一月

皇后諸臣に宴を賜ふ

一日　朔日なるを以て諸臣參賀す、是の日、皇后、諸臣を吹上御苑瀧見御茶屋に召して酒饌を賜ふ、列する者右大臣・神祇伯・大納言・參議・各省卿・集議院長官・大學別當・彈正尹以下各省輔・辨官及び在役華族等數十人なり、席上詩歌の卽吟あり、右大臣三條實美の歌に曰く、

もろともにたのしむ君か御心を
賜はる御酒にくみてしらなん

大學別當松平慶永亦、
　霜後牢晴風亦微　　御園泉石有光輝
　此間何幸陪瑤席　　恭賦歌詩試一揮
の一詩を賦し、皇恩の優渥なるに感激す、〇宮内省日錄、嵯峨實愛日記、岩倉家文書、魚雁錄
長瀞藩知事米津政敏の請を聽許し、治所を其の管地上總國大網に移して大網藩と稱せしむ、〇華族家記、公卿補任

二日　大阪城を兵部省の管轄と爲す、〇太政官日誌、公卿補任

平民の乘馬を禁ず

從來無刀の者の乘馬往來するを禁じたりしが、近時官人の廝徒・馳丁《くちとり》或は町人體の輩の騎馬徘徊する者尠からず、是の日、令を發して嚴に之れを禁ず、又東京府内の武家地は其の管轄分明ならざるを以て、從ひて取締等完からず、往々無賴の徒潛伏し、且盜難に罹る者多し、仍りて之れを東京府の管轄と爲し、戸籍を調査せしむ、〇太政官日誌、公文錄、法令全書

松平容大をして陸奧國の地を管せしむ

三日　曩に元會津藩主松平容保の罪を寬宥して家名を復興せしめたるを以て、是の日、其の長子容大をして其の先祀を承けしめ、華族に列し、陸奧國に於て三萬石の地を管せしむ、翌三年五月、斗南藩と稱す、十日、元請西藩主林忠崇の弟忠弘をして祀を存せしめ、士族に列し、祿三百石を賜ひ、

尋いで東京府に貫せしむ、〇太政官日誌、公文錄、松平容保家名相續願、松平容大家記、斗南松平子爵家舊臣手控、太政類典、斗南藩往返控、斗南藩御進達控、芳山公御幽閉中日記、請西林家譜、公卿補任、會津會會報

今年、凶歉のために米穀登らず、米價騰貴せるを以て、令して釀酒石高を免許高の三分の一に停め、過造・密造を嚴禁す、尋いで清酒・濁酒・醬油の釀造規則を設けて無鑑札にて釀造するを禁じ、且冥加金上納額を定む、〇法令全書、大藏省沿革志

五日　春日祭なり、東幸中なるを以て禁中に其の儀なく、社頭の儀のみ之れを行はせらる、上卿代正二位冷泉爲理・辨代從四位葉室長邦・近衛使代正四位園基祥等參向す、〇押小路師親日記、冷泉爲理日記、橋本實麗日記

御前會議

横井平四郎暗殺者の處分を議す

御前會議あり、十二日亦同じ、尋いで十四日亦御前會議を開き、參與横井平四郎暗殺者の供述完結せるを以て之れが處分の議あり、彈正臺は、平四郎夙に歐米の學風に心醉し、耶蘇教を信ぜるを以て、志士の憤激を買ひたるものと爲し、兇徒の處刑に當りては情狀を酌量せんことを主張し、刑部大輔佐佐木高行等は、苟くも朝廷の大官を殺害したるを以て、宜しく國法に照して之れを斷じ、兇徒を梟首に處すべしと論ずる等、論議區々たり、仍りて參議等御前に候して之れを議せるなり、爾後數〻是の事あり、〇公文錄、彈正臺書類、司法省雜纂錄、大久保利通日記、嵯峨實愛日記、保古飛呂比、熊本藩國事史料

皇后、今次東京行啓に當り供奉警衛を奉仕せる勞を慰し、淀藩世子稻葉篤實・熊本藩隊長平山彥三

郎・姫路藩重臣永田武の三人に酒饌を賜ひ、篤實に末廣・直衣地、彦三郎・武に各〻絹を賜ふ、〇太政官日誌、皇后宮行啓御用留、野宮定功皇后宮宮司備忘

逮部司の設置

輓近賊あり、夜陰に乗じ兵器を携へて東京市内を横行し、劫掠を恣にするのみならず、往々無辜の人民を殺傷すること尠からず、客月十七日、兵部省及び東京府に命じて警保を嚴にせしむ、然れども地域廣く人口多きを以て、之れを彈正臺及び府廳の警保にのみ委するは、時に臨みて機宜を失する虞なきにあらずと爲し、是の日、刑部省に逮部司を置き、専ら巡邏逮捕の事に從はしむ、〇太政官日誌、法令全書、法規分類大全

皇后の東京行啓と京都府民の動揺

七日　曩に皇后東下あらせられんとするや、京都府民遷都の議既に決せるものと信じ、杞憂する者多く、爲に人心動搖し、或は千度と稱して神社に集合し、或は禁中に愁訴し、皇后の東行を停めたまはんことを請ひ、動もすれば徒黨を結びて强訴哀願せんと欲する擧動あるに至る、京都出張彈正臺、辨官に稟申するに、人心の動搖は延いて不測の變を釀すの虞あるを以て、皇后の東下中止或は之れに代るべき措置をとりて府民の疑惑を解かれんことを以てす、留守長官中御門經之・京都府知事長谷信篤等市民の慰撫に力め、幸に事無きを得たり、仍りて是の日、經之・信篤の功を賞し、經之には物を賜ふ、〇太政官日誌、京都府說諭次第書寫、京都府文書、奏聞竝建言御下問奉答諸案、公卿補任、岩倉公實記

佐賀藩權大參事江藤新平を以て中辨と爲す、〇公卿補任、百官履歷

三條西季知を歌道御用掛と爲す

八日　侍從三條西季知に歌道御用掛を命ず、先年既に季知をして御製を拜見せしめたまひしが、職名未だ定まらざりしを以て、是の日、此の命ありたるなり、〇帝室日誌、三條西季知日記

大藏省度量衡を管す

大藏省をして度量衡に關することを管せしむ、〇公卿補任、法規分類大全、法令全書

村上藩の內訌

九日　元村上藩主內藤信思に命じて同藩知事內藤信美の後見と爲し、歸藩して同藩內を鎭撫せしむ、當時同藩士徒黨を結び、互に正邪を爭ひ、藩內協和せず、然れども信美幼弱にして之れを制すること能はざるを以てなり、又同藩士鳥居與一左衞門等に上京を命じ、和歌山藩等をして之れを監禁せしむ、尙是の月、彈正臺、信思を推問し、順逆を明かにせんことを命ず、〇太政官日誌、公卿補任、太政類典

鐵道建設の議を決す

十日　鐵道建設の議を決し、之れが資金を英國に借らんとし、是の日、大藏大輔大隈重信及び同少輔伊藤博文をして其の事を掌らしめ、借款締結の全權を委任す、尋いで十二日、民部卿伊達宗城をして同じく其の事に當らしむ、是れより先、重信・博文等鐵道建設の事を說き、又英國公使パークス、我が政府に慫慂するに運輸機關の設備を以てし、特に鐵道布設の要を說く、偶ゝ是の歲東北及び九州地方は陰陽和を失し五穀登らず、穀價騰貴して庶民頗る困窮するを以て、外國米を輸入して僅かに之れを救濟することを得たり、而も北陸地方は五穀豐穰、價亦低廉なりと雖も、運輸の便を

缺くを以て有無相通ずる能はず、爲に焦眉の急を救ふこと能はざりき、仍りてパークス之れを引證して更に勸告する所あり、是の月五日、右大臣三條實美・大納言岩倉具視・外務卿澤宣嘉等、パークスと實美邸に會し、重信・博文をして之れに參せしめて鐵道の起業の事を議し、尋いでパークスの紹介せる同國人元淸國稅關總裁ホラシオ・ネルソン・レーと相議し、英國に於て百萬磅の起債を企畫す、○官中日記、大久保利通日記、明治二年對話書、太政類典、開國五十年史、日本鐵道史、明治財政史、大隈伯昔日譚

御乘馬

十一日　巳の刻吹上御苑に出御、御乘馬あり、酉の刻還御あらせらる、二十一日は辰の半刻過出御、馬を御したまふ、二十八日、山里馬場に出御、馬を御したまふこと前に同じ、○宮內省日錄

十二日　東幸中、從五位細川利永の桂御所、岡崎藩の靜寬院宮警衞を免じ、兵部省をして之れに代らしむ、十四日、郡山藩の大原口竝びに京都留守警衞及び故兵部大輔大村永敏の護衞を罷めて大阪城を守らしめ、又利永及び從五位細川行眞の兵をして大原口を守らしめ、古河藩の大阪城門警衞を罷む、○官中日記、太政類典

大村永敏卒去

十三日　從四位兵部大輔大村永敏傷痍瘳えず、是の月五日遂に卒す、年四十六、天皇深く宸悼し、是の日、從三位を贈り、賻を賜ふ、宣文に曰く、

夙贊囘天之業克策勦賊之勳軍旅之事大有望後圖豈料溘然謝世帷幄喪人深悼惜焉因贈從三位幷賜金

帑宣

永敏兇徒の襲ふ所と爲り、創痍を大阪病院に療養せしが、膝頭の創傷骨瘍に變じ、焮脹疼痛殊に甚しく、膿液肺を侵し、遂に起たず、永敏、身大傷に悩むと雖も夢寐にも國家を忘れず、特に軍備兵制の事に至りては褥中親ら筆を執り、具に其の意見書を裁して右大臣三條實美に呈する所あり、○太政官日誌、大村益次郎書翰、太政類典、大村益次郎先生傳

十四日　仙臺藩士亘理元太郎をして石狩國札幌・空知兩郡内の地を管せしむ、尋いで二十四日、彥根藩及び仙臺藩に命じて日高國の內を管せしめ、且力を千島國擇捉郡の開拓にも盡さしむ、○太政官日誌、法令全書

十五日　未の刻御座所に於て鹿兒島藩知事島津忠義を召見したまふ、右大臣三條實美・大納言岩倉具視侍坐す、乃ち具視をして諭さしめて曰く、父久光及び西鄕隆盛をして倶に病を力めて上京し、樞機に參與せしめよと、次いで酒饌を賜ひ、且天酌を賜ふ、又馬を御し、忠義をして之れを觀せしめたまふ、○忠義公上京日記抄、島津家國事鞅掌史料

島津忠義を召見島津久光等の上京を促さる

東京府下警衞のため同府に兵備を設くるの要あるも、其の組織亦困難の狀あり、仍りて是の日、姑く兵部省所轄の諸藩兵を以て假に府兵と爲し、府內の警備に當らしめ、同府に命じて其の規則・號

令・賞罰等を管掌せしむ、〇太政官日誌、公卿補任、法令全書

兵部省出張所を十津川郷に置き、陸軍少將鷲尾隆聚等を遣はして郷中を安撫せしむ、同郷の郷士は忠誠勇武を以て天下に聞え、朝廷夙に之れを殊遇す、然るに近時郷士等確執して紛擾止まず、之れを放置する能はざるを以てなり、〇法令全書

十六日　熾仁親王に謁を賜ふ、是れより先、同親王を京都より東京に召したまふ、親王乃ち昨日を以て東京に著し、是の日參內、天機を候せるなり、〇熾仁親王御日記

十七日　吉田祭なり、上卿代從二位葉室長順・辨代正五位甘露寺義長をして參向せしむ、〇押小路師親日記、冷泉爲理日記

織田信長に神號を賜ふ

勅して贈從一位太政大臣織田信長に健織田社の神號を賜ふ、信長、永祿・天正の間、天下擾亂し、朝儀衰廢の時に當り、夙に大義を唱へ、中原を廓淸し、神宮の祭典を再興し、熱田宮・石淸水八幡宮の祠宇を修造して其の墜緖を復せり、其の裔天童藩知事織田信敏、祠を東京邸內に建てゝ之れを祀り、織田社と稱し、建白して神號の宣下を請ふ、仍りて是の勅ありたるなり、〇太政官日誌、法規分類大全、建勳神社同答書

二十日　在東京の知藩事、有位の華族の隱居及び嫡子をして、毎月朔日・十五日の兩度天機を候せ

しむ、〇公文錄、法令全書

中御門經之を大納言と爲す

留守長官中御門經之を以て大納言と爲す、留守長官故の如し、〇諸家系譜、公卿補任

二十一日　大原野祭を行ふを以て、正二位橋本實麗を上卿代、從四位清閑寺盛房を辨代として參向せしむ、〇押小路師親日記、橋本實麗日記

島津齊彬の贈位

二十二日　勅して鹿兒島藩主贈權中納言從三位島津齊彬に從一位を追贈したまふ、齊彬國家多故の際、身外任に在りと雖も、心常に皇室に存し、子弟を薫陶し、士氣を鼓舞し、獻替する所尠からず、以て維新鴻業の基を開き、範を後世に垂る、天皇深く追感あらせられ、乃ち此の勅を下したまへるなり、是れより先、維新の功勞を賞して從三位島津久光竝びに鹿兒島藩主島津忠義に陞叙賜祿の恩命あるや、久光・忠義辭して拜せず、同藩の西鄕隆盛等亦賞典を辭せんことを請ふ、仍りて今年を限り、救荒に充つべきため久光・忠義の賞秩の半の獻納を聽し、官位の辭退は之れを聽さず、九月、久光・忠義、復、連署上表して曰く、臣等微力を皇室に致せるを嘉して、廟議此の賞典を賜ふ、臣等辭して拜せざる所以のものは强ひて朝命を拒むに似たりと雖も、決して然るにあらざるなり、臣等微力なりと雖も、其の爲す所、先臣齊彬の遺志を繼ぎ之れを擴充し、臣子の本分を盡さんと欲せしに外ならず、仰ぎ願はくは臣等に賜ふ所の賞典を以て齊彬に恩爵追贈の命を賜はらんことを、是

れ臣等をして子弟たるの道を盡さしむるのみならず、自ら聖恩を辱くするに勝ること萬々ならしむ、且其の賞秩の如きは猶敢へて之れを奉還す、顧ふに方今東北平定し、皇徳宇内に光被して人民維新の治を求むるや切なり、然るに從來幕府弊政の及ぶ所、海外諸國に於ける國債次第に膨脹して救ふべからざるに至らんとす、斯くの如くにして推移せば、終に財政の基礎を危くし、國家の安危測り知るべからざるものあり、臣等國家の前途に對し洵に寒心に堪へざるなり、冀はくは賞秩の返獻を聽し、此れを以て外債償卻の一部に充當せられ、速かに會計の基礎を堅くし、臣等をして杞憂無からしめんことを、思ふに隆盛等と雖も又恐らくは心情同じからんのみと、朝廷、久光・忠義の情願を諒とし、茲に齊彬に對する贈位の恩命ありたるも、兩人の賞秩を固辭するに至りては遂に聽したまはず、〇太政官日誌、保古飛呂比、島津久光公實紀

太政官規則の改定

太政官規則を改定す、卽ち日々巳の刻より小御所代に出御、午の刻入御、出御中、三職の中より商議の案件を奏聞し、宸斷を經たる後辨官に下す、制可の案件は大臣不參の時は納言・參議之れを施行す、又三職會議中は緊急の案件ありと雖も、諸官員は許可を得ずして議場に入ることを禁ず、御前參仕の輩、衣冠・狩衣・直垂の一を著用し、官廳座次は上の間上段は大臣・納言・參議、東の間は辨官分課の序を以て著座す、辨官は巳の刻より午の刻までに政廳議事・願伺屆の文書に意見を付

し、分課の印を捺して提出し、諸官省は午の刻より未の刻までに願伺の文書を辨官に提出す、但し辨官を經由せざるものは之れを非違と爲す、諸官員毎日巳の刻出仕、未の刻退出とし、節朔・一・六の日を休暇とす、以上定むる所を犯す者は彈正臺其の非違を糺すことゝ爲す、〇官中日記、法令全書

二十三日　大納言岩倉具視に兵部省掛を命ず、〇公卿補任、百官履歴

二十四日　吉田社宗源殿を神祇官代として新嘗祭を行ひ、天皇遙拜あらせらるゝこと昨年の儀の如し、勅任官以上竝びに在東京の華族等參賀す、乃ち酒饌を賜ふ、二十二日晩より宮中神事に入り、二十五日朝解く、京都に於ては諸官神祇官代に參拜す、〇太政官日誌、祭典錄、宮內省日錄、帝室日誌、大御乳東京日記、冷泉爲理日記、萩原員光日記、山科言成日記、押小路師親日記、非藏人日記抄

令して、諸官省及び宮・華族等の諸御禮は兒を經て奏上したるを停め、自今宮內省當番を經て言上し、政府奏上の事は侍從を經ることゝとす、〇官中日記、法令全書

二十七日　白石縣を角田縣と改稱し、廳舍を白石より角田に移す、二十九日、三戶縣を江刺縣に併す、〇太政官日誌、公卿補任、法令全書

徳大寺實則等の勤勞を賞せらる

二十八日　大納言徳大寺實則・參議副島種臣の中興以來獻替規畫、國事に盡瘁せる勞を賞して各〻御劍一口を、侍從三條西季知の積年國事に勤勞し、年老を以て尚勉勵勤仕するを賞して御衣一領を、

宮內卿萬里小路博房・民部大輔大隈重信・外務大輔寺島宗則・大藏少輔伊藤博文・民部大丞井上馨・東京府大參事大木喬任・同權大參事靑山貞の客歲以來職務に勉勵せるを賞して各ゝ太刀料金三百兩を、又刑部大輔佐佐木高行・神祇少副福羽美靜・京都府大參事松田道之・長崎縣知事野村盛秀の職務勉勵を賞して各ゝ直垂料金二百兩を賜ふ、○太政官日誌、保古飛呂比、三條西季知日記、公卿補任

智成親王元服敍品

曩に智成親王の復飾を勅許ありしが、是の日、親王元服し三品に敍せらる、翌日、親王參內恩を謝す、乃ち八景間代に於て祝酒を賜ふ、又同日、親王に掛緒を賜ふ、○省中成規變更錄、非藏人日記抄、閑院宮梨本宮北白川宮御達竝諸願伺屆留

三好監物の忠節を旌表せしめらる

仙臺藩重臣三好監物清房の死節を憐み、祭資金二百兩を賜ひ、且仙臺藩知事伊達宗基に命じ、祀りて其の忠節を旌表せしめたまふ、監物、夙に勤王の大義を唱へ、藩主伊達慶邦の用ゐる所と爲りて參政に進み、慶邦を輔けて京都に至り、國事に鞅掌し周旋する所あり、客歲征討軍東下するに際し、監物、命を奉じ藩兵を率ゐて會津を討たんとせしが、同藩家老坂英力等、薩長諸藩を憎み、會津・庄內等諸藩と連衡して官軍に抗せんとの說を唱へ、闔藩之れに和す、監物、大義を固守し、藩論沸騰中に在りと雖も毅然として屈せず、之れが反正の道を講ずるも奸黨の制壓する所と爲り、同年八月十五日竟に屠腹す、其の狀叡聞に達し、深く監物の忠節を悼惜したまひ、此の恩命を下したまへるなり、○太政官日誌、藏名山房文初集、仙臺戊辰史

二十九日　午の刻兵部省火を失し、申の刻鎭火す、諸官天機を奉伺す、〇太政官日誌、宮内省日錄、仁和寺宮家職日記
京都伏見に在る兵部省會計局を會計司出張所、同兵器局を武庫司出張所と改稱す、〇太政類典、法令全書

山科高倉兩家御衣調進の制を停む

三十日　賀茂臨時祭なり、東幸中なるを以て禁中其の儀なし、勅使として正四位裏辻公愛を參向せしむ、公愛乃ち神祇官代元學習所より進發す、〇山科言成日記、押小路師親日記、賀茂臨時祭列書
從來御衣の類は山科・高倉兩家の調進する所なりしが、是の日、之れを停め、宮內省をして之れを掌らしむ、又令して明年の朝賀等の服制は姑く舊に仍らしむ、是れ曩に集議院に諮問して朝堂の服制改正の事を協議せしめたるも、議未だ決せざるを以てなり、〇太政官日誌、集議院日誌、東京往復、公卿補任、法令全書

十二月

二日　參議前原一誠を以て兵部大輔と爲す、〇公文錄、公卿補任、百官履歷

中大夫以下を士族卒と改稱し祿制を定む

中大夫・下大夫・上士以下の稱を廢して士族及び卒と改め、各〻地方官に於て貫屬たらしむ、又祿制を定めて總て廩米を給し、悉く其の釆地を收む、其の臣隸三代以上に及ぶ者は官之れを扶助し、餘は民籍に歸せしむ、祿制の大要は、之れを二十一等に分ち、士族は十八等に止め、舊祿一萬石未滿九千石までは二百五十石とし、以下遞減して百石未滿八十石までは十三石を給す、卒には三等あり、八十石未滿六十石までは十一石、六十石未滿四十石までは九石、四十石未滿三十石までは八石

を給す、以下は舊に仍らしむ、〇太政官日誌、公卿補任、法令全書

囚獄司の設置

囚獄司を刑部省に置き、尋いで東京府管轄の囚獄を同省に移管せしむ、〇太政官日誌、法規分類大全、法令全書

北海道後志國島牧郡内の地を鳥取藩をして管せしむ、三日、佛光寺をして同郡内の地を管し、且石狩國札幌・空知二郡内の開拓にも力を盡さしむ、十日、高知・佐賀兩藩をして千島國内の一郡宛を管し、且開拓守衞を兼ねしめ、增上寺をして根室國花咲郡志古丹島を管せしむ、〇太政官日誌、開拓使日記、開拓使事業報告、法令全書、北海道志

戰死士靈祭日を定む

三日　戰死士靈祭を正月三日・五月十五日・十八日・九月二十二日を以て行ふ旨を宣したまふ、〇祭典錄

御前會議

御前會議あり、四日・五日亦同じ、〇大久保利通日記

木戸孝允大久保利通を夫々藩地に差遣

午の刻過待詔院出仕木戸孝允を召見し、勅して山口藩に差遣し、元藩主毛利敬親の東上を促さしめたまふ、是れより先、敬親竝びに從二位島津久光を召したまひしかども、二人病を以て未だ命を奉ぜず、是に於て參議大久保利通大に憂慮し、以爲らく、敬親・久光及び西郷隆盛上京し、二藩協心戮力して國事に盡瘁し、以て政府の基礎を鞏固にせずんば、中興の鴻業伸張し難し、仍りて自身歸藩して久光等を起すに如かずと、又之れを以て孝允を說き、其の蹶起を促す、孝允亦利通と憂を同

じくする者、乃ち各〻歸藩し、朝廷の實情を敬親・久光に陳述して勸說する所あらんとし、之れを大納言岩倉具視に說く、具視乃ち右大臣三條實美に謀る、實美善として奏上す、乃ち此の命ありたるなり、既にして利通歸藩の廟議亦決し、五日、天皇、利通を召して鹿兒島藩に差遣の命を下したまふ、具視侍坐して勅旨を奉宣し、明春久光をして東上せしめ、隆盛亦久光に隨從せんことを斡旋すべき旨を諭す、十三日、申の刻孝允・利通二人を召し天盃竝びに天酌を賜ひ、且各〻銀製火鉢一個・羽二重一匹を賜ふ、實美及び大納言德大寺實則侍坐し、實美傳宣して曰く、皇國今日の盛大を致す所以のものは是れ卿等二人が蹇々匪躬の節を致したるに由る、然れども國家多事、前途尙悠遠なり、益〻勉勵せんことをと、二人勅旨を奉體し、孝允は十七日、利通は十八日を以て各〻東京を發して歸藩の途に就く、○公文錄、官中日記、木戶孝允日記、大久保利通日記、保古飛呂比、廣澤眞臣日記、木戶孝允書翰、三條實美公年譜、島津久光公實紀、松菊木戶公傳、大久保利通傳

待詔院出仕木戶孝允に明春を以て使節として淸國及び朝鮮國に差遣すべき內旨を下し、豫め古今の事例を斟酌して新に交際上の規定を調査せしめたまふ、○木戶孝允日記

府藩縣私製紙幣の通用を禁ず

五日　令して、從前諸藩の舊幕府より許可を得て發行せる紙幣を更に製造するを嚴禁し、其の從來製造せる總額を大藏省に錄上せしめ、期するに明年二月を以てす、且維新後府藩縣の私製に係る紙幣は其の通用を禁ず、○太政官日誌

六日　申の半刻吹上御苑に出御あり、熾仁親王召に依りて參候す、十四日又同御苑に出御あり、〇宮内省日錄、熾仁親王御日記

七日　熊本・淀・篠山・高槻・日出・園部・犬山・高取・加納・臼杵・龜岡・出石の十二藩兵の京都宮門の警衞を解き、親兵二番隊及び廣島・岡山・鳥取三藩をして更替して警衞せしむ、〇官中日記

新潟市民の騷擾

是れより先十月中、水原縣及び新發田藩、函館開拓使出張所の依囑を受け、外國船を以て新潟港より各〻米二萬俵を輸出す、同港の小民是れを以て外國人米穀を壟斷し、其の騰貴を促すものと爲し、人心恟々たり、尋いで兇奸の徒細民を煽動し、或は寺院に集まりて梵鐘を鳴らし、民家を破壞し、或は外國人の米穀運輸を妨げんとす、又流言を放ちて曰く、外國人の館舍を燒かんと、同地駐劄の英國領事代理ツループ之れを同國公使に訴ふ、公使乃ち外務省に交涉する所あり、時に新發田藩兵竝びに別手組等新潟居留外國人の保護に當りしが、是の日、兵部省に命じ、兵六小隊を水原縣に派して鎭撫に努めしむ、〇太政類典、新潟縣史

八日　從來、水火災に罹れる窮民の救濟方法は全國一定する所なかりしを以て、是の日、府縣に令し、凍餒に迫れる者には應急の措置として十五日間を限り每日口糧米男子に三合、女子に二合を給することとす、〇法令全書、大藏省沿革志

豊受太神宮末社炎上

十一日　客月二十九日酉の半刻、豊受太神宮の末社田上大水社遙拜所より火を發す、同清野井庭社・同河原淵社兩遙拜所亦火あり、會〻西風强烈にして火勢を煽揚し、類燒するもの二十宇、火焰近傍の大樹を焚燒し、古殿・正殿等危急に瀕するを以て、正殿の御神體竝びに別宮の神靈を月夜見宮に奉遷す、戌の刻に至りて鎭火す、古殿・正殿其の他諸殿重々門等纔かに火を免るゝことを得たり、乃ち正殿を淸祓して御神體を還遷す、古殿玉串御門外杉樹倒仆の際、壓死者一人ありしを以て、舊規に據り、晦日より三十日間觸穢の儀あり、皇太神宮亦七日間觸穢の儀あり、既にして御神體動座の事奏上ありたるを以て、是の日、朝を輟め、酉の刻賢所前庭に出御、神宮を遙拜したまふ、仍りて九日晩より十二日朝まで宮中神事に入る、○太政官日誌、官中日記、大御乳東京日記、宮内省日錄、橋本實麗日記、嵯峨實愛日記、押小路甫子日記、公卿補任

神宮御遙拜

十二日　小諸藩知事牧野康濟を召して謁を賜ひ、誓約せしめたまふ、康濟、去る七日版籍を奉還し、藩知事に任ぜられたるを以てなり、○牧野家譜、小諸藩記錄

元高德藩主宮内大丞戸田忠至に金七千兩を下賜す、忠至、積年山陵修理を奉仕したるを以て失費尠からず、仍りて債額を具し、十年間每年金二千七百兩を借らんことを請へるを以てなり、○太政官日誌、公文錄、嵯峨實愛日記

吉田大八の忠節を旌表せしめらる

十三日　天童藩士吉田大八守隆の死節を賞し、祭資金二百兩を賜ふ、客歲同藩主織田信敏、奥羽鎭撫

使の先鋒の命を拝するや、大八、信敏を輔翼し官軍を嚮導し、力を王事に效す、既にして奥羽諸藩王師に反抗し、庄内藩兵、天童藩を襲撃するに至る、大八敵中に孤立すと雖も、毅然として大義を唱へて屈せず、諸藩相憎み、遂に捕へて天童に幽し、同藩に迫りて大八を嚴刑に處せしむ、同年六月十八日大八屠腹す、時に年三十七、同十月奥羽鎭撫總督府、祭資金百兩を贈りて其の死を弔す、事天聽に達するや、悼惜して措きたまはず、遂に是の恩命を下し、且信敏に命じ、祀りて其の忠節を旌表せしめたまふ、又越後三條の畫家村山秀一郎半牧、忠忱の心を以て、去春書を鎭撫總督に上り、詳かに越後の情狀を告ぐ、爲に賊徒の惡む所と爲り、終に自盡す、是の月、其の功を追賞して嗣子恆次郎に終身三人口の扶持を賜ふ、○太政官日誌、織田信敏家記、天童藩記、仙臺戊辰史、近世偉人傳、村山半牧傳

力士に角力場を下賜す

十四日　客歳、諸道の官軍出征するや、京都在住の力士等從軍して功あり、是の日、之れを賞し、京都府下に於て角力場一箇所を下賜す、○太政官日誌

兵卒の犯罪は新律發布に至るまで兵部省をして之れを審理せしむ、但し其の犯行兵隊以外に關係するものは刑部省に於て之れを處斷せしむ、○太政官日誌

戊辰役賞典遺漏の追錄

十五日　戊辰役賞典の遺漏を追錄し、鹿兒島・山口・福井等六藩の藩士二十三人に金若しくは祿米を賜ひ、奥羽越諸藩縣の平民十五人に終身苗字・帶刀を許し、或は除役・給俸・賜金の恩典を賜ふ

こと各〻差あり、又蝦夷地出征の功を追賞して兵部省兵隊に金を賜ふ、○太政官日誌、公卿補任

自今官服を著する際は四時共に襪を用ゐしむ、但し足袋を以て襪に代用することを許し、又平常足袋の使用は任意とす、○太政官日誌

十六日　亥の刻月蝕あり、京都御所に於て御殿裏の儀を行ふこと例の如し、○非蔵人日記抄

神祇官假神殿鎮座祭

十七日　神祇官假神殿工成れるを以て、鎮座竝びに鎮魂祭を行はせらる、東座に天神地祇、中央の座に神産日神・高御産日神・玉積産日神・生産日神・足産日神・大宮賣神・御食津神・事代主神の八神、西座に歴代の皇靈を祀る、午の刻勅使宮内權大丞長谷信成參向す、其の儀、先づ大祓の儀あり、神座を神殿に設け、神祇大副白川資訓淨祓詞を奏す、次に御門祭あり、神座を庭上に設け、神祇大祐北小路隨光祝詞を奏す、次に大殿祭を行ふ、神座を神殿に設け、大副祝詞を奏す、次に神座を同じく神殿に設け、鎮火祭を行ひ、大祐祝詞を奏す、畢りて神殿を掃除檢知の後、先づ八神の靈代を、次に天神地祇の靈代を、次に歴代皇靈の靈代を奉安す、次に神祇伯中山忠能、八神鎮座・天神地祇鎮座・歴代皇靈鎮座の祝詞を奏す、次に三前に神饌を供す、此の間奏樂、次に幣物を供し、勅使三前に各〻宣命を奏す、次に返祝詞の奏あり、畢りて勅使退座す、參列者一同拜禮し、幣物・神饌を撤す、此の間奏樂、畢りて各〻退座す、是の日、祭儀に列する者右大臣三條實美・大納言岩

倉具視・參議廣澤眞臣・少辨五辻安仲及び諸省・集議院・皇后宮職・東京府・開拓使の奏任官以上各〻一人及び彈正臺官員なり、諸官員亦參拜す、夜、鎭魂祭を行ひ、十八日朝より神殿日供の儀あり、○太政官日誌、祭典錄、己巳諸祭儀、嵯峨實愛日記、廣澤眞臣日記

騎乘御覽

廣島藩知事淺野長勳暇を請ふ、之れを聽し、未の刻長勳を召見し、内廷に於て酒饌を賜ひ、又盆栽三種を賜ふ、○淺野長勳履歷書、坤山公八十八年事蹟未の半刻山里馬場に出御、諸臣の騎乘を天覽あり、熾仁親王・麝香間祇候鷹司輔凞・大納言德大寺實則・刑部卿正親町三條實愛及び廣島藩知事淺野長勳等を召して陪覽せしめ、同所御茶屋に於て御宴あり、親王等をして宴に陪せしめ、秉燭の頃還御あらせらる、二十二日、吹上馬場にて馬を御したまふ、二十六日亦同じ、○宮內省日錄、嵯峨實愛日記、熾仁親王行實

御乘馬

十八日　從來外務省官吏の外國公使等と折衝する時は、事の如何に依り彈正臺官吏をして臨席せしむる規定なりしが、是の日更めて重大事件の應接にのみ臨監せしむることとす、○太政官日誌、公文錄

賢所御神樂

十九日　申の刻より賢所御神樂あり、酉の刻過出御、御拜あり、御鈴畢りて入御あらせらる、○祭典錄、宮內省日錄、非藏人日記抄、嵯峨實愛日記

德川光圀同齊昭の贈位

二十日　勅して水戸藩主贈從二位權中納言德川光圀・同贈從二位權大納言德川齊昭を追賞して並び

に従一位を贈りたまふ、光圀、文教振はざるの時に方り、尊王の大義を首唱し、君臣の名分を正さんことを欲して心血を修史に濺ぎ、千古の廢典を興す、齊昭亦光圀の遺緒を纉ぎ、常に心を皇室に存し、内は綱紀の衰頽を慨き、外は海防の不振を歎じ、自ら誓ひて國家を富嶽の安きに置かんとせり、二人の功績甚だ大なり、天皇深く追感あらせられ、此の恩命を下したまへるなり、

蒲生君平高山彦九郎の事蹟を旌表せしめらる

又蒲生君平秀實・高山彦九郎正之、倶に身を草莽の間に起して、或は志を文墨に託し、或は諸國を周遊して勤王の大義を唱へ、世教を裨補し、人心を振作す、朝廷其の志を追賞して之れを里門に旌表し、其の後裔に各〻三人扶持を下賜せらる、又二十二日、中博士青山延光の力を國史の研究に盡し、撰著尠からざるを賞して眞綿五結を賜ふ、〇太政官日誌、法規分類大全、彰考館總裁略傳

江藤新平の遭難

昨夜兇徒あり、中辨江藤新平を赤坂葵町に傷く、事叡聞に達す、仍りて養生の資として金百五十兩を賜ふ、蓋し新平、曩に佐賀藩權大參事たるや、藩政を釐革し、殊に下級藩士の祿制を改め、冗職を陶汰し、又之れを卒に編入する等の事ありしを以て、下士・卒等の恨を買ひ、其の襲撃を受くるに至れるなり、尋いで兇徒を捕へて斬に處す、〇太政官日誌、邀月樓存稿、江藤南白

嘉彰親王辭職

二十三日　兵部卿嘉彰親王、夙に海軍に志し、親しく海外に航して一身を生徒の間に伍し、以て修學せんことを欲し、上表して辭職を請ふこと、春來既に三回に及べり、是の日、天皇、親王を召し、

其の志を嘉尚し、其の請を聴したまふ、○太政官日誌、仁和寺宮家職日記、仁和寺奏者所日記、東伏見宮御達諸願伺届書、公卿補任

正二位綾小路有長、光格天皇に仕へしより四朝に歴事し、励精恪勤す、今や高齢を以て京都より東京に來り、御神樂に奉仕して其の勞多し、是の日、之れを賞して宮中に於て杖を用ゐるを許し、且太刀料金千兩を賜ふ、○太政官日誌

留守官、天機奉伺の定日毎月五の日なりしを改めて自今毎月朔日一度と爲す、○法令全書

二十四日　陸軍少將正親町公董・同五條爲榮・同鷲尾隆聚をして京都・伏見・十津川に更番在勤せしむ、○太政官日誌、公卿補任

孝明天皇三年祭

二十五日　孝明天皇三年祭なるを以て、巳の刻遙拜所に出御、山陵を遙拜あらせらる、又神祇官に於て祭典を行ひ、宮内權大丞東園基敬を勅使として參向代拜せしめたまふ、皇后宮御使皇后宮亮堀河親賀亦參向す、諸官徧勅奏任官の內各〻一人參拜す、○太政官日誌、帝室日誌、宮內省日錄、大御乳東京日記、雜書綴込

東京橫濱間電信開通

東京橫濱間に始めて電信線を架設せんとし、九月其の工を起しゝが、東京鐵砲洲運上所より橫濱裁判所までの間竣工せるを以て、是の日より通信事務を開始す、○太政類典、法令全書

吉井狹山二藩の廢藩

二十六日　吉井藩知事吉井信謹・狹山藩知事北條氏恭、其の藩勢微弱、治に堪へざるを以て、職を辭し、土地人民を鄰縣に併合して管理せしめんことを請ふ、是の日、之れを聽し、吉井藩を岩鼻縣

に、狭山藩を堺縣に併せ、其の士卒を兩縣に夫々貫屬せしむ、從二位德川茂榮・同德川慶賴亦版籍を返上せんことを請ふを以て之れを聽す、皆舊封現石の十分の一を家祿と爲し、且東京在住を命ず、又廣島藩知事淺野長勳の支族從五位淺野長厚の華族辭退の請を聽す、又曩に靜岡藩知事德川家達、其の支族淸水家の後嗣を立てんことを請ふ、聽さず、是の日更めて之れを聽し、家達に命じて其の血脈の者を選びて申請せしむ、翌二十七日、信謹以下四人に內番所參入を命ぜらる、信謹の父信發亦同じ、○太政官日誌、華族家記、公卿補任

後花園天皇四百年祭

二十七日　神祇官に於て後花園天皇四百年祭を修するを以て、勅使として宮內權大丞鷹取保を參向せしめたまふ、又京都御所後院の苑內に遙祭場を設け、山陵祭を行はしめらる、○祭典錄、公文錄、雜書綴込

三條實萬の追諡

勅して從一位贈右大臣三條實萬の忠を先朝に竭し、後嗣をして遺業を成さしめしを賞し、諡を忠成と賜ふ、宣文に曰く、

故從一位贈右大臣藤原實萬憂乾綱之不振而國威之不宣奉事　先朝竭盡忠猷慨然有匡濟之志至子實美以底有成其諡實萬曰忠成　宣

○太政官日誌

諸官省等に節儉を令す

諸官省及び府藩縣に令して專ら節儉を旨とし、力めて冗費を省かしむ、其の布達の要に曰く、客歲、

兵馬倥偬、國費多端なるに因り、楮幣を發行して其の急を凌ぐことを得たれども、楮幣は悉く國債と爲れり、今年よりは國債を償却すべきに、圖らざりき、年穀登らず、奥羽諸國の如きは野に青草なく、黎民饑餓に瀕せんとは、今や國庫百餘萬石の不足を告ぐるを以て、一大節約を行はざるべからざるに至れり、是れ此の令を下す所以なりと、尋いで賞典祿の下付を遞延し、千石以上の者には今年三分の一、殘額は明年七月・十二月の二回に下賜し、千石以下の者には定則の如く今年と明年七月との二回に分賜し、明年度分より總て十二月・翌年七月の二回に各〻半額を下賜することと爲す、○官中日記、京都府文書

賞典祿下付の遞延

右大臣三條實美上書して曰く、客歳以來内外多事、國費日に多く、且今歳凶荒、奥羽諸國の如きは租稅殆ど貢せず、爲に國庫支ふる能はず、然るに臣高祿を食むを以て、曩に其の五分の一を獻じ、聊か窮民救恤の聖旨を奉ずと雖も、心中尙安んぜざるものあり、臣更に百二十石を獻じて國庫萬分の一に供せんことを欲すと、乃ち實美の至誠を嘉して之れを聽す、尙是の月二十二日、實相院門跡諸大夫正五位三好長經等、書を留守官に上りて救民のために米二十石を獻ぜんことを請ふ、尋いで之れを聽す、○太政官日誌、三條實美公年譜

三條實美官祿の一部を獻納す

中博士箕作麟祥命を奉じて佛國法律書を飜譯し、勉勵其の業を卒へしを以て、賞して金百兩を賜ふ、

集議院閉院

集議院を閉ぢ、暇を議員に賜ふ、同院の建言受理の事務は其の舊に仍らしむ、〇公卿補任、職官表、法令全書

二十八日　諸官吏に令して八神殿參拜には佩刀を脱せしむ、又明年の正月式を改め、元日寅の刻四方拜、同日親王竝びに奏任官以上・非役華族參賀し、二日各官省長官をして判任官以下の賀を受けて之れを奏聞せしむることとし、四日卯の刻神宮奏事始及び政始を、五日卯の刻賀茂・氷川兩社の奏事始を、十日巳の刻吉書三毬打を行ひ、神職僧侶の參賀を二十日・二十一日と爲し、御講釋始を二十三日、御會始を二十四日と定む、〇太政官日誌、祭典錄、法令全書

大内裏圖板獻上

静岡藩士内藤泰次郎の、其の父廣前編著の大内裏圖板を獻ぜるを賞し、金一萬疋を賜ふ、〇太政官日誌

二十九日　歳末なるを以て百官參賀す、三十日亦同じ、〇宮内省日錄、法令全書

三十日　賢所大祓及び除夜祭を行ふ、神祇大副白川資訓奉仕す、〇祭典錄、資訓王記

船舶の課税を定む

是の月　諸商船の賦税を定め、洋型の蒸氣船には百噸につき一箇年金十五兩、同風帆船には同じく金十兩、日本型船には積石數百石につき金一兩を通商司に納付せしむ、〇公卿補任、法令全書

明治天皇紀 巻三十三

明治三年　寶算十九

正月

新年拜賀

一日　四方拜につき丑の刻諸臣參朝せるも、御微恙のため齋戒あらせられざるを以て、期に臨みて之れを止めたまふ、卯の刻直衣を著けて大廣間に出御、東面して御帳臺に著御あらせられ、親王竝びに奏任官以上・非役華族の拜賀を受けたまふ、畢りて拜賀の諸臣に酒饌を賜ひ、勅任官以上に各末廣一柄を賜ふ、皇后亦宮内省をして諸臣の賀を受けしめらる、是の日、京都に於ては御留守中なれども朝餉御饌の事あり、正二位日野資宗陪膳たり、又常御殿二の間の玉座に御料の袴を安置し、祝饌竝びに朝夕の御饌を供し、三位局中山慶子陪膳を奉仕し、女官等に祝膳を賜ふ、女官以下兒等、天皇・皇太后・皇后に年始の賀儀として金を獻ず、天皇・皇太后・皇后乃ち金品を賜ふこと例の如し、諸臣亦宮中に參賀す、乃ち祝酒を賜ふ、尚賢所の日供、今日より東京にて供進し、京都に於ける供進を停めたまふ、尋いで御留守中供膳の回數を減じ、毎月六日・七日・十四日・十五日の四箇日は日に三回とし、他は凡て日に一回と爲さしめらる、〇太政官日誌、公文錄、嵯峨實愛日記、橋本實麗日記、柳原前光輒誌、鷹取保明治巳午日記、梅溪通善日記、山本實政日記、中山績子日記、押小路甫子日記、青山御所御納戸日記、御内儀日記摘要、野宮定功皇后宮司備忘

二日　御使始の儀を行はせらるゝを以て例と爲せども、東京に御駐輦中なるを以て、御使の差遣を略し、御文を以て皇太后に白銀十枚・末廣一匣を贈進したまふ、〇青山御所御納戸日記

大教宣布

三日　勅して、八神・天神地祇・皇靈を神祇官に鎭祭したまふ所以を示し、且宣教使をして大教を宣布せしむる旨を諭したまふ、鎭祭の詔に曰く、

朕恭惟　大祖創業崇敬　神明愛撫蒼生祭政一致所由來遠矣朕以寡弱夙承　聖緒日夜怵惕懼天職之或虧乃祇鎭祭　天神地祇　八神曁　列皇神靈于神祇官以申孝敬庶幾使億兆有所矜式

大教宣布の詔に曰く、

朕恭惟　天神　天祖立極垂統　列皇相承繼之述之祭政一致億兆同心治教明于上風俗美于下而中世以降時有汚隆道有顯晦矣今也天運循環百度維新宜明治教以宣揚惟神之道也因新命宣教使布教天下汝群臣衆庶其體斯旨

是の日、天皇、神祇官に幸し、親ら鎭祭の典を擧げて、大教を宣布する旨を神靈に告げたまひ、群臣衆庶をして普く矜式する所あらしめんとしたまひしが、會〻聖體不豫なるを以て、右大臣三條實美に命じて代拜せしめらる、乃ち辰の半刻奏任官以上の諸員祭場に著座するや、神祇伯中山忠能奉告の祝詞を奏し、次に供饌、次に實美祝詞を奏し、諸員の拜禮あり、未の刻大敎殿に於て宣敎開講の儀を行ふ、實美、鎭祭竝びに大敎宣布の詔書を捧讀し、忠能、神祇伯兼宣敎長官として宣敎詞を讀む、次に權中宣敎使伊能穎則は「人倫」、同本居豊穎は「敬神尊王大意」、少宣敎使猿渡容盛は「可畏敬神威事」、權少宣敎使潮見淸鞆は「導民之本在敎化」を題として講義す、式終り、神祇官・宣敎使・諸陵寮官員に酒肴を賜ふ、又四日より十九日に至る間、士庶の參拜を許す、〇太政官日誌、祭典錄、公文錄、嵯峨實愛日記、伊能穎則書翰、太政類典、法令全書、法規分類大全、三條實美公年譜、岩倉公實記

宣敎開講の儀

招魂社大祭、仍りて宮内權大丞平松時厚を勅使とし參向せしむ、〇靖國神社誌

四日　卯の刻小御所代に出御、神宮奏事始竝びに政始を行はせらる、右大臣三條實美以下官・省・院・校・臺等の長官・次官候す、先づ神宮奏事始あり、神祇伯中山忠能上段に參進して神宮の事を奏す、次いで政始の儀あり、辨官・民部省・兵部省以下東京府に至るまで順次に其の治績を奏し、又は書を以て上奏す、訖りて入御あらせらる、參仕の諸員に祝酒を賜ひ、又諸官省勅任官以上に末

神宮奏事始政始

廣各〻一柄を賜ふ、神宮奏事始と政始とを同日に併せ行ふは今年を以て始と爲す、○太政官日誌、公文錄、嵯峨實愛日記、柳原前光輒誌、鷹取保明治巳午日記、非藏人日記抄

賀茂社氷川社奏事始

五日　卯の刻小御所代に出御、賀茂下上社及び氷川神社の奏事始を行はせらる、三社の無異等の奏事を聞召し、畢りて入御あらせらる、○太政官日誌、公文錄、鷹取保明治巳午日記

恆例に依り、京都御所に於て千秋萬歳の儀あり、是の日偶〻雨降る、仍りて雨儀を用ゐ、參內殿切石の上にて萬歳及び猿の舞を行はしめ、猿に緞子の小袖を賜ふ、○梅溪通善日記、梅溪通善備忘、中山績子日記、御內儀日記摘要、押小路甫子日記

徳川慶喜の舊臣等の罪を宥免す

前將軍徳川慶喜・元會津藩主松平容保・元仙臺藩主伊達慶邦・元盛岡藩主南部利剛等の舊家臣及び各藩脱走兵の戊辰・己巳の年王師に抗して賊名を負へる者の罪を赦し、又輕減す、其の數六千餘人なり、又是の日、容保の舊臣約四千八百餘人を容保の嗣子松平容大に付し、爾後三年間に米四萬五千石を給し、且北海道後志國の三郡・膽振國の一郡を管せしむ、○太政官日誌、御宥典達書、保古飛呂比、岩倉家藏書類、熊本藩國事史料、明治史要

皇太后の起居を候せらる

六日　天皇・皇后東京遷御以來、使を京都に遣はして皇太后の起居を候せしめたまふこと月中數回に及ぶことあり、是の日亦御使京都に著し、大宮御所に參候す、翌日、御使東京に歸らんとするや、皇太后之れに託し、天皇に新春の祝儀として菱葩及び干鯛料、年贄として綴織紙入・文鎭及び手毬十個、皇后に二種一荷料、年贄として小町形組物・袖入・煙管・手毬五個を進ぜられ、女官等亦進

獻する所あり、因に東京御駐輦供奉の舊公卿以下其の人員尠からず、從ひて東京京都の間、公用のみならず私の用務亦頗る多く、自ら書信等の往復頻繁を加ふべきを以て、客歳四月以降、特に定期便を差立て、舊公卿等をして官等に應じて書信・貨物を之れに託せしむ、然るに曩に其の家族の東京移居を許せるを以て、是の月二十三日に至り、之れを改め、爾後每月四・九の日の公用便に私書一通を限りて託送することを許す、○中山績子日記、押小路甫子日記、法令全書

七日　是の月四日、勅任官以上に令し、來る七日及び十五日を以て參賀せしむ、仍りて是の日、巳の刻小御所代に出御、勅任官以上の諸臣に謁を賜ひ、賀を受けたまふ、○公文錄、嵯峨實愛日記、法令全書

參議廣澤眞臣・同副島種臣に紫組掛緒を賜ふ、後、十月七日に至り、參議木戶孝允・同齋藤利行・同大隈重信に亦之れを賜ふ、○太政官日誌、廣澤眞臣日記、百官履歷

八日　眞言院代東寺に於て一七日間、後七日御修法を修せしめ、從二位葉室長順をして參向せしめたまふ、今次同院に付せる撫物は組帶二條なり、十四日、滿座なるを以て、同院之れを返上す、○公文錄、冷泉爲理日記、梅溪通善備忘

大納言兼留守長官中御門經之をして京都府事務に軼掌せしめ、留守次官岩下方平をして京都府權知事を兼ねしむ、○華族家記、公卿補任、百官履歷

諸縣の廢合改稱

九日　大森縣廳を大森より濱田に移して濱田縣と改稱し、以て縣治に便す、九月十七日、伊那縣を分ちて中野縣を置き、同月二十八日、石卷縣を登米縣に併せ、又酒田縣を廢して山形縣を置き、元山形藩の管轄地を同縣に移管す、十月、館林・佐倉・大網・館・土浦五藩の羽前國內に於ける管轄地を山形縣に併す、〇太政官日誌、東京往復、華族家記、太政類典、百官履歷、法令全書

十日　巳の刻大廣間に出御、非藏人・北面の賀を受けたまふ、〇鷹取保明治巳午日記、梅溪通善備忘

京都留守警衛の諸藩兵は從來太政官に於て管せしが、是の日、移して兵部省の所管と爲す、〇太政官日誌

彈正大弼池田茂政・岡山藩知事池田章政共に國帑窮乏の一端を補はんため、金五千兩を獻ぜんことを請ふ、是の日、之れを嘉して其の請を聽す、又臼杵藩知事稻葉久通、國庫の匱乏を補はんがため金五千兩を獻納せんことを請ふ、四月八日、之れを嘉納したまふ、中村藩知事相馬季胤、救荒の叡旨を奉じ、米三千俵を獻ぜんことを請ふ、九月十日、之れを停め、同藩內勸農の資に充てしむ、〇太政官日誌、華族家記、公卿補任

海軍始業式

十一日　築地海軍操練所に於て海軍始業式を行ひ、大助教近藤眞琴は海軍歷史を、同田中義門は英人ワットの傳を講ず、畢りて參列諸員及び生徒に祝酒を賜ふ、蓋し海軍始の起原なり、〇海軍兵學校沿革

十二日　侍從富小路敬直をして權大宣教使を兼ねしむ、〇官中日記、諸家系譜

新に生坂藩を置き、岡山藩知事池田章政の支族従五位池田政禮を以て知事と爲す、二月二十四日、岩崎藩を置き、久保田藩知事佐竹義堯の支族佐竹義理を以て知事と爲す、三月十九日、高德藩知事戸田忠綱の藩地を收め、下總國の一萬餘石の地を管せしむ、八月に至りて曾我野藩と稱す、又山形藩知事水野忠弘、其の管地を返上せるを以て、七月十七日、忠弘を近江國に移して五萬石の地を管せしむ、十一月に至りて朝日山藩と稱す、九月十七日、鞠山藩知事酒井忠經の請を允し、鞠山藩を廢して小濱藩に併せ、忠經を以て小濱藩權知事と爲し、舊の如く家祿を賜ふ、十一月二十三日、福本藩知事池田德潤の請を允して其の職を罷め、家祿を賜ひ、福本藩を廢して鳥取藩に併す、又高須藩は小藩にして微力なるを以て、藩知事松平義生は名古屋藩知事德川慶勝と連署して本藩なる名古屋藩と合併せんことを請ふ、十二月二十三日之れを聽し、義生を名古屋藩權知事と爲し、家祿を賜ふこと舊の如し、〇太政官日誌、公文錄、官中日記、華族家記、公卿補任、百官履歷

諸藩の新置廢合

朱座年寄又は朱座取次所等の名を以て受領地等を所有する者あり、爾今之れを停む、〇太政官日誌、公卿補任、大藏省沿革志

十四日　親しく八神及び天神地祇・皇靈を祭りたまはんがために巳の刻御出門、神祇官に幸す、供奉する者右大臣三條實美・大納言岩倉具視・同德大寺實則・宮内卿萬里小路博房等なり、神祇伯中

神祇官に行幸八神等を親祭せらる

山忠能祝詞を奏して後神饌を供し、次いで出御、幣物として御劍一口を納めたまひて御拜あり、畢りて入御あらせらる、午の刻過廣間に臨御、權中宣敎使本居豐穎に命じて日本書紀神武天皇紀四年の詔を進講せしめ、諸臣に陪聽せしめたまひ、未の刻頃還幸あらせらる、○太政官日誌、祭典錄、公文錄、官中日記、嵯峨實愛日記

吉書三毬打の儀

十五日　式日なるを以て、辰の刻出御、勅任官の賀を受けたまひ、祝酒を賜ふ、○嵯峨實愛日記、法令全書小御所代に出御、吉書三毬打の儀を行はせらる、儀、例の如し、○鷹取保明治巳午日記、御内儀日記摘要、押小路甫子日記

軍神を祭り練兵を覽たまふ

十七日　軍神を皇城に祭り、練兵を覽たまふ、乃ち本丸跡に神座を設け、神祇伯中山忠能、天神地祇・大物主神・武甕槌神・布都主神の降神の儀を行ひ、神饌を供す、次に號砲二發あり、兵部省官員竝びに兵隊整列す、甲鐵艦・富士艦等の各艦長、海軍を代表して參列す、次に號砲三發、乃ち出御あらせらる、時に午の刻なり、右大臣三條實美祝詞を奏し、次に御拜あり、次に兵部卿代兵部少輔久我通久拜禮し、次いで練兵を天覽あらせらる、參集せる兵は鹿兒島・高知二藩の徵兵三大隊、親兵第三・第四の二大隊、遊軍隊及び鹿兒島藩豫備兵にして、其の數三千餘人なり、是の日、夜來の雪積ること尺餘、寒氣殊に凜冽なり、天皇宣はく、今日の閱兵、朕毫も厭ふ所にあらざるも兵士雪中の勞苦亦察せざるべからずと、乃ち命じて軍神祭を延引あらせられんとしたまふ、辨官聖旨を兵部省に傳ふるや、衆皆感激す、兵部省、奉答して曰く、兵士既に參集し、臨御を待ちたてまつる

陸軍始の濫觴

と、是に於て出御あらせられ、軍神祭及び閲兵畢りて參加の將卒に酒肴を賜ひ、申の刻過天機麗しく還御あらせらる、爾後今次の閲兵を以て規範とし、新年の恆例と爲したまふ、實に是れ後年陸軍始の濫觴なり、是の日、山口藩徵兵隊、天候不良の故を以て遂に參加せず、爲に兵部大丞山田顯義・同川村純義等恐懼して進退を候す、○太政官日誌、祭典錄、公文錄、官中日記、吉井友實日記、鷹取保明治巳午日記、軍事關係明治天皇御傳記史料

肥前國浦上村切支丹宗徒の處分に就き各國公使と應接の趣意を各藩に通じて齟齬なからしむ、同宗徒の處分は政府の最も憂慮せる所にして、明治元年其の巨魁を、翌二年其の餘黨を逮捕して諸藩に分置監禁し、各〻敎誨說諭して改過遷善の道に就かしめんと爲しゝが、外國公使は是れ啻に條約に違背するのみならず、我等が信奉する所の宗敎を侮辱するものなりと爲し、抗議して止まず、政府之れに答へて曰く、敎徒の處分は國法を以てせず、力めて寬大の處置を採りたるものにして、是れ國際信義を重んずる所以なりと、漸くにして公使の諒解を得たり、仍りて公使との交渉顚末を各藩に示して、政府の意の在る所を知らしめしなり、○公文錄、木戸孝允日記、法令全書、松菊木戸公傳

桃園天皇以下四代の國忌を定む

十八日　桃園天皇・後櫻町天皇・後桃園天皇・仁孝天皇の國忌を定む、蓋し舊制發喪の日を用ゐしが、之れを改めて崩御の日と爲せるなり、卽ち桃園天皇は七月十二日、後櫻町天皇は閏十一月二日、後桃園天皇は十月二十九日、仁孝天皇は正月二十六日を以て祭日と定む、尋いで歷代皇靈及び尊稱

天皇・神功皇后の正辰祭日を定め、凡て神祇の式を以て祭典を行ふことを令す、○太政官日誌、帝室日誌、大藏省文書、神祇官往復留、纂輯御系圖

歴代天皇等正辰祭日を定む

兵制式法を變革せるに因り、先づ親兵第一大隊及び第二大隊に之れが教練を施さしむ、但し撤兵隊教練を以て課程の初と爲し、若し病體にして運動に堪へざる者には從來の兵式を精練せしむ、○法令全書

十九日　官祿の獻納を停む、蓋し客歳以來、奏任官以上、窮民賑恤のため官祿を割きて之れを獻納せしが、既に救助の目的を達せるを以て此の令ありたるなり、又官祿給與の方法を定め、勅任官は總て金員、奏任官は十分の一を現米、判任官は十一等より十三等までは十分の三を現米、十四等以下は十分の五を現米を以て支給す、但し米一石相場八兩立を準とす、○官中日記、法令全書

官祿の獻納を停む

海外旅行稟請の條規を更定し、士分以上の旅行者には管轄府藩縣之れを審査し、外務省に伺ひて許可の印章を授け、爾餘の旅行者には同じく府藩縣に於て審査の後、更に開港場裁判所に於て審査し、同所より許可の印章を授くるものとす、○太政官日誌、法令全書

海外旅行出願條規の更定

二十日　巳の刻大廣間に出御、神官の新年の賀を受けたまふ、其の儀、例の如し、京都に於ては賀茂下上社以下十五社の神官、京都御所に參賀す、○鷹取保明治巳午日記、梅溪通善備忘

財産沒籍の法を廢す

財産沒籍法を廢す、是れより先、刑部省建議して曰く、財産沒籍の法は大寶律に於ては謀反・大逆に止まり、朱明滿清の律亦謀反・大逆・姦黨に限り、强盜以下は皆與らず、蓋し罰は其の身に止め、人を戮する孥に及ぼさゞるの良法善政に是れ由れるなり、中世武門の世、猥りに苛法嚴罰を用ゐて威を立て、微罪すら財産を沒籍したれども、一人の罪を以て多くの人を苦しむるは固より良法にあらず、今や王政一新百事古に復し、武門の弊政を洗除するの時に方り、速かに沒籍の法を除き、若し叛逆姦黨の徒あらば、別に之れを處するの嚴法あるべしと、時に政府、新律刑法を制定せんとするの議あれども、姑く其の議を可とし、之れを廢止するのことに決せるなり、〇公文錄、官中日記

二十一日　巳の刻大廣間に於て僧侶の新年の賀を受けさせらる、是の日、京都の僧侶、京都御所に參賀す、〇鷹取保明治巳午日記

海軍兵式を代覽せしめらる

二十二日　吹上御苑に出御あらせらる、〇用度掛日記

海軍兵式を行ひ、右大臣三條實美を遣はし、代りて之れに臨ましめたまふ、實美、大納言德大寺實則・參議副島種臣等と倶に甲鐵艦に至り、品川海に於て其の式を代覽す、式は午の半刻に開始し、未の半刻に終る、蓋し是れより先十日、正月の儀式として陸軍叡覽の事を決するや、兵部省は海軍に於ても亦同じく海軍兵式を行はせられんことを奏請して裁可を得たるなり、〇公文錄、鷹取保明治巳午日記、海軍省記錄

元姫路藩主酒井忠績、其の子忠惇と倶に支族静岡藩士酒井錄四郎の家に寄寓し、以て其の身を終へんことを請ふ、是の日、之れを聽し、乃ち忠績・忠惇をして姫路藩知事酒井忠邦の家事に干與することなからしむ、〇太政官日誌、公文錄

御講釋始

二十三日　御講釋始を行はせらる、巳の刻小御所代に出御、神祇少副福羽美靜をして國書を、侍講中沼了三をして漢書を進講せしめたまふ、〇帝室日誌、鷹取保明治巳午日記

歌御會始

二十四日　歌御會始、午の刻小御所代に出御あらせらる、勅題は「春來日暖」にして、御製に曰く、

ふく風ものとかになりてあさ日かけ
　神代なからの春をしるかな

皇后御歌に曰く、

あかねさす日かけも匂ふ天地の
　ひかり長閑きはるは來にけり

宮內卿萬里小路博房、讀師を奉仕す、是の月九日、勅題を賜ひて勅任官及び宮・華族に詠進せしめ、又從來の書式を改め、端作を一行に書し、其の「和歌」の文字「和」を除き、「歌」とのみ記さしむ、料紙は中鷹檀紙にして、奧より卷き上を折る、披講役者、客歲は御代始なるを以て特に御製讀師・

同講師を置きしも、今次は之れを置かず、〇太政官日誌、三條西季知日記、嵯峨實愛日記、鷹取保明治巳午日記、冷泉爲理日記、吉井友實日記

留守官を京都府に併せ、是の日、之れを留守官に達す、五月七日舊に復し、且其の廳を宮中に移轉すべき旨を令達す、〇法令全書

皇城四近の失火警報を定め、時打櫓に於て鼓鐘相交へて打つことゝす、〇太政官日誌、公卿補任

仁孝天皇二十五年祭

二十六日　仁孝天皇二十五年祭を神祇官に行ひ、巳の刻前賢所南庭に於て山陵を遙拜あらせられ、宮内權大丞平松時厚を勅使とし、大辨坊城俊政を辨として倶に神祇官に參向せしめらる、神祇官に於ては辰の刻神祇伯中山忠能祝詞を奏する後、勅使進みて拜禮す、宮中に於ては昨夕より神事あり、又正三位今城定國を勅使として弘化陵に差遣し、陵前に祭典を行はしめたまひ、前一日、三位局中山慶子を泉涌寺及び般舟三昧院に遣はして代香せしめらる、尙兩寺に於ける勅會法事は之れを止めしめたまふ、〇太政官日誌、祭典錄、桂宮日記、嵯峨實愛日記、冷泉爲理日記、梅溪通善備忘、鷹取保明治巳午日記、中山績子日記、押小路甫子日記、御内儀日記摘要

蒸氣郵船規則商船規則の制定

二十七日　曩に政府は士庶人の汽船を建造又は購入するを奬勵し、意を海運の發達に致しゝが、茲に至り新に廻漕會社を創立せしめ、毎月三回、一の日を以て東京・大阪を發航して兩都市間を往復し、東西の旅客貨物の輸送を爲さしめ、民部省通商司をして之れを監せしむ、仍りて是の日、其の運航・運賃等に就きて蒸氣郵船規則を定め、又商船の登錄其の他に就き商船規則を定めて之れを布

告す、○太政官日誌、法令全書

濱田縣下の騷擾

二十八日　是の月十四日、濱田縣下濱田町民三百餘人、群集して騷擾す、蓋し山口藩浮浪の徒の煽動に因るものなり、翌十五日、鄰接の三隅・益田等の諸村民響應して蜂起す、其の勢頗る熾なり、濱田縣、管内の壯丁を募集して之れが鎭撫に當り、津和野藩權大參事渡邊積、同縣の請に依り兵を率ゐて赴援す、既にして十六日、暴徒の巨魁を捕斬し、尋いで鎭靜に至る、騷擾の報政府に達するや、是の日、廣島・山口・津和野三藩に對し、今後の情勢に依りて出兵し、濱田縣權知事眞木益夫と議して之れを鎭定すべき旨を令す、○太政官日誌、公文錄、池田輝知家記、公卿補任

諸藩兵の發火演習御覽

二十九日　午の刻本丸跡に出御、諸藩兵の發火演習を天覽あらせらる、參加する者は小濱・彦根・烏山・高遠・高知五藩兵にして、山口藩兵等は諸門警衞及び市內の警備に當る、以上總員三千餘人なり、畢りて參加諸兵等に酒肴を賜ひ、未の下刻入御あらせらる、是の日、高知藩兵將に退場せんとし、玉座に向ひて拜伏するや、一兵卒の携ふる所の銃砲過ちて發せしも、幸に大事に至らざりき、○公文錄、用度掛日記、嵯峨實愛日記、鷹取保明治巳午日記、諸願伺留寫、軍事關係明治天皇御傳記史料、法令全書

嘉彰親王東伏見宮と改稱

二品嘉彰親王仁和寺宮上書して洋學修業中品位を辭し、永く東京に居住し、東伏見宮と改稱せんことを請ふ、是の日、之れを聽す、但し品位を辭するを允さず、○太政官日誌、公文錄、皇統譜錄、官中日記、職務掛雜記、仁和寺奏者所日記、皇族家記、小松侯

除服出仕宣下の制を廢す

從來喪に服せる者、其の終忌に際し、特に除服出仕の宣下ありしが、自今之れを廢し、豫め忌服の期日を屆置き、終忌を待ちて自ら出仕せしむ、但し終忌の當日宮中神事ある時は之れを憚るべく、重服者にありては神事中は勿論吉日に當らば之れを憚るべき旨を令す、〇太政官日誌

二月

一日　朔日なるを以て、謁を參賀の勅任官に賜ふ、自今諸臣節朔參賀の時を辰の刻とす、〇鷹取保明治巳午日記、嵯峨實愛日記

造兵司の設置

二日　兵部省に造兵司を置く、又曩に京都兵部省を廢せるを以て、三日、從來其の管轄せる所の京都警衞の諸藩兵を京都府に移管し、尋いで二十日、復改めて兵部省京都出張所に屬せしむ、〇太政官日誌、京都府伺書、留守官通牒、法規分類大全

三日　御使を京都に遣はし、皇太后の起居を候して菓子を贈りたまふ、又光格天皇の小上臈姉小路聰子等に新春祝儀獻上の御返し及び年贄等を賜ふ、是の日、御使京都に至る、尙曩に靈源寺・法常寺・圓通寺共に仁孝天皇の二十五回聖忌法事料の下賜を請へるを以て、各〻金二千五百疋を賜ふ、又來る八日・十一日は光格天皇第九皇子悅仁親王の五十回忌に丁る、聰子及び新淸和院悅仁親王の母の上

藹裏松興子等、近來同親王の供養の略儀に流るゝを悲み供養料を賜はらんことを請ふ、仍りて特に三十三回忌の例に依り、供養料として銀十枚代金二千五百疋、別に銀二十枚代金五千疋を供養料として聰子・興子に付し、之れを賜ふ、○押小路甫子日記、中山績子日記

府藩縣公廨を廳と稱せしむ

令して府藩縣の公廨を廳と稱せしむ、○太政官日誌、法令全書

明治元年、箱館府判事井上長秋海岸巡視中遂に其の所在を失す、朝廷之れを憫み、是の日、遺族に金八百兩を賜ふ、○太政官日誌

祈年祭

四日　神祇官に於て祈年祭を行はせらる、上卿は大納言德大寺實則にして、少辨多久茂族之れに隨從す、大納言岩倉具視を始め諸官省奏任官以上著座するや、開扉の後、催馬樂を奏し、神祇伯中山忠能、奉告の祝詞を奏す、次に供饌・催馬樂あり、次に神祇少副福羽美靜の祝詞あり、畢りて神宮以下諸社の幣物發遣の儀を行ふ、次に撤饌・催馬樂ありて閉扉す、神宮幣物發遣の儀あるや、宮中に於て神宮を遙拜あらせらる、酉の刻より御神樂あり、是の日、從二位藤波敎忠を奉幣使として京都より直に神宮に向はしむ、去る二日夜より五日朝まで宮中神事あること例の如く、又本日、官吏に休暇を賜ふ、○太政官日誌、祭典錄、公文錄、梅溪通善備忘、留守官諸來翰、嵯峨實愛日記、鷹取保明治巳午日記、法令全書

佐佐木高行を參議に任ず

五日　刑部大輔佐佐木高行を以て參議と爲し、中辨齋藤利行を刑部大輔と爲す、○官中日記、嵯峨實愛日記、保古飛呂比、公

卿補任、百官履歷

華族の涅歯掃眉を禁ず

元堂上華族元服の輩の涅歯・掃眉を禁ず、○太政官日誌、公卿補任 列藩華族の隱居有位の輩にして維新後未だ朝參せざる者に令し、來る三月を限り朝覲せしむ、但し參覲の旅裝は力めて簡易に從はしめ、老齡命を奉じ難き者は之れを上申せしむ、四月十日、其の朝覲せる者に暇を賜ひ、歸邑を許す、○太政官日誌、法令全書

六日　仲哀天皇の御正辰に丁るを以て、神祇官神殿に於て祭典を行はせらる、○祭典錄 吹上御苑に出御あらせらる、二十一日亦同じ、○用度掛日記

下關事件償金支拂の延期

文久三年萩藩の下關に於ける外船砲擊賠償金の殘額金百五十萬弗の支拂を來る明治五年四月九日まで延期せんことを欲し、曩に英・米・佛・蘭の四國公使に交涉し、之れが代償として、客歲四月各國と約定せし生絲・茶の關稅の增額を同年月まで延期すべき旨を約せんとす、是の日、米・佛・蘭三國公使之れを諒とし、翌七日、英國公使亦同意し、今後、再び斯くの如き延期の要求を爲さゞらんこと等を條件として漸く支拂延期を諾す、○公文錄

西班牙國代理公使を御引見

七日　西班牙國代理公使チブルショウ・ロドリゲース・キー・ムニョス朝見す、公使は明治元年九月二十八日神奈川に於て我が國と締結せる修好通商航海條約の批准書を交換せんがために來朝せる

なり、是の日、公使、書記官及び斡旋者佛國書記官ジュ・ブスケを隨へて參朝するや、午の半刻過奏樂裡に大廣間に出御あらせらる、三職以下侍立す、公使參進して敬禮し、譯官公使の名を奏す、右大臣三條實美之れを言上す、次に實美を以て左の勅語を賜ふ、

貴國攝政安全ナルヤ今度條約取結ヒ決定ノ爲メ汝ヲ公使ニ選擧シ遠洋遙ニ來ラシメ朕深ク之レヲ嘉ミス向後彌益兩國ノ交際親昵永久不易ヲ希望ス

次に公使奉答する所あり、儀畢りて退く、乃ち入御あらせらる、控所に於て公使等に茶を賜ふ、是の夕、延遼館に於て公使等に饗饌を賜ふ、尋いで二十三日、條約書を批准あらせられ、三月八日、外務省に於て本書を交換す、○太政官日誌、官中日記、皇國駐在外國使臣履歷、柳原前光輒誌、嵯峨實愛日記、鷹取保明治巳午日記、法規分類大全

山口藩解隊兵の騷擾

山口藩解隊兵騷擾す、同藩知事毛利廣封、藩兵を以て擊たんことを請ふ、是の日、之れを聽し、又其の請に依り、東京守衞の同藩徵兵一大隊をして歸藩し、以て鎭撫に當らしめ、東京・京都・大阪・兵庫・神奈川・倉敷・濱田・堺・日田・長崎の諸府縣及び近畿・中國・四國・九州の諸藩に令して逋逃を緝捕せしむ、抑〻同藩には奇兵・干城・遊擊・整武・振武・銳武・健武等の諸隊あり、文久三年以來國事のために戰鬪に從ひ、戊辰の役各地に轉戰し頗る功あり、戰雲既に收まるに及び、同藩兵制を更革し、諸隊を解散して常備軍を編成す、然るに解隊兵中兵制の更革を慊ばざる者あり、

就中遊撃隊に至りては反抗頗る激烈なるを以て、常備軍編成に當りては同隊に屬せし者を除外せり、是に於て同隊士等大に憤激し、遂に諸隊の兵及び農民其の他不平の徒を嘯集し、各地に屯集する者二千餘人、客月二十六日、藩廳を襲ひて圍み、糧道を絶つに至る、廣封、會ゝ歸藩せる待詔院出仕木戸孝允等と共に力を鎭撫に盡せるも、遂に常備軍等を以て臨機暴徒を撃たんことを朝廷に請ふに至れるなり、十二日、大納言德大寺實則を宣撫使として山口藩に遣はし、彈正少弼吉井友實・中辨土方久元等をして之れに隨行せしむ、鹿兒島藩亦西鄕隆盛等を遣はして其の狀況を視察せしめ、應援する所あらんとす、二十九日、實則山口藩に至るや、暴徒既に潰散し、騒動鎭定せるを以て、乃ち廣封をして其の巨魁を戮し、逃亡を緝捕し、且自新者を安撫せしむ、〇太政官日誌、公文錄、諸隊一事、諸隊暴動一件ニ付御届其外、脱隊暴動一件紀事材料、常備軍一件、海軍歎願書、木戸孝允日記、大久保利通日記、岩倉家藏書類、宣撫使日記、防長回天史、岩倉公實記、大久保利通傳、田岡助吾聞書

御乗馬

八日　山里馬場に於て馬を御したまふ、十日・十一日・十二日・二十六日亦同じ、〇用度掛日記、鷹取保明治巳午日記

集議院次官阿野公誠を罷む、〇官中日記、公卿補任、百官履歷

從五位上杉齊憲をして、米澤藩知事上杉茂憲を輔けて藩治に力めしむ、齊憲曩に奥羽越列藩同盟に加はり、王師に抗せるを以て隱居を命ぜられ、家を子茂憲に讓りしが、是に至りて此の恩命を拜す、四月三日、龜田藩知事岩城隆彰幼弱なるを以て、養父從五位岩城隆邦をして之れを輔けしめ、五月

三日、上ノ山藩知事松平信安亦幼稚なるを以て、其の兄従五位松平信庸をして之れが後見たらしむ、〇太政官日誌、公文錄、華族家記

京都出張大藏省を廢す、但し出納司・用度司は之れを存置し、諸神社の祭典下行米竝びに諸調進物下行米、神宮及び賀茂・北野・白峰・石清水・春日社等參向手當旅費、諸社寺の下賜米、九門內及び社寺の營繕等は一々本省に稟申して之れを處置せしむ、〇官中日記、法令全書

京都・大阪二府をして、管內の宮・華族・士族の邸宅地所を管轄せしめ、宮・華族の身分等の管理は舊に仍り留守官をして之れを行はしむ、〇太政官日誌

九日　出雲大社・熱田宮以下二十九社の大・中・小奉幣竝びに大・中・小祭を復するを以て、神祇官に令して其の式目を調査せしむ、〇太政官日誌、祭典錄、公文錄

天文曆道局の設置

十日　大學をして、從來土御門・幸德井兩氏の管する所の天文・曆道を管掌せしむ、尋いで天文曆道局を設く、〇太政官日誌、職官表

樺太開拓使の設置

十三日　新に樺太開拓使を置き、北海道より分離して樺太地方を管轄せしめ、金十二萬兩・米五千石を以て歲費の豫算と爲す、〇太政官日誌、開拓使日誌補遺、法令全書

諸兵操練を御覽

十四日　午の刻本丸跡に出御、諸兵の操練を天覽あらせらる、蓋し客月二十九日、練兵天覽に際し、

山口藩兵等の諸兵が諸門及び市内警備のために參加せざりしを以て、更に之れを覽たまはんがためにして、操練參加の兵は凡そ千七百人なり、畢りて酒肴を賜ふこと前に同じ、未の半刻過入御あらせらる、是の日、兵部省は出御準備の時に發すべき號砲を誤りて發し、且警衞兵の派遣を閑卻する等の過失あるに至る、〇太政官日誌、公文錄、鷹取保明治巳午日記、用度掛日記、法令全書

樺太國境劃定交渉を米國に委囑す

樺太境界劃定に關し、露國との交渉を米國に委囑す、樺太の境界たるや、舊幕府屢〻露國と折衝する所ありしも、未だ其の解決を見るに至らず、大政復古後、朝廷亦之れが處置に苦しみしが、彼我共に未だ公使の駐劄あらざるを以て之れが折衝の便宜無かりき、然るに是の月三日、外務大輔寺島宗則・大藏大輔大隈重信・同少輔伊藤博文、米國辨理公使チャールス・イー・デ・ロングと外務省に會して樺太問題に就きて議する所あり、公使は樺太の境界を決定することの國際上最も緊要なる所以を說き、米國既に露國と親交あり、使臣亦同國に駐劄し、交渉の便宜あるを以て、貴國若し之れを委囑せば敢へて該問題の解決に斡旋の勞を吝まざる旨を陳ず、是に於て廟議は米國が露國と特に親交あるのみならず、米國捕鯨船の屢〻樺太近海に往來するを以て、彼の地所屬の分明と爲るは同國の利益なるに鑑み、且日米條約中、我が國と他國と紛議を生じたる場合、米國は仲裁の勞を執るべき旨の一項あるを以て、同國に斡旋の勞を煩はすを以て之れが解決に便なりと爲し、是の日、

樺太境界に關し、露國に交渉するの一事を米國に委囑せるなり、其の條件とする所は、樺太島は天度を以て境界を定め、北緯五十度以北を露西亞國領とし、以南を日本國領とする事、クシュンコタン港は日本に屬し、內地各開港場と同一たるべきこととし、日本政府兵を駐屯せしめて其の治安を保つ事、而して定むる所の境界以南に居住して土地の開墾に從事せる露國人は依然其の地に住せしめ、地租を日本政府に納入することとし、其の以北に居住する日本國人亦同じと爲すにあり、〇柯太概覽、明治三年對話書

留守宮內省分課を定む

十五日　留守宮內省事務の分擔を定め、當番・天機伺・諸御禮・御殿向・管鑰・奉獻・修學院離宮・倉庫は宮內大丞久世通凞・同權大丞梅溪通善及び從二位葉室長順之れを管掌し、史生以下之れに屬し、省中取締・賢所・口向・御廐・用途・土木は宮內大輔烏丸光德・同權大丞世古延世・同新納立夫・同松尾相永・同大錄木村重辰・同城多董之れに當り、大宮御所取締は光德・立夫及び宮內大錄廣瀨季庸、中宮御所・桂御所・靜寛院宮等の取締は光德・延世・季庸及び宮內少錄土山武宗之れを管掌し、各〻省掌・使部之れに屬す、〇法規分類大全

廣隆寺太子像に御衣を賜ふ

十六日　先例に據り太秦廣隆寺太子堂安置の聖德太子像に御衣を賜ひ、是の日、著衣の式を行はしめたまふ、正三位清閑寺豐房奉行し、正二位山科言成・從三位石野基佑著衣を奉仕す、豐房は同寺

の執奏家なり、古例、天皇御料の古衣を以て之れに替ふ、然れども今次新に調進せしめらる、其の品目、冠《立纓》・黄櫨袍・下襲・單・表袴にして、文政年間の賜衣を新衣に改めたるなり、古像既に年所を經、朽廢したるを以て、著替奉仕の者頗る苦心せりと云ふ、○梅溪通善備忘、山科言成日記

十九日　大原野祭、宣命使として大納言中御門經之を、奉幣使として神祇大祐北小路隨光を參向せしむ、自今舊例を改め、總て神祇官に於て祭事を管掌す、○祭典錄、公文錄、官中日記、橋本實麗日記、押小路師親日記、押小路甫子日記、大藏省文書

陸軍所を大阪に設く

陸軍所及び軍事病院を大阪に創建す、乃ち兵部少輔久我通久を大阪に遣はし、其の事に當らしむ、○太政官日誌

各藩常備兵編制規則を定む

二十日　各藩常備兵の編制規則を定めて全國一律たらしめ、歩兵は六十人を以て一小隊とし、二小隊を以て一中隊、五中隊を以て一大隊とし、砲兵は砲二門を以て一分隊、三分隊を以て一砲兵隊とし、兵士の年齡は十八歳より三十七歳までとす、又教練は其の舊に仍るを得しむ、以上の編成法により、石高一萬石につき一小隊を備ふることを以て規準と爲し、而して士族・卒の外新に兵隊を組織するを禁ず、○法令全書

從一位近衞忠凞・同近衞忠房の願を聽し、各〻正二位に鐫退せしむ、○諸家系譜、梅溪通善備忘、公卿補任

二十一日　吹上御苑に出御あらせらる、○用度掛日記

紅葉山文庫を大史の所管と為す

二十二日　從來大學の所管たりし書籍新刻許可事務及び紅葉山文庫の書籍を太政官大史の所轄と爲す、〇太政官日誌

二十四日　春日祭なり、仍りて大納言中御門經之を宣命使とし、神祇大祐北小路隨光を奉幣使として參向せしむ、〇祭典錄、公文錄、橋本實麗日記、梅溪通善備忘

水戸藩知事德川昭武の弟篤守をして德川家水清を繼がしめ、家祿二千五百石を賜ひ、華族に列し內番參入を命ず、〇太政官日誌

驛郷の制改正につき、從來東京京都間に毎月差立てたる公用便は、道中六日間を限り馬繼を以て遞傳せしめしが、來る三月朔日より宿繼脚夫を以て差立て、限るに十日を以てす、〇法令全書

奏者所等の廢止

二十五日　曩に留守宮內省の分課を定めしが、是の日、京都御所の奏者所・局會所等を廢し、諸社諸寺よりの神符・護符・獻上物其の他諸願の類及び諸所よりの使者等は總て宮內省表玄關に於て之れを處理することに改め、內廷の鍵番亦免ぜられ、宮內省官吏二名之れに當る、其の他舊習を更革する所尠からず、女官等革新の意表に出づるに驚くと云ふ、〇中山績子日記、押小路甫子日記

五條縣等の設置

二十七日　新に五條縣を置き、兵部省の十津川出張所を廢す、尋いで陸軍少將鷲尾隆聚を以て同縣知事と爲す、四月二十七日、堺縣所轄たりし紀伊國高野山を五條縣に屬せしめ、六月二十三日、豐

前國英彦山を豊津藩より日田縣に移管す、十二月二十二日、本保縣を置き、從來福井藩の管せる越前國坂井・丹生・南條・今立・大野・敦賀・吉田の七郡及び白山麓を管轄せしむ、〇太政官日誌、公文録、鷲尾隆聚略歴

諸社臨時祭の停止

二十八日　神祇官をして神宮の至重の祭典式目を考定せしむ、又賀茂社等の臨時祭を止む、其の名稱稱はざるを以てなり、但し叡慮を以て時に供獻等あらせらるゝこととす、〇太政官日誌、法令全書

海軍所の設置

二十九日　離宮濱殿を以て海軍所と爲す、蓋し現下海軍の擴張を急務と爲すが故に特に叡旨是に出でさせられたるなり、然るに海軍所を東京に置くを不可と爲し、大阪を以て之れに代へんとする議論あり、議紛々として決せず、仍りて三月二十二日、兵部大丞川村純義・同少丞增田明道を召して御下問あり、爾來兵部大輔前原一誠・同大丞黑田清隆等に諮詢し、四月三日、廟議漸く之れを東京に置くに決し、四日兵部省に達す、閏十月二十二日に至り、濱殿地域狹隘の故を以て、築地四丁目舊名古屋藩邸等の地七萬七千四百餘坪を之れに代ふ、〇太政官日誌、大久保利通日記、鷹取保明治巳午日記、岩倉家藏書類、海軍省報告書、法令全書

官幣社の由緒を錄上せしむ

曩に延喜式神名帳所載の諸國大小の神社竝びに式外の神社と雖も大社或は府藩縣等に於て崇敬の神社の由緒を錄上せしむる所ありしが、是の日、更に府藩縣に令して先づ官幣社に就きて錄上せしめ、期するに九月を以てす、又祠官の繼承・新補、別當・社僧の復飾・神勤等の申請は神祇官直轄のものを除くの外は姑く地方廳をして之れを處理せしむ、〇太政官日誌、太政類典

宮中・大宮御所・中宮御所に奉仕する官女の用ゐる挑燈の徽章を定む、〇太政官日誌

不開港場規則難船救助心得を頒つ

不開港場規則竝びに難船救助心得を頒布す、是れ一は以て不開港場に於ける密商を禁遏し、一は以て外國の難船を救助して國際信義を完からしめんとの趣旨に基づくものにして、輓近或は名を難船に藉り、不時入港して密商し、或は密商の嫌疑を恐れて之れが救助を忌避する者あるを戒むるにあり、〇法令全書

大學規則中小學規則を定む

是の月　大學規則を定む、尋いで中小學規則を定む、大學は則ち孝悌彝倫の敎、治國平天下の道、格物窮理日新の學を攻究する所にして、内外相兼ね、所謂天地の公道に基づき、知識を世界に求むるの聖旨に副はんことを目的とす、而して輦轂の下に大學一所を設け、府藩縣に各〻中學・小學を置き、皆大學より頒つ所の規則を遵守せしむ、而して其の學制たるや、大學は生徒の年齢凡そ三十歳以下にして在學三年を期とし、學科を分ちて教科・法科・理科・醫科豫科・本科に分つ・文科とし、學資は府藩縣管内の石高に應じて之れを公納せしむ、小學は八歳にして入り、普通學を修め、兼ねて大學專門五科の大意を學ばしむ、十五歳にして小學の課程を卒へ、十六歳に至り中學に入學し、以て專門學を修めしむ、其の學科目五あり、大學五科に同じ、子弟凡そ二十二歳にして中學の課程を卒へ、其の成績優秀なる者を選び、之れを大學に貢するものとす、九月、東京府に、閏十月、京都府

に中學校を創立し、華族・士族・庶民の入學を許す、○太政官日誌、留守官日記、日本教育資料、法令全書

三月

御講學

二日　辰の刻讀書あらせられ、侍講中沼了三奉仕す、未の刻侍讀松平慶永・同秋月種樹進講を奉仕す、五日、辰の刻より了三、午の刻より神祇少祐平田延胤進講を奉仕し、八日・九日・十日・十二日、了三御讀書に候し、或は進講を奉仕す、十四日、是の日より春秋左氏傳の御復讀あり、了三之れに候す、又午の半刻侍讀松平慶永・同秋月種樹亦御讀書に候し、申の刻親讀あらせらる、十五日、了三進講を奉仕し、十八日亦御讀書・進講に候す、十七日、午の半刻慶永十八史略の講筵に候す、二十日、午の刻侍講福羽美靜國史を進講す、二十三日・三十日、了三進講を奉仕し、二十七日、御讀書に參仕、二十九日、午の半刻御親讀あり、種樹之れに候す、以上本月中の御講學十五日に亙り、了三の參仕多くは辰の刻なり、又内番萬里小路通房・石野基將・唐橋在正等陪侍するを例とす、○平松時厚在職中日記、用度掛日記

御乘馬

申の刻山里馬場に出御、馬を御したまふこと約一時間なり、十三日・十四日・十七日亦此の事あり、○平松時厚在職中日記、用度掛日記

留守次官兼京都府權知事岩下方平の本官竝びに兼官を罷め、正三位阿野公誠を以て之れに代ふ、○官

中日記、公卿補任、百官履歴

三日　上巳の節なるを以て、辰の刻小御所代に出御、勅任官以上の賀を受けたまふ、又皇后の雛壇に盃臺一個・縮緬十巻・二種一荷・鮮魚一折を賜ひ、皇太后に鮮魚一折を進め、其の雛壇に粽・鮮魚を賜ふ、○嵯峨實愛日記、橋本實麗日記、廣澤眞臣日記、鷹取保明治巳午日記、中山績子日記、押小路甫子日記

四日　朝彦王の舊第京都に在るものを親子内親王に賜ふ、朝彦王時に廣島藩に於て謹愼中なり、○橋本實麗日記、鷹取保明治巳午日記、押小路甫子日記、御内儀日記摘要、皇族家記

鹿兒島藩知事島津忠義、從三位を辭し、其の父久光亦從二位を辭し、且共に金穀を獻ぜんことを請ふ、是の日、之れを聽す、二人積年勤王の勳と征戰の功とに依り、客歳昇位賜秩の恩命に接するや、固辭すれども聽されず、仍りて功を故薩摩守島津齊彬に歸せしに、乃ち齊彬に位階追贈の恩命を下して其の舊勳を錄したまふ、而も父子は不次の寵秩を蒙りて叨りに皇恩を私するは天威を冒瀆するの恐ありと爲し、今年正月連署して表を上り、再び位階を辭し、又米十一萬七千七百餘石・金十六萬九千七百餘兩を獻じ、外債償卻及び海陸軍費の用に供せんことを請ひて已まず、是に於て此の命あり、卽ち久光は從三位、忠義は從四位に復す、○太政官日誌、公卿補任、島津久光公實紀

五日　客歳下賜せる賞典に遺漏あるを以て、之れを追錄し、福島縣民天正院某以下十一人の戰死者

に各〻祭粢料金七十兩を、生死不明の者一人の遺族に金七十兩を、生存者一人に終身口俸一人半を賜ふ、〇太政官日誌

七日　曩に新潟縣を廢して水原縣に屬せしめ、新潟に同縣出張所を置きしが、同地は北國の要港にして、殊に人口稠密、内外の事務多端なるを以て、是の日、水原縣を廢して新潟縣を復置し、從三位三條西公允を以て知事と爲す、但し水原には按察使府竝びに縣の分局を殘置す、四月十四日、公允をして越後按察次官を兼ねしむ、〇太政官日誌、公文錄、公卿補任、百官履歷

八日　巳の半刻吹上御苑に出御、酉の刻入御あらせらる、二十一日・二十六日、出御亦同じ、〇平松時厚在職中日記、用度掛日記、富小路家日記

産業基立金を京都府に下賜す

産業基立金を京都府に賜ふ、顧みれば車駕東幸してより既に一年なり、京都市中漸く寂寥の感なきこと能はず、市民爲に生計の道を失ひ、前途不安の念を懷く者尠からず、又皇后の東京行啓に際しては、滿都の人心動搖して御發輿を阻止せんと欲する者あるに至れり、京都府深く之れを憂ひ、客冬以來頻りに地租の免除、金穀の下賜を稟請する所ありと雖も、凶作に繼ぐに國費の多端を以てし、廟堂亦説を異にする者ありて、議未だ決する所あらず、偶〻朝旨還幸の延期にありと聞くや、京都府更に前請を申ねて已まず、是に於て去月洛中の地子を免除し、又是の日、産業基立金として金五

萬兩を下賜し、以て民心を綏撫せしむ、後日更に金五萬兩の下賜あり、京都府の官民天恩の渥きに感泣し、四月一日より三日に亙り、河東練兵場に集合して天皇を遙拜したてまつり、尋いで賀茂下上社に詣して寳祚長久と京都の繁榮を禱り、或は五穀豐穰及び還幸の一日も速かならんことを禱る、〇太政官日誌、上野公園臨幸一件、冷泉爲理日記、伊達宗城日記、保古飛呂比、太政類典、京都府史

官吏罷免の際に於ける取扱法を定め、奉職滿二年以上に及ぶ者は、勅任官及び奏任官には直垂地、判任官には絹若しくは晒布を賜ひ、且各〻俸給一月分及び歸國旅費を賜ひ、一年以上二年以下の者には月給の半額及び旅費を賜ふ、又滿四箇年に至らざる者には位記を返上せしむ、病死者、以上に準ぜしむ、四年以上奉職の者の制未だ定まらず、〇官中日記、公卿補任

九日　曩に宣撫使德大寺實則山口藩に赴きて暴動を鎭撫し、是の日歸京、參內して具に復奏する所あり、尋いで十七日、天皇、實則を召し、其の功勞を賞して直衣一領・金五萬疋を賜ひ、其の隨員吉井友實等に金品或は金を賜ふこと各〻差あり、〇吉井友實日記、諸家系譜、太政類典、百官履歷

少辨五辻安仲を京都に遣はして皇太后の起居を候問し、海苔一箱・八丈絹五端等を進じ、且還幸延引の旨を言上せしむ、是の日、安仲京都に著して叡旨を皇太后に傳宣す、尋いで十五日、安仲歸東せんとして大宮御所に候せしに、皇太后、安仲に託して天皇に包物・紙入・組物等を贈進したまふ、

○中山績子日記、押小路甫子日記、青山御所御納戸日記

神武天皇祭典御親祭

十一日　神武天皇御正辰に丁るを以て、親祭あらせられんがため、巳の刻御出門、神祇官に幸す、大納言岩倉具視・參議廣澤眞臣・同佐佐木高行・宮內卿萬里小路博房等供奉す、神祇官に於ては卯の刻より朝の祭典を行ひ、次いで晝の祭典を行ふ、卽ち御親祭なり、巳の半刻各官省勅任官以上著座し、神祇伯中山忠能祝詞を奏す、次に天皇出御、幣物紅白絹十匹を供へしめたまひ、御拜あり、次に歷代皇靈を御拜あり、畢りて還幸あらせらる、時に午の刻なり、次いで奏任官以上參拜し、酉の刻夕の祭典を行ふ、十日酉の刻より還幸に至るまで宮中に神齋あり、又大納言中御門經之を勅使として畝傍山東北陵に參向せしむ、○太政官日誌、祭典錄、公文錄、官中日記、用度掛日記、留守官日記、平松時厚在職中日記、嵯峨實愛日記、梅溪通善備忘、鷹取保明治巳午日記、華族家記、留守官諸來翰、京都府文書、熊本藩國事史料、太政類典

集議院の開院を令す

十四日　勅して集議院を開院すべき旨を命じ、諸藩の議員を東京に召集したまふ、期するに來る四月を以てし、且藩政に參預する者を議員に選擧し、藩論洞徹し、實際適用の議事の遂行を期せしむ、○太政官日誌、保古飛呂比、議員出頭姓名簿、法令全書

京都還幸延期を諭告す

客歲、車駕再び東幸の時に方り、明年三四月を期して還幸し、其の冬京都に於て大嘗會を執行したまはんとの旨を皇太后竝びに淑子內親王に言上したまへり、後、皇后東下したまはんとするや、京

都府民以て遷都と爲し、人心動搖し群衆强訴して玉輿を停めんとす、留守長官中御門經之・京都府知事長谷信篤、皇后の東下は御駐輦久しきに彌るに因るものなりとし、來年三月を以て還幸あらせらるゝ旨を布告し、僅かに府民をして安堵せしむるを得たり、然るに未だ東北綏撫の實擧らず、且諸國凶荒、奥羽最も甚しく、且國用巨多なり、還幸延期亦已むを得ざるを以て、是の日、留守官に命じて京都府民に之れを諭告せしむ、尋いで還幸延期のために皇太后に置物を進じ、淑子内親王に紅紋縮緬一匹・鼈甲盃三個・木盃二個、親子内親王に紫紋縮緬一匹・人形一個・鼈甲盃一個を賜ひ、又女房等に金品を賜ふ、○太政官日誌、留守官日記、鷹取保明治巳午日記、押小路甫子日記、御內儀日記摘要、三條實美公年譜、岩倉公實記

英國軍艦より航海術を傳習せしむ

鹿児島藩士前田十郎左衛門・德島藩士伊月一郎の二人を簡拔し、英國軍艦に搭乘して航海術を學ばしむ、是れより先、英國水師提督ホーンビー率ゐる所の艦隊、世界周航の途に就き、將に今春を以て我が國に寄航せんとするの報あり、仍りて客歲十一月、英國公使パークス、本國政府の命に依り我が政府に勸說して曰く、提督の來航は貴國人の就きて航海術を修得するの好機會なり、宜しく貴國人を簡派し、之れに便乘せしむべし、余之れを斡旋せんと、政府大に喜ぶ、既にして同艦隊來航す、是の日、十郎左衛門・一郎を選拔して同艦隊に付し、學ぶ所あらしむ、尋いで七月に至り二人の請を容れ、三年間英國海軍學校に留學するを許す、○太政官日誌、公文錄、保古飛呂比

伊國公使轉任につき御引見

英國提督を御引見

十五日　伊國特派全權公使コント・デ・ラ・ツール及び英國水師提督ホーンビー朝見す、公使は今次他國に轉任せんとし歸國の暇を奏せんがため、又水師提督は世界周遊の途次來朝し、共に拜謁を請へるに由る、午の半刻大廣間に出御、右大臣竝びに官・省・院・學・臺・府等の長官參列す、公使、外務卿澤宣嘉に導かれ參進して敬禮す、天皇、椅子に著御して之れを受けたまふ、次に右大臣三條實美、公使の姓名を奏す、次に公使、國書を捧呈して國王の命を言上す、天皇立御、國書を受けて側に置きたまふ、國書は伊國皇帝の公使轉任を報ぜるものなり、乃ち勅答書を公使に付したまふ、次に公使に其の歸國を惜む旨の勅語を賜ふ、畢りて公使退出す、乃ち控所に於て茶菓を賜ふ、次いで英國水師提督は同國公使パークスと倶に參進す、隨ふ者艦長・書記官・領事等十一人なり、皆謁を賜ひ、提督に其の世界周遊の國命を奉じて遠洋渡來したるを喜ぶの旨を告げ、且提督の業蹟を賞したまふ、又特に我が國の海軍生徒二名を航海見習として其の艦に託したるに、直に之れを許諾したるを滿足あらせらるゝ旨の勅語あり、更に公使に對して英國帝王の康安竝びに公使の健康を祝する旨の勅語を賜ふ、是の日、英伊兩國公使及び水師提督以下に酒饌を延遼館に於て賜ひ、二十日、伊國公使に花車模樣蒔繪料紙硯箱を贐したまふ、今次水師提督參朝の際英國公使に賜へる勅語中、帝王とあり、公使、是れを以て英國君主に對して敬意を失するものと爲し、宜しく皇帝と稱すべしと要求する所あり、仍りて宣嘉を譴め、四月九日謹慎を命じ、十二日之れを釋す、〇太政官日誌、公文錄、勅語言上、用度掛日記、御布告留記、嵯峨實愛日記、柳原前光輒誌、鷹取保明治巳午日記、平松時厚在職中日記、安政事情、大原家文書、齋藤家文書、岩倉家藏書類、岩公行狀草案、岩倉具視書翰、皇國駐在外國使臣履歷、熊本藩國事史料

諸藩の艦船獻納

豐津藩知事小笠原忠忱、汽船一隻と乘組員を始め其の運用費とを併せて獻ぜんことを請ふ、是の日、之れを聽す、又熊本藩知事細川韶邦甲鐵艦一隻を獻ぜんことを請ふ、四月十二日に至り之れを聽す、該艦は韶邦が先年英國に囑して製造せしものにして排水量二千五百七十噸なり、客臘長崎に回航す、乃ち名づけて龍驤艦と云ふ、尋いで二十五日、山口藩知事毛利元德、第一丁卯・第二丁卯の二艦を乘組員と共に獻ぜんことを請ふを以て之れを聽す、佐賀藩知事鍋島直大亦軍艦日進丸を獻ず、艦は和蘭國より購入し、四月十三日長崎に於て受領せるものなり、五月十五日品川海に著す、又五月十四日、靜岡藩知事德川家達の西洋形行速船竝びに乘組員獻納の請を聽す、〇太政官日誌、公文錄、華族家記、熊本藩國事史料、太政類典、佐賀藩海軍史

明治天皇紀 巻三十四

明治三年

三月

大久保利通鹿児島より歸京復命す

十七日　參議大久保利通、鹿兒島より還り、是の日、參內して復命す、是れより先客歲、利通、內旨を奉じて鹿兒島に赴くの途次大阪に於て待詔院出仕木戸孝允と會談し、又今年正月十五日、途、山口を過ぎり、山口藩知事毛利廣封に謁し、約する所あり、翌日三田尻を解纜、十九日、鹿兒島に抵り、從二位島津久光に謁して召命を傳へ、詳かに東京の形勢を述べ、併せて其の意見を陳じ、切に其の上京を促し、又西鄉隆盛に面し、上京を慫慂する所あり、然れども久光、當時其の意見政府と方針を異にするを以て、疾と稱して尙上京の期を緩くせんことを乞ふ、隆盛亦藩情の許さゞるものあるを以て朝命を拜辭す、利通、二月二十六日鹿兒島を發し、是の月十二日東京に歸りしなり、

尋いで二十七日、隆盛に賜へる召命を解く、○公文錄、大久保利通日記、百官履歷、三條實美公年譜、大久保利通傳

親王家に令し、社寺に寄附する所の物に菊章を附するを禁ず、○太政官日誌

典醫をして御用の間を見て醫學を大學東校に講習せしむ、○太政官日誌、東京往復

御束帶の寸法を改む

十八日　從來御料の束帶は既に小形となりて玉體に適せざるを以て、更に寸法を改め、御首上六寸五分、袴紐下二尺六寸、袖二尺一寸五分とし、夏・冬用各一著の新調を留守宮内省に命ず、○東西往復雜記、宮内省要錄

駒場野に練兵場を設く

十九日　練兵場を品川縣管下駒場野に設く、蓋し近日親しく三軍を統率して大に兵を閱したまはんとするを以てなり、初め鼠山武藏國豐島郡長崎村に於て閱兵あらせられんとせしに、同地既に開墾して田畝を成すを以て、更に駒場野を選ぶ、同地は幕府時代傳習練兵場と爲せるものなり、○太政官日誌、陸軍省文書、辨官往復

橫須賀港に修船場を設け、民間の依賴に應じて船舶に修覆を加へしむ、○太政官日誌

敦賀藩等の藩名改稱

敦賀藩を鞠山藩と改稱す、是れ小濱藩所管の敦賀港との混同を避けんがためなり、四月十四日、三上藩を改めて吉見藩と稱す、三上藩知事遠藤胤城の管地は近江國三上に在るもの四千餘石、和泉國吉見に在るもの五千餘石なり、幕府時代には俱に陣屋を置きしが、客歲政府、治所を三上に定めて胤城を以て知事と爲す、然るに其の地山嶽環繞し、又遠く海を隔つるを以て士卒居住に適せず、乃

ち胤城の請を聽して之れを改置せるなり、十月、三根山藩を峯岡藩と改稱す、又守山藩知事松平頼之の管地は磐城・常陸の二國に跨り、舊に仍りて磐城國守山の地名を以て藩名とせるも、同藩は舊幕府の時江戸定府なりしを以て、守山には收納役人若干を置く施設あるのみ、仍りて頼之、常陸國松川の便なるに如かずとして之れに居り、既に藩廳等を設けしを以て、其の藩名を改めんことを請ふ、十二月二十四日、之れを聽して松川藩と改稱す、○太政官日誌、公文錄、華族家記、公卿補任

蘭國公使國書を捧呈す

二十日　和蘭國辨理公使ファン・デル・フーフェン參朝したるを以て朝見の式を行はせられ、其の國書を受け、之れに勅語を賜ふ、朝見の儀、去る十五日伊國公使參内の時に概ね同じ、蓋しフーフェンは前公使ポルスブロックが病を以て歸國したるに因り、其の後を承けて來朝したるなり、○太政官日誌、公文錄、勅語言上、平松時厚在職中日記、皇國駐在外國使臣履歷附錄

前將軍德川慶喜及び元仙臺藩主伊達慶邦の舊臣にして函館に在る者の謹愼を免じ、之れを靜岡・仙臺兩藩に付す、○法令全書

二十二日　二條城を留守官の管轄と爲す、○太政官日誌

廣澤眞臣を山口藩に差遣

二十三日　參議廣澤眞臣を山口藩に遣はし、同藩の藩政を改革せしむ、乃ち御學問所代に出御あらせられ、謁を眞臣に賜ひ、右大臣三條實美をして叡旨を傳へしめたまふ、曰く、山口藩の騷擾鎭定

に歸したることは既に之れを宣撫使の奏聞に依りて知るを得、朕頗る之れを悦ぶ、然れども是れより藩政の改革を要するものあり、汝、往きて藩知事毛利廣封を輔翼し、克く其の目的を達成すべし、事終らば從二位毛利敬親の上京を促し、來月中に歸京せよと、○太政官日誌、公文錄、木戶孝允日記、大久保利通日記、廣澤眞臣日記、保古飛呂比、岩倉家藏書類

博經親王京都より至り、參內して天機を候し、且曩に東京遊學の勅許を蒙りたる恩を謝す、乃ち謁を御學問所代に賜ふ、又少辨多久茂族の請暇を聽し、同じく賜謁あり、○平松時厚在職中日記、皇族家記

樺太駐在官吏を御慰勞

客秋以來、外務大錄・開拓大主典以下外務省・開拓使官吏の遠く沍寒の地樺太に在りて職務に勵精せるを嘉し、慰勞として金千兩を賜ふ、○太政官日誌

有卦無卦の祝儀を廢す、○平松時厚在職中日記、留守官諸來翰

二十四日　有位華族に參朝の節控所まで提刀することを許す、○太政官日誌

從二位德川茂榮・同德川慶頼の舊家臣中の兵隊を兵部省に隷せしむ、○太政官日誌、公文錄、太政類典

御前會議

二十五日　參議大久保利通等を御前に召し、會議せしめたまふ、議、彈正臺員等の選任に及びしが未だ決せず、利通等、明日更に熟議すべき旨を奏す、二十八日亦御前會議あり、民部卿兼大藏卿伊達宗城・民部大輔兼大藏大輔大隈重信を召し、大阪府及び膽澤縣窮民救助の事を議す、三十日亦御

前會議あり、○大久保利通日記、伊達宗城日記

従二位徳川茂榮・同徳川慶頼・従四位吉井信謹・従五位北條氏恭に下賜の家祿を更定し、又従四位吉井信發に終身現米千二百俵を賜ふ、○太政官日誌、公文錄、伊達宗城日記、華族家記、岩倉家藏書類、太政類典

公卿補任諸家傳の續修

二十七日　従二位葉室長順に勅して公卿補任及び諸家傳を續修せしめ、二書共に慶應四年に止めしめたまふ、○太政官日誌、公卿補任

前大御乳人押小路甫子隱居につき邸地を京都に賜ひ、又普請料を下賜す、是の日、留守官之れを甫子に傳ふ、甫子、天保六年七月九日儲君孝明天皇御乳人を拜命し、同十一年東宮御乳人に進み、弘化三年命婦大御乳人と爲り、慶應三年正月二十二日に至りて前大乳人と爲る、多年宮中に奉仕し、勤勞尠からざるを以て此の恩命ありたるなり、甫子、翌四年六月十九日宮中を退下す、○女官錄、留守官日記、押小路甫子日記、壬生官務家日記、轉免物故女官履歷

大村永敏殺害犯人處刑に關する異議

二十八日　客歲、姑く彈例を停止し、行刑の手續に改變する所あり、然るに擔任の參議副島種臣・同廣澤眞臣之れを彈正臺等に通達するを遺忘す、偶ゝ京都府、同年十二月二十日を以て兵部大輔大村永敏暗殺犯人を處刑せんとするや、京都出張彈正臺は、彈例停止の通告なきのみならず、此の處刑の彈例の規定を履まざるものあるを理由として立會を拒絕し、京都府大參事松田道之等を說きて

副島種臣等關係者の處分

遂に行刑を中止せしむるに至れり、是れ當時彈正大忠海江田信義を始めとして、兇徒等の唱ふる所の理由を正と爲す者尠からざるを以て、故らに斯の擧に出でたるものの如し、參議大久保利通、朝命を奉じて鹿兒島に赴かんとし、偶〻京都を過ぎりて行刑中止の事を聞き、大に驚きて善後措置に努め、刑部省亦報を得て嚴命を下し、期に後るゝこと九日にして刑を執行せしと雖も、此の事たる固より等閑に付すべきにあらず、是を以て政府は同月二十四日、彈正臺官吏及び京都府知事・參事を東京に召して糺問する所あり、尋いで客月二十八日に至り、彈正臺等に令して彈例の適用を停めしが、是の日、關係者の罪を斷じ、先づ種臣の彈例停止を遺忘して之れが通達を爲さゞりしを職務上の怠慢なりとし、之れを譴めて謹愼を命ず、又彈正臺は太政官の彈例停止令に接するにあらずんば、既定の手續を履むを要し、若し彈正臺行刑の不可なるを見ば、乃ち上司に稟申して指令を仰ぎ、更に出張彈正臺に其の旨を通告せざるべからざりしなり、然るに事此に出でず、仍りて其の彈例を錯誤せしを譴め、彈正尹九條道孝・彈正少弼吉井友實・同大忠安岡良亮・同少忠山田信道・同權少忠河野敏鎌を謹愼に處す、而して出張彈正臺は東京本臺が彈例の順序を履まずして、其の通告を怠りたるを知らば、手續の未了を理由として刑場立會を拒絶して可なり、然れども既に天裁を經たる刑の執行を自ら進みて抑止するは越權に屬す、仍りて彈正大忠門脇重綾・同海江田信義・同少忠足立正聲の罪を譴めて同じく之れをして謹愼せしめ、又京都府知事長谷信篤・同大參事松田道之・同權大參事槇村正直が出張彈正臺の言に聽從し、留守官の指揮を伺はずして處刑を延期したるを越權にして且職務怠慢なりとし、之れを斷じて同じく謹愼に處す、尋いで四月二十八日、彈正大弼池田茂政の彈例錯誤を譴め、五月十二日、參議廣澤眞臣の彈例停止遺忘を譴め、竝びに謹愼を命ず、幾もなくして皆釋さる、初め事發するや、政府は嚴に之れを處分せんとしたれども、刑部大輔齋藤利行爲に救解する所あり、乃ち特に寛典に從ひ、其の罪を輕減す、〇太政官日誌、公文錄、官中日記、留守官日記、粟田口一件勘問書、保古飛呂比、平松時厚在職中日記、嵯峨實愛日記、大久保利通日記、華族家記、岩倉家藏書類、公卿補任、諸家系譜、百官履歴

宮内省に内膳司を置き、三十日、宮内權大丞鷹取保をして内膳正を兼ねしむ、爾後、保、宸膳供進の時之れを點檢す、〇太政官日誌、鷹取保明治巳午日記

延暦寺をして天台宗を統轄せしむ

天台宗は從來比叡・東叡・日光の三山に於て分轄せしが、是の日、東叡・日光二山の本山と稱するを停め、比叡山延暦寺をして天台宗を統轄せしむ、〇太政官日誌

二十九日　靜岡藩知事徳川家達の奉還せる日月章錦旗を天覽あり、命じて宮内省に保藏せしめたまふ、該旗は往年徳川家康に賜へるものと傳へ、日光東照宮に藏せしが、家達之れを返納せんことを請ふを以て、今月二十三日聽許ありしなり、〇太政官日誌、公文錄、平松時厚在職中日記、大久保利通日記

松浦武四郎の功を賞す

開拓判官松浦武四郎職を辭す、積年北海道の地理・物產を講究し、其の著書多く、本道開拓に裨益尠からざるを以て、其の功を賞し、終身十五人口俸を賜ふ、〇太政官日誌、公文錄、百官履歷

新朔平門院の下﨟松室邑子薙髮して本壽院と稱す病みて死す、同門院上﨟岩倉洗子、邑子の遺族のために哀を請ふ、仍りて是の日、特に金百兩を邑子の遺族に賜ふ、〇押小路甫子日記

軍曹の稱を廢す

軍曹の稱を廢し、軍曹從五位香川敬三以下を東京府貫屬士族と爲す、軍曹は戊辰役以來軍務に鞅掌せるものにして、是の日其の命を拜せる者、敬三及び正六位大橋愼・正七位三宮義胤・同田中光顯・片岡利和・藤村紫朗・前島貢吉・山田小次郎・松岡新七郎・芳野昇太郎・中川秀之助・田邊健助・三浦清太郎・淵川忠之助・飯田種彥・平井喜代藏・中野幸助・岩崎誠之助・田崎敬助・岩村高俊・豐永貫一郎等四十六人なり、愼等七人に更めて終身十人口俸を賜ふ、以下賜祿各〻差あり、〇太政官日誌、公文錄、岩倉家藏書類

三十日　參議大久保利通・同佐佐木高行に紫組掛緒を賜ふ、〇大久保利通日記、保古飛呂比、百官履歷

吹上御苑に水田を開かしめらる

是の月　勅して吹上御苑瀧見御茶屋附近に新に水田を開墾せしめ、大藏省より種籾を致さしめたまふ、〇鷹取保明治巳午日記

四月

御前會議

一日　巳の刻吹上御苑に出御あらせらる、十四日・二十一日・二十六日亦同じ、辰の刻前後出御、黄昏に至りて入御あらせらるゝを常とす、但し十四日には馬を御したまひ、二十六日より典醫一人を扈從せしめたまふ、〇用度掛日記、富小路家日記、平松時厚在職中日記

二日　巳の刻過御前會議あり、四日、御前に於て重ねて彈正臺官員選任等を評議す、十日・十二日・十四日・二十四日亦御前會議あり、二十四日には民部大輔兼大藏大輔大隈重信等を召し、盛岡藩知事南部利恭・大泉藩知事酒井忠寶の獻納金殘額免除の議を決したまふ、蓋し客歳七月、利恭を白石より盛岡に、忠寶を磐城平より庄内に復歸せしむるに當り、各〻金七十萬兩を獻納せしむ、然るに同年諸國凶荒、殊に東北の諸藩は戰亂の後を承け、慘狀最も甚しきを以て、是の議ありたるなり、尋いで二十八日、兩藩に令して自今獻金を免除し、又金澤藩に令して同じく米穀の獻納を免ず、〇太政官日誌、大久保利通日記、太政類典、大久保利通傳

大納言岩倉具視の兵部省事務掛を罷む、〇諸家系譜、明治史要

御講學

午の半刻侍讀松平慶永・同秋月種樹進講す、三日、辰の刻より讀書あらせられ、午後御講釋あり、共に侍講中沼了三奉仕す、五日、午の刻侍講福羽美靜國史の進講を奉仕し、九日・十二日・十五日・二十三日・二十九日了三參仕す、又十五日・十九日、御親讀あり、二十二日、未の刻種樹十八

御乗馬

史略を進講す、〔○平松時厚在職中日記〕
三日　山里馬場に於て御乗馬あり、六日・二十三日亦同じ、二十七日には三職竝びに従一位徳川慶勝・高知藩知事山内豊範等を召して馬御覧の事あり、畢りて酒肴を賜ふ、〔○用度掛日記、平松時厚在職中日記、大久保利通日記〕

熾仁親王を兵部卿に任ず

熾仁親王を以て兵部卿と為す、〔○熾仁親王御日記、有栖川宮御達竝諸願伺届留〕
大阪洋學所及び化學所を大學に屬せしむ、十月十八日、造幣寮所管の大阪理學所亦大學に移管す、同月二十四日、大阪洋學所を改めて開成所と稱し、大阪理學所を其の分局と為す、〔○太政官日誌、公文錄〕
五日　正権大・中・少宣教使を改めて正権大・中・少博士と為す、〔○太政官日誌、公文錄〕
駒場野に於て將に閲兵あらせられんとするを以て、須知條件を定む、卽ち天覽の節諸兵隊自藩の旗章を用ゐるべからず、又禮式竝びに運動の際は士官以上は拔刀にて指揮すべし、兵士は悉く靴を穿つべし、夫卒は一小隊六人と定め、行軍中は大小荷駄に屬し、髻に赤紙を結ぶべし、騎馬の士官に口取一人を從ふるを許す外、凡て從者を禁ず、諸隊の著到は聯隊・砲隊・騎隊各司令以下夫卒に至る總人員を書類を以て大下馬參謀局に申告すべし、聯隊旗・大隊旗は各隊整列の上、聯隊竝びに大隊司令、旗手を率ゐて參謀局に至り之れを受くべし、但し凱陣の際返納亦同じ、駒場野に於ける諸藩兵屯所のテントは各藩協議して準備すべし、諸藩兵各自飲器を携帶することとすと、〔○法令全書〕

記録編輯の事あるを以て、華族・諸藩其の他に令し、嘉永六年以降、朝廷に於て關白・議奏・武家傳奏・職事を勤仕し、幕府に於て樞機に關與せる者は勿論、總て國事に關係ある華族・諸藩の家記・文書及び志士の書簡・手記等を提出せしめ、特に靜岡藩をして舊幕府の記錄を上らしむ、〇太政官日誌、冷泉爲理日記、嵯峨實愛日記、法令全書

記録編輯につき諸家の家記文書を召す

八日　曩に勅して故從四位上錦小路頼德の官位を復せしめたまひしが、是の日、特に正四位を贈り、祭粢料として金三百兩を賜ふ、頼德、文久三年八月十八日の政變に參朝を停められ、三條實美等と倶に長門國に走り、特に皇威を挽回し、再び赫々たる天日を仰がんことを欲して日夜畫策する所ありしが、元治元年四月二十五日、病みて下關に卒す、享年三十なりき、〇太政官日誌、華族系譜、贈位諸賢傳

九日　皇后、巳の刻御出門、濱殿に行啓あらせらる、宮内卿萬里小路博房・宮内權大丞平松時厚・皇后宮大夫野宮定功・同亮堀河親賀及び少典醫河原實德・同伊良子光順等供奉す、彈正大巡察師岡豐輔及び東京府少參事等亦供奉し、豐津藩、命を奉じて市内を警衞す、酉の刻還啓あらせらる、〇公文錄、行啓御用留、用度掛日記、野宮定功皇后宮宮司備忘、平松時厚在職中日記、嵯峨實愛日記、華族家記

皇后濱殿に行啓

十二日　松尾祭なり、仍りて留守權判官醍醐忠敬を宣命使とし、神祇權大祐植松雅言を奉幣使として參向せしむ、〇太政官日誌、祭典錄、公文錄

麝香間祗候華族の輩、自今輿又は馬にて中仕切門に至ることを許す、但し番所下座に及ばず、〇太政官日誌

十三日　熾仁親王、東征諸隊戰死者の靈を慰めんため、賞典祿を割き、祭資として米三十石を招魂社に寄附せんことを請ふ、之れを聽す、十一月二十日、親王復書を上り、其の賞典祿千二百石及び官祿の半を奉還して有爲の士に給し、以て其の才能を發揮せしめ、庶績咸煕の費に供せんことを請ふ、聽さず、〇熾仁親王御日記、有栖川宮日記、有栖川宮御達竝諸願伺屆留、太政類典

十四日　正二位柳原光愛の二女愛子、召されて皇太后小上﨟と爲り、名を梅の井と命ぜらる、愛子、入殿に際し、醴一折を皇太后に獻ず、皇太后乃ち謁を賜ひ、昆布・熨斗鮑にて盃を賜ふ、又袴・張著を賜ひ、外に輿料金五兩及び内帑金三十兩を賜ふ、〇青山御所御納戸日記、押小路甫子日記

欽明天皇千三百年祭

十五日　欽明天皇千三百年祭を神祇官に行ひ、宮内權大丞鷹取保を勅使として參向せしめ、又留守權判官醍醐忠敬を同じく勅使として京都の山陵遙祭場に參向せしめたまふ、〇太政官日誌、祭典錄、公文錄

令して刑死者の骸を以て刀劍の利鈍を試み、又人膽・腦漿等を採りて密賣することを禁ず、〇公文錄、法令全書

十六日　吉田祭、留守權判官醍醐忠敬を宣命使とし、神祇權大祐植松雅言を奉幣使として參向せしむ、尙本年より祭式を改め、上卿・辨等の參向を止め、祭典は神祇官の沙汰として行ふことと爲す、

又九月に至り、春日祭・大原野祭及び吉田祭の積年二季に執行せるを改め、自今年一度と爲す、太〇政官日誌、祭典錄、公文錄、留守官日記、冷泉爲理日記、橋本實麗日記、押小路師親日記、法令全書

駒場野に行幸諸軍を親閲せらる

十七日　在京諸藩兵隊・親兵諸隊・遊軍隊等を以て臨時編成せる聯合の集成兵團を統率し、郊外駒場野に幸して合併聯隊の操練を閲したまふ、寅の半刻號砲二發天に轟くや、天皇、劍璽を奉じ、金巾子・直衣・紅袴を著け、龍馬に跨り、錦蓋を翳し、御出門あらせらる、兵部卿熾仁親王・右大臣三條實美・大納言德大寺實則・參議佐佐木高行・宮內卿萬里小路博房以下太政官・兵部省・宮內省・彈正臺の官吏數十人、多くは直垂を著し、或は黑羅紗筒袖の戎服を著け、騎馬にて供奉す、日月章の天皇旗は御旗持助勢玉垣額之助以下九人の力士之れを捧持す、既にして二重橋を渡御、大手門外に出御あらせらるゝや、諸隊整列して捧銃の禮を行ひ、樂を奏して順次進軍す、參加の部隊は、歩兵九個聯隊第一大隊より第十八大隊に至る、但し第二・第七大隊不參、・砲兵五個砲隊第一砲隊より第六砲隊に至る、但し第二砲隊不參、・騎兵若干の外に大小荷駄・武庫・造兵・病院なり、其の軍令に曰く、六軍規律嚴重の事、軍中一和の事、法を犯す者は軍律に處すべき事と、又軍律十一條を下す、行軍に方り、以上諸隊を三軍に分ち、歩兵三個聯隊五個大隊・一個砲隊を前軍とし、歩兵五個聯隊九個大隊・三個砲隊・騎兵五十騎・大小荷駄・武庫・造兵・病院等を中軍とし、歩兵一個聯隊二個大隊・一個砲隊を後軍と爲す、別に斥候一個中隊・後衞一個中隊

參加部隊

あり、其の總數約一萬八千人、中軍の先頭第四聯隊を前にして宸儀、騎兵五十騎前後を警衞す、歩武堂々、軍容儼然、其の壯觀前古未曾有と稱せらる、三軍、外櫻田門より赤坂通に進む、途にして龍蹄を赤坂從四位吉井信謹第及び青山御嶽神社に駐めたまひ、御小休あらせらる、前日降雨にて道路泥濘、仍りて兩御小休所間は板輿に移御す、辰の刻駒場野に著御あらせらる、博經親王・大納言岩倉具視・神祇伯中山忠能・參議大久保利通・同副島種臣及び各省長次官・宮内官員・東京府知事壬生基修等百數十人先著供奉にて奉迎す、假設幄舎の玉座に著御あらせられし後、辰の半刻烽火一發、調練を開始し、先頭の歩兵第一大隊より各大隊、大隊縱隊の隊形を以て順次玉座前に進み、敬禮を行ひ、調練す、天皇之れを閲したまふ、銃砲の聲殷々として山野に轟き、硝烟天を蔽ふ、未の半刻に至りて操練全く畢る、乃ち兵部省奏任官以上を召して謁を賜ひ、天盃を賜ふ、兵部大輔前原一誠衆に代りて之れを拜受す、次に諸隊長を召して謁を賜ひ、又天盃を賜ふ、聯隊長佐賀藩士池田彌一衆に代りて拜戴す、參加の兵士に亦酒肴下賜の御沙汰あり、又實美をして、

諸隊熟練滿足ニ候益以可竭力候

との勅語を傳宣せしめたまふ、申の刻還幸仰出され、諸隊行進、行幸の時に同じ、酉の刻天機特に麗しく還幸あらせらる、天皇親しく三軍を統率して閲兵の式を行ひたまひ、又陸軍の聯隊編成を試

調練親閲

みたるは是れを嚆矢とす、各藩の兵式は概ね英・佛・蘭三國の法に則り、且諸隊の軍裝一ならざるも、佐賀藩兵の如きは始めて軍帽の制を定めたりと云ふ、初め閲兵代覽の議ありしが、利通切に親閲を請ふを以て、十二日其の豫習を行ひ、博經親王代りて臨場し、實美亦之れに莅む、初め十五日を以て親閲あらせられんとせしが、十六日に延期し、又更に今日に延べたまへり、共に雨天に因る、是の日、士民、輦路の左右に於て行軍の盛儀を拜觀し、外國人亦指定の場所に於て拜觀す、內外の士民親しく龍姿を拜したてまつるは、此れを以て始と爲すと云ふ、十八日、兵部省に於て、奏任官以上、前日總代拜受せる天盃の順流を拜戴す、諸隊長亦其の惠を共にす、二十二日、陸軍の處置其の宜しきを得たるを嘉尙し、兵部大丞以下に酒肴を賜ひ、尋いで池田彌一以下各隊上級幹部二十七人の臨時聯隊編成等に力を盡せる功を賞して金を賜ふこと各〻差あり、又外務省官吏の外國人觀覽の便を圖りし勞を賞して同じく金を賜ふ、〇太政官日誌、公文錄、行幸書類、平松時厚在職中日記、富小路家日記、嵯峨實愛日記、大久保利通日記、保古飛呂比、皇族家記、華族家記、岩倉家藏書類、太政類典、法令全書、三條實美公年譜、岩倉公實記、軍事關係明治天皇御傳記史料

皇后御誕辰

皇后御誕辰なるを以て、天皇之れを賀して鮮鯛・五種交肴各〻一折を皇后に進め、女房等に祝酒を賜ふ、〇用度掛日記

二十日　寺院に賜ふ所の綸旨を宣旨に改め、自今諸寺をして官位・住職參內等に關する諸願は總て

辨官に提出せしむ、但し執奏の家ある者は執奏家より之れを提出せしむ、〇太政官日誌、公卿補任
大納言兼留守長官中御門經之の京都府事務取扱及び留守次官阿野公誠の京都府權知事を兼ぬるを罷む、〇華族家記、公卿補任、諸家系譜、百官履歴

洋方醫の拜診

二十二日　小御所代に於て大學大助教兼少典醫池田謙齋をして拜診せしめたまふ、是れ洋方醫拜診の記錄に見ゆる始なり、〇平松時厚在職中日記

曆本の私販を禁ず

頒曆授時の事は一大重典なり、然るに近時曆本の世に流布するもの多きを以て、令して弘曆者の外、私かに曆本の類を販賣することを禁ず、〇太政官日誌、法規分類大全
諸願・伺・屆及び往復文書の類、皆干支を俱載せしむ、〇法令全書

普く種痘を行はしむ

二十四日　牛痘種法の泰西諸國に行はるゝこと既に七十餘年、其の間自然痘の慘毒を免るゝ者枚擧に暇あらず、嘉永年間此の法我が國に傳はりしより、漸く世俗に行はれしと雖も、庸醫巫祝の徒糊口の資として鹵莽滅裂の術を施し、爲に往々病毒に感染せる者あり、又動もすれば無知の民、荒誕無稽の說を信じて狐疑を抱き、僻陬の地に至りては亦未だ此の良法あるを知らず、爲に不幸に遭遇する者尠からず、洵に是れ天授の良法、造化の妙機を損すと謂ふべし、仍りて客月假に大學東校種痘館規則を定め、東京府下種痘施行の法を設け、種痘館に鑑定診察方・種痘方・採漿方等の職員を

置きて施設する所あらしむ、是の日、府藩縣に令して普く種痘を行はしめ、其の施行の方法等は大學種痘館に就きて傳習せしむ、尋いで五月八日、京都に醫學校治療兼種痘所を設く、〇太政官日誌、公文錄、太政類典、法令全書

二十五日　賀茂祭は干支十三日を相當とすと雖も、會〻朝議決せざりしを以て、是の日追行し、御拜あらせらる、仍りて二十四日晩より是の日酉の刻まで宮中神事に入る、但し政府出仕の輩は憚るに及ばざる旨を達す、今次近衛使進發の儀を廢し、宣命使大納言中御門經之・奉幣使神祇少副梅溪通善を參向せしむ、神祇官の祭式を沙汰すること吉田祭に同じ、〇太政官日誌、祭典錄、公文錄、留守官日記、御布告留記、冷泉爲理日記、橋本實麗日記、押小路師親日記、非藏人日記抄、押小路甫子日記、華族家記、大藏省文書、留守官諸來翰、百官履歷

二十七日　近時關東地方地屢〻震ひ、又頻りに雷鳴するを以て、神宮・賀茂兩社・石清水八幡宮・御靈社・北野社に命じ、明日より一七日間、天下泰平・國土安全・玉體康安を祈禱せしめたまふ、是の日、命、京都に達す、留守宮内省乃ち之れを各社に傳宣す、〇押小路甫子日記

膳所藩藩城を撤卻す

膳所藩知事本多康穰、現存の藩城は啻に國防の用を爲さゞるのみならず、之れを維持するには多くの經費を要するを以て、藩城の樓櫓門牆等を撤廢せんことを請ふ、批して之れを聽す、〇華族家記

二十八日　皇太后、天皇に脇息一匣を進ぜらる、前大典侍中山績子始め女官等、下緒十組及び肴料

金千疋を天皇に、色紙掛一匣及び團扇を皇后に進獻す、是の日、女官田村嬈子久禮波と稱す東行の途に就くを以て共に之れを齎さしむ、

皇太后に觀能等を勸めらる

皇太后、京都に留守したまふこと久し、是の月、天皇、其の無聊を慰めたまはんがために囃子・能狂言等の御覽を勸めたまふ、右大臣三條實美・大納言岩倉具視・同德大寺實則連署して書を留守長官中御門經之に致し、聖旨を傳宣し、內々規畫經營する所あらしむ、尋いで又實美等、經之をして、皇太后に勸めたてまつるに修學院行啓の事を以てせしむ、皇太后、聖旨を拜し、辭謝して曰く、客歲以來天皇行宮に在して夙夜萬機を總攬あらせられ、宸襟を安んじたまふ暇あらせられざるに、獨り遊樂に耽るべきにあらずと、○青山御所御納戸日記、中山績子日記、押小路甫子日記、中御門家記錄、女官履歷

貨幣私鑄の罪を宥免す

二十九日　令して、貨幣の私鑄、客歲五月箱館平定以前にあるものは總て其の罪を問はざらしむ、蓋し貨幣の僞造たる、元より國法の禁ずる所、然れども國家騷擾に際しては貨幣流通の便を缺くを以て、各藩往々之れを私鑄し、或は兵馬の費を資け、或は焦眉の急を救はんことを欲す、而して無知の小民に至りては、贋造貨幣の盛に流布するを見て國禁たるを忘れ、之れを私鑄して遂に罪を犯す者亦尠からず、畢竟是れ政令未だ洽からざるの致す所なるを以て、特に斯の令を發したるなり、○太政官日誌

米國産綿種の栽培

米國産出の木綿種を各縣に交付し、試みに之れを栽培せしめ、以て其の成績を錄上せしむ、○法令全書

造幣首長キンドル著任

是の月　是れより先、造幣寮新貨幣を鑄造せんとし、之れを擔任せしめんがため、元香港英國造幣寮頭取トーマス・ウィリアム・キンドルを聘す、是の月、キンドル、分析・鎔解等の技師を伴ひて來朝す、〇法規分類大全、大日本貨幣史年表、造幣局沿革誌

五月

朔祭

一日　節朔の祭典を治定せしにより、是の日、神祇官に於て始めて朔祭を行はせらる、其の儀、先づ神殿を裝飾して神饌を供じ、次に祝詞を奏し、次に神饌を撤す、祝詞の文左の如し、

掛卷母恐支八柱乃大神天神地祇八百萬神御代御代乃天皇都弖三所乃大前尓恐美恐美母白久今日乃某月乃某日乃禮代止御食御酒魚菜菓等乎備奉利弖愼敬比拜奉留事乎高高尓聞食世止白須

神饌は洗米・酒・鮮魚・海菜・野菜・時菓なり、〇祭典錄

參議大久保利通に謁を賜ひ、奏する所の彈正臺臺則の件を聽きたまふ、〇大久保利通日記

御講學

二日　午前讀書あらせられ、侍講中沼了三之れに候す、午後侍讀松平慶永・同秋月種樹等進講す、八日・九日・十日・十三日・十九日・二十三日・二十四日・二十七日・三十日、了三御讀書に候し、或は進講を奉仕し、二十三日亦御復讀に候す、又四日・十日・十五日・二十七日は慶永・種樹等參仕して十八史略を進講し、九日・十三日・十四日・十九日は侍講福羽美靜國史を進講す、十日・十

五日・二十七日御親讀あり、二十七日には慶永・種樹等之れに參候す、尙六月二日、御讀書竝びに十八史略の進講あり、了三及び慶永・種樹等の參仕すること例の如し、爾後三日・八日・九日・十二日・十三日・十五日・十九日、了三御讀書或は進講に候し、三日・十五日、美靜參仕して國史を進講す、〇平松時厚在職中日記

曩に西郷隆盛を正三位に敍するや、隆盛以爲らく、位階は朝廷の重器なり、容易に之れを受くべきものにあらず、特に我が藩知事島津忠義の位階を凌ぐが如きは情義の許さゞる所なりと、固辭して拜せず、仍りて是の日、其の請を聽す、〇百官履歴、西郷隆盛傳、大西郷全集

目時隆之進中島源藏の忠節を旌表せしめらる

三日　盛岡藩士目時隆之進政明・同中島源藏常明の死節を追賞し、祭粢料各〻金二百兩を賜ひ、且藩知事南部利恭に命じて厚く二人を祭祀し、其の忠節を旌表せしむ、二人、夙に勤王の大義を唱へ、反正の實を擧げんことを欲し、百方苦慮、闔藩をして順逆を誤らざらしめんとせしが、源藏は奸黨の讒誣に遇ひ、明治元年七月九日大坂に於て屠腹して死す、享年四十、同年十二月、藩主、削封の朝命を受くるや、隆之進其の寃を監察使に訴ふれども納れられず、藩議、隆之進を責めて國を賣る者と爲し、藩地に送還す、隆之進乃ち東京より歸藩の途、二年二月八日黑澤尻に於て屠腹して死す、年四十七なり、後、二十四年十二月二人に正五位を贈らせらる、〇太政官日誌、續愛國偉績、贈位諸賢傳

福山藩をして釧路國三郡を管せしむ、翌月十九日、請を允して名古屋藩の北見國二郡、金澤藩の同國三郡の管理を免じ、同月、東京府をして根室國の三郡を管せしめしが、閏十月九日、開拓使に移管す、○公文錄、東京書文錄、開拓使事業報告、法令全書

寛政五年六月二十七日、高山彥九郎、遊說して久留米に至りて屠腹す、之れを同地に葬る、仍りて客月、久留米藩其の墳塋に祠宇を營み、且神號贈位の宣下あらんことを請ふ、是の日、祠宇の造營を允し、他は之れを聽さず、○太政類典、高山操志

四日　御前會議あり、大臣・納言・參議等候す、十日亦同じ、○大久保利通日記

參議廣澤眞臣曩に朝旨を奉じて山口藩に赴きしが、用務を終へて歸京し、是の日參內す、乃ち謁を御學問所代に賜ふ、○平松時厚在職中日記、廣澤眞臣日記

五日　端午の節なるを以て、辰の刻小御所代に出御、右大臣三條實美以下の賀を受けたまふ、京都御所に於ては玉座に祝膳を供す、天皇、皇太后に提帶及び絹を、淑子內親王・親子內親王に各〻絹を贈り、女房等に祝儀を賜ふ、皇太后、祝儀料を天皇に進ぜらる、○平松時厚在職中日記、青山御所御納戶日記、押小路甫子日記

六日　吹上御苑に出御あらせらる、十二日・十六日・二十一日・二十六日亦同じ、辰の刻頃出御、戌の刻頃入御を常とす、六月十一日・十五日亦同御苑に出御あらせらる、○用度掛日記、富小路家日記

七日　天皇、今年寶算十九、陰陽師の說に厄年と稱し、之れを忌むを以て、賀茂下上社に命じて厄災禳除の祈禱を修せしめたまふ、○押小路甫子日記

淀藩知事稻葉正邦以下十一人參內す、仍りて午の刻謁を賜ひ、且天盃を賜ふ、○平松時厚在職中日記

文書司の設置

外務省に文書司を置き、尋いで外務權大丞柳原前光をして文書正を兼ねしむ、文書司は各國往復文書案を編校し、交際記乘を輯錄し、外邦文籍・交通辭令を翻譯し、新聞を刊布すること等を掌る、○太政官日誌、柳原前光省中日記、法規分類大全、外務省沿革類從

彈例を更定し臺則を定む

彈例を更め、親王・大臣以下僚吏等を彈劾すべき彈例八則を定め、尋いで彈正臺の臺則四條を定む、○法令全書

京都府下所在の社寺地を同府をして管轄せしむ、○太政官日誌

津山藩知事松平慶倫の父正四位松平齊民、康熙字典一部を獻ず、六月二十七日、津藩知事藤堂高猷亦其の上梓に係る資治通鑑を獻ず、○公文錄、太政類典

八日　津藩知事藤堂高猷參內、天機を候す、乃ち謁を小御所代に賜ふ、高猷、客歲重賞の恩を謝して劍眞長作一口・津絨子十匹・茄子形團扇五十本を進獻す、○公文錄、平松時厚在職中日記

親王・華族の府藩縣の學校に就きて學ぶことを許し、其の要件五則を定む、○太政官日誌

大村永敏傷害犯人停刑の事ありしより以來、彈正臺の官吏、諸省の僚吏と相善からず、動もすれば抗争せんとす、右大臣三條實美之れを憂ひ、是の日、諸省卿・大輔及び彈正尹九條道孝以下大巡察に至るまでの諸員を太政官に召集し、自今百官協心戮力、職務に勵精すべき旨を諭示す、〇大久保利通日記

黑田清隆を開拓次官に任ず

九日　兵部大丞黑田清隆を以て開拓次官に任じ、樺太專務と爲す、尋いで清隆、樺太開拓意見を上る、七月十九日、清隆に樺太出張を命じ、全權を付與して臨機適宜に事を處分せしむ、〇太政官日誌、公文錄、開拓使日誌補遺、保古飛呂比、參考史料雜纂、百官履歷、樺太施政沿革

十日　皇太后、有卦に入らせらる、有卦の事既に廢せられしも、懿旨に由り、天皇に寄肴料金二千疋、皇后に同金千五百疋を進ぜらる、〇青山御所御納戸日記

郵便制度を立てんとす

租稅權正前島密をして驛遞權正を兼ねしめ、尋いで新に郵便制度を立てしむ、蓋し從來の飛脚制度は其の機構既に時勢に適せざるのみならず、弊害頗る多きを以て、之れを官の經營に移さんとするなり、〇華族履歷、前島密傳記、前島密談話、鴻爪痕

十二日　侍從東園基愛を以て臨時に御乘馬御用掛と爲す、〇平松時厚在職中日記

十五日　熊本藩知事細川護久・津藩知事藤堂高猷參內す、乃ち謁を賜ひ、天盃を賜ふ、護久は前知事韶邦の弟にして、五月八日其の後を嗣ぐ、特に護久に、藩政を改革し、力を國家の興隆に盡すべ

き旨の勅諚を賜ふ、〇平松時厚在職中日記、熊本藩國事史料

齋藤利行を参議に任ず

刑部大輔齋藤利行を以て參議と爲し、君側御用取扱を奉仕せしむ、〇嵯峨實愛日記、保古飛呂比、公卿補任、百官履歴

陸軍國旗等の徽章を定む

陸軍國旗章・同諸旗章及び兵部省の帷幕・提燈の徽號を定めたることを布告し、府藩縣一般をして類似の徽章を用ゐざらしむ、是れより先客月、駒場野親閲の事あるや、兵部省は陸軍國旗を定むるの要ありとし、案を具して太政官に稟請する所あり、太政官之れを許す、又同月、陸軍國旗・大隊旗付與の制を定め、陸軍國旗は一聯隊に一旒を、大隊旗は大隊毎に各一旒を付し、大隊獨立して出陣の際は其の隊に陸軍國旗を交付することとせしが、是に至りて是の令ありたるなり、陸軍國旗は白地紅日光線章にして、大隊旗以下總嚮導旗・武庫司旗・造兵司旗・大小荷駄旗・病院旗等の諸旗は皆山形章を附す、山形の線に赤・黑・白の差あり、〇太政官日誌、陸軍省文書御指令濟書類、陸軍省文書諸達書留

十六日　御當座あり、歌題を「早苗」と賜ふ、皇后詠進せらる、侍從・内番等亦詠進す、〇平松時厚在職中日記

御乗馬

山里馬場に於て馬を御したまふ、十七日・十九日・二十日・二十三日・二十五日及び六月十三日亦同じ、〇用度掛日記、平松時厚在職中日記

二十四日　從一位二條齊敬、位階一等を辭す、允して正二位に鷁退せしむ、〇諸家系譜、公卿補任

諸官員の外、賢所に獻物を爲すを停む、〇帝室日誌

二十五日　孝明天皇の祭日に丁るを以て、正二位冷泉爲理をして後月輪東山陵に代參せしめたまふ、〇冷泉爲理日記

楠社祭典

勅して楠社の例祭を兵庫に行はしめ、神祇權大祐植松雅言等を遣はして祭祀に奉仕せしめたまふ、同社の造營は先年既に其の命ありしが、今次之れを兵庫縣に委し、六月十七日、令して宮・百官・華族以下士族・卒・庶人に至るまで有志の者をして其の工を助けしむ、〇太政官日誌、祭典錄、太政類典

集議院開院式

二十七日　巳の刻大廣間に出御、集議院長官大原重德以下議員に謁を賜ふ、〇集議院日誌

二十八日　集議院開院式を擧ぐ、右大臣三條實美以下神祇伯・大納言・參議・諸省卿・大學別當・彈正尹・開拓長官等の諸官及び諸藩議員列席す、實美、御沙汰書を集議院長官大原重德に授く、重德之れを捧讀す、次に諮問書を授く、權判官大津好鄕之れを朗讀す、式は巳の刻に始まり、同半刻畢る、尙議員に令して客歲下したまへる詔書の趣旨を遵守し、愼重協議聖旨に答へたてまつらしむ、〇集議院日誌、嵯峨實愛日記、大久保利通日記、三條實美公年譜、法令全書

戊辰役賞典遺漏の追錄

三十日　戊辰役賞典の遺漏を追錄し、七番隊徵兵西本祐準以下十三人の死者に祭粢料各〻金百三十兩を、曾我吉之助以下四人の負傷者に慰勞として各〻金五十兩を賜ふ、〇太政官日誌

是の月　府藩縣に令し、管內の石高・戶數・人口を調査、提出せしむ、尙人口に就きては華族・士

族・卒・平民・社務人・僧・穢多・非人の階級に分ち、男女を區別して錄上せしむ、〇華族家記、法令全書

明治天皇紀 巻三十五

明治三年

六月

一日 朔日につき、皇太后に三種交魚・三種精進物及び祝酒を進めたまふ、從來朔日には三獻の祝酒を上りしが、自今之れを停めらる、○中山績子日記、押小路甫子日記

二日 曩に京都御所御苑の撫子に優曇華の花開く、事、叡聞に達し、天機頗る麗し、是の日、内祝あらせられ、皇太后に肴料金二千疋を進じ、三位局中山慶子以下女官に金を賜ふ、御沙汰十七日京都に達す、皇太后亦肴料金二千疋を天皇に贈りたまふ、○押小路甫子日記、青山御所御納戸日記

三日 中村藩知事相馬季胤、戊辰の役、官軍に供せし糧食の内米二千俵及び人馬繼立の賃錢六千七百兩餘を獻ぜんことを請ふ、是の日、之れを聽す、擧母藩知事内藤文成上書して、戊辰の役、官軍

に提供せし兵食竝びに人馬賃錢の半を獻ぜんと請ふ、十月五日之れを允す、又同月十七日一ノ宮藩知事加納久宜の明治元年東征大總督熾仁親王駿府滯陣中金穀を獻納せしことを嘉賞す、〇太政官日誌

木戸孝允山口より歸京復命す

四日　待詔院出仕木戸孝允、曩に山口藩に差遣せられしが、元山口藩主毛利敬親と倶に歸京し、是の日、參內す、乃ち巳の刻謁を賜ひ、其の復命を聽きたまふ、〇木戸孝允日記、松菊木戸公傳

毛利敬親參內天機を候す

七日　元山口藩主毛利敬親、客歲召命を蒙りしも、藩內脫隊兵の暴動ありて遽かに上程する能はず、是の月二日に至り、待詔院出仕木戸孝允と倶に東京に到著し、是の日、參內して天機を候す、乃ち謁を賜ひ、詔して曰く、維新以來海內略〻定まり、國家の基礎亦漸く固からんとす、是れ汝父子積年の功勞なり、朕深く之れを嘉す、眞に國家の柱石と謂ふべし、然れども前途尙憂慮に堪へざるものあり、汝暫く闕下に在りて力を國事に盡せと、敬親、聖旨を奉體して東京に留まる、〇木戸孝允日記、華族家記、防長回天史、三條實美公年譜、松菊木戸公傳

宮・堂上等に今年の嘉祥米を下賜するを停む、〇法令全書

八日　府藩縣に令し、國事に關して順逆を誤り刑辟に觸れし者は、客歲九月發令の趣旨に基づき、寬典に從ひて之れを處置せしむ、〇太政官日誌

九日　安仁親王仁孝天皇皇子の五十回忌法會を泉涌寺・般舟三昧院に修し、留守官をして代香せしめらる、

尙是れより先、同親王に奉仕せる乳人等の請に依り供養料を賜ひ、又同親王奉仕の女房等に金を賜ふ、○中山績子日記、押小路甫子日記、青山御所御納戸日記

木戸孝允を參議に任ず

十日　待詔院出仕木戸孝允を召見して參議と爲したまふ、幾ならずして孝允辭職を請ふ、九月二十三日に至り、引續き出仕すべき旨御沙汰あらせらる、○太政官日誌、木戸孝允日記、保古飛呂比、三條家文書、松菊木戸公傳

嘉彰親王等皇族をして修學せしめらる

博經嘉彰兩親王の海外留學を聽さる

嘉彰親王外國語を學ばんことを奏請す、是の日、之れを聽したまふ、親王乃ち築地に假寓し、普國領事ベーヤに就きて勉學す、二十七日、元輪王寺宮公現王の學校入學を允したまふ、又七月四日、智成親王の請を聽し、東京に於て勤學せしめ、神祇少副福羽美靜を皇學、侍講中沼了三を漢學の師範たらしめたまふ、同月二十二日、博經親王の海外留學の請を聽し、米國に於て勤學せしめたまふ、尋いで嘉彰親王外國留學を請ふ、十月七日、之れを聽し、英國に留學せしめらる、後、尋常書生の心得を以て勤學し、辨務使の指揮を受くべき旨御沙汰あらせらる、閏十月十二日、親王横濱を解纜して英國に向ふ、○太政官日誌、帝室日誌、伏見宮日記、東伏見宮御達諸願伺届書、小松侯爵家文書、東京往復、明治三年對話書、太政類典、百官履歴

十一日　吹上御苑に出御あらせらる、十五日・二十一日・二十三日・二十六日亦同じ、十五日には未の刻晃親王・博經親王及び元山口藩主毛利敬親・右大臣三條實美・參議木戸孝允・同廣澤眞臣等を瀧見御茶屋に召して宴に陪せしめ、天盃を賜ふ、申の半刻に至りて入御あらせらる、○木戸孝允手記抄、富小路

家日記、用度掛日記、三條實美公年譜

東京に於ける小學校の創設

十二日　客歲春、令して小學校を設立せしめしが、東京府下に於ては第一校を芝增上寺寺中源流院、第二校を市ヶ谷洞雲寺、第三校を牛込萬昌院、第四校を本鄕本妙寺、第五校を淺草西福寺、第六校を深川長慶寺に設くるに決し、是の日、第一校を開き、尋いで各校に及ぶ、是れ東京に於ける小學校の創設なり、○法規分類大全、日本敎育史資料

十四日　勅して祭典を氷川神社に行はしめ、宣命使として參議副島種臣、奉幣使として神祇少副梅溪通善を參向せしめたまふ、仍りて十二日酉の刻より宮中神事に入り、十五日朝解く、○太政官日誌、祭典錄、公文錄、用度掛日記、大久保利通日記

十五日　八坂祭、宣命使として留守次官阿野公誠、奉幣使として神祇權大祐植松雅言を參向せしむ、○太政官日誌、祭典錄、橋本實麗日記

十七日　新潟縣知事兼越後按察次官三條西公允を罷め、尋いで宮內權大丞平松時厚を以て同縣知事と爲す、二十日、越後按察使を廢す、○太政官日誌、公文錄、百官履歷

皇城近火の際、勅任官をして天機奉伺のため皇城に參候せしめ、奏任官以下をして其の官省に參集せしむ、尋いで二十二日、近火の際に於ける親王・三職以下諸官の下乘場以內隨從者員數の規則を

定む、〇太政官日誌

竹橋以下五門を解放す

竹橋・雉子橋・清水・田安・半藏の五門を開放し、以て衆庶の通行を許す、但し雉子橋を除く外は、酉の刻を限り通行を禁ず、〇太政官日誌

十九日　曩に待詔局を開き、草莽の臣と雖も國事に就きて獻言するを許し、今年四月七日亦令して時務に關する意見を上らしむ、是の日、命じて待詔局に提出せる建議中重大事件は上裁を仰がしめ、然らざるものは同局に於て檢問したる後、集議院を經て各官省府縣に廻付して處置せしむ、〇岩倉家藏書類、太政類典、法令全書

二十日　光格天皇皇后欣子内親王新清和院二十五回忌に丁るを以て、昨今兩日泉涌寺・般舟三昧院に於て法事を營み、留守官をして代香せしめたまふ、又叡旨を以て同皇后に奉仕せる女房等に金を下賜せらる、是れより先、特に命じて泉山の陵を七重塔に改め、塔供養を修せしむ、〇中山績子日記、押小路甫子日記、青山御所御納戸日記

御前會議

二十二日　御前會議あり、二十四日亦同じ、〇大久保利通日記

二十五日　高梁藩知事板倉勝弼、客歳凶荒に際し、管下の窮民を救恤して凍餒の憂無からしむ、仍りて是の日、其の績を褒す、〇太政官日誌、公文錄

紙幣贋造清國人等の罪を斷ず

二十七日　清國人竹溪の罪を斷じて斬に、其の黨與を斬或は徒刑に處す、是れより先、竹溪横濱在住の塗師職善吉等と謀り、英國公使の不在を奇貨とし、同公使館内に於て紙幣を贋造せるを以て、之れを獄に投ず、然るに白耳義國以下九箇國領事減刑を要求し、横濱居住の清國人亦請ふ所あり、朝廷顧みず、國法を以て之れを處することとし、十一月二十三日其の刑を執行す、尙清國人の本國に於て我が國の紙幣一兩・五兩・十兩の三種を僞造する者あるを以て、外務大錄兼通商權大祐品川忠道を上海に遣はして犯人を捜索せしむ、忠道上海に至り、苦心の末竟に其の犯人は清國人吳吉甫以下數人なることを確めたるを以て、同國會審同知官陳福勳に照會して此れ等の犯人を處罰せしめ、且贋版十面を沒收す、上海道臺亦嚴に管內に令して後來を戒む、○公文錄、明治財政史

二十九日　午の半刻京都御所附近に旋風俄かに起り、且雷鳴を伴ひ、京都御所・大宮御所被害尠からず、皇太后、爲に御座を他に移したまふ、申の刻頃に至りて雷鳴漸く收まる、○中山績子日記、押小路甫子日記、青山御所御納戸日記

東京に於て夏越祓あり、神祇大祐北小路隨光等奉仕す、○祭典錄

七月

僞造寶貨律を公布す

二日　僞造寶貨律を公布し、府藩縣に令して、禁を犯す者は毫も假借する所なく卽決嚴罰に處し、

之れを刑部省に上申せしむ、抑〻貨幣贋造の弊害は政府の夙に苦慮する所にして、明治元年八月二十九日、府藩縣に令して嚴に檢察せしむ、斯くの如く之れが矯正に力むれども、時恰も兵馬倥偬の際なるを以て特に寛典に從ひしが、却りて恩に狃れ、禁を犯す者尠からず、其の弊延いて外國貿易に及ぶを以て、客歳正月、外國公使等之れが處置を外務省に要求するに至る、同年二月、金銀貨幣鑑封所を東京本町に設け、公納金は必ず鑑査と封印とを受けしめ、又貨幣改所を京都・大阪・横濱・兵庫・長崎に設けて貨幣を檢し、同五月、僞造者を嚴刑に處する旨を令し、七月、外國公使と幣制整理の實行を約し、府藩縣に令し、贋金の數を檢して之れを錄上せしめ、開港場は委員を派して外國人所有の數を檢せしむ、又太政官札の發行せらるゝや、福岡・廣島・秋田・斗南の諸藩其の他各地に於て之れを摸造する者あり、同年十月、贋造二分金にして銀臺のものに限り、特に其の百兩に對し金札三十兩の割合を以て引替ふることとし、更に是の歲四月、布告して去歲五月の箱館殘賊平定を期とし、其の以前に於ける私鑄贋造に關する罪を赦免することとせしが、多年積弊の餘を承け、其の害測り知るべからざるを以て此の令を發せるなり、○太政官日誌、贋金竝金札處分一件、岩倉公實記、大日本貨幣史、大隈侯八十五年史、松菊木戸公傳

天津事件に關し局外中立の內命を外務省に下す

清國天津事件紛糾するを以て、外務省に對し、開戰の節は局外中立を守るべき旨內命を發す、客月、

天津の暴徒、佛國天主教徒經營の孤兒院に兒童誘拐の嫌疑ありと稱して領事館・教會堂・孤兒院を襲擊し、掠奪放火殺戮を恣にす、是に於て淸佛國交斷絕して將に干戈に訴へんとし、我が橫濱港等に碇泊せる外國軍艦等相續ぎて天津に發航す、仍りて政府警戒する所あり、且淸佛の開戰を慮り、此の內命を發せるなり、〇公文錄、木戶孝允手記摘要、法規分類大全、海外新聞、支那外交通史

丸山作樂等を樺太より召還す

三日　外務大丞丸山作樂・同權大丞谷元道之等、客歲以來樺太に出張し、力を開拓に盡し、又露國官吏と屢〻日露兩國人の雜居問題等に關して折衝する所ありしが、政府見る所あり、今年三月四日之れを東京に召還す、旣にして作樂等東京に歸り、更に樺太經營の策を定め、强硬の態度を以て露國と折衝せんことを建言す、是の日、作樂等の樺太出張を止め、其の功勞を賞して作樂に金三百兩、道之に金二百五十兩を賜ふ、〇太政官日誌、丸山作樂傳

四日　戊辰役の後、會津地方は人心未だ全く安定せざるを以て、兵部省に令し、米澤・中村・二本松・宇都宮等十藩の兵を徵して若松縣近傍諸道關門の警備に當らしめ、軍監一人を簡派して之れを督せしむ、十一月三日に至りて諸藩の出兵を止む、〇太政官日誌、公文錄、肥後藩國事史料、中村藩事蹟集、太政類典

五日　勅奏任官竝びに非役の宮・華族にして雙親有る者は十四日、雙親無き者は十五日、各〻辰の刻參內して中元の慶を上らしむ、判任官以下は同じく兩日巳の刻其の官省に參賀せしむ、〇法令全書

七日　參議木戸孝允參內す、仍りて謁を賜ひ、其の奏する所の時事を聽きたまふ、〇木戸孝允日記、松菊木戸公傳

八日　從來舊藩主等は東京に數箇所の邸第を構へて門戸を張るの風あり、是に於て明治元年八月朝廷之れを限定して十萬石以上は邸第三箇所、以下は二箇所を下賜せられしが、今や府藩縣三治一途の新政を布くを以て、舊時の如く門戸を張る要なきのみならず、殊に大邸第の多くは茫々として雜草の生ふるに委するを以て、是の日、諸藩知事に令して公私各〻一箇所を留め、餘は悉く之れを上らしむ、〇太政官日誌、公文錄

民部大藏二省を分ち分課を改訂す

十日　民部・大藏二省を分ち、民部省をして土木・驛遞・鑛山・通商・聽訟の五司及び社寺・鐵道・電信・燈臺・製鐵の五掛を管し、大藏省をして出納・用度・營繕・造幣・租稅・監督の六司及び度量衡改正掛を管せしむ、乃ち民部卿兼大藏卿伊達宗城を以て大藏卿に、民部大輔兼大藏大輔大隈重信を大藏大輔に、東京府大參事大木喬任を民部大輔に任じ、大納言岩倉具視・參議大久保利通・同廣澤眞臣を民部省御用掛と爲す、客歲七月、民部・大藏の二省を置き、八月、民部卿松平慶永をして大藏卿を兼ね、民部大輔大隈重信をして大藏大輔を兼ねしめしより、名は二省なりと雖も其の實は一省の如く、民政と財政とに互れる重要繁雜の事務あるを以て、其の權力漸く强大となり、卿輔の勢、動もすれば內閣を壓せんとするのみならず、重信專ら兩省の政務に當り、其の爲す所は

往々内閣施政の旨趣に副はざる所あるに至る、是に於て政府の内外其の專横を憤る者尠からず、右大臣三條實美及び具視等之れを憂ひ、重信を拔きて參議に登庸せんとするの議あり、利通・眞臣及び參議副島種臣・同佐佐木高行之れを懌ばず、重信の罷免を實美に迫り、若し聽かれずんば袂を連ねて職を辭せんとし、暗に重信の參議登庸に反抗す、參議木戸孝允內閣の動搖を以て國家の大事と爲し、建言する所あり、乃ち實美、具視と議し、民部・大藏に之れが專任を置き、以て其の權力を分ちしなり、尋いで二十二日、民部省通商の一司を大藏省に移し、地理・庶務の二司を民部省に加へ、八月九日に至り、府藩縣に令して申牒文移等之れを各主管に致さしむ、○太政官日誌、公文錄、木戶孝允日記、大久保利通日記、保古飛呂比、三條家文書、大久保利通文書、岩倉家藏書類、三條實美公年譜、百官履歷、明治職官沿革表、松菊木戸公傳、大隈侯八十五年史、明治政史

盛岡喜連川長岡等の藩を廢す

是れより先五月十五日、盛岡藩知事南部利恭上表して其の職を辭し、郡縣の制に復して政令一途に出でんことを請ふ、聽さず、六月利恭、前請を申ぬ、是の日、之れを允して知藩事を免じ、同藩の正租雜稅十分の一を以て家祿として之れを下賜し、東京に在住せしめ、盛岡藩を廢して盛岡縣を置く、十七日、喜連川藩知事足利聰氏の請を允して其の藩を廢し、日光縣に併す、十月二十二日、長岡藩知事牧野忠毅亦上書して藩內士民の窮狀を訴へ、米を借らんことを請ひ、且藩力微弱にして維持し難きを以て職を辭せんことを欲す、仍りて同藩を廢して柏崎縣に併合し、金十萬兩を同縣に假

貸して管下の士族・卒等のために授産の道を講ぜしめ、而して聰氏・忠毅に祿を賜ひ、東京に住せしむ、又八月十九日、米澤藩知事上杉茂憲の支族米澤新田従五位上杉勝道に、九月二日、平戸藩知事松浦詮の支族平戸新田従五位松浦脩・熊本藩知事細川護久の支族高瀬従五位細川利永・同宇土従五位細川行眞に、閏十月四日、鳥取藩知事池田慶德の支族若櫻従五位池田德定・同鹿奴従五位池田德澄に各〻家祿を賜ひ、孰れも東京に住せしむ、其の管地は本藩若しくは縣に分屬す、○太政官日誌、華族家記、保古飛呂比

御乘馬

十一日　午の刻山里馬場に出御、馬を御したまふ、十二日・十三日・十七日・十八日・二十日・二十八日亦同じ、○用度掛日記

十二日　従四位後藤象二郎を麝香間祗候と爲し、國事を諮詢あらせらるゝを以て、隔日出仕せしむ、○諸家履歷、百官履歷

大學本校の閉鎖

姑く大學本校を閉づ、是れより先二月、大學規則及び中小學規則を定む、是れ大學大丞楠田英世・同少丞小松彰等の、南校教官等と議り、專ら範を泰西の學制に採りて起案する所なり、然るに本校の教官等其の議に與らざるを不滿とし、袂を連ねて官を辭せんとす、學生亦之れに和し、紛擾結びて解けず、別當松平慶永之れを如何ともする能はず、遂に辭表を呈するに至る、仍りて此の令あり、翌十三日、慶永の大學別當兼侍讀を解きて麝香間祗候と爲し、大學大監秋月種樹の大監兼侍讀を罷

む、爾來南校・東校獨立し、歐風學術の研究日々に隆盛に赴く、○太政官日誌、公文錄、保古飛呂比、鴻鯉錄、百官履歷、東京帝國大學五十年史

十三日　彈正大弼池田茂政を罷む、○公文錄、池田章政家記

民部權大丞中村清行及び池田莊三郎、戊辰の際、會計民政事務に勉勵せるを以て、賞して淸行に祿五十石、莊三郎に五口俸を賜ふ、○公卿補任

十六日　吹上御苑に出御あらせらる、二十一日・二十六日亦同じ、○用度掛日記

十七日　留守官の祭典奉幣の參向員を定めて、參議參向の神社には次官、辨官參向の神社には正權判官をして參向せしむ、以下參向の諸員之れに準ず、○法令全書

彈正尹九條道孝、曩に賜はりし賞典の內米五十石、金四百五十兩を獻じ、窮民賑恤の資に充てんことを請ふ、是の日、之れを聽す、○華族家記

曩に東京府は授產所を設け、窮民を導きて各〻業を勵しめ、其の成績亦觀るべきものあり、蓋し府吏員の協力指導宜しきを得たるの結果に外ならず、仍りて是の日、之れを嘉尙し、更に之れを獎勵す、○法令全書

大友帝淡路廢帝九條廢帝に諡號を上る

二十三日　大友帝に弘文天皇、淡路廢帝に淳仁天皇、九條廢帝に仲恭天皇と追諡し、神祇官神殿に於て之れを祭り、大納言德大寺實則を差遣せらる、其の儀、官・省・院・臺・職の長官著座し、神

祇伯中山忠能、三皇靈に各〻祝詞を奏し、次に幣物として各〻紅白絹一匹宛を供し、玉串を奠じ、次に勅使參進して三皇靈に宣命を奏す、神祇伯進みて宣命を請け、神前に奉る、畢りて更に八神・天神地祇・歷代皇靈の三所に奉告の祭祀あり、是れより先明治元年八月、伊豫國人城門某・大和國人宇陀某建白書を上りて淡路廢帝の神靈を京都に奉遷し、謚號を奉らんことを請ひ、是の歲五月、神祇官亦三帝の謚號に就きて建議する所ありたり、○太政官日誌、祭典錄、公文錄、雜書綴、建白書、嵯峨實愛日記、法令全書

二十四日　外國人護衞の別手組は從來兵部省に於て之れを管せしが、移して東京府に屬せしむ、○外務省沿革類從、兵部省御用留、法令全書

彥根藩知事井伊直憲、上書して曰く、今次政府、海軍費を徵收せしを以て藩用贍らず、故に家祿の半を割き、歲月を期せず、藩廳費に獻納して其の闕を補はんことを請ふと、是の日、之れを聽す、姬路藩知事酒井忠邦亦財政匱乏して藩廳費支へ難きに因り、這般命ぜられたる軍資獻納は頗る困難なるを以て、家祿の半を割きて姑く藩廳の費に供せんことを請ふ、十月二十九日、之れを聽す、米澤藩知事上杉茂憲、家祿の四分の一を獻じて藩廳費を補はんことを請ひ、又苗木藩知事遠山友祿、家祿の三分の一を以て管內窮民賑恤に充てんことを請ふ、閏十月二十二日共に之れを聽す、尋いで二十八日、友祿、同藩士族等皆其の世祿を返納して藩用の不足を補ひ、藩債を償ひ、軍費に備へ、

自らは歸農し、闔藩一致して朝意奉戴の實績を擧げんことを請ふ旨を上申す、復之れを聽す、篠山藩知事青山忠敏は、同藩負債のため藩力疲弊せるを以て、姑く其の家祿の半を割きて藩廳費に充てんことを請ふを以て、十二月六日、之れを聽す、尋いで西尾藩知事松平乘秩は家祿の十分の二を割き、膳所藩知事本多康穰は藩債償卻のために家祿の中千五百石を、龜山藩知事石川成之は家祿の中三千俵を、泉藩知事本多忠伸は家祿の四分の一を割きて共に藩廳の費或は窮民救恤の費に充てんことを請ふ、皆之れを聽す、〇太政官日誌、公文錄、華族家記、公卿補任、太政類典

二十五日　是れより先、彈正臺大阪出張所を廢せしが、是の日、京都出張彈正臺を廢し、巡察員駐在の制を設けて兩府を譏察せしむ、〇太政官日誌、職官表、法規分類大全

柳原前光を清國に派遣

二十七日　是れより先、外務權大丞柳原前光に命じて、清國上海に赴きて同國政府に修交を求め、我が國人の彼の地に居住する者、又は彼の國人の我が國に在留する者のために妥協の法を商議し、且權に通商の事を議せしめ、委するに旨を請ひて定奪すべき權を以てす、是の日、前光參內して陛辭す、乃ち謁を賜ひ、天盃を賜ふ、尋いで二十九日、前光、外務權少丞花房義質・同文書權正鄭永寧等を隨へて東京を發し、上海に向ふ、〇太政官日誌、柳原前光輒誌

鹿兒島藩士橫山正太郎安武時事を慨し、時弊十條及び征韓を非とするの書を集議院の門扉に掲げ、津

藩邸の後門に至り、屠腹して死す、享年二十八、蓋し其の志、死を以て官を諫むるに在り、朝廷、正太郎の所爲は誤解に出づるものありと雖も、眞に是れ憂國の至誠に出でたるものと爲し、其の衷情を愍み、八月八日に至り、祭資金百兩を賜ふ、〇太政官日誌、横山正太郎死諫始末、横山正太郎安武忠死諸書付留、嵯峨實愛日記、大久保利通日記、保古飛呂比、續愛國偉績

二十八日　從來八朔に當り、親王・攝家物を獻じ、諸臣太刀等を獻じて之れを賀せしが、自今之れを停む、〇法令全書

普佛兩國開戰に因り局外中立を宣す

普佛兩國間風雲急なるものありしが、客月二十一日遂に戰端を開く、仍りて局外中立を宣布し、兩國船艦出入港措置の條規を交易場及び沿海地方に頒つ、當時政府は豫め不虞に備ふる所あり、去る二十五日、鹿兒島藩士赤塚源六・山口藩士中島四郎・佐賀藩士中牟田倉之助を以て假に小艦隊指揮と爲し、姑く源六に富士艦に乘じて兵庫港を守衞し、兼ねて山陽・南海の海岸を護らしめ、四郎をして甲鐵艦に乘じて横濱港及び東海海岸を、倉之助をして龍驤艦に搭じて長崎港及び西海海岸を、又佐賀藩士眞木安左衞門をして日進艦に乘じて函館港を護らしむ、翌月二十九日に至り、中立條規中に不備あるを以て之れを改訂公布し、尋いで普國公使の要求に從ひ、九月十八日、局外中立の條規第三項を補充して軍艦の外に其の他の船舶をも含ましめ、又第四項にも追加規定する所あり、然

るに佛國公使等之れを肯ぜず、交渉月を累ねしが、普佛兩國講和するに及びて事自ら止む、〇太政官日誌、保古飛呂比、明治三年對話書、通信全覽、法令全書、法規分類大全、中牟田倉之助傳

三十日　麝香間祗候後藤象二郎に紫組掛緒を賜ふ、〇太政官日誌、百官履歴、諸家履歴

八月

御乗馬

二日　山里馬場に出御、馬を御したまふ、七日・九日・十三日・二十三日亦是の事あり、〇用度掛日記

四日　北野祭、留守次官阿野公誠を以て宣命使とし、神祇權大祐植松雅言を奉幣使として參向せしむ、從來北野臨時祭と稱せしが、自今北野祭と改めしむ、〇太政官日誌、祭典錄、公文錄、冷泉爲理日記

五日　元堂上及び諸藩主の元服請願の心得を頒つ、卽ち元堂上の元服は東京・京都任意の地に於て之れを行ひ、其の地の宮内省にて恩を謝せしめ、元諸藩主の元服願は必ずしも上京提出するを要せざるも、當日元服昇殿の宣旨拜受の上更に參内して恩を謝せしむ、〇法令全書

七日　從來諸社の祭典に當り、彈正臺官員之れに莅むの制なりしが、既に京都出張彈正臺を廢せるを以て、自今之れを止む、〇法令全書

八日　民部權大丞兼鑛山正井上勝を佐渡・江刺二縣に遣はし、採鑛の發達に努めしむ、〇太政官日誌、百官履歴

販賣鴉片烟律及び生鴉片取扱規則を頒布す

九日　販賣鴉片烟律及び生鴉片取扱規則を頒布し、又之れを我が國各港在留淸國人に告諭す、抑〻

鴉片烟の輸入は夙に我が國法の禁ずる所なりしが、清國人の我が國各港に居住する者の自家用に至りては、古來の風習除き難きものあるを以て、自然默許の已むべからざるものあり、然るに我が國人亦竊かに弄喫して其の風味を試みる者あるに至る、既に滿清の覆轍あり、今にして法を設けて之れを制せずんば、他日之れを如何ともなすべからざるに至らん、仍りて此の律を設け、鴉片烟を販賣して利を謀る者、首犯者は斬に、從犯者は三等流刑に處する等嚴罰を以て臨むこととし、又藥用生鴉片の賣買取扱等亦地方官廳をして嚴に之れを檢察せしむ、〇太政官日誌、公文錄、明治三年對話書、通信全覽、法令全書

十一日　辰の刻吹上御苑に出御、亥の刻過に至りて入御す、十六日・二十一日・二十六日・二十七日亦同苑に出御あらせらる、〇用度掛日記

丁抹國使節國書を捧呈す

十二日　丁抹國使節ジュリス・フレデレッキ・シッキ參內朝見して國書を捧呈す、是れより先慶應二年十二月、幕府、同國と修好通商航海條約を締結せしが、未だ彼我使節の來往を見ざりき、今年同國皇帝、シッキを遣はして國交を厚くせしむ、シッキ五月來朝し、親しく天皇に謁して國書を捧呈せんことを請ふ、仍りて是の日、午の半刻大廣間に出御、國書を受け勅語を賜ふ、シッキ言上する所あり、其の儀、概ね曩に伊國及び蘭國使節朝見の時に同じ、又延遼館に於て酒饌を賜ふ、從來屢〻外國使臣朝見の事あり、其の儀注略〻定まれりと雖も尙未だ確定せざるを以て、外務省をして

調査せしめ、内規を定む、卽ち外國の帝王は總て其の國の尊稱を以て稱する事、勅語は親疎の別なく其の内容を一定し、使節捧呈する所の國書叡覽の時に限りて立御の事、從來朝見の所は敷くに疊を以てするも、使節をして靴を脱せしむること難きを以て、之れを撤して布を敷き、櫻間邊廊下は板敷とする事、使節從者の數を減ぜしむる事、昇殿後右大臣應接を廢する事、使節參朝の時は兵隊の引率を許さゞる事、延遼館賜饌は從來西洋料理なるも、向後饗饌の式を設け、著館の際は簡易なる國風の祝酒を賜ひ、次いで食堂に召し、西洋料理を賜ふ事、又賜饌の際、接伴の者略服を用ゐしも、改めて禮服と爲し、彼等に亦禮服を著せしむる事と爲す、〇太政官日誌、嵯峨實愛日記、安政事情、皇國駐在外國使臣履歷、法規分類大全、史談會採集史料雜錄

徳島藩の内訌

徳島藩士私闘の罪を斷ず、是れより先五月十三日、徳島藩士等、元藩家老稻田邦植の采邑洲本を襲擊す、蓋し稻田氏は徳島藩主蜂須賀氏の重臣にして祿仕すること三百年、勢威頗る盛にして、家臣等は陪臣たりと雖も藩士の間に伍して隱然重きを爲せり、特に維新の際は、徳島藩の態度頗る疑ふべきものあるに反し、邦植王事に盡瘁し、家臣等亦京坂の地を往來するを以て自ら朝紳の間に知らるゝに至る、且西宮警衞を命ぜられ、又征討大總督の警衞に任ず、斯くの如くにして邦植の家臣と本藩士とは胸中自ら釋然たらざるものあり、動もすれば相爭はんとするの傾向あり、客歲祿制改革

に際し、邦植の舊臣は陪臣たるの故を以て邦植の部下を離れて郷付銃卒に編せられ、士族に列すること能はざりしかば、藩知事蜂須賀茂韶に請ふに、舊來の緣故に依り士を士とし、卒を卒とせんことを以てし、又兵部卿熾仁親王・大納言岩倉具視に哀訴する所あり、具視乃ち岩鼻縣權知事小室信夫・福島縣權知事立木兼善に命じて邦植等を北海道に移住せしめんことを斡旋せしむ、邦植の舊臣等事の就らざるを見て、寧ろ本藩と分離して新に洲本藩を立つるに如かずと爲し、之れを朝廷及び茂韶に哀訴して已まず、是に於て德島藩士平瀨伊右衞門等、以て僭越不遜として憤激し、朝命を待たず、稻田氏舊臣中の姦を除くと稱して洲本を襲擊し、火を邦植及び舊臣等の邸宅に放ち、邦植の舊臣及び婦女子等を殺戮するに至れるなり、稻田氏舊臣等三百四十餘人讃岐に遁る、時に茂韶・邦植倶に召命を奉じて東京に在り、茂韶乃ち暇を請ひ歸藩して鎭撫に力む、朝廷亦彈正少弼黑田淸綱・中辨田中不二麿を德島及び洲本に遣はして審按せしめ、茲に其の罪を判じ、首謀伊右衞門以下十人を斬に處し、其の黨百十六人を配流・禁錮・謹愼に處すること各〻差あり、又同藩士下條勘兵衞・牛田九郎の事に死せるを賞し、祭資各〻二百兩を下賜す、十月三日、藩法の不肅を譴め、茂韶以下大參事・參事等五人に謹愼を命ず、尋いで同月十五日、邦植に舊祿一萬四千五百石の十分の一を給し、其の舊臣と共に北海道に移住せしめ、舊祿の十分の九を以て、日高國靜內郡・根室國志古丹島開拓の資に充てしめ、期するに十年を以てす、此の地、元、増上寺の管する所なり、而して淡路國は之れを兵庫縣に併合す、〇太政官日誌、公文錄、大久保利通日記、司法省雜纂錄、開拓使日誌補遺、開拓使事業報告、公卿補任、新井敦二郎講演速記錄

十三日　熾仁親王に勅して智成親王を其の第に寄寓せしめ、之れが敎養の事を委したまふ、後、故あり、其の事なくして止む、〇熾仁親王御日記、熾仁親王行實

各港在留の清國人中、竊かに我が童男幼女を買ひ、海外に連行せんとする者あり、政府之れを拿捕して嚴重に處置せんとす、仍りて是の日、地方官に令し、嚴に管内を取締り、庶民を敎諭して將來を戒めしむ、〇太政官日誌

北海道石狩國札幌郡琴二村役土人マタイチ皇城拜觀を希ふこと年あり、今次開拓使官員に隨從して東京に來るを以て、開拓使稟申してマタイチの宿志を遂げしめられんことを請ふ、乃ち之れを允し、是の日、同官員の隨從者として皇城玄關前に參進、拜觀せしむ、〇公文錄

十四日　大納言鍋島直正、病を以て辭官の表を上る、仍りて之れを聽し、更に麝香間祗候と爲す、〇太政官日誌、鍋島直正卿家記、鍋島直正公傳

普佛戰爭視察のため大山彌助等を歐洲に差遣

普佛戰爭今や酣なるを以て、戰況を視察せしめんため、高知藩士板垣退助・山口藩士品川彌二郎・鹿兒島藩士大山彌助を歐洲に差遣す、尋いで佐賀藩士池田彌一を以て之れに加ふ、退助時に廳務を

帯び歸藩せんとするを以て之れを罷め、高知藩士林有造を以て之れに代ふ、彌助等先づ普國に抵り、詳かに戰況を視察す、既にして普國連戰連勝、遂に巴里城を包圍す、彌助等十一月巴里に至り、審かに兩軍の戰況、將兵の强弱、兵器の利鈍、勝敗の原由、歐洲の動靜、兵制の變革等を視察す、巴里城、包圍の中に在ること百二十餘日、十二月八日西暦一八七一年一月二十八日遂に開城す、是れに先だち、ベルサイユに於て普國王フレデリック獨逸國皇帝の位に卽き、尋いで普佛講和條約成る、當時廣島藩士渡正元留學して巴里に在り、久しく籠城し、當時の情況を目擊して記せる籠城日記を彌助に贈る、彌助等深く普國の强兵と戰術とに私淑して歸る、後年我が國陸軍の佛國式を捨てゝ範を獨逸國に採れる所以は實に此に胚胎すと云ふ、○太政官日誌、公文錄、木戸孝允日記、大山彌助明治三庚午歲歐洲視察日誌、品川子爵傳、渡正元談

十五日　明治元年、石清水八幡宮の放生會を改めて中秋祭と稱せしが、是の月五日、更に男山祭と稱せしむ、蓋し神名若しくは地名を以て祭名と爲すべしとの趣旨に出でたるなり、是の日、男山祭を行ふを以て、大納言中御門經之を宣命使とし、神祇少副梅溪通善を奉幣使として參向せしむ、仍りて宮中十三日晩神事に入り、十六日朝解く、○太政官日誌、祭典錄、公文錄、冷泉爲理日記、橋本實麗日記、押小路師親日記、鷹取保明治巳午日記

二十日　曩に政府、從二位德川慶頼・同德川茂榮に軍資金の上納を命ずるや、二人上書して曰く、明治元年藩屛に列せられしより、銳意兵備の充實を圖り、且各所警衞の任に當り、今や財力窮乏し、

朝命を奉ずる能はざるを以て、各自有する所の兵器を獻納せんことを請ふと、是の日、之れを聽す、〇太政官日誌、公文錄

蠶種製造規則を公布す

近來蠶種の製造粗惡にして國產の品位を損すること尠からず、是れ世人目前の小利に汲々として永遠の國利を圖らざるに因る、仍りて是の日、蠶種製造規則を頒ち、明年より之れを規準とし、地方官をして養蠶場を監督せしむ、〇太政官日誌、法令全書

大阪神戸間電信開通

大阪神戸間の電信線架設の工竣れるを以て、是の日開通し、假名一字につき料金錢十六文を徵す、〇法規分類大全

二十三日　金澤・鹿兒島等二十藩に令し、民政に練達する者各〻一人を選擇して貢進せしむ、〇太政官日誌

熾仁親王、其の家臣飯田忠彥の遺著野史二百九十一卷を上梓せんことを請ふ、時に朝廷、國史編修の事あるを以て、命じて之れを獻じ、參考に資せしむ、是の日、金五百兩を親王に、金百兩を忠彥の遺嗣文彥に賜ふ、〇太政官日誌、帝室日誌、有栖川宮日記、贈位諸賢事略

天文曆道局を星學局と改稱す

二十五日　天文曆道局に於て星學の研究を盛にするの要あるを以て、大學の請を容れ、同局を星學局と改稱す、〇法規分類大全

福岡藩紙幣贋造事件

二十七日　福岡藩紙幣僞造犯者を拘す、客歳、同藩大參事郡成巳・同立花增美・同矢野安雄・權大參事小河愛四郞・少參事德永織人・權少參事中根直等、大錄山本一心の言を容れ、一時の權道を以て藩民の窮乏を救濟せんとして竊かに紙幣の僞造を企畫し、僞造所を藩廳內に置き、數十名の職工を使役す、今年三月一心死せるを以て一時中止せしが、三隅傳八之れに代るに及びて再び之れが工を起し、僞造の額約金三十萬兩に及び、東京・長崎・新潟等にて之れを使用す、七月其の事發覺し、成巳等を彈正臺小倉出張所に拘す、彈正臺之れを糺問して、是の日、成巳を山口藩に、增美を岡山藩に幽し、尋いで愛四郞を豐浦藩に、織人を大泉藩に、直を高田藩に幽す、其の他傳八等を諸藩に幽す、是れより先、政府は紙幣贋造の弊竇を絕たんため、贋模紙幣巡察順序を設け、各府藩縣及び開拓使に密諭して之れが檢索に努めしかば、紙幣贋造各地に發覺して縛に就く者尠からず、就中其の犯跡最も大にして、贋造の數多きものを福岡藩なりとす、政府之れを偵知するや、民部・大藏兩省の官吏を福岡に派遣して犯人を逮捕するに至れるなり、〇太政官日誌、木戶孝允日記、福岡藩贋札一件、明治財政史

二十八日　山口藩士山縣有朋曩に歐洲に留學を命ぜられしが、是の月二日歸朝す、仍りて是の日、兵部少輔と爲す、〇木戶孝允日記、東京往復、防長回天史、百官履歷

智成親王武備充實を建議す

二十九日　智成親王、武備を擴張して國力を充實せんことを建議す、其の要に曰く、方今宇內の形

勢を觀るに、動もすれば强は弱を併せ、大は小を呑まんとす、是れ强弱相扶け大小相濟ふ所以にあらず、是の時に當り、皇國の勉むべきは、文を修め武を講じ、以て皇圖を恢弘し、大に士氣を作振するに在り、夫れ武備の完否如何は强弱の分るゝ所なり、武備我に充實せば、彼何ぞ侮を我に加ふるを得んや、嘉永以來交際の權常に彼に在りて我之れに屈せざるを得ざるは、唯恐戰の二字に禍せらるゝがためのみ、其の毎事彼に制せられ、遂に國計を誤り、國威を失墜するもの、職として我が武備の充足せざるに由る、蓋し是れ德川氏の一大失政にあらずや、今や前車の覆轍復び踏むべからず、思ふに復古の號令發せられてより既に三年、未だ一號令の士氣を作興するものあるを聞かず、然れども海外日に事多し、若し斯くの如くして因循日を移さば、一旦緩急あるに際し、何を以て克く彼の併呑を免れんとするや、願はくは講武の詔を發し、大に士氣を暢達し、以て益〻皇圖を恢弘せんことをと、〇公文錄

是の月　各港在留の淸國人及び條約未濟國人にして我が國の禁令を犯す者は、國法に依り處置することと爲す、〇法規分類大全

岩倉具視施政の根本を定むべきを建議す

廟堂に建國の基礎を昭明し、以て施政の方針を確立せんとするの議あり、大納言岩倉具視意見書を裁して之れを朝議に付す、其の要に曰く、今や我が國は內治外交紛糾錯雜し、復古以來既に三年を

經るも朝權未だ確立せず、尾大不掉の感あり、其の罪實に廟堂の大臣に在り、今日の事、一日之れを忽にするときは終に百年の大患を貽さん、要は自ら省みて己れを責め、誓ひて國家の基礎を堅くするに在るのみと、更に條陳する所凡そ十五項、施政の百般に渉る、其の要綱を擧ぐれば、建國の體を明かにすべき事、國家經綸の根本を定むべき事、政府の歳入歳出を明かにし、其の計算を國民に知らしむべき事、政府將來施設の目的を立つべき事、郡縣の體を大成せんために漸次其の方針を示すべき事、列藩の改革は政府の裁斷を仰がしめ、之れを一途に歸せしむべき事、華族及び士卒家祿の制を變革すべき事、士族及び卒に農工商の業に就くことを勸誘すべき事、藩知事朝集の制を廢し、輦下に在住せしむべき事、藩を改めて州郡と爲すべき事、天下民治の規制を一定して民部省の總轄に歸せしむべき事、天下の財源を一定して大藏省の總轄に歸せしむべき事、兵制を一定して兵部省の總轄に歸せしむべき事、刑罰及び人民訴訟の法を一定して刑部省の總轄に歸せしむべき事、中小學校を設置して大學に隷屬せしむべき事、是れなり、○岩倉具視關係文書、岩倉公實記

九月

一日　吹上御苑に出御あらせらる、六日・二十六日亦同じ、○用度掛日記

大隈重信を参議に任ず

二日　大藏大輔大隈重信を以て參議と爲し、兵部大輔前原一誠を罷む、○保古飛呂比、百官履歴

鹿島香取兩神宮大奉幣の儀

四日　鹿島神宮竝びに香取神宮に大奉幣の儀を行はせられ、大辨坊城俊政を以て宣命使、神祇少副福羽美靜を奉幣使と爲して參向せしめたまふ、而して是の日は鹿島神宮に奉幣につき、巳の刻過束帶にて出御、遙拜あらせらる、太政官辨官以上・諸省長官・東京府知事等侍立す、七日香取神宮を遙拜あらせらるゝこと四日に同じ、〇太政官日誌、祭典錄、公文錄、嵯峨實愛日記

七日　從三位中山慶子、召に依り客月十四日京都を發して二十八日東京に著し、是の日、始めて參內して天機を候す、乃ち御前に於て從二位の宣下あり、〇御達留、御內儀日記摘要、東京往復、太政類典

熊本藩知事細川護久、家祿の一半を割きて管內の窮民を救恤し、且藩城を破毀して民心を一新せんことを請ふ、仍りて是の日、之れを聽す、頃者各藩、城郭の破損するに從ひ、之れを破毀せんことを欲する者多く、既に膳所藩知事本多康穰之れを請へる外同じく請願する者、今年中、宮津・宇和島・三春・笠間・高松・小濱・鳥羽・壬生・岩槻・岸和田・小田原・川越・山口・山形・大多喜・小諸・延岡等十七藩の多きに達せり、〇太政官日誌、熊本藩國事史料、太政類典

越中島に行幸鹿兒島等四藩徵兵の操練を親閱

八日　越中島に幸して鹿兒島・山口・佐賀・高知四藩徵兵の操練を閱したまふ、四藩の徵兵、交代のため將に歸藩せんとするを以て、兵部大丞川村純義等之れが親閱を奏請す、參議大久保利通亦大納言岩倉具視に進言して曰く、陛下若し徵兵を親閱して勅語を賜はゞ、將士皆感奮興起して士氣大

に振ひ、假令交代して歸藩するも深く天恩の優渥なるに感じ、其の藩兵たるを忘れて朝廷のために死力を盡すに至らん、頃者普國の宰相ビスマルク兵力と財力とに頼り、佛國と戰ひて大勝を得たり、是れ我が國の以て鑑みざるべからざる所なり、人或は勅語を士卒に賜ふが如きは朝威を冒瀆する虞ありと論ずる者あらんも、是れ大局に通ぜざる者の言なり、抑〻練兵は實戰と敢へて異ならざるにあらずやと、具視之れを善とし、右大臣三條實美と議して之れを奏上す、天皇乃ち之れを嘉納したまひしなり、是の日早天、兵部卿熾仁親王兵を下馬先に調へ、出御を待ちたてまつる、卯の刻過板輿にて出御、鹿兒島・佐賀二藩の徵兵各〻一大隊鹵簿の前後を警衛し、高知藩騎兵亦列に入る、參議・各省長官・侍從等騎馬にて供奉す、辰の半刻越中島調練場に著御あらせらる、操練は鹿兒島藩兵の大砲實彈射撃を以て開始す、朝來天候黯澹として南風吹きしが、實彈射撃未だ終らざるに、巳の刻烈風迅雨驟かに至り、須臾にして海水溢れ、玉座を浸さんとす、爲に御座を移したまふ、風雨益〻猛烈、海波時に調練場を洗ふを以て操練を中止し、遽かに還幸仰出さる、高知藩騎兵・山口藩徵兵等警衛す、偶〻輦路浸水脛を沒し、永代橋亦危險に瀕するを以て、轉じて新大橋を渡御あらせられんとし、高知藩邸前を過ぐること纔かに一間許、同邸の長屋俄然倒潰し、供奉の大典醫青木邦彥爲に壓死し、正三位清閑寺豐房負傷す、仍りて鳳輦を同藩邸に駐めたまふ、既にして新大橋亦危

天候激變風雨を衝きて還幸せらる

險に瀕せんとするを以て、兵部少輔久我通久馳せて之れを檢し、而して後、急に渡御あらせらる、鹵簿整はず、橋上、輿側に扈從する者、輿丁の外利通及び參議廣澤眞臣の二人あるのみ、午の半刻風雨を衝きて還御あらせらる、夕刻に至りて風雨止む、本日、具視事を以て扈從せざりしが、風雨加はるに及びて安居する能はず、急遽蓑を纏ひ草鞋を穿ち、徒歩して越中島に至れば鳳輦既に發御の後なるを以て、踵を回らして參內し、天機を候し、且親閲に關し、神祇伯中山忠能・宮內卿萬里小路博房を以て叡慮を候す、勅したまはく、今や普佛二國相戰ひ、世界の形勢逆睹すべからざるものあり、是の時に當り、我が國は軍備の充實を圖るを以て一大急務と爲す、朕の閲兵亦故なきにあらざるなり、今日風雨のために之れを中止せりと雖も、更に明日本丸跡に於て閲兵すべし、風雨若しくは泥濘のために練兵不能ならんには、十一日神宮を遙拜し、十二日神事解くるを待ちて再び越中島に幸すべしと、時に四藩徵兵乘船の期迫り、十一日雇外船將に發航せんとするを以て、具視等親閲を止めたまはんことを奏請せるも聽したまはず、仍りて具視之れを兵部省に傳ふ、將士皆感激す、乃ち十二日越中島再幸の事に決す、九日、酒肴を四藩の徵兵に賜ひ、特に各〻金千兩を賜ひて前日の勞苦を慰し、十日、邦彥の死を憐みて祭資金百兩を賜ふ、十二日、偶〻聖體不豫なるを以て、右大臣三條實美に勅し、代りて兵を越中島に閲せしめ、且兵の强弱は國家安危の繫かる所、宜しく

再度親閲を仰出さる

四藩徵兵に酒肴を賜ふ

宇内の大勢に順應して益〻其の技術を練磨し、戮力勉勵以て國家の干城たる任を盡すべき旨の優諚を下したまふ、兵部省、練兵終了の旨を奏せしに、天機麗しく、翌十三日重ねて之れに酒肴を賜ふ、麝香間祗候松平慶永、越中島還幸の途上不虞の變ありしを聞き、恐懼措く所を知らず、十日、手書を具視に贈りて曰く、天變地異の日は切に行幸を延べたまはんことを望む、既に客月二十九日晩より宮中御神事あり、夫れ御神事中は御愼最も重く、重輕服者僧尼參朝を憚る、八日の如きは御神事中尙行幸の事あり、輦路に重輕服者の往來ありしも未だ以て測り知るべからず、神威儼として侵すべからず、聞く安政の內裏炎上は御神事中なりしと、近來行幸に際し風雨尠からず、伏して願はくは將來御神事中は御愼あらせられんことをと、〇太政官日誌、公文錄、行幸書類、熾仁親王御日記、廣澤眞臣日記、大久保利通日記、嵯峨實愛日記、橋本實麗日記、保古飛呂比、齋藤月岑日記、用度掛日記、留守官日記、岩倉家藏書類、大久保利通文書、軍事關係明治天皇御傳記史料、三條實美公年譜、岩倉公實記、大久保利通傳、兒玉愛次郎談話、侯爵久我通久談

九日　重陽の節、右大臣三條實美以下大納言・參議等參賀す、乃ち謁を賜ふ、〇嵯峨實愛日記、大久保利通日記、廣澤眞臣日記

集議院長官以下議員等を召見藩制改革を勅せらる

十日　大廣間に出御、集議院長官以下議員及び在京の藩知事・大參事等を召見して藩制の改革を勅し、同院を閉ぢて各議員に歸藩を命じたまふ、定むる所の藩制に曰く、藩を分ちて大中小の三等と爲し、十五萬石以上を大藩、五萬石以上を中藩、五萬石以下を小藩とす、但し石高は草高の稱を止めて物成を以て稱せしめ、雜稅金は石八兩立にて本石高に算入せしむ、藩廳には知事・正權大參

事・正權少參事以下の職員を置き、知事の外は藩の大小に應じて其の員數を定め、知事の朝集は國家有事の外は三歲一次、滯京三箇月を限る、又石高十分の一を以て知事の家祿とし、之れを除外したる石高の十分の一を折半し、其の一を海軍資として官に納め、其の一を陸軍資に充て、軍資の餘は藩廳費及び士卒の祿と爲さしむ、官祿は各藩其の宜しきに從ひ、藩債は藩廳費・家祿等に賦課して之れを償却し、藩發行の紙幣は兌換の途を立て、每年十月より翌年九月までを會計年度として十二月歲入歲出を錄上し、俸祿の與奪及び死刑等は朝裁を仰ぎ、其の他悉く知事に委す、又公用人及び公議人を廢し、正權大參事の內一人在京し、集議院開院の際之れをして議員たらしむと、○太政官日誌、集議院日誌、廣澤眞臣日記、富小路家日記、華族家記、法規分類大全

知藩事の一門に位階を賜ふを停む、又皇族・華族の家人職員を家令・家扶・家從・家丁とす、○太政官日誌

十一日　神宮例幣發遣のため、客月二十九日晚より宮中神事に入り、是の月九日晚より十二日朝まで潔齋あらせらる、是の日、勅使從二位藤波敎忠を發遣するを以て、巳の刻出御、神宮を遙拜あらせらる、辨官以上各省長官等參仕す、○祭典錄、公文錄、御布告留記、嵯峨實愛日記、富小路家日記、押小路師親日記、用度掛日記、法令全書

十二日　獨逸北部聯邦國皇帝、戰爭の圖を贈獻せらる、仍りて是の日、午の半刻同國代理公使フォン・ブラント之れを携へて參朝す、偶〻聖體不豫なるを以て、嘉彰親王をして代りて大廣間に之れを受

獨國皇帝戰爭の圖を贈獻せらる

けしめたまふ、進獻の儀畢りて後、吹上御苑瀧見御茶屋に於て公使に茶菓を賜ふ、今日公使の參朝略式を用ゐ、途上警衞の兵を付せず、大手門前に一小隊の兵を置きしのみ、〇太政官日誌、公文錄、廣澤眞臣日記、皇國駐在外國使臣履歷、法令全書

十三日　津和野藩知事龜井茲監の勤王の功を賞し、位階を陞せて正四位に敍す、大洲藩知事加藤泰秋・大村藩知事大村純熈・新谷藩知事加藤泰令・平戶藩知事松浦詮・水口藩知事加藤明實・西大路藩知事市橋長義等亦同じく位階の陞敍各〻差あり、〇太政官日誌

海陸軍禮式中天長節禮式を定む

海陸軍禮式中天長節禮式を定む、海軍にありては、各軍艦は當日大桅に國旗を揭げ、艦長は慶賀の旨を艦內に布告し、巳の半刻乘員甲板上に整列して位を正し、萬歲を唱へ、樂手慶賀の樂を奏す、但し樂手なき軍艦に於ては鼓を以て之れに代ふ、午の刻祝砲二十一發を發す、又從來天長節には橫濱・長崎砲臺に於て外國軍艦の祝砲に應發するを趣旨とせしが、今年よりは右砲臺の外、品川沖及び各港碇泊の軍艦に於て祝砲二十一發を放つを以て永世の條規と爲す、陸軍にありては第一等の禮式を用ゐ、其の式は飾隊にして、兵士は銃を捧げ、士官は拔劍祝禮を行ひ、樂隊祝禮譜を奏することと十回とし、祝砲二十一發を放つこと海軍に同じ、〇軍事關係明治天皇御傳記史料、法令全書

元米國國務長官シューアードを御引見

十四日　元米國國務長官ウィリアム・ヘンリー・シューアード世界周遊の途次來朝す、同國辨理公

使チャールス・イー・デ・ロング、シューアードに謁を賜はんことを請ふ、之れを聽したまふ、是の日巳の刻、シューアード、公使と俱に參內するや、之れを吹上御苑紅葉御茶屋に延きて茶菓を賜ひ、大納言・參議等應接す、既にして天皇、瀧見御茶屋に出御あらせられ、外務卿澤宣嘉、シューアード及び公使を誘導して同御茶屋に參進す、乃ち謁を賜ひ、遠洋恙なく來朝せるを悅ぶ旨の勅語を賜ふ、シューアード奉答す、復、卿久しく米國政府の要路に在りて政治に熟達すと聞く、凡そ何事に拘らず、我が大臣に示教する所あらんことを望むとの勅語を賜ふ、シューアード奉答する所あり、次に公使に勅語あり、公使亦奉答す、畢りて入御あらせらる、シューアード等紅葉御茶屋に復座し、右大臣三條實美等と會談して後退出す、○外事錄、公文錄、明治三年對話書、廣澤眞臣日記、用度掛日記、皇國駐在外國使臣履歷、法令全書

十五日　客歲豐榮神社に神號を賜へるを以て、是の日、宣命使として少辨五辻安仲を東京神田の山口藩邸に遣はして之れを宣せしめたまふ、○太政官日誌、廣澤眞臣日記

甲府縣知事滋野井公壽に謹愼を命ず

甲府縣知事滋野井公壽に謹愼を命ず、客歲、同縣下霖雨數旬、水害に繼ぐに惡疫の流行を以てす、山梨・巨摩・都留・八代の四郡被害最も甚し、公壽等之れを救恤せんがために種籾・農具・肥料代を窮民に貸與し、又治河の工を起さんとし、其の資として無利子年賦償還の法を設けて政府に稟請する所あり、政府は地方の疲弊獨り甲府縣に止まらずとして之れを許さず、然れども公壽等縣民の

窮状を坐視するに忍びず、遂に獨斷を以て撫恤の事を行ふ、仍りて政府は公壽等が上司の命を俟たず、獨斷專行して官紀を紊せる罪を問ひ、公壽を謹愼三十日、參事某を謹愼四十日に處す、翌月十七日、願に依り公壽の本官及び兼甲府城守を罷む、〇公文錄、公卿補任

御乘馬

十六日　山里馬場に出御、馬を御したまふ、二十八日亦同じ、〇用度掛日記

十七日　奈良縣知事園池公靜を以て侍從と爲す、〇富小路家日記、東京往復、百官履歷

十八日　海陸軍に大・中・少佐、大・中・少尉を置き、陸軍に更に正・權曹長を置く、〇太政官日誌

吉岡弘毅を朝鮮國に差遣

外務權少丞吉岡弘毅を朝鮮國に差遣す、客歳、外務省、嚴原藩知事宗重正の朝鮮國交涉の任を解き、自ら其の事に當らんとし、外務省出仕佐田素一郎・外務少錄森山茂等をして朝鮮國に赴き、其の內情を探り、且曩に同國に與へし國書に對する回答を促さしむ、素一郎等、是の歲二月釜山に著し、僅かに國書不受理の回答を得たるのみにして、尋いで歸朝して之れを復命し、且對韓政策を建白して大に征韓の議を主張す、參議木戶孝允等亦建言する所あり、廟議、外務權大丞柳原前光の建議を納れ、更に使を派して朝鮮國政府に交涉することに決し、弘毅を使とし、東萊府使等に付する所の外務卿の書を授け、外務省十一等出仕森山茂・同十二等出仕廣津弘信等を隨へて朝鮮國に赴かしむ、〇太政官日誌、朝鮮國交通概略、接韓記事、朝鮮交際始末、朝鮮事務書、尋盟日涉應接類纂及入府錄、岩倉公實記、征韓論實相

平民の稱氏を許す

十九日　平民の氏を稱することを許す、〇太政官日誌、公文錄、法令全書

天長節

二十二日　天長節、始めて神祇官に於て祭典を行はしめらる、其の儀、寅の半刻神殿を裝飾し、神祇官官員及び大辨坊城俊政著座す、次に開扉、次に神祇伯中山忠能祝詞を奏す、祝詞に曰く、

掛卷母恐支　八柱大神　天神地祇八百萬神御代御代乃　天皇都弖三所乃大前尓從一位行神祇伯藤原朝臣忠能恐美恐美母白左久今日乃此日乃天長節尓御玉串乎奉出志正三位行侍從藤原朝臣康隆乎差使弖御酒御食海川山野乃種々乃物乎禮代止奉置弖愼敬比奉仕志米給布事乎見行志聞食弖諸事乎古尓復志給比不服國乎言向氣鎭給比志大支御勳波國乃八十國落留隈無久千代尓八千代尓輝坐牟　天皇命乃大朝廷乎彌益々尓堅石尓常石尓天下四方國波伊加志夜具波衣乃如久立榮志米給幣止恐美恐美母白須事乎高々尓聞食世止白須

次に供饌、次に勅使侍從堀河康隆進拜す、勅使退座の後、神祇伯以下拜禮、次に神饌を撤す、次に閉扉す、開扉、閉扉、供饌、撤饌の時皆神樂歌を奏す、諸官員及び非職の宮・華族等參拜す、巳の刻天皇大廣間に出御、親王及び奏任官以上の賀を受け、勅任官以上に酺宴を賜ひ、各〻八丈縞一端を賜ふ、尙是の日、曩に定むる所の陸軍禮式に據り、山下門内陸軍操練所に於て祝砲二十一發を放つ、海軍の奉祝亦其の定むる所の如し、本日内廷に於ては侍臣及び女官等に酒饌竝びに物を賜ひ、京都御所に於ても亦同じ、又奏任官・判任官以下等外に至るまで各官省に於て酒饌を賜ふ、府藩縣

官吏・海陸軍兵卒・生徒等亦同じ、又申の半刻より各國公使・書記官を延遼館に招き、先づ國風の饗饌あり、次に西洋料理を賜ひ、嘉彰親王をして參列せしめ、宴中始めて奏樂せしめらる、東京開市場竝びに各開港場に於ては、知事、各國領事等を饗應す、京都に於ては陸軍諸隊、河東練兵場に於て禮式を行ひ、下賀茂社に參拜す、大阪に於ては兵學寮生徒・屯所大隊・補備隊・土工兵、練兵場に整列して禮式を行ひ、諸生徒・兵隊の縱隊運動の後、高津社に參拜す、各隊祝砲を發すること皆同じ、各市民亦軒頭に挑灯を掲げて慶賀す、○太政官日誌、公文錄、行幸書類、用度掛日記、留守官日記、嵯峨實愛日記、冷泉爲理日記、橋本實麗日記、山口正定日記、兵部省出張所往復留、軍事關係明治天皇御傳記史料、法令全書

二十四日　中村藩貫屬の僧玄道罪あり、死に當る、玄道、戊辰の年大義を唱へて藩論を一定せし功あるを以て、刑部省に令し、特に死一等を減ず、○太政官日誌

府縣に令して流刑以下の犯罪は各廳に於て之れを專斷し、死刑に限り刑部省に稟候せしむ、從來死・流二刑共に刑部省の斷ずる所なりしを改めしなり、是れより先、刑部省の稟議に依り、刑法編纂に方り、八虐・六議の目を刪り、尋いで墨刑を刑典より除き、笞・杖二刑を以て之れに代ふ、又斬罪以上行刑の際は、東京市中五箇所に於て犯由牌を掲示するを例とせしが、十月二十八日、令して梟示を除く外、罪案の掲示を停む、○太政官日誌、法規分類大全、法令全書

土地開墾規則を定む

二十七日　従來土地の開墾は政府の許可を受くる制なりしが、徒らに時日を遷延し、卻りて其の事業を阻碍するを慮り、之れを廢して更に開墾規則を頒つ、卽ち開墾出願に對し、反別五町歩を限り、府藩縣に於て之れを處理すべく、五町歩以上に及ぶか、又は他の府藩縣に關係せる土地、或は管內の地たりと雖も、既墾の田畑を變じて用水・溝渠を疏し、又は溜池を埋め、堤防を毀つ等の要ある土地の開墾は、反別の廣狹に拘らず民部省の指令を受くべく、尙官費開墾は總て民部省に稟請すべきことと爲す、○太政官日誌

年穀稔れるを以て、釀酒額減少の制限を停む、○太政官日誌

二十八日　曩に東京府及び小菅・品川・浦和の三縣をして管內准勅祭社の諸務を管せしめしが、是の日、祭祀を併せ管せしむ、翌月十八日、東京府內鎭座の日枝・神田・神明芝・富岡・白山・氷川赤坂・王子・根津・龜戶・貴船品川・鷲宮・六所府中十二社の准勅祭を罷む、○太政官日誌、祭典錄

諸藩常備兵數を定む

諸藩の常備兵數を定め、現米一萬石につき士官を除き兵員六十人を以て常備と爲す、翌十月二日、範を海軍は英國に、陸軍は佛國に取り、以て之れを編成するに決し、各藩に令して漸次常備軍を佛國式に改めしむ、○太政官日誌、法令全書

按察使を廢す、尋いで山形縣をして其の殘務を處理せしむ、○太政官日誌、法令全書

二十九日　自今年々現米三十萬石及び諸藩所納の海軍資金を以て海陸軍諸般の費に充てしめ、戰時費の外臨時費を下付せざる旨を兵部省に達す、○太政官日誌、法令全書

三十日　元輪王寺宮及び滋賀院の臣隷に扶助金を賜ひ、農商に歸せしむ、滋賀院は近江國に在り、元、輪王寺に屬す、○太政官日誌、公文錄、法令全書

十月

御乘馬

一日　吹上御苑に出御、六日・十二日・十六日・二十一日・二十七日亦同じ、○用度掛日記

毛利敬親に優詔を賜ふ

二日　山里馬場に於て馬を御したまふ、三日・二十六日亦是の事あり、○用度掛日記

元山口藩主毛利敬親暇を請ひ、將に歸藩せんとす、仍りて召見し、優詔を賜ひて曰く、一新以來政體略〻定まると雖も、紀綱未だ全く張らず、人心安からず、前途の事朕憂慮に勝へず、汝既に復古輔翼の功あり、自今以後太平不拔の大業を贊襄し、勉勵以て範を諸藩に垂れ、紀綱張り名實倶に擧るの成績を奏すべしと、敬親感泣して退下し、十四日を以て東京を發す、○木戸孝允日記、防長回天史

玉松眞弘を侍讀と爲す

三日　大學中博士玉松眞弘を以て侍讀と爲す、○諸家系譜、華族家記、玉松眞弘傳

海軍掲揚の天皇旗等を制定す

海軍に於て掲揚する所の御旗・皇族旗・御國旗等の徽章を定む、卽ち御旗は赤地錦布金日章にして裏面に銀月章を附す、皇族旗は青地錦布紅日章、御國旗は白布紅日章、以上共に縱七尺八寸、横一

丈一尺七寸なり、其の他船首旗・將旗・代將旗・旒・海軍附屬護送船旗・水路嚮導旗等の制あり、地方管内外國船形運送船には後桅縱帆桁の端に國旗を揭げ、中桅に其の省府藩縣の符號旗を揭げしむ、〇太政官日誌

非藏人諸官人竝びに口向在勤の者は、從來賀茂兩社・松尾・稻荷・吉田・梅宮・藤森・若宮八幡・新日吉各社の社家を兼務する慣例ありしが、是の日、之れを停む、〇太政官日誌

横井平四郎暗殺犯人處刑

十日　客歲正月參與横井平四郎を殺害せし者の罪を斷じ、首謀者上田立夫以下四人を梟し、從犯者上平主稅等三人を終身流刑に、中瑞雲齋等三人を禁錮に處す、〇公文錄、嵯峨實愛日記

藩廳及び其の支廳に菊章の帷幕・挑灯を用ゐしむ、十四日、府縣廳及び其の支廳に亦之れを許す、〇太政官日誌

正親町三條實愛を大納言に任ず

十二日　正二位刑部卿正親町三條實愛を大納言に任ず、二十日、實愛の請を聽して從二位に鷂退せしめ、同位階の上座と爲す、〇嵯峨實愛日記、諸家系譜、公卿補任、百官履歷

十三日　諸藩知事朝集の順次を定め、之れを十二班に分ち、四季毎に更番せしめ、三箇年合せて十二番にして一周す、卽ち春の當番は前年冬に參著し、春三箇月在京し、夏に至りて歸藩すべきものとす、他之れに準ず、但し一季中閏月あらば、四箇月在京とす、〇太政官日誌

十四日　明治元年四月、日吉神社祠官樹下茂國・同生源寺希璵等、日吉神社に安置せる佛像・佛具を燒棄せるを譴め、茂國を謹愼百日、希璵等五人を謹愼九十日に處し、以下處刑各ゝ差あり、〇太政官日誌、公文錄、留守官日記、東京往復、太政類典

伊國公使信任狀を捧呈す

十五日　午の半刻、新任伊國特派全權公使コント・アレサンドロ・フェ・ドスチャニ、公使館書記官ビサ等七人を伴ひて參朝す、仍りて直衣にて大廣間に出御、朝見の儀を行はせらる、公使禮を行ふや、天皇、椅子に著御して之れを受けたまふ、次に公使皇帝の命を言上して信任狀を上る、立御之れを受けて叡覽あらせられ、側に置きて後椅子に著御す、次に公使に勅語を賜ひ、右大臣三條實美之れを傳宣す、次に隨員に謁を賜ふ、式畢りて公使等退下し、次に入御あらせらる、是の夕、延遼館に於て公使に賜饌あること例の如し、翌閏十月十日、伊國皇帝に贈る所の勅答書を公使に交付す、〇太政官日誌、公文錄、嵯峨實愛日記、明治三年對話書、用度掛日記、皇國駐在外國使臣履歷

宮內省分課を改定す

宮內省分課を改定し、宮內權大丞四辻公賀・同千種有任をして當番・出御・御對面・天盃・諸御禮・天機伺・御讀書・御當座・御藥調劑檢知を、大丞戶田忠至・同小河一敏をして會計・御膳・用度・營繕・秩祿を、少丞淸水正穀等をして奉獻・管鑰・御門出入・印鑑・御廐・倉庫・吹上・山里を管せしめ、且賢所取締を兼ねしむ、權大丞長谷信成・侍從綾小路有良を以て御乘馬御用掛とし、

従六位目賀田雅周・同宮下幸知等をして御綱を奉仕せしむ、又是の月、御劍取扱所を設け川南盛謙を其の掛と爲す、○法規分類大全、太政類典

十七日　天童藩知事織田信敏の東京邸に鎭座せる健織田社を改めて建勳社と稱せしめ、十九日、少辨五辻安仲をして宣命使として同社に參向し、之れを奉告せしむ、○太政官日誌、祭典錄

外國公使旅行接待例則を府藩縣に頒ち、力めて旅行に便ならしめ、又十八日、東京府下外國人社寺遊覽に關する心得方を定む、○太政官日誌、法令全書

二十二日　地方官朝賀規則を定め、元旦・天長節の兩嘉辰には、勅任官は一員一紙、奏任官は一紙連署にて賀表を捧呈す、又判任官は長官之れを受け、一紙に認めて上らしむ、府藩縣貫屬士族亦同じ、但し士族の賀は言上に及ばざることとす、○太政官日誌、留守官日記

二十五日　神祇官に命じて、官社以下神社の班位・定額・祭典式及び神官の職制・敍位の條規を調査せしむ、○太政官日誌、公文錄

岩倉邸に三職會議を開き政府改革案を議す

二十七日　是れより先、參議木戸孝允・同大久保利通、政府改革の要を說く、是の日、右大臣三條實美・大納言岩倉具視・同德大寺實則以下參議等具視の第に相會して議する所あり、君側輔導のこと、三職勤儉實行のこと、冗官を淘汰すべきこと等を決す、參議木戸孝允旅行中なるを以て會せず、

○木戸孝允日記、大久保利通日記、嵯峨實愛日記、岩倉家藏書類、三條家文書、岩倉公實記、大久保利通傳

紙幣製造を獨國人に依囑す

是の月　紙幣金五千萬圓の製造を獨逸國人に依囑す、是れより先明治元年、政府は財政の窮乏を救はんがために紙幣を發行せしが、世の信用薄くして流通阻塞す、政府、正貨兌換のことを令するに及びて、紙幣の價漸く囘復し、正貨と殆ど併行して流通するも、從ひて贗造の弊害を見るに至れり、是れ紙幣の製造精巧ならず、容易に摸造し得るを以てなり、是に於て新に紙幣を精製するの議あり、本邦駐剳獨逸國代理公使フォン・ブラントの斡旋に依りて同國人ベルの發明に係る紙幣製造法を採り、以て其の製造を同國人に依囑せんとし、是の月、大藏大丞上野景範をして、英國倫敦に於て獨逸國フランクフルトの彫刻師ビー・ドンドルフ及びシー・ナウマンの代人カル・ドンドルフと約定するに、百圓・五十圓・十圓・五圓・二圓半・一圓・半圓・二十錢・十錢の九種總計五千萬圓を製造すべきことを以てし、竣功の期を十八箇月と定めしむ、十二月、二圓半を改めて二圓と爲す、○明治財政史、大日本貨幣史

黑田清隆樺太北海道開拓に就き建議す

開拓次官黑田清隆、樺太より歸京し、北海道及び樺太に關して建議する所あり、其の要に曰く、樺太は露國人雜居の地なるを以て、主として彼我の親睦を圖り、厚く恩惠を施して功を他日に收むるを要す、石狩國は北海道要衝の地なるを以て、玆に鎭府を置き、高官をして之れに居らしめ、以て

北海道・樺太を總轄せしめ、年額金百五十萬圓を支出して開拓・兵備の費に充て、以て北虜南侵の憂なからしむべし、斯くの如くにして漸次開拓の歩を進むれば、二十年後には其の功を收むることを得べし、又兵備は北海道・樺太の海岸を測量して要害の地を檢し、以て海軍建設の計を爲すべく、併せて露國人の根據地たる黑龍江・勘察加を測量すべし、又學生を海外諸國に派して情勢を視察せしむべく、或は農民を北地に移住せしめて開墾に從事せしむべしと、別に經費の明細表を附す、○太政類典

閏十月

一日　吹上御苑に出御あらせらる、四日・六日・十六日・十八日・二十一日・二十六日亦是の事あり、○用度掛日記

御前會議

二日　御前會議あり、四日亦此の事あり、同日、御前に於て參議大久保利通をして特に神祇官・兵部省・宮内省・集議院等の政務に關し贊翼せしめたまふ、右大臣三條實美之れを利通に傳宣す、○大久保利通日記

御乘馬

山里馬場に出御、馬を御したまふ、五日・十日・二十日・二十五日亦同じ、○用度掛日記

辨務使等を置く

外務省に大・中・少辨務使、正權大・少記を置き、締盟國に駐劄して國際事務に從事し、且留學生

の監督に當らしむ、即ち外務大丞鮫島尙信を以て少辨務使に任じ、英・佛・獨三國に駐箚せしめ、翌三日、鹿兒島藩士森有禮を少辨務使と爲し、米國に駐箚せしむ、〇太政官日誌、公文錄、東京往復、外務省記、公卿補任、百官履歷、法規分類大全

伊藤博文を米國に派遣

三日　大藏少輔伊藤博文を米國に派遣す、是れより先、博文書を上りて、自ら米國に抵り、理財會計に關する法制、國債・紙幣・貨幣等に關する條令規則等を調査し、又爲替會社等を視察し、以て我が國國運の進展に資せんことを請ふ、是の日、之れを聽す、尋いで二十日、博文の王政復古以來の功を賞し、位階二級を進めて之れを從四位に敍す、〇公文錄、公卿補任、百官履歷、太政類典、大日本貨幣史、明治財政史

四日　大典醫伊東方成を歐洲及び米國に遣はし、醫學を研究せしむ、方成、嘗て和蘭國に留學して醫學及び和蘭語を學びしが、學業中途にして歸朝せり、然るに大學東校雇教師和蘭國人ボードイン、方成の才能非凡なるを惜み、目下普佛戰爭中にして軍醫學研究の好機會なるを述べ、大學東校に勸告するに、方成をして歐洲に留學せしめんことを以てす、是に於て此の命ありたるなり、〇太政官日誌、公文錄

參議以上を召して勅諭を賜ふ

五日　右大臣三條實美・大納言岩倉具視及び參議等を召して戒飭したまひ、諸臣の政務に勵精し、冗費を節約せんことを勅したまふ、是れより先、參議大久保利通には既に昨四日政務分擔を命じたまひしが、未だ他に及ばず、是の日、命じて參議の分擔を定め、木戸孝允には利通と倶に神祇官・

參議の職務分掌を定む

兵部省・宮内省・集議院を、廣澤眞臣には民部省・開拓使を、大隈重信には大藏省を、佐佐木高行には刑部省・彈正臺を、副島種臣には外務省・大學の政務を贊翼せしめたまふ、又特に孝允・利通をして君德培養の任に當らしめたまひ、具視・利通・眞臣の民部省御用掛を罷む、○廣澤眞臣日記、嵯峨實愛日記、大久保利通日記、東京往復、諸家系譜、百官履歴

皇城内本丸跡火藥庫爆發

七日　巳の半刻頃忽然皇城内に大音響を發し、宛然迅雷の如く亦地震に似たり、衆皆驚動す、是れ本丸跡に在る所の火藥庫の爆發せるものにして、工人二人卽死す、忽ちにして火を發し附近に延燒す、仍りて天皇、山里御茶屋に避難したまひ、皇后亦他に遷りたまふ、神祇官奉祀の八神・天神地祇・皇靈の三所は芝神明宮に遷座あらせらる、未の半刻頃鎭火せるを以て、天皇・皇后還御したまふ、百官參内して天機竝びに御機嫌を奉伺す、申の半刻頃三所亦歸座、直に神祇官に於て祭典を修し、又十一日、酉の刻より賢所に於て臨時御神樂を奏す、天皇御拜あらせられ、且御神樂を聽きたまふ、訖りて諸臣に祝酒を賜ふ、翌十二日、申の刻より神祇官に於て臨時祭典を行ふを以て、侍從醍醐忠順をして勅使として參向せしむ、是れ火藥庫爆發し靈代遷座の事ありしを以てなり、○太政官日誌、祭典錄、公文錄、御布告寫、用度掛日記、木戸孝允日記、大久保利通日記、嵯峨實愛日記、廣澤眞臣日記、法令全書

白國公使信任狀を捧呈す

八日　午の半刻、新任白耳義國特派全權公使オーギュスト・キント・デ・ローデンベッキ參朝す、

同國、我が國と條約締結後始めて同公使を我が國に特派して駐劄せしめしを以てなり、仍りて大廣間に出御、朝見の儀を行はせらる、右大臣三條實美侍立し、公使進んで皇帝の命を奏す、實美之れを奏上す、次に立御、公使の捧呈する所の國書三通を受け、叡覧の後、公使に勅語を賜ひ、式終りて公使退下の後、入御あらせらる、次いで延遼館に於て公使に酒饌を賜ふ、是の日、公使の捧呈せる國書は、公使の信任狀及び皇子の薨去、皇妹の分娩を報ぜるものなり、翌年三月二十八日、白國皇帝に勅答書を贈り、新任公使の駐劄を慶し、且同國皇子の薨去を弔ふの書竝びに皇妹分娩を賀するの狀を贈りたまふ、○太政官日誌、公文錄、御布告留記、勅語言上、皇國駐在外國使臣履歷、嵯峨實愛日記、法規分類大全

岩倉具視等をして造幣寮を視察せしめらる

大納言岩倉具視・參議大隈重信・大藏卿伊達宗城に命じて大阪造幣寮を臨檢せしめたまふ、具視等聖旨を奉じて大阪に赴き、詳かに造幣寮を視察し、貨幣及び紙幣制度に就きて調査する所あり、○太政官日誌、東京往復、百官履歷、岩倉公實記

九日　元輪王寺宮公現王に勅し、熾仁親王の第に寄寓せしめたまふ、尋いで二十五日、王、同第に移居す、是れより先客月二十七日、王は天機を候せんために京都を發し、是の月二日東京に詣り、東伏見宮第に入れるなり、○太政官日誌、公文錄、能久親王事蹟、能久親王年譜

十日　大學大博士佐藤尚中をして大典醫を兼ねしめ、命を待ちて宮中に出仕せしむ、○公文錄

兵部省に陸軍掛海軍掛を置く

兵部省内に陸軍掛・海軍掛を設け、兵部大丞山田顯義・同權大丞船越衞・同櫻井愼平・同高屋左太郎・同西郷從道・同曾我祐準・同少丞藤村紫朗・同林通顯・同權少丞澤宣種を以て陸軍掛と爲し、兵部大丞川村純義・同少丞增田明道・同權少丞石井讓吉を海軍掛と爲す、陸海軍分立の制玆に胚胎す、〇法規分類大全、陸軍省沿革史

十三日　參議木戸孝允・同大久保利通を御前に召して時事を諮問したまふ、〇木戸孝允日記、松菊木戸公傳

十四日　參議大隈重信を以て制度御用掛と爲す、〇百官履歷

蘭國人ボードイン歸國につき謁を賜ふ

十五日　大學東校雇教師和蘭國人ボードインに謁を賜ふ、ボードイン文久二年舊幕府の聘に應じて始めて長崎に來るや、我が國人の敎を受け、又は診療を乞ふ者頗る多く、我が國の醫學是れに由りて一新するを得たり、ボードイン一旦歸國し、明治元年政府の招聘に應じて再び來朝し、大阪に於て醫學校及び病院の創立に當る、今年五月更に兵部省病院の創立に任じ、軍醫の制度を傳へ、其の方針を定む、又東校に於て醫學を講じ治療に從事す、ボードイン、長崎・大阪・東京の間に在ること前後七年、其の功績尠からず、今や將に歸國せんとするを以て、是の日、參內して暇を請ふ、仍りて午の半刻、天皇、吹上御苑瀧見御茶屋に出御、謁を賜ひて、「汝久シク我國ニ在テ善ク生徒ヲ敎授シ醫學ヲシテ進歩セシム朕深ク之ヲ嘉ミス」との勅語を賜ふ、大納言德大寺實則之れを傳宣す、

ボードイン奉謝する所あり、更に「汝歸期近ニ在リト朕甚タ之ヲ惜ム千萬自愛セヨ」との勅あり、ボードイン聖壽無疆四海泰平を祈りたてまつりて退下す、乃ち入御あらせらる、又吹上御苑紅葉御茶屋に於てボードインに茶菓を賜ふ、二十八日、政府其の功を賞して金三千兩を給與す、○太政官日誌、勅語錄、公文錄、用度掛日記、嵯峨實愛日記

十七日　集議院長官大原重德を罷め、麝香間祗候と爲す、○百官履歷、顯要職務補任錄

華族・士族の隱居・元服・養子の制を定む、卽ち年齡五十歲にして隱居を許す、但し華族に於ては癈疾若しくは特殊の事情ある者は此の限にあらず、又華族は嫡子・嫡孫十一歲以上に達すれば首服を加ふるを許し、華士族の實子なき者は年齡に拘らず養子することを得せしむ、是れより先客月十五日、華族の隱居にして剃髮せる者を復飾せしむ、○太政官日誌

土御門家は陰陽頭を世襲し、其の唱道する所のものを天社神道と謂ふ、其の門人は兩刀を帶し、繪符を建て、宿驛を通行する慣習あり、是の日、大學星學局御用掛土御門晴榮に令して之れを禁止し、且門人免許を停む、○太政官日誌、土御門家文書

十八日　流罪以下は刑部省に於て處斷し、之れを編錄して條例集と爲し、一卷成る每に叡覽に供し、死罪に限り每時定擬奏聞せしむ、蓋し名例律の定むる所に據れば、律令に正條なきものは他律を援

きて罪名を定擬し、以て上司に申告し、議定まりて後奏聞すべきなり、然れども罪狀には窮まり無く、特に現行の律の如きは所謂綱領にして固より無窮の罪狀を判ずるに足らず、今悉く進奏せんと欲せば、卻りて萬機を妨ぐるのみならず、罪囚の滯積亦憂ふべきものあるを以てなり、〇法令全書

朝彦王の京都伏見宮邸復歸を許す

二十日　先年朝彦王に謹愼を命じ、廣島藩に拘置せしが、今年八月二十六日、朝彦王、書を同藩知事淺野長勳に寄せ、其の寃を訴へ、尋いで又哀を右大臣三條實美に請ふ、是の日、特旨を以て其の京都伏見宮邸に復歸することを許し、終身祿三百石を賜ひ、廣島藩に命じて王を京都に護送せしむ、尋いで十二月五日、王、京都に著す、然れども朝廷、尙其の人心に影響する所尠からざらんことを虞る、仍りて同月八日、更に邦家親王に命じ、王をして謹愼して他人に面會せしむることなからしむ、〇太政官日誌、公文錄、皇族家記、東京往復、朝彦親王行實

工部省の設置

工部省を置き、鑛山・製鐵・燈明臺・鐵道・傳信機等の事を管し、百工を奬勵せしむ、維新の際、政府は首として封建の秕政を芟鋤し、國益を振興し、以て衆庶の利便を圖らんことを欲す、是に於てか始めて鑛山司を置き、全國鑛物の採取等を掌らしむ、幾もなく鐵道建築・電信架設・造船・製鐵等の事業起り、民部省をして之れを總管せしむ、然るに諸種の工業逐日勃興するに隨ひ、行政の傍ら之れを兼掌するに遑なきを以て、新に工部省を置き、民部省の事務を分つ要ありと爲し、是の

月十九日廟議遂に決し、是の日、之れを布告せるなり、二十二日、民部權大丞山尾庸三を以て工部權大丞と爲し、姑く卿輔を闕く、民部省亦寮司を更革し、新に寺院寮を置き、地理・驛遞・土木・庶務の四司と共に專ら民政の衝に當る、○太政官日誌、公文錄、木戶孝允日記、岩倉家藏書類、公卿補任、太政類典

陸軍は將に佛國式を採りて編成せんとするを以て、諸藩に令して大藩は九人、中藩は六人、小藩は三人を陸軍生徒として選拔し、十二月二十五日を期として大阪兵學寮に出さしむ、○太政官日誌

皇統系譜の調査

二十四日　御系圖取調掛を置き、皇統系譜を調査せしむ、乃ち是の日、神祇少副福羽美靜をして御系圖取調御用掛を兼ねしめ、翌日、宮內大丞小河一敏を亦同御用掛と爲す、○帝室日誌、百官履歷

二十七日　兵部大丞川村純義をして兵學頭を兼ねしむ、○公文錄、公卿補任、百官履歷

氷川神社參拜のため御發輦

二十九日　氷川神社御參拜のため、卯の半刻直衣を著け板輿に御して御出門、東京を發したまふ、大納言德大寺實則・神祇伯中山忠能・參議廣澤眞臣・同佐佐木高行・宮內卿萬里小路博房・彈正尹九條道孝・大辨坊城俊政等供奉し、二大隊の兵前後を警衞し、參議及び諸官省長次官等坂下門外に奉送す、本鄉なる金澤藩知事前田慶寧の第及び巢鴨に御小休、板橋に著御舊本陣飯田宇兵衞の家、御晝餐を供す、浦和縣知事間島冬道天機を候し、先導したてまつる、是れより雨降る、次いで志村御小休、戶田川邊に御野立あり、蕨に御小休、申の半刻浦和に著御、行在所舊本陣星野權兵衞の家に入りたまふ、今次の行幸、

御休泊等明治元年十月行幸の時に同じ、又二十八日より還幸の日まで宮中神事に入る、今曉、神田明神下に火あり、爲に御出門の時刻少しく遲る、○太政官日誌、祭典錄、公文錄、行幸書類、東京往復、行幸日記、氷川神社行幸記錄、行幸啓記錄、用度掛日記、本鄕第御駐輦始末、行幸御用掌中雜記、行幸御用留、嵯峨實愛日記、木戶孝允日記、廣澤眞臣日記、保古飛呂比、壬生官務家日記、太政類典

柳原前光清國より歸朝復命す

曩に外務權大丞柳原前光、命を奉じて淸國に赴くや、上海に到り、上海道臺涂宗瀛と會し、假に上海に於ける在留日本人の取締等に關して商議する所あり、更に轉じて天津に抵る、會〻淸國人の天津に在る佛國天主敎會堂等を襲擊せしより同國と紛議を釀し、爲に北京の大官多く集まりて天津に在り、前光乃ち兩江總督曾國藩・直隸總督李鴻章等と面接し、遂に總理各國事務兼署三口通商大臣成林と協商し、我が全權大臣の派遣を俟ちて條約に就き協議すべき旨の回答を得、尋いで歸朝し、本月二十五日之れを復命す、是の日、賞して前光に直垂一領・金五百兩を賜ひ、其の隨員外務權少丞花房義質・同文書權正鄭永寧に各〻絹二匹・金三百兩を賜ふ、其の他の隨員に物を賜ふこと各〻差あり、○太政官日誌、柳原前光輒誌、岩倉家藏書類、三條家文書、花房子爵家文書、太政類典

是の月　朔旦冬至慶賀の儀式を廢す、朔旦冬至を嘉節として賀儀を行ふは、奈良朝以來陰陽家の提撕せるものにして唐土の風習を摸せるに外ならず、固より我が國の古禮にあらざるを以てなり、○公文錄

明治天皇紀 巻三十六

明治三年

十一月

氷川神社御参拝

一日 氷川神社に幸す、辰の刻頃板輿に乗御、浦和行在所御出門、巳の刻頃大宮氷川神社に著御、一の鳥居にて社家の奉迎を受け、便殿神主の家に入りたまふ、既にして鳳輦にて進御、唐門外にて下御、玉趾を門内の拝殿に進め、玉座に著きたまふや、宮内大丞小河一敏、玉串を執りて大納言徳大寺實則に傳ふ、實則之れを天皇に上る、乃ち御拝あらせられ、畢りて玉串を神祇伯中山忠能に付したまふ、忠能之れを神祇大祐北小路隨光に授く、隨光之れを神主に授く、神主昇殿して案上に供へ、下殿して忠能に返祝詞を申ぶ、忠能之れを奏す、訖りて大宮に御晝餐舊本陣山崎喜左衞門の家、未の刻發御、還幸の途に就かせられ、申の刻浦和行在所に入りたまふ、○太政官日誌、行幸日記、行幸御用掌中雜記、廣澤眞臣日記、保古飛呂比

還　幸

二日　卯の半刻過浦和行在所御出門、御小休等行幸の時の如く、申の半刻還幸あらせらる、諸臣奉迎す、○太政官日誌、用度掛日記、嵯峨實愛日記、廣澤眞臣日記、保古飛呂比

能久王の歐洲留學を聽さる

四日　特旨を以て、公現王をして名を能久と改め、宮號を復して滿宮と稱せしめ、且歐洲留學の請を聽し、普國に留學せしめたまふ、翌五日、巳の刻召して謁を賜ふ、熾仁親王帶同す、謁を滿宮に賜ふは此れを以て始と爲す、十四日命じて、能久王をして留學中書生の心得を以て辨務使の指揮を受けしむ、二十五日、王、將に歐洲に赴かんとし、參內して暇を奏す、乃ち謁を賜ひ、直垂一領・短刀一口を賜ふ、王、十二月三日横濱を解纜して先づ米國に渡航す、○太政官日誌、公文錄、熾仁親王御日記、皇族家記、東伏見宮御達諸願伺屆書、岩倉家藏書類、能久親王年譜

築地海軍操練所を海軍兵學寮、大阪兵學寮を陸軍兵學寮と改稱す、○太政官日誌、公文錄、保古飛呂比、法令全書

五日　官吏の制服・制帽を定む、又始めて洋服を用ゐ、非常竝びに旅行等の際之れを著用せしめ、旅行中禮儀に關することには衣冠に代へて之れを用ゐしむ、○太政官日誌

瑞典諾威國と修好通商條約批准書を交換

七日　延遼館に於て瑞典諾威國との修好通商航海條約批准書を交換す、是れ、明治元年九月二十七日締結して調印を了せるものなり、是の日、同國皇帝より銀器三個・貨幣三種一連を天皇に贈呈せらる、翌四年五月二十四日、復、テフヘントル製敷物一枚を贈呈し、且條約調印及び批准書交換の

事に鞅掌せる現開拓長官東久世通禧等に物を贈られしを以て、同年十一月、蒔繪書棚一個・同料紙硯箱一組・古銅製香爐一個・花瓶一對・縞天鵞絨五卷・金紋紗五卷を同皇帝に贈りて之れに酬いたまふ、○公文錄、條約彙纂

舍人局雅樂局を置く

太政官に舍人局及び雅樂局を置く、舍人局には長・助あり、舍人名簿・分番・宿直・假使等の事を掌る、又正權大舍人ありて宮中分番・宿衞を掌る、雅樂局には長・助あり、雅曲正儛を掌り、伶人を領して其の技巧を試み、伶生を敎へて古樂を講ぜしむ、又大中少伶人ありて雅樂を奏することを掌る、尋いで從來家業として雅樂を世傳したる風習を革め、伏見宮及び菊亭・花園・西園寺三家の琵琶道傳授を止め、綾小路・持明院二家の曲所の號を廢し、神樂道を始め諸取扱竝びに傳授を停め、四辻家後、室町の神樂附物を始め琴道敎授竝びに京都・奈良・大阪三方樂所執奏等を廢す、○太政官日誌、留守官日記、公文錄、太政類典

次侍從內舍人局御廐局を置く

宮內省に次侍從を置き、又內舍人局・御廐局を置く、次侍從は宮中交番・宿直を掌り、車駕行幸の時其の左右を分衞す、內舍人局には長・助・正權內舍人ありて舍人名簿・分番・宿直・假使等の事を掌り、車駕に供奉して前後を分衞す、御廐局には長・助・大中少馭者及び馬醫師あり、閑馬の調習・乘具・飼養等を掌り、大馭者は龍馬を馭し、御綱を執る、九日、內番所を廢し、十日、正三位

慈光寺有仲・従三位石山基文・従四位豊岡健資・同伏原宣足・同冷泉爲柔・従五位北條氏恭・同山内豊誠・同德川篤守・同上杉勝道を以て次侍從と爲す、從來側近奉仕者は、專ら堂上華族の中より選びしが、今次元藩知事・士族等よりも之れを精選す、〇太政官日誌、岩倉家藏書類、北條氏恭私記、華族家記、諸家系譜、法令全書

八日　侍從三條西季知を罷め、其の子公允を以て之れに代ふ、尙季知をして歌道御用を以て時々參內せしむ、〇公文錄、三條西季知日記、諸家系譜

徵兵規則を頒つ

十三日　徵兵規則を頒ち、各道府藩縣の士族たると、卒又は庶人たるとを問はず、一萬石につき五人宛、身體强壯にして兵役に堪ふる者を大阪出張兵部省に選出せしむ、該規則の大要は、年齡二十歲より三十歲までを限り、身長五尺以上にして檢査に合格せる者を徵集す、但し戶主又は一子にして老年若しくは不具の父母ある者は採らず、服役の期を四年とし、滿期歸鄕の者には在役中の階級に應じて賑恤金を給し、在役中公務のために傷痍を受けて不具と爲りたる者に扶助金を賜ふものとす、蓋し兵事は護國の一大重事にして皇威を發揚するの基礎なるを以て、宇內の大勢古今の得失時勢の變遷に鑑み、兵を全國に募るの規模なり、〇太政官日誌、法令全書

十四日　大敎を宣布するは固より知事・參事の職務なりと雖も、官吏にあらざる者をして宣敎の事務に專務せしめんとせば、之れを參事若しくは屬に准じ、其の奏任以上に准ずる者は之れを奏請せ

しむ、又諸藩の宣教使に命じて、明年正月より四月までに順次東京に至らしむ、〇太政官日誌、法令全書

農商の襠・高袴・割羽織を著し、若しくは長脇差を帯び、士族に紛しき風體にて通行するを禁ず、蓋し戊辰兵馬倥偬の際は、便宜之れを草莽の間より採用して一時兵卒に擬せしより、其の分限を忘れて風俗を紊すの弊あるを以て此の令ありしなり、〇太政官日誌、公文錄

黑田清隆を歐洲に差遣

十七日　開拓次官黑田清隆を歐洲に差遣し、開墾に長ぜる外國人を雇聘し、開墾器械を米國に於て購入することを委任す、翌四年正月四日、清隆斯道に有用なる生徒七人を帯同して渡歐の途に就く、〇太政官日誌、公文錄、諸家履歷

流刑に擬する罪は强竊盜等其の範圍頗る廣汎なるを以て、流囚の激增すること舊幕府時代に比すべからず、然るに從來流刑に充てし諸島は是れ等限なき囚人を收容すること能はず、且彼等强暴殘忍の徒は動もすれば事に託して無辜の島民を强迫侵凌して之れを苦しむること尠からず、啻に風教に害あるのみならず、島人の情を察するに大に矜憫すべきものあり、仍りて北海道に流所を定むるまで、姑く流刑を停め、准流法を設けて就役年限を准流一等徒役五年・二等徒役七年・三等徒役十年とし、以て三流に換へ、府縣大中藩は從來建設の徒場中に收容し、徒人との區別を嚴にして苦役に服せしめ、小藩の一徒場を設くるに便ならざるものには、地理の便に從ひ、四五藩宛合併して一場

を設けしめ、其の費は現石に賦課することと爲す、〇太政官日誌、公文錄

十八日　久居藩知事藤堂高邦、廳費を節して海軍費の獻納を增額せんことを請ふ、是の日、之れを聽す、又翌十九日、家祿の半を割きて藩債支償及び管內開拓の費を補はんことを請ふ、亦之れを聽す、〇太政官日誌、公文錄

十九日　舊官人・元諸大夫・侍竝びに元中大夫等の位階を廢し、國名竝びに舊官名を以て通稱と爲すことを禁ず、二十日、官省に出仕の神職の有する舊位階を停む、蓋し官位相當の制に悖る所あるを以てなり、〇太政官日誌

二十日　元武家華族に令して東京に居住せしめ、總て之れを東京府に貫せしむ、但し知事として地方に赴任する者は、稟請して妻子を帶同するを許す、〇太政官日誌

歷代皇靈式年祭の制を定む

二十二日　歷代皇靈式年祭の制を定め、一周・三年・七年・十三年・十七年・二十五年・三十三年・五十年・百年とし、以後は五十年每に追祭を山陵に行ふこととし、且其の祭式を頒ち、地方官をして之れを修せしむ、但し神代三陵及び神武・後桃園・光格・仁孝・孝明五帝の山陵祭式は別に之れを定む、〇太政官日誌、公文錄

鎭魂祭

二十三日　鎭魂祭を宮內省代に行はせらる、祭主神祇伯中山忠能祭文を奏し、辨官以上及び諸官省

長官・次官参列す、仍りて二十一日夕刻より宮中神事に入る、○太政官日誌、祭典錄、公文錄

大學南校雇英人教師賊に襲はる

夜、賊あり、東京神田鍋町に於て大學南校雇教師英國人ダラス、リングの二人を傷く、賊逃走して行く處を知らず、英國公使パークス、外務省に迫るに犯人の逮捕を以てし、更に卒の佩刀廢止を慫慂するに至る、米・獨・白三國公使亦之れを贊す、幾もなくして兇徒鹿兒島藩士肥後壯七を捕ふ、○太政官日誌、公文錄、嵯峨實愛日記、木戸孝允日記、大久保利通日記、三條家文書

新嘗祭

二十四日　新嘗祭を神祇官に行はせらる、其の儀、例の如し、但し供する所の米は山城國宇治郡山科鄕音羽村及び丹波國山國七箇村より奉納す、○太政官日誌、祭典錄、公文錄、非藏人日記抄、用度掛日記

岩倉具視を山口鹿兒島に差遣

二十五日　大納言岩倉具視を山口及び鹿兒島に差遣し、旨を從二位毛利敬親・從三位島津久光に傳へて東京に召し、二人をして協力して大政を翼贊せしめたまふ、又參議木戸孝允を山口に、同大久保利通を鹿兒島に遣はし、具視を輔けて各〻舊主を勸說せしめ、兵部少輔山縣有朋・兵部大丞川村純義をして具視に隨行せしむ、時に具視京都に在り、仍りて是の日、侍從高辻修長を京都に遣はし、勅旨を具視に傳へしめたまふ、勅書に曰く、

方今之形勢前途之事業實ニ不容易義ニ付毛利從二位島津從三位上京朕ヲ輔翼大政ヲ贊成シ兩藩一致戮力諸藩之標準トナリ大ニ皇基ヲ助ケ候樣朕カ旨ヲ傳ヘ誠意貫徹候樣盡力可致令委任候事

と、又具視をして山口鎮座の豊榮神社、鹿兒島鎮座の照國神社に參拜して各〻御劍一口を納めしめたまふ、十二月三日、修長京都に著して聖旨を具視に宣す、具視乃ち命を拜す、利通・孝允亦具視を訪ひ協議する所あり、蓋し客歳版籍奉還の事ありと雖も、諸藩知事依然として舊封土を管し、舊領民に臨み、兵制・收稅の兩權猶未だ中央政府に收むるに至らず、實狀全く封建の域を脫せず、且薩長二藩の意見往々扞格す、剩へ說を爲す者あり、曰く右大臣三條實美は山口藩と結託し、大納言岩倉具視は鹿兒島藩に阿黨すと、爲に朝野疑懼の念を抱く者尠からず、是に於て廟議、政府の基礎を固め、以て地方に臨み、維新の實績を擧げんには、敬親・久光の協力に待つ外なしと爲す、乃ち天皇、其の上京を促さんがため、命を具視に下したまふに至れるなり、○太政官日誌、明治天皇宸翰、三條家文書、岩倉家文書、岩倉家藏書類、保古飛呂比、木戸孝允日記、大久保利通日記、嵯峨實愛日記、留守官日記、三條實美公年譜、島津久光公實紀、岩倉公實記、大久保利通傳、西鄉隆盛傳

御乘馬

二十六日　午の刻過山里馬場に於て馬を御したまふ、○用度掛日記

御紋付板輿を淑子內親王に賜ふ、○東京往復

國法會議に臨御

二十七日　國法制定の議を決し、是の日始めて國法會議を小御所代に開く、天皇親臨あらせらる、列する者右大臣三條實美・大納言德大寺實則・同正親町三條實愛・參議大久保利通・同木戸孝允・同大隈重信・同廣澤眞臣・同副島種臣にして、從四位後藤象二郎・中辨江藤新平・大學大丞加藤弘

之・大史楠田英世・權大史長炗等、制度御用掛又は大史等の職を兼ぬる者亦席に列す、是の日議する所は我が國の政體にして、政體は君主政治と爲し、共和政治を唱ふる者は之れを論ずるに國賊を以てするの一條なり、爾後二・七の日未の刻より御前に於て國法制定を議することに治定せらる、〇嵯峨實愛日記、木戸孝允日記、廣澤眞臣日記、長炗書翰、太政類典、長三洲傳

御前會議

二十八日　御前會議あり、大納言正親町三條實愛等列席す、三十日亦同じ、〇嵯峨實愛日記

日田縣下の騷擾

山口藩逋亡の徒、豐後國に抵り、竊かに不逞の徒を煽動するを以て、彈正少忠河野敏鎌を日田縣に遣はして之れを鎭撫せしめ、尋いで民部大丞松方正義を同縣に遣はす、又豐前・豐後・筑後・肥後五國の諸藩に令して逋逃の徒を逮捕せしめ、臨機兵を用ゐるを允し、兵部省に令して之れに備へしめ、更に九州・中國・四國の諸藩をして之れを緝捕せしむ、〇太政官日誌、公文錄、司法省雜纂錄

行幸路次條令を頒つ、〇公卿補任

府藩縣交涉訴訟准判規程二十二條を頒ち、從來民部省の裁判に屬せるを止め、各府藩縣に於て審理裁斷することと爲す、〇法令全書

梶井宮を梨本宮照高院宮を北白川宮と改稱す

三十日　守脩親王の梶井宮を梨本宮、智成親王の照高院宮を北白川宮と改稱す、是れより先、兩親王既に復飾したるを以て、十月十三日其の宮號の舊門跡名稱と混同するを虞れ、命じて從前の稱號

を停め、新號を定めて之れを上申せしめたるに由れるなり、〇太政官日誌

各皇族に永世祿を賜ふ

是の月　各皇族に永世祿を賜ふ、卽ち淑子內親王桂宮に現米千十五石、幟仁親王有栖川宮に同五百二十石五斗、邦家親王伏見宮に同五百五十九石二斗、晃親王山階宮・嘉彰親王東伏見宮・守脩親王梨本宮・博經親王華頂宮に同各〻四百三十一石三斗、閑院宮に同五百三十石を賜ふ、尋いで智成親王北白川宮に同四百三十一石三斗を賜ふ、〇皇族家記、皇統譜略、小松侯爵家文書、明治八年正院元老院往復留

十二月

御乘馬

一日　山里馬場に於て馬を御したまふ、六日亦此の事あり、〇用度掛日記

二日　從四位由利公正の王政復古に當りて力を度支に致し、以て今日の丕績を見るに至れるを賞し、永世祿八百石を賜ふ、〇太政官日誌、百官履歷

三日　賢所臨時御神樂を行ひ、酉の刻出御あらせらる、是れを以て一日夜より四日朝に至るまで宮中神事あり、〇太政官日誌、嵯峨實愛日記、用度掛日記、非藏人日記抄

天智天皇千二百年式年祭

天智天皇千二百年式年に丁るを以て、神祇官及び陵前に祭典を修せらる、乃ち神祇官に於ては正二位近衞忠房祝詞を奏し、勅使侍從三條西公允進拜して玉串を奠ず、神祇少副福羽美靜以下神祇官員・辨官等之れを奉仕す、山科陵に於ては京都府をして祭典を行はしむ、同府知事長谷信篤宣命を

奏す、〇太政官日誌、祭典錄、公文錄、雜書綴込、法令全書

普佛兩國開戰せるを以て神奈川居留の兩國民の爭鬪せんことを慮り、八月以來兵部省をして兵を同港に駐して警衛に當らしめしが、戰爭未だ終熄せずと雖も、兩國人全く靜穩にして、今や駐兵の必要なきに依り、是の日、命じて之れを撤せしむ、〇太政官日誌、公文錄

佐賀藩知事鍋島直大、泰西諸國を周遊して制度文物を視察し、以て藩政を釐革せんと欲し、書を上りて明年一箇年の賜暇を請ふ、是の日、之れを聽す、〇太政官日誌

御前會議

四日　定例の御前會議あり、十四日亦此の事あり、〇嵯峨實愛日記

加藤弘之を侍讀と爲す

大學大丞加藤弘之をして侍讀を兼ねしめ、爾後弘之をして每週二三回歐米の政體・制度及び歷史を進講せしめ、皇后にも亦每週一二回歷史・風俗の事を進講せしめらる、〇公卿補任、加藤弘之自敍傳

崇神天皇千九百年式年祭

五日　崇神天皇千九百年式年に丁るを以て、神祇官及び陵前に於て祭典を行はせらる、神祇伯中山忠能祝詞を奏し、勅使侍從醍醐忠順參拜す、又柳本藩に命じて山邊道勾之岡上陵前に於て祭典を執行せしむ、同藩知事織田信及宣命を奏す、〇太政官日誌、祭典錄

六日　神祇伯中山忠能・大納言德大寺實則・同正親町三條實愛・宮內卿萬里小路博房等、右大臣三條實美の第に會して明春京都に還幸あるべきや否やの事を協議し、未だ天下の形勢一定せざるを以

て、此の事行はれ難き旨を議決す、〇嵯峨實愛日記

元明天皇千百五十年式年祭

七日　元明天皇千百五十年式年に丁るを以て、神祇官及び陵前に祭典を行はせらる、神祇伯中山忠能祝詞を奏し、勅使侍従東園基愛進拜して玉串を奠ず、又奈良縣に命じて奈保山東陵に於て祭典を執行せしむ、同縣知事日下部信義宣命を奏す、〇太政官日誌、祭典錄

兵部少輔久我通久辭官を請ふ、仍りて其の官を免じ、勤仕中の勉勵を賞して直垂地一卷を下賜あらせられ、又在職滿二箇年以上に亙るを以て、規定により別に一箇月分の官祿を給せらる、〇公文錄、公卿補任、諸家系譜、華族家記

今年より星祭を廢するを以て星佛を受けさせられず、大宮御所・中宮御所に於ては十五日一旦護淨院より獻じたる星佛を受けさせられたるも、二十六日に至り、旨を諭して之れを返還す、同日宮中より初穗金二千疋、中宮御所より同金五百疋を護淨院に賜ふ、〇東京往復、中山績子日記、護淨院湛海日記

八日　午後御學問所代に出御、正二位松平慶永・同山内豐信・從二位大原重德・同池田慶德・從四位細川護久を召し、御前に於て酒肴・菓子等を賜ふ、大納言德大寺實則・同正親町三條實愛・宮内卿萬里小路博房及び侍從等陪侍す、各〻天盃を賜はり、黄昏一同退下す、〇嵯峨實愛日記

十日　皇后宮大夫野宮定功・同亮堀河親賀を罷め、宮内權大丞長谷信成をして皇后宮亮を兼ねしむ、

○野宮定功日記、諸家系譜、華族家記、百官履歴

桂・有栖川・伏見・閑院の四親王家の外、新に建てし親王家は凡て一代に限り、二代よりは姓を賜ひて華族に列せしむべき旨を令す、乃ち是の日、東伏見宮嘉彰親王、十七日、山階宮晃親王・梨本宮守脩親王に各々其の趣旨を傳へらる、○太政官日誌、皇族家記、法令全書

宮元堂上華族等の祿制を定む

曩に藩制を定めて諸藩主の家祿を十分の一に減じ、諸士卒亦削祿せられしが、是の日、宮・元堂上華族竝びに舊官人以下の祿制を定め、從來の家祿の外賜米等を總て四物成の高に換算し、之れを四分の一に減じ、其の采地を收めて廩米を給與することとし、明年より之れを實施せしむ、又華族は

華族觸頭を置く

總て地方官に貫屬せしめ、華族觸頭を置きて直接華族の監督に任ぜしめ、又其の諸願・伺・屆等を受理せしむ、乃ち東京に於ては正二位野宮定功・從二位大原重德の二人を、京都に於ては正二位近衞忠煕・同久我建通及び京都府知事長谷信篤の三人を觸頭とし、正四位押小路實潔及び鎌田十郎太を之れが補助と爲す、又非藏人・北面・舊官人・執次・使番・仕丁等の名稱を廢し、宮・華族に仕ふる三代相恩の家士と共に總て士族或は卒と稱し、皆地方官に貫屬せしむ、是の日、右大臣三條實美以下家祿恩賜に浴する者を大廣間に召し、大納言・參議・辨官等著座し、辨官御沙汰書を捧讀し、畢りて實美以下命を拜して退く、○太政官日誌、公文錄、留守官日記、嵯峨實愛日記、冷泉爲理日記、木戸孝允日記、大久保利通日記、押小路師親日記、岩倉家藏書類、三條家文書、宮華族以下

徳川慶勝名古屋城の金鯱を獻ず

名古屋藩知事徳川慶勝上書して曰く、名古屋城天守閣上の金鯱は今や虚飾となり、無用に屬するを以て其の黄金を剝除し、國費の一端に獻納すべし、城内の建物亦漸次毀卻せば將來修繕の冗費を省約し、藩の財政を益すること尠しとせず、卽ち一擧兩得の處置なるを以て之れを許されんことを請ふと、乃ち十二日、之れを聽す、仍りて翌年四月金鯱を撤下し、六月東京に船送し、之れを宮内省に納む、○太政官日誌、名古屋市史、御改正諸記、宮元堂上華族家錄、諸家系譜

雅樂大曲以下曲數を定む

十二日　雅樂大曲以下朗詠に至るまでの曲數を定む、卽ち大曲は蘇合香以下四曲、中曲は一越調に賀殿以下七曲、平調に五常樂以下九曲、雙調に春庭樂以下七曲、黄鐘調に喜春樂以下七曲、盤涉調に宗明樂以下八曲、太食調に太平樂以下七曲と爲し、高麗樂は延喜樂以下十五曲、舞樂は萬歲樂・延喜樂以下二十番、催馬樂は呂に安名尊以下三首、律に伊勢海・更衣の二首、朗詠は春過以下七首と爲す、○太政官日誌

皇太后宮大夫正親町實德・同亮竹屋光有を罷め、宮内大輔烏丸光德をして皇太后宮大夫を兼ねしめ、宮内權大丞東園基敬を宮内大丞兼皇太后宮亮と爲す、又留守次官阿野公誠を宮内少輔に任じ、留守次官を兼ねしむ、○公卿補任、百官履歷、顯要職務補任錄

十四日　皇太后御誕辰なるを以て、在京の宮内官以下非常附・非藏人・御醫・口向等參賀す、乃ち祝酒・小戴を賜ふ、○大宮御所詰所日記、中山績子日記、冷泉爲理日記

前田慶寧太政官廳の建設を建議す

金澤藩知事前田慶寧上書して曰く、方今明睿上に在り、輔翼人を得、百度維新、乾綱更張す、此の機に乘じて萬世不拔の宏謨を建てんとせば、先づ宮中・府中の別を明かにするの要あり、古來此の區別の立たざりしは、萬機親裁に出づるを以て已むを得ざるものありしと雖も、今や時勢一變せるを以て、從ひて自ら弊害の生ずることあらん、仍りて皇居の外に更に地を相して新に太政官を造建し、每日此處に幸臨あらせられ、朝憲の出づる所、民心の嚮ふ所、此に存して他に在らず、夙夜陛下の萬機に精勵あらせらるゝこと斯くの如くなるを知らしめんには、則ち闔國の人心自ら定まり、德教の行はるゝ必ず今日に倍蓰するものあらん、今地勢を相するに、海運の便利、土地の廣濶、東京を以て最と爲す、仍りて皇城內本丸跡に太政官廳を建設せんことを請ふ、若し此の議を採用せられなば、現米二萬石を獻じて其の建造費に充てんと、時に廟堂にも亦太政官廳造營の議ありしを以て、是の日、慶寧の建議を容れ、三月・六月・九月の三期に其の獻米を納めしむ、○太政官日誌、華族家記

十五日　山陵祭典の際の奏樂は、自今神樂歌に改め、今月二十五日の孝明天皇例祭より之れを實施せしむ、○公文錄

自今宮及び元堂上華族の、士族・卒を雇傭して家士と爲すことを禁ず、現に雇傭する所の家士と雖も、三代以上勤仕したる者は曩に士族・卒として地方官に貫屬せしむることと定めしが、二代以下の者は其の舊籍に復歸せしむることとし、其の出所、姓名、勤仕の年數等を錄上せしむ、後、勤仕の年數に從ひ、手當金二十五兩乃至七十五兩を下賜す、是の日、又、宮華族元堂上家人規則を定め、家人を家令一人・家扶・家從・家丁若干人とす、〇太政官日誌、公文錄、法令全書

十七日　從三位壬生輔世を華族に列し、現米二十五石を終身祿として下賜し、京都府に貫屬せしむ、是の日、又、輔世を京都府權少參事に任じ、尋いで二十二日昇殿を聽す、〇太政官日誌、壬生官務家日記

松代藩農民の蜂起

是れより先、松代藩に於ては贋金の流布夥しきを以て、其の弊を除かんとして藩札を發行せしが、政府其の通用を禁止す、時に藩財政大に窮乏せるに因り、已むを得ず藩札は價格四分一を減じて官札と引換ふべき旨を令し、且貢米相場は金十兩につき四俵と爲す、是に於て乃ち藩札を以て納稅せんとする者、大に苦痛を感じ、所在不平の徒蜂起して其の數數千人、遂に客月二十六日拂曉、兇器を携へ、官吏・豪農・富商の家數百戸を襲擊し、放火掠奪を恣にし、良民を殺傷し、鄰接諸藩縣にも侵入するに至る、中野縣・須坂藩等捕亡を派し、兵を出し、鎭撫に力むと雖も容易に鎭定せず、藩知事眞田幸民自ら暴徒と折衝し、租稅を減額し、藩札は十二月五日より十五日まで原價を以て引

換ふべしと聲明して鎭撫に力む、是の月二日、彈正臺より巡察使を派遣せしが、是の日、民部權大丞林友幸を同藩に遣はして狀況を視察せしむ、〇太政官日誌、公文錄、司法省雜纂錄

十八日　特旨を以て從一位九條尙忠に宮中杖を許したまふ、〇公文錄、御沙汰書竝布告檢印留、諸家系譜

多年王事に勤勞せる從五位山中獻・同宇田淵以下十三人の功を賞して扶持或は金を賜ひ、其の既に死亡せる十津川鄕士田中主馬造以下四人に祭粢料を賜ふ、〇太政官日誌、贈位先賢小傳、贈位諸賢事略

四條隆謌を巡察使として日田縣に派遣

陸軍少將四條隆謌を巡察使と爲し、日田縣に遣はす、是れより先、暴徒同縣に蜂起せるを以て、彈正少忠河野敏鎌を派遣せしが、容易に鎭靜せざるに因り、更に此の命ありたるなり、隆謌命を奉じ、兵二個中隊を率ゐて兵部省大阪出張所を進發し、敏鎌と倶に之れが鎭撫に力む、〇太政官日誌、公文錄、木戸孝允日記、留守官日記、司法省雜纂錄、百官履歷

十九日　世上既に平穩となれるを以て大宮御所・中宮御所・桂宮警衞の兵を撤す、〇太政類典

大藏省大政廳の建設を建議す

曩に大藏省建議して曰く、凡そ官を設け職を分つは政府の國家を統理する所以なるも、其の官衙を分設する位置の當否は政治の弛張に關する所甚だ大なるものあり、今や太政官、各官省の上に位して庶政を總判すと雖も、各省其の制度を異にし、府縣亦其の規程を同じうせず、或は濫りに新規を立つるも之れを制限せず、或は仍ほ舊套を墨守するも之れを改善せず、其の甚しきものに至りては

管掌する一廳一局を以て各自に一種の政治を施設せんと欲する有り、是に於て氣脈貫通せず、政令紛淆し、人其の方向に惑ふ、是れ豈官職の分設其の宜しきを得ざるに由るにあらずや、是を以て官廳の位置度に中り、本體確立し、首尾相應じ、省・寮・局・司連貫接續し、相率ゐ、相統ぶること恰も人身の四體を具ふると同じく、其の位置宜しきを得て動容周旋可ならざるなきが如くなるを要す、是の故に一大政廳を創建し、各官省局を此に併合して其の域内に竝置し、以て事務を分課し、無用の官、不急の職を廢し、輯睦和同して各〻其の管理する事務を整理せしめ、而して太政官之れが首班に位して萬機を總裁すべし、斯くの如くして始めて國體確立し、庶政振興するを期すべきなり、若し本議を採納せば、大政廳を建造する規畫、官省を布置する體裁及び其の經營の費用を辨給する計數は更に審議して稟申すべしと、是の日、廟議之れを採用し、同省に命じて皇城内の本丸跡に政廳の建造を命ず、然れども猶未だ工事に著手するに至らず、〇太政官日誌、大藏省沿革志

新律綱領を頒つ

二十日　維新以來、刑法は舊幕政時代の律を襲用し、傍ら明律を參考せしが、固より不完全を免れず、乃ち昨年以來、刑部省大判事水本保太郎成美を主任とし、刑部大錄鶴田皓・同長野文炳等を助役とし、刑部省大判事松本新作暢・同御用掛佐佐木高行等と倶に新律の編成に著手せしめしが、十月九日稿成りしを以て進奏し、具に其の條項を叡聞に達すること二日に及ぶ、既にして題して新律綱

領と名づく、全部六巻刻成り、是の日、之れを頒布せしめたまふ、其の上諭に曰く、
朕刑部ニ勅シテ律書ヲ改撰セシム乃チ綱領六巻ヲ奏進ス朕在廷諸臣ト議シ以テ頒布ヲ允ス内外有
司其之ヲ遵守セヨ
○太政官日誌、公文錄、嵯峨實愛日記、保古飛呂比、増補新律綱領改訂律例對比合卷、法令全書、法規分類大全

二十二日　元日の朝拜に參內する者、自今有位の者は衣冠、無位の者は直垂を著せしむ、○法令全書
京都御所の內番を廢し、更に宮中勤番を設け、勤番の者には各〻現米年百石を賜與し、正二位橋本
實麗以下九人に之れを命ず、○公文錄、御布告留記、法令全書
桂宮・靜寬院宮の進退・家事の一切は、自今宮內省をして監督せしめ、其の宮中に關する諸願・
伺・屆等は皆同省に提出せしむ、但し其の第宅及び地方關係の事は之れを地方官にも屆出でしむ、
又有栖川・伏見・閑院・山階・梨本の五宮の事は留守官をして、東伏見・華頂・北白川の三宮の事
は辨官をして監督せしめ、其の邸宅及び地方關係の諸屆は、又地方官にも進致せしむ、○太政官日誌
從來皇太后・皇后・桂宮及び靜寬院宮には非常附を置き、元堂上華族を以て之れに充てしが、是の
日、之れを罷む、○御布告留記、冷泉爲理日記

留守官を留守宮內省に併す

留守官を留守宮內省に併合し、京都御廐を廢せらる、祭典の事、從來留守官の管掌に屬せしが、併

合後も猶從前の如く之れを管掌せしめ、且宮中の儀は嚴重に取締らしむると同時に、非常・失火等の際は京都府と協力して其の處置に遺漏なからしむ、又諸寺の願・伺等は從來執奏より留守官に提出せしめしが、自今之れを京都府の管掌に移す、又京都御廐を廢せるを以て、賀茂競馬の際奉納の馬匹は京都府より之れを出さしむ、是の日、大納言兼留守長官中御門經之の本官竝びに兼官を罷めて麝香間祗候と爲す、〇太政官日誌、東京往復、岩倉家藏書類、諸家系譜、華族家記、太政類典

大藏省度量衡の改正を建議す

今春大藏省建言して曰く、度量衡は至重の要器にして須臾も闕くべからず、大にしては日月星辰の旋轉、邦國境域の經緯、小にしては點線面積の分釐に至るまで、皆此の三器に法を取らざるなし、然るに現今度尺錯訛し、器法紛淆し、煩濫猥雜更に一定の規律を見ず、稻尺あり、曲尺あり、折衷尺あり、鯨尺あり、或は同製の尺度にして差等あり、從ひて量衡定まらず、是に於てか奸商黠賈之れを奇貨とし、妄りに量衡を立て、至貴至重の權を弄す、遂に內外相疑ひ、彼此相欺き、取與の際に紛議を生ず、故に不變不易至貴至重の體を以て準とし、精細に度量衡の規則を定め、天下萬姓をして亡羊の歎なからしめざるべからず、仍りて新に地球の大圓圈を以て準と爲し、其の一億二千萬分の一を以て一尺改正尺は曲尺と鯨尺との中間なり、と定むべし、而して尺度の基準一たび立たば、量衡の二器從ひて定まらんと、制度局亦別に案を立てゝ主張する所あり、是に於て集議院に諮問して兩案の得失を審

議せしむ、議論紛然決せず、十一月九日、大藏省再び建議して、三器紊亂して弊害尠からずと雖も、今俄かに改正する能はずんば暫く舊に仍り、唯取締の方法のみを考案せんことを請ふ、是の日、同省に命じ、工部省と協議して度量衡を新製せしむ、〇太政官日誌、公文錄、御達伺書往復書類

海軍服制及び陸軍徽章を定む、海軍服制は正服・略服何れも上衣・帽・袴は紺羅紗を用ゐ、金線・裝飾紐・釦等皆定制を立つ、陸軍徽章は步・騎・砲三兵科共に上衣は紺色なるも、帽・袴・腹卷は兵科に由りて區別を付す、〇太政官日誌

各藩常備兵編制定則を頒つ

各藩常備兵編制定則を頒つ、各藩の常備兵は總て大隊を以て編制單位とす、大隊を成すを得ざる小藩に於ては中隊・小隊を以て編成せしむ、而して大隊長を少佐、中隊長を大尉、副官及び小隊長を中尉、半隊長を少尉と改稱す、少佐以下何れも藩廳に於て選擧し、少佐は之れを藩廳より兵部省を經て稟請し、奏聞の上任命す、他は何れも兵部省に稟申するを以て足る、少尉の下に下士官を置く、少佐之れを選擧す、又砲兵は一隊六門を以て編成し、步兵二大隊每に一砲隊を付することと定む、〇太政官日誌、法規分類大全

海外留學規則を定む

海外留學生の規則を定む、卽ち留學生は凡て之れを大學の管轄と爲し、留學中は專ら辨務使の指揮に從はしむ、留學生を分ちて官選・私願の二種とし、官選留學生に就きては、華族は太政官、大學

生徒は大學、士庶人は當該府藩縣に於て各〻之れを選定し、辨官の許可を受けしむ、而して之れを許可するに方りては特に俊秀の者を除くの外、年齡十六歲以上二十五歲迄を限り、且其の人格・學力等を精査せしむ、研究學科は主として本人の志望に一任し、學費・旅費の官費なるは勿論、留學年限を五年とす、私願の留學生に在りては、華族は太政官、士庶人は府藩縣に出願せしめ、一應其の稟性・身體・年齡及び學力の深淺を調査して之れを許可す、學費・旅費等の私辨なるは勿論、留學年限は本人の志望に從ふ、留學生は凡て發程前其の地の氏神を拜し、誓ふに國恩に報い、國體を辱めざることを以てし、歸朝の際亦報賽せしむ、但し東京より出發する者は神祇官に詣りて神殿を拜せしむ、〇太政官日誌、公文錄

勅使岩倉具視鹿兒島に至る

二十三日　勅使大納言岩倉具視、鹿兒島に至り、藩知事島津忠義に面して勅書を傳達し、其の父久光の東上を促す、是れより先是の月十日、具視、聖旨を奉じて京都を發し、十五日、參議大久保利通・兵部少輔山縣有朋・兵部大丞川村純義等を從へて大阪より船に搭じ、十八日、鹿兒島に著す、是の日、忠義及び大參事西鄕隆盛等出でて具視を迎へ、先導して城內に入る、具視乃ち本丸書院に於て勅書及び恩賜品を授く、久光疾を以て出づる能はず、忠義、代りて之れを拜受す、勅書に曰く、

島津忠義に勅書を傳達

朕忝大統ヲ繼夙夜憂勤惟恐皇紀未張萬姓未安前途之業實不容易朕深苦慮汝久光朕カ股肱羽翼ナリ

宜朕カ不逮ヲ助左右群臣ト同心戮力皇業ヲ贊成シ朕ヲシテ復古ノ成績ヲ遂シメヨ今大納言具視ニ勅テ朕カ意ヲ告其レ欽テ之ヲ聽ケ

具視更に聖旨を敷演して曰く、維新以來天下の形勢容易ならざるものあり、日夜宸襟を悩ましたまふ、曩に薩長二藩は同心戮力、以て大政復古に盡す、是れ卽ち兩藩報國至誠の致す所、實に皇室の羽翼、國家の柱石と謂ふべし、前途益〻多事ならんとするに當り、聖慮切に久光をして隆盛を伴ひて東上せしめ、萬機を輔佐せしめんことを望みたまふ、已に數〻召命ありしと雖も、疾に因りて稽延今日に及ぶ、今次の召命たる必ず之れを受けしめよとの聖諭ありたりと、忠義乃ち久光に代りて勅命を奉ず、尋いで具視、久光の兄齊彬を祀れる照國神社に詣りて恩賜の御劍を納む、二十四日、久光病を扶けて具視を訪ひ、天恩の優渥なるを拜謝し、且疾未だ癒えざるを以て、先づ隆盛をして勅使に隨從して上京せしめ、自らは明春を期して朝覲せんことを奉答す、具視亦久光を訪ひて慰諭する所あり、二十五日、書を裁して切に其の東上の期を愆らざらんことを諭す、同日、隆盛、具視を其の旅館に候問し、久光・忠義父子竝びに藩廳重職等は悉く聖旨を奉戴し、同心戮力して朝家のために報效を圖らんことを誓ひ、先づ隆盛に東上を命じたる旨を陳べ、明春東上の請書を呈す、二十八日、具視、鹿兒島を發して山口に向ふ、○三條家文書、大久保利通文書、岩倉家文書、岩倉公實記、島津久光公實紀、大久保利通傳、西鄉隆盛傳、纂輯史料

正月八日講武始の際行ふ所の軍神祭は自今之れを廢す、〇太政官日誌、公文錄

須坂藩中野縣下の騷擾

二十四日　是れより先、須坂藩治下の農民貢米相場引下を要求して騷擾の事あり、尋いで中野縣管下の農民亦蜂起し、縣下の民家を燒くこと四百餘、縣廳亦類燒の厄に遭ふ、仍りて二十三日、庶務正北代正臣を同縣に派遣し、松代藩に先遣せる民部權大丞林友幸と倶に其の處置を講ぜしむ、是の日、民部大丞吉井友實・同權少丞福原友孝・兵部權少丞澤宣種・彈正權少忠箕元忠等をして同縣に赴かしめ、且徵兵三個中隊を派遣し、更に名古屋・大垣・高田・松代等、信濃・尾張・美濃・越後の十九藩に命じ、出兵の準備を整へ、兵部省出張官員の命を待たしむ、中に出兵せし藩あり、既にして漸次暴動鎭靜に歸せるを以て、翌年三月二十七日、警備の諸藩兵を撤す、〇太政官日誌、公文錄、司法省雜纂錄、廣澤眞臣日記

地方官に令して府藩縣に於て私かに寺院を處分することを禁じ、無祿・無檀の寺院の併合等は本寺・法類等の意向を問はしむ、尋いで二十五日、執奏家を有せざる諸寺院の官位及び住職等の出願は必ず其の管轄地方廳に稟請せしめ、地方廳より辨官に進達せしむ、頃者寺院の宗規日に紊れて、本寺・本山の住僧に積德持戒の者なく、門末僧侶亦安逸を貪り、動もすれば政教を害せんとする者あり、乃ち寺院寮を設け、宗規僧風を釐正することとなりしが、二十六日、佛教諸宗の本寺・本山

孝明天皇例祭

に令し、自今各自僧律を守り、維新の趣旨を奉體すべき旨を戒諭す、〇太政官日誌、公卿補任、法令全書、明治史要

二十五日　孝明天皇例祭なるを以て神祇官に祭典を行はせられ、右大臣三條實美をして代拜せしめたまふ、辰の刻より諸官省竝びに在東京地方官官員及び非役華族等參拜す、宮中に於ては二十四日酉の刻より祭典の終るまで神事あり、又留守次官阿野公誠を勅使として後月輪東山陵に差遣し、陵祭を執行せしめらる、〇太政官日誌、祭典錄、公文錄、中山績子日記、三條實美公年譜、宮華族以下御改正諸記、雜書綴込

二十六日　神祇大副白川資訓を罷め、正二位近衞忠房を以て之れに代ふ、〇公卿補任、諸家系譜、華族家記

記錄編輯の必要あるを以て、華族に命じて現存者の履歷を錄上せしめ、尋いで又士庶人にして維新以來朝官を拜せる者の履歷書を呈出せしむ、〇岩倉家文書、法令全書

關東八州・信越・三陸・兩羽・磐城・岩代地方の諸藩縣に令して曰く、近時奸民等、良民を誘惑して徒黨强訴に附和せしめ、他人の財物を掠奪し、家屋を燒毀する者あり、固より制を履みて請願するに於ては愼重に詮議せらるべきに拘らず、猥りに衆を恃みて强訴を爲すが如きは、明かに僭上の所業と謂ふべし、乃ち理否を論ぜず之れを採用することなく、首魁は勿論、連累者と雖も皆嚴罰を加ふべし、若し夫れ兇暴にして制し難き時は、已むを得ず兵力を用ゐるべきを以て、玉石倶に焚くの慘禍を釀すに至らん、衆庶宜しく愼みて、法を守り奸民の誘惑に陷ることなかれと、〇法令全書

雲井龍雄の断罪

米澤藩士雲井龍雄本名、小島守善等の罪を判じ、謀犯を以て之れを論じ、龍雄を梟首に、其の黨與斗南藩士原直鐵・同簗瀬勝吉・米澤藩士南齋敬吉・磐城平藩士師岡千牧・靜岡藩士田中晉六郎等十一人を斬に、斗南藩士山田陽次郎以下十九人を准流・徒或は杖に處す、是れより先明治元年四月、龍雄、米澤藩貢士に選ばれて京都に在り、時に官軍德川氏の兵を鳥羽・伏見に擊ち、更に東征の軍進發せんとす、龍雄乃ち上書して德川氏の寃を訴ふ、允されず、是に於て龍雄、奧羽諸藩を連合し、以て官軍に當らんと欲して歸藩す、東北諸藩既に同盟して大に官軍に抗せるを以て、勇氣愈〻奮ひ、計畫謀議甚だ努む、然れども幕兵遂に悉く敗る、龍雄猶主家及び幕府を恢復して封建の舊制に復せんことを欲して息まず、又心中薩長土三藩主として政柄を掌握するに慊らず、二年九月、遊學を請ひて上京し、幾もなく集議院寄宿生となるや、屢〻天下の大計を陳ぶと雖も容れられず、卻りて之れを目するに賊首を以てせらる、龍雄大に憤慨し、竊かに東京芝二本榎上行寺及び圓眞寺の門前に歸順部曲點檢所の看板を揭げ、陽に諸藩脫籍の徒を鎭撫すと稱して陰に同志を募る、來り集まる者頗る多し、偶〻舊幕臣三枝釆之助より西國の物情騷然として內亂の兆ありとの事を聞知するや、東西相呼應して兵を擧げんと欲し、部署を定め、日光山方面は原直鐵を主將とし、庚申山方面は僧大忍坊を、奧羽方面は北村正機を、東海道方面は三木勝を各〻主將と定め、龍雄自ら之れを統率し、在朝の顯官を除きて目的を貫徹せんとす、政府稍〻之れを探知し、是の歳五月、龍雄を捕へて米澤に幽閉す、龍雄憤懣措かず、潛かに書を作りて同志に贈り、再擧を約す、既にして其の徒捕へられて陰謀漸く發覺す、仍りて八月、復龍雄を東京に檻致す、乃ち直鐵・正機等と共に糺問せられ、罪狀全く明白となれるを以て、是の日、處斷せられしなり、〇公文錄、諸府口書、保古飛呂比、公卿補任、明治史要、明治政史、近古慷慨家列傳

二十七日　正二位松平慶永をして、十八史略を進講せしめたまひ、畢りて菓子を賜ふ、〇魚雁錄

二十九日　申の刻より賢所大祓、宮中清祓を行はせらる、正三位白川資訓等奉仕す、訖りて史生以下祓に供したる具を吳服橋より舟に載せ、永代橋下に抵りて之れを流す、京都御所に於ては大祓を行はず、〇祭典錄、公文錄

黑田清隆時事に就き建議す

開拓次官黑田清隆上書して時事に關する意見を陳ぶ、其の大意に曰く、一、方今邦家の病根は薩長の合否に在り、我が鹿兒島藩の如きは宜しく功を人に讓り、罪を己に歸し、諸藩と戮力協心、誠意を以て事を行ふべし、朝廷創業垂統の大業は固より一朝一夕に成るべからず、大丈夫只道を樂しみ、誠を盡し、朝廷の信義上下に洽く、萬民其の所を得んことを望むのみ、二、樺太に關する計略三策あり、上策は斷然之れを棄てゝ露國に付與し、無用の地に勞力を徒費せざるに在り、中策は假に一步を彼に讓りて速かに境界を定め、以て紛雜を省くに在り、下策は姑く雜居の舊に依り、機を見て

断然之れを棄つるに在り、三、榎本武揚の罪固より免すべからざるも、聖上寛仁の德に感じ既に軍門に降る、宜しく死一等を宥め、以て朝典の公平寛大を示すべし、四、館藩は僻遠の地に孤立し、屢〻脱賊襲擊の難に逢ふも救援の途なく、遂に藩を擧げて青森に退卻す、亂平ぎ本國に復ると雖も、開拓使を設くるに及びて、金九萬兩餘の船稅全く之れを藩に收むるを得ず、上下困弊を窮む、宜しく仁澤を施し、其の誠意に酬ゆべしと、〇三條家記錄

種痘を行はせらる

是の月　天皇種痘を爲したまふ、今夏以來、天然痘世上に流行して死する者尠からず、天皇旣に先年種痘を爲したまひしも、爾來年を經るを以て、典醫數〻種痘をなしたまはんことを請ふ、十月十八日、大學亦建白して曰く、男女丁年の比には體質一變するを以て、縱令幼時に種痘せる者と雖も再種の必要あり、現に最近の入院患者中、年長じて再感し死亡せる者あるを以て、玉體若し變あらば恐懼に堪へずと、典醫、奏して前請を申ぬ、仍りて是の月、種痘を爲したまふ、〇公文錄、嵯峨實愛日記、中山績子日記、三條家文書

幟仁親王の桂宮御用掛を罷む、〇帝室日誌、皇族家記、有栖川宮日記

普國人ガルトネルより七重村の租借地を回收

普國人アール・ガルトネルに賠償金を支辨し、北海道渡島國龜田郡七重村の開墾地を回收す、往年、陸奥國南部の修驗僧某、蝦夷地に渡り、拓地開墾の業に從事す、是れ卽ち後の函館港に近き七重村

なり、後、復、南部より農夫の來り住する者あり、文化五年箱館奉行令を發して是れ等の者に植林を命ぜしが、其の成績觀るべきものあり、然るに此の地海に瀕し風烈しきを以て、安政元年箱館奉行支配調役河津三郎太郎の建議に基づき、更に松・杉等を植ゑて障屛と爲し、又楮・桑・藥草等を栽培して製紙・養蠶・製藥等の業を興し、其の經營、七重村丸山麓より久根別川沿岸に至る廣袤凡そ十萬坪に及ぶ、箱館奉行支配組頭栗本瀬兵衞之れを監す、明治元年閏四月、淸水谷公考の箱館府知事として赴任するや、七月、箱館に居留せるガルトネル、七重村を開墾せんことを請ふ、是れより先、ガルトネルは箱館奉行杉浦勝靜に請ひ、龜田村の民有地約五反歩を借りて麥を播種せしが、今又七重村の地を請ひ、試みに一萬坪の地を開墾し、各種の穀菜を播種し、以て農業の模範と爲さんことを期せるなり、乃ち之れを許す、既にして箱館府は農業の擴張を圖り、ガルトネルを聘して、七重村開墾の事を委す、偶〻同年十一月、舊幕府脫走の徒箱館を占據し、府知事難を靑森に避くるや、賊將榎本釜次郎、ガルトネルとの舊約を改め、二年二月十九日、七重村竝びに近傍の荒地三百萬坪を九十九年に亙り貸付することを同人に約す、是に於てガルトネル恣に鄰地を侵領し、境界標を建て、良民を凌虐すること甚し、五月亂平ぎ、公考任に箱館に歸るに及び、其の專橫を制せんがため更に約する所ありしが、聽かず、是に於て同年七月、開拓權判官得能恭之助・前箱館府權判事南貞助等、ガルトネルの貸地を復せんことを議し、外務省に申請する所あり、外務省稟議して曰く、是れ曩に脱走の徒の擅に貸す所にして、後、箱館府知事改めて約束を結ぶと雖も、固より其の條款を補ふに過ぎず、抑〻該地は外國人居留地外にして、彼我兩國の條約に抵觸する所あり、且貸期九十九年の久しき、其の間必ず紛紜の生ずるを免れず、今にして之れを復せざれば他日大害を生ぜんと、是の歲正月、辨官書を開拓使函館出張所に輸して、恭之助をして普國領事に談判せしむ、九月、政府、公考の專斷を以て約束を結びたるを罰し、謹愼を命ず、恭之助、普國領事と談判するや、領事曰く、是れ曩にガルトネルと淸水谷・南兩官と締結せる約定にして余の關知する所にあらずと、仍りて恭之助、ガルトネルと面議せるに、ガルトネルは、若し破約せんとせば、從來要したる開墾の費用及び破約の償金として、併せて金七萬五千弗を賠償せんことを求め、固く執りて讓らず、是に於て百方談論し、竟に其の要求の額を減ぜしめ、是の月、金六萬二千五百兩を賠償し、以て土地を函館府に回收す、是れより七重村を開拓使函館出張所に屬せしめ、七重開墾場と稱し、委員數名を置き、開墾及び種藝を掌らしむ、○官中日記、公文錄、開拓使事業報告、北海道志

明治天皇紀 巻三十七

明治四年　寳算二十

正月

一日　寅の刻四方拜を行はせらるべきに因り、諸臣參朝す、然るに御微恙の故を以て、舊臘來沐浴あらせられず、御拜を止めたまふ旨を仰出さる、是の日、賢所及び神祇官神殿に於て年頭祭を修せしめたまふ、二日・三日亦同じ、是の歳、賢所に於て、年頭祭の外に人日・上元・上巳・端午・七夕・中元・重陽・除夜の節祭及び毎月一日の朔祭、毎月十一日・二十一日の旬祭竝びに日供の儀例年の如く行はる、〇太政官日誌、儀式錄、祭祀錄、儀式祭典錄、嵯峨實愛日記

新年拜賀

朝拜の儀を行はせらる、右大臣三條實美以下式場に列座するや、卯の半刻直衣を著して大廣間に出御、御帳臺の御座に著し、親王及び大臣以下勅任官・麝香間祗候・非役華族等の拜賀を受けさせら

る、畢りて別殿に於て祝酒を賜ひ、大臣以下勅任官に各〻末廣一本を賜ふ、辰の刻再び大廣間に出御、奏任官・有位士族の拜賀を受けたまひ、畢りて各廳に於て祝酒を奏任官に賜ふ、參朝者の服装、有位は衣冠にして無位は直垂なり、但し衣冠を所持せざる者は直垂を用ゐることを許さる、二日、判任官以下各官省に於て新正を賀す、祝酒を賜ふ、京都御所に於ける年頭の儀概ね客歲に同じ、〇太政官日誌、儀式錄、熾仁親王御日記、伏見宮家日記、嵯峨實愛日記、柳原前光輒誌、押小路甫子日記、御內儀日記摘要

神祇官神殿祭典

三日　八神・天神地祇・皇靈を神祇官に於て祭らしめたまふ、是の日、御親祭の豫定なりしが、風邪のため行幸あらせられず、右大臣三條實美をして代拜せしめたまふ、祭儀は、辰の刻神殿の装束成るや、各官廳勅任官・諸藩知事等著座し、神祇大副近衛忠房祝詞を奏し、實美玉串を奉り、次に神祇官・太政官の諸員以下參列者の拜禮あり、畢りて更に宣敎講義を開く、宣敎次官・神祇官員竝びに右大臣以下勅任官著座し、宣敎權中博士木村正辭、萬葉集藤原宮役民の長歌を講ず、畢りて祝酒を神祇官員・宣敎使・諸陵寮官吏等に賜ふ、又正午より親王及び勅任官・麝香間祗候・華族の參拜を許し、翌四日午前十時より奏任官・有位士族・判任官の參拜を許す、又五日以降二十一日に至るまで、每日、勅祭社神職・兵隊其の他東京府民等の參拜を許す、〇太政官日誌、祭祀錄、儀式祭典錄、宮內少錄日錄、熾仁親王御日記、嵯峨實愛日記

神宮奏事始
政始

四日　小御所代に於て神宮奏事始・政始を行ひたまふ、但し御不例にて出御あらせられず、各官省奏上の書類を捧呈せしめたまひ、祝酒を參列の諸員に賜ふ、○太政官日誌、儀式錄、宮内少錄日錄、熾仁親王御日記、嵯峨實愛日記、柳原前光輒誌

賀茂社氷川
社奏事始

五日　賀茂別雷神社・賀茂御祖神社竝びに氷川神社の奏事始あり、出御あらせられず、祝酒を賜ふこと昨日に同じ、○太政官日誌、儀式錄、嵯峨實愛日記

千秋萬歲

午後京都御所參內殿に於て千秋萬歲の儀を行はしめらるゝこと恆例の如し、猿に縞繻子の小袖を賜ふ、○押小路甫子日記、御內儀日記摘要

社寺朱印地
等を收公す

明治二年諸藩をして版籍を奉還せしめしが、社寺の朱印地・除地等は尙舊の如く土地・人民を私有するの狀態なるを以て、是の日令して、現在境內を除くの外、悉く社寺所有の地を收めて府藩縣に屬せしめ、他日祿制を定めて更に廩米を下賜することと爲す、但し本年の收納は從前の如く之れを下賜し、又爾後諸公役に服する土地は、舊に依り之れを有することを許す、○太政官日誌、太政類典

七日　午前八時親王及び大臣以下勅任官・麝香間祗候等、人日祝賀のために參內す、天皇、風邪殆ど快癒したまふと雖も、咳痰尙去らざるを以て出御あらせられず、○儀式錄、宮內少錄日錄、熾仁親王御日記、嵯峨實愛日記、法令全書

講武始

八日　去歲正月十七日、始めて軍神を祭りて振武を禱りたまひ、以て新年の例式と爲すことに內定せしが、今年より軍神祭を停止し、其の祭式の一部分たりし陸軍練兵のみを皇城本丸跡に於て擧行す

ることとし、之れを講武始と稱せしめらる、是の日臨御の豫定なりしが、風邪未だ全く癒えざるに由り行幸を止めたまふ、午前九時右大臣・大納言・參議以下臨場す、集合せる兵士は親兵第三大隊及び第四大隊合せて九百七十三人、山口・高知兩藩徵兵各一大隊合せて千四百九十八人、佐賀藩徵兵砲隊五十九人、總員二千五百三十人にして、各隊操練の後祝砲を發す、畢りて祝酒を兵部省官吏・諸藩隊長・兵卒に賜ふ、〇太政官日誌、公文錄、儀式錄、宮內少錄日錄、陸軍諸達、熾仁親王御日記、嵯峨實愛日記

眞言院代東寺に於て後七日御修法を行はしめたまふ、〇岩倉家文書、皇太后宮職日記、青山御所御納戸日記、留守官官掌日記、押小路甫子日記、御內儀日記摘要

勅使岩倉具視山口に向ふ

毛利敬親に勅書を傳達

九日　客歲十二月二十八日勅使大納言岩倉具視鹿兒島を發し、是の月四日日向國細島に到る、參議大久保利通・兵部少輔山縣有朋・兵部大丞川村純義及び鹿兒島藩大參事西鄕隆盛・兵部權大丞西鄕從道等亦三日鹿兒島を發して來り會す、五日勅使及び利通等細島を發し、六日周防國三田尻に上陸し、參議木戶孝允の迎謁を受けて七日山口に至る、山口藩知事毛利元德郊外に迎へ、更に父敬親と倶に勅使の館に候して其の勞を謝す、是の日、午前十時勅使藩廳に臨み、宸翰の勅書を敬親に授く、勅書は島津久光に賜ふ所に略〻同じ、勅使更に使命を演述すること鹿兒島藩に於けるが如し、尋いで勅使、元就以下毛利氏歷代の祖を祀れる豐榮神社に參向して劍一口明治三年八月栗原信秀作を納め、國家興隆を祈願すること照國神社に同じ、勅使參向に先だち、敬親之れを祖靈に告げ、且勅使を以て神寶を

納めしめたまふことは、神宮及び賀茂社の外其の例稀にして實に殊恩なる旨を告げ、式畢るの後、敬親・元德、旅館に就きて勅使に謁し、朝恩の忝きを拜謝す、今夕孝允、敬親父子に面して天下の大勢を論じ、又鹿兒島藩の意向を陳述す、十日午前十時、敬親勅使を訪ひ奉命書を上る、但し病に因り上京の期を緩うせられんことを請ふ、午後隆盛・利通、敬親父子の請に應じて藩廳に至り、具に天下の形勢を論じ、薩長土三藩聯合協力して中興の大業を翼贊せざるべからざる所以を說く、孝允及び重臣列座す、敬親父子、隆盛等の言を領承す、十一日、勅使明倫館に臨みて藩兵の操練を觀る、又翌十二日山口藩大少參事以下を旅館に召して勅使差遣の聖旨を告諭す、十四日、勅使、純義及び從道を從へて山口を發し、十五日三田尻より航して歸京の途に就く、具視、山口を發するに臨み、書を右大臣三條實美等に贈り、鹿兒島・山口兩藩皆上下一致して勅命を奉ずるに至れる旨を告げ、是れ寧ろ意外とも思はるゝ所、此の如くにして御一新の大業も成功疑なく、朝廷のため天下のため慶賀限なしと書し、但、敬親・久光等の上京は暫く猶豫するの止むを得ざること等を附言す、十八日、敬親家臣をして勅書の謄本を拜觀せしめ、且諭告を發して父子の意の存する所を領得せしむ、○明治天皇宸翰、詔勅錄、公文錄、兩藩御下向日記、毛利敬親事蹟拔抄、中御門侯爵家記錄、勅使岩倉卿御下向一件、岩倉具視書翰、木戶孝允書翰、大久保利通書翰、木戶孝允日記、大久保利通日記、岩倉公實記、防長回天史

廣澤眞臣の遭難

今曉二時賊あり、正四位參議廣澤眞臣を其の邸に刺殺す、家人其の死を祕し、太政官に報ずるに重

創を負へる旨を以てす、乃ち侍従高辻修長を遣はして之れを慰問せしめ、菓子一折を賜ふ、尋いで喪を發す、天皇深く震悼したまひ、勅して正三位を贈り、金幣三千兩を賜ふ、勅に曰く、

竭心復古之業致身維新之朝獻替規畫勳大功超今也不幸溘然謝世深悼惜焉因贈正三位幷賜金幣　宣

又大納言德大寺實則を其の邸に遣はして弔問せしめたまひ、同月二十五日眞臣の養嗣子健三に終身米六石を賜ひ、且祭粢料金五十兩を賜ふ、○太政官日誌、廣澤眞臣履歷、熾仁親王御日記、木戸孝允日記、嵯峨實愛日記、保古飛呂比、柳原前光輒誌、廣島藩遺事、廣澤參議橫死一件書類、三條實美書翰、井上馨書翰

皇城諸門及び府內の警衛を嚴にす

參議廣澤眞臣の兇刃に斃るゝや、政府鋭意賊を索むれども獲ず、當時不逞の徒密かに陰謀を企て、機を視て要路者を暗殺せんとすとの風聞あり、人心爲に恟々たり、乃ち兵部省に令して皇城諸門の警衛を嚴にし、翌十日東京府をして府藩縣竝びに皇族・華族の邸宅及び管內の監視を嚴ならしめ、尋いで名古屋・廣島・岡山・熊本四藩に令し、藩兵を東京守衛に備へしむ、又十四日覆面頭巾を用ゐて東京郭內諸門を通行することを禁じ、以て大に警戒す、○太政官日誌、公文錄、嵯峨實愛日記、保古飛呂比、太政類典、法規分類大全

十二日　二本松藩知事丹羽長裕は管內窮民撫恤のため、大聖寺藩知事前田利鬯は士卒教育・窮民撫恤・藩債償卻のため、毎年各ゝ家祿を割きて之れを藩廳に提供せんことを請ふ、是の日、之れを聽許す、又郡上藩知事青山幸宜、家祿の一部を藩債償卻・士族歸農資金に充てんことを請ふ、二十七

日、之れを聽す、〇太政官日誌、公文錄

御乘馬

十三日　山里御苑に於て御乘馬あり、尋いで二十六日・三十日亦同じ、〇宮內少錄日錄

十四日　吹上御苑に出御あり、二十一日・二十四日・二十七日亦同じ、〇宮內少錄日錄

歲贄として曩に皇太后に贈進したまひし熨斗・綾三反及び末廣五本・鮮魚一折代料二千疋・御好裂三種・小町形組物・盃・文鎭等京都大宮御所に著せるを以て、是の日、之れを皇太后に上る、是れより先四日、皇太后、天皇に綴織紙入・文鎭一對を上り、皇后に小町形組物・煙管・袖入を贈りたまふ、〇靑山御所御納戶日記

御齒固の鏡餠、昨日東京より京都御所に著す、乃ち例に因り之れを御靈社に納む、〇押小路甫子日記、御內儀日記摘要

吉書三毬打の儀

十五日　午前八時小御所代に出御、親王及び大臣以下勅任官・麝香間祗候等の上元の參賀を受けたまふ、又吉書三毬打の儀を行はせらるゝこと例の如し、〇儀式錄、宮內少錄日錄、熾仁親王御日記、嵯峨實愛日記、柳原前光輒誌、押小路甫子日記、御內儀日記摘要、法令全書

兵部省等に令して要地を戒嚴せしむ

十六日　豐後地方の騷擾未だ鎭靜せず、且各地に不穩の聞あるを以て、兵部省に令して機宜の措置を爲さしむ、翌十七日、北海道開拓使・新潟縣に令して函館港・新潟港の警備を嚴にせしめ、兵部省に令して、北海道開拓使・新潟縣より請ふ所あらば、直に出兵すべき旨を其の附近諸藩に達せし

む、又兵部省大阪出張所をして、地方官と協力して京都・伏見・大阪・兵庫等の警備を嚴にせしむ、○太政官日誌、公文錄

薩長土三藩提携の議

客歲十二月勅使大納言岩倉具視等、薩長二藩提携の大命を奉じて鹿兒島に到るや、鹿兒島藩大參事西鄕隆盛以爲らく、皇基を鞏固にし維新の皇謨を恢弘せんと欲せば、單に薩長二藩の協力を以て足れりとすべからず、須く高知藩を說き、三藩聯合の勢力を以て之れに當らざるべからずと、之れを參議大久保利通に謀る、利通之れを贊す、乃ち隆盛、山口藩の同意を得て自ら高知に赴かんとす、既にして勅使一行の山口藩に至るや、山口藩亦三藩提携のことを贊し、且重臣を高知に遣はすに決す、是に於て具視、隆盛及び山口藩權大參事杉孫七郎を高知に差遣し、高知藩大參事板垣退助等と會見して協議周旋する所あらしむ、是れより先、利通、山口藩奮起の狀を知るや以爲らく、三藩合體は根本なり、是の議熟して約束を固くし、而して從來の疑惑氷解せば、餘事は枝葉のみ、何ぞ憂ふるに足らん、好機逸すべからず、予も亦高知に赴きて隆盛と倶に勸說に力めん、又參議木戶孝允の同行を要めざるべからずと、乃ち隆盛と倶に之れが聽許を具視に請ふ、具視は初め孝允・利通が速かに歸京して時務に當らんことを欲せしが、遂に二人の進言を納れ、其の請ふ所を許す、十日、二人、孝允を訪ひて倶に高知に至らんことを說く、孝允之れを諾す、是に於て孝允・利通・隆盛及

び孫七郎、是の日十六日山口藩所有の軍艦雲揚に搭じて三田尻を發す、〇木戸孝允日記、大久保利通日記、大久保利通書翰、岩倉具視書翰、防長回天史、西郷隆盛傳、大久保利通傳

十七日　兵部省京都出張所を廢し、同省大阪出張所をして其の兵隊を管轄せしむ、〇太政官日誌、公文錄

十八日　宮川藩知事堀田正養は、管內窮民撫恤のため毎年家祿を割きて之れを藩廳に提供せんことを請ひ、又八戸藩知事南部信順は、戊辰の役、其の軍費として奥羽鎭撫總督府に提供せし金員等を獻ぜんことを請ふ、是の日、之れを聽許す、〇太政官日誌

神祇官に行幸八神天神地祇皇靈を御親祭

十九日　黃櫨染の袍を著御し、午前八時鳳輦に駕して御出門、神祇官に幸す、是の月三日同官に幸して八神・天神地祇・皇靈を祭りたまはんとせしが、不豫のため之れを延べたまへるなり、右大臣三條實美・大納言德大寺實則・同嵯峨實愛・參議佐佐木高行・同齋藤利行・宮內卿萬里小路博房以下太政官及び宮內省の官吏及び彈正大忠・東京府知事等扈從す、輦路近きを以て供奉の諸官皆徒歩す、既にして右大臣以下庭上の座に著するや、神殿を開扉し、神祇伯祝詞を奏し、神饌・幣物栗原信秀作劍を供進す、乃ち便殿より神前に進みたまひて御拜あり、此の間、右大臣・大納言・參議廊屋に候す、畢りて便殿に復御、祝酒を參列の諸員等に賜ふ、次いで宣教講義の座に出御、宣教權中博士木村正辭をして日本書紀幽顯分界の條を進講せしめたまふ、右大臣以下竝びに宣教長官・神祇官員等

侍坐す、午後二時前還幸あらせらる、〇太政官日誌、祭祀錄、幸啓錄、宮内少錄日錄、熾仁親王御日記、嵯峨實愛日記

曩に大宮御所奉仕の醫官を增加して中典醫林洞海・少典醫船曳清修を京都に遣はしたまふ、二人、本日より大宮御所に參仕し、二十九日始めて拜診を仰付けらる、〇青山御所御納戸日記

二十日　社家拜賀の式あり、其の儀例の如し、〇儀式錄、帝室日誌

西郷隆盛等高知に至り板垣退助等に三藩提携を說く

鹿兒島藩大參事西郷隆盛・山口藩權大參事杉孫七郎、參議木戸孝允・同大久保利通と倶に勅使岩倉具視の命を以て高知に至り、十九日、高知藩大參事板垣退助・同權大參事福岡孝弟と會す、隆盛先づ薩長土三藩協力して皇謨を翼贊すべきの急務を說く、退助・孝弟之れを領し、明日藩廳の諾否を確答せんことを約す、是の日午後、孝弟、孝允等を訪ひ、高知藩知事山内豐範三藩聯合の策に贊同の意を表し、退助をして上京せしむることに決せる旨を傳ふ、翌二十一日、隆盛等高知を發し大阪に赴く、是れより先、孝允・利通山口に於て議する所あり、當時東京に在住せる舊高知藩主山内豐信を御前に召し、右大臣三條實美を以て、薩長二藩に賜へると同一の叡旨を豐信に降下したまふべしと爲す、乃ち二十三日、孝允、神戸より書を實美に贈りて是の事を進言し、二十四日、京都滯留の具視亦利通の書に接して是の議を實美に致し、之れが措置を託す、〇木戸孝允日記、大久保利通日記、岩倉具視書翰、木戸孝允書翰、後藤象二郎書翰、防長回天史、土佐藩政錄、西郷隆盛傳、大久保利通傳

兵部省に令して金澤藩兵半大隊を横濱に派遣せしむ、是れより先、兵部省、同地守衛のため常備兵を設置せんことを上申せるを以てなり、○太政官日誌、公文錄

二十一日　僧侶拜賀の式あり、其の儀例の如し、○儀式錄、帝室日誌、嵯峨實愛日記

平田延胤を侍讀と爲す

二十二日　正六位平田延胤を侍讀と爲す、○公文錄、宮內少錄日錄、東京往復

鳥羽藩知事稻垣長敬、藩廳の諸費を節約して上納軍資の定額を增加せんと請ふ、是の日、聽納の旨を長敬に達す、○太政官日誌

鍋島直正薨去

二十三日　從二位鍋島直正病篤きを以て、是の月十七日交魚一折を賜ひしが、十八日遂に薨ず、直正は舊佐賀藩主にして曩に大納言たり、翌十九日、侍從園池公靜を勅使として弔問せしめ、更に是の日、少辨五辻安仲を遣はし、勅して其の功勞を追賞し正二位を贈りたまふ、勅に曰く、

宣力封疆夙竭方面之職盡心　皇室丕贊維新之業國家柱石臣庶儀型忽聞淪逝良切悼傷因贈正二位以彰功勞　宣

尋いで三月七日葬斂を行ふに方り、次侍從伏原宣足を其の邸に遣はして神饌五臺を棺前に供せしめ、又佐賀藩徵兵一大隊の儀衛となるを許したまふ、直正、天皇の久しく種痘を施したまはざるを憂ひ、其の起たざるを知るや、大納言岩倉具視に進言するに是の事を以てすと云ふ、○太政官日誌、門脇重綾書翰、松平慶永書翰、鍋

歌御會始

二十四日　午前小御所代に於て歌御會始あり、直衣を著して出御あらせらる、其の儀例の如し、神祇伯中山忠能・大納言嵯峨實愛以下參議・諸官省長官等侍坐す、御製に曰く、

貴賤迎春

をさまれる世々のためしを都人
　ひなもろともにいはふ春かな

皇后の御歌に曰く、

九重もむくらの奥もへたてしな
　はる來りとていはふこゝろは

又每月三の日を以て月次歌御會を行はせらる、○儀式錄、宮內少錄日錄、明治勅題歌集、熾仁親王御日記、嵯峨實愛日記、吉井友實日記

露西亞國政府の獻れる蒸氣船・軍艦・バッテーラの模型を京都に送りて皇太后に贈進したまふ、○皇親錄、京都宮內省錄日記、東京往復

東京大阪間郵便開設を布告す

東京大阪間に郵便を開設する旨を布告す、客歲三月郵遞規則を設けたりと雖も、尙在來の飛脚制度を踏襲するに止まり、之れを商估の手に委せるを以て、信書の遲著・紛失等の弊害枚擧に遑あらず、

且急便の如きに至りては其の賃銀甚だ低廉ならず、是を以て公私・上下・遠近の意志通徹に便ならず、且動もすれば梗塞するに至る、民部省驛遞權正前島密、夙に通信方法改良の急務なるを認め、我が國情・民俗に稽へ、泰西諸邦の施設を探究して郵便創設に係る諸般の事項を規畫し、案を具して先づ東京大阪間に之れを實施せんことを上申す、同年六月民部省之れを太政官に稟議す、廟議之れを納れ、尋いで郵便開設に關する準備要項を關係地方十二藩・六縣に令し、是の日、郵便開始の理由及び三月一日より之れを東京大阪間に試行すべきことを公布す、其の法、東京京都大阪間に毎日郵便を發し、東京京都間は三十六時間、東京大阪間は三十九時間を以て到達期限となす、而して京都・大阪は勿論、東海道各驛を距る四五里の地に在る諸村竝びに伊勢・美濃路等亦該郵便に依るを得ることとし、公信・私信皆均しく驛遞司發行の郵便切手を貼用せしむ、切手には四十八文・百文・二百文・五百文の四種ありて、三府に於ける郵便役所の外、各地賣捌所に於て之れを求めしむ、別に驛遞司定むる所の繼立場驛々取扱規則・各地時間賃錢表及び發信者心得等あり、是れを我が國に於ける郵便制度の濫觴となす、○太政官日誌、公文錄、法令全書、通信事業五十年史、鴻爪痕

郵便切手の發行

二十五日　諸藩に令して私に從來の税法を改更するを禁じ、若し改更せんとせば、豫め之れを稟請せしむることとす、○太政官日誌

仁孝天皇例祭

二十六日　神祇官神殿に於て仁孝天皇例祭を行はしめ、侍従高辻修長を勅使として參向せしめたまふ、○祭祀錄、儀式祭典錄、押小路甫子日記

二十七日　侍讀玉松眞弘を罷む、○進退錄、諸家系譜

三條實美書を以て岩倉具視等の歸京を促す

是の月十一日右大臣三條實美、書を山口滯留の勅使岩倉具視及び參議木戸孝允・同大久保利通等に贈りて參議廣澤眞臣非命の死を報じ、且豐後・信濃・陸羽地方の人民動搖のため、都下の人心亦自ら穩かならざるを告げ、歸京の速かならんことを望む、二十三日、具視返信を發して眞臣の兇變を憤慨し、木戸・大久保兩參議等は海路東歸すべく、己れは頭痛に惱むを以て、止むを得ず陸路を取りて二月三日歸京すべきことを以てし、二十五日京都を發す、政府之れに附するに沿道諸藩の兵を以てし、警衞に當らしむ、其の出發に先だち、實美及び大納言德大寺實則・同嵯峨實愛等連署して更に具視に促すに一日も速かに歸京せんことを以てす、具視、近江國水口に至りて之れを接受し、是の日、返信を贈りて著京の豫定期日を報じ、尙急を要せば兼行せんことを告げ、且曰く、今次薩長土三藩提携の議成り、大久保・木戸・山縣・川村・西鄉兄弟・杉・板垣等各〻叡慮を奉じ、千古不拔の基礎を建てんとす、實に天下の大幸にして、其の成功疑なからん、廣澤參議の異變は遺憾とも悲憤とも言ふ所を知らず、斯くの如きの狼藉を敢へてする者は假令幾百千人ありとも、必ず其の

根を絶ち其の葉を枯し以て英魂を慰せざるべからずと、而して具視は途中風雨等に阻められて行程意の如くならず、二月六日漸く東京に歸著す、又孝允・利通及び鹿児島藩大參事西郷隆盛・高知藩大參事板垣退助等は二月一日横濱に著港せり、〇三條實美書翰、岩倉具視書翰、木戸孝允日記、大久保利通日記、岩倉公實記

二十八日　神祇大副近衞忠房をして神宮祭主を兼ねしむ、〇任解日錄、伏見宮家日記、諸家系譜、百官履歴

舊七戸藩主從五位南部信民嚢に上表して位記を奉還す、其の意、身隱居なるに因り、封建の舊習を脱して普く交を士民に結び、以て知見を開かんとするに方り、位階を辱うするが如きは往々交際上に疏隔を生じ、延いては朝威を媟瀆する恐ありとするなり、然れども聽されざるを以て信民重ねて上表す、是の日、之れを聽したまふ、〇太政官日誌

山口藩自ら脱隊兵等不逞の徒を掃蕩せんことを請ふ

山口藩は、去春脱隊諸兵騷擾の後、其の徒の藩外に脱走して各地に潛匿せる者あるを以て、之れが追捕を鄰近の諸藩に依囑せしが、餘黨尙諸方に出沒して朝政を横議し、民心を誑惑し、不逞の徒之れに附和雷同する者尠からず、就中、九州地方頑迷の輩其の偏見を主張する者多くして、久留米藩の如きは陰に脱走の魁首を庇護するに至る、又參議廣澤眞臣暗殺の如きも、輦下に潛匿せる不逞の徒の所爲に外ならざるべきを以て、大に將來を憂惧すると同時に、其の起因の我が藩にあるを慙懼し、斷然闔藩の兵力を盡して、脱走の徒のみならず、濫りに朝政を誹謗し國是を妨害する者を掃

蕩し、以て大義名分を天下に明かにせんとす、仍りて之れが聽許を得んとし、且協力・謀議の要あるを以て、朝召に應じて山口藩より出仕せる諸官吏竝びに兵隊の賜暇歸國を懇請せんとし、是の日、書を上る、是れより先二十二日、參議木戸孝允の高知より神戸に著するや、右大臣三條實美の手書に接して始めて眞臣の遭難を知り、大に驚き、其の責の歸する所山口藩にありと爲し、乃ち同行の山口藩權大參事杉孫七郎の上京するに一書を託し、實美に答ふるに、是の際闔藩死力を盡して餘賊を一掃し、天下の方向を一定せんとす、故に朝憲の振肅は之れを專ら薩土二藩に依賴せんことを希ふ旨を以てす、孫七郎亦上京して其の趣旨の貫徹に力むる所あり、然れども廟議、不逞の徒の横行は政府の等閑に起因するものにして、獨り之れを山口藩の責に歸すべきにあらずとし、其の請を許さず、而して爾後斷然たる措置に出で、以て不逞の徒を一掃せんことを決し、二月十一日、實美、書を孝允に贈りて其の旨を告ぐ、〇木戸孝允日記、三條實美書翰、岩倉具視書翰、木戸孝允書翰、杉孫七郎書翰、三條實美公年譜、防長回天史、松菊木戸公傳

本邦領事官として舊幕府時代よりサン・フランシスコに在勤せるブルックス、我が渡航の國民を斡旋するの功尠からず、仍りて曩に毎年金千元を賜與せしが、客歳十二月亞米利加合衆國に在る大藏少輔伊藤博文、其の功勞を具申する所あり、懇切勉勵の狀顯著なるを以て、是の日、賜金を增して一箇年金二千元と爲す、〇太政官日誌、公文錄

二十九日　諸祭參勤者の服裝、京都にありては束帶を用ゐ、東京にありては衣冠・單・指貫を用ゐ、東西一定せざるを以て、令して姑く東京の例に由らしむ、又衣冠を有せざる者は直垂を用ゐることを許す、○太政官日誌、式部寮上申錄

從來、元堂上華族の子弟を選びて京都以外の地に勤學せしむるには、各ゝ其の學資を賜ひしが、是の日、令して外國留學の外は總て之れを支給することを停む、當時選ばれて東京に在學せる者、正三位久我通久以下十六人あり、○太政官日誌、公文錄、雜事錄

水口藩知事加藤明實、藩廳費補足のため毎年家祿を割きて之れを藩廳に提供せんことを請ふ、是の日、之れを聽許す、○太政官日誌

三十日　服忌の制、朝廷・舊幕府の定むる所各ゝ異なりて一定せず、爾後朝廷の例に由らしむ、○公文錄、雜事錄

是の月　山城國葛野郡下桂村桂宮別莊地の面積を檢して、更に之れを同宮に賜ふ、其の面積東西百三十八間半、南北百二十間半、一萬千八百十六坪餘なり、○公文錄、京都府文書

京都留守官に令して、自今、有栖川・伏見・閑院・山階・梨本各宮の諸般の家事を監督せしむ、○公文錄

蜂須賀茂韶廢藩置縣の實行を請ふ

徳川慶勝廢藩を建言す

池田慶德廢藩其の他を建議す

徳島藩知事蜂須賀茂韶書を上り、藩を廢して州縣を置かれんことを請ふ、其の大要に曰く、乾運新に闢けて皇威振興し、萬世不拔の基を建てたまふと雖も、治道未だ統一するに至らず、是れ王政に存すべからざる藩屛の名あるに因る、宜しく斷然藩を廢して更に州を置き、之れを數縣に區分すべし、而して今の知藩事を知州事と改め、廟堂に立ちて事を執るの官と爲し、今の大參事を以て知縣事と爲し、親しく民に接して事を施すの官たらしめ、又藩兵をして悉く兵部省に屬せしめ、以て政體一途の治に歸せしむべきなりと、名古屋藩知事徳川慶勝も亦四月上書し、政令をして一途に出でしめんがため藩を廢せんことを請ひ、六月再び其の議を上る、五月熊本藩知事細川護久、治道の振はざるを憂ひて官制を改革し人材を登庸するの急務を陳べ、已れ先づ官を辭せんことを請ふ、是の歲、鳥取藩知事池田慶德亦建議する所あり、其の要旨に曰く、方今の急務は速かに大政の基礎を確立し、天下をして嚮ふ所を知らしむるにあり、惟ふに國家治亂の機實に今日に決すと云ふべし、今、試みに所見三策を陳ぜん、第一、府藩縣三治一途の名に反して府縣と各藩との間畫一ならず、府縣は舊幕府代官の汙俗に浸染し、且太政官の被官にして民部・大藏兩省の下に立てるを以て、政令煩碎に流れ民情に適せず、時として藩政に及ばざることあり、又各藩にありては封土奉還の實未だ擧らず、太政官の各藩に對する亦恰も覇者の侯伯に對するが如し、是れ他なし、各藩總て兵力を有するが故なり、又府縣の歳貢は總て之れを大藏省に納むるも、諸藩は只海軍資金を獻るのみ、又各藩孰れも知事其の職を世襲し、而して參事の多くは之れが舊臣にして全く封建の制度に異ならず、宜しく各藩の兵權を兵部省に移して七道を守らしめ、藩知事の家祿を大藏省に收領すべし、第二、廟堂小藩を合併せんとするの議ありと聞く、然れども大藩必ずしも治績擧り小藩必ずしも制度整はずと爲すべからず、是を以て大藩を存し小藩を廢せんか、物議の生ぜんこと疑なし、故に大小の藩一擧に之れを廢し、大國に一廳を置き、小國は數國を併せて一廳を置き、人材を選擧して守・介・掾を置くべし、第三、藩知事をして時勢を洞察せしめ見聞を廣めしめんがため、常に闕下に住せしめ、毎年三箇月乃至五箇月歸藩して朝令を施行せしむべしと、尙數項を擧げて朝意の在る所を質す、是の月二十七日、右大臣三條實美・大納言德大寺實則・同嵯峨實愛・參議副島種臣・同佐佐木高行等、德島・鳥取兩藩知事と實則の邸に會し、兩藩知事の建言に就きて評議する所あり、又翌二十八日御前會議あり、蓋し竝びに同事件に關するものの如し、○公文錄、岩倉具視書翰、嵯峨實愛日記、熊本藩國事史料、新聞雜誌

二月

一日　午前八時小御所代に出御、親王及び大臣以下勅任官・麝香間祗候・非役有位華族等の朔日參賀を受けたまふ、毎朔斯くの如し、尙非役有位華族は毎月望日にも參賀するを例とす、但し賜謁の

儀なし、又三月二十八日令して、勤學中の華族にありては、元日・天長節を除くの外、特に一切の参賀を免ぜらる、○太政官日誌、公文錄、儀式錄、官符原案、宮內少錄日錄、熾仁親王御日記、嵯峨實愛日記、大久保利通日記

御乗馬

午後山里御苑に於て乗馬あらせらる、八日・十一日・十二日・十五日・十七日・二十日・二十三日・二十五日・二十七日亦山里又は吹上御苑に於て乗馬あらせらる、御乗馬の時限は概ね午後の四五時間にして、時には六七時の頃に至りて還御あらせらるゝことあり、○宮內少錄日錄

二日　正午より吹上御苑に出御、午後八時還御あらせらる、十六日・二十一日亦出御あり、是の月、皇后亦數ゝ同苑に行啓あらせらる、○宮內少錄日錄

去歲閏十月朝彥王の罪を宥して伏見宮に復歸せしめたまひしが、新に王の住居に充てんとする京都同宮邸の居室荒廢せるを以て、是の日、之れが修理費として金三百兩を賜ふ、○公文錄、伏見宮家日記、山中獻書翰

三日　古事記御講習の定日なりしが、遽かに之れを變更し、侍讀平田延胤に日本書紀進講を命じたまふ、然るに延胤不在にて遂に參內せず、○宮內少錄日錄

長崎上海間海底電線開通

客歲丁抹國大北電信會社は歐洲上海間の海底電線布設を了せるを以て、更に海底電線を長崎上海間及び長崎橫濱間に布設し、以て本邦と歐亞大陸とを連接せんとす、政府、丁抹國公使と議して其の歲八月二十五日之れを允准し、是の日、佐賀藩・長崎縣に令するに、其の第一線の肥前國千本附近

を經て長崎居留地に達することを許可せる旨を以てす、既にして工事竣成せるを以て、六月二十六日より海外通信を開始す、其の第二線たる長崎横濱間は、後、我が國にて著手せる陸上線の架設既に大に進捗せるを以て、其の起工を停止す、○太政官日誌、公文錄、保古飛呂比、法規分類大全、通信事業五十年史

祈年祭

四日　祈年祭を神祇官に修す、申の刻前神宮幣帛發遣の旨を奏上するや、直に賢所御拜殿に出御、神宮を遙拜したまふ、○太政官日誌、祭祀錄、宮內少錄日錄、熾仁親王御日記

五日　舊喜連川藩知事足利聰氏に永世祿百九十三石を賜ふ、尋いで其の請願を容れ、明治三年度家祿をも下賜せらる、○太政官日誌、公文錄、諸家系譜

多度津藩知事同藩を廢し縣を置かんことを請ふ

客月多度津藩知事京極高典上表し、同藩を廢して縣を置かれんことを請ふ、其の趣旨に曰く、曩日藩制改革の命下り、列藩概ね一致の狀見ゆと雖も、各藩從來の治風猶全く去り難し、故に職制等瑣末の事に至りては其の揆を一にすれども、政教・風化の事に至りては各〻其の趣を異にし、府藩縣三治一致の朝旨未だ貫徹せりと謂ふべからず、斯くの如く支離滅裂の體を爲すに於ては、詎んぞ、外侮を拒ぎ、獨立自主の聖意を達することを得んや、伏して願はくは、臣が官を免じ、盛岡・狹山の例に傚ひ、一小藩たりと雖も、親しく聖恩に浴することを得しめられんことをと、是の日、其の獻言の至誠に出づるを賞し、多度津藩を廢して倉敷縣をして之れを管せしむ、○太政官日誌、公文錄、華族家記

岩倉具視帰京復命す

六日　勅使岩倉具視帰京し、午後參內す、乃ち謁を賜ふ、右大臣三條實美・大納言嵯峨實愛等侍坐す、具視、從二位毛利敬親・從三位島津久光が奉勅の事等を復命し、且久光が病の故を以て三月まで上京の期を延べられんことを請ひ、大參事西鄕隆盛をして東上せしめしこと、及び敬親亦病の故を以て上京の期を延べられんことを請へる旨を奏し、敬親・久光の奉命書を上る、敬親の奉命書に曰く、

今般以

勅使賜

宸翰且被

仰聞之趣欽テ奉戴仕候敬親不才微力不能報

君恩之萬一實以恐懼之至奉存候自今勉勵

闕下罷出猶又奉伺

御旨意聊臣下之職分可相盡ト奉存候此段御請申上候

久光の奉命書に曰く、

臣久光謹テ白ス臣カ如キ土芥ノ陋生ヲ不被爲捨忝モ大納言岩倉卿ヲ天使トシテ赫々ノ大命ヲ下シ

玉フコト寵眷ノ優渥ナル感泣ニ不堪候伏テ詔ヲ拜聞スルニ至重大事豈菲才ノ克ク及所ナランヤ敢テ所思欲言不能腸九廻セリ唯竊ニ思大臣ノ事君ヤ一有リ忠而已爲其國身ヲ忘ル是ニ止ルノミ夫皇朝一タヒ革制シテ命令出一誰カ之ヲ不可スヘケン臣愁ラクハ其名立テ其實不擧ヲ先ニ名義盛ナルモノ在リト雖遂ニ今日ニ至リ獨虚名ヲ存スルニ歸スルカ如キモノアルニ似タリ頗ル大息ノ至也抑一怒シテ令懼安居シテ令熄ハ保國ノ威嚴臣久光豈其分ニ不當ト雖報國ノ赤衷肺肝ニ溢レ終ニ區々ノ力ヲ致雖然陛下聖明ノ靈德ニ不因ハ何ソ其事ニ可堪ヤ冀クハ天心清瞭ナランヲ臣久光闕下ヲ遙拜シテ誠恐頓首昧死

畢りて休憩所に於て祝酒を具視竝びに實美等に賜ふ、○公文錄、嵯峨實愛日記、木戸孝允日記、毛利敬親事蹟拔抄、岩倉具視書翰、島津久光公實紀、岩倉公實記

皇太后を御存問

七日　曩に少辨五辻安仲の京都に赴くに託して皇太后を存問したまふ、是の日、安仲、大宮御所に候し、上臈に就きて叡旨を言上し、宸翰を上る、十八日、皇太后、天皇に庭煙草盆一箱・交魚一折代料五百疋を、皇后に香具一箱・交魚一折代料千疋を幸便に託して御贈進あり、天皇又花瓶・花臺・鮮魚代料五千疋を皇太后に贈進したまふ、○京都宮内省錄日記、皇太后宮職日記、青山御所御納戸日記、押小路甫子日記

津和野藩知事龜井茲監、管内の疲弊回復のため今年より四箇年間其の家祿を割きて藩廳に提供せんことを請ひ、又龍野藩知事脇坂安斐は管内窮民撫恤のため在官中其の家祿を割きて之れを藩廳に提

供せんことを請ふ、是の日、之れを聽許す、〇太政官日誌

横須賀製鐵所船渠落成

八日　是の月六日、横須賀製鐵所後の横須賀造船所船渠落成す、翌七日其の開業式を行はんとせしが、暴風雨のため稽延し、是の日、之れを擧行す、兵部卿熾仁親王及び大納言德大寺實則・參議大隈重信・同佐佐木高行・大藏卿伊達宗城等竝びに獨逸・伊太利・和蘭・西班牙各國公使等の參列あり、春日艦の入渠試驗を行ひ、又修船臺より飛龍艦を進水せしめて觀覽に供す、船渠は慶應二年三月に起工する所にして、其の上部に於ける長さ三百九十四尺餘、幅八十二尺餘、渠內の深さ二十九尺餘あり、之れを第一號船渠と稱す、其の經費を要すること十六萬六千九百八十六兩餘なり、是の日、酒肴を同所職員・雇外國人其の他役夫等に賜ふ、〇公文錄、儀式錄、熾仁親王御日記、嵯峨實愛日記、横須賀造船史

十一日　皇太后齡三十九、所謂厄年に當らせらる、仍りて留守宮內省に命じ、上下御靈社をして祈禱を修せしめたまふ、是の日、其の內命京都御所內廷に達す、〇押小路甫子日記

十二日　延岡藩知事內藤政擧、藩債償却・藩廳費補足のため其の家祿を割きて之れを藩廳に提供せんことを請ふ、是の日、之れを聽許す、〇太政官日誌

御親兵の設置

十三日　鹿兒島・山口・高知三藩の兵を徵して御親兵と爲す、是れより先、兵部少輔山縣有朋、勅使岩倉具視に隨ひて鹿兒島に至り、鹿兒島藩大參事西鄉隆盛に會して陳ぶるに東都守備の嚴ならざ

るを以てし、隆盛自ら藩兵を督して其の任に當り、以て新政府の基礎を固くせんことを説く、隆盛曰く、山口に赴きて木戸孝允と協議し、更に高知藩を勸誘し、薩長土三藩の兵を以て、宮闕守護の御親兵を編成するを可とすと、有朋之れを贊し、又隆盛が其の費用に就きて問へるに答へて曰く、兵部省の豫算定額三十萬石は既に之れを支消せり、新に要する所の該兵員の費用に至りては、藩力に相應する負擔額を定め、各藩より之れを徵集すべしと、隆盛首肯す、既にして隆盛、山口・高知に至りて長土二藩と熟議す、尋いで鹿兒島・山口・高知三藩の各領袖上京するや、是の月八日、右大臣三條實美・大納言岩倉具視・參議木戸孝允・同大久保利通・山口藩權大參事杉孫七郎・高知藩大參事板垣退助及び隆盛等、實美の邸に會し、三藩提携の事及び先に記述する所の山口藩建言等に關して議する所あり、翌九日、之れを大納言德大寺實則・同嵯峨實愛・參議副島種臣・同佐佐木高行・同大隈重信等に謀り、十日、廟議遂に三藩の兵を徵して御親兵と爲すことを決す、乃ち是の日、三藩に令し、鹿兒島藩をして歩兵四大隊・砲兵四隊を、山口藩をして歩兵三大隊を、高知藩をして歩兵二大隊・騎兵二小隊・砲兵二隊を出さしめ、之れを兵部省に隷屬せしむ、其の兵員約八千人、尋いで隆盛・孝允・孫七郎等各〻歸藩して徵兵及び朝旨の徹底に盡す所あり、數月にして三藩の兵悉く著京す、其の山口・高知兩藩の徵集兵は佛國式、鹿兒島藩徵集兵は英國式なりしが、七月に至り、鹿兒島藩徵集兵にも佛國式を採用すべきを命じたり、十二月に至り、軍務局員を選びて御親兵掛と爲し、又御親兵庶務を定む、是れ卽ち近衞兵の濫觴なり、是れより先明治元年二月二十日、軍防事務局に親兵掛を置き、參與壬生基修等を以て之れに補す、當時親兵と稱するものは、山口藩の龜山隊・致人隊を基本として鄕兵及び諸藩の浪士より成り、京都府下に屯して東北征討には諸藩兵と倶に從軍し、其の第三番・第四番の二大隊は、山口藩・高知藩等の徵兵と倶に本年の初猶東京に在り、其の朝廷に直屬するの故を以て、諸藩の兵と之れを別ちて親兵と稱すと雖も、今次徵募の御親兵とは全く其の實を異にせり、〇太政官日誌、公文錄、嵯峨實愛日記、木戸孝允日記、大久保利通日記、保古飛呂比、三條實美書翰、岩倉具視書翰、木戸孝允書翰、西鄕隆盛書翰、太政類典、法規分類大全、土佐藩政錄、忠義公史料、近衞師團沿革概要、陸軍省沿革史、近衞沿革誌、防長回天史、徵兵制度及自治制度確立ノ沿革、新聞雜誌

近衞兵の濫觴

神樂道傳授等の改正

十四日　神樂道の大曲・祕曲は、從來神樂家竝びに舊樂所に於て口傳と稱して之れを私せしが、是の日、令して悉く其の譜を雅樂局に返上せしめ、其の副本を藏することをも停止す、又各家の口傳を禁じ、更に正二位綾小路有長をして神樂大曲を、中伶人山井景順をして神樂笛大曲を傳へしむることと定め、其の譜を二人に授く、又各神社に於て行はるゝ大和舞等の舞樂は、總て之れを其の社傳に委することと爲し、尋いで正三位四辻公賀に令し、其の各神社の樂人に和琴を傳授することを停止す、〇太政官日誌、諸家系譜

后妃皇子女陵墓の調査を令す

后妃・皇子女式年祭の典儀等を定めんとす、然れども其の陵墓の不明なるもの多きを以て、府藩縣に令するに、各管内に於ける后妃・皇子女の陵墓を檢覈して、其の兆域圖・碑碣・祭日・守護の方法・古文書古器の欵識・古老の遺説及び除地田園等の原由を錄上すべきを以てし、其の期限を五月と定む、〇太政官日誌、式部寮上申錄

曩に元武家華族に令して悉く東京に居住せしめしが、更に令して東京府に貫せしむ、〇太政官日誌

巡察使四條隆謌を再び日田縣に派遣

去歳十二月巡察使四條隆謌日田縣に至り、久留米・柳河等を巡視し、本年正月十三日大阪に還りて復命す、然れども檢覈未だ盡さゞる所あり、山口藩逋亡人及び浮浪の徒尙西海地方に出沒す、仍りて是の日、隆謌を再び日田縣に遣はして之れを鎭撫せしめ、鹿兒島・熊本・山口三藩兵各一大隊を徵して其の節度に從はしむ、大藏大丞井田讓・熊本藩少參事大田黑惟信・高知藩士土屋可也之れが參謀たり、又翌十五日高知藩をして藩兵を以て伊豫・讚岐兩國間を警備せしめ、尋いで豐津藩以下九州・四國の四十二藩に令して、臨機巡察使の命令に從はしむ、〇太政官日誌、愛宕通旭一件、四條家維新文書、舊豐津藩記事、木戶孝允書翰、大久保利通書翰、熊本藩國事史料、諸家系譜、太政類典、防長回天史

大阪造幣寮開業式

十五日 初め明治元年閏四月、會計官中に貨幣司を置き、長岡右京を知事と爲し、局を大坂に開きて二分金及び一分銀を鑄造し、以て專ら軍資に充つ、是れ明治政府貨幣鑄造の濫觴なり、二年二月、

貨幣司を廢し、太政官内に造幣局を置きしが、幾もなくして會計官に復し、尋いで造幣寮と更め、之れを大藏省に屬せしむ、同年、大阪淀川の畔を相して寮舍新築の工を起し、又機械を英吉利國に求む、去歳四月、造幣技師として雇傭せる英國人トーマス・キンドル等來著し、十一月に至り、蒸氣機關の試運轉を行ひ、尋いで新銀貨を鑄造す、是に於て機械力に藉りて始めて純正なる貨幣を製作し、以て其の統一の實を擧ぐることを得たり、乃ち是の日を卜し、造幣寮開業の式典を擧ぐるを以て、右大臣三條實美、參議大隈重信・大藏卿伊達宗城・外務卿澤宣嘉・彈正尹九條道孝等と倶に東京より至り、外國公使等亦招請に應じて來臨す、正午前、右大臣、烏帽子・直垂を著して式場に臨み、告文を朗讀し、畢りて瓣を捩開するや、器械一齊に運轉を始め、同時に祝砲の發射あり、外國公使等喝采して之れを讚嘆す、尋いで諸員各種の作業を巡覽し、畢りて饗宴あり、右大臣の乾盃、英佛兩國公使の祝辭、造幣首長キンドルの答辭あり、本位・定位の貨幣各一組を各國公使に贈る、是の日より三日間、大阪府民をして寮の內外を縱覽せしむ、右大臣、寮の全景の寫眞・新貨幣等を齎し歸りて之れを天覽に供す、十六日、造幣權頭馬渡俊邁を以て、キンドル及び建築工事監督の任に當りし英國人ウォードルスに各〻大和錦・蒔繪手筥を賜ひ、其の他雇外國人七人に各〻縮緬・蒔繪手筥を賜ふ、又本邦未曾有の大業たる該寮創建に當り、勵精盡力せる功勞を叡感あらせられ、十

右大臣以下式典に臨む

新貨幣を神宮に奉納せらる

一月四日、參議大隈重信・大藏大輔井上馨・工部大輔伊藤博文に各ゝ金四百兩を、陸軍少將井田讓・鑛山頭井上勝・土木助山口忠良・造幣權助久世喜弘に各ゝ金三百兩を賜ひ、其の他造幣權頭等に金を賜ふこと各ゝ差あり、天皇新貨幣を神宮に奉納したまはんとし、大納言德大寺實則を勅使として參向せしめたまふ、實則先づ大阪に至り、造幣寮開業式終るの後神宮に參向す、○太政官日誌、公文錄、儀式錄、大藏省文書、嵯峨實愛日記、柳原前光輒誌、三條實美書翰、造幣局沿革誌、世外侯事歷維新財政談

後嵯峨天皇六百年式年祭

十七日　神祇官神殿に於て後嵯峨天皇六百年式年祭を修せしめ、侍從裏松良光を勅使として參向せしめたまふ、又京都府知事長谷信篤を嵯峨南陵に遣はして祭儀を行はしめ、幣帛として五色絹・絁・絲・布・倭文・木綿・麻を供獻したまふ、○太政官日誌、祭祀錄、儀式祭典錄、宮內少錄日錄、雜書綴込

十八歲より二十五歲に至る漁夫の身體强健にして志願ある者を檢査して海軍水卒に採用せんとし、府藩縣に令して、六月を限りて其の氏名を兵部省に錄上せしむ、尙採用者家族に扶助として每月米三斗五升を給することとす、○太政官日誌、公文錄、法令全書

御講學

十九日　侍讀平田延胤をして日本書紀を進講せしめたまふ、○宮內少錄日錄

木戶孝允內命を奉じて山口藩に赴く

二十二日　參議木戶孝允、朝旨の徹底に力を致さんがため、內命を奉じて山口藩に赴かんとす、仍りて午後二時御前に召して酒饌を賜ふ、大納言岩倉具視・參議大久保利通亦召さる、是の日午前、

孝允、具視を訪ひて時局に關する機務を談論す、孝允、三月二日山口に著し、直に毛利敬親父子に面して賚す所の御沙汰書を致す、○公文錄、德大寺實則書翰、岩倉具視書翰、木戸孝允日記、大久保利通日記、防長回天史

福島縣下の騷擾

是の月十一二日の交、福島縣伊達郡の村民等蜂起の兆あり、縣官の說諭に由りて一旦解散せしが、十四日の夜に至りて再び群集し暴行を事とす、其の數千餘人、十五日福島に迫り、遂に獄舍を破りて囚人を放ち、剩へ放火するに至る、福島縣權知事菱田重禧急を太政官に報じて、臨機の處置を執るの已むを得ざるを訴へ、又二本松・中村二藩に出兵を請ひ、力を鎭撫に盡す、既にして暴徒等福島より退卻すと雖も、尙近郊の各所に屯集して再び福島を襲はんとするの形勢あり、十六日二本松藩兵二小隊來著し、尋いで中村藩兵四小隊半・三春藩兵半小隊亦來著す、乃ち路を分ちて鎭定に向ふ、是の日、廟議、民部大丞松方正義をして鎭撫に赴かしめ、又兵部省員をして岡山藩兵一大隊を引率して出張せしむ、正義等未だ福島に到らざるに、二十日暴徒漸く鎭靜に歸せり、騷擾の起因に就きては明かならずと雖も、蓋し重斂・苛課の苦に堪へずと云ふを以て口實と爲す、抑〻奥羽の地たるや、戊辰の兵亂に際して塗炭の苦に陷り、加ふるに凶歲を以てし、庶民頗る疲弊困憊せり、而して縣官等の庶民に對する處置亦刻薄に失するものなきにあらず、是に於て三月二十四日正義に令して、奥州諸縣の知事以下官吏の能否を察し、竝びに民間事情の虛實等を詳かにせしむ、○太政官日誌、公文錄、

木戸孝允日記、丹羽長裕家記、太政類典、侯爵松方正義卿實記

二十三日　秋田藩知事佐竹義堯、家祿の一部と賞典祿全額とを擧げて藩廳費の補足に提供せんことを請ふ、二十五日、之れを聽許す、〇太政類典、華族家記

詔して廣澤眞臣殺害犯人の捜索を嚴ならしむ

二十五日　參議廣澤眞臣の難に遭ひしより既に五旬、有司百方兇徒を捜索すれども獲る能はず、叡慮深く之れを遺憾と爲したまふ、是の日、午後一時小御所代に出御し、右大臣・大納言・參議竝びに諸省・彈正臺・東京府の長次官等及び刑部省・東京府に於ける捕亡關係の吏員各〻兩三人を召して詔書を下したまふ、右大臣三條實美之れを捧讀す、詔書に曰く、

故參議廣澤眞臣ノ變ニ遭ヤ朕既ニ大臣ヲ保庇スルコト能ハス又其賊ヲ逃逸ス抑維新ヨリ以來大臣ノ害ニ罹ル者三人ニ及ヘリ是朕カ不逮ニシテ朝憲ノ立タス綱紀ノ肅ナラサルノ所致朕甚タ焉ヲ憾ム其天下ニ令シ嚴ニ捜索セシメ賊ヲ必獲ニ期セヨ

實美等恐懼し、今後一層奮勵して速かに之れを捕へ、以て宸襟を安んじたてまつるべき旨を奉答して退く、是の日、右大臣、詔書に添ふるに次の一書を以てし、之れを天下に布告す、

詔書之通被　仰出候今日　朝憲ノ不立綱紀ノ不肅ハ全ク實美等其職ヲ不盡ニ由レリ苟モ大臣ヲ殘害ニ及ヒ候賊徒ヲ逃逸シ既ニ五旬ニ及ヒ未タ捕獲ニ不至實ニ恐懼ノ事ニ候條篤ク　詔書ノ旨ヲ體

シ嚴密捜索ヲ遂ケ速ニ捕獲シ可奉安　宸襟様盡力可致候也

尋いで二十七日在京諸藩知事・同參事等を、二十八日在京諸縣知事・同參事等を太政官に召して詔書を拜聽せしめ、諭示する所あり、詔書の下るや、彈正臺は其の職責上深く恐悚して長官以下進退を伺ひしが、諭示して之れを停めらる、二十八日眞臣の養嗣子山口藩士廣澤健三に東京府貫屬を命ず、〇太政官日誌、公文錄、詔勅錄、司法省雜纂錄、宮內少錄日錄、嵯峨實愛日記、保古飛呂比、宍戸璣書翰

兵部省に令して、德島藩兵一大隊を甲府縣に出さしむ、三月二十一日到著す、〇太政官日誌、公文錄

二十七日　是の月二十五日參議大久保利通上表して曰く、今や國費多端なり、然りと雖も海陸兩軍の更張は目前の急務にして實に治國の根本たり、願はくは臣が拜受する客歲以降年々の賞典祿を奉獻し、以て軍費の一端に供せんと、天皇、深く其の特志を嘉し、是の日、之れを聽したまふ、但し本月下付せらるゝものを始めとし、今年度のみに止めしめらる、〇太政官日誌

苗木藩知事遠山友祿、藩廳費補足のため在官中其の家祿を割きて之れを藩廳に提供せんことを請ふ、是の日、之れを聽許す、〇太政官日誌

春季御祈祭

二十八日　去月二十五日、神祇官をして、毎年春秋二季に御祈祭と稱して同官鎭齋の八神・天神地祇・皇靈を祭らしむることとし、是の日、春季御祈祭を行はしめらる、仍りて侍從勘解由小路資生

を勅使として參向せしめたまふ、式の概要は、午前十時神殿の裝束整ふや、神祇官官吏・辨官・宮内省官吏等著座して御扉を開き、神祇伯祝詞を奏し、畢りて神饌を供す、次に勅使進みて玉串を奉り宣命を奏す、次に皇太后・皇后・内親王の御使順次に進みて玉串を奉り、次いで神祇伯以下拜禮す、次に撤饌・閉扉の儀ありて各〻退出す、宣命に曰く、

天皇乃大命尓座世掛卷母恐支　八柱大神　天神地祇八百萬神御代御代乃　天皇都弖三所乃大前尓從四位行侍從藤原朝臣資生乎使止爲弖白給波止久白左久新代乃茂御代止祭式乎改正給布時尓方利弖中世与利其祭尓他道乃繆利麻自許禮留乎除給比去給比正支式尓復給比弖彌益益尓　天皇乃大殿又　皇太后乃大殿乎始弖殿止云殿乃内外波平氣久堅石尓常石尓護幸幣給幣止乞祈給布事乎聞食世止宣留如此聞食弖婆今与利後古道尓違事無久過事無久持由麻波里清麻波里弖仕奉良志米給波牟狀乎見行志聞食弖　天皇乃大朝廷乎始弖仕奉礼留百官人等天下乃公民等尓至留麻弖尓伊加志夜具波衣乃如久立榮志米給幣止宣留　天皇乃大命乎聞食世止恐美恐美母白須

尋いで宣命の寫一通及び神饌一合を京都大宮御所に上る、抑〻春秋二季御祈祭は神祇官鎭齋の八神・天神地祇・皇靈に國家の隆昌を祈らせらるゝ式典にして、從來行はれし日待・星祭・祈禱等を廢して新に修したまふ所なり、然るに皇靈は是の歲九月三十日皇城に奉遷せるを以て、爾後自ら此の祭典に與りたまはず、五年四月二日、八神・天神地祇の皇城に遷座したまへる後と雖も、該祭典

は尙八神・天神地祇を合祀せる神殿に於てのみ行はれたり、〇太政官日誌、公文錄、祭祀錄、儀式祭典錄、宮內少錄日錄、京都宮內省錄日記、皇太后宮職日記

二十九日　去歲十一月徵兵規則を頒ち、畿內・諸道の府藩縣に令して各〻兵員を大阪出張兵部省に選出せしめしが、是の日、畿內及び山陰・南海二道を除き、其の他諸道の輸兵期日を改定す、卽ち東海・北陸二道を本年七月二十日より月末に至る間とし、西海道を本年十一月二十日より月末に至る間とし、東山・山陽二道を五年三月二十日より月末に至る間とす、是れ大阪に建築すべき兵營の工事進まざるを以てなり、又是れより先正月三十日、府藩縣徵兵の支度料及び旅費定則を公布す、〇太政官日誌、公文錄

皇后養蠶を行はせらる

是の月　皇后養蠶を試みたまはんとし、蠶室を吹上御苑內に營ましめ、且岩鼻縣に命じて蠶業に習熟せる婦女及び取締人を選出せしめたまふ、三月上旬、上野國佐位郡島村等の婦女四人至りて蠶室に伺候し、皇后亦親ら桑を摘み蠶を養ひたまふ、尋いで五月上旬に至り蠶兒の上蔟畢るや、東京深川授產場に命じて機織・繰絲に堪能なる工女數人を選出せしめ、召して綸子・羽二重を織らしめらる、〇公文錄、長茨書翰、新聞雜誌

明治天皇紀 巻三十八

明治四年

三月

敦宮親王宣下

二日　邦家親王第十四王子敦宮を親王と爲し、名を貞愛佐多奈留と賜ふ、尋いで本月七日を以て元服を行ふに因り、其の前日冠を、當日掛緒を賜ふ、尙加冠の當日、別に太刀一口・馬代金十兩・昆布一箱・干鯛一箱・清酒一荷を賜ふ、翌八日、二品に敍したまふ、貞愛親王、太刀一口・馬代金三百疋を獻る、〇皇親錄、雜事錄、東京往復、山中獻書翰、京都宮内省錄日記、皇太后宮職日記、伏見宮家日記、青山御所御納戸日記、押小路甫子日記

武官をして朝拜及び諸禮式に軍服を著用せしむ、〇太政官日誌、公文錄

福岡藩知事黑田長知、藩廳費補足のため、藩債償卻に至るまで其の家祿を割きて之れを藩廳に提供せんことを請ふ、是の日、之れを聽許す、〇太政官日誌

三日　午前八時小御所代に出御、親王及び大臣以下勅任官・麝香間祗候等の上巳の参賀を受けたまふ、又諸臣をして「花下言志」の歌題にて和歌を詠進せしめらる、天皇・皇后、皇太后と祝品・雛壇供物を贈答したまふこと例の如し、○儀式錄、宮内少錄日錄、京都宮内省錄日記、青山御所御納戸日記、嵯峨實愛日記、押小路甫子日記

五日　嚢に彈正尹九條道孝京都に赴くを以て、頭飾の具を之れに託し皇太后に贈進したまふ、是の日、道孝之れを大宮御所に上る、皇后亦道孝に託して銀細工一箱・交魚一折を贈進したまふ、○青山御所御納戸日記

御乘馬

六日　午後山里御苑に於て乘馬あらせらる、十一日・十二日・十五日・二十二日・二十八日亦同じ、七日・十三日は吹上御苑に於て乘馬あらせらる、○宮内少錄日錄

七日　普佛戰爭の起るや、客歳七月局外中立を宣し、警備のため軍艦を諸港に配置せしが、兩國講和せるを以て、兵部省に令して之れを撤せしむ、○太政官日誌、公文錄、明治史要

外山光輔愛宕通旭等の陰謀

京都府華族從四位外山光輔・同愛宕通旭等、各ゝ黨を集めて亂を作さんことを謀りしが、是の日、光輔を京都に捕へ、尋いで通旭を東京に捕ふ、光輔、平常新政を慊ばず、殊に近年物價暴騰して民塗炭に苦しみ、國家多難なるのみならず、東幸以來、京都の地日々に衰弊するを目擊して、是れ畢竟外國と交際するに因れりとの僻見を持し、且外人の跋扈跳梁日に甚しきは當路の要人洋風に心醉

外山光輔等の逮捕

するがためなりと妄斷し、是の弊を除くと同時に還幸を促したてまつり、政體を更革して攘夷の實を擧げ、以て先帝の聖旨を貫徹せんことを志し、客歳四月頃之れを家臣高田修に告げ、爾來竊かに同志の糾合に力む、舊中川宮家臣三宅瓦全・正五位生源寺俊吾其の他之れに黨する者尠からず、又菊亭修季家臣矢田隆男の父穩清齋と相結託す、是の月五日、俊吾・修・山本貫之等同志の者光輔の別邸に會するや、俊吾は、京都に於て兵を擧げ、直に府廳・丹波方面の小藩及び大阪府廳を攻略して高野山に據り、和歌山藩を襲擊し、在神戸の外人を掃攘すべしと主張し、修は、爆裂彈を京都府廳に投じて奸臣を鏖殺すべしと說き、貫之は、伏見營兵中に洋式敎練を喜ばざる者あるを以て、之れを誘致して用ゐるべしと論ず、光輔、府廳襲擊を以て朝敵の汚名を蒙るものと爲して肯ぜず、翌六日、穩清齋の招に應じて、光輔・修・俊吾等下河原の料亭噲々堂に至る、席上、福岡藩卒的野秀九郎・元刑法官鞫獄司吟味役立石正助・久留米藩脫徒鹿島猛等、光輔の擧に同盟するあり、遂に七八月の交、奥羽諸國の動搖すべきを俟ち、其の虛に乘じて事を擧げんと圖るものの如くなりしが、彈正臺京都出張所之れを探知し、是の日、光輔・修・瓦全・穩清齋父子等を捕縛す、又愛宕通旭は曩に神祇官判事たり、明治二年五月官を免ぜらるゝや京都に還り、祖父通祐の家扶比喜多源二に就きて國學を修む、通旭夙に青雲の志を懷く、源二、戊辰以來國事に勤勞すと雖も、未だ其の志を得ざるを以て居常快々たり、一日源二は、華族子弟の柔惰に流れ、毫も奮發の志氣なきを罵り、通旭を激勵するに、東京に赴き大に力を國事に致すべきを以てす、通旭の臣舊親兵安木劉太郎亦通旭を勵す所あり、二人更に通旭に說きて曰く、方今國家の基礎確立せず、從ひて人心方向を誤り、京都の衰弊日々に甚しく、暴徒諸國に蜂起し庶民堵に安んぜず、是れ廟堂の施政宜しきを得ざるに因る、是の時に方り憂國の士の爲すべきは、馳せて東京に至り、其の懷抱する所を建言するにあり、而して若し聽かれずば、直に諸藩を遊說して士氣を鼓舞し、兵威を藉りて闕下に迫り、要路の奸臣を誅鋤し、鳳輦を京都に奉迎し、政體を一變し、以て國家を泰山の安きに置くの決心なかるべからず、公宜しく其の主將たるべしと、通旭之れを容れ、爾來密かに同志を糾合す、彈正臺大巡察たりし柳河藩士古賀十郎・秋田藩士中村恕助亦之れに黨す、通旭名を勤學に託して速かに東上せんとし、去歲十二月既に其の允許を得たり、仍りて是の歲正月十八日、源二・劉太郎等を率ゐて東上の途に就く、十郎は病に由りて同行を辭せしが、三月を以て東上せんとし、恕助は、秋田藩の同志を勸誘して通旭等と東京に會せんことを約して既に歸藩せり、十郎、恕助に託するに一書を以てし、秋田藩權大參事心得たりし初岡敬治に送りて同盟を勸む、敬治復するに贊同の意を以てし、上京の決心を告ぐ、二月四日通旭東京に著し、十郎・恕助・敬治等の來るを待ちたりしが、政府之れを偵知し、

愛宕通旭等の逮捕

是の月十二日廟議を決して即日源二を東京府に召喚す、劉太郎事の既に露れたるを知り、在京の同志と謀りて府下を焼き暴亂を企てんとす、十三日政府更に議する所あり、十四日通旭及び劉太郎等を逮捕す、○愛宕通旭一件、外山光輔一件、愛宕通旭以下國事犯一件書類、三條實美書翰、岩倉具視書翰、大久保利通書翰、嵯峨實愛日記、大久保利通日記、秋田藩辛未書類

八日　皇城内の諸門及び番所の警衞等を總て兵部省の所管と爲し、山口・佐賀兩藩徴兵をして晝夜各〻六回皇城内を巡邏せしむ、尋いで四月十七日、諸御門警戒兵規律十四項を定む、○太政官日誌、雜事錄

京都留守官管する所の二條城をして京都府に屬せしむ、四月二日其の授受を了す、○太政官日誌、公文錄、重要雜錄

諸縣に示すに管内の地理・戸口・官衙・社寺・田圃・驛市・港灣等に關する調査項目を以てし、速かに之れを錄上せしむ、但し遠地にありては、達令接手の日より十五日以内に檢覈して提出せしむ、○太政官日誌

御講學

九日　侍讀平田延胤をして日本書紀を進講せしめらる、○宮内少錄日錄

宮内省費十萬兩を御親兵費に充てしめらる

是の月二日、右大臣三條實美・大納言岩倉具視・參議大久保利通・同大隈重信及び兵部少輔山縣有朋・大藏少輔井上馨等實美の邸に會し、御親兵費に關して商議する所あり、祿税を徴集して之れに充つることに決定す、是の日、宮内省費の内十萬兩を割きて兵部省に下付し、以て御親兵の用度に充てしめたまふ、是れ特旨に出づるなり、○太政官日誌、大久保利通日記

神奈川縣平民商高島嘉右衞門、國恩報謝のため毎年得る所の利潤二十分の一を海陸軍費に獻ぜんとし、明治三年十二月、同年度獻金として金千兩を納めんことを請ふ、其の篤志に出づるを以て、是の日、之れを聽許す、〇太政官日誌

十日　本日より右大臣・大納言・參議及び諸省長官・彈正尹の內一人竝びに辨官一人皇居に宿直することと定む、蓋し華族愛宕通旭等不逞の徒と通じて輦轂の下に陰謀を企つる者あり、朝野騷然たるを以てなり、〇宮內少錄日錄、熾仁親王御日記、嵯峨實愛日記

宮內省分課の改訂

宮內省分課を改め、權大丞四辻公賀・同千種有任・同長谷信成三人に當番・出御・御對面・天盃・諸御禮・天機伺・御讀書・御當座・御藥調劑檢知等の事を、大丞戶田忠至・權大丞香川敬三・同木場清生等十一人に會計・御膳・用度・營繕・秩祿等の事を、大丞小河一敏等四人に奉獻・管鑰・御門出入・印鑑・倉庫・吹上山里兩御苑・濱離宮等の事を、少錄渡邊珍鏘等七人に奧口取締を、權少錄古田融に御廐の事を管掌せしむることと爲し、之れを留守宮內省に報ず、〇例規錄

西條藩知事松平賴英、藩廳費補足のため在官中其の家祿を割きて之れを藩廳に提供せんことを請ふ、是の日、之れを聽許す、〇太政官日誌

久留米藩士小河眞文等の陰謀

客歲、山口藩舊奇兵隊等の徒四方に奔竄するや、魁首大樂源太郎等潛行して久留米藩內に在り、當

時同藩内には廟議の開國主義に怏からざる一派ありて、應變隊隊長小河眞文及び士族古松簡二之れが首領となり、山口藩脱徒の擧動を以て正義に合すと爲し、竊かに源太郎等を隱匿し、且之れを援けて其の勢力を挽回せしむると共に、應變隊兵士及び同志の徒を糾合して闕下に迫り、鎖國の宿志を遂げんとの陰謀を企つ、久留米藩大參事水野正名・同權大參事吉田博文の兄弟亦脱徒の境遇に同情するのみならず、若し其の檢覈を嚴にせば、藩内の動搖を來さんとする情勢あるを以て、藩知事有馬賴咸の耳目を壅蔽して之れを默過す、山口藩之れを探知し、使者を久留米に遣はして交渉する所あり、正名乃ち命じて脱徒を捕縛せしむと雖も、尙事に託して之れを山口藩に交付するを拒む、且源太郎は逃れて未だ縛に就かず、政府事態の容易ならざるを察知し、去月十四日、巡察使四條隆謌を日田縣に遣はして西海道の鎭撫に當らしめ、同二十九日、久留米藩の非違を處斷することを決議す、而して是の日、賴咸及び博文等の東京に在る者十人を彈正臺に召喚し、賴咸に謹愼を命じ、博文の官を免じて之れを彈正臺に拘禁す、又津和野・前橋兩藩をして東京・京都に於ける久留米藩邸を警衞せしむ、十二日、正名の官を褫ぐ、十三日、巡察使、參謀大田黑惟信をして兵を率ゐて久留米に赴かしめ、正名・眞文及び久留米藩刑法掛澤之高等を捕へて日田に護送せしむ、同藩中監察島田莊太郎等、山口藩脱徒潛匿の事發覺せば、累の知事に及ばんことを憂ひ、十六日、竊かに源太郎等四人を誘殺し、其の屍を隱蔽す、既にして事露れ、其の徒或は自訴し或は縛に就く、〇公文錄、太政官日記、愛宕通旭一件、愛宕通旭以下國事犯一件書類、四條家維新文書、明治四年日乘、長松幹西下日記、久留米藩難記、嵯峨實愛日記、大久保利通日記、三條實美書翰、大久保利通書翰、有馬賴咸家記、松平直方家記、太政類典

去歳正月、浮浪の徒の濱田縣民を煽動せるを以て、廣島・山口・津和野三藩に令して之れが鎭定に當らしめしことあり、是の日、更に濱田縣警備を津和野藩に命ず、尋いで津和野藩兵半小隊濱田に著す、〇太政官日誌、濱田縣辛未日誌抄出

神武天皇例祭

十一日　神武天皇例祭なり、午前九時直衣を著し鳳輦に駕して御出門、神祇官に幸して御親祭を行はせられ、午後一時還幸あらせらる、又留守次官阿野公誠を勅使として畝傍山東北陵に遣はし、祭儀を行はしめたまふ、是の日、還幸後より午後四時に至る間、親王及び奏任官以上・華族・有位士族等に、四時より六時に至る間、判任官に神殿參拜を許す、是れより先四日、神武天皇祭を以て海內齊しく遵行すべき式典と爲し、七日令するに、毎年三月十一日地方官等遙拜式を行ふべきことを以てし、神祇官をして其の式を定めしむ、但し本年に限り、布告書接手後、日を選びて其の式を行はしむ、〇太政官日誌、公文錄、祭祀錄、儀式祭典錄、例規錄、宮內少錄日錄、嵯峨實愛日記、大久保利通日記、東久世通禧日記、梅溪通善日記、橋本實麗日記

獨國代理公使國書を捧呈す

十二日　曩に普魯生國は佛蘭西國と戰ひて大捷を得、普王ウィルヘルム新に組織せられたる獨逸聯邦の皇帝の位に卽くや、本邦駐劄代理公使エム・フォン・ブラントをして國書を捧呈せしむ、ブラ

ント乃ち拜謁を請へるを以て、午後一時之れを引見したまふ、公使、領事等四人を隨へて參內し、中仕切門內にて車を下り、塀重門より入る、外務卿輔、御車寄階上若しくは階下に迎へ、之れを櫻間に延く、大納言・參議等をして出會せしめ、又茶菓を賜ふ、尋いで奏樂裡に大廣間に出御あらせらる、右大臣・大納言・參議等侍立す、公使進みて皇帝の命を傳へ、且近く歸國すべき命に接せる旨を言上す、右大臣三條實美其の旨を奏聞す、公使國書を上る、國書西曆千八百七十一年一月二十九日附の譯に曰く、

神惠ニ因テ獨逸皇帝兼孛漏生皇帝タルウイルヘルム

大日本大天皇ニ告ス

獨逸國々諸侯幷諸領主等今般余ニ獨逸國皇帝ノ爵位ヲ加ヘ國中ノ政權ヲ委ネ余カ子孫モ同樣永續センコトヲ欲シ各一致シテ右爵位ヲ加フルハ全ク余ヲ信用シテ國中ノ猶盛ンナラン事ヲ望メハナリ

余ハ右諸侯諸領主ヘ歡謝スル處ナリ

余ハ右神惠ニ因テ國帝ノ位ニ昇リ得タル事ナレハ歡喜シテ獨逸國ノ爲メ余ハ皇帝ノ職ヲ盡サン事ヲ勉ムヘシ依テ右ノ趣喜ンテ

大天皇ヘ告ク且ツ余ハ常ニ

大天皇ト幸ヲ同シテ貴國ノ安全ヲ懇禱ス拜具

天皇立御して之れを受け、椅子に復したまひて勅語あり、右大臣之れを傳ふ、勅語に曰く、

今般獨乙國勢一變ノ時ニ方リ汝カ大皇帝手書ヲ以テ獨乙國皇帝ノ尊號ヲ加ヘシヲ示シ且兩國懇親ノ意ヲ表セラル朕深ク之ヲ喜フ汝久ク我國ニ在リ能其職ヲ盡ス今ヤ國ニ歸ル宜ク朕カ大皇帝ノ尊號ヲ祝シ併テ交誼ノ益厚カランコトヲ欲ルノ意ヲ陳セヨ

畢りて公使櫻間に退き、尋いで吹上御苑を拜觀して退出す、午後六時延遼館に於て公使等に賜饌あり、外務卿澤宣嘉等をして接伴せしめたまふ、尋いで二十二日、御畫日の返翰を皇帝に贈らせらる、其の文に曰く、

大日本天皇　獨逸國兼孛漏生國大皇帝ニ復ス今般獨逸國ノ諸侯伯等　大皇帝ノ盛德ヲ欽仰シ　獨逸國皇帝ノ尊稱ヲ加ヘ世々其政權ヲ總ヘンコトヲ乞ヒ　大皇帝モ亦衆庶ノ歡心ヲ得テ以テ其職ヲ盡ンコトヲ勉ムト予之ヲ聞キ欣慶ノ至ニ勝ヘス予固ヨリ　大皇帝ノ名望日ニ崇ク政化ノ益洽ク風俗ノ益美カランコトヲ知レリ庶幾クハ交誼彌深ク懇親彌厚ク兩國ノ盟永ク以テ渝ラサランコトヲ仍テ貴書ニ答ヘ敬テ祝意ヲ表シ併テ貴國ノ隆盛ト　大皇帝ノ幸福ヲ禱ル

獨國皇帝に大和繪畫帖を御贈進

又公使ブラントの歸國するに託して大和繪畫帖二帙を皇帝に贈進し、以て昨秋皇帝獨逸國戰爭畫帖

三册を贈呈せられたるに答へたまふ、〇太政官日誌、公文錄、外事錄、勅語錄、宮內少錄日錄、皇國駐在外國使臣履歷附錄、嵯峨實愛日記、柳原前光輒誌

十三日　從五位西五辻文仲は勤學中家祿の內二百石を奉還し、舍人助藤井九成は在官中下賜の八人扶持を奉還し、以て海陸軍費に充てんことを請ひ、又高槻藩知事永井直諒は藩廳費補足のため、在官中家祿を割きて之れを藩廳に提供せんことを請ふ、是の日、各〻之れを聽許す、〇太政官日誌

皇太后修學院離宮に行啓

十四日　去歲十月、皇太后聖旨を體したまひて修學院離宮行啓を仰出されしが、御不例のため果させられず、是の日、辰の刻過御出門にて行啓あり、淸遊を催したまひて戌の刻還啓あらせらる、天皇・皇后、各〻料理・菓子を贈進したまひ、皇太后、饅頭千五百個を修學院・山端兩村民に頒與したまふ、翌十五日、皇太后、急便を以て天皇に禮狀を進ぜらる、〇幸啓錄、京都宮內省錄日記、皇太后宮職日記、青山御所御納戶日記、橋本實麗日記、押小路甫子日記、御內儀日記摘要、大宮御所修學院離宮行啓一件

往年、舊會津藩主松平容保を和歌山藩に、其の子喜德を久留米藩に、舊桑名藩主松平定敬を津藩に、舊松山《備中》藩主板倉勝靜・其の子勝全を安中藩に、舊請西藩主林忠崇を唐津藩に、舊幕府陸軍奉行竹中重固を福岡藩に永預と爲しゝが、是の日、各〻其の家に移して、容保・喜德を斗南藩知事松平容大に、定敬を桑名藩知事松平定教に、勝靜・勝全を高梁藩知事板倉勝弼に、忠崇を東京府林藤助に、重固を東京府竹中黃山に預く、尋いで十月九日勝全を宥免す、〇太政官日誌、公文錄

仙臺藩士伊達邦成夙に北海道に渡航し、力を開拓に盡すこと頗る多きを以て、其の篤志を賞し、更に其の管區を増して膽振國虻田郡を加へ、且邦成及び其の舊家臣等移住の者に北海道開拓使貫屬を命ず、○太政官日誌、公文錄、東久世通禧日記

英國公使我が國の貿易に就き政府の注意を促す

十五日　英國公使パークス、貿易の得失に就きて意見を開陳し、我が政府の注意を促す、其の概要に曰く、明治三年日本の輸入額は三千百十二萬六百四十一弗にして、輸出額は千五百十四萬三千二百四十六弗なり、斯くの如く輸入の輸出を超過すること倍額以上なるは、米穀類を諸外國より購入するの多きに因るものにして、歐洲人工品の輸入に至りては僅かに千二百萬弗のみ、此の如く米穀輸入の多きは日本の利益ならざるべし、茶の輸出は漸く其の量を増したれども、生絲に至りては其の額大に減少し、清國の輸出額の五分の一に達せず、是れ品質の粗惡なるに因る、斯くて貿易上優良なる正貨多く流出し、且貨幣の代として紙幣を融通することは其の不利大なるべし、若し瑣末の規則と冗官との障碍を除去して、物產製造・鑛山開鑿等に自由を與へんか、輸入品の代價は之れを償ひて餘あるべし、尙日本稅關に於ける貿易高の調査甚だ明瞭を闕く、又稅吏にして賄賂を收むる者あり、是れ啻に政府の損失なるのみならず、延いて紛亂を釀し、貿易の繁榮を妨ぐるに至る、若し神戶港收稅の監督にして嚴なるを得ば、其の收納當に倍加すべしとは我が領事の常に言ふ所なり、

各開港場の收稅額を比較するに、函館・新潟兩港の貿易甚しく衰頽の狀を呈せり、是れ實に日本國の體面に關すと、外務省之れを上申す、乃ち令して同省の意見を徵す、四月、外務省委曲辨解する所あり、〇太政類典

十六日　吹上御苑に出御、午後七時を過ぎて還御あらせらる、二十七日・二十九日亦同じ、皇后、十五日・二十一日同御苑に行啓あらせらる、〇宮内少錄日錄

島津久光毛利敬親上京の延期を請ふ

客月六日、勅使岩倉具視歸京して復命を了するや、右大臣三條實美書を從三位島津久光に致し、久光が奉命の意を深く叡感あらせられ、其の東上を待ちたまふ旨を傳へ、約の如く三月を期して必ず上京せんことを慫慂す、具視亦書を贈る、文意概ね實美に同じ、但し東京に滯留し、風土の異なるがため攝養上障害を來すが如きことあらば、便宜の處置に盡力せんことを附言す、然るに久光、病癒えざるを以て、是の日、上京の期を秋季に延期し、鹿兒島藩知事島津忠義をして代りて東上せしめんことを請ひ、且其の趣を山口藩に告ぐ、從二位毛利敬親亦病の平癒するを待ちて闕下に參趨し獻替する所あらんとせしが、病勢衰へざるを以て、山口藩知事毛利元德をして代りて東上せしむることとし、是の月二十日、其の情由を上申す、勅して各〻其の請ふ所を聽したまふ、是に於て二十五日、忠義鹿兒島を發せんとす、元德も來月四日を以て山口を發せんとせしが、敬親の病益〻加は

れるを以て、是の月二十七日、實美・具視に依りて、看護のため發程の期を緩うせられんことを請ふ、當時參議木戸孝允歸藩して山口に在り、又書を具視に致して元德の上京猶豫を歎願す、親子の情已むを得ざるを以て之れを聽し、敬親の病快方に赴かば直に上京すべしと諭したまふ、四月十日、具視其の旨を元德に告げ、且孝允に勸むるに、是の際速かに歸京し、敬親父子に代りて國事に盡瘁すべきを以てす、是れより先、參議大久保利通、久光上京の期の稽延するを聞くや、事の敬親上京に波及し、爲に勅使差遣の目的を達すること能はざらんを憂慮し、書を孝允に贈りて敬親の上京を促し、若し敬親上京すること能はずば、藩知事の之れに代らんことを求む、〇三條實美書翰、岩倉具視書翰、木戸孝允書翰、大久保利通書翰、毛利元德書翰、三條實美公年譜、防長回天史

丸山作樂征韓を企つ

二十二日　外務權大丞丸山作樂、明治二年八月樺太出張を命ぜられしが、兵を樺太に備へ、華族を其の長官と爲すの必要を建言す、然れども用ゐられざるを以て、笹山藩士畑經世等四十五人の書生を引率して同地に渡航す、去歲四月歸京し、再び建言するに、長官を置き、屯田の法を立て、兵威を以て之れに臨むべきを以てす、亦容れられず、作樂心甚だ平かならず、更に經世及び脫藩浮浪の徒等と密かに征韓を企圖し、推されて總括議判と爲る、作樂等其の準備の成るを俟ちて之れを出願し、假令聽かれずとも出發せんとせしが、偶〻計謀漏る、乃ち是の日、作樂を福井藩に預け、東京

府に於て之れを糺問することと爲し、尋いで其の本官を免ず、經世等亦前後縛に就く、翌五年四月に至りて作樂を終身禁獄に、經世を禁獄十年に處す、○太政官日誌、公文錄、宮内少錄日錄、任解日錄、愛宕通旭一件、愛宕通旭以下國事犯一件書類、嵯峨實愛日記、柳原前光輒誌、保古飛呂比、丸山作樂傳

二十三日　岡崎藩知事本多忠直、管内窮民撫恤等のため、在官中其の家祿を割きて之れを藩廳に提供せんことを請ふ、之れを聽許す、○太政官日誌

今冬東京に於て大嘗會執行の事を布告す

二十五日　大嘗會執行の事を布告す、大嘗會は、京都に還幸の後、同地に於て之れを行ひたまはんとし、明治二年秋、明三年を以て執行すべき旨を京都府民に告知せしめらる、然るに三年に至れども東北の地未だ綏定せざるのみならず、諸國凶荒にして奥羽の如きは殊に甚し、且國用多端なるを以て、遂に京都還幸延期を仰出さる、乃ち同年二月十四日留守官に命じて之れを京都府民に布告せしめ、三月十八日之れを全國に布告す、是れより先、神祇大副白川資訓等、大嘗會執行の期の遷延せんことを憂ひ、今三年東京に於て之れを行はせられんことを神祇伯中山忠能に稟請す、太政官之れに批するに明四年執行すべき旨を以てせしが、是の月、廟議遂に本年を以て大嘗會を行ふべきことを決し、而して是の日、今冬大嘗會を東京に行はせらるゝ旨を布告し、大納言嵯峨實愛・大辨坊城俊政を大嘗會御用掛と爲す、尋いで神祇少副福羽美靜・神祇大祐北小路隨光・同門脇重綾を同御

大嘗會御用掛の任命

用掛と爲し、從一位中山忠能亦同じく任ぜらる、是の月、神祇官、大嘗の原由を明かにすべしとの命を奉じて書を上る、其の要に曰く、大嘗の權輿は天孫瓊瓊杵尊降臨の時に發す、爾來歷朝相承け、毎歳新穀を神に奉りたまひ、又親ら聞食す、其の儀を稱して或は大嘗と唱へ或は新嘗と呼ぶ、然るに天武天皇御宇の前後なるべし、踐祚の年行はせらるゝを特に大嘗と稱して其の儀を重くし、毎歳行はせらるゝを新嘗と稱して其の儀を略することとなれり、抑ゝ天孫降臨に際し、天祖三種の神器を天孫に授けたまひ、又齋庭の稻穗を賜ひて天壤無窮の神勅あり、之れに由りて歷代の天皇、齋庭の稻穗を聞食し、以て寶祚を保ちたまふ、是れ天職の本源たり、故に上古にありては、毎歳孟春より仲冬に至りて新嘗の事を行ひ、以て周歳の政務と爲す、祭儀、十一月卯の日、天皇、天神地祇を親祭したまひ、辰巳の兩日、悠紀・主基兩國の新穀を聞食し宴を群臣に賜ふ、卯辰巳三日の儀の全く行はるゝ、是れ大嘗の眞義にして、卽ち臣民と共に天職を奉じたまふ所、所謂祭政惟一なるものなり、今や王政を古に復して八洲を掌握したまふの時、上古の本儀に據りて大嘗の大典を行はせられ、其の天職を盡したまふ、更始の重事蓋し此に存すべし云々、○太政官日誌、公文錄、明治四年大嘗會記、冷泉爲理日記、福羽美靜履歷書、諸家系譜、法規分類大全

二十七日　舊岡山藩主池田茂政に麝香間祇候を命ず、○太政官日記、諸家系譜、太政類典

大學南校雇英人教師傷害犯人の斷罪

客歳十一月二十三日東京神田鍋町に於て大學南校雇教師英吉利國人リング・同ダラスの二人を傷けし者あり、犯人として鹿兒島藩士肥後壯七を捕へて鞫問す、然るに其の證跡疑はしきを以て、未だ裁斷に至らず、英國公使パークス裁斷の遲きを憤りて、我が政府に迫ること甚だ嚴なるのみならず、我が政府が鹿兒島藩の權勢强大なるを憚りて決定に躊躇するにあらずやとの臆測を逞しくし、又法律を公示せざるを難じて止まず、政府頗る困惑し、參議佐佐木高行及び外務卿輔等辯疏に力むる所あり、更に是の月二十一日・二十二日、大納言岩倉具視を英國公使館に遣はして辨明せしむ、既にして關宿藩浪士黑川友次郎の自訴するありて、始めて其の實を明かにするを得たり、卽ち當夜友次郎及び杵築藩浪士加藤龍吉の二人、リング等の日本橋邊を通行するを見るや、龍吉殺意を抱き、友次郎と倶に之れを尾行す、リング等の神田鍋町に至るや、龍吉拔刀してリングを斬り、又友次郎を慫慂してダラスを斬らしむ、時に壯七亦同町を通行す、而してリング等の狼狽して遁走し來るを見るや、忽ち殺意を生じてリングに傷害を加へたるなり、當時友次郎は龍吉と倶に參議廣澤眞臣殺害嫌疑者として獄中に在りしが、一日、壯七がリング傷害の罪に由りて處刑せられんとすと聞き、驚きて自訴せるなり、乃ち是の日、龍吉等三人を處斷して庶人に下し、而して龍吉・壯七を絞罪に、友次郎を准流十年に處す、又客臘刊布せし新律綱領を英國公使に贈りて其の擬律を了知せしめ、尋いで各國公使にも之れを頒つ、政府は外人傷害の暴行頻りに起るを以て、更に令して天下に告諭する所あり、〇太政官日誌、公文錄、外務省沿革類從、明治四年對話書、嵯峨實愛日記、大久保利通日記、保古飛呂比、三條實美公年譜、忠義公史料

曩に贋造紙幣鑑定者を諸縣に派遣すと雖も、猶鑑定の徹底せざる地方あるを以て、是の日、各藩をして改所を設け其の鑑査を嚴にせしむ、〇太政官日誌

毛利敬親薨去

二十八日　舊山口藩主從二位毛利敬親、曩に上京の勅命を奉ずと雖も病を以て其の期を緩うせられんことを請ひ、專ら療養に力めしが、是の日遂に薨ず、享年五十三、四月三日に至りて喪を發す、是れより先、敬親の病篤きの報天聽に達するや、勅使として侍從堀河康隆を山口に差遣して之れを問はしめ、又大典醫伊東盛貞に同行を命じて之れを診察せしめたまふ、二人、四月十二日を以て發程せんとせしが、訃音至れるを以て之れを停めたまふ、敬親病勢進みて遂に起つ能はざるを知るや、薨に先だつこと二日、平生抱懷する所を嗣子元德に口授し、以て朝廷に上らしむ、元德之れを筆記し、發喪の日使を馳せて上る、其の文に曰く、

臣敬親年來不才之身ヲ以テ叨ニ浩恩ヲ蒙リ報效之實更ニ無之日夜恐懼罷在候猶先般　勅使岩倉大納言御下向賜　宸翰且厚大之　勅諭ヲ蒙リ不當之重責ヲ荷ヒ重疊不勝慙懼之至速ニ　闕下拜趨可仕之處不圖疾病ニ罹リ候ニ付無餘儀知事元德敬親ニ代リ罷登候儀御願仕置候次第ニ御座候病氣輕

快ニ及候得ハ當秋ハ強テ上京仕縷々微衷言上區々之駑力ヲ相盡シ度奉存候處其后病勢益相募リ自知其不可治再ヒ得近　玉座候事亦難計遙拜　九重獨リ不堪悲咽候臣謹テ今日之形勢ヲ考前途之光景ヲ察シ實ニ不容易事ト奉存候乍恐　宸誓之實跡未盡擧封建之餘習未全脫動スレハ　朝威下ニ移リ尾大不掉之患有之候抑七百年後大勢一變百事初興之秋ニ候得ハ輿論紛紜衆庶方向ニ迷ヒ隨テ官員議論多端　御政礎確立ニ不至ヨリ起候事ト奉存候伏願ハ本根ニ被就御手必竟　御誓約之旨ヲ以目的トシ諸官其當ヲ得命令一ニ出候樣有之度左候得ハ　朝威上ニ歸シ天下之方向一定內治外接之實相擧リ獨立不羈之基可相立ト奉存候臨終別ニ申上候儀無御座候誠惶泣血拜表

○太政官日誌、公文錄、忠正公薨去幷祭祀一件、三條實美書翰、岩倉具視書翰、木戶孝允書翰、伏見宮家日記、嵯峨實愛日記、木戶孝允日記、明治四年日乘、防長回天史

三河國僧徒の騷擾

菊間藩管內三河國の僧徒騷擾す、其の起因は、同國碧海郡眞宗僧侶等、寺院の合併、宗門改帳の廢止等に危惧の念を懷き、口を耶蘇敎蔓延・一宗滅亡に藉りて檄文を同宗各寺院に飛ばし、以て僧俗を嘯集せるにあるものの如し、蓮泉寺台嶺・專修坊法澤之れが首魁たり、台嶺等僧俗二百餘人、是の月八日を以て暮戶村眞宗會所に於て議する所あり、九日、進發して行く〳〵徒黨を募り、米津村を經て鷲塚村に至る、時に其の數約二千人に達し、暴行至らざる所なく、鎭定のため出張せる菊間藩官吏を殺害し、大濱村に進みて將に菊間藩出張所を襲擊せんとす、翌十日、岡崎・重原・西尾・

刈谷の四藩各〻兵を出すに及び、暴徒忽ち四散し、尋いで台嶺等縛に就く、朝廷變報に接し、是の日、民部大丞渡邊清を遣はして之れを鎭撫せしめ、且首魁以下の處刑を行はしむ、○太政官日誌、伊那縣書類、板倉勝達家記、太政類典、五美堂紀聞、新聞雜誌

英國公使歸國につき御引見

二十九日　英吉利國特派全權公使サー・ハーリー・エス・パークス、近く賜暇を得て歸國せんとするを以て拜謁を請ふ、乃ち午後一時大廣間に於て謁を賜ふ、公使の參進するや、天皇椅子に著御のまゝ其の敬禮を受け、而して英國皇帝の安否を問はせられ、又公使が兩國の交際に盡力せるを深く感悅して其の歸國を惜みたまひ、歸國の上は交誼の益〻親好ならんことを冀望せらるゝ旨を皇帝に傳ふべしとの勅語を賜ふ、右大臣三條實美之れを公使に傳ふ、公使奉答し、歸國中は書記官エフ・オー・アダムス、事務を代理すべきことを言上す、右大臣更に其の旨を奏聞す、迎接等の儀、十二日獨逸國代理公使ブラント謁見の際に同じ、畢りて公使を吹上御苑瀧見御茶屋に延見したまふ、公使內謁を賜はらんことを請へるを以てなり、天皇更に勅語を賜ひ、黃金造太刀一口備前國倫光作・大和錦七卷・文臺一脚・料紙硯箱一組を賜ふ、勅語に曰く、

汝我國一新ノ際紛擾ノ時ニ方テ能ク職務ヲ掌リ我國ノ爲メニ盡力尠ナカラス朕甚之ヲ喜フ惜クハ今汝歸期近ニアリ之ヲ留ムルニ由ナシ朕偏ニ祈ル遠洋風波無恙歸國センコトヲ猶我國ノ爲ニ慮ル

所アラハ宜ク朕カ爲ニ大臣等ニ告ヨ菲薄ノ土宜聊以テ別ヲ送ル

公使答辭を奏す、其の譯に曰く、

余貴政府ノ爲ニ纔ニ盡力致セシニツキ　陛下懇切ノ上意深感佩スル所ナリ先年貴國政體追々變革セントスル際ニ當リ王政ニ非レバ國内平定スルニ至ラス且公明正大ノ政治ヲ施ス時ハ外國トノ交誼永久厚カランコト必セリト察ス新政府信義ヲ以テ條約ヲ遵奉シ兩國人民互ニ情ヲ通シ其有益ヲ謀ラルヽ際ハ余盡力セント最初ヨリ決心セリ其以來　陛下竝大臣等實意ヲ以テ條約ヲ守リ大臣及ヒ主宰タル華族國内ヲ一致セシメ堅固ナル基礎ヲ立テ一般ノ公法ヲ設ル事ニツキ不絶同心協力セシヲ感喜ス然ルニ未タ右大業ヲ終ル場合ニ至ラザレバ假令余今歸國スルト雖モ是迄ト變ルコトナク貴政府ノ所置ヲ遙ニ注意スベシ貴國ノ開化ヲ增進セン爲メ貴國ニテ未タ廣ク知識セザル諸藝術ヲ外國人ヨリ學バンコトヲ要シ玉ハヽ方今外國ニテ行フ處ノ新法ヲ唯一目スル而已ニテ足レリトスベカラズ故ニ　陛下ニ事ヘ奉リテ貴國ノ爲ニ裨益トナルコトヲ計リ是迄同心協力セシ外國人ヲ信ジ賜フベシ來年ハ各國ト取結ビタル條約改定ノ期ナレバ其時ニ至リ貴國ニテ交際上ニ彌懇親ノ意アルコトヲ外國ニ表スルハ最肝要ナル可シ海外ニ赴キタル貴國人ハ其國々ニテ其國人同樣徘徊スルコト自在ナリト雖モ貴國在留之外國人ハ大ニ異ナレリ外國ノ敎道ニ付貴政府ノ布告書中外國

ニ對シ親切ナラザル意アル様各國ニテ之ヲ信ス右貴國ノ名譽ヲ立テン爲ニ是レヲ改革スルノ時既ニ今日ニアラスヤ余爰ニ至ツテ言ヲ止メ今日内謁ヲ惠ミ賜フコトヲ感謝シ殊ニ精美ナル品々ヲ賜ハル事ヲ多謝ス且前々告述セシ條々其他余常ニ希望スル處ノ貴國ノ繁榮ヲ進ムベキ件々ヲ大臣等ニ再述スベシ

天皇、公使・右大臣に椅子を賜ひ、少時にして入御あらせらる、尋いで紅葉御茶屋に於て酒菓を公使に賜ひ、右大臣・大納言・參議等をして應接せしめたまふ、申の刻を過ぎて公使退出す、是の日、延遼館に於て酒饌を賜ふの叡慮あらせられしが、公使、出帆の日迫り繁忙を極むるの故を以て之れを拜辭す、○太政官日誌、公文錄、外事錄、勅語錄、勅語言上、明治四年對話書、熾仁親王御日記、嵯峨實愛日記

四月

一日　山里御苑に於て乘馬あらせらる、二日・六日・十日・十一日・十二日・十六日・十七日・二十七日・二十八日・三十日亦山里御苑若しくは吹上御苑に於て乘馬あらせらる、十一日、午後二時過御乘馬中に偶ゝ地震あり、大納言岩倉具視・宮内卿萬里小路博房等直に參苑して天機を奉伺す、○宮内少錄日錄　御乘馬

三日　櫛羅藩知事永井直哉、太政官廳新築の擧ありと聞き、家祿十分の二を割きて其の造營費に獻

ぜんことを請ふ、是の日、之れを嘉納したまふ、〇太政官日誌

米國桑港博覽會への出品を奬勵す

亞米利加合衆國、本年六月十五日より同七月十七日に至る間、サン・フランシスコに於て博覽會を開設せんとす、仍りて國產の富饒なるを外國に示し貿易を盛大ならしむる趣旨を以て、廣く商家の出品を勸誘し、渡航者往來の船賃を低減して五分の三と爲し、且彼の地に於て賣卻すること能はざる物品に限り、其の輸送費を免除することと定む、〇太政官日誌、公文錄、明治四年對話書

四日　幟仁親王天機奉伺のため、是の月二日京都より東京に著し、是の日、巳の刻參內せるを以て、御學問所代に延見して菓子を賜ふ、尋いで二十七日親王を召したまふ、親王、午後參內す、乃ち山里御苑に於て騎乘を拜觀せしめたまひ、畢りて同御苑內御茶屋に入御、親王に酒饌を賜ひ、且物を賜ふ、親王拜謝のため宮內省に出づ、更に羽二重三匹・金五萬疋を賜ふ、皆特旨に出づるなり、〇皇親錄、公文錄、皇族家記、幟仁親王御日記、嵯峨實愛日記

大納言岩倉具視、京都御所內廷を東京皇居に移さんとし、二月宮內權大丞香川敬三をして宮內卿萬里小路博房の意見を徵せしむ、博房更に之れを宮內大輔烏丸光德等に謀りて其の議を贊し、且女官の房室は吹上御苑內を選びて建築すべく、其の落成に至る間、姑く女房下屋敷・宮中樓上等を以て之れに充てんことを陳ぶ、尋いで廟議、京都內廷移轉のことを決し、裁可を得たるを以て、是の日、

辨官をして女官の房室を紅葉山に建設すべき旨を大藏省に申告せしむ、〇公文錄、香川廣安言上書

近時商業上の便利のため、各地方に於て諸會社を設立する傾向あり、然るに結社の規則を熟知せず、架空の思量を以て事を處するに因り、往々訴訟の端を開き、或は融通の途を誤り、又正金の準備無くして預り切手或は金券類似のものを發行し、終に破產する者あり、仍りて是の日、府藩縣に令して、商會等の私に金券若しくは空名預り切手等を發行するを禁じ、官許を得ずして既に發行せるものは速かに之れを正金に引換へしむ、又諸藩に於て米穀の蓄積額に應ぜず妄りに空米切手を發する者あり、是れ會計窮迫の餘一時の權宜に出づと雖も、畢竟融通否塞の源たるを以て、嚴に之れを禁止す、〇太政官日誌

五日　親子內親王、客歲三月賜はれる朝彥王の舊邸に移徙す、仍りて屛風一雙・鮮魚等を賜ふ、〇皇親錄、皇族家記、京都宮內省錄日記、留守官日記、御內儀日記摘要、皇太后宮職日記、橋本實麗日記、押小路甫子日記

戶籍法改正

戶籍法を改めて通則三十三箇條を定め、府藩縣をして普く管下に布告せしむ、其の要旨に曰く、全國の人民を保護するは大政の本務なること勿論なるに、其の保護すべき戶數・人員を詳かにせずば、何を以てか之れを保護することを得ん、是れ政府の戶籍を詳かにせざるべからざる所以なり、又人民各〻其の安康を得て其の生を遂ぐるは、政府保護の庇蔭に由る、然るに其の籍を逃れ其の數に漏

るゝは其の保護を受けざる理にして、卽ち自ら國民の外と爲るに近し、是れ人民戸籍を納めざるを得ざる所以なり、然るに中古以來、各地の民其の治體を異にせしより、戸籍法亦錯雜の弊を免れず、或は此の籍を逃れ、或は彼の籍を欺き、去就意に任せ、往來規に由らず、因襲の久しき、終に之れを度外するに至れり、故に今全國戸籍の法を定むと、又戸籍檢制の方法は、各地方の便宜に隨ひて豫め區畫を定め、毎區に正副戸長を置きて區內の戸數・人口、區民の生死・出入等を詳かにせしめ、而して六箇年毎に之れを改めしむることとす、〇太政官日誌

孝明天皇陵に還幸延期及び大嘗會執行の事を奉告せしめらる

六日　大納言德大寺實則を勅使として孝明天皇後月輪東山陵に差遣し、今や天下の形勢止むことを得ざるものあり、且綏御の天職を盡したまはんがため京都還幸の期を延べ、而して本年東京に於て大嘗會を行はせらるゝ旨を奉告せしめたまふ、實則命を奉じて京都に至り、十七日陵前に參向して宣命を奏し、五月二日歸京復命す、是れより先、同じ旨を大宮御所に告げ、鮮鯛一折代料金千疋を皇太后に御贈進あり、皇太后、同代料千疋を進めて之れを慶賀したまふ、又實則の勅使として京都に至るや、是の月十三日大宮御所に候し、還幸數年延引あらせらるべく、且今次京都御所內廷を東京に移したまはんとする旨を皇太后に言上し、又之れを留守女官等に傳ふ、既にして典侍廣橋靜子・元掌侍高野房子東京より至りて什器等を整理し、常御殿・花御殿・御涼所・聽雪・迎春等の殿舍を留

守宮内官に交付し、六月十六日封印を倉庫六棟に施す、又御傳來の雛人形は之れを大宮御所に預けたまふ、〇太政官日誌、明治四年大嘗會記、諸家系譜、東京往復、京都府往復、留守官日記、御内儀日記摘要、京都宮内省錄日記、皇太后宮職日記、青山御所御納戶日記、中御門侯爵家記錄、嵯峨實愛日記、押小路甫子日記

八日　府藩縣に令し、國書にして名のみ存せるもの、或は缺本藤原長良寫す所の日本紀以下二十種及び古本・珍書等を藏する者あらば、之れを精査して上申せしむ、〇公文錄、法令全書

横須賀長崎兩製鐵所を造船所と改稱す

九日　工部省の稟請に由り、横須賀・長崎兩製鐵所を改めて造船所と稱し、横濱製鐵所を横濱製作所と改稱す、是れ從來其の名實相適せざる嫌ありしを以てなり、又長崎製鐵所は從來長崎縣の管する所なりしが、改稱に先だちて之れを工部省に屬せしむ、〇太政官日誌、公文錄、法令全書、長崎史蹟人物誌

專賣略規則を定む

機關・器物・織物其の他の新發明品及び在來の物品と雖も特に工夫を加へて便易なるものは之れを專賣することを許し、專賣略規則を定む、其の專賣年限は、第一等十五年、第二等十年、第三等七年にして、年限中は一箇年金五兩を課税することとす、〇太政官日誌、大藏省沿革志

丸龜藩を廢して縣と爲す

十日　丸龜藩知事京極朗徹、舊弊の洗除し難きを慨して三月二十七日管內施政に關する意見を陳上し、藩を廢して縣と爲し、而して戶籍を釐正し、人材を教育し、常備兵を解きて銃砲を悉く兵部省に還納せんことを請ふ、是の日、丸龜藩を廢して丸龜縣を置き、朗徹を同縣知事に任ず、〇太政官日誌

諸藩に預託せし天主教

十二日　外務權大丞楠本正隆を名古屋・和歌山等十二藩に、同中野健明を鹿兒島・德島等五藩に遣

徒の狀況を調査せしむ

はし、往年諸藩に預託せし天主教徒を巡検せしめ、其の教戒・力役・給與・衣服・居室・療養等に關して各藩に諭示せしむ、是れより先、金澤・大聖寺・富山等の各藩、受託の教徒を遇すること苛酷なりとの聞えあり、乃ち英國公使パークスの要請に因り、去る二月新潟在勤同國領事代理ツループをして之れを視察せしむるに當り、外務少丞水野良之に命じて倶に同地に出張せしむ、然るに富山藩の教徒に對する處置、殆ど囚人に等しきものあるを認め、教徒預託諸藩巡檢のことを決せるなり、尚五月八日同藩に令して其の當を失せるを譴む、〇太政官日誌、公文錄、浦上村耶蘇宗徒處分一件、明治三年對話書、明治四年對話書、前田利鬯家記

皇城內に電信機を設置し官用通信を取扱はしむ

明治二年十二月東京橫濱間の電信開通し、始めて公衆の通信を授受す、又外務・大藏兩省に電信機の設置ありて、外務省以外の諸官省公報は總て之れを大藏省にて取扱ふ、然れども公務の漸く繁雜となるに隨ひ不便尠からず、是を以て大藏省の電信機を皇城內に移し、是の日より工部省官吏を皇城に出張せしめて橫濱への諸官省公報を取扱はしむ、尋いで宮中傳信機稅則を定む、〇太政官日誌、公文錄、太政類典、通信事業五十年史

十三日　宮內大丞從五位小河一敏・侍讀正六位中沼了三を罷め、且位記返上を命ず、是れより先去月二十二日、二人不逞の徒に黨すとの嫌疑あり、一敏を鳥取藩に、了三を鹿兒島藩に拘置せしむ、尋いで一敏を親類預と爲し、又了三をして本籍地たる京都府に復歸せしめ、府外出行を禁ず、翌五

年七月に至りて了三を赦す、〇太政官日誌、公文錄、進退錄、任解日錄、内史日錄、宮内少錄日錄、中沼家文書、東京往復、愛宕通旭一件、諸官進退狀、太政類典、百官履歴、中沼了三先生

十四日　午前十一時吹上御苑に出御、午後八時還御あらせらる、十八日・二十四日・二十九日亦出御あり、皇后亦數〻同御苑に行啓あらせらる、〇宮内少錄日錄

毛利元德に除服後直に東上を命ず

鹿兒島藩知事島津忠義、島津久光に代りて近く東上せんとす、然るに山口藩知事毛利元德は養父敬親の喪に會せるを以て未だ發程せず、是れ洵に已むを得ざるに出づと雖も、薩長土三藩協力して大政輔翼の任に當らんこと、一日も忽にすべからざるものあるを以て、是の日、元德に命ずるに敬親薨去の日より算して三十日を經ば除服出仕し、直に東上すべきを以てし、又歸藩して山口に在る參議木戸孝允に速かに歸京すべきことを命ず、〇太政官日誌、公文錄、三條實美書翰、岩倉具視書翰、木戸孝允日記、防長回天史

十五日　從來京都御所黑戸に奉安せる神佛等に供するには、總て樒を以てするの例なりしが、是の日より天照大神・豐受大神其の他の神靈、歴代の靈牌竝びに日月には榊を供せしめ、諸佛及び門院の靈前には樒を供することと定めらる、又神靈は常御殿上段に、皇靈は同殿中段に、日月は同殿廂に之れを奉安せしめたまふ、〇御内儀日記摘要、押小路甫子日記

毛利敬親に從一位を贈りたまふ

詔して故從二位毛利敬親に從一位を贈りたまふ、敬親薨去の報天聽に達するや、深く震悼あらせられ、昨十四日、侍從堀河康隆を勅使として山口藩に差遣し、且辨官として贈位宣下の事を行はしめ

たまふ、贈位の勅に曰く、

首倡勤　王囘　皇運于既衰誓期報効贊　大政乎更始維忠維義洵是國家柱石厥功厥績實爲藩翰儀型

茲聞溘亡曷勝痛悼因贈從一位以彰偉勳　宣

二十九日、勅使山口に至り、客館に於て之れを嗣子元德に傳ふ、豐浦藩知事毛利元敏、元德に代りて之れを拜受す、三十日、勅使、元德に導かれて敬親の墓所常榮寺山に詣り、紅白の絹各〻三匹・綿三十屯・鰹節十連を供し、宣命を捧讀す、而して左の勅書及び恩賜の菓子一折を元德に傳ふ、勅書に曰く、

更始一新之際敬親翼戴ノ功最大ナリ而シテ綱紀未タ全ク擧ラス中道ニシテ薨ス朕痛ク之ヲ悼ム臨終獻言殊ニ忠誠ヲ極ム朕深ク之ヲ善ス將ニ大臣ト議シテ之ヲ採用セン汝又父之遺志ヲ繼以テ朕ヲ

裨補セヨ

五月一日、元德、勅使を客館に訪ひて天恩の優渥なるを拜謝し、勅命を奉承せる旨を答ふ、尋いで勅使山口を發して十一日歸京し、具に復命す、〇太政官日誌、公文錄、宮內少錄日錄、忠正公薨去幷祭祀一件、三條實美書翰、岩倉具視書翰、木戶孝允日記、明治四年日乘、毛利元德家記、防長回天史

舊高知新田藩主山內豐誠の家祿を定め、永世四百七十二石を賜ふ、〇太政官日誌、公文錄、華族家記

皇后御誕辰

十七日　皇后御誕辰、宮内省官吏參賀す、酒肴を賜ふ、尙是れより先、右大臣・大納言・參議及び辨官・諸官省長次官・東京府知事等に達するに、是の日參朝せば、便宜恐悦の意を言上すべきを以てす、〇太政官日誌、宮内省要錄、宮内少錄日錄

客歲十二月京都府上申して、平民の乘馬は禁ぜらるゝ所なりと雖も、在留外國商估の自由に騎乘するは勿論、近時諸藩の平民の乘馬を許せるものなきにあらず、仍りて管内に之れを聽許せんことを請ふ、是の日、普く天下に布告して平民の乘馬を許す、〇太政官日誌、公文錄

二十日　在京の舊諸藩主に令し、日々二十人交互參內して天機を奉伺せしむ、〇帝室日誌

米國公使國書を捧呈す

二十二日　亞米利加合衆國辨理公使シー・イー・デ・ロング、特派全權公使に昇進し、國書捧呈のため拜謁を請へるに由り、謁見の式を行はせらる、午後一時公使及び隨員十一人、中仕切門內にて下車し、塀重門を入る、外務卿輔之れを御車寄に迎へて櫻間に導く、大納言・參議等之れに出會し、又茶菓を賜ふ、尋いで天皇奏樂裡に大廣間に出御あらせらる、公使參進して、大統領グラントの命を奉じ、特派全權公使として本邦に駐在すべきことを言上す、右大臣三條實美其の旨を奏聞す、次に立御あらせられ、公使捧呈する所の國書を受けて椅子に復したまひ、大統領の誠信懇篤の意を領し、又公使の能く其の職を盡すべきを信じたまふ旨の勅語を賜ふ、右大臣之れを公使に傳ふ、次に

公使随員の氏名を披露し、右大臣之れを奏聞す、畢りて公使櫻間に退く、是の日、午後六時延遼館に於て公使以下に酒饌を賜ふ、又是の月、返翰を大統領に贈らせらる、〇太政官日誌、公文錄、外事錄、勅語錄、皇國駐在外國使臣履歷附錄、宮内少錄日錄、熾仁親王御日記、嵯峨實愛日記、柳原前光輒誌

松代藩知事眞田幸民等が藩札引換に關し、去歳十一月管民の擾亂を致せるを譴め、幸民を謹愼十五日に、同藩大參事たりし眞田櫻山、權大參事たりし高野廣馬を各〻閉門三十五日に、權大參事たりし大熊董等七人を各〻謹愼二十日に處す、〇太政官日誌、公文錄、騷動一件

東山西海二道に鎭臺を置く

二十三日　始めて鎭臺を東山・西海二道に置き、兵部省をして之れを管せしむ、其の布告の文に曰く、

兵備ハ治國之要安民之基方今之急務ニ候依之今般　輦轂之下ヲ始メ守備警備之事次第ニ御施設ニ相成猶追々諸道ニ鎭臺ヲ置キ兵務ヲ總括シ全國ヲ保護被遊度　思食ニ候條先ツ別紙之通東西之要地ニ於テ兩鎭臺ヲ被置候事

卽ち東山道鎭臺は本營を石卷に、分營を福島・盛岡に置き、西海道鎭臺は本營を小倉に、分營を博多・日田に置く、乃ち熊本・佐賀兩藩兵各〻一大隊を博多に派遣し、豐津藩兵一中隊を日田に派遣せしめ、其の費用は總て各藩の自給に依らしむ、尙四分營の外、兩鎭臺管内に於て應援・運輸に便

なる地を選びて兵備を數箇所に設けんとす、抑〻鎭臺の設置は政府の夙に計畫する所なりしが、日田縣騷擾鎭撫の結果に鑑みる所あり、俄かに之れを實施するに至れりと云ふ、○太政官日誌、公文錄、岩倉具視書翰、大久保利通書翰、大久保利通文書、大久保利通日記、保古飛呂比、長松幹西下日記、舊豐津藩記事

脱籍者の復籍に關する規則を頒つ

脱籍浮浪の徒に關しては、曩に數〻令達を發して其の復籍を勸奬する所あり、是の日、更に其の規則を頒つ、其の概要を擧ぐれば、曰く、明治二年四月始めて本貫復歸を令せし以前の脱走者は一切其の罪を免じ、以後の者は之れを審糺し、新律を以て處分す、曰く、生計上他方に在留することを希望する者は、一旦原籍に復歸の上現住地に居住することを許す、曰く、脱籍者交付に關する費用は、二年四月以前の者は官給とし、以後の者にして自家又は親族の支辨に堪へざる者は、其の町村に於て支出すべし、曰く、脱走者あらば直に之れを官に申告し、親族組合等に於て探索に力め、其の情況を半歲毎に申告すべし、三年を經て不明なる者と雖も猶除籍するを許さず、曰く、復籍者をして生業を得しむべく、地方官之れを斡旋すべし云々、十二月二十六日に至り更に令して、脱籍無產の徒、本貫に復歸すとも生計困難なる者は、之れを送還することを止め、又明治二年四月本貫復歸を令せし以後の者と雖も、其の處刑を免じ、姑く現所在地の徒場に收容して各〻授くるに職業を以てし、將來獨自營業の地を作さしむることとす、○太政官日誌、公文錄

行旅に便せんがため、地方官に令して速かに假橋を管內の河川に架せしめ、橋梁を架設し難き河流にありては、備ふるに渡船を以てせしむ、尙橋錢・船賃を收め、以て本橋梁架設の資竝びに假橋・渡船の修繕費に充てしむ、〇太政官日誌、公文錄

彈正大忠渡邊昇・民部權大丞林友幸等を盛岡縣に差遣す、蓋し其の地方の民、秋田藩不逞の徒に通ずるの形勢あるを以て、其の動靜を探査せしめんがためなり、偶ゝ秋田藩少參事佐藤忠正、戊辰の役に方り藩內疲弊して軍資給せず、勤王の道爲に立ち難しとて私かに贋貨を製造し、延いて明治三年正月に及べること發覺す、仍りて六月二十九日、忠正を忍藩に預け、十二月二十八日、舊秋田藩知事佐竹義堯に贖罪金十五兩を課す、〇太政官日誌、公文錄、三條實美書翰案、木戸孝允書翰、大久保利通書翰、大久保利通日記、佐竹義堯日記、佐竹義脩家記

伊達宗城を欽差全權大臣として淸國に差遣

二十八日　小御所代に出御、大藏卿伊達宗城を欽差全權大臣と爲し、外務大丞柳原前光・同權大丞津田眞道を之れが副と爲して淸國に遣はし、條約締結に當らしめたまふ、宗城病みて參內すること能はざるを以て、前光代りて辭令を拜受す、客歲七月前光命を奉じて淸國に赴くや、三口通商大臣成林と商議する所あり、遂に淸國政府をして、全權大臣の來朝あらば必ず條約を締結せんことを約せしむ、是に於て更に淸國遣使の廟議あり、初め外務卿澤宣嘉を派遣することに內定せしが、後、之れを止め、宗城を以て其の任に當らしむることとす、是れを全權大使を外國に特派するの嚆矢と

なす、其の發程の日の決するに及び、宗城は一行に諭示するに、是の行眞に外交上の一大事業たるを以て、宜しく勉勵協力して成功を圖らざるべからざるを以てす、○太政官日誌、柳原前光輌誌、使清日記稿、明治三年樸錄、三條實美書翰、岩倉具視書翰、鶴鳴餘韻

御講學

侍讀平田延胤をして日本書紀を進講せしめたまふ、○宮内少錄日錄

大久保利通を山口に差遣薩長兩藩の間に斡旋せしむ

參議大久保利通を山口藩に差遣す、曩に巡察使四條隆謌を再び日田縣に差遣して九州地方を鎭撫せしむるや、騷擾の根柢を絶滅せんことを期して鹿兒島・熊本・山口三藩の兵を引率せしめ、朝令あるにあらずば決して撤兵すべからざるを命ず、當時山口・熊本の二藩は相次いで出兵し、巡察使の指揮に從ひしが、鹿兒島藩兵獨り至らず、巡察使の籌策爲に頗る齟齬す、加之、鹿兒島藩は久留米藩の哀願を納れて出兵を遲延せしむとの流言あり、又鹿兒島藩人密かに浮浪の徒を庇蔭すとの風説あり、山口藩も、日田縣出兵の事、鹿兒島藩之れを首唱せしに拘らず、期に臨みて遲疑するが如き狀あるを怪しみ、且九州地方の處置、全く山口藩の强要に因るが如き結果となれるを遺憾とす、大納言岩倉具視亦憂慮する所あり、出兵遲延の理由を參議大久保利通に質す、利通書を具視に贈りて、出兵遲延の事情は詳かならずと雖も、既に一大隊を派出することに決せる趣、及び久留米藩の哀願假令事實なりとも、鹿兒島藩廳の之れを採用せざるべきは明かなること、且藩論の決して變更せざ

る旨を答ふ、尋いで鹿児島藩権大参事大山格之助日田に来り、鹿児島藩兵二小隊亦来著す、格之助巡察使に告げて曰く、今次の件、斯くの如く大兵を動かすの要なし、大参事西郷隆盛亦同論たり、速かに撤兵するに如かずと、會〻久留米藩に在る山口藩脱徒の巨魁殺害せらるゝことあり、餘衆亦鎮定せるを以て、巡察使は参謀等と謀り、遂に朝命を待たずして兵備を解くに決し、是の月十日、久留米に山口藩兵一小隊を殘し、其の餘は小倉に引揚げしむ、然るに参謀の一人たる井田譲甚だ撤兵の議を否とし、遂に歸京して之れを上申す、又巡察使隨從の山口藩大屬山根忠圭、歸藩して之れを藩廳に報告するや、格之助の言を聞きて闔藩頗る平かならず、愈〻疑惑を鹿児島藩の言動に挾むに至り、容易ならざる形勢を釀成せんとするの虞あり、孝允、歸藩中の大藏少輔井上馨と連署して密書を右大臣三條實美に致し、事此に至りては、山口藩は一切朝廷に對する奉仕を謝絶するの外なしと云ふに至る、隆盛之れを聞きて事の意外なるに驚き、自ら山口に至りて陳辯する所あらんとす、利通亦格之助の妄言を怒り、孝允に面陳せんことを政府に請ふ、廟議遂に利通及び兵部權大丞西郷從道を山口藩に遣はすことに決し、是の日其の命あり、又山口藩知事毛利元德及び孝允の東上を促さしむ、利通等、五月十一日山口に達し、元德・孝允等に面晤して出兵齟齬の顚末等に就きて辯疏陳謝する所あり（出兵の遲延せるは、全く運送船の闕乏に因ると云ふ）、而して上京の速かならんことを說く、是に於て兩者の意相釋け、元德は二十四五日を以て上京することとし、孝允は利通・從道と相携へて十七日三田尻を發して歸京す、尋いで六月一日、實美・孝允・利通等、具視の邸に會し、將來著手すべき事件を評議す、○太政官日誌、公文錄、三條實美書翰、岩倉具視書翰、木戸孝允書翰、大久保利通文書、大久保利通書翰、宍戸璣書翰、木戸孝允日記、大久保利通日記、保古飛呂比、長松幹西下日記、明治四年日乘、四條家維新文書、日田縣巡察使事件日記

二十九日　膽澤縣陸中國磐井郡東山中川村百姓幸治・幸七の兄弟、其の父長太夫の本家戸主彌太夫のために殺されしを恨み、之れが讎を復せんと志し、前後九年間具に辛酸を嘗む、去歲三月遂に之れを討ちて自首す、縣官等之れを以て人倫の龜鑑と爲すべしとし、其の狀を聞して賞典を請ふ、是の日、批して許さず、但し多年流離のために破產に及ぶべく、且老母あるを憐み、膽澤縣に令して其の生計の安定に盡力せしむ、○太政官日誌

明治天皇紀　巻三十九

明治四年

五月

御乗馬

一日　乗馬あらせらる、二日・七日・十日・十一日・十二日・二十二日・二十三日・二十五日・二十六日・二十七日・三十日亦同じ、多くは山里御苑に於てし、稀には吹上御苑に於てしたまふ、○宮内少録日録

新潟縣雇英人教師賊に襲はる

去月二十五日未明、新潟縣雇教師英吉利國人キングを其の旅館に於て傷けし者あり、其の報三十日夜東京に達す、政府大に驚き、是の日、令を發し、各地方官をして犯人の捜索を嚴にし速かに之れを捕縛せしむ、又刑部省に命じて刑部少丞鹽坪泰信を新潟縣に急行せしめ、且大納言嵯峨實愛・參議副島種臣を外務卿澤宣嘉と倶に英國公使館に遣はして代理公使エフ・オー・アダムスに陳謝せし

む、又翌二日、外務省文書權正平井希昌命を奉じて同公使館附醫師と同行し、新潟に至りてキングを存問す、七月二日更に府藩縣に令して兇徒捕縛に力を盡さしめしが、九月に至り尚逮捕せられず、○太政官日誌、公文錄、明治四年對話書、嵯峨實愛日記

二日　卯の半刻朝彦王第四王女誕生あり、七日飛呂と命名す、○皇統譜錄、皇統譜抄

三日　御璽を改刻し、又新に國璽を刻したまはんとし、其の拜刻を大藏省出仕小曾根榮乾堂に命じ、是の日、宮中櫻間上段に於て奉仕せしむることと爲したまふ、尋いで刻成る、御璽の篆文に曰く、天皇御璽、國璽の篆文に曰く、大日本國璽、共に石材なり、舊御璽は銅材にして、明治二年七月官位相當の制を立つるに當りて御璽の用例を定め、勅任の官記、勅授の位記等に之れを鈐することと爲し、其の後、贈官・贈位・諡號の宣旨竝びに使臣を外國に差遣し、征討總督を任じ、庶政を大臣に委する等の詔書にも亦之れを鈐したまふ、然るに其の印文年を經て明瞭ならざるを以て、本年大藏卿伊達宗城を欽差全權大臣として淸國に差遣するに方り、頓かに改刻を命じたまへるものにして、之れを其の委任狀に鈐したまふ、又其の國書に鈐せんがため、新に國璽を刻したまへるなり、國璽の制茲に始まる、而して當時未だ掌璽の官制なし、時に臨みて太政官より宮內省に牒し、宮中に於て之れを鈐するを例とす、○公文錄、御璽國璽調書、御璽國璽ニ關スル參考書、印璽考

御璽國璽の印刻

書紀集解河村秀根著進講の定日なれども之れを停め、侍讀平田延胤の日本書紀進講を聽きたまふ、○宮内少錄日錄

五日　午前八時小御所代に出御、親王及び大臣以下勅任官・麝香間祇候等の端午の參賀を受けさせらる、又諸臣をして「夏月」の歌題にて和歌を詠進せしめたまふ、京都御所に於ける式例の如し、但し從前新藏人の獻納せし菖蒲枕は、以後留守宮内省用度掛をして之れを調へしめ、又小野鄉の百姓の奉仕せし葺菖蒲は、同營繕掛をして之れを行はしむ、○儀式錄、宮内少錄日錄、京都宮内省錄日記、青山御所御納戸日記、伏見宮家日記、熾仁親王御日記、嵯峨實愛日記、橋本實麗日記、押小路甫子日記、維新以前年中行事

七日　京都還幸の期を延べ、京都御所内廷を東京に移したまふに因り、同御所の什器等整理のため、曩に典侍廣橋靜子・元掌侍高野房子を京都に差遣するに方り、丁子風爐一箱・交魚一折及び金二百兩を皇太后に贈進したまふ、是の日、靜子等大宮御所に候して之れを上る、又淑子内親王桂宮に置物一箱・交魚一折・金百兩を、親子内親王靜寛院宮に煙草盆一箱・交魚一折・金百兩を賜ひ、留守女官・大宮御所奉仕女官・隱居女官及び桂宮・靜寛院宮上﨟等を始め雜仕に至るまで金を賜ふこと各〻差あり、又別に頭飾の具を皇太后及び兩内親王に贈りたまふ、○東京往復、青山御所御納戸日記、京都宮内省錄日記、押小路甫子日記

是れより先、上京中の幟仁親王の西歸を止められしが、是の日、親王に東京移住を命じたまふ、○太

政官日誌、公文錄、雜事錄、皇族家記、熾仁親王御日記

貞愛親王を御講學に陪せしめらる

貞愛親王伏見宮、曩に親王宣下・叙品等の恩命を蒙れるを以て、天機奉伺として京都を發し東上す、乃ち是の日、巳の刻親王を召して賜謁あらせられ、天盃を賜ふ、爾後親王を五・十の日の地球記略進講に、三・八の日の元明史略進講に召して陪聽せしめたまふ、又是の月十日、金三百兩を賜ふ、尋いで親王京都に歸る、○公文錄、邦家親王書翰、皇族家記、伏見宮家日記

八日　佛蘭西國公使ウートレーを介して購入せる御料馬車一輛、再昨日宮内省御廐局に到著せるを以て、是の日、之れを吹上御苑に覽たまふ、四人乘割幌馬車にして、明治九年・十一年・十三年・十四年・十八年の巡幸及び明治十年大和國行幸等の際御料に供せり、○宮内少錄日錄、御馬車寫眞

巡察使四條隆謌九州より歸京す

陸軍少將四條隆謌、巡察使として日田縣に差遣せらるゝや、久留米藩内平定せるを以て、朝命を待たずして其の兵を撤し、且長崎に退く、當時福岡藩贋札問題未だ解決せざるを以て、隆謌を日田縣に復歸せしむべしとの廟議ありしが、是の日、遂に之れを召還するに決す、二十一日隆謌長崎を發し、神戸より參議木戸孝允・同大久保利通等と船を同じくし、二十七日東京に著して復命する所あり、二十九日巡察使を免ぜらる、○太政官日誌、木戸孝允日記、日田縣巡察使事件日記、四條家維新文書、三條實美書翰、岩倉具視書翰、諸家系譜、百官履歷

九日　皇太后の娛樂・運動のため、後院庭内に四百八十坪の稻田を開かしめたまふ、去月九日開墾

に著手し、是の日、挿秧を爲す、仍りて留守官たる宮内少輔阿野公誠・宮内權大丞醍醐忠敬・同山本實政・同新納立夫等に拜觀を許し、酒饌を公誠以下女官及び農夫等に賜ふ、○皇親錄、京都宮内省錄日記、皇太后宮職日記、青山御所御納戸日記、押小路甫子日記

客歲朝命を奉じて北海道に移住せし舊德島藩洲本城代稻田邦植の舊領地管轄を德島藩より兵庫縣に移す、又本月十五日、邦植が積年王事に勤勞して其の功尠からざるに因り、特に從五位に敍す、○太政官日誌、公文錄、東久世通禧日記

刈谷藩知事土井利教、藩內の士族・卒をして悉く歸田せしめて其の世祿を止め、更に與ふるに私產を以てして、各〻其の生計を安んぜしめんとす、乃ち管下の租稅七千九十餘石物成現米の內、自家家祿・藩廳費・海陸軍資金を控除せる殘金三萬三千八百二十餘兩を七箇年間每年拜受せんことを請ふ、是れ公私兩全の途なるを以て、是の日、之れを允許す、○太政官日誌

新貨條例の發布

十日　新貨を鑄造する旨を布告す、我が國に於ける貨幣の制度未だ精密ならず、其の品類、其の價位亦一定せず、慶長金あり、享保金あり、文字金あり、大小判金あり、一分金あり、二分金あり、二朱金あり、一分銀あり、一朱銀あり、當百錢あり、大小數種の銅錢あり、其の他一時若しくは一地方通用の貨幣等枚擧すべからず、方圓大小其の價を異にし、混淆零雜にして其の質同じからず、

貨幣の主眼たる量目と品質とを辨じ難し、而して其の間或は贋造の弊を生ずるあり、遂に今日の弊害を馴致し、流通の公益殆ど絶えんとす、間ゝ良質の貨幣なきにあらずと雖も、或は海外に濫出せられ、或は庫中に死藏せらる、是れ全く貨幣に一定の價位なく、新古・良否を混用するの結果に外ならず、今や貿易の道日に月に盛況を呈するを以て、速かに是の舊弊を改め精良の貨幣を造り、流通の道を開き富國の基を立てざるべからず、是に於て曩に造幣寮を大阪に建設して既に開業の典を擧げ、是の日、告諭を下して造幣の趣旨を明かにし、且地金を提出して交換を望む者あらば、速かに改鑄して通用貨幣を交付すべき旨を告げ、又寶物として藏蓄せる古金銀の類は、數年を經ば全く地金と異ならざるべきを說きて之れが通用を勸め、新に鑄造せんとする貨幣の形象を摹し、其の量目・品位表等を添へて之れを頒布す、新貨幣は圓を以て基本とし、之れに數字を加へて計算す、一圓以下の計算には錢・厘を用ゐ、算則は總て十進一位の法に據る、又新貨幣と在來通用貨幣との價格は、一圓を以て一兩卽ち永一貫文に充て、金貨 二十圓・十圓・五圓・二圓・一圓の五種 を貨幣の主本として他の準據と爲し、而して之れを本位貨幣と稱し、銀貨 五十錢・二十錢・十錢・五錢の四種 ・銅貨 一錢・半錢・一厘の三種 を補助貨幣と爲して之れを定位貨幣と稱す、又別に一圓銀貨を鑄造して貿易銀とす、 ○太政類典、明治三十年幣制改革始末概要、大藏省沿革志、法令全書

樺太定界問題

十三日　樺太定界問題は多年の懸案なり、客歳二月露西亞國政府との交渉を亞米利加合衆國公使に

副島種臣を露領ポシェツト灣に差遣

委任せしが、其の效果を見ず、同十一月参議副島種臣、清國上海駐在露國總領事ビュツオフの横濱に至れるを機とし、之れと面會して其の事を商る、ビュツオフ、日本國政府の直に之れを露國政府に照會すべきを說き、且幇助する所あらんことを答ふ、廟議遂に使節を遣はすに決し、即ち委任の條目を定む、其の第一策に曰く、樺太に彼我雜居するの條約を解き、露國人の其の國に復歸する者に若干の費用を與へ、以て全島を我が所領と爲すべし、其の第二策に曰く、全島を中分して雜居を止め、露國人の他に移住する者に若干の費用を與へて各〻其の所領內に移轉せしむべし、其の第三策に曰く、斷然全島を露國に與へ、之れに易ふべき利益を我に收むべしと、乃ち種臣を暫く外務省御用專務と爲し、是の日、露領ポシェツト灣に差遣したまふの命あり、外務少丞田邊太一を其の副とす、十八日神祇官に於て遣外國使祭あり、二十二日種臣將に發せんとするを以て參內す、乃ち勅語を賜ふ、曰く、

我邦魯國ト壤土最近シ交誼最厚フスヘシ殊ニ樺太地方ノ如キハ彼我人民雜居往來各其利ヲ營ム之ヲ保全スルノ道ニ於テ豈心ヲ盡サヽルヘケンヤ曩ニ嘉永五年魯帝全權使臣ヲ派シ經界ヲ定メンコトヲ議ス而レトモ互ニ事故アリテ其議成ラス爾後慶應三年ニ至リ彼得堡ニ於テ假リニ雜居ノ約ヲ結ヘリ朕竊ニ方今樺太ノ形狀ヲ察スルニ言語意脈ノ通セサルヨリ民心疑惑或ハ爭隙ヲ生シ怨讐ヲ

釀シ遂ニ兩國交誼ノ際懇親ノ道ヲ失フニ至ランカ是經界ヲ定ムルノ最急務ニシテ獨リ朕ノ深ク憂フルノミナラス魯帝モ亦嘗テ大ニ心ヲ勞セシ所以ナリ因テ爾種臣ニ命シ委スルニ全權ヲ以テシ往テ經界ヲ定ムルヲ議セシム爾種臣其レ機宜ニ從ヒ其事ヲ正シ兩國人民ヲシテ其慶福ヲ保タシメ且以交誼ノ益厚永久渝ラサランコトヲ是朕カ深ク望ム所ナリ爾種臣篤ク斯旨ヲ體セヨ

二十四日種臣等軍艦日進に搭じて出發し、二十八日函館港に著して我が外務省の照會に對する露國政府の返牒の至るを待ちしが、ビゥツオフに委するに全權を以てし、東京に於て協商せしむべしとの報に接す、種臣等已むを得ずして空しく歸途に就き、七月二十二日東京に著す、〇太政官日誌、太政官日記、祭祀錄、儀式祭典錄、黑田清隆履歷書案、使節差遣評決之事、副島種臣建議、副島種臣書翰、熾仁親王御日記、嵯峨實愛日記、東久世通禧日記、樺太記錄、柯太談判ニ關スル書類、副島伯經歷偶談、諸家履歷、岩倉公實記、新聞雜誌

神祇伯中山忠能・神祇大副近衞忠房・宮内卿萬里小路博房・大嘗會御用掛坊城俊政・同福羽美靜等、吹上御苑を視察し、廣芝の地を以て大嘗宮建設の所と議定す、〇明治四年大嘗會記

神社制度の改正

十四日　神社制度を改正す、卽ち神祇官の檢覈する所に由りて神社の班位を定め、賀茂別雷神社以下二十九社を官幣大社、梅宮神社以下六社を官幣中社、敢國神社以下四十五社を國幣中社、砥鹿神社以下十七社を國幣小社と爲し、而して官幣社は神祇官の祭る所、國幣社は地方官の祭る所と定め、官國幣社を以て神祇官の所管と爲す、又府藩縣崇敬の神社を府社・藩社・縣社、鄕邑の産土神を鄕

社と爲し、地方官をして之れを管せしむ、又神官等の世襲を廢止すべき旨を布告す、其の布告文の要に曰く、神社は國家の宗祀にして、一人一家の私すべきにあらず、中古以來大道の陵夷するに隨ひ、神官・社家の輩、神代相傳の者なきにあらずと雖も、一時補任の社職の之れを沿襲し、或は世變に因りて領家・地頭の遂に社務を執るに至れる者多し、其の他村邑小祠の社家に至るまで、總て其の職を世々にし、神社の收入を以て家祿と爲し、全く一己の私有なりと思惟して疑はず、是を以て神官は自ら士民の別種たる觀あり、是れ祭政一致の政體に悖戾し、其の弊害亦尠少ならず、仍りて伊勢兩宮世襲の神官を始め天下大小の神官・社家に至るまで、之れを精選し補任すべし云々と、又從來行はれし神官敍爵の制を止め、神官をして悉く士民籍に編入せしめ、新に神宮及び官國幣社以下諸社の神官職制を定む、○太政官日誌、公文錄、太政官日記、法令全書

參賀・敍任御禮・天機奉伺の類、勅任官は宮內省に出頭し當番大丞を以て之れを奏上し、奏任官は宮內省面謁所に就きて之れを奏上することと爲す、尋いで非役有位華族の天機奉伺は之れを勅任官に準ぜしめ、同無位華族・同有位士族の天機奉伺は之れを奏任官に準ぜしむ、尋いで八月十四日に至り、奏任官御禮の奏上を勅任官と一にす、○公文錄、太政官日記、御布告留記、雜事錄、法令全書

種痘新苗を全國に頒つ

種痘原苗の始めて本邦に傳來してより既に二十餘年、是の間同一の原苗を全國に配布せるを以て其

の苗勢大に衰へ、天然痘を豫防する力漸く薄弱なり、是れより先、大學東校數〻新苗を泰西より致して之れを試みると雖も、毫も感受の力なかりしが、今次和蘭國より同校に送付せるもの效力極めて顯著なるを以て之れを全國に頒たんとし、是の日、東校に就きて其の分配を受くべきことを府藩縣に令す、○公文錄、法令全書

舊長岡藩知事牧野忠毅の家祿を定め、永世千五十石を賜ふ、○太政官日記、華族家記

佐賀藩、軍艦孟春一隻を獻らんことを請ふ、是の日、之れを允許す、二十二日、品川に於て兵部省との授受を了す、之れが修理等に要する金額は二萬七千兩なり、○太政類典

遣外國使祭

十五日　欽差全權大臣伊達宗城・同副柳原前光等、勅命を奉じて將に清國に赴かんとするを以て、神祇官に於て遣外國使祭を行はしめ、宣命使として大納言嵯峨實愛を參向せしめたまふ、其の儀、早旦神殿の裝束畢り、尋いで午前八時神祇官・太政官・諸官省の長官若しくは次官、東京府知事・使節等著座す、開扉に續ぎて神祇伯中山忠能祝詞を奏し、次に神饌・幣帛を供進し、次に宣命使進みて宣命を奏す、宣命に曰く、

天皇乃大命尓坐世掛卷母恐支　八柱大神　天神地祇八百萬神御代御代乃　天皇都弖三所乃大前尓大納言從二位藤原朝臣實愛乎使止爲弖白給波久止白佐久　天皇乃新代乃茂御代与利始弖清國乃通信親備知食牟賀

爲尓今年五月十日餘七日乃日乎吉日止定弖從二位行大藏卿藤原朝臣宗城乎欽差大臣尓任志正四位行外務大丞兼文書正藤原朝臣前光從五位守中判事兼外務權大丞源朝臣眞道正七位守文書權正鄭永寧等乎差副弖彼國尓遣波志給波牟止爲留狀乎白給波久止宣留　天皇乃大命乎聞食世止恐美恐美母白須

伊達宗城に國書及び委任狀を授けらる

次に前光祝詞を奏して一行の使命を全くして歸朝せんことを祈り、畢りて使節等拜禮す、尋いで參列諸官の拜禮あり、撤饌の後神酒を使節等に賜ふ、次に閉扉の儀あり、式畢るの後、幣帛の撤下を使節等に賜ふ、是れ遣外國使祭を行ふの始にして、爾後以て例と爲す、祭儀の畢るや、正午、宗城・前光を小御所代に召して謁を賜ひ、國書及び委任狀を宗城に授け、又天盃を賜ふ、尙宗城事故ありて事を執ること能はざる時は、代りて辨理すべき旨の委任狀を前光に授けたまふ、又錦三卷を宗城に、同一卷を前光に賜ふ、國書に曰く、

大日本國天皇敬テ

大淸國皇帝ニ白ス方今寰宇ノ間交際日ニ盛ナリ我邦既ニ泰西諸國ト信ヲ通シテ往來セリ況ヤ鄰近

貴國ノ如キ固リ宜ク親善ノ禮ヲ修ムヘキナリ而シテイマタ使幣ヲ通シ和好ヲ結フコトアラサルヲ深ク以テ憾ト爲ス乃チ特ニ欽差大臣從二位行大藏卿藤原朝臣宗城ヲ派シ以テ

貴國ニ遣ハシテ誠信ヲ達セシム因テ委ヌルニ全權ヲ以テシ便宜事ヲ行ハシム冀クハ

明治四年五月

貴國交誼ヲ思ヒ鄰好ヲ篤クシ卽チ全權大臣ヲ派シ會同酌議シ條約ヲ訂メ立テ兩國慶ヲ蒙リ永久渝ラサランコトヲ乃チ名璽ヲ具ヘ敬テ白ス伏シテ祈ル
皇帝ノ康寧萬福ナランコトヲ

宗城に賜へる委任狀に曰く、

我邦清國ト壤土鄰ヲ爲ス宜ク親交往來スヘシ爰ニ爾宗城ヲ以テ欽差大臣ト爲シ清國ニ往キ鄰好ヲ修メ條約ヲ訂メ委ヌルニ全權ヲ以テシ便宜事ヲ行ハシム爾宗城其レ能ク兩國ノ好ヲ成シ以テ朕カ望ニ副ヘヨ

伊達宗城等を召して酒饌を賜ふ

午後五時山里御苑の御茶屋に出御あり、宗城・前光を召して酒饌を賜ふ、樺太定界協商のため露國ポシェット灣に差遣したまふ參議副島種臣亦近日發程せんとするを以て、同じく之れを召したまふ、右大臣三條實美・大納言岩倉具視・同德大寺實則・同嵯峨實愛・參議佐佐木高行・宮內卿萬里小路博房等亦召さる、天皇寬談を諸臣に賜ひて天盃・天酌を賜ひ、殊に使節の勞を犒はせらる、宗城・前光等十八日橫濱を出帆し、六月七日天津に著す、〇太政官日誌、太政官日記、祭祀錄、儀式祭典錄、御布告留記、宮內少錄日錄、岩倉具視書翰、德大寺實則書翰、伊達宗城書翰、嵯峨實愛日記、使清日記稿、新聞雜誌

十七日　吹上御苑に出御、午後八時還御あらせらる、二十日亦出御あり、是の月十日、皇后亦同苑

に行啓あらせらる、〇宮内少録日録

島津忠義久光に代りて上京す

十九日　去月二十一日、鹿兒島藩知事島津忠義、從三位島津久光に代りて上京し、同藩大參事西鄉隆盛亦御親兵として徵集せられたる四大隊の兵を率ゐて倶に至る、是の月十七日、忠義に麝香間祗候を命ず、是の日、忠義、去歲勅使を賜はれる天恩を拜謝せんがため參朝す、乃ち小御所代に於て謁を賜ひ、更に御學問所代に召して親しく勅諭を垂れたまふ、〇公文錄、太政官日記、岩倉具視書翰、島津忠義書翰、大久保利通日記、忠義公史料、大西鄉全集

大嘗會悠紀主基國郡卜定の儀

二十二日　大嘗會悠紀・主基の國郡は、古來畿內近國を選びて卜定するを例とす、是れ京都に近きを以てなり、然るに今次の大嘗會は、之れを東京に於て行はせらるゝに由り、悠紀を甲斐國巨摩郡若しくは同國山梨郡、主基を安房國長狹郡若しくは同國平群郡と豫定し、是の日、神祇官神殿庭上神樂舍に卜庭の二神太祝詞命・久玆眞知命を祭りて之れが卜定の儀を行ふ、午前八時神祇伯中山忠能・右大臣三條實美及び神祇官・太政官・民部省の諸員參向し著座するや、神祇伯、神殿に悠紀・主基國郡卜定の儀を行ふことを奉告し、次に正三位吉田良義等、卜庭の神を祭りて神意を示したまはんことを祈る、次に吉田神社社司正四位鈴鹿熙明、龜甲を灼きて卜定する所あり、錄して之れを上る、右大臣之れを披見し、了りて淨書せしめ、少辨をして奏聞せしむ、少辨直に參內し、歸復して卜定の書を

右大臣に返進す、右大臣更に少辨をして之れを卜定の兩國に通告すべきことを民部省に命ぜしむ、儀畢りて諸員退出す、是れより先、宮中は二十一日の夜より卜定の祭事畢るまで神事に入る、是の日卜定せる國郡、悠紀は甲斐國巨摩郡にして、主基は安房國長狹郡なり、尋いで上石田村山田松之丈所有地を悠紀齋田と定め、北小町村前田小平太等五人の所有地を主基齋田と定む、抑〻卜定に先だち悠紀・主基兩國を豫定するに方りては、概ね帝都以東の地を以て悠紀とし、帝都以西の地を以て主基とするを例とす、然るに今次甲斐國を悠紀とし、安房國を主基とせるは、其の方位を誤れるが如くなれども、是れ東西の別なかりし古例に據れるなりと云ふ、○太政官日誌、公文錄、明治四年大嘗會記、大嘗祭記、神祇省往復、大嘗祭御用留、大藏省文書、宮內少錄日錄、青山御所御納戶日記、嵯峨實愛日記、明治四年大嘗祭御齋田卜定諸狀、明治聖代主基地方、編修官復命書

古器舊物の保存を令す

二十三日　古器・舊物の類は時勢の變遷・制度風俗の沿革等を考證するの資料たり、然るに近時舊を厭ひ新を好むの流弊熾にして、之れを遺棄し之れを毀壞して顧みざるを以て、是の日、歷世所藏の器物・書籍・書畫等、其の細大を論ぜず、各地方に於て厚く保全すべきことを令し、且其の品類を擧示し、又地方官廳をして品目及び所藏者等を詳記して提出せしむ、○太政官日誌、公文錄

曩に三田藩知事九鬼隆義上表して請ふ所あり、其の趣旨たるや、版籍奉還の實を擧げんがため官職を辭して政刑を朝廷に致し、家祿を奉還して農民・商估の班に列し、以て一藩の士卒をして漸次農

商に歸せしめ、自主獨立の生計を營ましむるの範を垂れ、又私塾を設けて風化を興すと共に人材を養成せんとするにあり、又之れが方策として、管下の租税より海陸軍資金・藩廳費等を控除せる殘金を五箇年間每年借用し、而して第六箇年の半税を下賜せられんことを請ひ、又三田藩に限り、華族・士族の稱を撤廢せられたし、若し撤廢すること能はずとせば、華族と雖も士族と同じく任意に其の住居地を選ぶことを得しめられんことを請ふ、是の日、批して之れを聽許す、但し族稱の撤廢は之れを許さず、〇太政官日誌、岩倉具視書翰

二十五日　豐橋藩知事大河内信古、藩廳費補足及び管內窮民撫恤のため、家祿を割きて之れを藩廳に提供せんことを請ふ、之れを聽許す、〇太政官日誌

京都暴風雨皇太后の安否を問はせらる

二十八日　十八日の夜、京都暴風雨あり、乃ち急便を以て皇太后の安否を問はせられ、鮮魚一折を代料にて贈進したまふ、是の日、大宮御所に到達す、皇后亦交魚一折を同じく代料を以て贈進したまふ、〇青山御所御納戶日記

初め桂宮・有栖川宮・伏見宮・閑院宮の家令等、各宮の家政並びに家計等を調査して上申し、不足金額の恩借を請ふ、乃ち桂宮に曩に定めし家祿の外、別に化粧料として三百石を、上﨟以下の給祿・扶持米として二百三十八石を賜ひ、家令の俸祿を二百石と定む、又有栖川・伏見・閑院諸親王

家に既定の家祿の外子女の供料を賜ふこととし、其の額を嫡子十五歳までは五十石、同十五歳以上は百五十石と定め、十五歳未滿なるも元服せる場合は十五歳以上と同額とす、又庶子十五歳までは三十石、同十五歳以上は百石と定め、女子十五歳までは三十石、同十五歳以上は七十石と定む、但し在官中・他家相續後又は歸嫁後は之れを給せず、又當主五十歳に達せば任意に隱居することを許し、隱居後は總て三百石を給し、後室には其の三分の一を給することとす、嫡子の後室亦之れに準ず、又四親王家從前の負債は大藏省をして悉く負擔せしむることと爲す、是の日、各家令に達するに、是れ等の支給を以て一歳の諸費を支辨し、年々其の收支決算を大藏省に報告すべき旨を以てす、是の日、又、一代宮隱居後の終身祿を定めて二百石と爲す、〇皇親錄、公文錄、例規錄、太政官日記、皇族家記、熾仁親王御日記、伏見宮家日記、桂宮日記、太政類典

逃亡華士族卒の家祿處分の規定を定む

華族・士族・卒等の逃亡者にして本貫に復歸せる者は、逃亡歳月の長短を問はず、之れを律の閏刑に處して原祿を給せしが、爾後、五十日以內に歸る者は律の如く處し、五十日を過ぎて尙歸らざる時は其の祿を收め、復歸を待ちて之れを庶人に下すことと爲す、〇太政官日誌、公文錄

二十九日　午前十時過吹上御苑に出御して諸國の物産及び器械等を天覽あらせらる、是れ則ち本月十四日より七日間、招魂社境內に開催せし大學南校物産會の陳列品なり、午後一時還御あらせらる、

尋いで皇后亦之れを覽たまふ、〇公文錄、宮内少錄日錄

堀江藩知事大澤基壽、管内開拓のため家祿を割きて之れを藩廳に提供せんことを請ふ、是の日、之れを聽許す、〇太政官日誌

恭明宮の造營

三十日　明治二年、恭明宮を方廣寺内に創設して京都御所黑戸に安置せる神佛及び女官等私祭の歷朝靈牌・佛體等を奉遷することとし、而して御造營御用掛を置く、又去歲恭明宮規則を定め、六十歲以下の隱居女房・薙髮女官等をして悉く同宮域内に移住せしめ、水藥師寺をして恭明宮の守護・祭奠等を奉仕せしむることと定め、正月・七月・十二月の三祭其の他の費用として每年金四百兩を充てらる、然るに是の歲二月十七日、恭明宮には神靈を除き佛體等のみを奉遷することに改め、隨ひて其の構造をば般舟三昧院の佛殿を摸することとす、而して建築落成に至る間、水藥師寺の一室を以て假殿に充て、是の日、佛像等を同假殿に奉遷す、是れより先、同宮奉仕女官等の居室既に成り、宮殿の造營亦尋いで竣れるを以て、十一月十日、恭明宮御造營御用掛中御門經之を罷め、同宮を宮内省所管と爲す、〇太政官日誌、重要雜錄、勅奏辭令錄、進退錄、敍任錄、恭明宮往復、中御門侯爵家文書、中御門侯爵家書類、恭明宮御用掛記、恭明宮御用掛往復留、明治四年會計書類、水藥師寺文書、京都宮内省錄日記、青山御所御納戸日記、押小路甫子日記

元田永孚を宮内省出仕に補す

熊本藩士元田永孚を宮内省出仕に補し、卽日召して謁を賜ふ、永孚、衣冠を著し膝行して進み、稽

首して龍顔を三の間の外に拜す、畢りて大納言德大寺實則、侍讀專務の旨を永孚に傳ふ、曩に侍讀中沼了三の罷めらるゝや、參議大久保利通、其の後任を熊本藩少參事安場保和に諮る、保和、永孚を推轂す、永孚夙に程朱の學を修し、現に藩知事細川護久の侍讀たるを以てなり、利通更に護久に質す所あり、尋いで右大臣三條實美亦護久等と倶に永孚を招きて之れを見、遂に是の命ありしなり、○太政官日記、宮内少錄日錄、東京往復、太政官往復、元田永孚還暦之記

是の月　思召を以て三寶院易宮後、閑院宮載仁親王を實家伏見宮に復歸せしめたまひ、當分現米百石を賜ふ、宮は邦家親王の第十六王子にして、慶應三年十月三寶院門室を相續せり、○皇親錄、公文錄、皇族家記、留守官官掌日記、伏見宮家日記、御系圖調ニ付諸要用書付類綴込

宮内省をして靈鑑寺宮・圓照寺宮の進退・家事一切を取扱はしむ、○公文錄、例規錄、法令全書

六月

山里御苑の馬場に打毬を覽たまふ

二日　山里御苑の馬場に出御して打毬を天覽、午後七時前還御あらせらる、十一日午後吹上御苑に於て、十六日午後山里御苑に於て同じく是の事あり、尋いで御廐局、仰に依り、十一日の勝負表を上る、○宮内少錄日錄

龍岡藩を廢す

龍岡藩知事大給恆、版籍奉還の實全からず、兵權尙四方に分裂して群雄割據の封建に類するものあ

るを慨き、去月十五日上表して其の官を辭せんことを請ふ、是の日、之れを聽許し、同藩を廢して其の舊支配地信濃國佐久郡を中野縣の管轄とし、同三河國額田・加茂兩郡を伊那縣の管轄と爲す、又其の士族・卒をして中野縣貫屬たらしむ、〇太政官日誌、公文錄、大給恆書翰

三日　角田縣管內陸前國柴田郡支倉村富田珍平、平素能く細民を勸戒し且窮民を賑恤するを以て、其の篤行を賞して絹一反を下賜す、〇太政官日誌、公文錄

母里藩知事松平直哉、藩內士族・卒に歸農を命ぜしに因り、獨り家祿を拜受すべからずと爲し、之れを藩廳費に充て、別に官俸を給せられんことを請ふ、是の日、之れを聽許す、〇太政官日誌

御講學

四日　御講學の定日なり、宮內省出仕元田永孚、前侍讀中沼了三進講の後を繼ぎて論語公冶長首章を進講す、宮內卿萬里小路博房・侍從勘解由小路資生等陪侍し疑義を質問す、永孚一箇月の進講は十二囘、後、論語に交ふるに日本外史を以てし、力めて王覇の更替、治亂の沿革等を論談す、是れ歷史に通曉し朗讀に習熟したまふを以て先とすべしとの議あるに因りてなり、永孚就職の當時は、侍讀平田延胤日本書紀を進講し、外に侍讀加藤弘之獨逸語學の御講習に奉仕すと云ふ、〇元田永孚還曆之記

御乘馬

五日　乘馬あらせらる、六日亦午前九時より吹上御苑に出御、御乘馬あり、七日・十日・十二日・十七日・二十日・二十一日及び二十三日亦山里御苑に於て乘馬あらせらる、〇宮內少錄日錄

高崎藩知事大河内輝聲、藩廳費補足のため家祿を割きて之れを藩廳に提供せんことを請ふ、是の日、之れを聽許す、〇太政官日誌、華族家記

黑田淸隆ケプロン等を伴ひて歸朝す

七日　客歲十一月、開拓次官黑田淸隆、歐洲差遣の命を拜し、是の歲正月四日橫濱を發す、途次亞米利加合衆國に於て農學局長ケプロン等四人の雇傭を約し、英吉利・佛蘭西・和蘭諸國を經て露西亞國に至り、歸路再び米國を訪ひて開拓に須要なる器械及び植物の種子等を購入し、ケプロン等四人を伴ひて是の日歸朝す、〇公文錄、東京往復、開拓使日誌補遺、大久保利通日記、東久世通禧日記、黑田淸隆履歷書案、明治四年對話書、太政類典、百官履歷

八日　明治二年十二月、一地方通用の紙幣は悉く之れを廢せしが、動もすれば尙使用する者あるを以て、是の日、之れを禁止し、諸藩に令して其の監理を嚴ならしむ、〇太政官日誌、公文錄

十二日　水口藩の內侍所警衞を罷む、十三日、同藩其の衞兵を撤す、〇太政官日誌、華族家記

是の月一日、山口藩知事毛利元德勅命を奉じて東上の途に就き、是の日、東京に著す、〇嵯峨實愛日記、木戸孝允日記、防長回天史

庭瀨藩知事板倉勝弘、藩廳費補足のため家祿を割きて之れを藩廳に提供せんことを請ふ、是の日、之れを聽許す、〇太政官日誌、華族家記

十六日　是れより先、白耳義國皇帝、其の皇妹の二女子を雙生せることを報ぜらる、乃ち是の日、

是れ皇帝種德の深きが致す所にして、啻に皇帝のために賀するのみならず、同國衆庶のため之れを慶すとの聖旨を復したまふ、○公文錄、太政類典

十七日　曩に御紋章の濫用を禁ぜしが、其の令貫徹せざるを以て、是の日、更に由緒の有無に關せず、皇族の外總て御紋章は勿論、御紋章に類似せる徽章等を用ゐるを禁じ、皇族家の紋章を定めて十四葉一重裏菊と爲す、又從來諸社社頭に於て御紋章を使用せるものは、之れを上申すべきことを地方官に令し、又明治二年、神宮及び賀茂下上社・男山八幡宮竝びに泉涌寺・般舟院等に御紋章の使用を聽許せるは、社頭・陵前・靈牌殿等に限れるものにして、社司・僧侶等の濫りに使用すべきにあらざる旨を度會縣及び京都府に令す、○太政官日誌、公文錄、太政官日記、例規錄

諸寺院に於ける御所號門跡號等を廢す

仁和寺・大覺寺・妙法院・聖護院を始め、其の他諸寺院に於ける御所號・門跡號及び院家・院室等の名稱は悉く之れを廢す、又坊官・候人等の稱を廢し、蓄髮せしむるの後、之れを其の地方の士族・卒に編入し、諸門跡・比丘尼御所・院家・院室の臣隷にして三世以上に及ぶ者も亦之れを其の地方の士族・卒に編入す、又諸寺院をして悉く地方官の管轄に屬せしめ、其の寺領あるものは祿制に據りて更に賜ふに現米を以てす、又諸家執奏及び御撫物を廢し、祈禱卷數其の他諸物の進獻を停む、尋いで護持僧を罷む、○太政官日誌、公文錄、太政官日記、東京往復、例規錄、京都宮内省錄日記、太政類典

下馬・下乗の制札を諸寺院に立つることは既に禁制する所なりと雖も、尚之れを立つるものなきにあらず、乃ち更に令して由緒の有無に關せず之れを立つることを止む、但し泉涌寺・般舟院は例外とす、〇太政官日記、法令全書

徳山藩を山口藩に併す

十九日　曩に徳山藩知事毛利元蕃、其の任に堪へざるの故を以て、同藩を山口藩に合併せられんことを請ふ、是の日、之れを聽許し、元蕃の官を罷め、且山口藩知事毛利元徳を召して其の旨を傳ふ、〇太政官日誌、毛利元功家記、防長回天史

元仙臺藩知事伊達宗基は藩債償卻のため、又岡藩知事中川久成は藩廳費補足及び藩債償卻のため、各〻家祿を割きて之れを藩廳に提供せんことを請ふ、是の日、之れを聽許す、〇太政官日誌

二十日　曩に佐賀藩知事鍋島直大、亡父直正の遺志に由りて賞典祿二萬石を返納せんと請ふ、之れを聽さず、〇太政官日誌

大溝藩を廢す

二十三日　大溝藩知事分部光謙、微力其の職に勝へざるを以て、藩を廢し官を辭して專ら學を修め、他日の素を爲さんことを請ふ、是の日、之れを聽し、同藩舊支配地及び其の士族・卒をして大津縣に屬せしむ、〇太政官日誌、太政官日記

政府陣容の改造

二十五日　參議木戸孝允以下各參議及び諸省卿輔を罷め、更に鹿児島藩大參事西郷隆盛及び孝允を

參議に任ず、王政維新以來官制を改革すること一再ならざりしが、更に之れを改むるの要ありて、去歳二月中辨江藤新平に命ずるに制度取調專務を以てし、尋いで參議大隈重信・麝香間祇候後藤象二郎を制度御用掛と爲して其の方案を調査せしむ、既にして其の成案を得たるを以て之れを廟議に付し、略〻內定する所あり、是に於て、嚮に參議大久保利通の山口に至るや、之れを同地に在る孝允に諮る、抑〻今次改革の趣旨は、從來大臣・大納言・參議の三職ありて倶に執政の任に當るの結果往々統一を闕き、又諸省行政官往々にして辨官を無視するの弊あり、仍りて之れを更革し、上に主宰の大臣を置きて大政を總攬せしめ、諸省長官は、入りては參議として立法官と爲り、出でては卿として行政官と爲り、以て大臣を輔佐せんとするに在り、孝允之れを贊せず、以爲らく、該案の如くば、諸省卿輔の才力ある者自ら權勢を得て、天下の人材之れに馳せ、卻りて尾大不掉の弊を釀すに至らんことを恐る、今日の官制は漫りに之れを改革すべきにあらず、須く現時の制度を皇張し、立法官・行政官をして各〻名實相適せしむるを以て緊要とす、卽ち立法官の如きは、大納言・參議共に其の執る所の事務相同じきに由り、是の際大納言を廢し、參議約十人を置きて、任ずるに天下の俊才を以てすべしと、尋いで去月下旬、孝允・利通相携へて山口より歸京するや、是の月一日、利通・隆盛相議し、方今の要務は政令の一途に出づるにあり、之れを爲さんには其の根本を一にせざるべからず、根本を一にせんと欲せば、一人を推して政府の主幹と爲し、以て大臣を輔翼せしめざるべからず、仍りて孝允一人を參議と爲し、他の諸參議は皆出でて諸省の卿輔に任じ、同心戮力して内外相扶け、以て政務を施行すべしとの意見を定む、而して利通之れを大納言岩倉具視に進言し、若し此の意見にして貫徹せざらんには、豫て内請せし洋行を聽許せられたしと述ぶ、尋いで十三日隆盛亦高知藩大參事板垣退助を説く、退助之れを贊す、隆盛更に兵部少輔山縣有朋・大藏少輔井上馨を訪ひて意見を陳べ、孝允勸説のことを囑す、卽夜有朋、孝允を説く、孝允は、是の際已れ諸參議の上に立つべからざる理由ありとして容易に答へず、又翌日太政官に於て馨の勸説せるを卻け、方今世の重望を負へる西鄕を推して政府統一の基礎を樹て、以て天下の望を收むるに如かずと爲す、右大臣三條實美、高知藩が孝允推戴說に贊同せりと聽くや、參議佐佐木高行を召して之れを質す、高行、退助の同意せるは他に考ふる所あるが故にして、後藤象二郎は之れに不贊成なる旨を語り、且孝允一人に任ずるの不可なるを辨じ、隆盛・孝允の二人を參議若しくは顧問として左右大臣を輔翼せしむるの優れるを説く、高行又具視に面して其の所思を陳ぶ、十七日實美、隆盛及び退助と具視の邸に會して相議する所あり、同日實美・具視又太政官に於て孝允を懇諭す、孝允心事を吐露して固く之れを辭し、推すに隆盛を以てす、十九日實美、孝允を訪ひて更に曉諭すれども肯かず、實美・具視大に苦慮し、二十二日廟議を開き、根本問題に溯りて更に官制改革案を議せんとす、利通肯ぜずして曰く、同案は廟議に於て既に略〻內定する所、木戶一人贊成せずとて更に之れを議するの要なし、三條右大臣・岩倉大納言宜しく自ら任じて木戶を說得し、同意せしむべきなりと、是に於て實美・具視、孝允を實美の邸に召して官制改革に關する意見を聽取せしが、孝允自說を固執して動かず、實美困惑し、翌二十三日書を具視に致して曰く、官制改革の件より、延いて薩長土三藩の提携瓦解するに至らんことを恐る、若し隆盛・利通にして異議なくば、孝允の說に決定して可ならずや、重信・高行の二人は孝允の說に同意なりと察せらる、但し是れ已むを得ざるの策にして本意とする所にはあらずと、利通亦以爲らく、事此に至りては、各〻私情を去りて公平の見地に就くの外なしと、自ら孝允に面して官制改革の方案を談論し、又實美・具視・大納言德大寺實則・同嵯峨實愛・高行等の間に唱へらるゝ隆盛・孝允二人駢立の策を決行せんとし、卽夜隆盛に說き、其の唯諾を得たるを以て、翌二十四日復孝允を訪ひ、官制改革に就きて更に議論を反復し、隆盛と相竝びて參議たらんことを力說す、孝允意稍〻動く、利通乃ち之れを實美・具視に報じ、明日を以て悉く參議・諸省卿輔を罷め、孝允・隆盛の新任を斷行せられんことを切言す、同日、具視書を孝允に致し、隆盛と駢立の議に就きては固より異論なかるべきことを信ずと告げ、更に二十五日、早朝孝允を訪ひて懇諭する所あり、然るに孝允尚所思を陳じ、勇退の素志を遂げしめられんことを請ふ、尋いで具視・孝允各〻参朝す、是れより先、實美等既に參朝して商議する所あり、實美は、具視が政令一途に出づるの實を擧げんがため、是の際退きて外務若しくは内務に長たらんとするの意あるを贊せず、相共に朝に立ち、已れ專ら内治に當り、具視は專ら外交に當らんことを欲し、之れを衆に諮る、利通・重信・高行等、先づ參議・諸省卿輔の更迭を議せんことを說く、實美漸く之れを了諾するの際、具視及び孝允の參朝するあり、是に於て實美等、孝允の奮起を慫慂し、利通亦官制改革等に就きて論ずる所あり、孝允百方固辭して受けず、午後二時に至る、重信等亦論じて曰く、木戸參議にして命を奉ぜずば百事壅塞するの虞あり、官制改革の如きは他日更に商議して公論に決すべく、木戸參議の趣意亦貫徹するの期あるべしと、實美・具視等皆之れを善しとす、孝允遂に屈し、隆盛と倶に參議に就任することを承諾す、但し尚固く約するに一時の奉職たるべきを以てす、廟議乃ち參議竝びに諸省卿輔等を悉く解任すること、及び卿輔等後任の選定は之れを他日に讓ることを決し、孝允・隆盛の參議任命と共に之れを奏聞し、天裁を仰ぐ、天皇直に之れを裁可したまひ、神祇伯中山忠能・參議大久保利通・同木戸孝允・同大隈重信・同佐佐木高行・同齋藤利行・兵部卿熾仁親王・宮内卿萬里小路博房・彈正尹九條道孝及び神祇大少副・民部宮内兩省の各大輔・大藏兵

西鄉隆盛木戸孝允を參議に任ず

部刑部三省の各少輔を罷め、隆盛及び孝允を參議に任じたまふ、參議副島種臣は樺太定界談判のため出張し、大藏卿伊達宗城は欽差全權大臣として淸國に在り、又外務卿輔は布哇國と條約締結に關する要件あり、故に姑く其の罷免を停めたまふ、又忠能を麝香間祗候と爲し、特旨を以て終身現米五百石を賜ひ、隆盛を正三位に敍したまふ、尋いで道孝・利行及び神祇大副たりし近衞忠房に麝香間祗候を仰付けらる、

○公文錄、太政官日記、任解日錄、進退錄、木戸孝允建議、有栖川宮家日記、宮內少錄日錄、熾仁親王御日記、嵯峨實愛日記、木戸孝允日記、大久保利通日記、保古飛呂比、三條實美書翰、岩倉具視書翰、嵯峨實愛書翰、木戸孝允書翰、大久保利通書翰、西鄉隆盛書翰、公卿補任、三條實美公年譜、諸家系譜、百官履歷、岩倉公實記

龜井茲監上表して廢藩置縣を說き津和野藩の廢止を請ふ

津和野藩知事正四位龜井茲監以爲らく、王政復古以來旣に四閱年、百事其の緖に就くが如しと雖も治教未だ洽からず、府藩縣三治一體の名ありて其の實未だ擧らず、畢竟、治本確立せず封建の陋習全く去らざるに因る、斯くの如くば叡旨何れの日か貫徹せんと、乃ち客月二十二日上表して、列藩を廢し、天下悉く郡縣の政治たらんことを欲する旨を陳說し、且津和野藩を廢せられんことを請ふ、是の日、茲監の官を罷め、津和野藩を廢して濱田縣に合す、天皇、茲監の建言する所、近時諸藩知事が財政等の情實に因りて辭官・廢藩を請ふの比にあらず、全く國家の前途を憂慮する至誠に出づるものなるを嘉し、二十七日特に茲監を從三位に敍し、御前に於て右大臣三條實美をして聖旨を傳達せしめたまふ、其の文に曰く、

從前之弊習ヲ洞察シ將來之治体ヲ達觀シ今般解藩之儀建言ニ及ヒ加之公廨諸務始メ處置方取調明細書等差出候段深摯之衷情　御滿足ニ被思食候事

又舊津和野藩權大參事山田永弼以下に晒布を賜ふこと各ゝ差あり、〇太政官日誌、公文錄、太政官日記、木戸孝允日記、嵯峨實愛書翰、木戸孝允書翰、津和野藩紀事、鴻鯉錄、於杼呂我中

大久保利通を大藏卿に任ず

二十七日　右大臣三條實美をして神祇伯宣教長官を兼ねしめ、福羽美靜を神祇少副兼宣教次官に任じ、又大久保利通を大藏卿に、大隈重信を大藏大輔に、萬里小路博房を宮內大輔に任ず、又翌二十八日後藤象二郎を工部大輔に、井上馨を民部少輔に、二十九日山縣有朋を兵部少輔に任じ、七月四日大木喬任を民部大輔に任ず、〇太政官日記、任解日錄、進退錄、嵯峨實愛日記、大久保利通日記、公卿補任、諸家系譜

宮內省監理に屬せる靜寬院宮の賄料を千石と定め、別に化粧料として三百石を、上臈以下の給祿・扶持米として二百三十八石を賜ひ、家令の俸祿を二百石とす、〇公文錄、太政官日記、東京往復、諸伺濟御達本紙綴込

布哇國と條約締結の議

二十八日　布哇國が我が國と條約を締結せんとするの議は、既に幕末に本邦駐劄亞米利加合衆國公使ファルケンブルグを介して之れを提出し、本邦在勤米國領事ヴァン・リードをして我が政府と協商せしむる所あり、既にして條約の草案成るに至りしが、明治元年四月、ヴァン・リード、密かに出稼人を募りて之れを布哇に輸送せる不正事件の發するありて我が政府條約締結の進行を止む、二

米國公使布哇國公使の資格を以て國書を捧呈す

年九月監督正上野景範、命を奉じて布哇國に渡航し、本邦出稼人返付の談判を開く、其の事件の解決するや、同國政府外務執政ハルリス更に往年の草案に基づきて締約せんことを請ふ、景範其の意を領し、客歲二月歸朝す、本年に至り同國政府は本邦駐劄米國公使シー・イー・デ・ロングに託するに本邦駐劄特派全權公使の任を以てし、且締約に關する全權を委任し、併せて國書を闕下に捧呈せしむ、公使乃ち內謁見を賜はらんことを請ふ、是の日、午後一時天皇之れを大廣間に引見したまふ、其の儀、四月二十二日米國公使謁見の式に同じく、公使進みて布哇國皇帝の命を言上し、兩國締約の成らんことを希ふ旨を陳上して國書を捧呈す、其の國書西曆千八百七十一年五月十一日附の譯に曰く、

ハウアイ島第五世王カメハメハ謹テ書ヲ大日本天皇陛下ニ捧ク我國貴國ト通商ノ條約ヲ取結ヒ兩國間ニ其利益有ン事ヲ舊來希望仕居候處昨年貴國ヨリ公使二員御差遣シニ相成候ニ付其者歸朝ノ上ハ

天皇陛下我國トノ和親條約取結一條ニ御取掛リニ相成事ト被存候右ニ付

天皇陛下ニ於テ貴國ニ在ル他ノ外人同樣我國旗竝國民ニモ優待之儀御惠ミ被下候ハハ我國貴國トノ間他國ニ比スレハ絕遠ノ地ト謂フニモ無之且兩國港內ノ運輸通商ニ於テ雙方利益ノ爲ニ其成功急度可有之ト存候右之次第ニ付此度合衆國政府ヨリ免許ヲ相受候而同國特派全權公使乃チ貴國ニ

在勤セルシー・イー・デ・ロング氏ヲ以テ我國特派全權公使ト爲シ右職務ノ權勢一切寄托仕ル條
天皇陛下ノ御承諾奉仰候同人儀我國事ニ付キ申出候條件等ハ天皇陛下ニ於テ深ク御信任被下度且
又同人
天皇陛下ヲ始メ其貴族庶民ノ幸福希望ノ爲メ盡力致候節ハ格別御愛顧偏ニ奉祈望候
天皇、之れを受けたまひ、勅語を賜ふ、曰く、
今般布哇國大皇帝手書ヲ以テ我國ト和親貿易ノ條款ヲ結ハレン爲メ汝ヲ以テ特派全權公使トシ百
事委頼セシムルノ旨ヲ告クル朕之ヲ領シ深ク兩國交際ノ興ルヲ喜ヒ乃チ重臣ニ任シテ汝ト訂約ノ
事ヲ議定セシム汝カ平素黽勉ナル能ク此任ニ堪ユヘキヲ信ス朕爰ニ布哇國大皇帝ノ康福ヲ祝シ併
セテ兩國交誼ノ悠久ナランコトヲ禱ル
是の日、延遼館に於て公使及び其の隨員四人に酒饌を賜はんとせしが、時恰も盛夏の候なるを以て
之れを稽延したまふ、○太政官日誌、公文錄、勅語言上、勅語錄、外事錄、嵯峨實愛日記、木戶孝允日記、明治四年對話書
鶴田藩知事松平武聰、藩內士族・卒歸農のため家祿を割きて之れを提供せんことを請ふ、是の日、
之れを聽許す、○太政官日誌
二十九日　在官・非役を問はず、五位以上に聽すに御車寄昇降を以てす、○太政官日誌、雜事錄

大祓は、古來恆例及び臨時に行はれし朝儀にして、衆人の罪を祓除し神明の怒を解き、祭政一致の本旨に基づくものなりと雖も、其の廢絶すること年既に久し、後世夏越祓と稱するもの、諸社の神事として行はれ、又宮中に於て修せらると雖も、亦既に其の本義を失せり、仍りて其の舊儀を再興し、爾後、毎年六月・十二月の晦日に之れを行はせらるゝこととし、又是の月二十五日、官民一般に漸次之れを執行すべき旨を布告せしめ、而して是の日午後四時、六月の大祓を賢所前庭に於て行はせらる、是れに先だちて節折の儀あり、其の次第は、午後二時賢所御服間を便殿として其の東南に簀薦を敷き、諸事具備するの後、此に出御あらせらる、尋いで宮内輔、神祇祐を召し、神祇祐昇殿して簀子に著く、次に宮内官御服（御直衣の料白練絹五尺七寸五分 御袴の料紅練絹四尺二寸五分）を執りて侍從に付す、侍從之れを御前に進む、天皇氣息を掛けて返したまふ、侍從之れを神祇祐に傳ふ、次に神祇祐麻を執りて侍從に付す、侍從之れを御前に進む、天皇親ら玉體を摩して返したまふ、侍從之れを神祇祐に傳ふ、次に神祇祐篠竹（十本）を侍從に付す、侍從執りて玉體を度りたてまつり、畢りて神祇祐に返す、次に神祇祐壺を執りて侍從に付す、侍從之れを御前に進む、天皇口氣を壺中に放ちたまふこと三回、畢りて之れを返したまへば、侍從受けて神祇祐に傳ふ、以上荒世の御儀となす、次に和世の御儀あり、其の式荒世に同じ、畢りて神祇祐、荒世和世の御服・篠竹・壺及び皇太后・皇后の荒世和世の御服（紅白の絹）

節折の儀

の贖物を捧持して濱離宮に至り、後庭の水門より乗船して之れを海に流す、又神祇史、荒世和世の麻を捧げて賢所前庭の祓所に向ふ、大祓の儀は、庭上の敷設・祓物絹・布、袍・袴の料なり、の具備等了るや、神祇官・太政官官吏及び諸官省長次官・東京府知事等著座し、次に神祇官官吏、荒世和世の麻を捧げて案上に置き、祓の稻を挿む、次に右大臣、辨官を召して祓を仰す、辨官之れを神祇官官吏に傳ふ、次に神祇官官吏進みて大祓詞を讀み、大麻を執りて祓ふ、畢りて各〻退出す、荒世和世の麻・祓物は、前の贖物と同じく之れを海に流す、是の日、祝酒を參列者に賜ふ、爾後每年行はるゝ所の節折・大祓の儀、概ね之れに同じ、○太政官日誌、祭祀錄、御布告留記、宮內少錄日錄、京都宮內省錄日記、侍從職恆例摘要、青山御所御納戶日記、嵯峨實愛日記

是の月　北海道石狩國札幌鎭座札幌神社の社格を定めて國幣小社に列せらる、尋いで圓山村に新築中の社殿落成せるを以て、九月十五日其の遷座祭を行ふ、○開拓使日誌補遺、北海道志、札幌區史

明治天皇紀 巻四十

明治四年

七月

一日 吹上御苑に出御、午後七時三十分還御あらせらる、二十六日亦同じ、〇宮内少録日録

曩に参議・各省卿輔等を廢して新に参議二人を置きしが、官省・局課の廢合、吏員の淘汰等行はるべきを豫期して人心動揺せんとするの兆あり、右大臣三條實美・大納言岩倉具視等、速かに諸司の黜陟を行ひて人心の安定を策るべしと爲し、大藏卿及び二三大少輔の任命を行へり、然るに参議木戸孝允之れと所見を異にし、宜しく更に官制を審議して先づ政府の基本を確立し、諸省の職制・事務章程等を定めざるべからずと主張す、仍りて是の日、大藏卿大久保利通・大藏大輔大隈重信・外務大輔寺島宗則・民部少輔井上馨・神祇少副福羽美靜・兵部少輔山縣有朋・從四位佐佐木高行に制

度取調専務を命じ、尋いで工部大輔後藤象二郎・中辨江藤新平・從四位大木喬任を之れに加へ、宮内大丞吉井友實・從五位宍戸璣に制度取調を命じ、以て官制を審議せしむ、又急を要するを以て、姑く本省の事務は之れを次官・判官等に委し、專ら調査に從事すべきの命あり、五日、其の議事規則を商定す、其の要は參議西鄉隆盛及び孝允を以て議長と爲し、各國進步の由來を考明して本邦現下の事體を潤飾し、舊來の弊習を一洗して國家の隆運を企圖するにあり、同日始めて議事を開く、六日、議長以下の請ふ所によりて議員の權限を定め、宸裁を經て委任狀を授く、後、八月十二日に至り利通以下制度取調御用を免ず、〇太政官日誌、太政官日記、嵯峨實愛日記、木戸孝允日記、大久保利通日記、保古飛呂比、三條實美書翰、佐佐木高行書翰、木戸孝允書翰、太政類典

御乗馬

二日　乗馬あらせらる、三日・六日・七日・十日・十一日・十七日・十八日・二十二日・二十五日・二十七日・三十日亦同じ、三十日は御乗馬の後打毬を天覽あらせらる、〇宮内少錄日錄

福岡藩紙幣贋造の罪を斷ず

福岡藩紙幣贋造の罪を斷じ、知事黑田長知を罷めて閉門を命じ、元大參事立花增美・同矢野安雄等五人を庶人に下して斬に處し、以下處刑各〻差あり、而して熾仁親王を福岡藩知事に、彈正大忠河田景與を民部大丞兼福岡藩大參事に任ず、親王、翌三日發程し任に赴く、去歲福岡藩奸吏等紙幣贋造の事發覺して以來、其の處分に就きて廟議種々に分れ、山口藩は處するに嚴刑を以てせんとし、鹿兒島藩は寬典を以てせんとせしが、遂に折中の說に歸し、四月九日、長知に至急東上すべきの令

を下す、客月、長知上京し、是の日、此の命あり、藩知事の免黜は之れを以て始とす、八月十二日、其の閉門を釋す、○太政官日誌、任解日錄、熾仁親王御日記、木戸孝允日記、大久保利通日記、保古飛呂比、黑田長知家記、福岡藩贋札一件、三條實美書翰、岩倉具視書翰、木戸孝允書翰、大久保利通書翰、岩倉公實記

三日　參議西郷隆盛に紫組掛緒を賜ひ、之れが使用を許したまふ、○太政官日誌、式部寮上申錄

大教要旨の宣布

四日　大教の要旨を宣教使に授け、之れを宣布せしめたまふ、要旨に曰く、

大教ノ旨要ハ神明ヲ敬シ人倫ヲ明ニシ億兆ヲシテ其心ヲ正クシ其職ヲ效シ以テ　朝廷ニ奉事セシムルニアリ教ノ以テ之ヲ導クコトナケレハ其心ヲ正クスルコト能ハス政ノ以テ之ヲ治ムルコトナケレハ其職ヲ效スコト能ハス是教ト政ト相須テ行ハル、所以ナリ今ヤ更始ノ時ニ方リ　神武天皇鴻業ヲ創造シ玉ヒ　崇神天皇四方ヲ經營シ玉フ　御偉績ニ基カセラレ時ニ因リテ宜ヲ制シ大ニ變革更張被遊候處大教ノ未タ浹洽ナラサルヨリ民心一ツナラス其方向ニ惑フ是宣教ノ急務ナル所以ナリ夫人ハ萬物ノ靈神明最モ惠顧シ玉フ所ノ者ナリ　天孫　皇太神ノ勅ヲ奉シ斯土ニ君臨シ之ヲ撫字シ玉ヒシヨリ　列皇相承亦皆　太神ノ心ヲ以テ心ト爲シ玉ハサルハナシ然而シテ太政ノ變更スル所アル者ハ世ニ古今アリ時ニ汚隆アルヲ以テノコトニテ元ヨリ斯民ヲシテ其心ヲ正クシ其職ヲ效シ以テ昏迷ヲ解キ終始仰テ依ル所ヲ知ラシメント期シ玉フハ　前聖　後聖其揆一也故ニ大教ヲ宣布スル者誠ニ能ク斯旨ヲ體認シ人情ヲ省テ之ヲ調攝シ風俗ヲ察シテ之ヲ提撕シ之ヲシテ感發

奮興シ神賦ノ智識ヲ開キ人倫ノ大道ヲ明ニシ神明ヲ敬シ其惠顧ノ洪恩ニ負カス　聖朝愛撫ノ盛旨ヲ戴キ以テ維新ノ隆治ニ歸向セシムヘク候是政敎一致ノ　御趣意ニ候事

毛利元德等に國事諮詢の御沙汰を賜ふ

又諸藩に令するに、各地方官をして篤く是の旨を奉體せしむべきを以てす、而して曩に東京に召致せる諸藩宣敎掛は之れを歸藩せしめ、他日の召命を待たしむ、〇太政官日誌、詔勅錄附錄

山口藩知事毛利元德・鹿兒島藩知事島津忠義・高知藩知事山内豐範・名古屋藩知事德川慶勝・舊福井藩主松平慶永に御沙汰書を賜ふ、其の文に曰く、

奉

勅速ニ上京苦勞ニ被

思食候抑御維新以來綱紀更張御施設ニ相成候處方今內外之形勢前途之事業不容易深ク御配慮被爲在今般一層御釐革被遊候御趣意ニ候特ニ復古之際大政ヲ贊成致候儀ニ候ヘハ始終ノ成功ヲ奏シ候樣被

仰出候ニ付テハ國事

御諮詢被爲在候間無忌憚建言

宏謨ヲ可奉裨補候事

但し豐範・慶勝・慶永に賜へる文には初めの十四字無く、又慶勝・慶永に賜へる文には「復古之際大政ヲ賛成致候」を、「復古之際盡力致候」に作る、且元德等五人に每月三囘、一の日を定日として午前十時參仕すべきことを命ぜらる、當時豐範病を養ひて高知に在り、仍りて用件あらば高知藩大參事板垣退助を知事代理として召さるべき旨を退助に達す、大納言岩倉具視以爲らく、是の際、鳥取・德島・佐賀・熊本を始め諸大藩の知事及び大參事等を召し、每月數囘、諮詢案を下して議する所あらしめば、諸藩の政令歸一するに至らんと、乃ち書を參議木戸孝允に致して其の意見を徵す、〇公文錄、太政官日記、宮內少錄日錄、木戸孝允日記、保古飛呂比、吉井友實日記、華族家記、鳥取藩廳記錄、三條實美書翰、岩倉具視書翰、諸家履歷、忠義公史料、土佐藩政錄、太政類典、板垣退助傳

曩に越後國製産の織物二反を皇太后に贈進したまふ、是の日、其の品大宮御所に著す、〇青山御所御納戸日記

日布修好通商條約調印

客月二十日、布哇國との修好通商條約締結のため外務卿澤宣嘉・外務大輔寺島宗則を全權委員と爲し、布哇國特派全權公使の任を帶ぶる米國公使シー・イー・デ・ロングと協商せしむ、是の日、條約書成れるを以て、委員・公使、延遼館に於て調印す、〇公文錄、太政官日記、明治四年對話書、條約彙纂

正二位近衞忠房を神宮祭主に復す、忠房前に神祇大副兼神宮祭主たりしが、去月二十五日免ぜられしなり、〇太政官日記、公卿補任

社地を上地せしむ

正月五日社寺境外の領地を收むることを令せしが、是の日更に令して、神殿・屋舍等現在の地を除

く外、境內・境外を論ぜず悉く全國の社地を收め、神官の祿制を定めて舊家祿の四分の一の現米を給することとす、又大小神社氏子取調規則を頒ち、出生の兒あらば必ず社參し、戶長の證書を示して守札を受けしめ、卽今守札を所持せざる者は老幼を問はず其の交付を請はしめ、又戶籍改の年次毎に戶長をして守札を檢查せしむ、〇太政官日誌、公文錄、太政類典、法令全書

氏子取調規則を頒つ

七日　午前八時小御所代に出御、親王及び大臣以下勅任官・麝香間祗候等の七夕の參賀を受けたまふ、又諸臣をして「七夕竹」の歌題にて和歌を詠進せしめらる、〇儀式錄、宮內少錄日錄、嵯峨實愛日記

八日　是れより先二月、鹿兒島・山口・高知三藩の兵を徵して御親兵と爲す、尋いで其の兵員約八千人悉く至り、編成・裝備既に完了せるを以て、速かに其の操練を覽たまはんとす、然れども恰も官制改革等のため萬機繁劇なるのみならず、炎暑の候に屬するを以て、暫く其の期を稽延したまひ、是の日、兵部省をして之れを將卒等に傳達せしめらる、〇太政官日誌、公文錄、近衞師團沿革概要

九日　夜來の風雨今朝に至りて强烈を極め、海軍兵學寮竝びに西丸大手門前御親兵六番大隊營所等崩潰し、海軍にありては卽死者一人・負傷者二三人を出し、陸軍にありては卽死者一人・負傷者二十四人を出す、乃ち宮內大丞吉井友實・同權大丞香川敬三・侍從醍醐忠順・大典醫高階經德を兩所に差遣して之れを慰問せしめたまふ、午後三時友實等歸りて其の狀を具奏す、翌日、死者二人に各

各金三千疋、負傷者に各〻金千疋を賜ふ、〇恩賜錄、吉井友實日記、嵯峨實愛日記

司法省の設置

刑部省及び彈正臺を廢して司法省を創設し、從四位佐佐木高行を大輔に、從五位宍戸璣を少輔に任ず、從來彈正臺の執る所苛察に失し、動もすれば刑部省との間に扞格なきにあらず、是に於て聽訟・捕鞫の事務を總て司法省に集め、以て其の統一を期す、〇太政官日誌、任解日錄、保古飛呂比、法令全書

大野藩知事土井利恆、曩に家祿を割きて藩債償卻に充てんことを請ふ、是の日、之れを聽許す、〇太政官日誌

十日　麝香間祗候齋藤利行に御前御用を命じ、漢籍御講習の御相手を仰付けらる、尋いで九月七日、願に依りて東京滯在を免じ、同十三日、召して天盃を賜ひ、且掛幅・印籠を賜ふ、〇百官履歷

華族の元服・家督相續等に際し、或は僧侶の任官・住職繼承等に方り、各自朝廷に物を獻るの例なりしが、自今總て之れを停止せしむ、華族の八朔太刀獻上亦同じ、〇太政官日誌、公文錄、例規錄、雜事錄、法令全書

神宮の改革

十二日　神宮内外の別を正し、舊制を釐革せしめたまふ、賀茂兩社・氷川神社・男山八幡宮を始め官國幣社以下諸社に於ける積弊の更革を要するもの尠からず、神宮に在りても、甚しきは皇太神宮・豐受太神宮の差等を誤り、兩神宮の祠官等互に對峙して軋轢すること久し、殊に禰宜以下の輩、師職と稱して其の身大麻を全國に頒ち、其の家旅館を業として利潤を貪る者約五百に及び、神都の

風俗淳潔ならず、延いて神威を冒瀆するに至る、是に於て神祇官、先づ神宮等の改革を斷行し、而して全國の官社に及ばんとす、廟議之れを納れ、五月、兩神宮禰宜を東京に召して彼此の情實を聽取し、又度會縣知事橋本實梁の意見を徵したる結果、神宮内外の別を立つること、大内人其の他奉仕諸職の舊慣を釐革すること、荒木田・度會兩姓の祠官の一は皇太神宮に專屬し、一は豐受太神宮に專屬して奉仕するの制を改め、倶に銓衡を以て豐受太神宮權禰宜より順次昇進して皇太神宮禰宜以上に至らしむること、師職を廢し、其の大麻頒布を停止すること等改革の要目を決し、天裁を仰ぎて是の日之れが御沙汰書を神祇官に下付す、是れより先、祭主近衞忠房及び神祇少祐二人を神宮に遣はし、又度會縣大參事河田景福を神宮御改正御用掛と爲し、以て其の事に當らしむ、後、神宮教院の設立せらるゝや、同院をして大麻等を頒布せしむ、○太政官日誌、祭祀錄、公文錄

令して是の月十四日より十六日に至る三日間、休暇を官吏に賜ひ、以て恆例と爲す、○宮内少錄日錄、法令全書

廢藩置縣の發令

毛利元德等に勅を賜ふ

十四日　詔して列藩を廢し、悉く縣と爲したまふ、午前十時小御所代に出御し、山口藩知事毛利元德・鹿兒島藩知事島津忠義・佐賀藩知事鍋島直大・高知藩知事山内豐範代理同藩大參事板垣退助を召見して明治二年正月版籍奉還を首唱せしを嘉尚し、尚廢藩置縣の大業を翼贊すべしと勅したまふ、右大臣三條實美勅語を宣す、其の文に曰く、

汝等曩ニ大義ノ不明ヲ慨キ名分ノ不正ヲ憂ヘ首ニ版籍奉還ノ議ヲ建ツ朕深ク之ヲ嘉ミシ新ニ知事ノ職ヲ命シ各其事ニ従ハシム今ヤ更始ノ時ニ際シ益々以テ大義ヲ明ニシ名分ヲ正シ内以テ億兆ヲ保安シ外以テ萬國ト對峙セントス因テ今藩ヲ廢シ縣ト爲シ務テ冗ヲ去リ簡ニ就キ有名無實ノ弊ヲ除キ更ニ綱紀ヲ張リ政令一ニ歸シ天下ヲシテ其向フ所ヲ知ラシム汝等其レ能朕カ意ヲ體シ翼贊スル所アレ

徳川慶勝等に勅を賜ふ

次に曩に郡縣制度の樹立を建議せる名古屋藩知事徳川慶勝・熊本藩知事細川護久・鳥取藩知事池田慶徳・徳島藩知事蜂須賀茂韶を召して之れを嘉尚したまふ、實美勅語を宣す、其の文に曰く、

朕惟フニ方今内外多事ノ秋ニ際シ斷然其措置ヲ得天下億兆ヲシテ其方向ヲ定メシムルニ非レハ安ソ能ク宇内各國ト竝立シテ以テ我國威ヲ皇張センヤ是朕カ宵旰憂慮スル所ナリ曩ニ汝等カ建議スル所互ニ異同アリト雖モ之ヲ要スルニ深ク從前ノ弊害ヲ鑑シ遠ク將來ノ猷謀ヲ畫ス是汝等カ衷誠ノ所致朕之ヲ嘉ミシ將ニ施設スル所アラントス汝等更ニ能ク朕カ意ヲ體シ各其所見ヲ竭セヨ

廢藩置縣の詔

畢りて午後二時更に大廣間に出御し、元徳・忠義以下在京の藩知事五十六人を召して、廢藩置縣の旨を親諭したまふ、實美詔書を宣す、其の文に曰く、

朕惟フニ更始ノ時ニ際シ内以テ億兆ヲ保安シ外以テ萬國ト對峙セント欲セハ宜ク名實相副ヒ政令

一ニ歸セシムヘシ朕曩ニ諸藩版籍奉還ノ議ヲ聽納シ新ニ知藩事ヲ命シ各其職ヲ奉セシム然ルニ數百年因襲ノ久キ或ハ其名アリテ其實擧ラサル者アリ何ヲ以テ億兆ヲ保安シ萬國ト對峙スルヲ得ンヤ朕深ク之ヲ慨ス仍テ今更ニ藩ヲ廢シ縣ト爲ス是務テ冗ヲ去リ簡ニ就キ有名無實ノ弊ヲ除キ政令多岐ノ憂無ラシメントス汝群臣其レ朕カ意ヲ體セヨ

知事皆拜伏稽首して大命を奉ず、次いで天皇入御の後、夫々免官の辭令を授く、是に於て廢藩置縣の旨を天下に布告し、且舊藩大參事以下に命じて權に從前の如く事務を處理せしめ、在國の舊藩知事をして九月中に東京に歸還せしむ、當時藩列に在りし者實に二百六十餘なり、又翌十五日、午前十一時大廣間に出御し、在國二百餘藩知事の代理として在京の各大參事を召見し、實美をして廢藩の詔書を宣せしめたまふ、畢りて知事の罷免を達す、十六日、外務卿岩倉具視、書を各國公使に致し、藩を廢して縣と爲すの旨を告ぐ、抑ゝ我が國に於ける封建制度は數百年の遠きに由來せるを以て、之れが變革は實に至重至難の事なりしが、遂に能く未曾有の大業を斷行することを得たり、是の月二十日、外務卿、英吉利國代理公使アダムスを訪ひ、親しく廢藩置縣斷行の事を告ぐるや、公使驚嘆して曰く、是れ實に非常の英斷にして洵に慶賀すべし、我が歐羅巴に於て若し斯くの如き大業を成さんと欲せば、幾年か兵馬の力を用ゐるにあらずんば其の成功を期すること能はざるなりと、

英國代理公使廢藩置縣の成功を驚嘆す

廢藩の氣運

初め明治元年二月、參與木戸孝允、宇内の形勢を大觀して往古郡縣の治に復せんとし、先づ諸藩をして版籍を奉還せしむるの策を建言せしが、二年六月に至りて漸く實現せられ、遂に府藩縣三治一統の制を定むるに至れり、然れども藩知事は各〻其の舊封土に據りて兵馬・徵税の權を有し、藩の大少參事亦其の舊臣たり、故に藩民との間は依然故の如くにして、封建の名は除かれたりと雖も其の實尙存せり、殊に大藩の諸方に蟠居して天下を睥睨するありて、朝威常に振はず、政局亦動搖して止まず、遂に外國人をして、多數の政府の四方に分立せる國なりと嘲笑せしむるに至る、是の時に當りて諸藩の間、時勢を察して郡縣制の確立を建議し、或は藩財政の逼迫等に由りて廢藩を申請するもの漸次多からんとす、乃ち二年、高鍋藩世子秋月種樹、藩を廢して皇政の基本を確立せざるべからずとて、有志を糾合するの檄文を發す、狹山藩主北條氏恭亦郡縣制度を布きて萬國對峙の基礎を建つべしと建議し、版籍奉還の後、更に上表して藩知事を辭せんと請ふ、龜岡藩知事松平信正・菊間藩知事水野忠敬亦氏恭と同じく之れを請ふ、十二月、氏恭の再願及び吉井藩知事吉井信謹の請を聽して其の官を罷め、吉井・狹山二藩を廢して夫々岩鼻縣・堺縣に併す、之れを首として、客歲七月盛岡・喜連川兩藩を廢し、九月鞠山藩を、十月長岡藩を、十一月福本藩を、十二月高須藩を廢す、皆藩知事等の請ふ所に依る、又閏十月、苗木藩士族等、其の世祿を奉還して歸農せんことを請ひ、十一月、高知藩知事山内豐範奏請して、同藩士族文武の常職を解き、祿制に換ふるに祿劵を以てし、而して族類を分ちて士・卒・平民の三等と爲し、官吏・兵隊を汎く士民に採るの制を立つ、今年に至り德島藩知事書を上りて廢藩置縣の急務なるを陳ぜるを始めとして名古屋・熊本・鳥取等諸藩知事亦同じく建言する所あり、多度津・丸龜・龍岡・德山・大溝・津和野の諸藩知事皆廢藩を請ひ、又三田藩知事の歸農を請ふあり、更に是の月、山口藩知事毛利元德、德島藩知事等の論述する所を視て事理當然なりとし、書を上りて其の採用・實行を望み、且斷然華士族の稱を廢して悉く平民と爲し、其の家祿を政府に收めて郡縣の實を擧げられんことを說き、官を辭せんことを乞ふに至る、而して政府要路の間にありては、夙に廢藩の必要を痛感すと雖も、政府の實力の未だ之れが斷行に堪えざるを以て、先づ其の基礎の强化を圖らんとして畫策する所ありしが、客歲十二月、大納言岩倉具視の鹿兒島・山口兩藩に使してより、兩藩及び高知藩の協力を得るに成功し、既にして其の兵を徵して御親兵と爲す、斯くて政府著しく强固となれるを以て、木戶孝允は廢藩の時期至れりと爲し、本年六月十一日、具視に會して其の斷行を勸む、曰く、三藩知事既に叡旨を奉體して其の方向を一にし、精兵を貢獻し、朝廷を扶翼して諸藩の準的たらんことを請ふ、故に此の機を逸せず、斷然廢藩を令し、以て版籍奉還の實を擧げしめざるべからずと、然れども具視輒く之れを贊

山縣有朋等廢藩斷行を促す

せず、蓋し具視は猶三藩の果して廢藩を領承すべきや否やを疑懼し、三藩にして不同意を唱ふるが如きことあらば、廢藩の實擧がらず、卻りて不測の患害を招來する虞ありとし、漸を以て畫策するに如かずとせるなり、參議大久保利通亦漸進の說を持す、斯くの如く廟堂に緩急二論ありて、廢藩の擧は尙猶豫せらるゝ形勢にありしが、同月二十五日、孝允及び鹿兒島藩大參事西鄕隆盛を參議に任じて政府改革の端緒を開くや、豫て廢藩を急務とせる兵部少輔山縣有朋・兵部省出仕鳥尾小彌太及び山口藩士野村靖は此の機に乘じて斷然決行すべしと爲し、相會して謀る所あり、乃ち有朋は隆盛を勸說し、小彌太及び靖は民部少輔井上馨を說き、馨をして孝允を慫慂せしむることとす、今月六日、有朋、隆盛を訪ひて之れを說く、隆盛、天下の大勢廢藩の已むべからざるものあるを察知し、意を決して之れを贊し、直に利通を訪ひて其の決意を告ぐ當時島津久光廢藩を懌ばざるを以て、是の歲四月隆盛の上京するに際し、之れに質す所あり、時に隆盛之れに答へて廢藩の意なしと云へりと云ふ、同日、馨亦孝允に告ぐるに廢藩の事を以てす、孝允之れを贊し、翌日、隆盛の斷然贊意を表せりと聽くや、國家のために之れを賀し、維新以來の宿志遂行せられんとするを懌ぶ、是れより廢藩の謀議急速に進展す、乃ち八日、孝允、隆盛と廢藩の實施に關して議定する所あり、九日夜、隆盛・利通・有朋・馨及び兵部權大丞西鄕從道・同大山巖等、孝允の邸に會して密かに凝議す、翌十日、隆盛・孝允・利通又相會して議を重ね、十二日、更に廢藩斷行の手續等を密議して大略を定む、是に至りて隆盛・孝允は右大臣三條實美に、孝允・利通は具視に夫々始めて協議の結果を報じて決行を迫り、宸裁の速かならんことを請ふ、實美之れを賛す、具視亦薩長兩藩の率先して事に當らんとするを知りて飜然意を決す、乃ち實美・具視相議して上奏宸裁を經るに至る、斯くて是の日遂に之れを發表し、維新の鴻業實に玆に全く成る、翌十五日、右大臣以下諸省長次官等、宮中舊能舞臺に會して廢藩後の措置を議す、議論紛々として決せず、隆盛大喝して曰く、若し諸藩にして異見を挾むものあらば斷然兵力に訴ふるの外なしと、紛議忽ちにして止む、○太政官日誌、公文錄、詔勅錄、太政官日記、木戸孝允日記、大久保利通日記、保古飛呂比、吉井友實日記、秋月種樹意見書、池田慶德上書、英吉利國公使對談筆記、安政事情、熊本藩國事史料、大久保利通文書、岩倉具視書翰、木戸孝允書翰、大久保利通書翰、西鄉隆盛書翰、三條實美公年譜、岩倉公實記、島津久光公實紀、忠正公一代編年史、元帥公爵山縣有朋、大隈伯昔日譚、徵兵制度及自治制度確立ノ沿革、維新史料編纂會第二回談話會速記錄、元勳談

大隈重信板垣退助を參議に任ず

辨官を廢す

大藏大輔大隈重信・高知藩大參事板垣退助を參議に、大納言岩倉具視を外務卿に、民部大輔大木喬任を民部卿に、民部少輔井上馨を民部大輔に、兵部少輔山縣有朋を兵部大輔に任じ、大納言德大寺實則・同嵯峨實愛・外務卿澤宣嘉を罷む、又辨官を廢し、大辨坊城俊政・中辨田中不二麿・同江藤新平・同土方久元を太政官出仕に、同山口尙芳を外務省出仕に補す、客月參議の員數を減じて二人と爲し、西鄉隆盛・木戸孝允を以て之れに任ず、然るに孝允は、隆盛と二人にて政務を處理せんこと、其の力足らざるを感じ、重信をして參議たらしめんことを主張す、是に於て隆盛亦退助を推薦

し、遂に重信・退助二人の任命を見るに至れるものにして、具視及び大藏卿大久保利通等は參議增員の說を贊せざりしと云ふ、又實則・實愛は客月官制の改革を斷行せんとするや骸骨を乞ふこと切なり、天皇之れを惜みたまふと雖も、事情已むを得ざるものあるを以て是の日之れを罷めたまひしが、同時に麝香間祗候と爲し、特に國事諮詢の恩命を賜ひ、每月二の日を以て參仕すべしと命じたまふ、仍りて午後二時右大臣三條實美、二人を召して之れを傳宣す、次いで二人を御前に召し、親しく在官中の勞を犒ひたまひ、後日、直垂地一卷を實愛に賜ふ、尙此の後二十四日、曩に姑く其の罷免を延ばせる參議副島種臣を罷め、尋いで二十七日、民部卿大木喬任を罷め、二十八日、井上馨を大藏大輔に任じ、九月二十日、租稅頭伊藤博文を工部大輔に、十一月四日、司法少輔宍戸璣を司法大輔に任ず、〇太政官日誌、任解日錄、詔勅錄附錄、嵯峨實愛日記、木戶孝允日記、大久保利通日記、保古飛呂比、大久保利通書翰、公卿補任、百官履歷

舊藩紙幣の引換を命す

舊諸藩通用の紙幣は總て本日の相場を以て漸次政府發行の紙幣と交換すべき旨を布告す、當時藩札流通額の概數約二千四百五十萬圓にして悉く之れを政府の負債と爲す、〇太政官日誌、公文錄、明治財政史

十五日　午前八時小御所代に出御、親王及び大臣以下勅任官・麝香間祗候等の中元の參賀を受けたまふ、〇儀式錄、嵯峨實愛日記

後龜山天皇四百五十年式年祭

午前十時後龜山天皇四百五十年式年祭を神祇官に於て修せしめ、侍從富小路敬直を勅使として參向

せしめたまふ、又嵯峨の山陵に京都府知事長谷信篤を遣はして幣物五色帛・絁・絲・布・倭文・木綿・麻を供進せしめらる、〇太政官日誌、公文錄、祭祀錄、儀式祭典錄、宮內少錄日錄

文部省の設置

十八日　大學を廢して文部省を創設し、太政官出仕江藤新平を文部大輔に任じ、二十八日、從四位大木喬任を文部卿に任ず、舊大學は教育機關たると共に教育行政の中樞機關たる任務を兼ねしが、是に至りて始めて全國の教育行政を專管、綜理する省廳の設立を見るに至る、尋いで十一月二十五日、府縣の學校をして悉く文部省の管轄に屬せしむ、〇太政官日誌、公文錄、任解日錄、職官表、職制摘要、公卿補任、百官履歷

金銀銅賣買を許す

新貨鑄造のため明治二年十一月金銀銅の自由賣買を嚴禁す、然るに其の結果諸鑛山の生產額減少するに至れるを以て、是の日、更に令して國內に限り其の自由賣買を許し、且地方官をして每年諸鑛礦の產額を大藏省に上申せしむ、〇太政官日誌

十九日　內廷に於ける年始・節朔等の供御は實際御用の物のみに止めしめ、他は悉く之れを供することを廢せしめたまふ、〇吉井友實日記

宮內省及び內廷の刷新

二十日　正二位德大寺實則を宮內省出仕に補し、尋いで宮內省竝びに內廷の釐革大に行はる、當時宮禁の制度、先例・故格を墨守するもの多くして、君側の臣は堂上華族に限られ、先朝以來の女官權勢を張り、動もすれば聖明を覆ひたてまつる等の事無きにあらず、是れより先、右大臣三條實

美・大納言岩倉具視等大に之れを憂へ、改善せんと欲すと雖も、數百年來の慣習を一朝にして改革せんこと實に至難なり、參議西鄉隆盛以爲らく、國威を發揚せんとせば、宜しく根源に溯りて宮禁の宿弊を改めざるべからず、卽ち華奢・柔弱の風ある舊公卿を宮中より排斥し、之れに代ふるに剛健・清廉の士を以てして聖德を輔導せしむるを肝要とすと、之れを參議木戶孝允・大藏卿大久保利通等に謀り、又實美・具視に進言して英斷を促す、是に於て是の月四日、民部大丞吉井友實を宮內大丞に任じ後、少輔に任ず、尋いで命ずるに制度取調掛を以てし、專ら省內・內廷の改革に從はしむ、又德大寺實則を宮內卿とし、其の衝に當らしめんとせしが、實則、力及ばずとて之れを固辭す、乃ち强ひて宮內省出仕とし、專ら御前に奉仕せしむることとし、是の日其の命ありたるなり、是れより先、宮內省改革案成る、其の要項を擧ぐれば、曰く、從來當番大丞と稱して、華族の內より權大丞千種有任・同四辻公賀・同長谷信成を擇びて專ら內廷事務を擔任せしめしを止め、爾後、華士族の別なく、大少丞をして之れを擔任せしむ、曰く、出御の際は丞以上總て參仕す、曰く、士族一二人を拔擢して侍從とせば、舊弊を打破するに最も效果あるべしと雖も、君側の事は條理を以てのみ論ずる能はざる場合なきにあらざれば、姑く之れを華族に限るべきか、尙熟考すべし、曰く、次侍從は從來君側の事務に關係せしめざるが如し、今より後は侍從に陪して君側に侍し、古今東西の談論を聖

西鄉隆盛の改革意見

吉井友實の起用

聽に達せしむべし、而して華士族を交へて之れを登庸すべし、曰く、新に侍從頭・侍從助を置きて宮内卿輔を佐けしめ、君德培養に任ぜしむべし、曰く、皇后始め女官等、和漢洋古今の大勢に通ずるの要あるを以て、平素讀書を勵み、聖上御講讀の際陪聽を聽さるべし、曰く、漸次典醫の改革を行ふべし等と爲す、而して是の日、先づ大少丞の任免を行ひ、宮内大丞戸田忠至以下正權大少丞八人を免じ、世古延世を宮内權大丞に任じ、尋いで舊鹿兒島藩士村田新八を宮内大丞に任ず、二十四日、宮内省官制を改めて侍從長・大監・少監及び内匠・調度の二司を新置し、又尚侍以下下仕に至る女官の位階及び俸祿を定む、同日、新に舊熊本藩士熊本縣權大參事米田虎雄・舊高知藩士兵部權大丞高屋長祥を侍從に任ぜしが、尋いで更に侍從等の任免を行ひ、侍從園池公靜・同三條西公允・同裏松良光・同東園基愛・同入江爲福・同綾小路有良・次侍從慈光寺有仲・同豐岡健資・同山内豐誠舊高知新田藩主・同上杉勝道舊米澤新田藩主・同冷泉爲柔を罷め、新に次侍從北條氏恭舊狹山藩主・舊鹿兒島藩士高島鞆之助を侍從に、良光・基愛・爲福・有良及び正四位五條爲榮・舊佐賀藩士島義勇を次侍從に任ず、後、八月舊鹿兒島藩士高城重信を次侍從に、九月舊山口藩士河野通信・舊福井藩士堤正誼を侍從に任じ、同月二十九日、次侍從を廢し、次侍從たりし五條爲榮等九人を侍從に任ず、十一月に至り舊高知藩士東京府出仕片岡利和・舊山口藩士陸軍少佐有地品之允を侍從と爲し、侍從河野通信を罷め、

宮内省官制の改定

侍從等の選任

侍従長の任命

女官の選任

十二月、侍從島義勇を秋田縣權令と爲す、又侍從長の選任に就きては、八月四日、實則を侍從長に任ず、當時更に侍從長一人を士族より選出し、專ら聖德涵養の任に當らしめんとの議ありて舊幕臣大久保忠寛を起用することに決す、乃ち同月二十三日、實美、正二位松平慶永を介して內命を忠寛に傳ふ、時に忠寛靜岡に閑居せしが、病を以て固辭す、是に於て九月二十日、舊山口藩士工部少輔河瀨眞孝を侍從長に任ず、尋いで二十八日、侍從長の職掌を定め、常侍規諫兼ねて侍從を監するを以て、其の任と爲す、十月十五日、更に開拓長官東久世通禧を侍從長に任じ、十七日、侍從長德大寺實則を宮內卿兼侍從長に任ず、是れより先八月十七日、大曲醫佐藤尙中を大侍醫に、同伊東盛貞・同高階經德を權大侍醫に任じ、中典醫・少典醫十二人を罷め、尋いで大典醫伊東方成を大侍醫に任ず、又內廷制度改新の議を決定し、八月一日、悉く女官を罷免し、更に選任して廣橋靜子・高野房子を典侍に、四辻清子・葉室光子・橋本夏子を權典侍に任じ、其の他掌侍以下の任命あり、皇后、御小座敷に出座し、宮內大輔萬里小路博房をして辭令を權掌侍以上の女官に授與せしめたまふ、又爾後皇后の命を奉じて勤仕すべきこと、族姓に關せず女官を登庸すべきこと等女官奉仕の心得を達せしめたまふ、尋いで山井榮子・萬里小路幸子・高倉忠子・持明院治子・中御門齊子を權典侍に任ず、是れより翌年四月に至り、始めて內廷改新の實を擧ぐるを得たり、抑〻士族を起して侍從と爲せるは實に舊例を打破せる大英斷にして、爲に積弊の一掃せられたるもの頗る多し、是れより先、大藏卿大久保利通、職を宮內省に奉ぜんことを切望し、是の月十五日、右大臣三條實美を訪ひて具に陳情する所あり、尋いで參議西鄕隆盛・同木戶孝允に意の存する所を示し、更に右大臣に懇願し、又外務卿岩倉具視に詳述する所あり、然るに當時民部省を廢して其の事務を大藏省に併せ、大に政務の刷新を行はんとするの議あるを以て、民部大輔井上馨、利通の留任を勸告して聽かず、是に於て利通遂に轉任の志を飜す、十二月十一日隆盛が叔父椎原與三次に贈れる書あり、改革後に於ける御動靜の變化・宮中の光景等文中に躍如たるものあるを以て、之れを玆に抄錄す、

西鄕隆盛宮中の氣風一新を鄕里に報ず

（上略）扨當地之形勢追々御聞取被爲在候半色々御變革相成候內可喜可貴義は主上之御身邊之御事に御座候是迄は華族之人ならては　御前江罷出候義も不相調適宮內省之官員迚も士族等は不罷出候處都而右等之弊習被相改侍從たり共士族より被召入公卿武家華族幷士族同樣官員は被召仕殊に士族より被召出候侍從は　御寵愛に而實に壯なる御事に御座候後宮江被爲在候義至而御嫌ひにて朝より晚迄始終御表に　出御被爲在和漢洋之御學問次に侍從中に而御會讀も被爲在御寸暇不被爲在修行而已に被爲在候次第に而中々是迄之大名抔よりは一段御輕裝之御事に而中人よりも御修業之御勉勵は格別に御座候然處昔日之

主上に而は今日は不被爲在餘程御振替被遊候段三條岩倉之兩卿さへ申し居せられ候仕合に御座候一體英邁之御質にて至極御壯健近來はヶ樣之御壯健之主上は不被爲在与公卿方被申居候次第に御座候御馬は天氣さへ能候得者每日御乘ひ被遊候而兩三日中より御親兵を一小隊つゝ被召呼調練被遊候御賦に御座候是よりは隔日之御調練与申御極りに御座候是非大隊を御自親に御率ひ被遊大元帥は自ら被遊との　御沙汰に相成何共恐入候次第難有御事に御座候追々政府江も　出御被爲在諸省も臨行被爲在候而每々私共にも　御前江被召出同臺に而食事を賜り候義も有之是よりは一ヶ月に三度つゝ御前に而政府は勿論諸省之長官被召出候而御政事之得失等討論し且御研究も可被爲遊段御內定に相成申候大略右等之御次第に而變革中之一大好事は此　御身邊之御事に御座候全尊大之風習は更に散し君臣水魚之交りに立至り可申事与奉存候

○太政官日誌、敍任錄、官符原案、諸官進退狀、進退錄、任解日錄、女官錄、宮內少錄日錄、大久保利通日記、吉井友實日記、橋本實麗日記、鴻鯉錄、宮內省改革見込書、三條實美書翰、岩倉具視書翰、西鄉隆盛書翰、大久保利通書翰、德大寺實則書翰、吉井友實書翰、大久保利通文書、參考史料雜纂、公卿補任、女官履歷、諸家履歷、諸家系譜、百官履歷、太政類典、藤波言忠談話

從三位澤宣嘉を麝香間祗候と爲し、東京滯在を命ず、○百官履歷、諸家系譜

弘文天皇千二百年式年祭

二十三日　弘文天皇千二百年式年祭を神祇官に於て修せしめ、侍從綾小路有良を勅使として參向せ

しめたまふ、〇祭祀錄、儀式祭典錄、宮內少錄日錄
午後五時山里御苑內御茶屋に臨御、曩に國事諮詢の大命を拜せし德川慶勝・松平慶永・毛利元德・島津忠義を召して酒饌を賜ひ、且天酌を賜ふ、〇宮內少錄日錄、吉井友實日記、德大寺實則書翰、舊邦祕錄材料

御講學

二十四日　宮內省出仕元田永孚日本外史進講の定日なれども之れを止め、侍讀平田延胤をして日本書紀を講ぜしめたまふ、〇宮內少錄日錄

新設の諸縣に令し、士族・卒の祿額、舊藩の負債額、現存の金穀額等を錄して之れを大藏省に持參提出せしむ、又本年度の租稅徵收は總て之れを舊慣に由らしむることとし、而して從來の徵收法及び雜稅の名稱・區分等を稟申せしむ、但し夫米永錢の制は本年より之れを廢止することとし、九月二十四日之れを公布す、〇太政官日誌、公文錄

二十五日　幟仁親王、齡方に六十に達せるを以て、家事を熾仁親王に讓りて隱退せんことを請ふ、是の日乃ち之れを聽許あらせらる、〇太政官日誌、有栖川宮御達竝諸願伺屆留、伏見宮家日記、有栖川宮系譜

勅任官以上を除くの外、門鑑なくして大手門・坂下門を通行するを禁ず、〇太政官日誌

民部省の廢止

二十七日　民部省を廢し、大藏省職制を更革して、同省に租稅寮及び勸業・統計・紙幣・戶籍・驛遞の五司を置き、監督・用度・租稅の三司を廢す、尋いで元民部省土木司の事務を工部省に於て處

理せしむ、八月十九日、更に大藏省職制・事務章程を改め、造幣・租稅・戶籍・營繕・紙幣・出納・統計・檢査・記錄・驛遞・勸農の十一寮及び正算司を置く、○太政官日誌、公文錄、木戶孝允日記、大久保利通日記、大久保利通書翰、法令全書

太政官三院制を定む

二十九日　太政官官制を改定して左右大臣・大納言・正權大少史・主記・官掌の諸官を廢し、更に正院・左院・右院を設け、正院に太政大臣・納言・參議・樞密正權大少史を置き、式部・舍人・雅樂の三局をして之れに屬せしむ、太政官職制及び事務章程の規定する所に據るに、正院は天皇親臨して萬機を總判したまひ、太政大臣・納言之れを輔弼し、參議之れに參與して庶政を奬督する所とし、立法・行政・司法の事務を裁制すること等を掌る、而して太政大臣は天皇を輔翼して庶政を總判し、祭祀・外交・宣戰・講和・立約の權、海陸軍の事を統知し、納言之れに亞ぎ、參議は大政に參與し、官事を議判し、大臣・納言を輔佐し、庶政を贊成するを職責と爲す、又左院は立法の府にして、議長及び議員を以て組織し、右院は諸省長官・次官相集まりて當務の法を案じ、行政上の利害を審議する所とす、是の日、從一位三條實美を太政大臣に任じ、從五位田中不二麿・同土方久元を樞密大史に、從三位坊城俊政を式部長に任ず、西鄕隆盛・木戶孝允・大隈重信・板垣退助參議たること故の如し、又勅奏判任官の等級を更め、正四位以上を勅任、正六位以上を奏任、從六位以下を判任と爲し、又諸省卿・開拓長官に政務上委任の條項を授く、○太政官日誌、公文錄、敍任錄、任解日錄、木戶孝允日記、保古飛呂比、嵯峨實愛日記、

三條實美を太政大臣に任ず

諸省卿等の委任權限を定む

日清修好條規等の調印

法令全書

曩に欽差全權大臣伊達宗城・同副柳原前光等、清國と條約を締結するの大命を奉じて横濱港を發し、上海を經て六月七日天津に至る、清國は直隷總督李鴻章を欽差全權大臣とし、江蘇按察使應寶時・直隷津海關道陳欽等をして其の事に參與せしむ、宗城等、鴻章等と商議すること月餘に亙り、遂に修好條規十八箇條及び通商章程・海關税則を議定し、是の日、調印を了す、然るに外務卿岩倉具視、其の條約書第二條に、兩國好を通ぜし上は必ず相關切す、若し他國より不公及び輕藐すること有る時、其の知らせを爲さば何れも互に相助け、或は中に入り、程克く取扱ひ友誼を敦くすべしとあるを見て、歐米諸國が或は我が國と清國と同盟を約せるものなりとの疑惑を懷き、將來外交上の障碍を釀さんことを慮り、八月二十九日、遽かに宗城等に召還の命を發し、更に外務大記花房義質を遣はして其の旨を宗城等に致さしむ、右の條項は清國政府の提案に屬す、而して清國と連衡の約を結ぶこと得策にあらざるべしとの注意は宗城等出發以前、各國公使の我が政府に致せる所なるを以て、右の條項に就きては宗城等も甚だ苦慮し、之れを拒絶せんとせり、然れども是れ専ら善鄰の意より出でたるのみならず、清國と亞米利加合衆國との條約に既に規定せる所にして、唯平時交際上の厚誼を言ふのみ、戰時にありては第十五條に局外中立の規定あるを以て、何人も疑惑を挾むべきにあらずと思惟し、遂に之れを容認せるなり、是れより先、宗城、條約書の調印を了るや北京に至り、八月十七日、恭親王を總理各國事務衙門に訪ひて聖旨を傳へ、又清國皇帝・皇太后及び恭親王への御贈品を傳ふ、清廷厚く答謝の意を表す、宗城、二十六日、北京を發して歸國の途に就き、九月八日、上海に至りて召還の命を接受す、乃ち前光等と相携へて急遽歸朝す、二十日、使命を復し、且第二條以下の條規に就きて陳辯する所あり、然れども後來疑義を生ぜんことを慮りて廟議決せず、既にして具視、全權大使として歐米に差遣せらるゝの命を拜す、乃ち後任外務卿副島種臣に囑するに、歐米各國と條約の改定を遂ぐるまで清國との締約を延期すべきことを以てせり、〇入清議約概略、御手帳留、支那日記、使清日記稿、保古飛呂比、副島大使適清概略、伊達宗城柳原前光書翰、寺島宗則山口尚芳書翰、條約彙纂

兵部省職員令の制定

是の月　兵部省職員令を制定し、同省に卿大輔各一人・少輔二人を置き、又諸官僚屬事務分掌のため、陸軍祕史局・海軍祕史局・陸軍軍務局・海軍軍務局・陸軍砲兵局・陸軍築造局・海軍造船局・海軍水路局・陸軍會計局・海軍會計局・陸軍兵學寮・海軍兵學寮・海陸軍軍醫寮・陸軍參謀局・陸軍三兵本部・海軍水兵部・陸軍五管鎭臺・海軍提督府及び海陸軍糺問司等五司を置くことを規定す、又陸軍部内條例を定む、〇太政類典

酒類等釀造免許收稅の規則を定む

酒・醬油釀造に關する規則を改正して新に清酒濁酒醬油鑑札收與竝收稅方法規則を制す、乃ち從前

の株鑑札を廢止して更に大藏省より免許鑑札を引替交付することとし、其の新規に免許を得んとする者には釀造免許料として、清酒・銘酒・味淋・白酒の類は金十兩、濁酒は金五兩、醬油は金一兩一分を納めしむ、更に每年鑑札檢査の際免許稅を徵收し、又淸酒等にありては其の代價の五分、濁酒にありては同三分、醬油にありては同五厘の釀造稅を定め、之れを其の地前年の平均價格に據りて納めしむることとす、又十月九日、絞油稅則を定む、○太政類典、法令全書

工部學校設置の建議

今春工部省建言して曰く、本省所轄の事業は文明の基礎にして方今の要務なりと雖も、邦人の其の智識を有する者なきを以て、數多の外國人を雇傭して其の事に當らしむ、是れ已むを得ざるに出づと雖も、斯くの如き狀態にては富强の基本を立つること能はざるを以て、虎の門內舊延岡藩邸の地をトし、工部學校を建設して少年有志の徒を就學せしめ、有爲の人物を養成せんとす、希はくは速かに之れを聽許せられんことをと、尋いで四月、工部學校小學校竝びに大學校創設の計畫及び校規の大要、建築費・校費等の概算を上申す、是の月上旬舊延岡藩邸を工部省に交付し、金二千三百兩を延岡藩に下付す、翌五年三月二日工學校略則を定め、且入學志願者を府縣に募る、○公文錄、太政類典

八月

一日　今朝御學問所代に於て宮內省奏任官以上の八朔拜賀あり、次に小御所代に出御、親王及び大

臣以下勅任官・麝香間祗候・非役有位華族等の拜賀を受けたまふ、○儀式錄、嵯峨實愛日記、吉井友實日記

御乘馬

午前十時山里御苑に出御あり、乘馬あらせらる、八日・十二日・二十一日亦乘馬あらせらる、○宮內少錄日錄

ケプロン等に謁を賜ふ

二日　曩に開拓次官黑田清隆、亞米利加合衆國より開拓使雇ケプロン等四人を伴ひ歸れるを以て、是の日、之れを召して謁を賜ふ、ケプロン等、午前十時參內す、外務丞之れを迎へて吹上御苑紅葉御茶屋に導く、茶菓の饗あり、太政大臣三條實美及び參議・外務卿輔・開拓次官・式部長等出會す、尋いで天皇、同御苑瀧見御茶屋に出御あらせらる、外務卿岩倉具視・開拓次官、ケプロン等を延いて參進し、太政大臣以下侍立す、乃ち謁を四人に賜ひ、ケプロンに勅して宣はく、

汝米利堅合衆國ニ在テ農學局ノ長官トナリ其學科ヲ研究シ勸農ノ事業ニ通曉セシ由朕之ヲ欣慕シテ遠ク汝ヲ徵シテ我ガ北海道開拓ノ長官次官ヲ輔ケ其事務ヲ司ラシメント欲ス汝能ク朕カ意ヲ體シ合議協力以テ開拓ノ成功ヲ奏セシメヨ是朕カ大ニ汝ニ望ム所ナリ

ケプロン、實驗と學理とに由りて北海道の隆昌を開かんことを期する旨を奉答す、太政大臣其の譯述を奏す、畢りて四人紅葉御茶屋に退き、太政大臣等と面晤すること少時、外務卿輔・開拓次官等に導かれ禁苑を拜觀して退出す、是の日、ケプロン、御苑に生ずる若竹を賜はらんことを請ふ、二

本を伐採せしめて之れを賜ふ、○太政官日誌、外事錄、宮內少錄日錄、內史日錄、新聞雜誌

澳國貴族を御引見

午後二時吹上御苑瀧見御茶屋に於て澳地利國貴族ヒューペネルを引見したまふ、迎接等、午前ケプロン等賜謁の際に同じ、當時澳國公使留守中なるを以て、英吉利國代理公使エフ・オー・アダムス代りてヒューペネルを伴ひて參進す、天皇、先づ公使に對して其の壯健勉勵を深く喜悅あらせらるる旨の勅語あり、公使謹みて拜謝し、且ヒューペネルは澳國皇帝の顧問大臣にして、前に佛蘭西・伊太利兩國に特命大辨務使たりし旨を陳上するや、天皇、ヒューペネルに對し、始めて面會するを悅ばせらるゝ旨の勅語あり、ヒューペネル、日本國觀光の宿志を遂げたるを喜ぶ旨を言上し、天皇の億兆を見たまふこと赤子に異ならざる情況を本國皇帝に具奏せんことを奉答す、天皇再び勅して宣はく、

汝久シク本國政府ニ在テ重任ヲ負荷シ屢大國ヘ使節ヲ奉ズト聞ク想フニ其勤勞ノ久シキ見聞モ亦廣カルヘシ我ニ益アルコトハ匿スコトナク我大臣等ニ教ヘ示サンコトヲ望ム

外國人の神社參拜を許す

と、畢りてヒューペネル等御苑を拜觀して退出す、是れより先、ヒューペネル、官幣大社賀茂別雷神社・同賀茂御祖神社・同男山八幡宮に參拜せんとし、之れが聽許を請ふ、外國人の神宮及び神社に參拜することは、從來之れを停止せしが、其の條理なしとし、是の月四日、之れを允許す、但し

地方官前導して中門外まで參進せしめ、且其の間、邦人の中門內往來を停止することと爲す、〇太政官日誌、外事錄、勅語言上、勅語錄、內史日錄、太政類典

三日　御前に參進する者は總て衣冠・直垂等を著用するを例とす、是の日、衣冠制度制定に至るまで當分の間、朝儀を除くの外は太政大臣・納言・參議及び諸省長次官等の羽織・袴を用ゐて伺候するを允したまふ、〇例規錄、雜事錄、內史日錄、帝室日誌

日鮮修好交渉の停頓

四日　去歲九月、外務權少丞吉岡弘毅・外務省十一等出仕森山茂・同十二等出仕廣津弘信を朝鮮國に差遣し、舊盟を尋ねしむ、十一月、弘毅等草梁倭館に至り、尋いで訓導を以て東萊府使・釜山僉使に會見を求めしむ、然るに彼、峻拒して曰く、凡そ修交は對馬州をして主管せしむること兩國の約條定式にして、之れを遵行して敢へて違はざること已に三百年、今何ぞ遽かに例規を破るべけんや、鄰誼を厚くせんと欲せば唯舊章に率由すべきのみと、是に於て弘毅等、嚴原藩知事の朝鮮通交を家役とせるを罷め、以て彼の政府と直接の應對を爲すにあらずんば、其の使命を貫徹し難しと爲し、是の歲四月、書を外務大少丞に致して其の英斷を促し、弘信は情況報告のために歸朝す、尋いで七月、廢藩置縣の事行はるゝや、舊嚴原藩知事宗重正を外務大丞に任ず、蓋し數百年來朝鮮國と舊好ある宗氏を外務官員に起用し、更に修交の事に當らしむるを便なりと思惟せるに由る、而して

宗重正を外務大丞に起用し交渉に當らしむ

是の日、重正及び外務省奏任出仕大島正朝に朝鮮國差遣を命じ、弘信をして隨行せしむ、然るに其の後廟議一變し、十二月に至りて其の差遣を止め、更に重正をして、禮曹參判竝びに東萊・釜山兩使に書を贈り、今次朝旨を奉じ、外務大丞として兩國尋盟の事に從ふべき旨を告げ、且外務省派遣官吏の陳述を聽納せんことを希ふ意を致さしむ、會〻茂の歸朝するあり、乃ち更に茂・弘信をして、重正の舊臣相良正樹と倶に重正の書を齎して渡韓せしむ、又內諭を在韓の弘毅に下して政府の意のある所を告げ、措置を誤ることなからしむ、〇太政官日誌、公文錄、朝鮮交際始末、朝鮮事務書、朝鮮國交通概略、三條公爵家書類、澤宣嘉書翰

諸陵寮の廢止

神祇官所屬の諸陵寮を廢し、同官をして其の事務を處理せしむ、〇太政官日誌、公文錄

中國四國地方民の騷擾

廣島縣農民騷擾す、尋いで暴動各所に起る、曩に廢藩の令を下して在國の舊藩知事等を闕下に召還するや、是の日、舊廣島藩主淺野長訓、家族を伴ひて廣島を發す、廣島縣農民等、長訓の永く舊藩地に在住せんことを哀願し、群集して之れを途に阻む、長訓、縣官と共に說諭すれども肯かず、長訓爲に上京を延期するに至る、是れより群衆は町村を襲ひて人家を毀燒し、財物を掠奪する等の暴擧に出づ、蓋し政府が耶蘇教を公許せりとの虛說に動かされ、舊藩主惜別に藉口して新政に對する不平を泄らせるものの如し、縣廳遂に兵を發して之れを鎭定す、其の後、高松縣農民も亦舊藩知事松平賴聰の東上を抑留し、剩へ所在に蜂起して那珂・鵜足・阿野三郡の民戶を燒くこと六十餘に及

び、金刀比羅町を脅すに至る、九月十九日、備後國沼隈郡民等亦舊福山藩知事阿部正桓の東上を阻止せんがため舊城門に迫り、更に町村を襲ひて暴行を爲すこと二十三日に至る、當時頑迷固陋の農民、動もすれば流説を妄信して騷擾を企つる者尠からず、十月十三日、姫路縣神東・神西兩郡の村民約五六千人蜂起す、同地方の民は常に農事に勵精して良民の稱ありしが、無智固陋にして穢多・平民同籍の發令を憤り、且舊藩政を慕ふの念あるに乘じ、偶〻之れを煽動する者あり、其の訛言・浮說を信じて遂に蜂起し、暴行を逞しくし、十四日、其の一群は將に姫路に迫らんとす、縣官等說諭を加ふれども聽かず、乃ち兵力に訴へて漸く之れを鎭靜す、又他の一群は行く〳〵頑民を嘯集して生野縣に侵入す、同縣民の之れに應ずる者亦多く、其の勢數萬と稱せらる、十五日の夜暴徒等生野縣廳に至り、縣官を脅して要求する所あり、遂に少參事をして八箇條の誓約書を出さしむるに至れり、是に於て出石・龍野・姫路の三縣出兵して漸く之れを鎭定す、同月二十日、山崎縣下亦農民蜂起して强訴する所あり、出兵を近縣に請ふに至る、十一月二十五日、岡山縣磐梨郡民蜂起す、其の徒千餘人に及び、里正の家を破壞し火を放つ、尋いで赤坂・津高・上道三郡の人民交〻蜂起して焚掠を逞しくし、翌年正月初旬に及びて漸く鎭定す、其の强訴の中に、舊藩知事復職の事、舊藩知事家祿の例に傚ひて租穀を十分の一に改むべき事、義倉廢止の事、夷人退治の事等の項目あり、又十二月中旬、高知縣高岡・吾川・土佐三郡の人民騷擾し、上京せる舊藩知事等の復歸、外人雇傭の不可、穢多民籍編入の不當等の事を訴ふ、甚しきは、御雇外國人は我が靑年の膏血を搾取すとの妄說を信じ、又吾川郡民の如きは政令を十年以前に復せんことを主張す、縣官、兵を發して其の巨魁を捕斬し、事始めて鎭定す、○公文錄、太政類典、維新農民蜂起譚

船稅規則を定む

五日　客歲正月制定せる蒸氣郵船及び商船規則中、船稅に關する規定を載すと雖も、是の日、更めて船稅規則を定め、和船は積石數百石につき金一兩を、汽船は百噸につき金十五兩を、風帆船は百噸につき金十兩の稅額を每年徵收し、各〻所定の鑑札を下付することとす、但し五十石積以下の和船、艀船・漁舟等は本規則の對象外と爲す、○太政類典

馬車にて吹上御苑に出御

六日　午前十時始めて馬車に乘御して吹上御苑に幸し、或は龍馬を馳せ、或は馬車に駕して娛みたまふ、畢りて瀧見御茶屋に臨御、酒饌を供奉の宮內大丞吉井友實等に賜ひ、又天酌を賜ふ、是の日、馬を同御苑の廣芝に放ちて叡覽に供す、天機殊に麗しく、午後六時に至りて還幸あらせらる、十一日亦馬車にて同御苑に出御あり、午後五時還御あらせらるゝや、侍從等と腕押を試みたまふ、侍從高島鞆之助等、天皇の膂力勝れたまへるに驚歎す、二十四日・二十七日の午後亦吹上御苑に出御あり、○宮內少錄日錄、吉井友實日記

七日　是れより先、上京中の幟仁親王に命ずるに東京移住を以てしたまひしが、親王、一旦歸洛して更に東上せんことを請へるにより、之れを聽したまふ、親王、是の月十一日發程せんとし、是の日、午前十一時參內す、乃ち延見して金一封を賜ひ、又羽二重二匹・筆筒・筆洗・爪袋・煙草盆等の內賜あり、〇公文錄、幟仁親王御日記

樺太開拓使の廢止

樺太開拓使を北海道開拓使に合併す、又曩に開拓使より北海道開發のため豫算增加の要求ありしを以て、是の月、其の定額金を更定し、明治五年以降十箇年間一千萬兩の定額と爲す、但し五年五十萬兩を、翌六年八十萬兩を、七年より十四年に至る八年間每年百萬兩を下付し、五年・六年に於ける不足額七十萬兩は八年より漸次下付することと定め、又從前の兩開拓使定額米一萬四千石は五年・六年の二箇年間、尙從來の如く下付し、七年以降は之れを廢止することと定む、〇太政官日誌、公文錄、開拓使日誌、大久保利通文書

神祇官を改めて神祇省と爲す

八日　神祇官を改めて神祇省と爲し、之れを太政官の被官と爲す、神祇官は大寶令の舊制を復活したるものにして、太政官の上に班し、恰も王政復古の趣旨を代表せるものの如くなりしが、其の勢力大に伸び、又往々新思想と扞格して新政府の累を爲すのみならず、神官の爲す所亦黨同伐異の弊尠しとせず、爲に所在囂々として之れを難ずるに至れり、是に於て其の勢力を殺ぎ、且諸省との平

衡を保たしめんとして、之れを改めたるものの如し、翌九日、神祇大副たりし福羽美靜を神祇大輔に、神祇少副たりし門脇重綾を神祇少輔に任ず、○太政官日誌、敍任錄、任解日錄、內史日錄、保古飛呂比

散髮脫刀を許す

九日　令して散髮・脫刀を許し、又制服・略制服の著用を任意ならしむ、但し禮服著用の節は必ず劍を佩帶せしむ、發令に先だち是の月三日、參議木戶孝允、盛岡縣權知事渡邊昇と共に髮を斷つ、又是の月、侍從・兒等悉く散髮す、是れより先明治二年、制度寮撰修森金之丞公議所に建議するに、官吏兵隊の外脫刀を許すこと、官吏と雖も脇差を廢するは任意たらしむべきことの二案を以てす、其の趣旨に曰く、人の刀劍を帶するは護身のためにして實に亂世の要具たり、然れども世運漸く開けて人々道義の尊きを知るに至らば、粗暴・殺伐の惡習自ら熄み、刀劍の類は一の虛飾に過ぎざるに至るべし、今や國家鎭定し、皇運日に隆興し、所謂粗暴・殺伐の風變じて修德自守の良俗と化せんとす、是の時に方り、帶刀の弊習を一新して聊か國家に裨補せんことを望むと、同年五月二十七日、此の案の衆議に付せらるゝや議論囂々、帶刀は皇國尙武の氣象の發露にして、神州の正氣玆に存す、苟くも大和魂を有する者は豈之れを脫せんやと論ずる者多く、遂に滿場一致にて之れを否決せり、爾後農工商にして卻りて漫りに帶刀する者あるを以て、客歲十二月之れが取締を地方官に命ぜしが、此に至りて脫刀隨意の令を見るに至れり、又是の月十八日、平民の襠・高袴・割羽織を著

用するを聽す、〇太政官日誌、雜事錄、公議所日誌、木戸孝允日記、嵯峨實愛日記、法令全書

太政官制の改定左右大臣を復置す

十日　更に太政官官制を改定して納言・樞密正權大少史を廢し、正院に左右大臣・正權大少內外史を、左院に副議長を置き、式部局を改めて式部寮と爲し、左院議員を議官と改稱し、江藤新平を副議長に、坊城俊政を式部頭に、田中不二麿・土方久元を大內史に任ず、又太政官を本官と爲し、諸省を分官と爲し、寮司を官省の支官と爲し、從來の官位相當を廢して更に官等十五を立て、三等以上を勅任、七等以上を奏任、八等以下を判任と爲す、但し太政大臣・左右大臣・參議には等を宛てず、武官は四等以上を以て勅任とす、尋いで九月二十日、工部大輔後藤象二郎を左院議長に任ず、

後藤象二郎を左院議長に任ず

〇太政官日誌、公文錄、任解日錄、諸官進退狀、公卿補任、職官表

醫書の進講

十二日　午前、大典醫佐藤尙中を召して醫書を進講せしめ、會〻曩に國事諮詢の恩命を蒙れる麝香間祗候德川慶勝・同松平慶永・同嵯峨實愛・同毛利元德等の參內せるを召し、陪聽せしめたまふ、慶勝等羽織・袴を著用す、是の日、慶勝・慶永・元德・島津忠義等連署して建議する所あり、其の要項は、時々大臣・參議・諸省長官等を召して齊しく款話あらせられんこと、侍從を華族・士族より選任することと爲りたるに因り、典侍・掌侍等の女官も亦宜しく華士族より採擇せらるべきこと、華族の妻女等をして時々皇后宮に奉伺せしめられたきこと、又天長節等の式典を制定せられんこと

等とす、二十二日亦尚中の進講あり、慶勝・慶永・實愛・元德陪聽す、○宮内省要錄、嵯峨實愛日記
侍從・次侍從の事務分擔を定め、醍醐忠順・北條氏恭・高屋長祥・五條爲榮を御劍掛、高辻修長・勘解由小路資生・島義勇・入江爲福を御書籍掛、堀河康隆・富小路敬直・伏原宣足・石山基文を御服掛、米田虎雄・高島鞆之助・綾小路有良・東園基愛・裏松良光・高城重信を御乘馬掛と爲したまふ、○宮内省要錄

曩に宮内大丞吉井友實を横濱に遣はして購入せしめたまひし椅子等を御學問所代に備へしめ、之れを覽たまふ、友實、卓案をも据ゑて天覽に供す、頗る叡慮に適す、又洋燈・馬具等を天覽あらせらる、○吉井友實日記

書籍出版條例を定む

去る明治二年五月圖書出版に關する條例を頒布せしが、爾後出版允許の事務、大學・大史を經て今般文部省の所管に移る、仍りて同省の稟申に因り、更めて之れが條例を制定す、本則十二箇條・附錄三箇條あり、其の要項を擧ぐれば、著作飜刻等の圖書出版は豫め其の書名・大意竝びに著者・出版人の氏名住所を申告して文部省の允許を得べきこと、妄りに成法を誹議し、他人の罪惡を誣告すべからざること、政府は出版人を保護して專賣の利を收めしむること等とす、新聞紙・圖畫等の刊行亦之れに準ず、○太政類典、法令全書

西周を侍讀と爲す

十五日　兵部大丞西周を侍讀と爲す、九月五日、周始めて進講す、其の擔任の科目は博物學・心理學・審美學・英米比較論なり、因に當時御講習の書目は日本書紀・書紀集解・論語・元明史略・英國史・國法汎論・人身窮理書等なりしと云ふ、○西周履歴大要、新聞雜誌

各地方に令して物產の貢獻を止めしむ、○太政官日誌、雜事錄

明治天皇紀 巻四十一

明治四年

八月

十七日 向後、民情・風俗御視察のため、騎馬・馬車乘御等の輕裝にて離宮其の他に臨時行幸あらせらるべき旨を布告す、但し沿道の商家等をして總て平日の如くならしむ、〇太政官日誌、行幸錄、宮內省要錄

士族の驕暴を戒飭せしむ

士族等、武門の流弊に泥み、動もすれば平民に對して瑣末の不敬を咎め、甚しきに至りては之れを斬殺する者なきにあらず、仍りて地方官に令して篤く告諭する所あらしむ、〇太政官日誌、公文錄

濱離宮及び三條岩倉兩邸に行幸

十八日 濱離宮及び外務卿岩倉具視の邸に幸す、聖駕將に發せんとするに臨み、宮內大丞吉井友實奏するに、太政大臣三條實美の勤勞を慰したまはんがため其の邸に輦を駐めさせられんことを以てす、之れを嘉納あらせらる、午前八時三十分馬車にて御出門、侍從勘解由小路資生及び兒二人陪乘

す、鹵簿は侍從二人先驅し、騎兵八騎・侍從次侍從八人之れに續く、宸儀、次に侍從長德大寺實則・宮內大輔萬里小路博房及び宮內大少丞五人・侍從次侍從三人・大典醫一人・兒二人扈從し、騎兵二騎殿す、供奉の臣皆黑洋服を著し、概ね騎馬なり、先づ實美の新シ橋の邸に著し、實美を引見して其の勤勞を嘉したまふ、少頃にして同邸を發御、濱離宮に幸して放鷹・網打等を天覽あらせらる、正午延遼館に臨御、召に應じて參館せる大臣・參議・諸省長次官に西洋料理の御陪食を仰付けられ、平素勉勵の勞を慰したまふ、兵部省軍樂隊樂を奏し、天顏殊に麗し、午後五時四十分還幸仰出され、途上、聖駕を馬場先門內に駐めて具視の邸に臨ませられ、優渥なる勅語を具視に賜ふ、勅語に曰く、

岩倉具視に勅語を賜ふ

一新以來日夜勵精圖治今日之成業ニ到ルモ汝具視功居多ナリ依テ親臨シテ其功勞ヲ謝ス

具視稽顙頓首して聖恩を拜す、黃昏還幸あらせらる、○太政官日誌、行幸錄、臨時行幸錄、詔勅錄、重要雜錄、宮內少錄日錄、勅語寫、木戶孝允日記、大久保利通日記、吉井友實日記、三條實美書翰、太政類典、三條實美公年譜、岩倉公實記、新聞雜誌

十九日　和洋古今の小銃を天覽あらせられんとす、仍りて宮內省、各種小銃の送付を兵部省に求め、又橫濱商店等の賣品の廻送を兵部省に依賴す、○重要雜錄、陸軍省大日記、陸軍省送達日記

宣旨書式を改定し、勅任官宣旨には御璽を鈐し、奏任官宣旨には太政官印を押することと定め、共

に太政大臣之れを宣し、大内史奉ずることと爲す、又判任官宣旨には正院・諸省孰れも其の廳の印を用ゐ、正院にありては大内史之れを奉じ、諸省にありては各省大丞之れを奉ずることと定め、又從來は所管長官宣せしが、之れを廢す、地方官之れに準ず、○太政官日誌、法令全書

四鎭臺の設置

二十日　廢藩の結果、政府は全國一途の兵制を布き、大に軍制の改革を行ひ、鎭臺を擴張せんとし、先づ東京・大阪・鎭西・東北の四鎭臺を設けて内外の警備に當らしむ、而して其の本營を東京・大阪・熊本・仙臺に置き、分營を設くること八、各〻其の所管地を定む、又鎭臺兵は舊藩の常備兵を徵集することと爲し、其の常備歩兵の數を定めて東京鎭臺十二個大隊・二個小隊、大阪鎭臺七個大隊、鎭西鎭臺三個大隊・四個小隊、東北鎭臺一個大隊・四個小隊と爲す、而して舊藩の常備兵は悉く之れを解隊して其の兵器を各縣廳に收めしめ、又地方所在の城廓は之れを兵部省の管轄に屬せしむと雖も、尙舊大中藩にありては其の常備兵中一個小隊を縣内に存置せしめ、舊小藩たりとも、地方の形勢に依りては多少の兵を備へしむることとす、又本年二月布告する所の徵兵選出期限を稽延す、○公文錄、法令全書、陸軍省沿革史

集議院を左院に屬す

明治二年七月創設の集議院を左院の被管と爲す、○太政官日誌、公文錄、集議院御達伺屆往復書類

北海道諸支配地を開拓使に移管す

北海道に於ける諸縣竝びに華士族及び寺院等の支配地を總て開拓使の管轄と爲し、其の移住民及び

米穀並びに農桑漁鹽の具・士民給與品等を悉く同使に交付せしむ、〇太政官日誌、公文錄

二十二日　舊高知藩士中岡愼太郎・同坂本龍馬の積年の忠節を嘉し、其の慶應三年十一月不慮の賊害に遭へるを愍みたまひ、愼太郎の甥中岡代三郎並びに龍馬の甥小野淳輔をして各〻其の家を繼がしめられ、且各〻永世祿十五人口を賜ふ、〇太政官日誌、太政類典、海南義烈傳

皇后濱離宮に行啓

二十三日　皇后、午前九時濱離宮に行啓、午後五時三十分還啓あらせらる、〇宮內省要錄、宮內少錄日錄

留守官の廢止

曩に宮內省稟申し、留守宮內省改革の斷行に便せんがため、留守官を廢して其の事務を地方官に委せられんことを請ふ、是の日、留守官を廢し、禁裏・大宮御所・後院・恭明宮及び修學院離宮を宮內省の所管と爲し、御里御殿・舊御廐・學習院・御春屋を京都府の所管と爲す、又有栖川宮・伏見宮・閑院宮・山階宮・梨本宮の諸願伺屆等は京都府を經て之れを正院に出さしむ、尋いで禁裏其の他の殿舍を以て大藏・宮內兩省の分管と爲す、後、大藏省所管の部分を內務省に移す、〇太政官日誌、公文錄、太政官達指令幷上申錄、伏見宮家日記、帝室日誌、宮內省要錄、香川敬三書翰

華士族平民の通婚を任意ならしむ

從來稟請を經るにあらずば、華族・士族・平民相婚嫁するを得ず、是の日、此の制を改めて其の婚姻を任意ならしめ、戶長に申告するに止めしむ、〇太政官日誌、公文錄、法令全書

鹿兒島縣人心の鎭撫

陸軍少將西鄕從道を鎭西鎭臺に差遣せらる、實は舊鹿兒島藩內の人心を鎭撫せんがため、宮內大丞

吉井友實と倶に鹿兒島に赴けるなり、曩に廢藩置縣の斷行せらるゝや、舊藩士族等の之れを憤る者尠からず、舊鹿兒島藩の如きも、西鄕隆盛・大久保利通等の革新主義に反對する一派ありて政府の處置に不滿を抱けり、舊藩權大參事伊地知正治等大に憂慮して之れを隆盛竝びに利通に報じ、兩人の內一人歸縣して之れが鎭撫に當らんことを請ふ、二人相議する所あり、遂に從道及び友實を歸縣せしむることに決し、是の日、之れが聽許を得たり、二十八日、二人鹿兒島に到著す、爾來同地に滯在すること四十餘日、大に斡旋する所あり、十月十八日に至りて歸京の途に就く、○公文錄、吉井友實日記、大久保利通日記、大久保利通傳

二十四日　梟首に處せられし者の遺骸を其の親族に下付することは國法の禁ずる所なるが、向後親族の請ふ者あらば、之れを下付すること斬・絞と同じからしむ、○太政官日誌、公文錄

服制更革の內勅

二十五日　服制更革の內勅を大臣・參議等に下したまふ、內勅に曰く、

朕惟フニ風俗ナル者移換以テ時ノ宜シキニ隨ヒ國體ナル者不拔以テ其勢ヲ制ス今衣冠ノ制中古唐制ニ模倣セシヨリ流テ軟弱ノ風ヲナス朕太タ慨之夫レ神州ノ武ヲ以テ治ムルヤ固ヨリ久シ天子親ラ之カ元帥ト爲リ衆庶以テ其風ヲ仰ク

神武創業　神功征韓ノ如キ決テ今日ノ風姿ニアラス豈一日モ軟弱以テ天下ニ示ス可ケンヤ朕今斷

然其服制ヲ更メ其風俗ヲ一新シ
祖宗以來尙武ノ國體ヲ立ント欲ス汝等其レ朕カ意ヲ體セヨ

尋いで九月四日又同勅諭を近臣に賜ふ、又是の日、御服制定のため、兵部省をして締盟國帝王の軍服等の制を調査せしめらる、蓋し本邦固有の風姿に則り、泰西諸邦の式を用ゐたまはんの叡慮に外ならず、〇詔勅錄、重要雜錄、兵部省往復、陸軍省大日記、大久保利通日記、太政類典

是の月十二日、兇徒、津山縣權大參事鞍懸吉寅を銃殺す、吉寅、本月四日東京より歸縣し、廢藩の朝旨徹底に力むる所ありしが、遂に是の難に遭へり、乃ち各地方官に令して速かに兇徒を捕縛せしむ、是の日、吉寅が積年勤王の志篤く、大政維新の際國事に盡瘁せし功勞を追賞し、其の不慮の害に遭へるを愍みたまひ、特旨を以て祭粢料金七十兩を賜ふ、〇太政官日誌、太政類典、日本敎育史資料、勤王烈士傳

秋季御祈祭

二十八日　始めて秋季御祈祭を神祇省に修せられ、侍從醍醐忠順を勅使として參向せしめたまふ、其の儀概ね春季御祈祭に同じ、宣命に曰く、

天皇乃大命尓座世掛卷母恐支　八柱大神　天神地祇八百萬神御代御代乃　天皇都氐三所乃大前尓正二位行侍從藤原朝臣忠順乎使止爲氐白給波久止白左久今年八月乃今日乃祭尓恐美拜美仕奉良志米氐　天皇乃大殿又　皇太后乃大殿乎始氐殿止云殿乃内外波平氣久堅石尓常石尓護幸幣給幣止乞祈給布事乎聞食世止宣留如此

聞食氏婆此春秋乃祭乎怠事無久過事無久持由麻波里清麻波里氏仕奉良志米給布狀乎見行志聞食氏　天皇乃大朝廷乎始氏仕奉礼留百官人等尓至留麻氏尓伊加志夜具波衣乃如久立栄志米給幣止宣留　天皇乃大命乎聞食世止恐美恐美母白須

○祭祀録、宮内省要録

海陸軍律の頒布

海陸軍律の撰修成る、勅して之れを頒布せしめたまふ、勅語に曰く、

朕惟フニ兵民途ヲ分チ寛猛治ヲ異ニス其律ヲ定メ法ヲ設クルニ於テ豈斟酌商量以テ其宜ヲ制セサル可ケンヤ頃海陸軍律撰輯竣ヲ告ク朕之ヲ閲スルニ損益要ヲ得軽重度ニ合セリ依テ頒布シ有司ヲシテ遵守シ軍人ヲシテ懲誡スル所アラシム

其の制、将校に自裁・奪官・回籍・退職・降官・閉門あり、下士に死・徒・放逐・黜等・降等・錮あり、卒夫に死・徒・放逐・杖・笞・錮あり、各〻閏刑を設け、又罪に依りて其の差等を定む、翌五年二月刻成りて兵部大輔山県有朋之れを正院に提出し、尋いで三月四日、之れを各府県に送達す、

○詔勅録、公文録、太政類典

穢多非人の称を廃す

穢多・非人等の称を廃して之れを民籍に編入し、身分・職業共に平民と同じからしむ、又地方官に令して其の地租等蠲免の慣例あらば、之れが改正の方法を具して大蔵省に稟申せしむ、是れより先、

戸籍頭田中光顯、穢多・非人等の別を除かんことを建議す、當時全國に於ける穢多二十八萬三百十一人・非人二萬三千四百八十人・皮作等の雜種七萬九千九十七人にして、總計三十八萬二千八百八十八人なり、○太政官日誌、公文錄、保古飛呂比、明治史要、田中光顯談話

元旦・天長節に於ける地方官の賀表、從來勅任官は直接、奏任官は知事の添書を以て之れが執奏を辨官に請ひしが、爾後式部寮に提出して執奏を請はしむることと爲す、但し知事闕員の場合にありては、奏任官の賀表は直に之れを同寮に出さしめ、又判任官及び士族の拜賀は參事をして之れを受けしむることとす、○太政官日誌、儀式錄、法令全書

御講學

二十九日　侍讀平田延胤をして日本書紀を進講せしめたまふ、是の日書紀集解御講習の豫定なりしが、昨二十八日、思召に因りて之れを來月二日の日本書紀と變更せらる、○宮內少錄日錄

宇都宮默霖の功を賞せらる

是の月　宇都宮眞名介安藝國僧默霖が廢疾の身を以て安政以來四方に歷遊し、積年報國の志篤きを賞し、特に賜ふに終身三人口を以てし、大阪府貫屬を命ず、○公文錄、官符原案、太政類典、贈位諸賢傳

社寺執奏及び元堂上華族の家職を廢せるに由り、特旨を以て吉田家に金五千兩を、高倉・勸修寺兩家に各〻金千兩を、山科家に金七百兩を、土御門家に金五百兩を、甘露寺家に金二百兩を、白川家に金百兩を、三條西家に金七十兩を賜ふ、○雜事錄、式部寮上申錄、東京往復、留守官日記、內史日錄、土御門子爵家文書

臨時に諸省行幸を仰出さるゝこととなれるを以て、奉迎・奉送の禮及び御座の敷設等の事を豫め定むるの要ありと爲し、外務省是れに關する案を具して各省に協議す、其の要略、臨幸の際は卿輔以下奏任官門外に奉迎して蹲踞拜禮し、卿輔前導し他は隨從す、但し著服は尋常の服にて然るべし、玄關式臺より假玉座に至る間には筵道白布を敷設す、假玉座に著御の後、勅任官以上は次の間に進み、奏任官は更に其の次の間に進みて拜禮す、但し各省室房の位置等に由り適宜の處置を執るべし、拜禮畢れば勅奏任官等復席し各〻事務を執ること平常の如くす、執務天覽の際は諸員平伏して敬禮を行ひ、畢りて元の如く事務を執るものとす、但し第一の間・第二の間に在る判任官は退席すべし、假玉座は各省の廣狹に由りて或は別に之れを設け、或は執務室内に直に之れを設くるも可なり等の數項にして、尙假玉座竝びに劍璽臺・劍懸等の裝置、盥漱の具其の他の設備につき、附するに圖を以てす、而して概ね該案の如く決定せるものの如し、○大藏省文書工部第一類同議書、祕書局編册

荒蕪不毛に屬する國有の土地を汎く人民に公賣して開墾せしむることを布告し、且入札書式を告示す、○太政類典

九月

一日　吹上御苑に出御あらせらる、四日・六日・九日・十一日・二十七日亦同じ、五日、皇后亦同

苑に行啓あらせらる、〇宮内少録日録

太元帥法以下勅會の制を廢す

二日　太元帥法・後七日御修法竝びに諸寺・諸山勅會の制を廢す、〇太政官日誌、儀式錄

本月以降、官吏の歲祿を改めて明治元年の舊制に復し、月給と爲す、其の額太政大臣八百兩、左右大臣六百兩、參議・左院議長・諸省卿・宣教長官五百兩にして、以下六兩に至る、〇公文錄、太政類典

賞牌爵位の制の立案

賞牌竝びに爵位の制を立てんとし、之れが立案を左院に命ず、既にして左院其の案を提出す、之れに據れば賞牌の制、之れを第一等より第六等に分ち、其の第一等賞牌を金菊鈕大日章と稱す、是れ一等官以上の有功者に賜ふ賞牌なり、其の第二等以下を小日章と爲し、金菊鈕・金桐葉鈕・銀菊鈕・銀桐葉鈕・銀櫻花鈕の等差を設く、又別に從軍牌・褒牌の制あり、爵は世襲と一代との制を按じ、其の階級を上公・公・亞公・上卿・卿の五と爲し、以て從來の位階を廢せんとす、尋いで爵位を上公・公・上卿・卿・上士・士の六級に改め、又華族の稱を廢して更に賜ふに卿爵を以てし、功有る者は之れを公爵に昇進せしむることを得しめ、士族・卒の稱を廢して更に賜ふに士爵を以てし、功有る者は之れを卿爵に昇進せしむることを得しめんとす、〇公文錄、太政類典

兵部省に行幸

三日　午前九時馬車にて御出門、兵部省に幸して諸寮司の執務を巡覽したまふ、畢りて兵部大輔山縣有朋・同少輔川村純義及び御親兵諸隊の少佐以上を隨へて濱離宮に幸し、大少輔及び少佐以上を

延遼館に召して勅語を賜ふ、勅語に曰く、

汝等積年苦勞シ以テ今日ニ至ル所謂實力ナル者全ク汝等服役スルニ在リ朕甚タ之ヲ嘉トス殊ニ方今外交内務日新ノ時ニ當リ邦家ノ盛衰ハ實ニ兵ノ强弱ニ存ス汝等深ク朕カ意ヲ體シ彌以紀律嚴明衆心一致シ勵精盡力セヨ

尋いで酒饌を賜ひ、午後四時四十分還幸あらせらる、八月二十四日行幸の豫定なりしが、事故ありて是の日に稽延したまへるなり、是れ臨時諸省行幸の嚆矢なり、鹵簿の狀は騎兵二騎前驅せる外は明かならず、〇臨時行幸錄、幸啓錄、詔勅錄、重要雜錄、宮内少錄日錄、陸軍省送達日記、陸軍省大日記、嵯峨實愛日記、吉井友實日記、新聞雜誌

海軍部内條例の施行

八日　兵部省、海軍部内條例を制定して本日より之れを施行す、條項總て四十八、祕史・軍務・造船・水路・會計の五局を置きて其の事務を分掌せしむ、〇太政類典

是れより先七月、佐賀藩知事鍋島直大上表して家祿及び祖先の遺金四十萬兩各〻三分の二を獻じ、同藩士族土著の用途竝びに藩債償卻等に充てられんことを請ふ、是の日、之れを聽許す、〇太政官日誌、公文錄

九日　午前八時小御所代に出御、大臣・參議・勅任官・麝香間祇候等の重陽の參賀を受けたまふ、〇儀式錄、嵯峨實愛日記

皇城内にて午砲を發す

本日より皇城内本丸跡に於て午時號砲を發することと爲し、兵部省をして之れを管せしむ、〇太政官日誌、

島津久光をして一家を立てしむ

十日　従三位島津久光の積年の功労を賞せられ、特旨を以て別に一家を立てしめ、家祿として、久光竝びに従四位島津忠義に賜へる賞典祿十萬石の内五萬石を分賜したまふ、尋いで十三日、久光を従二位に、忠義を従三位に敍す、久光、再三の召命に應ずる能はず何ぞ殊恩を叨りにすべけんやとて、十月、位記を奉還せんことを請ふ、時に外務卿岩倉具視、曩に勅命を奉じて鹿兒島・山口二藩に使せしに、久光の上京遲延するを以て大に憂惧し、是の月十三日一書を裁し、山本復一を使者として鹿兒島に遣はし、久光の上京を促さしむ、乃ち復一、十月十二日鹿兒島に到り、齎す所の書を久光に致す、久光病の故を以て面會を謝絶し、且全癒を待ちて直に上京すべき旨を答ふ、當時又鹿兒島・山口・高知の舊三藩に特に行幸を奏請せんとするの議あり、蓋し政府、新政を慊ばざる久光の心事を緩和せんとして百方苦慮せるなり、○太政官日誌、官符原案、諸官進退狀、岩倉具視書翰、西鄉隆盛書翰、廐行日記、島津久光公實紀、久光公密事稿抄公文錄

九條尙忠薨去

十一日　従一位九條尙忠京都に於て薨ず、尙忠は皇太后の父なり、仍りて皇太后、本日より五十日間喪に服したまふ、但し素服は著せられず、尋いで天皇、御慰問として皇太后に金百兩を贈進したまふ、○皇親錄、宮内省要錄、留守官日記、皇太后宮職日記、京都宮内省錄日記、青山御所御納戸日記、押小路甫子日記、華族系譜

神祇外務兩省に行幸

十二日　午前十時馬車にて御出門、神祇・外務兩省に行幸して執務の狀を巡覽したまひ、正午前還

幸あらせらる、供奉の臣二十餘人、騎兵二騎前驅す、○臨時行幸錄、幸啓錄、兵部省往復、宮内少錄日錄、嵯峨實愛日記

悠紀主基齋田拔穗の儀

悠紀・主基齋田秋登の期近きを以て、拔穗の儀を行はんとし、曩に地方官をして齋院の地を相せしめ、院内に八神殿・稻實殿・幄舍・雜色人候所各〻一宇を建設せしむ、又大掌典白川資訓を拔穗使と爲す、是の月九日、資訓、悠紀齋田拔穗の儀を行はんとして甲斐國巨摩郡上石田村に至り、翌日、關係諸員と倶に荒川に修禊す、十一日、齋院の地を鎭祭し、又地方官をして雜色人四人を選ばしむ、尋いで是の日、午前八時地方官及び雜色人を隨へて齋院に參進す、神祇權大錄齋田及び雜色人等を祓ふの後、使、八神殿に進みて祭儀を執行し、地方官に命じて拔穗の事を行はしむ、是に於て雜色人等齋田に下りて稻を刈り、之れを齋院に致す、尋いで拔穗使、地方官と倶に選子稻の束數を檢し、畢りて各〻退下す、雜色人翌日より齋院に參仕して選子稻を籾と爲し、之れを拔穗使に致す、拔穗使之れを奉護して十九日歸京し、神祇省に復命す、二十四日、拔穗使等、更に安房國長狹郡北小町村に至り、二十六日、主基齋田拔穗の儀を行ひ、十月三日歸京す、其の儀悠紀に同じ、○太政官日誌、明治四年大嘗會記、大嘗祭記、大嘗祭御用留、明治四年悠紀齋田之圖、房州拔穗使一件、明治四年大嘗祭御齋田卜定諸狀、太政類典

十三日 特旨を以て金千兩を福岡縣知事熾仁親王に賜ふ、御息所等同縣に移住せんとするを以て、其の旅費に充てしめたまはんがためなり、○公文錄、大藏省文書、東京有栖川宮日記

神殿を禁苑に造營せしめらる

十四日　詔して神殿を禁苑に創建し、以て神器・皇靈を奉安せしめたまふ、詔書に曰く、

朕恭ク惟ルニ　神器ハ　天祖威靈ノ憑ル所歴世　聖皇ノ奉シテ以テ天職ヲ治メ玉フ所ノ者ナリ今ヤ朕不逮ヲ以テ復古ノ運ニ際シ忝ク　鴻緒ヲ承ク新ニ　神殿ヲ造リ　神器ト　列聖皇靈トヲコヽニ奉安シ仰テ以テ萬機ノ政ヲ視ント欲ス爾群卿百僚其レ斯旨ヲ體セヨ

〇太政官日誌、祭祀錄、詔勅錄

御講學

宮内省七等出仕元田永孚をして論語を進講せしめたまふ、〇宮内少錄日錄

京都御所九門の管掌を宮内省より京都府に移す、又翌十五日、兵部省に屬せし南門・宜秋門・清所門・日之門の警衞を罷め、宮内省をして之れを監守せしめ、十七日以降、宜秋門・日之門及び中宮御所の門を鎖し、留守宮内省を大宮御所内に移す、〇太政官日誌、例規錄、重要雜錄

舊龜山藩知事石川成之、非常の用途に充てんがため曩祖以來貯蓄せる慶長小判千五百二十兩を獻ぜんことを請ふ、是の日、之れを聽許す、〇太政官日誌、公文錄

大藏省に行幸

十五日　昨十四日大藏省に行幸の豫定なりしが雨天の故を以て之れを延べたまひ、是の日、午前十時御出門、臨幸あらせらる、諸寮司の執務を巡覽し、人口及び租稅の額を垂問したまふ、大藏卿大久保利通之れを錄して奉答す、十一時還幸あらせらる、是の日、騎兵半隊騎十二前後を分衞す、爾後

是れを以て恆例と爲す、是の日、臨時行幸の節、前驅捧ぐる所の旗章を定む、其の制、精好を以て製し色緋なり、竪曲尺一尺二寸、橫一尺六寸、中央に金繡の御紋章あり、其の徑六寸九分、叉竿の長さ二尺八寸八分なり、○太政官日誌、臨時行幸錄、重要雜錄、宮內少錄日錄、兵部省往復、陸軍省大日記、大久保利通日記

前驅捧持の旗章制定

正午過より吹上御苑に於て御乘馬あり、午後四時過還御あらせらる、十六日・二十一日・二十二日・二十三日・二十六日亦吹上或は山里の御苑に於て御乘馬あり、二十九日、西洋馬具一組を御厩局に交付し、爾後之れを用ゐたまふ、○宮內少錄日錄

西洋馬具の御使用

右院規則を定む、其の要旨は、各省の事務にして他省に涉り、或は正院の決を取るべき諸件は事大小となく右院の協議を經べきこと、出席者は諸省卿輔の內たるべきこと、衆議多端に涉る時は各自其の意見を記して正院の決を取るべきこと等にして、隔日を以て集會することとす、然るに各省事務多端なるを以て出席する者少く、就中大藏・兵部二省の如きは隔日の出席不可能なりと稱す、是に於て遂に改めて事件の重大なるものある每に集議することと定む、○公文錄、保古飛呂比、法令全書

右院規則の制定

十七日　神嘗祭につき午前八時皇太神宮遙拜の式を行ひたまふ、參議・諸省卿・神祇輔・式部頭、御遙拜所殿上に著座し、諸省輔・勅任官等庭上の幄舍に著床するの後出御あらせらる、太政大臣三條實美前行す、御拜畢りて賢所便殿御服所南の間に復御あり、太政大臣・參議・諸省卿輔・勅任官庭上拜

神嘗祭

禮の座に於て遙拜し、畢りて昇殿す、次に入御あらせらる、尋いで賢所祭典を修したまふ、其の儀、太政大臣以下勅任官昇殿の後、天皇賢所便殿に出御あり、次に太政大臣・神祇輔神殿外陣に候し、大掌典等神饌を供す、此の間神樂歌を奏す、從一位中山忠能御手代たり、畢りて內陣に出御、參列の參議・諸省卿、神殿に昇りて簀子に著座し、太政大臣進みて祝詞を奏す、次に天皇御拜、玉串を奉りたまふ、次に御鈴例の如し、畢りて賢所便殿に復御、太政大臣以下殿を下りて庭上より拜禮を行ひ、本座に復す、撤饌の儀畢りて入御あらせらる、皇后亦御遙拜竝びに賢所御拜の豫定なりしが、御支障あるにより之れを行はせられず、午後諸省奏任官の參拜あり、從來、例幣發遣の日を以て、皇太神宮を遙拜したまふを例とせしが、本年より之れを奉幣當日に改め、且同日賢所祭典を行ふこととしたまふ、勅使三條西季知、昨日、豐受太神宮に參向し、是の日、皇太神宮に參向して奉幣す、又十五日晩より十八日朝に至る間は宮中神事なり、是の日、休暇を百官に賜ふ、○太政官日誌、祭祀錄、儀式祭典錄

ケプロンをして吹上御苑の地味を檢せしむ

十八日　開拓使雇亞米利加合衆國人ケプロンをして吹上御苑の地味を檢せしめたまふ、是れ禁苑の空地を利用して外國產草木を栽植し、以て樹藝の範を垂れたまはんとの叡慮あらせらるゝを以てなり、ケプロン、午後參苑して詳かに之れを檢し、且栽植の方法等を宮內官に指示す、○開拓使日誌、宮內少錄日錄

伊達宗城清國より歸朝復命す

二十日　昨十九日欽差全權大臣伊達宗城清國より歸朝せるを以て、是の日、謁を賜ふ、宗城、清國

と締約せる大要を奏し、且副使柳原前光等の勉勵を天聽に達す、其の勞を慰したまふ旨の勅語あり、畢りて宮内省に於て酒饌を賜ふ、參朝に先だち宗城、前光等と倶に外務省に至り、外務卿岩倉具視に締約の顚末を報告し、尋いで正院に至りて大臣・參議に使命を復し、畢りて御前に參進す、○公文錄、御手帳留、支那日記、使清日記稿、鴻鯉錄、諸家履歷

舊大聖寺藩知事前田利鬯、曩に家祿の半を奉還せんことを請ふ、是の日、之れを聽許す、○太政官日誌、公文錄

天長節

二十二日　天長節、神祇省に於ける祭典、小御所代に於ける勅任官以上及び麝香間祗候等の拜賀、非役有位華族及び奏任官等の參賀、内外臣僚に酒饌を賜ふ等の儀、例の如し、午前十時三十分御出門、和田倉門外より馬場先・日比谷・櫻田・半藏諸門外に整列せる御親兵一番より九番に至る各大隊四番大隊を缺く、及び第二聯隊第一大隊竝びに騎兵隊を車上より天覽あらせらる、是れを以て天長節觀兵式の嚆矢と爲す、正午前還幸あり、是の日、海軍にありては是の月十四日制定の天長節竝招魂社祭日祝砲定則に由りて午前八時國旗及び諸信號旗を檣上に飜し、正午品川沖に於て祝砲を發すること二十一、尙御旗を龍驤艦中檣に奉揚す、又陸軍は舊大手門前に於て、二十一日日沒に二十一發、二十二日日出に二十一發、同正午に百一發、同日沒に二十一發の祝砲を放つ、横濱・品川碇泊の各國軍艦亦祝砲を發す、○公文錄、儀式錄、幸啓錄、行幸書類、重要雜錄、宮内省要錄、海軍省往復留、宮内少錄日錄、諸省編册、嵯峨實愛日記、橋本實麗日記、軍事關係明治天皇御傳記資料、太政類典、新聞雜誌

御講學

二十三日　日本外史御講習の定日なれども、變更して日本書紀の進講を聽きたまふ、〇宮内少錄日錄

司法省に行幸

二十四日　午前十時御出門、侍從長德大寺實則・宮内大輔萬里小路博房等を隨へて司法省に幸し、執務竝びに斷獄の情況を御巡覽、畢りて濱離宮に幸し、放鷹・網打等を天覽あらせらる、德川慶勝・松平慶永・嵯峨實愛・毛利元德・島津忠義等國事諮詢の恩命を拜せる麝香間祗候を同離宮に召して陪觀を聽したまひ、且御陪食仰付けられ、午後五時還幸あらせらる、〇臨時行幸錄、幸啓錄、重要雜錄、宮内少錄日錄、嵯峨實愛日記、文公紀事略

明法寮の設置

二十七日　司法省に明法寮を置き、生徒を募集して法律學を修めしめ、以て同省事務の振作を圖る、〇太政官日誌、公文錄

大藏卿伊達宗城を罷め、麝香間祗候たること故の如くならしむ、〇太政官日誌、敍任錄、任解日錄、松平慶永書翰、諸家履歷、百官履歷

陸海軍豫算額の改定

二十八日　陸軍定額金・海軍資を改め、當分金八百萬兩を以て陸軍定額とし、金五十萬兩を以て海軍資とす、尙陸軍臨時費として別に金二十五萬兩を豫備することと爲す、〇太政類典

是の歲五月古器・舊物の類保存の令あり、舊水戶藩知事德川昭武其の旨意を體し、光圀以來所藏の古樂器、琵琶・箏・琴・笙・篳篥・笛・太鼓・羯鼓・鉦鼓等を獻ぜんことを請ふ、又舊曾我野藩知事戶田忠綱、家祿を割きて曾我野縣費を補足せんことを請ひ、舊人吉藩知事相良賴基、人吉藩知事

を奉職せし當時の官祿を返納して人吉縣軍費に充てんことを請ひ、舊臼杵藩知事稻葉久通、家祿を割きて臼杵縣宿債消卻に充てんことを請ふ、是の日、皆之れを聽す、〇太政官日誌、公文錄、新聞雜誌

二十九日　書紀集解御講習の定日なれども、之れを明三十日に變更し、侍讀西周をして、同日進講の豫定なる博物新編を講ぜしめたまふ、〇宮內少錄日錄

御巫を神祇省に置き、舊刀自を以て之れに任ず、十月十七日改めて內掌典と稱す、〇太政官日誌

皇靈を賢所に奉遷す

三十日　去る十四日、禁苑に造營の神殿竣功に至る間神祇省鎭座の皇靈を賢所に奉齋あらせらるゝ旨を仰出されしが、是の日、奉遷の儀を行はる、乃ち午後二時奉遷の準備具はるや、奉迎使太政大臣三條實美以下神祇省神殿に著座す、次に開扉の儀あり、神祇大輔福羽美靜奉遷の祝詞を奏し、掌典等神饌を供す、奉迎使進みて宣命を奏す、宣命に曰く、

天皇乃大命尓坐世掛卷母恐支御代御代乃　天皇乃大御靈乃大前尓太政大臣從一位藤原朝臣實美乎使止爲弖白給波久止白左久　天皇等乃大御靈乎前年此神牀尓坐世奉利弖与利　天皇大御自祭良世給比齋支給比官々怠留事無久過都事無久仕奉良志米給布物加良古乃則乃任尓改正志厚久尊美親久祭良世給布止爲弖今年九月乃今日乃生日乃足日尓　大朝廷乃內尓坐須天津璽乃神寶乃同神床尓坐奉良牟我爲尓使太政大臣從一位藤原朝臣實美乎始官々等戴奉迎奉留隨意尓　大御靈母平氣久安氣久遷利幸志給閉止宣留　天皇

乃大命乎熟良尔聞食世止恐美恐美母白須

次に神祇省官吏拜禮し、了りて撤饌の儀あり、神祇大少輔皇靈を御羽車に移したてまつり、掌典等之れを奉舁して簀子に出づ、次に行樂起り、御遷行あり、奉迎使及び參議・諸省卿輔・式部頭・神祇省官吏等供奉す、御羽車、賢所中門に至りて停まり、行樂止む、時に天皇、賢所庭上に下御して渡御を拜したまひ、畢りて賢所便殿に入御あらせらる、午後三時皇靈賢所に著御、神祇大少輔、御手代中山忠能と倶に之れを內陣に鎭座したてまつる、次に供饌の儀あり、天皇內陣に出御し、奉迎使鎭座の祝詞を奏するの後進みて御拜あり、玉串を奉りたまふ、畢りて便殿に復御あらせらる、奉迎使以下殿を下りて庭上より拜禮を行ひ、本座に復す、次に倭舞を奏し、撤饌の儀あり、畢りて入御あらせらる、是の日、大和錦一卷・紅白絹各〻二匹・オルゴール一個・ランプ一對・ビロード氈二枚を幣物として供獻したまふ、〇太政官日誌、祭祀錄、重要雜錄、內史日錄、木戶孝允日記

舊諸藩に於て農商に帶刀を許し、或は俸祿を給し、或は諸役を免除せる類を停む、但し維新の際軍功あるか、若しくは當分停廢し難きものは、之れを大藏省に稟申せしむ、〇太政官日誌、公文錄

官吏の旅行には其の身分に應じて轎輿に長棒・引戶等の制限ありしが、爾後之れを廢す、〇太政官日誌

特命全權大使歐米發遣の議

是の月　曩に安政五年六月幕府が亞米利加合衆國と修好通商條約を締結するや、之れが改正を協商

し得べき期を凡そ百七十一箇月の後に約す、尋いで和蘭・露西亞・英吉利・佛蘭西・葡萄牙・普魯生・瑞西・白耳義・伊太利・丁抹諸國と約する所亦之れに準ず、而して是れ等各國との條約は締盟國に許すに治外法權を以てし、又輸出入税率の均等ならざる等、我が國の利益を損すること大なるのみならず、其の面目を傷くること甚し、維新の際、政府夙に該條約の弊害を察知して明治元年正月之れが改正を要する旨を公布す、然るに其の後、瑞典諸威・西班牙・獨逸・澳地利洪噶利諸國と條約を締結するに當りても、尙其の權利を獲得すること能はず、而して各國と條約改正を商議し得べき期限は既に明年に迫れり、是を以て是の歲正月、在米の大藏少輔伊藤博文、華盛頓より書を大納言・參議及び大藏・外務卿輔に致して、速かに俊秀の官吏を特命理事官として歐米に派遣し、各國修好の情況、通商・關税の事項等を調査せしめ、豫め條約改正に備ふる所なかるべからずと建議す、三月十八日、政府は參議大隈重信・大藏省出仕吉田清成に命ずるに各國條約改定御用掛を以てし、其の調査に當らしむ、爾後條約改正に關する諸準備稍〻進みしが、時に使節を海外に派して交渉に當らしむべしとの議起り、太政官乃ち事由書二通を上りて天裁を仰ぐ、是の月、天皇、太政大臣三條實美に勅し、之れを外務卿岩倉具視に下して其の意見を徴せしめたまふ、事由書第一の要略に曰く、國と國と對等の權利を有するは當然の事なるを以て、其の條約も亦對等の權利のものなる

伊藤博文の建議

條約改定御用掛の任命

全權大使發遣事由書の一

べきは言を待たざるなり、而して列國が能く對等の權利を保有するは則ち萬國公法の存するに由れり、故に若し對等の權利我に存せざることを審察して其の凌辱侵犯を受けざる道を講ぜんとせば、之れを萬國公法に照して其の條約の正理に適するや否やを考索せざるべからず、我が國の海外各邦と始めて條約を結ぶや、官吏の懶惰と姑息とに因りて交際上其の當を得ざること夥多なるのみならず、貿易上にも亦當然の理を盡す能はざるもの尠からず、大政維新の當初より其の權利を回復し、其の凌辱を免れんと欲すと雖も、從前の條約未だ改むる能はず、舊習の弊害未だ除く能はず、各國政府及び各國在留公使も猶東洋一種の國俗・政體と認めて別法の處置・慣手の談判等をなし、我が國律の彼に及ぼすべき事も之れを彼に及ぼす能はず、權利の我に歸すべき事も之れを我に歸する能はず、我が規則に從ふべき事も彼をして從はしむる能はず、我が税法に依らしむべき事も彼をして依らしむる能はず、我が自由に處置すべき事も之れを彼に商議せざるを得ず、其の他事々件々、彼此對等の通誼を竭す能はず、甚しきは公然たる談判も公使の喜怒に由りて困難を受くるに至る、是に於て其の然る所以を顧み、内政を整備して列國と并肩するの基礎を立て、而して條約を改正し、以て獨立不覊の體裁を定めんとす、然れども條約を改正するには萬國公法に據らざるべからず、萬國公法に據らんとせば、我が制度・法律等の公法と相反するものは之れを變革改正せざるべからず、

条約改正の必要

条約改正著手の要件

使節派遣の目的

之れを變革改正して實際に施行するには、或は一年を期し乃至二三年を期すべきものありて一朝一夕に了すべきにあらず、然るに條約改正の期限は明治五年五月中卽ち西曆千八百七十二年第七月一日より其の議を始むべき明文あり、此の際此の事あるは、我が政府盛業を興すべき一大機會を得たるものなりと雖も、又困難を受くるの一大機會に當れりと謂ふべし、如何となれば、此の改正を議する各國公使等は必ず各自其の國の利益を目的とし、爲に我が制度・法律・宗教其の他百般の諸規則の普通の公義に反せるを責め、條約改正期限と同時に直に普通の公法を施行せよと强請すべし、然るに我は急速に施行し難き事情あるを以て、之れを拒絕せざるべからず、然る時は彼又之れに換ふるの請求をなし、而して終に威力の談判に及ぶも亦量るべからざればなり、故に此の困難を受くべき機會を轉じて盛業を起すべき機會たらしめんとせば、特に全權の使節を各國に差遣し、一は我が政體更新に由りて更に和親を厚くするため聘問の禮を修せしめ、一は條約改正に關する我が政府の目的と希望とを各國政府に報告し商議せしむるを上策とす、此の報告と商議とは、彼より論ぜんとする事件を我より發し、彼より求むる所を我より彼に求むる所以なれば、議論も自ら伸ぶる所有り、必ず我が論說を至當なりとし、而して之れに同意し、其の目的と考案とを我に與ふべし、是に於て協商合議せば、實施の期限（凡そ三年を目的とす、）を延ぶるの談判を調ふる、蓋し至難の事にあらざるべし、此の報告と商議とは萬國公法に據りて我が法律・制度等を改革するの意向あることを報告し、且之れを商議し、實地に之れを我が國に施行するを要義とするに因り、其の實效を驗知するため歐亞諸洲の國俗・諸法律・諸規則等を視察すること亦緊要の事務とす、故に全權の使節に全權理事の官員若干を隨行せしめて各國の制度・法律・理財・教育等を視察せしめ、之れを我が國に採用する方法を立てしむべきなり、又軍事をも視察し研究すべしと、其の事由書第二の要旨に曰く、條約の年限に由りて明治五年五月中卽ち西曆千八百七十二年第七月一日より條約及び稅則改正の議に及ばんとし、爰に其の改正の目的と希望する所とを明白にして締盟國に報告し、而して成功に至らしめんとするは最も重大にして且緊要なることたり、各國政府が我が陳述する所を信じ、其の改正を贊成せんか、獨り我が國の幸のみならず、各國亦其の益を得ること鮮からざるべきを以て、各國政府の我が所說に同意せんことは之れを豫期するに難からず、然れども我が國と各國との交際及び貿易上の權利、其の平衡を得ざる所以を考究して之れが變革改正を遂行するにあらずば其の功を望むべからず、卽ち其の變革改正を要すべきは、第一は法律にして、第二は各國民の往來・居住を自由ならしむること、第三は教育を盛にし開化の歸向を一ならしむること、第四は法教の障害を除去することとす、而して是れ等變革改正の事たるや、何れも重大なるを以て、各國に商議し、其の同意を得て

全權大使發遣事由書の二

內政を改革して各國と平衡を得しめんとす

条約改正期限延期を求めんとす

之れを施行せざるべからず、随つて尠からざる時限を要すべきが故に、條約改正延期の請求を各國政府に爲すは已むを得ざる所以なりと、是の月十五日、具視、外務大輔寺島宗則・同少輔山口尚芳と連署し、條約改正延期交渉のため使節を派遣するの理義明瞭にして敢へて異論を挾むべきにあらず、但し延期の期間に至りては一行歸朝の後、更に廟堂の熟議を經て決定するを可なりと思惟す、又一行の研究すべき事項中、法律・理財・交際の調査は實に急務なりと雖も、教育・兵學・宗教等に至りては條約改正と直接の關係なきを以て再考を要すべしと答へ、速かに使節以下の任命あらんことを請ふ、○太政官日記、歐米大使全書、三條實美書翰、伊藤博文書翰、澤宣嘉書翰、諸家履歴、百官履歴、岩倉公實記

皇城消防は初め兵部省之れを管し、而して舊高松藩兵及び人夫百三十人之れに當り、毎日人夫三十人出勤す、明治二年之れを東京府に移管せり、然れども藩兵・人夫を役すること舊の如くなりしが、是の歳、東京府は府下消防規程を改良せるを以て、兵隊・人夫を廢し、其の定むる所に由るの便なる旨を上申す、乃ち是の月、之れを聽許す、○帝室日誌、太政類典

横濱警衛兵を廢し邏卒を置く

神奈川縣横濱は、開港以來外國人保護のため關門を諸所に設け、兵を置きて警衛す、維新の際其の兵員七百餘人なりしが、爾後漸く減じて現今三百九十餘人なり、是の月、大藏省は神奈川縣知事陸奥宗光の稟請に依りて、更に其の員數三分の二を減じ、又兵の稱を廢して取締と唱へ、且民費を以

て其の諸費を辨ぜんことを上申す、之れを聽許す、十一月、取締を改めて邏卒とす、十二月、宗光更に稟請する所あり、乃ち邏卒總長・同檢官・區長の諸官を置きて之れを管せしむ、各〻正權あり、

〇公文錄、太政類典、明治史要

明治天皇紀 卷四十二

明治四年

十月

二日　麝香間祇候伊達宗城、曩に欽差全權大臣として清國に赴くや、劍一口・馬具一組・驢馬一頭・爵秩錄一帙を齎して歸り、昨一日之れを獻れるを以て、是の日、山里御苑に出御、其の馬具を用ゐて御乘馬あり、宗城を召して拜觀せしめたまふ、又驢馬を牽かしめて天覽、畢りて宗城を御學問所代に召して清國の事情を陳奏せしめ、御陪食を仰付けられ、天酌を賜ふ、〇御手帳留

三日　舊德島藩知事少議官蜂須賀茂韶、德島縣債を私債として償卻せんことを請へるを以て、是の日、之れを聽許す、〇太政官日誌、太政類典

佛國公使歸國につき御引見

四日　午後一時佛蘭西國全權公使マキシム・ウートレー、賜暇を得て歸國せんとするを以て、新任

代理公使コント・ド・チュレン及び書記官・横濱在留領事を伴ひて參內す、乃ち大廣間に召して勅語を賜ふ、ウートレー奉答する所あり、且代理公使をして拜禮せしむ、賜謁の儀、三月二十九日英吉利國公使謁見の際に同じ、畢りて外務省官吏、ウートレー等を山里御苑の御茶屋に延く、外務卿輔・式部頭をして接伴せしめ茶を賜ふ、尋いで同御茶屋に出御あり、ウートレーを召して內謁見を賜ひ、

我國政體一新シ外交ノ誼モ亦日ヲ逐テ親密ナリ依テ各國政府ヘ聘問ノ禮ヲ修メ交際ノ情誼益敦カラシメン爲メ特ニ重臣ヲ各國ヘ派出シ其禮ヲ修メントス然ルニ各國ト取結タル條約改定ノ期既ニ近キニ在リ我內地ノ改正大ニ之ニ關係スルヲ以テ併テ其事ヲ商議セシメントス幸ニ汝ニ托シテ朕カ意ヲ大統領ニ傳ヘ使臣等述ル所ノ意ヲシテ達セシメヨ

との勅語を賜ふ、ウートレー、再び拜謁を賜はれる恩榮を感謝し、使臣派遣の叡慮は我が國大統領の懌びて領承する所なるべく、臣亦使臣と我が政府との間に在りて微力を盡さんとする旨を奉答す、天皇之れを嘉納し、更に遠洋萬里渡航の平安を祈らせらるゝ旨の勅語あり、畢りてウートレー退く、別室に於て料紙硯箱一組・大和錦五卷・薩摩燒花瓶一對をウートレーに賜ふ、外務卿岩倉具視之れを授く、又午後五時延遼館に於て酒饌を公使等に賜ひ、具視及び參議木戶孝允・大藏卿大久保利通

等をして接伴せしめたまふ、○太政官日誌、公文錄、外事錄、謁見錄、勅語錄、勅語言上、皇國駐在外國使臣履歷附錄、木戶孝允日記、大久保利通日記、岩倉家文書補遺

ウェルニー等雇外國人に謁を賜ふ

五日　午前十時山里御苑の御茶屋に出御あらせられ、雇外國人八人を雇傭の年次に由りて各〻引見し、其の勤勞を嘉し奬勵したまふ旨の勅語を賜ふ、各〻聖恩を拜謝し、且奮勵努力して叡慮に副ひたてまつらんことを誓ふ、其の第一次は橫須賀造船所雇佛蘭西國人フランソワ・レオンス・ウェルニー、同チボヂー、次に燈臺寮雇英吉利國人アール・ヘンリー・ブラントン、次に南校雇亞米利加合衆國人ジー・エフ・フルベッキ、次に鐵道寮・造幣寮雇英吉利國人ウィリアム・ウォルター・カーギル、次に南校雇獨逸國人ホルツ、次に東校雇獨逸國人ドクトル・レヲポール・ミュルレル、同ドクトル・テヲドール・ホフマンとす、又午後五時延遼館に於てウェルニー等八人に酒饌を賜ひ、文部卿輔及び南校・東校・造船所・燈臺寮・鐵道寮の各長官をして接伴せしめたまふ、○外事錄、謁見錄、勅語錄、勅語言上、兵部省往復

米國艦隊提督を御引見

亞米利加合衆國亞細亞艦隊水師提督ジョン・ロッチルス、橫濱港に渡來せるを以て、同國公使シー・イー・デ・ロングを介して拜謁を請ふ、乃ち午後一時吹上御苑瀧見御茶屋に於て賜謁あらせらる、ロッチルス、艦長以下十九人を隨へて公使と倶に參內し、外務卿岩倉具視に誘はれて參進するや、先づ公使の平安を悅びたまひ、次にロッチルスに對せられ、實歷に富める提督の、我が重臣に忠言

あらんことを欲せらるゝ旨の勅語を賜ふ、ロッチルス、拜謁の恩榮を謝したてまつり、日本の如き優美の國は未だ曾て見ざる所にして、國民、信義・禮讓に厚く、政府、教育・殖産に力を致し、兵士亦勇武・精練、僅々の歳月を以て能く文明の地歩を占む、陛下の威德大業實に後世の龜鑑たるべき旨を奉答して退く、ロッチルス又旗艦コロラドに臨幸あらせられんことを外務卿に請願せしが、聽許したまはず、客歳三月海軍練習のため生徒を英吉利國艦隊に託せるに因り、特に公式を以て同國艦隊水師提督を召見したまひしことあれども、單に渡來の故を以て水師提督に內謁見を賜へることは、是れを以て始とす、○外事錄、謁見錄、勅語錄、勅語言上、皇國駐在外國使臣履歷附錄、御布告留記、木戶孝允書翰、伊藤博文書翰

御乘馬

六日　午前九時山里御苑に出御して乘馬あらせらる、尙十日・十一日・十六日・十八日・二十六日亦同苑に於て御乘馬あり、○宮內少錄日錄

午後一時馬車にて吹上御苑に出御、五時前還御あらせらる、十一日・十八日、山里御苑に於ける御乘馬畢るや、又直に吹上御苑に幸し、二十一日亦同苑に出御あらせらる、○宮內少錄日錄

地方擾亂の取締を嚴ならしむ

七日　廢藩以後、各地方に於て奸民等徒黨を結び、舊藩知事の歸京惜別を名として恣に人家を毀壞或は焚燒し、又財物を掠奪する等の暴擧を敢へてする者なきにあらず、是れ朝旨を蔑視し國憲を犯すものにして、其の罪輕からず、乃ち是の日、府縣に令して之れが監理・懲戒を嚴ならしめ、若し

制御し能はざる場合には鎭臺に申請して臨機の措置を爲さしむ、〇太政官日誌、太政類典

遣歐全權大使以下の任命

八日 外務卿岩倉具視を召して右大臣に任じ、而して聘問の禮を修め、條約改正に關して商議する所あらしめんがため、特命全權大使として締盟各國に差遣する旨を命じ、參議木戶孝允・大藏卿大久保利通・工部大輔伊藤博文・外務少輔山口尙芳を特命全權副使と爲したまふ、尋いで司法大輔佐佐木高行・侍從長東久世通禧・陸軍少將山田顯義・戶籍頭田中光顯・文部大丞田中不二麿・造船頭肥田濱五郞・少議官高崎正風を理事官として歐米各國に差遣することと爲し、特命全權大使董督の下に各主任の事務を調查し考究せしむ、而して十一月四日、正四位副島種臣を外務卿に任ず、是れ

木戶孝允大久保利通洋行の贊否

より先客歲、參議木戶孝允、洋行の宿志を遂げんとし、之れを右大臣三條實美に說く、實美、參議大久保利通を召して之れを謀る、利通贊せず、利通又大納言岩倉具視に其の意見を陳ぶ、是の歲六月二十二日、孝允、具視を訪ひて勸むるに歐洲各國巡遊を以てし、且陪從を請ふ、翌二十三日、更に書を具視に致して之れを慫慂す、蓋し條約改正を商議し得べき期に臨めるを以て、此の好機を以て締盟各國を歷訪し、條約の改正に便せんことを說けるものの如し、旣にして具視之れを納れ、決定の曉には孝允・利通の二人を伴はんとす、實美・參議西鄕隆盛・同板垣退助等、廢藩置縣・官制改革の行はるゝありて、內政未だ整はざるの時に方り、廟堂首腦の相携へて海外に赴かんこと甚だ

不可なり、條約改正に關する締盟國との商議急務なりと雖も、全權委任の使臣一人を差遣せば足れりとて、之れを贊せず、特に實美は八月二十日書を孝允に致し、留まりて内治に盡瘁すべきを諭し、其の反省を促す、然るに孝允は更に海外巡遊の斷行を具視に說き、利通亦實美の意見を具視に報じて善處を求む、尋いで廟議、具視を全權大使として歐米に差遣することに内決し、天皇、其の事由書二通を具視に下して意見を徵せらる、具視は實美等の同意を得ざるを以て、孝允・利通の同行を斷念せしが、該事由書竝びに當時文部省雇亞米利加合衆國人フルベッキの建言する所を覽るに及び、孝允・利通を伴ふこと、各國をして我が政府の基礎既に定まれりとの感想を懷かしむるのみならず、歸朝後調査考究する所を施行するに便なりと爲し、九月十二日、之れを孝允に告げ、實美等の同意を得ることに盡力せしむ、孝允・利通等既に謀る所あり、同日又兵部大輔山縣有朋・大藏大輔井上馨、隆盛に說くに利害得失のある所を以てし、孝允・利通の洋行に贊成せんことを求む、尋いで孝允・利通亦隆盛に說く、隆盛遂に兩人の同行を贊し、尋いで退助亦同意す、二十三日、實美、隆盛・退助及び大隈重信の三參議を召して議する所あり、遂に孝允・利通等の大使に副たることを決し、大使以下任命の內奏を遂ぐるに至れり、既にして馨、大藏省の政務を統率すべき人無きを理由として、利通の海外出張に反對し、遂に辭官せんとするの紛議を生ぜしが、隆盛を同省御用掛と爲して其の事務を監督せしむることと爲し、是の月十六日に至りて事漸く解決す、是れより先、歐米派遣使臣の內定するや、外務省內に一局を設け、是の月二日より具視以下相會して之れが準備に鞅掌す、○太政官日誌、敍任錄、諸官進退狀、任解日錄、歐米大使全書、木戶孝允日記、大久保利通日記、三條實美書翰、岩倉具視書翰、木戶孝允書翰、大久保利通書翰、伊藤博文書翰、公卿補任、松菊木戶公傳、大久保利通傳

華族の奮發勉勵を求めらる

聖旨を舊藩知事に令して曰く、

方今宇內開化之時實用ノ材ヲ養ヒ候事最急務ニ候殊ニ華族ハ四民ノ上ニ立衆人ノ標的トモ可相成儀ニ付今般一同輦轂ノ下ヘ被召寄親ク中外開化ノ進歩ヲ察シ聞見ヲ廣メ智識ヲ硏キ國家ノ御用ニ被爲充候御趣意ニ候條各奮發勉勵可致事

尋いで十日、東京在住元堂上華族に參朝を命じ、太政大臣三條實美之れを傳宣す、但し其の文、「今般一同輦轂ノ下ヘ被召寄」の語なく、「國家ノ御用ニ被爲充候御趣意ニ候條」の語を「國家ノ御用ニ可相立樣」と改む、又二十八日、京都府知事をして同地在住元堂上華族を正廳に召して之れを傳宣せしむ、其の令、東京元堂上華族に下せるに同じ、○太政官日誌、詔勅錄附錄、嵯峨實愛日記、冷泉爲理日記、橋本實麗日記、學習院史

十日　各國海軍の設備を實地に就きて考覈せんがため、龍驤・日進の二艦を海外各港に派遣せんとし、是の日、兵部省に令するに、乘組人員・諸經費等につき調査・稟候すべきを以てし、尋いで二十九日、兵部少輔川村純義を總督と爲す、外務省は軍艦派遣の事を聞くや、是の月十五日上申して

曰く、軍艦を突然海外諸港に派遣すること、各國を輕侮するに似たり、但し運轉練習のため海岸を航するの旨趣ならば敢へて不可なかるべしと、後、其の派遣を停む、○太政官日誌、公文錄

舊宮川藩知事堀田正養、宮川縣債償卻のため家祿四分の一を提供せんことを請へるを以て、是の日、之れを聽許す、○公文錄、內史日錄

大藏省兌換證券の發行

十二日　爲替座三井組に命じて正金兌換證券を發行せしむ、廢藩置縣以來、各省行政の區域頓に擴張せるを以て、諸般の經費に著大の增額を要するに至れり、然るに地方の政務尙創始に屬し、各縣概ね貢租の徵收を完うして之れを國庫に致すこと能はざるのみならず、地租は我が歲入の全局に大關係を有するものなるに、當時石代低價の極度に達せるを以て、轉た財政の困難を釀せり、斯くの如く財政窮乏を告ぐるの時、舊幣制の不換紙幣たる官省札を新貨幣に交換すべき期限は明年に迫れり、新貨の鑄造は昨年以來大阪造幣寮に於て日々盛に行はれ、其の一圓銀の價位の如きは優に亞米利加銀を凌ぐと雖も、草創の際、金銀貨の改鑄未だ需用を滿たす能はず、然るに世人、現下流通の基本金貨たる舊幣制の二分金に眞贋の混淆甚しきを厭忌し、新貨若しくは楮幣を望むの傾向ありて、二分金の價位著しく低落するに至れり、是の際强ひて之れを流通せしめんか、其の價位益〻低落し、而して精製改鑄を施さば多少の利益を剩すべき此の二分金をして海外に流失せしむるの虞あり、是

三井組の銀行設立請願

に於て大蔵卿大久保利通・大蔵大輔井上馨、一は以て歳入の不足を補塡し、且二分金の海外流出を豫防せんがため、一は以て從前の不換紙幣によりて失墜したる政府の威信を恢復せんがため、爲替座三井組に命じ、國庫有する所の古金銀を準備金として正金兌換の證券を發行せしむべき案を立て、客月二十四日正院に稟議する所あり、是れより先、政府は三井組に諭達するに、金融の便を資くるため力を銀行開設に盡すべきを以てす、是に於て三井組は金融機關創立の急を認め、發券銀行を東京及び各開港場に開設せんとし、七月、七割五分の準備金を置きて百五十萬圓乃至二百萬圓の正金兌換證券を發行し、政府の楮幣と同じく一般に流通せしめんことを大蔵省に出願す、八月、廟議之れを聽許せしが、尋いで之れを取消し、大蔵卿輔の稟議を採用することとす、仍りて客月二十九日、大蔵省と三井組との間に正金兌換證券發行規則の締結せらるゝあり、是の日、之れが發行を公布す、其の證券は十圓・五圓・一圓の三種、總額約三百萬圓とし、本月十五日より之れを發行し、海關稅を除く外、正貨と同じく通用せしむ、又新貨の鑄造に應じ漸次之れを回收すべしと雖も、正金希望者には隨時三井組に於て二分金と兌換することと爲す、是れ大蔵省兌換證券發行の濫觴にして、遂に六百八十萬圓を發行するに至れり、〇太政官日誌、公文錄、太政類典、明治貨政考要、明治三十年幣制改革始末概要、明治財政史、三井銀行五十年史

東京青森及び長崎間の電信線架設

東京青森間の鐵道布設に先だち、電信線を兩地間に架設することと爲し、是の日、之れを工部省に

通達し、翌日更に沿道諸縣に通達す、又是の歲六月竣工せし丁抹國大北電信會社經營の海底電線に接續せしめんがため、東京長崎間電信線の架設を企て、八月既に其の工を起す、然るに盲昧固陋の輩の或は之れを毀損せんことを慮り、是の月二十四日、沿道の府縣に令して特に其の監理に留意せしめ、若し妨害を加ふるが如きことあらば、臨機相應の護衞を出して保安に當らしむ、又同日、長崎縣に令して海陸線の監理を嚴ならしめ、違犯者は之れを逮捕、處罰せしむ、〇太政官日誌、公文錄、官符原案、通信事業五十年史

公文書に姓尸を署するを止む

從來官吏署名の式、上表其の他重要書類には官位・姓尸・實名を署し、普通の公文書類には官・苗字・實名を署するを以て例と爲し、他官省官吏との往復書及び私用文には苗字・官のみを署することを許しゝが、是の日、位記・官記を始め總ての公文書に姓尸を署するを止め、苗字・實名のみを署せしむ、〇太政官日誌、公文錄、敍任錄、雜事錄
奏任官の位記・官記等は各省卿輔之れを傳ふる例なりしを改め、總て式部寮之れを傳ふることと爲す、〇公文錄、雜事錄

十四日　明日大嘗會班幣を行ふに由り、午前十時神宮・同別宮竝びに皇靈に奉る幣帛を辛櫃に納め、少掌典・神祇中錄等奉護して神祇省より宮中に參入し、幣帛を柳筥に納めて小御所代一の間の南方

簀薦の上に竝列す、神祇大輔福羽美靜・式部頭坊城俊政等同廂の間に候す、既にして出御、美靜參進して柳筥を開く、乃ち幣帛を覽たまひ、畢りて入御あらせらる、少掌典等幣帛を辛櫃に納めて神祇省に送還す、〇明治四年大嘗會記

六十六部を禁ず

六十六部と稱し、廻國修行の名を以て仲間を立て、寄宿所を設け、米錢等の施物を乞ふを禁じ、其の脫籍の者は之れを本貫に復歸せしむ、又二十八日、普化宗を廢して其の僧徒を悉く民籍に編入し、地方官をして授産の方法を講ぜしむ、〇太政官日誌、公文錄

普化宗を廢す

大嘗會由奉幣及び班幣の儀

十五日　大嘗會につき神宮由奉幣使發遣竝びに神宮以下諸社班幣の儀を行ふ、是れより先、大嘗會奉幣の諸社を選びて、神宮・同別宮・皇靈・神祇省神殿・官幣大社二十九社・官幣中社六社・國幣中社四十五社・國幣小社十七社と定め、是の日、午前九時其の幣帛を神祇省神殿前庭の幣殿に具備す、神祇省・式部寮の諸官竝びに神宮由奉幣使・同班幣使正二位三條西季知、官幣大社賀茂別雷神社・同賀茂御祖神社・同男山八幡宮班幣使神祇少丞澤簡德等の著座するや、先づ神宮幣帛發遣の儀あり、次に賀茂兩社・男山八幡宮幣帛發遣の儀ありて、各使進發す、次に官幣・國幣九十四社班幣の儀あり、各地方官拜受して退く、而して二十七日、神宮由奉幣の儀あり、季知、皇太神宮竝びに豐受太神宮に參向して幣帛を奉り、是の歲十一月中卯日を以て大嘗祭を行ひたまふ旨を奉告す、翌

二十八日、季知、班幣使として再び兩神宮に參向し、幣帛を奉り、宣命を奏す、尋いで十一月二日、皇靈・神祇省神殿に各〻幣帛を奉る、又同三日、賀茂兩社に、四日、男山八幡宮に奉幣あり、九十四社の官國幣社に在りては幣帛の到れる日、地方官神社に參向し、班幣使に代りて之れを供す、但し官幣大社氷川神社には、十一月三日特に神祇少丞戸田忠至を班幣使として參向せしめ、幣帛を供せしめらる、〇公文錄、太政官日記、御布令留、明治四年大嘗會記、明治四十二年以前特殊御祭文及綸旨、大嘗祭御用留、熾仁親王御日記、嵯峨實愛日記、諸家系譜

百官の告げずして節朔の參賀を缺く者は、進退伺を待たず、直に之れを新律に照して處分すべきことを布告す、〇太政官日誌

十七日　從來、皇室と由緒ある社寺には內廷より金穀を下賜せしが、爾後悉く之れを止め、已むを得ざる事情あるものは、之れを其の管轄地方官に請願せしむることとし、是の日、其の旨を宮內省より留守宮內省に達す、〇例規錄

十八日　舊名古屋藩知事德川慶勝・舊鳥取藩知事池田慶德・舊山口藩知事毛利元德・舊津和野藩知事龜井茲監・舊佐賀藩知事鍋島直大を吹上御苑に召して酒饌を賜ふ、〇宮內少錄日錄

養老扶持を祝壽金に改む

養老扶持を給すること本年十二月を以て限とし、更に明年より祝壽として、百歲の者に金十兩を、八十八歲の者に金五兩を下賜する旨を公布す、是れ救恤と混同する虞あるを以てなり、〇太政官日誌、公文錄

十九日　皇族華族取扱規則を定め、在官の皇族たりとも、職務關係外は之れを待遇するに單に皇族を以てし、又華族は六等官相當を以て之れを遇し、華族在官者の職務關係外に於ける待遇は官・族の内其の重きに從はしむ、〇雜事錄、官符原案、太政類典、法令全書

瑞典諾威國公使國書を捧呈す

米國公使歸國につき御引見

二十日　和蘭國辨理公使ファン・デル・フーフェン、瑞典諾威國代任公使を委任せられたりしが、今次瑞典諾威國皇帝より更に辨理公使を委任せられ、又亞米利加合衆國特派全權公使シー・イー・デ・ロングは賜暇を得て歸國せんとす、仍りて各〻拜謁を請へるを以て、午後一時フーフェンを大廣間に引見し、フーフェンが瑞典諾威國皇帝の命を言上して國書を捧呈するを受けたまひ、勅語を賜ふ、三時再び大廣間に出御、デ・ロングが代理公使シー・オー・セパルトを伴ひて參進せるに謁を賜ひ、且勅語を賜ふ、兩國公使謁見の儀總て前例に準ず、又五時延遼館に於て酒饌を賜ふこと例の如し、〇太政官日誌、外事錄、勅語錄、勅語言上、皇國駐在外國使臣履歷附錄

十一月十七日大嘗祭を行ひ、翌十八日豐明節會を行はせらるゝに因り、當日各神社に於て祭事を營み、衆庶相共に奉祝すべきことを令し、且兩日に亙りて刑罰の執行を停止す、〇太政官日誌

華族の海外遊學等を奬勵せらる

二十二日　華族の戸主を、本日より二十四日に至る三日間に分ちて小御所代臨時に大廣間を充つ、に召見し、親しく勅諭を垂れたまふ、勅諭に曰く、

朕惟フニ宇内列國開化富强ノ稱アル者皆其國民勤勉ノ力ニ由ラサルナシ而シテ國民ノ能ク智ヲ開キ才ヲ研キ勤勉ノ力ヲ致ス者ハ固リ其國民タルノ本分ヲ盡スモノナリ今我國舊制ヲ更革シテ列國ト幷馳セント欲ス國民一致勤勉ノ力ヲ盡スニ非レハ何ヲ以テ之ヲ致スコトヲ得ンヤ特ニ華族ハ國民中貴重ノ地位ニ居リ衆庶ノ屬目スル所ナレハ其履行固リ標準トナリ一層勤勉ノ力ヲ致シ率先シテ之ヲ鼓舞セサルヘケンヤ其責タルヤ亦重シ是今日朕カ汝等ヲ召シ親ク朕カ期望スル所ノ意ヲ告クル所以ナリ夫レ勤勉ノ力ヲ致スハ智ヲ開キ才ヲ研ヨリ外ナルハナシ智ヲ開キ才ヲ研ハ眼ヲ宇内開化ノ形勢ニ着ケ有用ノ業ヲ修メ或ハ外國ヘ留學シ實地ノ學ヲ講スルヨリ要ナルハナシ而年壯ヲ過キ留學ヲ爲シ難キ者モ一タヒ海外ニ周遊シ聞見ヲ廣ムル亦以テ智識ヲ增益スルニ足ラン且我邦女學ノ制未タ立タサルヲ以テ婦女多クハ事理ヲ解セス殊ニ幼童ノ成立ハ母氏ノ教導ニ關シ實ニ切緊ノ事ナレハ今海外ニ赴ク者妻女或ハ姉妹ヲ挈テ同行スル固ヨリ可ナルコトニテ外國所在女教ノ素アルヲ曉リ育兒ノ法ヲモ知ルニ足ルベシ誠ニ能ク人々此ニ注意シ勤勉ノ力ヲ致サハ開化ノ域ニ進ミ富强ノ基隨テ立列國ニ幷馳スルモ難カラサルヘシ汝等能ク斯意ヲ體シ各其本分ヲ盡シ以テ朕カ期望スル所ヲ副ヘヨ

太政大臣三條實美之れを捧讀す、畢りて御前に於て酒饌を賜ひ、伶人をして舞樂二曲を奏せしめらる、又京都に於ては、十一月九日、正二位近衞忠凞以下同地在住華族を小御所に召して此の事あり、宮内大丞阿野公誠勅諭を捧讀す、其の酒饌を賜ふこと東京に同じ、○太政官日誌、詔勅錄、重要雜錄、東京往復、京都往復留、京都宮內省錄日記、嵯峨實愛日記、橋本實麗日記、新聞雜誌

東京府に邏卒を置く

二十三日 維新更始の際に方りては、騷亂の餘、姦慝未だ全く滅びざるを以て、專ら兵威を藉りて之れを制壓するの要あり、是を以て諸藩の兵をして銃鎗或は袖搦等の武器を執らしめ、以て東京府下の警衞に充つ、然れども其の弊害尠からず、市民の之れを嫌惡する者多きのみならず、今や人心漸く平定し、世局亦舊の如くならざるを以て、警衞の兵を解きて更に邏卒を置き、是の日、之れを東京府に達す、邏卒の員數は總て三千人、內約二千人を鹿兒島縣より、約千人を各府縣より募集す、而して東京府下を劃して六大區と爲し、各大區を十六小區に分割し、各大區に一取締出張所を、每小區に一屯所を設け、東京府統督の下に邏卒をして晝夜巡警せしむ、其の携ふる所約三尺の護身用棍棒なり、又取締規則及び邏卒總長以下の服制等を定む、是に於て輦轂の下警察の面目一新するに至れり、又從來築地外國人居留地には、繞らすに柵及び壕を以てし、又關門を設け衞兵を置きて晝夜出入を檢し、大に警戒を加へしが、今次邏卒を置き取締規則を定めたるを以て、是の月二十八日、東京府の稟請に由りて其の關門・衞兵を撤廢す、當時舊山口・舊高知二藩にありては、邏卒なるも

外國人居留地の衞兵を撤す

の、其の地の民俗等に熟せずば不可なりとて、其の應募を拒み、遂に之れを出さゞることに決せり、○太政官日誌、公文錄、官符原案、保古飛呂比、太政類典、警察法規、警視廳史稿

先帝御備蓄金銀貨の改鑄

二十四日　先帝の御宇、非常に備へんとして蓄積したまひし金銀・貨幣等の京都御文庫に藏せらるるものあり、是の日、留守宮内省に令し、之れを造幣寮に致して改鑄し、東京に廻送せしむ、仍りて十一月七日、前大御乳人押小路甫子等、御文庫を開封し、金貨及び一分銀・一朱銀等二萬七千三百三十五兩餘竝びに丁銀・豆板銀等を留守宮内省官員に交付す、尚以上の外、二朱金五百四十七兩餘を留守内廷より別途東京に廻送す、○京都往復留、押小路甫子日記

舊尼ケ崎藩知事櫻井忠興、家祿の半を以て尼ケ崎縣債を償卻せんことを請ひ、又舊蓮池藩知事鍋島直紀は家祿を以て蓮池縣債の一部を償卻せんことを請へるを以て、是の日、共に之れを聽許す、○公文錄、內史日錄

二十五日　思召を以て、兒奉仕の松崎延麿・萬里小路秀麿に海外留學を命じ、今次歐米に發遣の特命全權大使と同航せしめらる、又學資等總て宮内省費を以て之れを支辨せしめたまふ、尋いで延麿は獨逸國に、秀麿は露西亞國に留學す、○岩倉大使派遣書類

府縣官制を定む

二十八日　府縣官制を定め、各府縣に知事若しくは權知事以下參事・正權典事・正權大少屬・史

生・出仕を置く、但し便宜權參事を置くことを得、而して縣知事は四等官とすと雖も、開港場所在地の縣知事にありては之れを府知事と同じく勅任官と爲す、又事務を租税・庶務・聽訟の三課に分ち、典事以下之れを擔任し、參事の裁決を經て其の事務を施行す、尋いで十一月二日、縣知事を縣令と改稱す、同月二十七日、縣治條例を頒ちて縣治職制・縣治事務章程等を定め、上記吏員の外、縣に更に七等出仕を置く、但し常置の官にあらずして、事務繁劇に渉るか或は縣令闕官なる時に之れを置くことを得るものとす、又其の事務分課を改め、庶務・聽訟・租税・出納の四課とす、○公卿補任、法令全書

縣治職制縣治事務章程を定む

海軍規則を頒つ
艦隊の編制

海軍規則を頒布す、其の要項を擧ぐれば、大艦隊は軍艦十二隻、中艦隊は軍艦八隻、小艦隊は軍艦四隻を以て編制し、大艦隊は大將若しくは中將、中艦隊は少將、小艦隊は大中佐之れを指揮す、但し少將、中將に代りて大艦隊を指揮し、大佐、少將に代りて中艦隊を指揮することあるべしと爲し、又軍艦の等級を七等に分ち、二等以上を大艦、三等・四等を中艦、五等以下を小艦と爲し、大艦の艦長は佐官を以て任じ、中小艦の艦長は大尉を以て之れに任ず、海軍提督府は附近の諸港を統括するを以て任と爲し、中將若しくは少將其の指揮を掌り、或は大佐代りて其の職を務むることあるべし等とす、又海軍諸官俸給表を頒つ、○法令全書

元始祭の制定

四時祭典定則

二十九日　是れより先神祇省上申して、自今、同省に於ける正月三日の祭典を元始祭と稱し、皇祖瓊瓊杵尊を始め歷代の皇靈を奉祀し、以て天孫肇國の本始を祝したまはんことを請ひ、且元始祭・皇太神宮御遙拜・神武天皇祭の三祭を以て、海內普く遵行すべき大典たらしめんと請ふ、是の日、聽許あり、蓋し元始の二字は古事記序文に、「元始綿邈頼先聖而察生神立人之世」とあるに據れるなるべし、尋いで四時祭典定則を定め、元始祭・皇太神宮御遙拜九月十七日・神武天皇祭三月十一日・孝明天皇祭十二月二十五日・新嘗祭十一月卯日の各御親祭竝びに後桃園天皇祭式年十月二十九日・光格天皇祭式年十一月十九日・仁孝天皇祭式年正月二十六日・祈年祭二月四日・月次祭六月一日・神宮神嘗祭九月十六日十七日・賀茂祭四月・氷川祭六月・熱田祭六月・男山祭八月・鹿島祭八月・香取祭八月・出雲大社式年祭五箇年に一回・宇佐神社式年祭同上を大祭と爲し、御歷代式年祭・外國定約祭・遣外國使祭・御神樂十二月・鎭魂祭十一月寅日・春日祭以下官幣大社例祭を中祭と爲し、春季御祈祭二月・秋季御祈祭八月・天長節祭九月二十二日・梅宮祭以下官幣中社式年祭隔年・節朔御拜・御歷代正辰祭・賢所皇靈日々御代拜・同日供を以て小祭と定む、○公文錄、帝室日誌

後桃園天皇例祭

後桃園天皇例祭を神祇省に於て行ふに因り、侍從五條爲榮を勅使として參向せしめたまふ、○祭祀錄

是の月　天皇・皇后御服の料絹以下の絹類は從來總て之れを京都より廻送せしが、明年正月以降は之れを止め、調度司をして東京各店肆より調達せしむることとし、是の旨宮內省より留守宮內省に

申達す、〇例規録

十一月

一日　山里御苑に於て乗馬あらせらる、六日亦同じ、是の日又吹上御苑に幸せらる、七日・十一日亦同じ、〇宮内少録日録

御乗馬

二日　曩に十月十八日を以て海軍を親閲したまふべき旨仰出されしが、尋いで之れを稽延したまふ、蓋し頃來亞米利加合衆國亞細亞艦隊横濱港に在るを以て、其の發航を待たせられしなり、初め兵部省、海軍御親閲の命を拜するや、九月二十五日、諸艦に令するに品川海上集合を以てし、其の準備に力む、去月二十七日更に御親閲の日を十一月二日と仰出さる、是の日、寒風烈し、午前六時宮内卿徳大寺實則・宮内大輔萬里小路博房等を隨へて御出門、濱離宮に幸し、先著の大臣・參議以下勅任官及び麝香間祗候徳川慶勝・同松平慶永・同伊達宗城・同毛利元德・同池田茂政等の奉迎を受け、御小憩の後、端艇に乘御あらせらる、諸艦長、各艦の端艇に乘じ左右を警衞して進む、是の時、各艦の士官・兵員甲板等に整列して敬禮を行ひ、水夫登桁し、帽を脱して奉拜の祝聲を三唱す、尋いで御艦に乘御あらせらるゝや、各艦祝砲二十一を發す、供奉の臣の御艦に侍する者、大臣・參議・宮内卿輔・侍從長以下十五人にして、兵部大輔山縣有朋・同少輔川村純義等は龍驤艦に乘じ、麝香

始めて海軍を閲せらる

間祇候等は日進艦に乘じて供奉す、次に龍驤・筑波・第一丁卯・孟春・春日・日進・鳳翔・第二丁卯・千代田形・甲鐵の十艦、二艦隊に分れて運動するを天覽あらせらる、艦長以下水夫・火夫等の總員約千四十餘人なり、運動中は諸艦悉く國旗・諸信號旗を撤す、尋いで諸艦、御艦に近く集合す、次に帆前操練を閲したまひ、畢りて端艇に乘御し、各艦將卒敬禮裡に濱離宮に還御、午後五時過皇城に還幸あらせらる、是れ海軍御親閲の嚆矢なり、○宮内少錄日錄、兵部省往復、海軍省往復留、嵯峨實愛日記、吉井友實日記、鴻臚錄、三條實美書翰、法令全書

米國公使を御引見

三日　亞米利加合衆國特派全權公使シー・イー・デ・ロング歸國せんとするを以て、曩に之れを引見したまひしが、是の日、更に山里御苑御茶屋に於て內謁見を賜ふ、午後一時公使參內するや、外務丞之れを御茶屋に延き、外務輔・式部寮官員出でて接伴す、尋いで同御茶屋に出御、公使を召して勅語を賜ふ、公使、我が大統領が今次差遣の日本國使臣を歡迎して條約改正に關する諸般の商議を遂げ、且有司等の之れがため力を致すべき旨を奉答す、尋いで更に勅語を賜ふ、兩度の勅語は十月四日佛蘭西國公使謁見の際賜へるものに同じ、畢りて別室に於て蒔繪硯箱文臺一組・大和錦一卷・天鵞絨二卷を公使に賜ふ、○公文錄、外事錄、謁見錄、勅語錄、勅語言上、皇國駐在外國使臣履歷附錄

盲官の廢止

從來盲人の間に檢校・勾當・座頭等の官職ありて、各自勢力の及ぶ範圍を區劃して針治・按摩等の

營業を妨ぐるに因り、是れ等の盲官を廢して盲人の營業を自由ならしめ、又所謂配當金收集の弊習を禁ず、尙其の復籍・入籍等は各自の希望に任せ、地方官をして寛裕に處理せしむ、〇太政官日誌、公文錄

全權大使歐米發遣の儀

四日　特命全權大使歐米各國發遣の式典を行はせらる、其の儀、午後一時大廣間に出御、太政大臣三條實美御帳臺前面の西に、侍從長二人御帳臺後方の左右に、參議・諸省卿二の間に候す、尋いで大使岩倉具視、副使四人と倶に進みて磬折するや、

今般汝等ヲ使トシテ海外各國ニ赴カシム朕素ヨリ汝等ノ能ク其職ヲ盡シ使命ニ堪ユヘキヲ知ル依テ今國書ヲ付ス其レ能ク朕カ意ヲ體シテ努力セヨ朕今ヨリシテ汝等ノ無恙歸朝ノ日ヲ祝センコトヲ俟ツ遠洋千萬自重セヨ

との勅語を賜ひ、親しく國書を大使に授けたまふ、大使之れを拜受して副使等と倶に退く、次に理事官以下隨從の諸官參進し、勅奏任官は一の間に於て、判任官は廂に於て天顏を拜す、乃ち理事官等の能く其の職を奉じ、其の任に堪ふべきを認む、各自黽勉すべしとの勅語を賜ひ、畢りて入御あらせらる、大使以下、山里御苑を經て賢所に至り拜禮す、尋いで大使・副使を御學問所代に召見し、遠洋航行の勞苦を想察す、尙國家のため盡力すべしとの勅語を賜ひ、大和錦十卷・紅白縮緬十匹を具視に、大和錦三卷・紅白縮緬五匹を各副使に賜ふ、皇后亦同座あらせられて大使等の勞を犒はせ

られ、各國内廷の事情を調査すべしとの御詞を賜ひ、綾十卷を具視に、羽二重五匹を各副使に賜ふ、又是の日、午前八時神祇省に於て遣外國使祭あり、其の儀例の如し、大使に授けたまへる國書中、英吉利國皇帝への文に曰く、

國　書

大日本國天皇睦仁敬テ威望隆盛友誼親密ナル英吉利國皇帝陛下ニ白ス

朕天佑ヲ保有シ萬世一系ナル皇祚ヲ踐ミシ以來未タ和親ノ各國ニ聘問ノ禮ヲ修メサルヲ以テ茲ニ朕カ信任貴重ノ大臣右大臣正二位岩倉具視ヲ特命全權大使トシ參議從三位木戸孝允大藏卿從三位大久保利通工部大輔從四位伊藤博文外務少輔從四位山口尚芳ヲ特命全權副使トシ共ニ全權ヲ委任シ貴國及ヒ各國ニ派出シ聘問ノ禮ヲ修メ益親好ノ情誼ヲ厚クセント欲ス且貴國ト結ヒタル條約ヲ改正スルノ期近ク來歳ニアルヲ以テ朕カ期望預圖スル所ハ開明各國ニ比シク人民ヲシテ其公權ト公利トヲ保有セシメン爲ニ從來ノ定約ヲ釐正セント欲スト雖モ我國ノ開化未タ洽カラス政律モ亦從テ異ナレハ多少ノ時月ヲ費スニ非サレハ其期望スル所ヲ達スル能ハス故ニ勉メテ開明各國ニ行ハルヽ諸方法ヲ擇ヒ之ヲ我國ニ施スニ適宜妥當ナルヲ采リ漸次ニ政俗ヲ革メ同一致ナラシメンコトヲ欲ス於此我國ノ事情ヲ貴國政府ニ詢リ其考案ヲ得テ以テ現今將來施設スヘキ方略ヲ商量セシメ使臣歸朝ノ上條約改正ノ議ニ及ヒ朕カ期望預圖スル所ヲ達セント欲ス此使臣ハ朕カ貴重信任ス

ル所ナレハ陛下能ク其言ヲ信聽シ之ヲ寵待榮遇セラレン事ヲ望ミ且切ニ陛下ノ康福貴國ノ安寧ヲ禱ル

和蘭・露西亞・葡萄牙・獨逸・白耳義・伊太利・丁抹・澳地利洪噶利・瑞典諾威・西班牙・布哇諸國皇帝、亞米利加合衆國・佛蘭西國・瑞西聯邦各大統領に贈りたまへる國書之れに同じ、又使節に賜へる內勅旨に曰く、

內勅旨

今已ニ積年因襲セシ封建ヲ變革シ全洲ノ政治統一ニ歸スルヲ以テ益人民ノ開明ヲ謀ント欲シ自主ノ權理ヲ皇張シテ國法ヲ更正シ以テ國內ニ居住スル人民ヲ保全シ外文明各國ニ行ハル、公法ニ照準シテ交誼ヲ外國ニ厚フセン事ヲ思惟シ玆ニ特命全權大使ヲ任シ友誼ノ各國ニ聘問ノ使ヲ通シ併テ從前ノ條約ヲ改定スヘキ期ニ當レルヲ以テ其期望スル所ノ目的ヲ各國政府ニ諮議セシム就テハ將來其諮議スヘキ大綱數條ヲ左ニ記シテ之ニ示スモノナリ

第一條　從來ノ民法ヲ更正シテ內外人民ノ別ヲ論セス日本國內ニ居住スル者ヲシテ普通ノ條理ヲ得セシメ同一ノ保護ヲ受ケシムヘキ樣法律ヲ設ケントスル事

第二條　舊來之刑法ヲ廢シ文明各國ニ行ハル、尤全備シタル適正ノ刑法ヲ採用シテ速ニ之ヲ全洲ニ施行スルコトヲ決定シ凡日本國內ニ居住スル者ハ內外ノ別ヲ論セス同一ノ法律ヲ遵奉セシメ同

一ノ裁判ニ服従セシメント欲スル事
第三條　將來民法刑律ヲ更正シテ内外人民ニ普通ノ條理ヲ與ヘ同一ノ保護ヲ受ケシムル上ハ日本國内ニ居住スル外國人民ノ歸化入籍ヲ希フ者ハ之ヲ許シ又内外人民相互ニ婚姻ヲ結フ事ヲ欲スル者ハ其自由ニ任セント欲スル事
第四條　條約改正ノ時ニ當リ租税商税輸出入税貿易航海等ノ規則章程ヲ更正シ内外人民ノ別ヲ論セス日本國内ニ於テ商業ヲ營ナム者ヲシテ之ヲ遵奉セシメント欲スル事
第五條　日本國内ニ居住スル内外人民其國法ニ背キ或ハ犯サント企ツル確證ナキニ於テハ各人其信スル所ノ法教ハ其人ノ自由ニ任スヘキ事
第六條　政府ハ力メテ此實效ヲ立ルコトヲ謀ルヘシ故ニ大使各國ニアリテ果シテ其議スル所ヲ至當ナリト考案シ之ヲ實踐スルニ障碍ナキヲ見得セハ便宜ニ從ヒ其細目ヲ決議スヘシ

別勅旨

又別勅旨に曰く、

條約改正ニ付目的トシタル件々ヲ實際ニ履行スヘキ順序

一三府五港ニハ各國ノ人民ノ來住ヲ許シタルニ付以來外國人居留地ノ區別ヲ廢シ彼我人民自由ニ雜居スル事ヲ許スヘシ

一右ノ外國人等ハ都テ日本政府ノ法律ノ下ニ立チ其地方官廳ノ規則ヲ遵奉スヘシ故ニ其地ニ居住セント欲スル者ハ三府五港ノ官廳ニ來リテ何區何街ニ住シ何産業ヲ營マント欲スル事幷ニ生國姓名等ヲ願書ニ認メテ申立ヘシ是ハ記錄局ノ所務タルニ付府港ノ官廳ニ各々記錄局ヲ取設ケ外國人ヲ使用スヘシ

一三府五港ノ外ハ外國人ヲ居住セシメスト雖モ其全國中ヲ自由ニ旅行スルハ其通權中ニアルヘシ故ニ旅行ヲ願フ者ハ府港ノ官廳ニ來リテ旅行免狀卽チ往來切手ヲ乞フヘシ此往來切手ニハ其地ノ知事之ニ名記スヘシ

一日本政府ノ職務ニ使用セラルヽ外國人ハ卽チ日本政府ノ官員ナレハ右ノ制限ニ拘ラサルヘシ且壙山耕作等ノ産業ニ付府港外ニ居住スルコトハ其官廳ノ特許ヲ得サルヘカラス

一日本地内ニ居住スル外國人ハ日本政府ノ法律制度ニ服從スルヲ以テ内外人民ノ別ヲ論セス其訴訟ヲ裁判シ其罪狀ヲ審案スヘキ裁判所ヲ設クヘシ此裁判所ノ長官ハ日本人タルヘシト雖モ其法律ヲ案議考定スルノ法官ハ各國ノ法律ニ通曉ナル外國人ヲ使用シ日本官員ト共ニ諸官ノ列ニ加ハラシムヘシ

一東京ニハ大裁判所ヲ設ケ各地ニテ審定シ難キ所ノ訴訟獄案ヲ持出シテ之ヲ裁判セシムヘシ此大

裁判所ノ法官モ前同様外國人ヲ使用シテ其列ニ加ハラシムヘシ
一右ノ裁判所ヲ建ルノ以上ハ外國公使岡士等ハ一切日本ノ民法刑法ヲ論議スルコトヲ得ス又其國民タリトモ日本地内ニ居住スル者ノ訴訟獄案ヲ決スル事ヲ得サルヘシ
一右ノ裁判所ニ於テ遵奉スル處ノ民法刑法ハ預メ議法官ヲ設ケテ之ニ議定セシムヘシ此議法官ハ外國人ト日本人トノ中ヨリ撰ヒ出シ假令ハ某國ノ法ヲ標本トシテ之ヲ斟酌シテ決定セシムヘシ目今ノ制度寮ヲ擴充スルノ理ナリ而シテ其議法官員ヨリ進呈シタル法律案ハ三院ニテ議定シテ初メテ法トナシ之ヲ公布シテ裁判所ノ法律トナサシムヘシ

又大使權限等に關する勅旨、理事官に下し賜へる勅旨等あり、○太政官日誌、儀式祭典錄、國書錄、岩倉大使派遣書類、歐米大使全書、內勅旨、岩倉家藏勅語類寫、木戶孝允日記、大久保利通日記、岩倉公實記

五日　特旨を以て文秀女王圓照寺宮・宗諄女王靈鑑寺宮に各〻終身現米百石を賜ふ、○太政官日誌、公文錄

總領事等を置く

總領事・領事・副領事・代領事を外務省に置く、○太政官日誌、官符原案

陸運會社の設立

飛脚問屋等協議して陸運會社を組織し、東海道各驛及び山城國伏見より河內國守口に至る間の人馬繼立竝びに貨物運輸の業を營まんことを出願す、大藏省之れを許し、是の日、其の旨を上申す、尋いで東京より東海道を經て大阪に至る各驛の傳馬所・貫目改所及び各驛詰の驛遞掛官員を廢す、○公

文錄、法令全書

七日　特命全權大使歐米發遣の趣意に就きては、外務當局曩に既に締盟各國公使に説述する所あり、然るに英吉利・佛蘭西・伊太利・和蘭・獨逸各國公使等、改正せんとする條約の款項を聞かんことを欲するを以て、外務卿輔更に書翰を以て告げて曰く、大使歸朝の後、其の締盟各國政府と諮議する所に基づきて漸次改正を協定せんとする意なれば、今茲に改正せんとする款項を豫告する能はず、然れども中外民人の訴訟、犯罪の裁判、收税の規則等を改めんとするものにして、隨つて遊歩規程・居留地等の事に及ぶべしと、○岩倉大使派遣書類

舊大多喜藩知事大河內正質は家祿の內百石を割きて大多喜縣債償却に提供せんことを請ひ、舊嚴原藩知事宗重正は家祿の半を伊萬里縣債償却に提供せんことを請へるを以て、是の日、之れを聽許す、○內史日錄、太政類典

九日　午前十時德川慶勝等麝香間祗候十餘人を召し、太政大臣三條實美を以て、特命全權大使差遣につき締盟各國皇帝及び大統領に贈らせらるゝ國書を示したまふ、正二位松平慶永・從三位澤宣嘉、各ゝ意見の在る所を陳述す、○嵯峨實愛日記

皇后侍讀の進講を聽かる

午後一時皇后、侍讀加藤弘之の進講を聽きたまふ、典侍以下陪聽す、侍讀の皇后に奉仕するは之れ

を始とす、○女官日記

女子の海外留學

開拓長官東久世通禧・同次官黑田清隆、開拓事業發展の基礎は人材の育成に在りとし、曩に既に數人の留學生を歐洲に派遣せしが、更に女子教育の必要を認め、去月正院に陳請するに、少女を選びて海外に留學せしめんことを以てす、乃ち之れを聽許し、吉益亮十六歳・永井繁十一歳・津田梅九歳・山川捨松十二歳・上田悌十六歳の五人を選び、開拓使費を以て亞米利加合衆國に留學せしむることと爲し、特命全權大使岩倉具視等一行と同船して渡航せしむ、是の日、皇后、亮等五人を召して其の志を賞したまひ、業成りて歸朝せば婦女の龜鑑たらんことを期し、以て日夜勉勵すべしとの御詞を賜ひ、且各ゝ緋紋縮緬一匹を賜ふ、女子の海外留學は之れを以て嚆矢と爲す、○公文錄、恩賜錄、宮內省要錄、開拓使日誌、木戸孝允日記、吉井友實日記、新聞雜誌

大臣參議等の誓約

特命全權大使一行の近く發航せんとするに當り、派出・留守の廷臣內外照應して氣脈を通じ、戮力以て施政の統一を圖るにあらざれば、使命を達成し難しと爲し、大臣・參議・左院議長及び各省の卿或は大輔、開拓次官連署して約を立つることとし、是の日、太政大臣三條實美、右大臣岩倉具視以下に捺印を求む、約款の要項は、曰く、國書竝びに遣使の旨趣を奉じて一致勉力し、政務の方策に就き矛盾・差異を生ずべからず、曰く、要務に關する通信を缺かざるべし、曰く、大使歸國の上

は各國に於て商議し考案せる諸件を參酌考定して實行すべし、曰く、理事官視察する所の事項は酌定の上、之れを實行すべし、曰く、大使出張不在中は成るべく政務の改正を爲さゞるべし、尙已むを得ずして改正することあらば、大使に照會すべし、曰く、廢藩置縣の實效を擧げしむべし、曰く、諸官省長官の缺員を補はざるべし、曰く、諸官省の官員を增加せざるべし、曰く、右院定日の會議を休止すべし等とす、翌十日、參議木戸孝允書を太政大臣三條實美に呈し、廢藩置縣後の處置は方今の急務たり、内政の純一に歸せざるは士族三百萬人の處置の決せざるに因る、適宜の良法を講じ、速かに舊藩士を安堵せしむべきなりと陳ぶ、

松平慶永の忠告

是れより先五日、正二位松平慶永、具視に進言するに、舊幕府時代老中の上京して歸東するや、間ゝ或は免職と爲り或は謹愼・退隱等に處せらるゝ者あり、宜しく之れに鑑み、遣外使臣と在京臣僚と議論の矛盾せざらんことに力むべしと切言す、〇大臣參議各省卿大輔約定書、松平慶永建言、木戸孝允書翰、保古飛呂比、岩倉公實記

全權大使岩倉具視一行發途

十日　特命全權大使岩倉具視東京を發せんとし、今朝參内す、乃ち之れを召見したまふ、是れより先、具視、太政大臣三條實美と謀りて兵事に勵精したまはんことを奏聞せしが、是の日、重ねて奏上する所あり、天皇乃ち必ず親ら兵馬の權を總攬すべしと告げたまふ、午後一時、具視直垂を著し騎馬にて邸を出で、品川に至りて副使木戸孝允・同大久保利通等と會し、倶に汽車に搭乘して横濱

に著す、十一日、各國公使・書記官を裁判所に招請して別宴を張り、十二日、太平洋會社郵船亞米利加號に搭乘す、是の時、砲臺及び在港の日進艦竝びに各國軍艦祝砲の禮を行ふ、午後一時錨を拔き米國に向ひて發す、一行大使以下四十八人、同航の華士族留學生等男女五十四人、米國公使シー・イー・デ・ロング夫妻亦同船して歸國す、○太政官日誌、公文錄、岩倉大使派遣書類、木戸孝允日記、保古飛呂比、嵯峨實愛日記、吉井友實日記、岩倉具視書翰、米歐回覽實記、岩倉公實記

大嘗會告諭書を頒つ

大嘗會告諭書を公布す、其の要は三月神祇官上る所の大嘗會旨要に同じく、大儀の起因を明かにし、且是の儀たるや新帝天祖の大業を繼承したまふ所以の大禮にして、國家最大の重典なるを說き、天皇の大嘗祭に於て親しく天祖・天神地祇に供したまひ、豐明節會に於て高御座に御して親ら聞食し、又群臣に賜ふ所の新穀は卽ち天上の齋庭の稻穗にして、天祖の授與したまふ所、億兆の生命を保つ所以のものなり、天皇生民を鞠育して恩賴を天祖に報じたまふ、其の天職を奉じたまふこと斯くの如し、是を以て天下萬民其の趣旨を奉戴し、大祀當日は各〻休業して其の產土神社に參拜し、天祖の德澤を仰ぎ、無窮の洪福を奉頌せざるべからずと述ぶ、○公文錄、神祇省往復、明治四年大嘗會記、大嘗祭御用留

客歲九月各藩の軍資金獻納の制を廢し、爾後尙海軍資金を獻納せしめしが、今や藩を廢せるを以て本年以降之れを止め、而して明治三年度の海軍資金及び同年度以前の軍資金の未納分は之れを督徵

す、〇太政官日誌、公文録

十三日　舊加納藩知事永井尙服、加納縣負債の内十萬三千兩餘を私債として償卻せんことを請へるを以て、是の日、之れを聽許す、〇内史日錄、太政類典

十四日　七月二十二日、外國人接待費として、特に金五千兩を外務卿に、金千五百兩を外務大輔に給することとせしが、太政大臣三條實美の外國人接待の費を要すること亦尠からざるを以て、是の日、特旨を以て每年金六千兩を賜ふ、尋いで外務卿輔に對する支給額を夫々每年金二千兩・金千五百兩と爲す、〇公文錄、内史日錄、太政類典

大嘗宮造營竣功

十五日　大嘗宮造營の功全く竣れるを以て、午前八時神祇省・式部寮及び土木寮の諸員、同宮に參向して鎭祭・神門祭・悠紀主基兩殿祭を行ふ、大嘗宮は吹上禁苑廣芝の地東西六十五間、南北七十一間を劃して其の境域と爲し、繞らすに板垣を以てし、更に其の內部に板垣を以て東西五十間、南北四十八間半の地を劃し、而して外屛・內屛共に南面の中央に門を設け、一を南門と稱し、一を中門と稱す、各〻左右腋門あり、又中門內の地東西三十間、南北十九間を劃して繞らすに柴垣を以てし、其の域內の地の西方に悠紀殿、東方に主基殿を設け、柴垣の南面中央に神門を建つ、神門及び中門・南門總て遙に神宮に面す、神門を入れば、西に悠紀殿供奉官の幄舍、東に主基殿供奉官の幄

舍あり、又柴垣の外部西側に悠紀膳屋、同東側に主基膳屋、同北方中央に廻立殿あり、廻立殿の後方、外屏内に行在を設け、廻立殿との間に廊を架す、○神祇省往復、明治四年大嘗會記

大嘗祭修祓

是の月十七日を以て大嘗祭を行はせらるゝに因り、午後四時賢所前庭に於て大祓の儀あり、太政大臣三條實美以下大祀關係の諸員百二十餘人參向す、是れより先午後二時、天皇、賢所便殿御服間に於て行はるゝ節折の儀に出御あらせらる、節折・大祓は六月の儀に同じ、

致齋散齋の舊制を廢す

舊制、大祀執行に方りては散齋・致齋の修禊を行ふを例とす、然れども其の實行はれ難くして虚禮に屬し、神意に適せざるべしと爲し、之れを廢して節折・大祓を修することに決せるなり、今夕より十八日朝に至る間、重輕服者の參朝を停む、又諸寺の梵鐘を打つを停止す、○太政官日誌、神祇省往復、明治四年大嘗會記、法令全書

明治天皇紀 巻四十三

明治四年

十一月

大嘗祭前鎮魂祭の儀

十六日　明十七日大嘗祭を行はせらるゝに因り、鎮魂祭を修す、午後七時儀畢る、〇宮内少録日録

晃親王帰農を請ふ

是の月四日、晃親王、宿痾且老衰の故を以て、孝明天皇御猶子・隨身兵仗・勅授帯劍竝びに品位等を辭し、京都府下高野河原新田村に隱居し、歸農せんことを請ふ、又養嗣子定麿王を華族に列せられんことを欲するの意あり、是の日、正院聖旨を奉じ、批して之れを聽さず、〇公文錄、山階宮家日記

大嘗祭祭儀の要綱

十七日　大嘗祭を行ひたまふ、是れより先、政府祭儀の趣旨を定む、其の概要に曰く、大嘗の大禮は國家の重典にして神代の遺範なり、故を以て世に治亂あり時に隆替ありと雖も、歴代其の儀を更めず、一に舊に依る、中葉以降大權武門に移りてより百官其の職を失ひ徒らに空名を存す、殊に神

代より沿襲せし職官に至りては其の名實既に亡ぶと雖も、尙中臣代・忌部代等の如く、某代と稱して儀式に列せしむること是れ近代の通例なり、今や皇業古に復し、百事維れ新なり、大嘗の大禮を行ふに、豈に舊慣のみを墨守し有名無實の風習を襲用せんや、仍りて大禮の儀式の或は未定に屬するものは、姑く現時の形勢に鑑み敢へて修飾を用ゐず、偏に實際に就くを旨として之れを制定す、而して彼の中臣代・忌部代の如きは今時神祇省の官吏是れに相當せるものにして、固より改めざるべからず、又六衞の官人矛・楯を執り、伴・佐伯の宮門を守るの類の如き虚禮に屬するもの亦廢せざるを得ず、其の辰日の節會の如きに至りては不便尠からず、豐樂院・清暑堂等、皇居是れに充つる殿堂無きを以て、故典も隨つて行はれ難し、抑〻今次の大典は專ら假式を以て之れを行ひ、後來大禮の大に定まるを竢つ、凡そ卯・辰・巳三日の大典、最も簡易朴素を旨とす、然れども是れ固より猥りに古例を廢するにはあらず、時世の變遷已むを得ざるに出づ、但し悠紀・主基兩殿の建造竝びに殿内の儀式、御親祭の次第等に至りては、一に舊典に從ひ、間〻今代の新制に據る所ありと、

大嘗祭　而して昨十六日、大嘗祭・豐明節會の儀注を天皇及び皇太后・皇后に上る、抑〻大嘗會の本儀たる御親祭の大典は是の日より翌日曉天に亙りて之れを行はせらる、即ち是の日、早旦大嘗宮四門を裝飾し、次いで神祇省神部等、神門・中門・腋門及び南門に候し、式部寮、群僚の版を神門外庭上に

悠紀次第

設く、又午後一時悠紀・主基兩國の神物を神祇省内の齋場所より大嘗宮に致して悠紀・主基各膳屋に納む、次に神祇省・式部寮の諸官各〻幄舍に候す、四時神祇大輔福羽美靜・同少輔門脇重綾等、悠紀・主基兩殿の神座を設く、是の間皇靈に神饌を供進するの儀あり、第一鼓午後五時を報ずるや、勅任官・奏任官・各省寮司判任官總代及び悠紀・主基兩國の地方官等參入して中門外の幄舍に著く、是れより先、天皇、太政大臣三條實美・參議西鄕隆盛・同大隈重信・同板垣退助・文部卿大木喬任・左院副議長江藤新平・外務大輔寺島宗則・大藏大輔井上馨・兵部大輔山縣有朋・司法大輔宍戸璣竝びに宮内卿兼侍從長德大寺實則・侍從長河瀨眞孝・從一位中山忠能等を隨へ、肩輿に御して大嘗宮行在に幸す、而して第二鼓六時を報ずるや、御衣を帛に更めたまひて廻立殿に渡御し、同殿西方の床子に著御あらせらる、兩侍從長、捧持せる劍璽を白木の床子に安置す、太政大臣・參議・諸長官竝びに神祇輔・式部頭等廻立殿の庭上に候す、次に御湯の儀あり、侍從之れを上る、畢りて祭服を著し、手水を上らしめたまふ、次に式部頭坊城俊政進みて群僚の名簿を上り、悠紀殿渡御を奏請す、乃ち廻立殿を出御あらせらる、神祇輔前行し、太政大臣之れに次ぐ、宸儀、侍從二人左右に脂燭を秉りて筵道を照し、侍從長二人劍璽を奉じ、侍從四人菅蓋を捧ぐ、次に參議・諸長官・式部頭等扈從し、中山忠能列外に隨行す、玉步悠紀殿に通ずる廊を進ませられ、同殿南面より入御し、玉座に著きたまふ、侍従長劍璽を奉じて南面の簀子に、忠能階上便宜の所に候し、神祇省官吏燭を秉りて階下に候す、次に太政大臣以下扈従の群僚、悠紀殿庭上の幄舎に著く、既にして第三鼓の響くや、神門・中門及び東西腋門を開く、勅奏任官・判任官總代及び悠紀方地方官甲府縣知事土肥實�、西腋門より入りて中門内の幄舎に著く、伶人亦西腋門を入りて版の西に著き、國栖古風を奏し、畢りて悠紀國風を奏す、是の時悠紀方地方官、幄舎を出でて版の東に著く、悠紀國風の一に曰く、

白嶺 巨摩郡

君か代の光にいとゝあらはれて
　かひのしらねのかひはありけり

神祇大輔福羽美靜の作る所なり、其の二に曰く、

青柳里 同郡

大御世の風にしたかふ民草の
　すかたを見する青柳の里

宣教權中博士八田知紀の作る所なり、次に太政大臣・參議・勅任官、庭上の版位に列立し、奏判任

官前庭に列立して一齊に八開手を拍ち、畢りて幄舎に復す、次いで太政大臣、悠紀殿に参進して殿上の廂に候し、神祇輔・式部頭同殿南面の簀子に侍す、第四鼓の報あるや、神祇輔の命に依り、悠紀膳屋より悠紀殿に通ずる廻廊に神饌行立あり、神祇少丞一人警蹕を稱し、少掌典二人左右に燭を秉りて前行す、神饌捧持の掌典・采女・神部等進みて悠紀殿南階の下に至るや、簀子に候せる陪膳・後取の采女二人、次第に之れを取る、又大掌典以下庭積の机代物を列す、天皇更に手水を上らしめたまひて神饌供進の儀を行はせられ、畢りて太政大臣祝詞を奏す、祝詞に曰く、

天皇乃新代乃茂御代乃大御典止今年十一月乃中卯日乃生日乃足日尓大嘗祭仕奉給布止爲弖齋清麻波利造奉礼留是乃悠紀乃大殿乃神牀乃大前尓太政大臣從一位三條實美恐美恐美母白左久高天原尓神留座須皇親神漏岐神漏美乃命以弖天日嗣乃高御座乎天地乃共動久事無久變留事無久堅石尓常石尓定給比之大御詔乃隨尓

天皇乃知食須御代乃初乃天津御饌乃遠御饌乃大嘗聞食須賀故尓先皇神等乃大前尓御服波和妙荒妙御酒波白酒黑酒乎始弖種々乃多米津物乎百取乃机代止置足波志弖太政大臣從一位三條實美乎始弖官々乃長官次官等諸乎率給比阿登母比給比弖神事仕奉給波久乎甘良尓聞食弖天皇乃大御代乎萬千秋乃長五百秋尓立榮志米給比天下内外乃國乃國止云國島止云島落留事無久洩留々事無

久見行志聞食須

天皇乃朝廷乎始弖仕奉礼留親王百官人等乎毛彌助氣尓助給比彌進米尓進給倍止白須事乎聞食世止恐美恐美毛白須

主基次第

次に御直會の儀あり、畢りて手水を執らせらる、次に撤饌あり、第五鼓にして天皇廻立殿に復御す、其の列次前儀の如し、次に勅任官以下中門外の幄舎に退下し、玆に悠紀殿の儀全く畢る、時に午後十時を過ぐ、尚皇后御拜あるべきも、御都合により其の儀あらせられず、十一時主基殿に渡御し、更に御親祭を行はせらる、其の儀悠紀殿に於けるが如し、但し主基方地方官として參列せるは舊花房縣大參事清水豐宜なり、主基國風の一に曰く、

長狹川長狹郡

岩間ゆく水のみとりも長狹河
いさよふ瀬々のすゑふかむらむ

神祇少輔門脇重綾の作る所なり、其の二に曰く、

蓬島同郡

名くはしき蓬かしまは君か代の
なかさ縣の神やつくりし

神祇大錄飯田年平の作る所なり、翌曉午前二時、主基殿御親祭畢る、三時を過ぎて皇居に還幸あらせられ、諸員退出す、乃ち神門及び中門等を鎖し、平明に及びて悠紀・主基兩殿の神座を撤す、是の日陰雲深くして時々微雨至る、是の日より百官に休暇を賜ふこと三日、又十八日諸省奏任官以上及び在京地方官の豐明節會に召されたる者に、十九日非役華族及び諸省判任官に、二十日より七日間庶民に、大嘗祭場の參拜を許す、○太政官日誌、公文錄、神祇省往復、大藏省文書、東京往復、宮内少錄日錄、大嘗祭記、明治四年大嘗會記、明治四年大嘗會式、明治大祀次第手控及附錄、大嘗會參勤交名記、大嘗祭御用留、青山御所御納戸日記、桂宮日記、嵯峨實愛日記、吉井友實日記、冷泉爲理日記、山口正信日記、法令全書

豐明節會

十八日　大嘗の大祀畢れるを以て豐明節會を行ひたまふ、正午節會に召されたる太政大臣・參議・諸省奏任官以上竝びに在京の府・縣・開拓使勅任官、各々直垂を著して參内す、午後一時直衣を著して大廣間に出御、御帳臺の御座に著きたまふ、諸員磬折す、神祇大輔福羽美靜進みて、諸員起立の間に天神壽詞を奏し、畢りて諸員拍手す、次に太政大臣三條實美宣命を捧讀す、曰く、

天皇乃大命尓坐世今年十一月乃今日乃生日乃足日尓大嘗乃直會乃豐明聞食須賀故尓親王百官人等悠紀主基乃二國乃仕奉礼留黑酒白酒乃大御酒乎赤丹乃穗尓海川山野乃種々乃物等乎母賜波利惠良岐弖罷礼止宣留

天皇乃大命乎諸聞食世止宣留

次いで式部頭坊城俊政、悠紀・主基兩國獻物の色目を捧げて進み、悠紀方地方官は悠紀國獻物の搗

栗・白柿・絹を取り、主基方地方官は主基國獻物の干鮑を取りて羅列す、式部頭乃ち獻物を奏す、畢りて白酒・黑酒各四坏を供せしめ、諸員に各一坏を賜ふ、次に玉食を銀盤に盛りて供せしめ、諸員に饗饌を賜ふ、既にして御箸下る、諸員之れに應ず、國栖奏畢りて次第の物を供せしめ、又之れを諸員に賜ふ、是の間、悠紀・主基の國風を奏し、久米舞・舞樂あり、畢りて入御あらせられ、諸員退出す、時に午後五時なり、尙各省の判任官以下竝びに府・縣・開拓使の奏任官以下には各官廳に於て、地方出張の官吏には其の地に於て、神宮祭主以下には神宮司廳に於て、官國幣社宮司以下には各管轄府縣廳に於て各〻饗饌を賜ひ、兵學寮・東南兩校及び中小學入舍寄宿の生徒にも等外官吏と等しく酒饌を賜ふ、又京都にありては、天皇御贈進の饗饌を皇太后に供し、女官・三仲間等に至るまで酒饌を賜はる、又正午留守宮內省に於て幟仁親王・邦家親王・貞愛親王・晃親王・守脩親王・智成親王及び京都府在勤勅任官・留守宮內省奏任官等に饗饌を賜ふ、是の日又各國公使等を延遼館に召して日本料理の饗饌を賜ふ、乃ち午後六時伊太利國特派全權公使を始めとして和蘭・西班牙・佛蘭西・亞米利加合衆國等各國公使及び伊太利・獨逸・西班牙・佛蘭西四國公使館書記官等參席す、外務卿輔以下外務省官員・神祇省官員等之れが接伴に當り、伶人樂を奏す、外務卿副島種臣起ちて大嘗祭の旨趣と賜饌の所以とを演述す、伊國公使總代として祝辭を陳べ、一同和蘭國公使の

各國公使等に賜饌

發聲に和して祝盃を擧ぐ、次に外務卿の答辭あり、而して宴畢る、又大阪・神奈川・兵庫・新潟・長崎・函館各港在留の領事以下には在留地に於て、各省雇外國人には各省に於て各〻饗饌を賜ふ、但し文部省にありては十九日を以て賜はり、文部卿大木喬任の祝辭あり、東校雇獨逸國人ドクトル・レヲポール・ミュルレル答辭を述ぶ、尙御親兵砲隊、昨十七日日沒時、日比谷門外操練所に於て祝砲二十一を發し、是の日又同所に於て祝砲を發すること日出二十一・正午百一・日沒二十一、又正午神奈川砲臺・內外諸軍艦祝砲の禮を行ふ、御親兵步兵・騎兵兩隊は日比谷門外操練所に於て、東京鎭臺兵は水道橋內操練所に於て各〻飾隊式を行ひ、海軍諸艦船は昨日より十九日に至る迄、國旗及び信號旗等を檣上に掲揚して祝賀の意を表す、〇太政官日誌、公文錄、例規錄、大嘗祭記、明治四年大嘗會式、大嘗祭參勤交名記、大藏省文書、神祇省往復、御布告留記、宮內少錄日錄、京都宮內省錄日記、青山御所御納戸日記、伏見宮家日記、嵯峨實愛日記、吉井友實日記、冷泉爲理日記、橋本實麗日記、法令全書

光格天皇例祭

十九日　光格天皇例祭を神祇省に於て行ふ、仍りて侍從綾小路有良を勅使として參向せしめたまふ、〇祭祀錄、青山御所御納戸日記

豐明節會

午後一時大廣間に出御し、麝香間祗候・非役華族等を召して豐明節會を行はせらる、其の儀昨日に同じ、但し天神壽詞の奏及び悠紀・主基兩國獻物の奏なし、四時儀畢りて入御あらせらる、又京都府廳に於て同府在住の麝香間祗候・非役華族・同府在勤奏任官以下及び伏見・北白川兩宮家令等に、

留守宮内省に於て宮中勤番等に賜饌あり、○太政官日誌、例規錄、東京往復、明治四年大嘗會記、嵯峨實愛日記、冷泉爲理日記、山科言繩日記

二十日　從二位大原重德、多年國事に勤勞し、殊に老齡に及びて勵精なりしを嘉し、特旨を以て邸宅を東京本所横網町舊菊間藩邸に於て賜ふ、○太政官日誌、官符原案、詔勅錄附錄、內史日錄、諸家系譜

宮中勤番を宮內省九等出仕と爲す、又內豎を宮內省に置き、兒を廢す、尋いで從五位池田輝知十二歳・同勘解由小路資承十二歳・堤龜麿十一歳・澤長麿十四歳を內豎に任ず、內豎は九等官にして、交代して二人隔日に奉仕す午前九時出勤し、翌日午前九時退出す、天皇の御動靜・御用向等に關しては、之れを口外することを嚴禁せらる、○太政官日誌、公文錄、官符原案、例規錄、進退錄、宮內省要錄、內史日錄、東京往復、嵯峨實愛日記、諸家系譜

横須賀造船所に行幸

二十一日　工部省所轄横須賀造船所に幸す、横須賀造船所は舊と横須賀製鐵所と稱し、舊幕府の經營する所にして、其の工務を開始せるは慶應二年二月に在り、爾來數箇所の工場を設置し、造船事業に於て殆ど闕くる所なきに至れり、其の工場に於ける機械の總數百十六、之れを運轉する蒸氣力百八十馬力、熔礦其の他鑄錬用の爐竈を設くること五十箇所、又同所に於て建造せる汽船・浚泥船及び起重船等合せて十隻、其の總噸數七百四十噸なり、而して本所創立以降今年六月に至る迄の經費全額は百五十八萬七百九十一弗にして、現時著手せる工事の主要なるものは第二號船渠の築造及び倉庫の建設なり、是の月十三日、天皇其の情況を叡覽したまはんがため、横須賀に行幸あらせら

るべき旨を仰出さる、是の日、午前七時馬車に駕して御出門、太政大臣三條實美・宮内卿德大寺實則・侍従長河瀬眞孝・宮内大輔萬里小路博房・式部頭坊城俊政及び侍従・侍醫等扈從す、參議大隈重信・同板垣退助・左院副議長江藤新平亦先著供奉を命ぜられしが、所勞の故を以て拜辭す、騎兵の前後を分衞するもの五十騎、濱離宮に小憩あらせられ、八時端艇に乘御す、兵部少輔川村純義・海軍少將中牟田倉之助等奉迎し、諸艦長各艦の端艇に乘じ、左右を警衞して進む、朝來國旗・諸信號旗を掲げて奉迎せる諸艦、登桁の禮水卒檣上に昇りて帽を脱し、奉拜の祝聲を三唱す、を行ひ樂を奏す、九時品川沖に於て龍驤艦に移御、艦長海軍中佐伊東祐麿の奉迎を受け、右舷より甲板に上らせたまふや御旗大檣頭に飜り、士官・水兵等整列して敬禮を行ふ、諸艦祝砲式の如し、十一時二十分品海を發したまふ、日進・鳳翔の二艦及び汽船東京丸等供奉す、是の日快晴にして海面鏡の如し、御晝餐に西洋料理を取らせられ、畢りて將臺に出御、消火練習を覽たまふ、防火隊を上甲板に、水銃器を中甲板に配置して之れを行ふ、又逆風準備・大砲固紮等の操練を天覽に供す、午後三時横須賀に著したまふ、在港諸艦祝砲等式の如し、佛蘭西國軍艦の碇泊せるもの亦祝砲を發す、先著供奉の文部卿大木喬任・神祇少輔門脇重綾・大藏少輔吉田清成・宮内少輔吉井友實・工部省工學頭山尾庸三・同鑛山頭井上勝及び神奈川縣令陸奥宗光・工部省造船權頭平岡通義等奉迎す、横須賀造船所新廳舍前波止場より御上陸、新廳舎に入りたまふ、少時御休憩の後、庸三・通義を前導として大小鍛冶所・製罐所・鑄造所・鑪所を御巡覽、五時三十分向山行在所（横須賀村）に入御あらせらる、造船寮鮮魚を獻る、警衛として曩に派遣せられたる御親兵二小隊あり、其の各半小隊は行在所を奉護し、他は村内を巡邏す、○太政官日誌、公文錄、行幸錄、幸啓錄、横須賀行幸記、宮內少錄日錄、宮內省要錄、大藏省文書工部第一類同議書、工部省往復留、海軍省往復留、太政官編册、鴻鯉錄、嵯峨實愛日記、吉井友實日記、横須賀海軍船廠史、明治四年横須賀造船所行幸海軍天覽記、行幸啓ニ關スル記錄、法令全書、有地品之允談話

横須賀造船所御巡覽

二十二日　午前九時騎馬にて造船所に幸し、製綱所・滑車製造所・建具所・木挽機械所を御巡覽、次に造船場に至り、修船架船降し、第一號船渠の水入及び船の出入を天覽あり、畢りて新廳舎に入りたまふ、午後二時造船所首長佛蘭西國人ウェルニー・同副首長同國人チボヂー・同醫師同國人サバチェーを引見し、造船の諸場能く整備し、其の基業始めて成れるを喜びたまひ、其の勤勞を嘉する旨の勅語を賜ふ、ウェルニー奉答する所あり、尋いで再び造船場に幸し、水潛叡覽の後、第二號船渠礎石設置の式に臨御あらせらる、是れより先、工部省、天皇の礎石を据ゑたまはんことを式部寮に申請せしが、天皇、太政大臣をして之れを行はしめたまふ、礎石は中央に穴を鑿ちて二十圓金貨一個を箝入し、鉛湯を注ぎて固定す、畢りて輕氣球・重荷昇降機械を覽たまひ、次に端艇に乘御して横須賀港內を御巡航、浚泥機械の運轉を天覽あり、五時行在所に還幸あらせらる、是の日、ウ

エルニー、チボデー、サバチェーに各〻白紋縮緬一匹を、其の他雇外國人士官五人に各〻白海氣織一匹を、同諸職頭目以下に酒肴料を賜ふ、又工部省七等出仕兵動喜知及び造船大屬志村知常等三人が多年の勤勉を賞し、喜知に金一萬疋を、知常等三人に各〻金五千疋を賜ひ、酒肴料を造船寮官吏・同生徒・水火夫以下及び供奉・出張の工部省官吏・神奈川縣令・御親兵二小隊・金澤縣兵一小隊・神奈川縣邏卒等に賜ふ、○太政官日誌、公文錄、行幸錄、横須賀行幸記、德大寺實則萬里小路博房書翰、吉井友實書翰、大藏省文書工部第一類同議書、横須賀海軍船廠史、明治四年横須賀造船所行幸海軍天覽記、行幸啓ニ關スル記錄

府縣の廢合

曩に廢藩置縣を行ふや、行政區劃を整理せんがため、山河の形勢を覽、人情風俗の異同を察して府縣の廢合を計畫す、乃ち是の月二日、播磨・丹波・丹後・但馬・磐城・岩代・陸前・陸中・陸奥・羽前・羽後の五十縣を廢して新に十三縣を置き、十三日、關東七國及び伊豆國の一府六十二縣を廢して更に一府十縣を置き、十四日、西海道の三十三縣を廢して更に十一縣を置き、十五日、山陰・山陽・南海諸道の十五國及び駿河・遠江・三河三國の四十九縣を廢して更に十六縣を置き、二十日、北陸道の七國及び攝津・飛驒・信濃・甲斐四國の一府四十一縣を廢して更に一府十二縣を置き、是の日、畿內の四國及び伊賀・伊勢・志摩・尾張・美濃・近江・紀伊・丹波八國の一府五十一縣を廢して更に一府九縣を置く、而して縣令等の新任せらるゝ者多し、是に於て府縣の數は舊に依れる群

馬縣を合せ、全國を擧げて三府七十二縣と爲り、郡縣の制始めて整ふ、又是の月、新縣取計心得を頒ち、十二月、假に府縣の班次を定む、○太政官日誌、公文錄、勅奏辭令錄、任解日錄、御布告留記、公卿補任、歲入出決算報告、法令全書

三府七十二縣と爲す

舊櫛羅藩知事永井直哉、祖先の遺金五百圓を櫛羅縣債償卻のため提供せんことを請ふ、是の日、之れを聽許す、○內史日錄、太政類典

横須賀より還幸

二十三日　午前七時向山行在所御出門、內浦より端艇に乘御して東京丸に移りたまふ、諸艦長各艦の端艇に乘じて護衞し、諸艦祝砲等の禮を行ふこと式の如し、七時五十分錨を揚ぐ、御船の猿島沖に達するや、第一艦隊・第二艦隊の諸艦奉迎し、海軍少將中牟田倉之助指揮の下に大砲發射を天覽に供す、春日艦先づ進みて、猿島に設くる所の標的に對して發射す、續いで第一丁卯・孟春・龍驤・筑波交〻砲門を開き、畢りて御船の後方に退くや、第二艦隊五隻の內甲鐵・第二丁卯・鳳翔・日進の四艦徐々に進みて發射す、各艦隊發する所の砲丸、小は十二斤より大は三百斤に及び、砲彈能く命中す、十一時四十分艦隊運動を了へ、諸艦御船を警衞して品海に向ふ、是の日、北風烈しくして波浪高く、爲に第二艦隊に屬する千代田形艦の如きは揚錨して發射の列に加はること能はず、御船の動搖亦頗る甚し、太政大臣を始め供奉の諸臣、概ね船暈して起つこと能はざりしが、龍顏麗しく玉體平日に異ならせられず、午後一時五十分品川沖に著したまひ、端艇を以て濱離宮に御上陸、

海軍演習を御覽

五時二十分還幸あらせらる、二十一日御發輦より本日に至る三日間、麝香間祗候中山忠能・同德川慶勝・同松平慶永・同嵯峨實愛命に由り交代して禁中に宿直す、天皇橫須賀に幸せらるゝや、一日諸臣等と記念の撮影を爲したまふ、宸影は小直衣・切袴を著し、金巾子を冠し、扇子を把りて椅子に凭りたまへり、侍從太刀を捧げて後方に侍立し、右方前面に太政大臣直垂を著して侍坐し、左方前面に內豎二人洋服を著して侍坐す、其の他蹲踞する者、佇立する者總て二十人、中に外國人二人あり、ウェルニー等なるべし、又羽織・袴を著せるは三人にして、他の十七人は孰れも洋服を著す、是れ蓋し聖體を撮影せしめたまへる始なるべし、○太政官日誌、行幸錄、幸啓錄、橫須賀行幸記、宮內少錄日錄、大藏省文書工部第一類同議書、嵯峨實愛日記、吉井友實日記、明治天皇橫須賀行幸寫眞、橫須賀海軍船廠史、明治四年橫須賀造船所行幸海軍天覽記、行幸啓ニ關スル記錄、法令全書

二十七日　大嘗會了れるを以て、皇后と倶に祝宴を內廷に開きたまふ、太政大臣三條實美・大嘗會御用掛中山忠能・宮內卿德大寺實則・宮內大輔萬里小路博房・同少輔吉井友實等召されて陪す、○女官日記、吉井友實日記

宣教權中博士兼神祇大錄本居豐穎を宮內省七等出仕に補す、○進退錄、宮內少錄日錄、任解日錄、東京往復

曩に御脈拜診は每日大侍醫・權大侍醫各一人參朝して奉仕し、少侍醫・權少侍醫の內一人及び藥室掛員一人日々宿直することと定め、又皇后平日の拜診は侍醫二人宛隔日に候することと定む、但し

正権大侍醫は其の宿直を免ぜらる、又遠地行幸の際に於ける供奉侍醫は臨時に之れを命じ、東京郭内行幸には當直侍醫供奉することと定めらる、是の日、之れを侍醫に傳達す、○例規錄、宮内省要錄

日澳修好通商條約の批准

二十八日　明治二年九月、澳地利洪噶利國と修好通商航海條約二十四條及び交易定則十一則を締結し、東京に於て彼我全權委員既に調印を了すと雖も、未だ批准を經るに至らず、同國辨理公使ヘンリー・カリッセ、批准書交換の使命を齎して是の月二十三日東京に著せるを以て、是の日、外務卿副島種臣・外務大輔寺島宗則に勅して其の事に當らしめたまふ、勅に曰く、

今般我國澳地利國ト和親貿易本條約ヲ交換ス爾種臣宗則等ニ命シ其事ヲ掌トラシメ委スルニ全權ヲ以テス爾種臣宗則等其レ朕カ意ヲ體シテ以テ能ク其事ヲ了セヨ

而して鈐するに御璽を以てしたまふ、全權委任の勅書に御璽を鈐するは之れを始とす、爾後以て例と爲す、十二月三日、澳國公使拜謁の禮畢るの後、延遼館に於て外務卿輔と同公使との間に條約批准書の交換を了す、從來條約批准書は御璽の下に、太政官長官署名捺印して奉勅するの例なりしが、之れを改めて外務卿の奉勅と爲す、○公文錄、官符原案、皇國駐在外國使臣履歷附錄、條約彙纂、明治史要

二十九日　舊堀江藩知事從四位大澤基壽、明治元年家臣金澤利勝等の申出に任せ、海岸等の開墾を名として采地一萬石餘なりと上申し、以て藩屏に列せられしが、今次上地に方りて其の詭言暴露せ

るを以て、是の日、基壽に命ずるに位記返上を以てし、且降して士族と爲し、禁錮一年に處す、利勝等四人亦禁錮一年半に處せらる、○太政官日誌、公文錄、勅奏辭令錄

節朔祭御拜等の制を定む

是の月　節朔祭御拜等の制を定めたまふ、賢所等御日拜は、東幸以降宮中神祇道を家職とせし白川資訓に代拜を命じたまひ、資訓私宅に於て之れを奉仕す、神祇大輔福羽美靜・同少輔門脇重綾以爲らく、御代拜を私宅に於て奉仕するが如きは頗る條理に背けるのみならず、資訓既に家職を廢せらる、宜しく資訓の御代拜を停め、更に節朔祭・旬祭・日供の制を定めらるべしと、乃ち案を具し連署して建言す、是の月、之れを制可せらる、其の儀、元三・人日・上元・上巳・端午・七夕・中元・重陽・除夜の節祭竝びに月朔祭には午前七時賢所便殿に出御、神祇大輔賢所・皇靈を開扉し、大掌典以下神饌を供し、神祇大輔祝詞を奏し畢るの後、内陣に進御ありて賢所・皇靈を拜し、次に御拜殿に出御して皇太神宮・豐受太神宮・神武天皇畝傍山東北陵・孝明天皇後月輪東山陵及び氷川神社・賀茂兩社・男山八幡宮・熱田神宮・鹿島神宮・香取神宮の各官幣社を遙拜したまふことと定む、但し出御なき際は御手代を任じたまふ、又旬祭卽ち毎月十一日・二十一日の祭典には內掌典賢所・皇靈開扉の儀を行ひて神饌を供し、侍從御代拜を奉仕することと爲す、日供の次第亦同じく、且侍從御代拜奉仕の後、皇太神宮以下の御遙拜をも代りて奉仕す、○公文錄、祭祀錄

丁抹國大北電信會社布設の長崎上海間海底電線竣成せるを以て、假に郵便の制を東京長崎間に設け、十二月五日より之れを施行することとし、其の郵便規則を布告し、且是の歳三月以降施行せる東京大阪間の郵便規定を改正す、○太政官日誌、公文錄、法令全書

東京長崎間郵便の制を設く

十二月

一日　亞米利加合衆國人イー・ペシャイン・スミス、政府の聘に應じて渡來し、職を外務省に奉ず、乃ち是の日、午前十時山里御苑の御茶屋に於て謁を賜ひ、我が國、外邦と交誼を結ぶ日猶淺くして、其の條規・公法等未だ詳悉せざる所あり、宜しく浩博なる學識を以て後來の規模を開き、交際の條理を明かにすべしとの旨を宣ふ、スミス、聖恩の深きを感謝し、鞠躬盡力せんことを奉答して退く、○外事錄、勅語錄、勅語言上

外務省雇スミスを御引見

二日　曩に德川慶勝・松平慶永・嵯峨實愛・毛利元德・島津忠義等麝香間祗候に國事諮詢を命じ、二の日を以て每月參朝せしめられしが、自今其の定日を廢し、時に臨みて之れを召すことと定めたまふ、尋いで慶勝等相議し、每月五の日を以て參朝し、天機を奉伺することと定め、是の月十五日より之れを行ふ、○內史日錄、嵯峨實愛日記、鴻鯉錄

舊一ノ關藩知事田村崇顯、舊藩債を私債として償却せんことを請へるを以て、是の日、之れを聽許

す、〇内史日錄、華族家記、太政類典

澳國公使國書を捧呈す

三日　澳地利洪噶利國代理公使ヘンリー・カリッセ、今般辨理公使に任ぜられ、且條約批准書交換の使命を帶びて再び東京に來著せるを以て、拜謁を請ひ、是の日、午後一時同國軍艦ファサナ號艦長フォンク以下六人を隨へて參內す、乃ち大廣間に出御して之れを引見したまふ、公使參進して來任の辭を言上し、且近く維也納に於て博覽會を開かんとするを以て、日本國の參加を希望する旨を陳上して國書を捧呈す、立御して之れを受けたまふ、公使復座し、更に進みて一書を捧呈し、往年條約締結の際、全權使節ペッツの受けし恩遇と、ペッツに託して物品を贈らせられし厚意とを謝したまふ皇帝の親書なりと言上す、立御して之れを受け、其の旨を領承あらせられ、博覽會參加の件は尙執政に命ずる所あるべしと答へたまふ、是の日、公使迎接等の儀例の如し、但し公使の大廣間に參進するや、大臣其の名を披露するの例なるを外務卿之れを披露し、以て恆例とす、五時公使及び隨從者を延遼館に召して酒饌を賜ひ、外務卿輔・宮內少輔・式部頭等をして接伴せしめたまふ、尋いで是の月十三日、參議大隈重信・外務大輔寺島宗則・大藏大輔井上馨に命ずるに、澳地利國博覽會御用掛を以てせらる、〇太政官日誌、外事錄、勅語錄、勅語言上、宮內少錄日錄、內史日錄、皇國駐在外國使臣履歷附錄、諸家履歷

外山光輔愛宕通旭等の斷罪

曩に華族從四位外山光輔・同愛宕通旭を捕ふるや、十月十五日光輔の位記を褫ひて之れを京都府に

檻し、又九月八日通旭の位記を褫ひて之れを東京府に拘せしが、各〻朝憲を蔑如し、不軌を謀れること顯然たるを以て、是の日、命ずるに自盡を以てし、通旭に黨せし愛宕家家臣比喜多源二・同安木劉太郎・秋田縣士族初岡敬治・同中村恕助・舊柳河縣士族古賀十郎を庶人に降して源二・敬治・十郎を斬に處し、劉太郎・恕助竝びに光輔に黨せし外山家家臣高田修・菊亭家家臣矢田隆男・同父矢田穩清齋及び立石正助・三宅瓦全を終身禁獄に處す、但し修及び穩清齋父子は之れを降して庶人と爲す、又山口藩逋逃を隱匿し陰に異圖を蓄へし舊久留米藩士小河眞文を庶人に降して斬に處し、同藩大參事たりし水野正名、同じく權大參事たりし吉田博文、中監察たりし島田莊太郎を庶人に降して、正名・博文を終身禁獄に、莊太郎を禁獄十年に處し、翌四日、舊藩知事有馬賴咸の失政を譴めて三十日の閉門を命ず、此の他光輔・通旭・眞文等に與して連坐する者頗る多し、○太政官日誌、太政官日記、愛宕通旭一件、保古飛呂比、久留米藩難記、下橋敬長談話筆記

舊館藩知事松前修廣、家祿五分の四及び賞典祿五百石を割きて舊館縣負債償卻のために提供せんことを請へるを以て、是の日、之れを聽許す、○太政類典

天皇皇后の牛乳御飲用

四日　宮內卿德大寺實則、典侍廣橋靜子を以て皇后に勸むるに、牛乳を滋養として取りたまはんことを以てす、乃ち本日より侍醫に命じて之れを供進せしめたまふ、天皇亦十一月より日々兩度飲用

したまひしが如し、但し後年は珈琲等に和して用ゐらるゝに過ぎざりしと云ふ、○女官日記、新聞雑誌、藤波言忠談話

五日　大嘗會の大禮了れるを以て慶賀の聖意を表したまひ、曩に三種二荷・白綾二十巻・白銀二十枚代料金十五両を皇太后に贈進したまふ、是の日、京都大宮御所に到達す、皇后亦鮮鯛一折を贈進したまふ、○青山御所御納戸日記

舊丸岡藩知事有馬道純、家祿を割きて舊丸岡縣負債償却のために提供せんことを請へるを以て、是の日、之れを聽許す、○太政類典

七日　頃日感冒に罹らせられしが、本日に至り御症狀輕快と爲らせらる、○宮内少録日錄

九日　左院式を定め、議官等の勤務時刻、議事堂の席順、正院の垂問事項竝びに議官・議生・集議院の建議の取扱、議事の方法等に就きて規定し、尋いで二十七日、同院の事務章程を改定す、○公文錄

左院式を定む

十日　天皇親ら兵馬の大權を攬りたまはんの叡慮あるを以て、軍隊指揮の練習を勵みたまはんとし、東京府士族陸軍少佐岡田善長を御練兵御用掛と爲したまふ、尋いで十五日、華族兵部省七等出仕大河内正質に命ずるに同御用掛を以てせらる、○岩倉具視書翰、高等官履歴、華族履歴、村田經芳談話

御練兵御用掛を置く

十二日　津守國美・北島全孝・千家尊澄を華族に列せらる、津守家は天火明命の末葉にして、世々官幣大社住吉神社に奉仕し、北島・千家の二家は天穗日命の裔孫、世々出雲國造として官幣大社出

津守北島千家三氏を華族に列す

雲大社に奉仕す、〇太政官日誌、公文錄、勅奏辭令錄

御講學

十三日　宮内省七等出仕元田永孚論語を進講す、日本外史進講の定日なれども、思召に由りて之れを變更せらる、〇宮内少錄日錄

十四日　皇太后御誕辰なるを以て、御贈進あり、鮮魚一折代料二千疋・寄肴一折代料三千疋を贈進したまふ、皇后亦鮮魚一折・寄肴一折を代料を以て御贈進あり、吹上御苑の御養蠶所に於て織らしめたまへる綸子一反・絹一反をも併せ贈らせらる、又曩に天皇の皇太后に贈進したまへる袿仕立の御服一領、是の日、大宮御所に到達す、〇京都宮内省錄日記、青山御所御納戸日記

治水・修路は地方の要務にして、殖産興業の基本たり、故に有志の者、或は獨力を以て、或は會社を組織して水行を疏し、險路を開き、橋梁を架する等交通運輸の便益を起さば、竣功の後其の功費を按じ、年限を定めて路錢権收の恩典を付與すべきことを地方官に令し、之れを各管内に布告せしむ、〇太政官日誌、公文錄

御親兵操練を御覽

十五日　去月二十八日御親兵操練天覽のため日比谷門外操練所に幸せんとせしが、偶〻前日の雨雪により場内泥濘甚しきのみならず、感冒に罹りたまへるを以て之れを稽延し、是の日、午前十時騎馬にて幸す、前驅に次ぐに騎兵二十五騎、次に侍從一人、參議板垣退助・同大隈重信・太政大臣三

條實美等羽織・袴を著して之れに次ぐ、宸儀、侍從數人左右に列し、一人御劒を捧げて扈從す、次に侍從長二人・宮內大少輔二人・同少丞二人、次に騎兵二十五騎殿す、操練所に著御あらせらるゝや、先著供奉の參議西鄕隆盛・式部頭坊城俊政及び左院・諸省の長官或は次官等の奉迎を受け、直に玉座に著御、尋いで陸軍大佐谷干城の指揮せる御親兵八番大隊・九番大隊・三番砲隊・四番砲隊及び騎兵隊の操練を天覽あり、午後二時還幸あらせらる、御親兵一番・二番・三番・五番・七番の各大隊及び一番・二番砲隊は演習中にて參加せず、○行幸錄、宮內少錄日錄、陸軍省大日記、陸軍祕史局送達日記、嵯峨實愛日記

獸肉の供進

十七日　肉食の禁は素と浮屠の定戒なるが、中古以降宮中亦獸肉を用ゐるを禁じ、因襲して今に至る、然れども其の謂れなきを以て爾後之れを解き、供御に獸肉を用ゐしめらる、乃ち內膳司に令して牛羊の肉は平常之れを供進せしめ、豕・鹿・猪・兎の肉は時々少量を御膳に上せしむ、○宮內省要錄、例規錄、東京往復

本日より御車寄以下總て靴の儘昇降することを許す、然るに往々草履を用ゐる者ありて不體裁なるを以て、二十七日、令して靴以外の使用を嚴禁す、○太政官日誌、雜事錄、例規錄

華士族卒の營業を許す

十八日　官吏にあらざる華士族及び卒の農工商の業を營むを許す、尋いで士族・卒の農商に歸する者に家祿五箇年分を一時に給するの制を廢す、○太政官日誌、公文錄、法令全書

舊高槻藩知事永井直諒、家祿を割きて舊藩債の償却に充てんことを請ふ、是の日、之れを聽許す、〇太政類典華族家記

舊銅貨の價位を定む

十九日　明治元年舊銅貨の價位を定めしが、僻遠の地にありては私に相場を建て、人民の難儀亦尠からざるを以て、今般新貨幣發行に當り、更に其の價位を比較商量して、天保通寶を八厘、寛永通寶所謂青波錢を二厘、文久永寶を一厘半、寛永通寶所謂耳白錢等を一厘と定め、以て新貨幣・金札と混用せしむ、尙舊銅貨一口の受授を一圓と限り、若し超過せば受授を拒むことを得しむ、〇太政官日誌、公文錄、法令全書

舊茂木藩知事細川興貫、舊藩債を私債として償却せんことを請へるを以て、是の日、之れを聽す、〇太政類典

ミュルレル及びホフマンの拜診

二十日　午前十一時東校雇教師獨逸國人ドクトル・レヲポール・ミュルレル、同ドクトル・テヲドール・ホフマンを小御所代に召して謁を賜ひ、畢りて御學問所代に於て二人をして拜診せしめたまふ、〇宮内少錄日錄、吉井友實日記

賢所御神樂

二十三日　賢所御神樂あり、其の儀、午後三時神殿を裝飾し、次いで祭典奉仕の神祇省・式部寮及び宮内省の官吏竝びに大臣・參議・諸省卿・東京府知事等著床するの後、賢所便殿に出御あらせらる、太政大臣三條實美神殿に昇りて外陣の東南に、神祇輔同東北の簀子に著く、次に開扉を行ひ神

饌・幣物を供す、從一位中山忠能御手代たり、次いで內陣に進御あり、參議・諸省卿進みて神殿の簀子に候す、太政大臣賢所神前に進みて祝詞を奏す、畢りて御拜あり、玉串を奉りたまふ、御鈴例の如し、次に太政大臣皇靈神前に進みて祝詞を奏す、畢りて御拜あり、玉串を奉りたまひて便殿に復御、太政大臣以下外陣に於て拜禮し、神祇省・式部寮・宮內省奏任官以下庭上に於て拜禮す、次に庭燎を點じ御神樂を奏す、畢りて神饌を撤す、是の間に人長執る所の榊の枝を侍從を以て上る、次に閉扉の儀ありて入御あらせられ、各〻退出す、是れ本年更正せらるゝ所の儀なり、○太政官日誌、祭祀錄、宮內少錄日錄、法令全書

兵部省軍備擴張を建議す

二十四日　廢藩置縣の行はるゝや、兵部大輔山縣有朋・同少輔川村純義・同西鄉從道等、軍備の新制を立つべき時機熟せりと爲し、連署して內地の守備、沿海の防禦及び軍須充實の急務なるを建言す、其の大要に曰く、方今我が國鎭臺の設あり、又數隻の軍艦ありと雖も、未だ以て外に備ふるには足らず、今や封建の制廢せられて郡縣の治と爲り、海內の形勢一變するの時に方り、宜しく速かに廟謨を定めて國防の大計を確立すべきなり、而して其の議三あり、第一は內治の守備にして、常備・豫備の二兵を置くこと是れなり、殊に常備兵の設置は一日も猶豫すべからず、須く各府縣の大小廣狹に應じ、勇敢の丁男を選びて練磨し、以て緩急に應ぜしむべし、豫備兵は平時は家に歸り、

事有るの日徴集するものにして、歐洲各國孰れも之れを備へざるはなし、本邦亦其の制を定め、二十歳の男子にして身體强壯且家に故障なき者は、士庶を論ぜず之れを隊伍に編し、碁年にして更番家に歸らしむべし、然る時は、民として兵ならざるはなく、所として守備あらざるはなし、第二は沿海の防禦是れなり、卽ち專ら戰艦・海岸砲臺を築造するを要す、我が國四面皆海なれば、大に海軍を皇張して國土を保護すべく、且防禦線を定めて平時より其の守備を嚴にし、民をして安んずる所あらしむべきなり、第三は海陸兩軍の材本を造ること是れなり、卽ち兵學寮・造兵司・武庫司の擴張を圖り、以て各國の人材を聘して士官を養成し、兵器・軍糧を自給するに至らしむべきなり、今や露西亞國はセバストポールの盟約を破りて戰艦を黑海に繫ぎ、又益〻南進して印度に及び、或は東方經略の機を窺ひて我が北門に迫らんとす、宜しく宇内の大勢を察し事の先後緩急を計り、以て廟謨を確立せられんことを希ふ云々、〇法規分類大全、徵兵制度及自治制度確立ノ沿革、陸軍省沿革史

孝明天皇例祭

二十五日　孝明天皇例祭、其の儀、午前六時神殿を裝束し、次に祭典奉仕の神祇省・式部寮及び宮内省の官吏著床して皇靈を開扉し、供饌の儀を行ひ、神祇大輔福羽美靜、本日親祭あらせらるゝ旨の祝詞を奏し、而して撤饌・閉扉を行ひ、畢りて各〻退出す、尋いで十一時、祭典奉仕の諸官に次ぎて諸官省勅任官以上・東京府知事等著床するの後、賢所便殿に出御あらせらる、太政大臣・參

議・左院議長・諸省卿便殿南の簀子に候す、次に太政大臣三條實美神殿外陣の東南に、神祇輔同東北の簀子に著く、次に皇靈を開扉し、御手代中山忠能、神饌・幣物紅白の絹各五匹を供進す、乃ち内陣に進御あり、參議・左院議長・諸省卿神殿に昇り、太政大臣進みて祝詞を奏す、次に御拜あり、玉串を奉りたまひて便殿に復御、太政大臣以下外陣に於て拜禮し、次に幣物・神饌を撤し、閉扉の儀ありて入御あらせらる、次に神祇省・式部寮・宮内省奏任官以下の拜禮ありて各〻退出す、正午皇后御拜あらせらるゝ豫定の所、御都合に依り遽かに女官をして代拜せしめたまふ、午後六時庭燎を點じ、奉仕の諸官著床するや、便殿に出御、次に皇靈を開扉して供饌の儀あり、神祇大輔の祝詞に次ぎて御神樂を奏す、次に神饌を撤す、是の間に人長執る所の榊の枝を侍從を以て上る、閉扉の儀了りて入御あらせられ、各〻退出す、是の日又、後月輪東山陵に於て祭儀を行はしめらる、其の儀、午前十時神祇省官吏・地方官著床し、中掌典吉田良義祝詞を奏し、次に神饌・幣物五色絹・絁・絲・布・倭文・木綿・麻を供し、次に宣命使神祇少輔門脇重綾參向して玉串を奉り、宣命を奏して退出す、次に幣物・神饌を撤し各〻退出す、宣命に曰く、

天皇乃大命尓座世掛卷茂恐支後月輪東山陵乃大前尓神祇少輔正五位門脇重綾乎使止爲氏白給波久止白左久

今年十二月乃今日乃祭尓御幣帛奉出志給布此狀乎聞食氏天皇乃大朝廷乎始氏仕奉留百官人等乎母平氣久安

氣久彌榮尓榮志米給倍止宣留天皇乃大命乎聞食世止恐美恐美母白須

是の日、麝香間祗候・奏任官等をして午前八時より同十時の間に於て、判任官等をして正午より午後四時の間に於て各〻賢所に參拜せしめ、又休暇を百官に賜ふ、○太政官日誌、祭祀錄、後月輪東山陵御例祭次第、神祇省往復、大藏省文書工部第一類同議書、熾仁親王御日記、嵯峨實愛日記、法令全書

二十六日　太政大臣三條實美及び參議大隈重信・同板垣退助を御學問所代に召し、歲末慰勞として各〻金一封を賜ふ、又清國より贈進せる諸品を頒ち賜ふ、尙參議西鄕隆盛病氣のため參內を拜辭す、○吉井友實日記

明年の新年式を定め、之れを令達す、乃ち元日午前四時四方拜を、元日・二日・三日・七日・十五日午前六時小御所代に於て晴御膳の儀を、元日午前七時・同九時朝拜を、二日午前十時判任官以下の賀正を、三日午前八時元始祭御親祭を、同日正午行幸始と稱して神祇省神殿御拜を、四日午前八時神宮・賀茂兩社・氷川神社奏事始竝びに政始を、五日・六日午前十一時新年宴會を、七日午前十時御講書始を、八日午前十時陸軍始を、九日午前十時海軍始を、十日午前十時御乘馬始を、十八日午前十時歌御會始を、二十日午前十時社職朝拜を、二十一日午前十時僧侶朝拜を行はせらるることと定む、○儀式祭典錄、法令全書

舊臼杵縣大參事以下の官吏、昨年十月より本年九月に至る在職中の家祿を舊臼杵藩負債償卻のために提供せんことを請へるを以て、是の日、之れを聽す、〇太政類典

二十七日　北海道開拓の業を盛にし、同地方の發展を圖り、住民・物產の增殖を促さんがため、明治五年より三箇年間、特旨を以て外國貿易を除くの外、北海道の海關輸出入稅を免除す、〇太政官日誌、法令全書

東京裁判所の設置

司法省に一局を置き、以て東京府下の聽訟・斷獄を處理せしめ、之れを東京裁判所と稱す、東京府所管の聽訟・斷獄は是の歲八月以降司法省に屬し、同省官吏府廳に出張して其の事務を執りしを更革せるものにして、是れ蓋し法衙に裁判所の名ある始なるべし、〇太政官日誌、公文錄、法令全書

新紙幣の發行

新紙幣を發行し、舊紙幣・舊藩札と交換する旨を布告す、國帑の窮乏を補充し、兼ねて殖產を獎勵せんがため、曩に太政官札竝びに民部省札合せて五千五百五十萬兩を發行す、然るに奸黠の徒紙幣贋造を圖る者漸く多くして、贋札天下に蔓延せんとするの傾向あり、政府頻りに嚴命を下し、又嚴罰を設けて之れが防遏に力むと雖も及ばず、抑ゝ贋造の主因たるや、紙幣の製造精巧ならず、隨ひて贋造し易きに在るを以て、紙幣改造を說く者尠からず、客歲六月、大藏・民部兩省、遂に之れが改造の議を決して各ゝ稟申する所あり、是に於て廟議、百圓・五十圓・二十圓・十圓・五圓・二

圓・一圓・五十錢・二十錢・十錢の各種紙幣、合せて五千萬圓の製造を決し、之れを獨逸國フランクフルトの一商社に委囑せり、然るに本年廢藩を斷行するや、政府は卽日、政府發行の紙幣を以て漸次舊藩札と交換すべきことを布告し、卽ち舊藩札を以て悉く政府の負債に歸せしめたり、而して舊藩發行の金銀錢札たるや、其の種類・價位紛雜を極むるのみならず、一般流通の便を闕き、弊害亦尠からざるを以て、速かに之れを整理し償却するの要あり、是に於て更に紙幣五千萬圓を增發することと爲す、既にして一圓・五十錢・二十錢・十錢の四種成れるを以て、是の日、布告するに、明治五年二月十五日以降、右四種の新紙幣を發行し、漸次製造成るに隨ひて舊紙幣・舊藩札と交換すべきことを以てし、又地方官に命じて、管下人民をして新紙幣發行の趣旨を領得せしむることに力めしむ、太政官札及び民部省札は明治二年五月の布告に由り、正貨と交換せらるべきものとなりしが、今次改造の新紙幣は悉く不換紙幣たり、而して舊紙幣・舊藩札と交換のため前後發行せる新紙幣の實際總額は七千五百五十一萬五千四百餘圓なりと雖も、大藏省兌換證券・開拓使兌換證券の回收及び出納寮繰換貸・西南征討費其の他のため臨時增發の必要を生ずるありて、遂に其の總計一億二千百三十八萬八千七百餘圓を算するに至れり、〇太政官日誌、公文錄、法令全書、明治三十年幣制改革始末概要、明治財政史

舊宇和島藩知事伊達宗德、舊藩債の內十萬兩餘を私債として償卻せんことを請へるを以て、是の日、

之れを聽す、〇太政類典

二十八日　海軍讀法七章を定めて之れを布達す、又是の月、陸軍讀法八條を定む、孰れも兵部省が軍人の精神を涵養せんがため各兵士を訓諭せるものにして、忠節を盡すべきこと、長上に對して敬禮を盡し其の命令に服從すべきこと、戰地に臨みては身命を抛ち怯懦畏縮の行爲あるべからざること等を示す、蓋し兵士をして日夕誦讀せしめしものなり、陸軍讀法は翌五年正月修正して更めて布達し、同年九月二十八日更に註するに律條を以てす、海軍讀法は明治九年二月海軍省之れを改正して六條と爲し、且註するに律條を以てす、〇太政官日誌、法令全書、陸軍省沿革史

海軍讀法陸軍讀法の制定

三十日　大祓、午後一時節折の儀に出御あらせらる、其の儀六月に同じ、但し荒世・和世の具の內、麻は神祇少丞執りて侍從に付し、竹・壺は大掌典執りて侍從に付し、又贖物は大掌典總て捧持して之れを海に流す、〇祭祀錄、宮內少錄日錄

是の月　大嘗會御用掛神祇大輔福羽美靜・同神祇少輔門脇重綾・同式部頭坊城俊政に各〻金二萬疋・絹一匹を賞賜し、神祇中錄內藤存守に金五千疋・絹一匹を賞賜す、其の他大祀關與の神祇省・式部寮・土木寮官吏に金を賜ふこと各〻差あり、又大嘗會御用掛中山忠能には、他に有給の官職を奉ぜざるの故を以て、特に金千圓を賜ふ、〇公文錄、大藏省文書、東京往復

非役華族の參賀・天機奉伺の制を更定し、明年正月より之れを施行せしむ、即ち毎月朔日・望日の參賀を廢し、更に元旦・上巳・端午・七夕・重陽・天長節・歲末二十四日に直垂を著して總參賀せしむることとし、大廣間に於て之れを受けたまふ、又毎月天機奉伺の日を六日・十一日・十六日・二十一日・二十六日の五箇日と爲し、總員を五番に分ちて之れに配賦し、當番の輩は定日午前十時迄に宮內省に就きて天機を候することとす、其の服裝は羽織・袴の著用を許し、又勤學・入塾の輩は之れを免ず、○太政官日誌、儀式錄、重要雜錄、御布告留記、法令全書

明治天皇紀　巻四十四

明治五年　寶算二十一

正月

新儀を以て四方拜を行はる

一日　四方拜を行はせらる、午前四時賢所前庭の假建に簀薦を敷き、大宋屛風二雙を繞らして御座を設け、燈火を南面の左右に供す、又庭燎を便宜の所に點ずること三個、敷設畢りて神祇省・式部寮・宮內省諸員幄舍に著く、天皇、黃櫨染の袍を著して出御、侍從、晝御座の御劍を捧持して前行す、挿鞋を穿ちて庭上に下御し、侍從上る所の笏を把りて御座に著したまひ、先づ西方に向ひて皇太神宮を御拜、次に豐受太神宮を御拜あらせらる、次に天神地祇先づ東方、次に南方、次に西方、次に北方、次に神武天皇畝傍山東北陵西方・孝明天皇後月輪東山陵西方を御拜、次に氷川神社北方・賀茂別雷神社西方・賀茂御祖神社西方・男山八幡宮西方・熱田神宮西方・鹿島神宮東方・香取神宮東方を順次御拜あり、畢りて入御あらせらる、次いで六時再び出御、賢所・皇靈を拜したまふ、天皇、踐祚以來四方拜に出御ありしは明治二年のみなり、當時は千年來の先例に由りて之れを行ひ、香華を供し北斗の屬星を拜せらるゝ等の儀ありしが、今是れ等の事を廢して新儀を定め、以て恆例と爲したまふ、〇太政官日誌、儀式錄、祭祀錄、吉井友實日記、北條氏恭私記

晴御膳の儀

午前七時小御所代に於て晴御膳の儀あり、四種酢・酒・鹽・醬、飯、酒盞一口、汁二口鯛・鯉、溫物一口鴨、平盛三坏鮑・鶴・煎海鼠、高盛七坏蛤・烏賊・鱸・鮭・鰕・韓墨・蒲鉾、燒物二坏零餘子燒・鯛・雉子を臺盤に載せて供進す、蓋し東幸以後晴御膳に著きたまへる始なるべし、八時直衣を著して大廣間に出御、御帳臺の御座に著し、大臣・參議以下在京勅奏任官の朝拜を受け、次いで親王及び麝香間祗候・非役華族の朝拜を受けたまふ、

新年拜賀

是の日、參賀の諸員直垂を著す、〇太政官日誌、儀式錄、宮內少錄日錄、東京往復、御布告留記、嵯峨實愛日記、吉井友實日記、北條氏恭私記

外國公使始めて新年參賀す

二日　午前七時晴御膳に著きたまふ、其の儀前日に同じ、午後一時、伊太利國特派全權公使・和蘭國辨理公使兼獨逸國瑞典諾威國丁抹國代任公使・澳地利洪噶利國辨理公使・西班牙國代理公使・英吉利國代理公使・佛蘭西國代理公使・亞米利加合衆國代理公使兼布哇國代理公使、新年拜賀のため書記官及び譯官を隨へて參內す、天皇、內宮代大廣間に出御、御帳臺の御座に著きたまふ、侍從、書御座の御劍を捧げて侍從長德大寺實則・同河瀨眞孝と俱に後方に侍立す、公使等、外務卿副島種臣に導かれて參進す、書記官・譯官は其の後方に在り、外務卿各國公使の姓名を披露するの後、伊國

公使コント・アレサンドロ・フェ・ドスチャニ、各國公使總代として進み、賀正を言上す、曰く、
締盟國ノ公使等均シク　闕下ニ朝シ新正ヲ拜賀スルハ此年ヲ以テ始メトス予今各同僚ニ代リテ謹テ　陛下ノ聖福無疆ヲ祝シ奉ル併セテ　貴國一圓ノ永世和樂ナランヲ禱ル

乃ち勅語を賜ふ、曰く、
我履端ヲ祝シテ汝等ヲ引見スルハ今日ヲ以テ始メトス上下平安皆新禧ヲ賀ス貴國モ亦既ニ春ヲ迎ヘ皇帝大統領澂寧官民靖康ナルヲ知ル何歡カ之ニ加ン益以テ友誼ヲ敦厚シ交通和樂共ニ其慶ヲ延ンコト是朕カ希望スル所ナリ

公使總代復席し、他の六公使順次進みて稽拜し、畢りて櫻間に退く、茶を饗し、昆布・搗栗・干柿・蜜柑に熨斗を添へて賜ふ、從來各國公使の賀正は各自書を外務卿に致して其の意を表するに過ぎざりしが、各國公使等、伊國公使をして、使臣一同參内拜謁して恭しく賀意を表せんことを請はしむ、天皇、國交の益〻親厚ならんことを欲したまひて之れを嘉納し、新年の盛儀に一式目を加ふるに至れるなり、且從來各國公使は塀重門より禁闕に出入せしが、自今御車寄の昇降を聽さる、○太政官日誌、公文錄、儀式錄、勅語錄、勅語言上、外務省往復、東京往復、明治四年對話書、宮内少錄日錄、外務省月誌

始めて元始祭を行はる

三日　午前七時晴御膳の儀あり、八時始めて元始祭を行はせらる、其の儀、奉仕の諸員竝びに太政

官・諸省勅任以上の諸官賢所中門内庭上に著席するの後、天皇出御あり、便殿に入らせらる、参議以下諸省長官等便殿の簀子に候す、神祇大輔福羽美靜、神殿に昇りて外陣に著く、次いで神樂歌を奏する間に賢所・皇靈を開扉し、御手代從一位中山忠能、兩前に各〻神饌竝びに幣物栗原信秀作劍一口を供す、大掌典以下之れを傳供す、次に內陣に出御あり、參議以下諸省長官等神殿に昇りて外陣に著く、美靜、太政大臣に代り進みて兩前に祝詞を奏し、御親祭の旨を奉告す、次いで侍從、御拜の座を設く、直に進御、美靜捧ぐる所の玉串を執りて賢所・皇靈を拜し、便殿に復したまふ、次いで御拜殿に出御、西南に向ひて遙に神宮を拜したまふの後更に便殿に復御、次に參議以下勅任官外陣に於て拜禮し、次に幣物・神饌を撤し、閉扉の儀ありて入御あらせらる、次いで正午鳳輦に御して御出門、

神祇省に行幸

神祇省に幸す、參議大隈重信・同板垣退助・文部卿大木喬任・宮內卿德大寺實則・司法大輔宍戸璣・式部頭坊城俊政・東京府知事由利公正等供奉す、先づ八神竝びに天神地祇を奉齋し、畢りて大教殿に出御、宣教權少博士堀秀成の日本書紀神武天皇紀四年二月の詔を進講するを聽きたまひ、午後三時還幸あらせらる、祭式等例の如し、是の日、午後各廳奏任官をして、翌四日、親王及び麝香間祗候・非役華族・各廳判任官をして賢所・皇靈竝びに神祇省神殿に參拜せしめ、又府縣貫屬士族・卒は五日を以て、東京府市民は六日より十一日に至る間を以て、各〻神祇省神殿に參拜せしむ、

○太政官日誌、祭祀錄、神祇省往復、東京往復、宮內少錄日錄、嵯峨實愛日記、吉井友實日記、北條氏恭私記

神宮以下奏事始

政始

四日　午前八時正院に臨御し、神宮奏事始・賀茂奏事始・氷川奏事始及び政始を行はせらる、大臣・參議以下諸省・東京府各長官等參列す、神祇大輔福羽美静上段に進みて神宮及び賀茂別雷神社・賀茂御祖神社・氷川神社の事を奏す、此の間立御、臣僚之れに應ず、次に內史・外史下段に進みて諸省の事を奏す、親裁畢りて入御あらせらる、祝酒を參列者に賜ふこと例の如し、○太政官日誌、公文錄、儀式錄、宮內少錄日錄、太政類典

始めて新年宴會を行はる

五日　親王及び大臣・參議以下在京勅奏任官を召し、大廣間に於て始めて新年宴會を行はせらる、午前十時太政大臣三條實美等、各ゝ直垂を著して參內す、十一時群臣列座の後、直衣を著して出御、御帳臺の御座に著きたまふ、群臣磬折す、太政大臣進みて宣命を捧讀す、曰く、

天皇乃大命尓坐世今日波新年乃豐樂聞食牟止爲弖那衆諸袁召會弖御酒袁賜利舞樂袁奏弖偕尓樂美給布賀故尓

惠良岐弖罷礼止宣布天皇乃大命袁衆諸聞食世止宣留

尋いで初獻を供す、以下順次御饌を供す但し初獻以外は豫め供す、次に臣下に饌を賜ふ豫め之れを居う、御箸下るや臣下之れに應ず、此の間伶人、國栖の歌笛及び春庭樂・還城樂を奏す、畢りて入御あらせらる、群臣磬折す、是の日、雇外國人及び判任官以下に各ゝ酒饌を其の官廳に於て賜ふ、賜饌色目は、勅任官は

取肴・酢物・鮓・煮肴・吸物鯛・昆布・作身・水物・浸し物・溫物鶴・絲牛房、奏任官は取肴・鮓・煮肴・吸物・作身・浸し物・溫物、判任官は鮓・取肴・作身、等外官は鮓・取肴・吸物蛤にして、勅奏任官は折敷に之れを載せ、判任・等外官は折詰なり、古來正月の朝儀に元日節會あり、三節會の一にして元日宴會とも稱す、元日の夜、紫宸殿に於て宴を群臣に賜ふ儀にして、一獻に國栖の奏あり、三獻に舞樂を奏す、宴將に終らんとするに臨みて、宣命の大夫宣命を捧讀するや、群臣殿を下りて拜舞し、祿を賜はりて退出するを例とす、應仁の亂後中絕すること二十餘年、其の後再興すと雖も、毎年之れを行ふこと能はざりしが、天正の末よりは絕ゆること無し、天皇踐祚の後、明治元年は特に叡旨を以て之れを停め、翌二年始めて之れを行はせらる、然れども三年・四年は此の儀なし、蓋し東幸中宮殿の異なるのみならず、百度一新の時、舊儀を整ふること能はざりしを以てなり、然れども歲首に於て宴を群臣に賜ふことは千有餘年來行はるゝ所なるを以て、舊典に據りて其の式を新にし、其の期日を變更して是の日之れを行ひ、新年宴會と稱せらる、而して正月元日朝拜の式畢りて親王及び諸臣に祝酒を賜ふの慣例を停めらる、〇太政官日誌、儀式錄、宮內少錄日錄、吉井友實日記、北條氏恭私記

六日　午前十一時大廣間に出御、麝香間祗候・非役有位華族等を召して新年宴會を行はせらる、其の儀前日に同じ、〇太政官日誌、儀式錄、宮內少錄日錄、嵯峨實愛日記

朝彦王及び松平容保等の赦免

朝彦王は明治元年八月、仁孝天皇御養子竝びに親王・品位を停止せられて廣島藩に幽せられしが、三年閏十月に至り京都歸住を許され、爾來伏見宮邸に謹愼す、是の日、特旨を以て宮と稱せしめ、且獨逸國留學の能久王と共に三品に敍し、尋いで上京を命じたまふ、又特命に依りて舊會津藩主松平容保・其の養嗣子喜德・舊桑名藩主松平定敬・舊松山備中藩主板倉勝靜・舊請西藩主林忠崇・舊幕府陸軍奉行竹中重固を宥す、是れ皆去歲三月、他藩永預より移されて、各〻其の家に預けられし者なり、其の他、青森・福島・仙臺各縣に禁錮或は永預の舊會津藩士手代木直右衞門・秋月悌次郎等戊辰叛逆諸藩の臣十六人を特赦し、又德川慶喜を從四位に、舊小田原藩主大久保忠禮・舊村上藩主内藤信思・舊結城藩主水野勝知・舊仙臺藩主伊達慶邦・舊盛岡藩主南部利剛・舊二本松藩主丹羽長國・舊棚倉藩主阿部正靜・舊庄内藩主酒井忠篤・舊長岡藩主牧野忠訓・舊姫路藩主酒井忠惇等、佐幕諸藩の舊主十人を從五位に敍す、

榎本武揚等の赦免

又明治二年五月、箱館五稜郭に敗れて軍門に降り、軍務局糺問所の獄に投ぜられし榎本武揚・松平太郎・荒井郁之助・永井尙志・大鳥圭介等十人に對し恩赦あり、即ち武揚を親族預と爲し、太郎等九人を悉く赦免す、爾後武揚は實兄榎本武與の家に在りて謹愼せしが、三月七日に至り、又特赦の恩命に浴せるのみならず、翌八日開拓使四等出仕に補せらる、抑〻武揚等が降伏後の處分に就きては、廟議寛嚴兩派に分れて容易に決せざりしが、開拓次官黑田清

隆、天下をして皇恩の洽きを知らしめんと欲し、且武揚等が材器を惜みて寛典を求め、固く請ひて止まざるに依り、遂に其の議に決定し、玆に至仁至慈の聖斷を拜するに至れり、〇太政官日誌、官符原案、重要雜錄、諸官進退狀、敍任錄、內史日錄、伏見宮御達竝諸願伺屆留、伏見宮家日記、皇族家記、木戸孝允手記摘要、本朝公信、能久親王年譜、西鄉隆盛書翰、大久保利通書翰

御講書始

七日　午前七時晴御膳の儀あり、十時二十分正服を著御し、小御所代に於て御講書始を行はせらる、宮內省七等出仕元田永孚は書經堯典の第二章を、侍講加藤弘之は國法汎論を進講す、畢りて兩名に祝酒を賜ふ、次いで七日人日の內宴を御學問所代に催したまふ、侍從伏原宣足・同入江爲福・同米田虎雄・同堤正誼等侍坐し、永孚亦召されて陪す、壁上懸くるに蜀の猛將張飛の畫像を以てせらる、天皇、平生三國志を愛讀したまふを以てなり、虎雄之れを覽て、永孚に對し、今日堯典の進講甚だ可なり、然れども虎雄は張飛を以て陛下に望むものなりと挑む、永孚曰く、臣の陛下に望めるは堯の柔和なる點にあらずして其の英達にあり、且堯の聲は張飛の聲よりも大なりと、天機頗る麗しく、天酌を永孚及び侍從に賜ふ、是の歲御講學の情況明かならずと雖も、時風洋學の行はるゝこと盛なるがため、經書の進講は一時廢せられて專ら和漢の歷史・西洋飜譯書の類のみ用ゐらるゝこととなり、

獨逸語の御學習

弘之は獨逸國國法學者ブルンチリーの著を自ら抄譯して國法汎論と題せる書を進講し、又獨逸語の御練習に奉仕す、其の御練習に用ゐたまへる獨逸語讀本・獨逸文字骨牌等は今尚東山御文庫に

現存す、讀本には鉛筆を以て親ら注記したまへる所、或は傍線を附したまへる所あり、但し御練習は初歩に止まりしものの如し、傳へ謂ふ、加藤は能く獨逸の書籍を解すと雖も、獨逸語を操る能はざるを遺憾とすと仰せられしと、當時、侍從長徳大寺實則・同河瀬眞孝及び宮內少輔吉井友實等、專ら聖徳涵養に力を盡す所あり、太政大臣三條實美、聖徳の日々に高きを瞻仰して歡喜し、五月之れを在外の全權大使岩倉具視に報じ、斯くの如くならば、今後一箇年の御修養は能く萬機親裁の實を擧げさせらるゝに至るべしと陳ぶ、〇東京往復、宮內少錄日錄、元田男爵家文書、三條實美書翰、徳大寺實則書翰、加藤弘之自敍傳、御逸事、東園基愛藤波言忠談話

陸軍始

八日　講武始の規模を革めて更に陸軍始と稱し、日比谷陸軍操練所に幸して之れを行ふことと爲し、以て恆例と爲す、乃ち午前八時馬車に御して御出門、東京府知事由利公正前驅し、次に騎兵二十五騎、式部頭坊城俊政・參議板垣退助・同大隈重信・同西鄕隆盛・太政大臣三條實美馬車に駕して之れに次ぎ、宸儀、侍從騎馬にて其の前後左右に供奉し、侍從長河瀬眞孝・宮內卿徳大寺實則・宮內大輔萬里小路博房等馬車にて扈從し、騎兵殿す、旣にして操練所に至りたまふや、馬車を場の中央に駐め、第五番及び第七番より第九番に至る御親兵步兵大隊竝びに御親兵騎兵隊の行軍式を閱し、還幸の途次、日比谷門附近より兵部省に至る間、路傍に整列せる東京鎭臺兵一番大隊一大隊・九番大隊二小隊・金澤縣召集兵を閱し、十時還幸あらせらる、是の日、參列の諸兵に酒肴を賜ふ、〇太政官日誌、儀式錄、陸軍省大日記、宮內少錄日錄、吉井友實日記、北條氏恭私記

海軍始

九日　海軍兵學寮舊海軍操練所に幸し、始めて海軍始の儀を行はせらる、明治三年正月、築地海軍操練所に於て海軍始業式を行ひ、又海軍操練を品川沖に於て行はしめて右大臣・大納言等をして之れを代覽せしめらる、是れ海軍始の由りて起る所なりしが、此に至りて新に其の式を定め、以て新年式の一と爲したまへるなり、是の日、午前九時御出門、鹵簿は前日の陸軍始に同じ、兵部少輔川村純義・海軍少將兼兵學頭中牟田倉之助等、兵學寮門外の左側に、龍驤・孟春・筑波・富士・吾妻・鳳翔・日進・第一丁卯・第二丁卯・雲揚の諸艦及び大阪丸・第一貯蓄船乘組の大尉以下、門外の右側に列し、兵部省・兵學寮の諸員及び兵學寮生徒等、門内の左右に分列して奉迎す、九時二十分著御あらせらる、乃ち錦旗を掲揚し、水勇捧銃の禮を行ひ、樂隊樂を奏し、祝砲を發すること二十一品川碇泊の諸艦亦同じ、天皇、純義・倉之助を前導として直に正堂圓室の玉座に著したまふ、純義、海軍始の式を奏す、尋いで南北兩廂に分列せる海軍佐官以下並びに兵部省・兵學寮奏任以下の諸官及び兵學寮生徒に、

愈海軍ノ皇張ヲ期シ一同勉勵セヨ

との勅語を賜ふ、次に海軍少佐兼少教授粟津高明の英國海軍歷史を進講するを聽きたまひ、畢りて北廂及び南廂に臨御し、器械室に陳列せる經緯儀・天文千里鏡・測方儀・六分儀・水平儀・時辰

儀・天球儀・地球儀・行星儀・新式測程儀・同淺深儀・測風儀・験溫子・蒸氣船雛形・紀志勢尾四國測量圖・北海道測量圖・諸艦製造圖式等を天覽、一々教官の説明を聽きたまふ、次に船具雛形室を天覽、寮内樓上・樓下を御巡覽の後、玉座に復したまふ、御晝餐後南樓上に出御ありて兵學寮十三等出仕函館大經及び生徒の乘馬を天覽、次いで寮外の船具雛形室、次に火料室陳列の榴彈・實彈・燒彈・霰彈・葡萄彈・著發管・紙管・摩軋管・擊管・火藥等を天覽、畢りて玉座に復御し、諸員竝びに生徒に酒肴を賜ひ、午後一時四十五分還幸あらせらる、奉送の儀、奉迎の時に同じ、○太政官日誌、儀式錄、海軍省往復、宮内少錄日錄、海軍省大日記、吉井友實日記、北條氏恭私記、海軍兵學校沿革

熾仁親王御息所貞子、去歲九月中旬より病に罹り、是の日薨ず、年二十三、二十九日、神葬祭を以て品川東海寺後山に葬る、○皇統譜錄、有栖川宮御達竝諸願伺屆留、熾仁親王御日記、伏見宮家日記、熾仁親王行實

十日　午前十時を以て御乘馬始を行はせらるゝこと、去歲十二月制定の新年式にあり、但し御執行の有無明かならず、○儀式祭典錄

閑院宮繼嗣を定めらる

故孝仁親王閑院宮第四代御息所吉子年八十六、嗣子未だ定まらず、仍りて客歲七月、邦家親王第十六王子易宮吉子の甥を以て故愛仁親王閑院宮第五代の後を續がしめんことを家令より情願す、是の日、之れを勅許あらせらる、二十八日、易宮閑院宮邸に移る、三月二日、吉子に終身米百石を賜ふ、○太政官日誌、重要雜錄、皇族家記、閑院宮

御達竝諸願伺屆留、伏見宮家日記、山中獻書翰、山中獻願書草案、太政類典

津崎矩子の功を賞す

山城國大覺寺舊門跡家士津崎元矩の女矩子、幼より近衞家に仕ふ、安政五六年の交深く國事を憂ひ、清水寺成就院忍向及び水戸の志士鵜飼吉左衞門・同幸吉父子等有志の徒を幇助して、左大臣近衞忠凞との意志疏通に努むる所あり、遂に幕府の嫌疑を受けて大獄に坐し一旦幽囚に就きしが、終始其の志操を變ぜず、婦女の龜鑑と爲すに足れるを以て之れを賞し、終身現米二十石を賜ふ、〇太政官日誌、公文錄、官符原案、內史日錄

大分縣日田郡草野閑三夫妻が孝心深きのみならず、平素窮民救濟の志厚くして篤行顯著なるを以て、銀盃一組・絹一匹を賞賜す、〇太政官日誌

十一日　吹上御苑に出御、午後五時三十分還御あらせらる、尚十四日馬車にて同御苑に出御あり、二十五日は稀に見るの大雪なり、午後四時二十分、雪中歩して同御苑に幸す、〇宮內少錄日錄、樹下茂國書翰

智成親王薨去

十二日　三品智成親王北白川宮薨去の報至る、是の日、天皇、親王の病危急の由を聞かせられ、菓子一折を賜ひて存問せしめたまひしが、更に訃音の達せるを以て深く震悼あらせられ、本日より三日間、歌舞・音曲の類を停止せしめらる、尋いで十九日、京都在留の宮內少丞新納立夫を其の邸に遣はして祭粢料金三百圓を賜ふ、親王は邦家親王の第十三王子、幼にして英悟明敏なり、明治三年六月、

勅を奉じて東京に出で和漢の學を修む、時に右大臣三條實美深く倚頼する所あり、參議副島種臣をして傅たらしめ、他日の大成を期す、親王亦夙に匡濟の志ありしが、深く思ふ所あり、同年十二月强ひて京都に還る、四年春俄かに肺患に罹り、同年十二月に至りて病革まり、是の月二日遂に薨ず、享年十七、尋いで二十九日、北白川圓山に葬る、〇太政官日誌、宮内少錄日錄、內史日錄、北白川宮家日記、北白川宮家書記留、伏見宮家日記、嵯峨實愛日記、新納立夫日記、智成親王行狀

眞木保臣の追賞

久留米水天宮祠官和泉守眞木保臣が夙に皇室の衰頽を慨きて勤王の大義を首唱し、有志の徒を激勵し、終に元治元年京都變亂の際、天王山に於て非命の死を致せるを憐み、祭粢料として每年現米十石を賜ふ、〇太政官日誌、公文錄、內史日錄、官符原案

十四日　兵部省に令し、神宮守衞として東京鎭臺名古屋分營兵一小隊を派遣せしめらる、去歲名古屋縣卒佐々木半三郎・信濃國諏訪在住守屋義郎等、天皇御洋行・神宮御動座の風說を耳にするや、之れが停止を名として同志を募り、以て鎖國攘夷の宿志を遂げんとし、十二月二十九日、兵器を携へて浮浪の徒二十餘人と倶に度會縣廳に至り、神宮奉護の義兵を募集することに同意ありたしと强願し、又神宮司廳に至りて贊同を强要す、翌三十日、半三郎等捕へらると雖も、神都頗る不穩の狀態なるを以て、此の令を發せられたるなり、然るに五月二日に至り、其の要なきを以て之れを撤せ

しむ、〇太政官日誌、公文錄、官符原案、內史日錄、太政類典

左院建議し、養老の喪葬令を折衷して天皇・太上天皇・三后に崩御と稱し、皇太子・皇族に薨御、三位以上に薨去、五位以上に卒去、六位以下庶人に死去と稱せんと請ふ、尋いで之れを裁可したまふ、但し薨御の稱は實行せられざりしが如くにして、三位以上と等しく薨去の稱を用ゐるを例とす、〇公文錄、官符原案

華族子弟を外國に留學せしめらる

侍從裏松良光・同入江爲福を罷め、獨逸國に留學せしめたまふ、又從五位唐橋在正に亞米利加合衆國留學、從五位河鰭實文に英吉利國留學の命あり、尋いで十九日、正五位鷹司凞通に獨逸國留學を命じたまふ、良光等皆華冑の出にして、年少好學の念厚く、時勢の振興に激して海外に切瑳の功を積まんことを希ひて已まざるに依り、是の恩命あり、尋いで四月十八日、特旨を以て正五位姉小路公義に獨逸國留學を命じたまふ、〇太政官日誌、公文錄、雜事錄、敍任錄、諸官進退狀、任解日錄

開拓使兌換證劵の發行

客歲、北海道開拓の業を振起せんがため開拓使の定額金を定め、又外債の募集を允許せしが、開拓次官黑田清隆、今春より道路・舟楫・鑛山等開鑿修築の工事を一時に起さんとし、其の費額を約三百萬圓と計算し、兌換證劵を發行せんことを稟申す、廟議之れを納れ、二百五十萬圓の兌換證劵十圓・五圓・一圓・五十錢・二十錢・十錢の六種を製して本月十五日より發行し、海關稅を除く外、正金と等しく之れを通行せ

しむることと爲し、是の日、之れを布告す、又兌換事務は爲替座三井組に委して辨ぜしむ、○太政官日誌、太政類典

深津縣農民等の暴動

深津縣農民等騷擾す、其の起因は新平民と舊平民との扞格にあり、客歳八月、穢多・非人の稱を廢して民籍に編入せしことは、舊來の弊習を一洗せんとする至當の措置なりしが、陋習の久しき猶拔き難きものありて、時に軋礫を生ずる地方なきにあらず、同縣下にありても豫て其の兆ありしが、是の日、偶〻一村落の酒舖に於ける新平民某等との口論に端を發し、舊平民等兇器を携へて集合す、又鄰村民之れに呼應して其の數千餘人に及び、遂に暴徒と化して騷擾し、翌十五日、大砲を備へ、又小銃を發射して威嚇を加へ、遂に死傷者を出すに至る、十六日、暴徒の勢力更に增大して鄰郡に侵入す、仍りて深津縣、縣官及び士族・卒の壯丁を派して之れが鎭撫に力めしが、暴徒命に從はざるを以て、嚴重に警戒する所あり、尋いで暴徒一旦分散せしが、十九日、縣下の一部再び動搖の兆あり、同縣、二小隊の兵を出して之れに備ふ、翌二十日、騷擾近傍に波及し、二十餘戶を燒きしが、既にして首魁等四十餘人を捕縛し、漸く鎭定す、○太政類典

十五日　午前七時晴御膳の儀あり、○宮內省要錄、東京往復

白川家等奉齋の八神を神祇省に奉遷す

十七日　去歲九月、勅して京都白川家に奉安せる八神、洛東神樂岡吉田家齋場所境內に奉祀せる八

神竝びに京都有栖川宮邸内鎭座の八神を神祇省八神殿に奉遷せしめたまふ、是の日、三所の靈代神祇省に著御す、抑〻京都三所の八神殿に就きては、其の鎭齋の來由明瞭ならず、有栖川宮なるは舊邸地猿ヶ辻と新邸內東山上皇仙洞御所の舊地との二箇所に在り、而して其の新邸內に在るは明治二年四月新に鎭齋する所にして、今次神祇省に奉遷せる靈代則ち是れなり、舊邸地に在るは元神祇官奉齋の八神と其の靈代の性質異なる所ありて奉遷せらるゝに至らず、又白川家は神祇伯の家なり、故に八神を其の邸に鎭齋せること遠因あるべしと雖も、未だ之れを知る能はず、吉田家亦白川家に亞ぎて世々神祇官顯要の職にあり、其の齋場所境內に在る八神殿は天正十八年三月神祇官八神殿を再興すべしとの勅を蒙りて造營せる由にして、且神祇官代なりき、上述の如く京都八神殿鎭齋の來由に至りては甚だ明瞭ならずと雖も、三所共に元神祇官西院に奉齋せし八神と同體にして、聖體守護の神靈たり、然るに東京遷幸後、猶是れ等の八神殿を遠く京都に留めて私祭に委せんこと、古制に反せるのみならず、神慮の程も畏く、且管理上の不便も尠からず、仍りて之れを神祇省神殿に遷座合祀せしめたまへるなり、○公文錄、皇族家記、吉田家寬文九年注進、幟仁親王御事蹟

舊菊間藩知事水野忠敬の舊菊間縣に貸付せる金額の獻納を請へるを聽許す○太政官日誌、公文錄

十八日　午前十時歌御會始を行はせらる、御製に曰く、

歌御會始

風光日日新

日に添てけしきやはらく春の風
よもの草木にいよゝ吹せむ

皇后の御歌に曰く、

しきしまやたゝしき道の春風は
きのふにけふと世にのとかなり

又召歌の榮を蒙れるは、神祇大錄飯田年平・宣教權中博士八田知紀の二人にして、年平は、

影面の水のけふりのなひきにも
きのふに增る春はみえつゝ

と詠じ、知紀は、

朝な〳〵雪の光も春めきて
都ににほふふしの遠山

と詠じて上る、從來官吏の詠進は勅任官に限られしが、本年より判任官に至るまで隨意之れを詠進せしめらる、又每月三の日を以て月次歌御會を行はせらるゝこと例の如し、○儀式錄、宮內少錄日錄、明治五年御會始歌集、明治

勅題歌集

宮内省七等出仕平田延胤を罷む、〇太政官日誌、叙任錄、任解日錄、宮內少錄日錄

新に服制を建てんとし、從來の制服を廢せるを以て、當分は非常の節たりとも、平常の儘にて妨なき旨を布告す、〇太政官日誌、公文錄

舊岩村藩知事松平乘命・舊久居藩知事藤堂高邦が舊岩村縣・舊久居縣負債の一部を各〻支償せんことを請へるを聽許す、〇太政官日誌、公文錄

宗良親王祠を井伊谷宮と稱せしめらる

二十日　遠江國引佐郡井伊谷村に創建せる後醍醐天皇皇子宗良親王の祠、既に竣成すと雖も、未だ鎭齋の典を擧ぐるに至らず、是を以て本年政始に方り、神祇大輔福羽美靜、神靈鎭座の事を上奏す、是の日、鎌倉宮に準じて井伊谷宮と稱せしめ、尋いで神祇省をして鎭座式を行はしめたまふ、〇太政官日誌、公文錄、祭祀錄、內史日錄、官符原案

社職朝拜の日なれども、神官の參朝する者なし、〇太政官日誌、儀式錄

官等の更改

官等を更改し、一等・二等・三等を勅任、四等以下七等以上を奏任、八等以下十五等以上を判任とす、太政大臣・左大臣・右大臣・參議・左院議長・各省卿・宣教長官・開拓長官は一等官、左院副議長・各省大輔・陸海軍大將・宣教次官・開拓次官・大辨務使・大博士・大判事・侍從長・大典醫

は二等官、大內史・大議官・各省少輔・陸海軍中將・各一等寮頭・中辨務使・中博士・權大判事・中典醫・府知事は三等官たり、但し陸海軍少將は四等官たりと雖も勅任とし、又府權知事・縣令亦四等官なるも、府に開港開市場あり、縣に開港場あるは勅任と爲す、〇職官表、太政類典、法令全書

從四位西四辻公業を侍從に任ず、〇太政官日誌、敍任錄、諸官進退狀、任解日錄、宮內少錄日錄

舊古河藩知事土井利與・舊高富藩知事本庄道美の舊古河縣・舊高富縣負債の一部を各〻支償せんことを請へるを聽許す、〇太政官日誌、公文錄

御乘馬の狀況

二十一日　山里御苑の馬場に於て乘馬あらせらる、是の歲御乘馬の定日は不明なり、參議西鄕隆盛が客臘十一日の書翰に據れば、每日行はせられしが如くなれども、他の資料の示す所は本年の御乘馬僅かに數回に過ぎず、蓋し其の多くを逸せるならん、是の歲五月、近衞騎兵曹長大高阪正元後、森岡と改姓・同軍曹日根野要吉郞宮內省九等出仕に補せられ、御乘馬掛を命ぜらる、天皇、客秋以來西洋馬具を用ゐさせらると雖も、和鞍に馴れたまひし御姿勢去り難きを以て、正元等數〻矯正あらせられんことを奏せしが、其の翌日より御乘馬を廢したまふを以て、正元等甚だ困惑せりと云ふ、〇儀式祭典錄、宮內少錄日錄、西鄕隆盛書翰、森岡正元談話

二十二日　午前十時大廣間に出御あり、僧侶の朝拜を行はせらる、宮內輔・侍從長・式部頭等侍立

す、其の儀、本願寺光尊・東本願寺光瑩・興正寺信教及び泉涌寺住職・增上寺住職をして三の間に列立せしめ、而して其の拜賀を受けたまひ、寛永寺學頭たる凌雲院住職、傳通院・天德寺・本門寺各住職の拜賀は四の間に於て之れを行はしめたまふ、又從來、二十一日を以て行はせらるゝ例なりしが、去る十三日、之れを是の日に改めたまふ、○太政官日誌、儀式錄、宮内少錄日錄、北條氏恭私記

御操練始

二十三日　御苑に於て御操練始あり、兵部省をして武庫司の銃器三十挺を出さしめて其の用に供す、客臘御練兵御用掛を置き、爾來佛蘭西式の操練を學ばせらる、初めは當番侍從等を兵士に擬して之れを指揮したまひしが、後には御親兵一小隊を召して指揮あらせらる、常に侍臣に宣はく、將來は必ず大隊を指揮すべし、朕自ら大元帥たらざるべからずと、數月ならずして能く小隊を指揮したまふに至れり、是の歲に於ける御操練の定日は不明なれども、參議西鄉隆盛が客臘十一日の書翰に據れば隔日に行はせられしが如し、但し他の資料の示す所は本年の御操練僅かに數回に過ぎず、蓋し其の多くを逸せるなるべし、

御操練用の御服

御操練用冬の御服は上衣・袴共に濃紺絨にして、上衣の前には黑包釦九個を、後には同釦四個を著く、同夏の御服は上衣・袴共に白リンネルにして、上衣には絹平打の胸飾ありてホック掛なり、又御使用の號令詞集の現存せるもの八册生兵御號令詞・强健術御號令詞・小隊運動御號令詞・小隊學御號令詞・大隊教練第一部御號令詞・同第二部御號令詞各一册、大隊御號令二册ありて東山御文庫に尙藏す、○海陸軍省往復、吉井友實日記、北條氏恭私記、西鄉隆盛書翰、高等官履歷、明治天皇御料御保存御服目錄

二十四日　大臣・參議及び左院議長後藤象二郎・外務卿副島種臣・左院副議長江藤新平・外務大輔寺島宗則・大藏大輔井上馨・同少輔吉田清成・神祇大輔福羽美靜・式部頭坊城俊政を御學問所代に召し、西洋料理の晩餐に陪せしめたまふ、○宮內少錄日錄、吉井友實日記

札幌神社を官幣社に列す

二十五日　石狩國鎭座札幌神社を官幣小社に列せらる、尋いで六月十五日、勅使を遣はして祭典を執行せしめられ、從來の祭式を改め、且同日を以て例祭日と定むる旨を奉告せしめたまふ、○祭祀錄、敍任錄、內史日錄

午前九時麝香間祗候參內して天機を奉伺す、是の歲每月五の日を以て天機を候すること例の如し、○嵯峨實愛日記

岩倉具視等米國大統領に謁見す

特命全權大使岩倉具視一行は本月二十一日亞米利加合衆國華盛頓に到著し、是の日、正午大使・副使等五人各〻衣冠を、書記官五人各〻直垂を著し、皆帶劍して大統領グラントの官邸に至る、大統領之れを東の室に延く、大使等進みて謁見の禮を執り、日米兩國間の和親・貿易をして益〻盛ならしめんことを商議し、以て我が國の進步を助成せんがため特派せられたる旨を演述して國書を呈す、大統領之れを受け、一國の繁榮幸福は他邦との交誼を厚くし、其の往來を便にし、其の移民を優待し、工藝の進步を圖り、印書の禁を設けず、民心を束縛せず、信教の自由を認むるにあり、是れ從

來の經驗に徴して疑ふべからざる所にして、閣下奉命の主旨は喜びて之れを贊すとの答辭を述ぶ、二十七日、大使・副使等米國議事院に至る、下院議長ブレイン、歡迎の辭を演説して曰く、下院議員が諸君を此の議事堂に引接せる所以は、我が國民が貴國と合衆國との交際の親密に至れるを歡喜する確證なり、抑ゝ人種の移動は數百年來、東方より西方に波及するを常とし、而して其の功を奏する、或は征伐に出で或は掠奪に出でしが、今や貴國より東方に向ひて、平和に此の氣運の反流する狀あり、日米兩國民が合衆國海岸に於て互に相會し相交るに至るは、我が國民の切望する所なりと、具視、渡來の目的を述べて之れに答ふ、〇大使信報、岩倉公歐米巡回帝王大統領へ口上控、木戸孝允日記、米歐回覽實記、岩倉公實記

仁孝天皇例祭

二十六日　仁孝天皇例祭、午前十一時賢所便殿に出御、神祇大輔皇靈を開扉し、大掌典以下供饌奉仕す、此の間神樂歌を奏す、次に神祇大輔祝詞を奏するの後、進みて御拜あり、畢りて入御あらせらる、次に參列諸員等の拜禮ありて撤饌・閉扉の儀を行ひ、各ゝ退出す、是の日、正午より午後四時に至る間、奏任官以上をして參拜せしめらる、又京都在勤の宮內少丞新納立夫を弘化陵に遣はして代拜せしめたまふ、〇祭祀錄、重要雜錄、宮內少錄日錄、新納立夫日記、太政類典

御諱闕畫の制を廢す

二十七日　明治元年十月九日闕畫の制を定められし以來、公私の文書に御名の文字睦を睦と書し、又仁孝天皇・孝明天皇の御諱の惠・統の文字をも其の末畫を闕きたり、然るに諱を避くること、本

擡頭平出等の書式を記録に用ゐるを停む

邦固有の習俗にあらざるは勿論、闕畫の行はれしは德川幕府中世以後の事に屬す、是れ漢土の例を襲へるものなれども、漢土に於ても唐以後の制にして古制にあらず、仍りて是の日、之れを廢したまふ、又畏敬の意を表示するに擡頭・平出・闕字等の書式ありて、夙に公私の間に行はれしが、曩に左院之れを論議して曰く、平闕は臣子上を敬するの意より出づるものなりと雖も、若し之れを定則とせば、過ちて犯す者をして不敬に陷らしむるの虞あり、且文字は言語を寫すもの、而して言語には平闕なし、然れば文字に平闕するの理由なし、況んや和漢共に中古以前の制にあらずして、全く後世の繁文縟禮より起れるに於てをや、宜しく此の慣習を除きて古禮の簡易に復すべしと、八月初旬其の議を納れ、記錄に限りて之れを停むることと爲す、○太政官日誌、公文錄、官符原案、橋本實麗日記、太政類典、法令全書

午後四時御學問所代に於て西洋料理を供進せしめ、文部卿大木喬任・司法大輔宍戸璣・同少輔伊丹重賢・兵部少輔西鄕從道・同川村純義・東京府知事由利公正に御陪食を仰付けらる、太政大臣三條實美・左院議長後藤象二郎・大內史土方久元竝びに宮內卿輔等亦陪す、八時前入御あらせらる、○宮內少錄日錄、吉井友實日記

二十八日　客歲十二月二十六日越前國永平寺新住職環溪に禪師號竝びに紫衣參內の勅許ありしを以て、環溪參朝して拜謝せんことを請ふ、先規に由り、是の日、午前十時召して謁を賜ふ、○公文錄、雜事錄、宮

内少錄日錄

五節天長節以外の參賀を停む

天顏拜式天盃下賜の典を定む

二十九日　元旦・上巳・端午・七夕・重陽・天長節を除くの外、百官の参賀を停む、非役有位華族は元旦以下六節の外、十二月二十四日を以て歳末參賀の禮を行ふこと先規の如し、○太政官日誌、儀式錄、太政類典

是の月　式部寮の天顏拜式及び天盃下賜の典を定めて正院に上申せるを裁可あらせらる、天顏拜式は、之れを別ちて大廣間衆禮・同獨禮・小御所代衆禮及び同獨禮と爲す、大廣間衆禮は、儀に先だちて舖設を行ひ、一の間に御帳臺を設け、四方の壁代を褰ぐ、其の儀、先づ式部寮官員の前導にて拜謁者一同參進し、二の間の敷居際より重行に列立す、次に天皇出御、御帳臺の御座に著きたまふ、一同磬折し、次に跪きて一拜す、而して各〻起立するの後入御、一同磬折す、大廣間獨禮は、天皇出御ありて一の間の椅子に著御あらせらるゝ後、拜謁者、式部寮官員の前導にて二の間若しくは三の間に參進して磬折の禮を行ひ、更に逆行すること約六尺の所に於て跪き一拜して退入す、畢りて入御あらせらる、小御所代衆禮・同獨禮、大廣間に於ける禮に準ず、但し前導者は一定せず、其の人に應じて式部寮官員若しくは宮内官を以てす、又天盃下賜は賜謁の後、別室に於て之れを行はしめらる、先づ陪膳の人、天盃土器を三方に載せて之れを持し、豫め設くる所の臺盤の中央に置きて兀子に著す、次に給仕の人、長提子を持ち出でて臺盤に置き、其の左側の兀子に著く、次に本人參進

し、天盃にて三獻を賜はる、給仕の人起ちて酌む、畢りて本人盃を持ちながら退く、○儀式錄、帝室日誌

二月

朔祭

一日　朔祭につき午前九時賢所便殿に出御す、式部寮官員賢所・皇靈を開扉し、大掌典以下神饌を供し、式部頭祝詞を奏するや、内陣に進みて御拜あり、次に御拜殿に出御、神宮・神武天皇畝傍山東北陵・孝明天皇後月輪東山陵・氷川神社・賀茂別雷神社・賀茂御祖神社・男山八幡宮・熱田神宮・鹿島神宮・香取神宮を御遙拜ありて入御あらせらる、毎月一日朔祭の儀之れに同じ、又毎日日供及び毎月十一日・二十一日の旬祭には侍従をして代拜せしめたまふ、但し是の歳六月・七月の一日は西國巡幸中なるに依り御手代を任じて拜せしめたまふ、四月・五月・八月・十月の一日は御拜の有無明かならず、又十一月二十九日、改曆のため朔祭の稱適當ならざるを以て、之れを十一日・二十一日と同じく旬祭と改稱す、○祭祀錄、裁印錄、宮内少錄日錄、吉井友實日記

井伊谷宮の鎭座

二日　井伊谷宮の靈代を天覽あらせらる、靈代は鏡なり、徑八寸の圓形にして、裏面に宗良親王神靈の六字あり、錦嚢に入れ、柳筥に載せて辛櫃に納む、是の日、靈代、神祇省を出でて二重橋より宮中に渡御す、小御所代に安置するの後、天皇出御して之れを覽たまふ、神祇大輔福羽美靜・式部頭坊城俊政等其の儀に奉仕す、畢りて神祇省に奉還し、十二日、神祇省七等出仕三田葆光を井伊谷

宮に遣はして鎮座祭を行はしめらる、〇太政官日誌、公文錄、祭祀錄、諸官進退狀

三日　侍從高屋長祥を罷め、兵部少丞と爲す、〇太政官日誌、諸官進退狀、任解日錄、宮內少錄日錄

祈年祭

四日　祈年祭を神祇省に於て行ふ、早旦神殿装束を奉仕し、諸社幣帛を幣殿代神殿前庭の神樂殿に具備す、午前十時、祭典奉仕の神祇省・式部寮の諸官、正院・左院・諸省の勅任官以上及び官國幣社所在の地方官等、庭上に著床するや、式部寮官員宣命を參議の前に持參す、次に神殿開扉の儀ありて神祇大輔福羽美靜祝詞を奏し、次に供饌の儀あり、神宮奉幣使從三位醍醐忠敬・皇靈奉幣使神祇少丞戸田忠至著床す、次に神祇大輔祝詞を奏し、畢りて拍手す、參議以下參列の諸員之れに應ず、次に參議、式部寮官員を以て神宮奉幣使を召して宣命を授け、神祇丞其の幣帛を檢す、次に神祇大輔、丞を以て神宮奉幣使を召し、幣帛發遣の事を命ず、同使幣殿代に昇りて幣帛を受け、辛櫃に納めて直に發向す、參議以下起立す、次に掌典・神部等、神祇省鎭齋八神の幣帛及び官國幣社以外諸國大小神社の幣帛を執り、神殿に供す、次に皇靈幣帛發遣の儀あり、其の儀神宮に準ず、次に官幣社幣帛を各地方官に頒つ、次に國幣社幣帛は各地方に於て具備し、之れを供進すべき旨を地方官に命ず、次に諸員の拜禮あり、撤饌・閉扉の儀ありて各〻退出す、皇靈奉幣使の神祇省を出でて宮中に參進するや、賢所・皇靈を開扉して神饌を供し、神祇大輔祝詞を奏す、奉幣使幣帛を執りて案上に置く、

大掌典之れを皇靈に供す、次に奉幣使宣命を奏す、次に天皇出御、先づ御拜殿に於て神宮を遙拜したまひ、次に內陣に進御、賢所・皇靈を拜し、畢りて入御あらせらる、次いで幣帛・神饌を撤し、閉扉の儀あり、午後三時式畢る、是の日、午後一時より三時に至る間、諸官省奏任官をして神祇省に參向して參拜せしむ、又神宮奉幣は二月十六日を以て行はしめ、官國幣社奉幣は各地方に於て日を選び、一定の祭式に由りて之れを行はしめらる、又官幣社にありては地方長官若しくは參事、奉幣使代として參向し、國幣社にありては地方官吏參向して之れを供す、尚國幣社には幣帛料・祭費として各〻金千疋を賜ふ、〇太政官日誌、祭祀錄、敍任錄、宮內少錄日錄

五日　午後八時邦家親王第十五王女萬千宮薨去す、年四なり、翌日、神葬祭を以て相國寺內に葬る、〇重要雜錄、伏見宮御達竝諸願伺屆留、伏見宮家日記

御乘馬

六日　午前十時頃より山里馬場にて御乘馬あり、午後一時馬車にて吹上御苑に出御あらせらる、尚八日、御乘馬畢るや直に同御苑に幸す、十一日・十六日も亦雨天のため御乘馬を止め、馬車にて同御苑に出御あらせらる、〇宮內少錄日錄

七日　奏任以上の官吏諸鎭臺に出張し、又奏任以上の地方官赴任するに方りては、宮內省に就きて天機を奉伺せしめ、同時に拜謁を賜ふことと定む、〇太政官日誌、公文錄

十日　工部省雇鑛山師長英吉利國人ゴットフレーを延遼館に召して晩餐を賜ひ、左院議長後藤象二郎・外務卿副島種臣・文部卿大木喬任・宮内卿德大寺實則等をして之れを接伴せしめらる、ゴットフレーは客歲十月來朝し、爾來鑛山事業に鞅掌す、〇公文錄

外債募集のため米國に理事官を派す

十二日　大藏少輔吉田清成を理事官と爲して亞米利加合衆國に遣はし、公債を募集せしむ、去歲七月藩を廢して縣を置き、中央集權の基礎漸く成らんとするに方り、政府の歲入は尙未だ多きを加へざるに、歲出は頻りに增加して收支相償はず、財政頗る困難なり、而して其の支出中第一位を占むるものは、實に華士族・卒に給與する秩祿なりとす、

秩祿處分の必要

抑〻封建の制を廢して郡縣の治を建つるや、諸藩が士族及び卒を給養したる職責は自ら中央政府に歸し、政府は彼等に對して秩祿を給與せざるべからず、然るに當時の人口約三千三百十一萬人中、士族及び卒の數は家族を併せ百九十四萬一千餘人ありて、明治四年十月より是の歲十二月に至る經常歲出四千二百四十七萬餘圓中、家祿・賞典祿・社寺祿は千六百七萬餘圓に達し、秩祿の總額殆ど歲出の三割七分を占め、實に國庫最大の負擔たるのみならず、永世に亙りて支給すべきもの多くして、財政上累を後世に貽すこと尠からず、飜つて秩祿に衣食する者を觀るに、舊慣に拘泥し、今日の祿米を以て不易の恆產と信じ、遊手徒食の風あり、仍りて政府は客歲十二月十八日、華士族・卒等に對して在官者を除くの外農工商の業務を

營むことを許したり、然れども或は營利の幹能なくして財本を徒費し、或は薄祿にして資本に充つるに足らざる者多きを以て、之れを救濟せずば不測の變を生ずるの虞あり、是れより先明治三年十一月、高知藩知事山内豐範の請を容れ、同藩士族の文武の常職を解き、祿制を廢して祿券を給することを許したり、其の他高知藩と同じく祿劵法を施行せし所ありて、地方に於ける祿制亦其の統一を失はんとす、之れを要するに、祿制の釐革は早晩企圖せざるを得ざる狀態なり、是に於て廟議、將來の利害得失に就きて深く考量する所あり、祿制を改めて華士族・卒の家祿を制限し、士族・卒に對しては證劵を以て一時に六箇年分を下賜することと爲し、以て國庫の費用を省きて財政を整理し、又彼等をして之れを就業の資金と爲さしめ、遊手徒食の弊を除かんとす、然れども祿劵を發行するに方りては、直に其の幾分を政府に買上ぐるの準備なくんば、市場の劵價低落して祿劵の所有者及び國家共に其の禍を受くるの虞なきにあらず、是に於て審議の後、其の資源を外國公債に求むることに決す、乃ち之れを裁可したまひ、玆に清成派遣のことと爲れるなり、尋いで十五日、勅するに委任の條項を以てし、千五百萬圓乃至二千萬圓、若しくは三千萬圓の募集を亞米利加合衆國に於て試み、若し不調に終らば英吉利國に於て之れを募らしむ、募集の最高額を三千萬圓とせるは、單に之れを祿劵買上の資金に充つるのみならず、鑛山開掘・鐵道布設等にも之れを使用せんとする

祿劵支給の議

ものなり、清成、大命を奉じて米國に渡航するや、同國滯在の特命全權大使岩倉具視及び同副使等と相議して公債を募集せんとせしが、米國は當時一般に金利高きのみならず、同國駐劄少辨務使森有禮募債に反對し、其の意見を新聞紙上に公表し、祿券法は士族・卒の所有物を朝廷にて掠奪するの所爲なりと論ぜしがため、大に物議を生ずるに至れり、是に於て政府は米國にて募債するの容易ならざるを認め、八月二十日委任の條項を變更し、募債額を一千萬圓と定め、且英國若しくは獨逸國に於て之れを募集せしむることと爲す、〇太政官日誌、公文錄、詔勅錄、敍任錄、辭令錄、諸官進退狀、官符原案、木戶孝允日記、七分利付外國公債發行日記、三條實美書翰、在歐吉田少輔往復書類、明治五年日本全國戶籍表、法規分類大全、明治財政史

十三日　明治二年三月東幸以來、萬機多端にして皇太后の定省を闕きたまふこと已に三年、朝夕思慕の情に堪へたまはず、且近く宮中刷新の叡慮あらせらるゝに方り、東西相離るゝこと不便尠からざるを以て、東京に迎へたまはんとし、是の日、宮內大輔萬里小路博房を京都に遣はして聖旨を傳へしめらる、〇敍任錄、宮內少錄日錄、新納立夫日記

從四位福岡孝弟を文部大輔に任ず、〇太政官日誌、諸官進退狀、敍任錄、任解日錄

大藏省雇ウィリアムス兄弟に賜謁

十五日　大藏省雇亞米利加合衆國人ジョージ・ビー・ウィリアムス、同サミュエル・ダブリュー・ウィリアムス兄弟に謁を賜ふ、ウィリアムス兄弟は稅法改正に從事せしめんがため新に傭聘せるも

のにして、去月二十六日横濱に到著せり、特にジョージ・ビー・ウィリアムスは今次外債募集のため米國に派遣せらるゝ理事官吉田清成の顧問として、之れに同行せんとす、仍りて二人を引見したまはんとし、午後一時山里御苑の御茶屋に出御あらせらる、大藏大輔井上馨・式部頭坊城俊政、二人を導きて參進するや、

今般汝兄弟徵ニ應シ遠ク我國ニ來ル朕大ニ之ヲ悅フ汝等我大藏卿輔ノ命ニ從ヒ稅法ヲ改正シテ宜シキニ適セシメヨ是朕カ汝等ニ望ム所ナリ汝等ソレ之ヲ勉メヨ

との勅語を賜ふ、二人奉答して控所に退く、大藏少輔吉田清成、更にジョージ・ビー・ウィリアムスを導きて進む、乃ち、

今般大藏少輔吉田清成ニ公債ノ事ヲ委任シ米國ニ赴カシム汝彼カ補助トナリ能周旋シテ其事務ヲ修整シ我國ノ利益ヲ計レ是朕カ汝ニ望ム所ナリ海路悠遠汝ソレ自愛セヨ

との勅語あり、ウィリアムス奉答して退く、控所に於て二人に茶菓を賜ふ、○外務省往復、外事錄、勅語言上、勅語錄、宮內少錄日錄

地所永代賣買の禁を解く

令して地所永代賣買の禁を解く、大寶班田の制亂れて以來、土地耕作者の間に自然に一種の所有權を生ずるに至りしが、德川幕府時代に至りては、特に富豪兼併の弊を防ぎ、且農民をして其の土地

と離れざらしめんがため土地の永代賣買を禁制するに至れり、然れども所有權移動の勢は到底制止すべからず、土地質入の名によりて事實に於て賣買せられたり、故に本令たるや、空名を以て僅かに存せし禁制を解けるものと雖も、猶土地制度に關する大變革の第一歩なりと謂ふべし、尋いで二十四日、地所賣買讓渡に關する地劵渡方規則を公布し、而して賣買を公許せる者には、與ふるに地劵を以てして其の所有權を確保し、地劵を申請せずして密かに賣買せる者に對しては其の土地竝びに代金を沒收することを規定す、又四月十四日、令して外國人に土地を賣卻し、或は地所・地劵等を擔保と爲すことを禁ず、抑ゝ地所の賣買を許し地劵を付與せるは、主として人民土地所有の權を鞏固にするの趣旨なりと雖も、當時政府は汎く地劵を發行し、地劵記載の地價に應じて全國劃一の租額を定め、以て地租を改正せんの意圖ありて其の端緒をも開けるものの如し、○太政官日誌、公文錄、地所賣買解禁地劵發行之件、德川禁令考後聚、法令全書、陸奧宗光

地劵の發行

十七日　高知縣士族從六位毛利吉盛・山口縣士族太田左門を侍從に任ず、○太政官日誌、諸官進退狀、任解日錄、宮內少錄日錄

二十日　舊人吉藩知事相良賴基、古金銀を獻じて貧民救恤の資に供せられんことを請へるを以て之れを聽し、貧病院設立の資に充てしむ、○太政官日誌、公文錄

舊須坂藩知事堀直明・舊苗木藩知事遠山友祿、舊須坂縣・舊苗木縣負債の一部を各ゝ支償せんこと

獨國公使國書を捧呈す

を請へるを以て之れを聽す、〇太政官日誌、公文錄

二十二日　獨逸國代理公使エム・フォン・ブラント、辨理公使に昇進せるに依り、拜謁して國書を捧呈せんがため書記官等を隨へて參內す、乃ち午後一時大廣間に出御あらせらる、此の間樂を奏す、公使、外務卿副島種臣に導かれて休憩所櫻間より參進し、昇任の辭を言上して國書を捧呈す、立御して之れを受け、侍從長に授けたまひ、

爾來久シク面會セス今貴國皇帝安全ノ報ヲ聞キ朕大ニ之ヲ欣フ且親書ヲ得テ汝ヲシテ我邦辨理公使ニ任セシムル旨ヲ領セリ朕益汝ノ職務ニ勉勵スルヲ望ム

との勅語を賜ふ、公使敬禮して退き、奏樂裡に入御す、休憩所に於て公使に茶菓を賜ひ、太政大臣・參議等をして接伴せしめらる、是の日延遼館に於て公使に晩餐を賜はんとせしが、公使之れを拜辭す、〇太政官日誌、外事錄、外務省往復、北條氏恭私記

二十四日　特旨を以て、太政大臣三條實美・右大臣岩倉具視・從一位中山忠能に各〻現在拜借の邸宅を賜ふ三條邸は新シ橋內に、岩倉邸・中山邸は共に馬場先門內に在り、、二十九日、又宮內卿德大寺實則・侍從長東久世通禧・宮內大輔萬里小路博房・從一位九條道孝・正二位近衞忠房・從二位嵯峨實愛に各〻現在の邸宅を賜ふ、但し實愛の邸宅は先年買得せるものにして、東久世・九條二家亦同じき事情あり、實愛、自己所有の

邸宅なるに、今是の恩命に接せるを以て甚だ之れを訝りしが、深き事情の存すべしとて之れを拜受せりと云ふ、又三月二日、從三位澤宣嘉に築地中通の邸を賜ふ、是れ亦宣嘉の所有に屬せるのみならず、二月二十六日の大火に燒失せしものなり、尋いで三月八日、實美に舊眞島藩邸地所を賜ふ、○太政官日誌、公文錄、恩賜錄、官符原案、內史日錄、嵯峨實愛日記、近衞公爵家記錄、諸家系譜、中山忠能略譜

東京大火

二十六日　午後三時和田倉門內兵部省附屬邸舊會津藩邸火を失す、時に烈風あり、東南方に延燒して築地海岸に達し、夜半に至り鎭火せり、災に罹れるもの四十餘箇町四千八百餘戶、工部省亦類燒す、天皇・皇后、是れが救恤として金三千圓を下し賜ふ、三十日、東京府をして、大藏省と協議して府下新築の家屋を漸次煉瓦造に改め、以て火災蔓延の憂なからしむ、○太政官日誌、公文錄、兵部省舊邸出火一件、官符原案、宮內少錄日錄、嵯峨實愛日記、吉井友實日記、北條氏恭私記、本朝公信、大原重實書翰、府下燒失實測圖、法規分類大全、武江年表、東京市史稿、世外侯事歷維新財政談、新聞雜誌、橫濱每日新聞

陸軍省海軍省の設置

二十七日　兵部省を廢して新に陸軍省・海軍省を置く、明治三年八月、曩に歐洲より歸朝せし山縣有朋を兵部少輔に、西鄕從道を兵部權大丞に任じ、以て軍制の改革に從事せしむるや、兵部省の事務を陸軍・海軍に兩分し、大少丞をして之れを分掌せしむ、去歲七月、更に職制を改めて省內の各局を悉く海陸の二部に分ち、大少輔以下諸官僚をして之れを分擔せしむ、是に於て海陸軍分離の勢漸く成る、而して海陸兩軍共に兵制の改革擴張せらるゝありて、其の經費の如きも陸軍資八百萬

圓・海軍資百八十萬圓に增大せり、今や海陸兩軍の混沌たりし時代は既に去りて、海陸の防備、艦船兵器の製造、將卒の教育等、大に擴張を圖らざるべからざるもの多きと共に、其の制度も亦整理改革を行ふべきの必要あり、是に於て兵部省は泰西諸國の制に則り、海陸兩軍を分離して二省と爲すを得策と爲し、正月十三日之れを正院に建議す、天皇、左院竝びに各省に諮詢して之れを裁可し、是の日、廢置の令を公布せしめたまふ、又兵部大輔山縣有朋を陸軍大輔に、兵部少輔西鄉從道を陸軍少輔に、同川村純義を海軍少輔に任じ、有朋・純義を以て各ゝ卿の事務を執らしめらる、○太政官日誌、公文錄、敍任錄、任解日錄、官符原案、諸官進退狀、內史日錄、陸軍省日誌、海軍省報告、公卿補任、諸家履歷、職官表、法規分類大全、陸軍省沿革史

二十八日　春季御祈祭を神祇省に行ふ、○太政官日誌、祭祀錄、公文錄

永宣旨による僧位僧官を廢す

從來諸寺院に於て永宣旨を以て許可せる僧位・僧官を悉く廢止す、○太政官日誌、公文錄、諸官進退狀、雜事錄

二十九日　是の月二十六日貞愛親王は東京移住のため、同二十三日朝彦王は正月六日の恩命を拜謝せんがため、京都より東京に著し、是の日、午前十時相倶に參內す、仍りて謁を賜ふ、御服は直衣を召させられ、貞愛親王鎧直垂を、朝彦王袍を著す、尋いで貞愛親王をして每次御講學に陪せしめたまふ、又三月二十八日、特に金三百圓を朝彦王に賜ふ、王は東京移住の內命を蒙れるを以て、家族引纏のため五十日間の暇を賜はり、七月七日、東京を發し京都に還る、○重要雜錄、敍任錄、朝彦親王御手日記、伏見宮家日記、貞愛

親王事蹟

三十日　舊秋田藩知事佐竹義堯・舊盛岡藩知事南部利恭、舊藩外國債の一部を各〻支償せんことを請へるを以て、之れを聽許す、○太政官日誌、公文錄

明治天皇紀 巻四十五

明治五年

三月

一日　午前九時出御、朔祭を行はしめ、賢所・皇靈御拜あり、神宮・神武天皇畝傍山東北陵等を遙拜あらせらる、〇祭祀錄、宮內少錄日錄、吉井友實日記

三日　上巳の節なるを以て、午前九時親王及び大臣以下勅任官・麝香間祗候の參賀を受けたまふ、尙是れより先、本日詠進の歌題を「賞桃」と仰出さる、〇朝彦親王御手日記、嵯峨實愛日記

皇太后の東京御移徙

五日　宮內大輔萬里小路博房勅を奉じて京都に至り、皇太后に謁して、具に東上を望ませらるゝ旨を傳ふるや、直に御領承あり、御發輿の期を三月下旬と定めらる、是の日、太政官之れを布告す、斯くて皇太后は九日泉山に行啓して孝明天皇後月輪東山陵を拜し、二十二日、卯の半刻博房及び權

典侍萬里小路幸子等を隨へて大宮御所を發し、道を東海道に取りて東上したまふ、乃ち陸軍省に令して沿道を警衞せしむ、皇太后東京行啓の報傳はるや、京都府民等、還幸延期に加ふるに是の事あるを以て、悲憤措く能はざるの狀あり、京都府之れが取締に深く注意す、○太政官日誌、公文錄、皇太后宮東京行啓書類留、青山御所御納戸日記、皇太后宮泉陵御參拜雜記、新納立夫日記、京都府史

京都上京二十八番組附屬石藥師門內なる桂宮拜領地二千四百九十一坪餘の上地を聽許す、○宮室錄、重要雜錄

本願寺光尊等を華族に列す

七日　是の日、本願寺光尊・東本願寺光勝・興正寺攝信・佛光寺六十麿を、十二日、錦織寺賢慈・專修寺圓禔を華族に列せらる、六寺皆眞宗各派の本山にして、舊准門跡たり、○太政官日誌、公文錄、諸官進退狀、內史日錄

近衞兵の設置

九日　御親兵を廢して近衞兵を置き、近衞條例二十箇條を制定して其の職守を明かにす、是れより先、正月四日の政始に際し、兵部大輔山縣有朋、御親兵の名を雅馴ならずとして近衞兵と改め、而して之れを皇張して禁闕を守護せんことを上奏し、附するに近衞條例案を以てす、是の日、又御親兵掛を廢して近衞局を宮中に置き、陸軍大輔山縣有朋を陸軍中將兼陸軍大輔に任じて近衞都督と爲し、陸軍少輔西鄕從道を陸軍少將兼陸軍少輔に任じて近衞副都督と爲す、都督は近衞將卒を統率し、直に聖旨を奉じて職務を鞅掌す、然れども常例以外の事務に至りては、必ず陸軍卿の裁決を經べきものとす、○太政官日誌、公文錄、諸官進退狀、敍任錄、辭令錄、任解日錄、內史日錄、法令全書、近衞師團沿革概要

博覽會の開催

十日　是の日より二十日間、博覽會を文部省博物館内舊大學大成殿に開き、古書畫・古器物等を陳列す、又客歳京都府民有志者の組織せる日本京都博覽會社の催にて、本日より八十日間本願寺・建仁寺・知恩院に於て博覽會を開く、○公文錄、雜事錄、嵯峨實愛日記、法令全書、武江年表、新聞雜誌

神武天皇例祭

十一日　神武天皇例祭、御拜あり、從一位中山忠能御手代を奉仕す、其の儀總て去歳十二月二十五日執行の孝明天皇例祭に同じ、皇后は事故ありて御拜あらせられず、又畝傍山東北陵に於て祭儀を行はしめ、從三位醍醐忠敬を勅使として參向せしめたまふ、陵祭の儀亦去歳十二月二十五日後月輪東山陵に於けるに同じ、但し大掌典祝詞を奏するの儀を止む、○太政官日誌、祭祀錄、宮内少錄日錄、吉井友實日記延遼館に於て英吉利國代理公使エフ・オー・アダムス等に日本料理の午餐を賜ふ、○外務省往復

東校及び文部省に行幸

十三日　東校竝びに文部省に幸す、午前九時御出門、太政大臣三條實美・參議西鄉隆盛・同大隈重信・同板垣退助・宮内卿德大寺實則・侍從長河瀨眞孝・式部頭坊城俊政等を隨へ、先づ東校に著御す、便殿に於て文部卿大木喬任以下勅奏任官の拜禮を受けたまひ、次いで授業及び器械等を天覽、診察所竝びに各室執務の狀を御巡覽、畢りて文部省舊大學本校に幸す、便殿に於て奏任官以上の拜禮を受け、省中執務の狀を御巡覽あり、次いで博物館に幸し、本月十日以來開催の博覽會陳列品を天覽、古器・舊物に就きて傳來の說明を聽きたまひ、午後一時還幸あらせらる、是の日、東校雇教師獨逸

國人ドクトル・レヲポール・ミュルレル、同ドクトル・テヲドール・ホフマン、同ドクトル・シモンスの三人に、

生徒教育盡力ノ段朕甚タ之ヲ嘉ミス朕更ニ汝等ノ勉勵シテ生徒ヲシテ益々研學懈タラサラシメンコトヲ望ム

との勅語を賜ふ、文部卿拜受して之れを三人に傳達す、又酒肴料を東校職員・生徒竝びに文部省職員等に賜ふ、教育の實況を天覽のため學校に幸せるは、是れを以て嚆矢と爲す、○太政官日誌、行幸錄、宮內少錄日錄、吉井友實日記、北條氏恭私記、太政類典

鎭臺條例の頒布

去る正月四日政始に方り、兵部大輔山縣有朋は近衞兵を皇張すべきことを奏すると共に、鎭臺兵を整治して國內を綏撫し、以て教化と併進せしめ、天下をして朝意の向ふ所と皇威の盛なる所以とを知らしめば、則ち府縣一治の實效日を期して待つべき旨を上奏し、近衞條例案の外に鎭臺條例案を上りしが、是の日、陸軍省、東京鎭臺條例四十二箇條・大阪鎭西東北鎭臺條例四十五箇條を各鎭臺管下に頒布す、○法規分類大全

教部省の設置

十四日　神祇省を廢して教部省を置く、尋いで教部省職制竝びに事務章程を定め、神佛二教を始めとして教義に關する一切の事務及び社寺を管理せしめ、神官・僧侶を統轄せしめ、後、更に諸陵に

關する事務を管掌せしむ、而して從來神祇省掌る所の祭祀の式典は之れを太政官の式部寮に移管し、掌典・內掌典及び神部を置きて執行せしむることと爲す、去歲八月、神祇官を更めて神祇省と爲ししが、黨同伐異の弊の救ふべからざるものあるのみならず、國民の敎化に其の精を盡さゞるべからざるの要あり、既にして十二月二十二日、國體を正しくし君臣の義を明かにして、敎化を敦くするの方法に關し、左院の建議あり、其の要點は、天照大神の神殿を皇城の中央に造營し、國家の大事は之れを神前に於て議定すること、神勅に基づきて皇太神宮奉齋の神鏡を宮中に奉遷すること、天皇親しく百官と祭祀を管し、式部寮をして祭祀の式典を掌らしむべきこと、敎部省を置きて神儒佛諸敎の事務を總管せしめ、敎正をして生徒を敎育し人民を指導せしめ、以て國體を紛亂せんとする者に當らしむべきこと等とす、廟堂、之れに據り議して曰く、從來國家が外來の敎法に對するや、其の敎義にして我が皇道に背戾せざるものは、儒佛を問はず之れを收めて我が用に供し、毫も偏狹の陋見なし、殊に佛敎は千有餘年來國民の等しく信奉する所なるに、現時の政治は之れを排斥せんとするの傾向ありて寬大包容の宏度を失し、偏狹自恣の譏を免れず、今や神祇省は祭祀・宣敎を掌る官なりと雖も、現時に於ては敎法司督を要とせざるべからず、宜しく神祇省の規模を擴張して敎部省と爲し、以て宗敎の分派を統括し、其の敎義を監督して人心の歸向を一にすべしと、遂に神祇省を廢して教部省を置くことに決せるなり、是の日、午前十時小御所代に出御、從二位嵯峨實愛を召して教部卿に任じたまふ、又神祇大輔たりし福羽美靜を教部大輔に任ず、○太政官日誌、公文錄、祭祀錄、敍任錄、本朝公信、諸官進退狀、任解日錄、嵯峨實愛日記、保古飛呂比、大原重實書翰、三條實美書翰、法令全書、帝室例規類纂、福羽子爵談話要旨

十七日　正午前邦家親王參內す、召して謁を賜ひ、休所に於て茶菓を賜ふ、親王、醍醐天皇宸翰一箱及び煎茶二壺を進獻し、又皇后に文臺硯箱一組・薰物一箱を獻る、親王京都在住たりしが、曩に東京移住の內命を蒙れるを以て、去月二十三日家族を伴ひて發程す、乃ち特に金千圓を家族引纏費用として賜ふ、親王再昨十五日著京して神田小川町堀留の邸舊金澤藩邸に入れり、○公文錄、皇統譜錄、重要雜錄、伏見宮御達竝諸願伺届留、內史日錄、皇族家記、伏見宮家日記

能久王をして北白川宮を相續せしめらる

二十二日　故智成親王の遺言を聽納し、能久王をして北白川宮を相續せしめたまふ、但し第二世よりは華族に列せしめらる、○太政官日誌、敍任錄、諸官進退狀、伏見宮御達竝諸願伺届留、皇族家記、伏見宮家日記、能久親王年譜

曩に福岡縣令熾仁親王、管下漸く靜謐に歸せるを以て、上京して縣治の情況及び前途の目的等を奏聞せんことを請ふ、去月九日之れを聽許せられたるに依り、親王上京し、是の日、午前九時參內して天機を奉伺す、然れども御不例のため賜謁あらせられず、四月五日、其の官を免じ、在職中の功を賞して直垂地一卷・金五萬疋を賜ふ、○太政官日誌、敍任錄、諸官進退狀、任解日錄、有栖川宮御達竝諸願伺届留、熾仁親王御日記、有栖川宮日記

東京赤坂に離宮を設く

二十三日　正月四日、舊和歌山藩知事徳川茂承、東京赤坂私邸の一部九萬四千七百四十五坪餘を割きて獻上せんことを請へるを以て、二月十七日、之れを聽許し、尋いで金二萬五千圓を下賜せらる、是の日、之れを皇太后御所に充てんがため離宮と爲したまふ、〇太政官日誌、徳川侯爵家日記、宮城御所離宮沿革

大久保利通伊藤博文委任狀下付奏請のため歸朝す

岩倉具視米國と條約改正を商議す

二十五日　特命全權副使大久保利通・同伊藤博文、亞米利加合衆國より歸朝して參內す、客歲十二月六日、特命全權大使岩倉具視等の一行米國に上陸するや、到る所の都市に於て熱心なる歡迎を受け、且同國各新聞紙が一行を以て東洋の佳賓と爲し、讃稱して措かざるに會ひ、具視は米國政府・人民等の我が國に對する感情を察して、密かに外交の事亦難からずと思惟し、且博文及び米國駐劄少辨務使森有禮等が條約改正は外國に於て之れを商議するを有利なりと進言せるに動かさるゝ所あり、乃ち使命の範圍外なりと雖も、此の際條約改正を商議するを以て得策なりとし、正月二十五日大統領グラントに謁見の後、二月三日、副使以下一等書記官鹽田三郎・顧問ブルックス及び有禮等を隨へて國務卿ハミルトン・フィッシュと會見し、廢藩置縣後に於ける我が國運の發展を述べ、今日の形勢を以てせば寧ろ速かに條約を改正すること相互の便益なるを說きて、之れが談判を開始せんことを要求す、國務卿其の全權委任狀を示さんことを要めしが、元來大使の使命は只列國を聘問し、各地の文物・制度を視察し、又條約の事を協議して改正の素地を作らんとするに止まれるを以

て、固より條約改正に關する全權委任狀を携帶せず、然れども具視は之れを商議するの權ありと思惟し、答ふるに其の旨を以てす、國務卿は條約改正に就き討論協議することを認め、互に論議を交せしが、猶正式談判を進めて條約調印に至るには、更めて政府の委任狀を必要とすること判明せるを以て、大使以下協議の結果、利通・博文の二人を急遽歸朝せしめ、之れが下付を奏請せしむるに決し、具視、五日更に會見して其の旨を國務卿に告ぐ、尋いで利通・博文は二等書記官小松濟治等を隨へ、華盛頓を發して歸朝の途に就き、昨二十四日横濱港に著す、是の日、天皇、二人に謁を賜ひ、歸朝の顚末を具奏せしめたまふ、○公文錄、大使信報、在米雜務書類、本朝公信、嵯峨實愛日記、木戸孝允日記、保古飛呂比、伊藤公爵家文書談判筆記、大久保利通文書、岩倉具視書翰、三條實美書翰、尾崎三良自敍略傳、米歐回覽實記

二十七日　貞愛親王を召して獨逸國留學を命じ、四月下旬若しくは五月上旬を以て出發せしめたまふ、然るに家督相續及び父邦家親王薨去等の事ありて遂に中止の已むを得ざるに至れり、○朝彦親王御手日記、貞愛親王事蹟

侍從番長を置く

宮內省に侍從番長を置く、四月三十日、侍從醍醐忠順・同堤正誼・同高島鞆之助を之れに任ず、○太政官日誌、敍任錄、諸官進退狀、任解日錄、內史日錄

南校に行幸

二十九日　午前九時貞愛親王を同車せしめたまひて御出門、南校に臨幸したまふ、宮內卿德大寺實

則・侍従長河瀨眞孝・宮內少輔吉井友實・式部頭坊城俊政等扈從し、東京府大區總長前驅す、便殿に於て文部卿大木喬任以下勅奏任官拜禮あり、次に教頭亞米利加合衆國人フルベッキに謁を賜ひ、而して各課執務の狀を御巡覽、畢りて教場に臨御あらせらる、雇教師佛蘭西國人レピシェ、御前に進みて天文學の因由を進講し、望遠鏡・三角玻璃の效用を說明す、少教授田中弘義之れを通譯す、尋いで佛英獨等の各外國教師竝びに本邦教師等、交〻物理・化學・生理・歷史・地理及び外國語の翻譯・作文等に就きて、或は各自に講述を爲し、或は生徒を率ゐ參進して課業を爲す、又化學の實驗をも天覽に供し、最後にフルベッキ、人民教育竝びに勸善學の大旨を進講す、畢りてフルベッキに勅語を賜ふ、勅語に曰く、

從來南校教頭トシテ盡力ノ段朕甚タ之ヲ嘉ミス朕更ニ汝ノ勉勵シテ生徒ヲシテ益々研學懈タラサラシメンコトヲ望ム

又佛國人ガロー等十九人の雇外國人教師等に、力を教育に盡すことを嘉したまふ旨の勅語を賜ひて便殿に復御し、酒肴料を職員・生徒に賜ふ、御晝餐終りて還幸の際、車上より運動場に於ける教師の平行枠・繩飛等の運動を天覽、午後二時三十分還幸あらせらる、〇太政官日誌、行幸錄、宮內少錄日錄、伏見宮家日記

皇居及び市街地區域を定む

舊江戶城本丸竝びに二の丸跡・西丸・吹上等を悉く皇居と定め、太政官以下諸官省廳舍を西丸下に

造営せしめ、田安・清水・雉子橋・一ツ橋・神田橋・常盤橋・和田倉・馬場先・日比谷・櫻田・半藏諸門外を以て市街と爲さしむ、〇太政官日誌、公文錄、法令全書

四月

一日　午前十一時吹上御苑に出御あらせらる、〇宮内少錄日錄

八神天神地祇を宮中に奉遷す

二日　是れより先三月十八日、舊神祇省鎭座の八神竝びに天神地祇を宮中に奉遷し、假に賢所御拜殿に奉安せしめたまふ旨を仰出さる、仍りて是の日、遷座の式典を行ふ、午前九時神靈奉迎のため、式部頭坊城俊政、式部寮官員等と舊神祇省に至り、神殿開扉の儀を行ひ、式部助橋本實梁奉迎使差遣のことを奉告し、次に供饌の儀ありて大掌典白川資訓祝詞を奏す、次に式部頭進みて宣命を奏し、次いで撤饌の儀あり、次に式部頭・式部助昇殿して神靈を御羽車に移したてまつり、而して眞榊を先頭として、第一に天神地祇及び京都より奉遷の皇靈、第二に八神、第三に京都より奉遷の八神、第四に神寶と順次相竝び、式部寮官員前後を奉護して御遷行あり、賢所御拜殿に鎭座したてまつる、天皇、黄櫨染の袍を著して便殿に出御、掌典等神饌・幣物を供し、式部頭祝詞を奏するの後、御拜の座に進み、式部頭捧ぐる所の玉串を供して御拜あり、畢りて便殿に復御、次に參候の太政大臣・參議以下勅任官殿上に昇りて拜禮す、次に神饌・幣物を撤し、閉扉の儀ありて入御あらせらる、爾

來八神・天神地祇を兩座に奉齋して八神殿と稱せしが、十一月二十九日、兩座を合祀して一座と爲し、神殿と改稱す、○太政官日誌、祭祀錄、公文錄、裁印錄

陸軍省に行幸

三日　午前九時宮內卿・侍從長・式部頭等を隨へて御出門、陸軍省に臨幸したまふ、乃ち同省及び東京鎭臺奏任官以上に謁を賜ひ、省中各局の執務を御巡覽あり、尋いで大輔山縣有朋・少輔西鄕從道以下各局長・東京鎭臺司令長官・近衞大隊長等を隨へて濱離宮に幸し、網打を覽たまふ、又延遼館に於て西洋料理の午餐を供進せしめ、有朋・從道以下をして陪食せしめたまふ、午後四時還幸あらせらる、○太政官日誌、行幸錄、海陸軍省往復、宮內少錄日錄、陸軍省大日記、東京府往復簿、吉井友實日記、北條氏恭私記

御祭服の制を定む

四日　御祭服の制を定め、元始祭・神武天皇祭・孝明天皇祭・賢所御神樂竝びに諸社行幸の際には束帶を、自餘恆例の祭祀・御遙拜・節朔祭等には、當時賢所狹少なるを以て、直衣を著御することと爲したまふ、但し神嘗祭・賀茂祭・男山祭・氷川祭御遙拜の事あらせらるゝ際には、直衣に單を襲ねたまふ、後、神嘗祭の際に於ける御服を束帶に改めたまふ、○祭祀錄、祭典錄、侍從職恆例摘要

新潟柏崎兩縣農民の騷擾

新潟・柏崎兩縣下の農民等蜂起す、抑〻信濃川の水流を大河津より分割し、寺泊附近に於て海に放流し、以て同川の氾濫を防止せんとすることは、實に百餘年來の懸案たりしが、客歲其の疏鑿工事を起しゝに、工事の困難意外なるより農民の迷信・妄想を惹起せるのみならず、廢藩置縣に依り費

用の負擔に齟齬を生じ、關係地方の人民をして工費の出途に頗る不安を抱かしむ、是の時に方り、蒲原郡小池村河崎九郎次・同郡月岡村安正寺元住僧月岡帶刀・舊會津藩士渡邊悌輔等、分水工事賦課金及び勞役の免除、新政反對等を標榜して農民を煽動し、是の日、九郎次の黨類は燕に集合して檄を四方に飛ばし、五日、柏崎に入らんとす、其の數約四千人と稱せらる、六日、柏崎縣參事鳥居斷三、椎谷・長岡より舊兵隊九十餘人を徵集し、直に九郎次等十餘人を捕へ、自餘の者は說諭して歸村せしめ、翌日之れを鎭定せり、又帶刀・悌輔は加茂に在りて九郎次の事を擧ぐと聞くや、直に同志を糾合し、兇器を携へ、三條を經て、七日、白根に進み、將に新潟に迫らんとす、其の勢約五千人に及ぶ、是に於て新潟縣令平松時厚は縣吏を派して之れが鎭定に力めしが其の效無く、剩へ暴徒等出張の縣官を慘殺し、勢猖獗を極むるを以て、遂に東京鎭臺新發田分營に出兵を請ふ、分營乃ち四小隊を派遣す、八日、暴徒等、縣官・分營兵の至るを見るや、縣官を襲ひて負傷せしむ、分營兵乃ち發砲して暴徒を追擊す、悌輔・帶刀等相尋いで捕へられ、事漸く鎭定せり、此の暴動たるや、參加の範圍は數郡に亙り、暴徒の足跡は延長約四十里に達すと云ふ、殊に帶刀・悌輔の黨は到る所、縣官・村吏を殺傷し民家を破壞し、放火・奪略を逞しうす、九月十日、兇徒の罪を糺問して帶刀・悌輔を除族の上梟首に處し、九郎次等を斬罪に處す、○太政官日誌、公文錄、保古飛呂比、新聞雜誌、維新農民蜂起譚、明治政史

五日　内豎を廢し、更に正五位姉小路公義・從五位勘解由小路資承・同池田輝知・澤長磨・堤龜麿を宮内省九等出仕に補し、御前の雜事に奉仕せしむ、又宮内省内の内舍人を廢し、更に雜掌長三人・雜掌三十六人を置く、○太政官日誌、内史日錄、宮内少錄日錄、諸家系譜、宮中御兒興廢之議

箱館戰爭被災民に家屋建築費を下賜

六日　明治元年・二年の役兵燹に罹り、艱苦を極むる函館出張開拓使支廳管下の人民に金二萬五千五百餘兩を賜ひ、以て家屋建築の費に充てしめらる、○北海道志

七日　曩に獨逸國辨理公使エム・フォン・ブラント、伯林に於て擧行せる普佛戰爭凱旋祝祭の寫眞を奉獻し、其の説明を言上せんことを請へるを以て、午後一時御學問所代に公使を召したまふ、公使の參進するや椅子に凭らしめ、祗候の諸臣にも椅子を賜ふ、公使、譯官を通じて詳かに寫眞の説明を陳上す、此の間上諭あり、宮内卿輔・侍從長等亦交〻公使に質問する所あり、畢りて控所に於て公使に茶菓を饗せしめたまひ、狩野永詳作の畫軸三幅對中壽老人・左白梅鶴・右紅梅鶴を賜ふ、○公文錄、外事錄、外交贈答錄、皇國駐在外國使臣履歷附錄

幟仁親王參内せるを以て謁を賜ふ、去歲五月、東京滯留の親王に東京移住を命じたまふ、仍りて親王家族引纏のため暇を賜はりて京都に至り、是の月四日、東京に歸り、三年町の邸に入る、邸は三月十日賜ふ所なり、尋いで特に金千圓を家族引纏費用として賜ふ、○太政官日誌、公文錄、皇統譜錄、内史日錄、帝室日誌、幟仁親王御日記、

有栖川宮隱邸日記、皇族家記

横濱より洋服裁縫師外國人の宮內省に至れるを召し、內密に聖體を度らしめたまふ、天皇著御の洋服は其の寸法等大凡の目算にして、之れを度らしめられしこと曾て無しと傳ふるは誤なり、又是の月三日、服裝の事にて逆鱗あらせらる、但し其の事情詳かならず、○吉井友實日記

英國代理公使轉任につき御引見

八日　英吉利國代理公使エフ・オー・アダムス、在獨逸國公使館一等書記官に轉じ、不日赴任せんとするに依り御暇乞のため拜謁を請ふ、乃ち午後一時小御所代に召見し、且勅語あり、卿久しく我が國に在り、諸官に歷任して代理公使に至り、今轉任して將に他邦に赴かんとす、是れ貴國皇帝が卿の勤勞を滿足せらるゝに因る、朕大に之れを喜ぶ、惜別の情を以て之れを留むべきにあらず、遠洋萬里自愛せよとの意を告げたまふ、公使拜謝の辭を陳上す、畢りて控所に於て茶菓を賜ひ、又倭錦二卷・蒔繪料紙箱一個を餞したまふ、○公文錄、外事錄、外務省往復

庄屋等を廢し戶長を置く

九日　從來諸國町村に庄屋・名主・年寄と稱する者ありて公事に關する諸務を取扱ひしが、近時別に戶長・副戶長を置きて土地・人民に關する事件を處理せしむる町村あり、是の日、庄屋・名主・年寄を廢して悉く戶長・副戶長を置かしめ、庄屋等の取扱ひし事務は勿論、土地・人民に關する事件一切の處理に當らしむ、○太政官日誌、公文錄

十日　邦家親王、齢已に古稀を過ぎ漸く老衰せるを以て、貞愛親王をして家督を相續せしめんことを請ふ、是の日、之れを聽許し、且邦家親王の情願に由り宮中杖を許したまふ、十二日、兩親王參內して天恩を拜謝す、乃ち謁を賜ふ、○雜事錄、伏見宮御達竝諸願伺屆留、皇族家記、伏見宮家日記

横須賀造船所に於て製造中の內海乘御用船を蒼龍丸と命じたまふ、五月二十三日、進水式執行あり、八月二日、機關の裝置全く成れるを以て、横須賀灣に於て其の運轉を試驗す、尋いで品川灣に繫留せしめ、海軍省をして之れを管せしむ、船體の長さ四十六メートル餘・幅六メートル餘、木製にして噸數百五十二なり、尙吹上御苑の池に備ふる端艇の製造も既に完成し、是の月二日、石川島修船所より宮內省に納付す、又五月、横須賀造船所に於て製造中なりし河川遊航用の御料船及び曳導小汽船の艤裝全く成る、○公文錄、重要雜錄、海陸軍省往復、海軍省報告書、法令全書、横須賀海軍船廠史、海軍兵學校沿革

品川に行幸皇太后を迎へらる

十一日　皇太后の東上を迎へたまはんがため、午後一時三十分騎馬にて御出門、品川に行幸あらせらる、是の日、皇太后は神奈川御發輿、大森に於て皇后の出迎を受け、午後四時品川に著し舊本陣鳥山金右衛門の家に入りたまふ、既にして天皇御往訪あり、直に還幸あらせらる、翌十二日、皇太后品川を

皇太后赤坂離宮に御著

發し、午前九時赤坂離宮に入りたまふ、乃ち典侍高野房子を同離宮に遣はして懸物一箱・鮮鯛一折を贈進し、添ふるに交魚一折・重詰を以てしたまふ、皇后亦權典侍持明院治子を使として二枚折夏

屛風一雙・鮮鯛一折を贈進せらる、是れより先八日、赤坂離宮御守衞規則を定め、又十三日、赤坂離宮下乘規則及び皇居赤坂離宮間行幸道路を定む、○太政官日誌、幸啓錄、公文錄、海陸軍省往復、外務省往復、東京府往復、帝室日誌、宮內少錄日錄、青山御所御納戶日記、新納立夫日記、北條氏恭私記、德大寺實則書翰

東照宮例幣の再興

永田町鎭座日枝神社所藏の刀劍を覽たまはんとし、曩に御劍掛をして之れを點檢せしめたまひ、是の日、備前高包・同則宗等の作十六振を東京府に命じて宮內省に致さしめたまふ、○東京府往復、重要雜錄

十七日　東照宮例祭を執行せしめ、大掌典白川資訓を遣はして幣帛を供せしめたまふ、正保三年以降東照宮例祭には每年幣使を發遣せられしに、德川幕府倒壞の後は祭事殆ど行はれざるが如く、幣使の發遣も廢絕せるを以て、之れを復興し、楠社・豐國社に準じて官祭を營ましめらるゝこととなれるなり、○太政官日誌、祭祀錄、公文錄

皇后御誕辰、參賀の大臣・參議以下勅任官及び宮內省奏任官等に祝酒を賜ふ、是れより先十三日、大臣・參議及び諸省・東京府勅任官にして是の日參朝する者は恐悅を言上すべきことを令す、○儀式錄、北條氏恭私記、法令全書

皇太后御參內

午前十時皇太后御參內、天皇に茶棚一個・鮮鯛一折を、皇后に蒔繪小箪笥一個・鮮鯛一折を、又天皇・皇后に京都より御持參の花瓶・花臺を贈進したまふ、翌日午前一時に至りて還啓あらせらる、

二十三日、復、御招に依り午後御参内、皇后と倶に雨中吹上御苑を御観覧あり、天皇、鏡・時計・風鈴・料理等を贈進したまふ、〇赤坂出張調度司日記、青山御所御納戸日記、東京府往復、北條氏恭私記、新納立夫日記

八田知紀を御歌掛と爲す

鹿兒島縣士族八田知紀を宮内省八等出仕に補し、御歌掛を命ず、〇宮内少録日錄

十八日　明治三年九月、諸藩知事等に令するに、各家祿を割きて藩債の支消及び公廨費等に提供すべきを以てす、爾後命に隨ひて提供する者ありしが、廢藩置縣の結果、舊藩債は政府之れを負擔することとし、公廨費の支出亦一定の方法既に立ちたるを以て、是の日、之れを停む、〇公文錄

長炗を御習字に奉仕せしめらる

十九日　文部少丞長炗をして侍讀を兼ねしめ、御習字に奉仕せしめらる、客歲二月、侍從勘解由小路資生書を上りて曰く、萬機親裁の聖世に方りては、時に宸翰の勅書等を臣下に賜ふことあらせらるべし、仍りて筆道堪能の者を召し、毎月五六回御手跡拜見を命ぜられんことを請ふと、御習字は赤き毛氈を敷きて半截の唐紙を展べ、懸腕直筆の書法を以て、一紙に約三十字を書するを例としたまふと云ふ、〇太政官日誌、敍任錄、諸官進退狀、進退錄、勘解由小路資生意見書案、西五辻文仲談話

日比谷操練所に行幸近衛兵を親閲せらる

二十三日　正月八日陸軍始に參加せざりし近衛歩兵一番大隊より五番大隊に至る舊御親兵を覽たまふ、午前七時過車駕日比谷陸軍操練所に至るや、指揮長官近衛都督山縣有朋門内に奉迎し、整列せる諸隊の右翼に誘導したてまつる、尋いで指揮長官及び歩兵指揮官近衛副都督西鄕從道を前導とし

て、右翼より順次左翼に向ひて親閲したまふ、諸兵、各大隊長の令下に捧銃の禮を行ふ、畢りて各大隊の諸運動を天覽あり、指揮長官に命じて分列式を行はしめ、九時三十分還幸あらせらる、是の日參列の諸員・兵卒に菓子料を賜ふ、〇公文錄、陸軍省日誌、宮內少錄日錄、諸省編册、北條氏恭私記

延遼館に於て東校雇教師獨逸國人ドクトル・レヲポール・ミュルレル、同ドクトル・テヲドール・ホフマン、南校雇教師亞米利加合衆國人フルベッキに酒饌を賜ひ、其の勤勞を慰したまふ、〇公文錄、帝室日誌

内廷の刷新

二十四日　典侍廣橋靜子・同高野房子・權典侍中御門齊子・權掌侍小倉輔子・同花園總子・命婦梨木持子・同鴨脚克子等を罷め、尋いで權典侍持明院治子・同山井榮子等を罷めたまふ、其の數總て三十六人に及ぶ、當時禁中及び皇太后御所に奉仕する女官は、典侍以下雜仕に至るまでを合せて百二十八人あり、靜子は一典侍と稱して其の首位を占め、房子二典侍たり、兩典侍共に先朝以來の女房なるを以て、其の權勢自ら後宮を壓し、皇后の懿旨と雖も行はれざること往々有り、且女官の習、先例・舊格をのみ墨守して敢へて移らず、固陋の甚しき、動もすれば聖德を妨ぐること無きにあらず、宮內卿德大寺實則・侍從長河瀨眞孝・宮內大輔萬里小路博房・同少輔吉井友實等深く之れを憂ひて皇太后・皇后に言上する所ありしが、遂に是の聖斷ありて後宮の權力始めて皇后の掌中に歸するに至れり、又禁中奉仕の女官に內女房・皇后宮女房の別ありて、聖上に屬する者と皇后に屬する

者との葛藤絶えざりしが、是の際此の區別をも撤廢し、凡て之れを皇后主宰の下に在らしめたまふ、〇太政官日誌、敍任錄、任解日錄、青山御所御納戸日記、三條實美書翰、德大寺實則書翰、吉井友實書翰、高倉壽子談話

二十五日　左院副議長江藤新平を司法卿に任ず、尋いで二十九日、左院大議官伊地知正治を同院副議長に任ず、〇太政官日誌、敍任錄、辭令錄、諸官進退狀、任解日錄、公卿補任、江藤南白

教導職の設置

教部省をして元神祇省に於ける大教宣布の事業を繼承せしめ、布教のため同省管下に教導職を置き、神官・僧侶を以て之れに補す、教導職は之れを別ちて大教正・中教正・少教正・大講義・中講義・少講義・訓導と爲し、各〻正・權の別あり、而して二十八日、教則三條を頒ちて布教の綱領を示す、

教則三條

其の第一條に曰く、敬神愛國の旨を體すべき事、第二條に曰く、天理人道を明かにすべき事、第三條に曰く、皇上を奉戴し朝旨を遵守せしむべき事、又神宮祭主近衞忠房・出雲大社大宮司千家尊福に權少教正を兼ねしめ、本願寺光尊・東本願寺光勝等各宗各派の僧侶二十一人を權少教正に補す、尋いで神官教導職を東西兩部に分ち、其の各部教導職竝びに佛教各宗の僧侶教導職をして夫々管長を置かしめ、教導に關する施設・布教の方法等を具上せしむ、五月、教導職相謀りて修學・教導のため東京に大教院を設立せんことを請ふ、之れを聽す、尋いで各府縣に中教院及び小教院を置き、神官・僧侶一堂に會して共に修學・教導に從事す、〇太政官日誌、公文錄、憲法類編、法令全書

僧侶の肉食妻帯蓄髪等を許し女人結界を廢す

僧侶の肉食・妻帯・蓄髪を許し、又法用以外には一般民人と同じ服装を爲すことを許す、抑〻肉食・淫行は釋氏の定戒、圓頂・黑衣は僧侶の本體にして、佛祖の制戒に違ふは國法の禁ずる所たり、然れども僧侶亦等しく民なり、國家として其の待遇を異にし其の自由を束縛すべきにあらず、且放縱・無慚の徒は密かに戒律を破り國法を犯し、延いて風教を害するのみならず、眞宗の如き、既に肉食・妻帯を公許せる一派もありて、政府の方針亦一ならず、是れ蓋し其の法を廢し其の禁を解ける所以なり、又是れより先三月二十七日、社寺・靈場に於ける女人結界を廢す、○太政官日誌、公文錄、江藤南白

朝彦王第五王女誕生あり、五月二日、晴後、絢子と改名と命名す、○皇統譜錄、伏見宮御達並諸願伺屆留、朝彦親王御手日記、伏見宮家日記

浦賀港に行幸

二十八日　近く道を海路に取りて中國及び西國を巡幸したまはんとす、仍りて航行を試みたまはんとし、軍艦龍驤に乘御して相模國浦賀港に幸す、御艦滿潮に乘じて拔錨せんとするを以て、午前三時御出門あらせらる、扈從する者、宮內卿德大寺實則・侍從長河瀨眞孝・宮內少輔吉井友實及び侍從・侍醫等三十餘人、濱離宮に至りて四時過御乘艦あり、次いで日進艦を隨へて發御あらせらる、既にして御艦を觀音崎・劍崎に寄せ、燈臺を巡覽したまふ、是の夜浦賀港に御碇泊、二十九日、午前四時同港を發して十時濱離宮に著御し、正午還幸あらせらる、○太政官日誌、幸啓錄、外務省往復、工部省往復、海陸軍省往復、宮內少錄日錄、北條氏恭私記、德大寺實則書翰

侍従石山基文を罷む、〇太政官日誌、敍任錄、諸官進退狀、任解日錄、宮內少錄日錄

二十九日　毎月、金五百兩を皇太后宮御納戸金に充てさせらる、〇青山御所御納戸日記

五月

四日　侍従勘解由小路資生を宮內省六等出仕に補し、尋いで和歌山縣士族宮內省七等出仕中川敬義・山口縣士族同新山信正を侍従に任ず、〇太政官日誌、敍任錄、諸官進退狀、任解日錄

五日　端午の節なり、親王及び百官の參賀等、上巳の節に準じて行はる、尙是れより先、本日詠進の歌題を「盧橘」と仰出さる、〇青山御所御納戸日記、朝彦親王御手日記、有栖川宮隱邸日記、伏見宮家日記、吉井友實日記

後三條天皇八百年式年祭

七日　後三條天皇八百年式年祭を行はせらる、其の儀、式部寮官員皇靈を開扉して供饌を行ひ、式部頭祝詞を奏するや、午前九時出御、內陣御拜の座に著して玉串を供し御拜あらせらる、畢りて入御、參列の大臣・參議竝びに諸省長官若しくは次官外陣に於て拜禮し、撤饌・閉扉の儀ありて式部寮奏任官以下の拜禮あり、各〻退出す、又京都府に令して山城國葛野郡圓宗寺陵に於て祭儀を行はしめ、京都府知事長谷信篤をして幣帛五色帛・絁・絲・布・眞綿・木綿・麻を奉り、宣命を奏せしめたまふ、〇太政官日誌、祭祀錄、敍任錄、嵯峨實愛日記

大阪中國西國巡幸を仰出さる

大阪竝びに中國・西國巡幸の令あり、發輦の期を是の月二十三日と治定したまふ、是れより先、全

全國要地巡幸の建議

國要地巡幸の建議 陸軍省の提出する所なりと云ふ、 あり、其の要に曰く、聖明の四海に君臨するや、蓋し內は以て全國の形勢・民情を察し、外は以て萬國の棊峙する所以を知り、群僚百官をして各〻其の職務を奉ぜしめ、而して天下を富岳の安きに置き、更に皇威を海外に輝かすにあるのみ、我が國中世以降、天皇九重の內に垂拱し、天下の政擧げて武門に委す、降りて近世に至りては、天下獨り幕府あるを知りて皇室あるを知らず、方今大政一新し治敎休明なり、宜しく全國を巡幸して地理・形勢・人民・風土を視察し、萬世不拔の制を建てらるべきに、未だ其の擧あらざるは盛世の一大闕典なりとす、今や海軍皇張の際に方り、船艦・機械稍〻備はる、仰ぎ願はくは皇上將校に率先して船艦に御し、沿海を巡覽したまはんことを、大阪・兵庫・下關・長崎・鹿兒島・函館・新潟等の如き內外人民の輻湊する所、其の他要衝の地、偏く叡覽を經ば、則ち他日全國の處置と其の方法とに於て大裨益あるべきこと必せり、且方今天下漸く定まると雖も、僻邑遐陬に至りては未だ全く朝意の嚮ふ所を知らず、隨ひて王化亦洽からず、此の際因循機を失はゞ天下益〻疑惑を抱き、開化進步の上に障碍あらんも測るべからず、今、斷然此の盛擧を決行せば、億兆必ず其の所を得て朝意奉戴の念愈〻厚からん、今や財力匱乏の時、巨多の經費を要する全國巡幸の擧の如きは急務にあらずと曰ふ者あらん、然れども其の經費に至りては各〻出づる所あり、卽ち船艦の費は海軍省定額中より、隨從近衞の費は陸軍省定額中より、供奉諸員の費は宮内省定額中より之れを支出し、其の各省に屬すべからざるもののみを大藏省に課せば、民人の凋悴を増すに至らずして、缺くべからざるの盛典を擧行し得べしと、廟議之れを納れ、天皇裁可あらせらる、然りと雖も一時に全國を巡覽したまふことは容易の事にあらざるを以て、先づ海路穩和の候を期し、軍艦に乘じて神宮及び孝明天皇山陵を拜し、大阪・京都・兵庫・下關・長崎・熊本・鹿兒島等を巡幸あらせらるゝことに決せり、洵に是れ開闢以降未だ曾て有らざる所の盛事にして、巡幸の各府縣に令するに、行在所等特に修繕を加へ、又鳳輦舍・御輿寄の類を建つるを要せず、御料の馬匹二頭を繫ぐべき用意あらば足れり、鹵簿拜觀は人民の意に委すべし、交通を遮斷すべからず、庶民の營業平日の如くなるべし、道路を修築し、佛堂・寺門及び不淨處等を掩蔽するに及ばず、獻上物は總て之れを停止せしむべし等の事を以てし、民をして煩碎の念なからしめたまふ、巡幸の勅命下るや、海軍少輔川村純義、直に令して軍艦龍驤木製鐵帶、二千五百三十噸を御艦と爲し、日進・春日・筑波・第一丁卯・鳳翔・雲揚・孟春の七艦を以て護衛及び嚮導・水路測量等に充て、中艦隊指揮官海軍大佐伊東祐麿をして之れを指揮せしむ、乘員總計千餘人、各艦艤裝して發御の日を俟つ、當時從一位中山忠能京都に在り、人心不安の際是の重事を決行したまへるに驚き、深く憂慮する所あり、〇太政官日誌、行幸錄、隨幸私記、德大寺實則書翰、中山忠能備忘、祕史局編册、海軍軍備沿革、海軍省報告書

古器物の保存法を講ぜしむ

近時社寺傳來の古器物等の散逸するもの尠からざるを以て、文部省をして東大寺を始め諸社・諸寺の什寶を巡檢せしめ、之れが保存法を講ぜしむ、又巡檢者に委するに、京都・大阪に博物館を、奈良に古物館を設置するの件等を以てす、○太政官日誌、公文錄

通稱實名の併用を禁ず

通稱と實名とを併用することを禁ず、○公文錄、中山忠能備忘、法令全書

三瀦縣柳河の騷擾

昨六日、三瀦縣にありては大藏省の布達に由りて舊柳河藩發行の藩札を整理し、之れを政府發行の新紙幣と交換せんとし、其の價格比較表を告示せしが、柳河の人民其の比較を不當と爲し、去歲七月十四日申請の價格を以て舊藩札を交換せられたしとて、是の日、縣廳出張所に强請す、翌曉權參事關口隆吉柳河に赴きて諭す所ありしが、數百の群衆縣廳出張所を圍みて命を肯かざるのみならず、將に暴擧に及ばんとする形勢なるを以て、隆吉は一時の權道を以て、九日より十五日まで舊價格にて之れが交換を行ふべきことを約す、且異變の生ずる虞あるを以て鎭西鎭臺日田分營に出兵を請ふ、八日、暴徒、同地三瀦縣爲替方高椋新太郎の家を破壞し官金を掠奪す、十一日、日田分營兵の著するありて漸く鎭靜す、○公文錄

米國東洋艦隊司令長官を御引見

九日　新任亞米利加合衆國東洋艦隊司令長官アイ・エー・ゼンケンス橫濱に來航せるを以て、午後一時小御所代に出御して之れを引見したまふ、ゼンケンス、艦隊將校等十四人を伴ひ、同國代理公

使セパルトと倶に參進するや、天皇宣はく、全權大使岩倉具視貴國海軍局を覽て海軍の整備せるを報じ、之れを嘆賞す、今、卿を見るに及びて更に之れを想ふと、ゼンケンス、拜謁の榮を蒙れるを拜謝し、聖壽の萬歳を祈りたてまつる旨を奉答す、又米國大統領の平安と公使の精勵とを喜ばせらるゝ旨の勅語をセパルトに賜ふ、公使奉答する所あり、畢りて控所に於て茶菓を賜ふ、是れより先、公使、ゼンケンス御引見の翌日を以て米國東洋艦隊旗艦に行幸あらせられんことを請ひて曰く、全世界に於て日本國と交を開けるは米國を以て始とし、又日本國と條約を結べるも米國を以て始とす、且方今日本國派遣の大使海外にありて萬國の優遇と尊敬とを受く、是の際に當りて我が東洋艦隊に行幸あらせられんことは、日本國が泰西諸國と併立するの地歩を占めんことを希望せる意を全世界に表明するに足るべきなりと、聽したまはず、〇公文錄、外事錄、外務省往復

十日　勝安芳を海軍大輔に任ず、安芳曾て兵部大丞たりき、〇太政官日誌、敍任錄、辭令錄、任解日錄

自今非役華族一・六の日の天機奉伺を廢す、〇太政官日誌、儀式錄

十四日　曩に特命全權副使大久保利通・同伊藤博文亞米利加合衆國より歸朝して具奏する所あり、爾後廟議を盡し、遂に大使・副使等に委するに條約改正の全權を以てし、而して之れが談判を開始せしむることに決す、但し米國と單獨に條約を改正するは我が國の不利なり、各締盟國全權委員と

岩倉具視等に條約改正の全權を委任せらる

歐羅巴に會合して商議するに如かずと爲す、天皇之れを裁可したまふ、乃ち客月九日、之れを特命全權大使岩倉具視に訓電し、且米國政府に求むるに、會議の地に全權委員を派遣することを以てせしむ、又同月八日、外務卿副島種臣・外務大輔寺島宗則を條約改正取調御用掛と爲し、尋いで大藏省三等出仕上野景範を之れに加へ、以て條約改正案を審議せしめ、十九日、國書・委任狀の謄本及び條約改正案を二等書記官小松濟治に付し、先づ華盛頓に至らしむ、尋いで宗則を大辨務使と爲して英吉利國に駐劄せしめ、英國及び佛蘭西・獨逸兩國駐劄中辨務使鮫島尙信の英國駐劄を罷め、宗則・尙信竝びに米國駐劄中辨務使森有禮を條約改正委員と爲し、宗則をして利通・博文等と倶に華盛頓に赴かしむ、是の日御署名の國書に曰く、

國書

天ノ命ニ則リ萬世一系ノ帝祚ヲ踐ミタル日本國
天皇睦仁敬テ威望隆盛ナル良友
某國皇帝（名）陛下或ハ某國大統領（名）ニ白ス朕幸ニ兩國間ニ存在セル友愛懇親ノ情誼ヲ永ク維持センコトヲ希フ至情ヨリ玆ニ貴重ノ使臣ヲ派遣ス乃チ右大臣正二位岩倉具視ヲ特命全權大使トシ參議從三位木戸孝允大藏卿從三位大久保利通工部大輔從四位伊藤博文外務少輔從四位山口尙芳ヲ特命全權副使トシ之ニ全權ヲ合與又ハ分與シ　陛下ノ政府ニ赴キ兩國平和ノ交誼ヲ益堅ク益廣カラシメン

カ爲メ便宜ノ地ニ於テ商議センコトヲ委任セリ而シテ今我國ト貴國政府トノ間ニ存セル條約ニ載セタル條約改定ノ期近キニアルヲ以テ朕之ヲ改定修正シ大ニ公權公利ヲ擴充セシメンコトヲ願フ今此目的ヲ達セン爲メ最モ文明ナル諸國ニ行ハル、制度規模ノ善ク我國現時ノ事情ニ適スル者ヲ選ハンコトヲ欲ス是以テ從來ノ條約ニ掲載スル趣旨ニ從ヒ貴政府ト會議商量シ以テ此條約ヲ改正セシメンカ爲メ右特命大使及ビ副使等ニ全權ヲ分與シ或ハ之ヲ合與セリ朕望ムラクハ右使臣等ヲ篤信セラレンコトヲ特ニ彼等朕ニ代リテ朕カ懇篤ノ友情ヲ證シ　陛下ノ萬福ヲ祝シ貴國人民ノ安寧ヲ祈ル誠意ヲ表スルニ當テハ更ニ寵眷アランコトヲ希フ

又大使・副使等に付與したまへる委任狀に曰く、

委任狀

天ノ命ニ則リ萬世一系ノ帝祚ヲ践ミタル

日本國天皇此詔旨ヲ見ル人々ニ宣示ス

汝有衆右大臣正二位岩倉具視參議從三位木戸孝允大藏卿從三位大久保利通工部大輔從四位伊藤博文外務少輔從四位山口尚芳等ノ忠實謹愼幹敏ナルヲ以テ之レニ殊特ノ信任ヲ托セシコトヲ知レ

朕右大臣正二位岩倉具視參議從三位木戸孝允大藏卿從三位大久保利通工部大輔從四位伊藤博文外務少輔從四位山口尚芳等ニ全權ヲ合與又ハ分與シ各國ト締固セシ條約改定ノ事ニ付其條約中ニ載

ル趣旨ニ従ヒ日本政府ノ名ヲ以テ澳地利白耳義丁抹法蘭西日耳曼大不列顚哈維荷蘭伊多利葡萄牙魯西亞瑞典那威瑞西西班牙及ヒ米利堅合衆國各政府ヨリ同様ノ全權ヲ受タル人物ト便宜ノ地ニ於テ會合シ帝國日本ト右各政府トノ間ニ存スル條約ノ改正ヲ講究商量シ之レヲ協議論駁シ以テ條約ヲ定メ之ニ鈐印スルコトヲ委任ス而シテ其擬スル所果シテ朕カ意ニ適スルヤ能ク之ヲ審ニセンカ爲メ之ヲ朕カ前ニ賫ラシ朕カ允准ヲ須ツヘシ

宗則・尙信・有禮に付與したまへる委任狀之れに準ず、利通等、是の月十七日を以て横濱港を發せり、具視は華盛頓に在りて利通・博文の至るを待つ間、米國國務卿フィッシュの諒解を得て條約改正を豫議せんとし、其の草案を作りて、三月十五日之れをフィッシュに提示す、尋いで四月九日の訓電到達し、始めて朝旨の在る所を知る、然れどもフィッシュが曾て各國會同談判を以て無益なりと爲すの言を漏らしゝことあるを以て、歐洲に於て各國會同談判を開く議を提出するの不得策なるを察知し、故らに之れを告げざりき、五月三日、フィッシュより條約改正對案を提出す、二十二日、濟治廟議を賫して到著せるを以て、六月五日、具視はフィッシュを紐育の別業に訪ひ、始めて各國會同談判の議を提出し、彼より提出せし條約改正對案に意見を記して返付す、十五日、フィッシュは大統領の命を以て會同談判を拒絕し、且日本國が華盛頓に於て米國政府と條約改正を商議するの意ありや否やを問ふ、十七日、利通・博文等、國書及び委任狀を帶して華盛頓に著す、具視直に副使等と議する所ありしが、米國と單獨に條約を改正せば、最惠國條款に由りて米國に與へたると同じ特權を報償なくして他の締盟國に獲得せらるゝの不利ありと云ふに一決し、米國との談判を停止することとす、又將來到る所に於て若し條約改正の議起らば、告ぐるに會同談判を以てし、而して彼之れに應ぜずば、他日本國に於て談判を開始すべしと主張せんことを議定す、是に於て同日、具視は副使木戶孝允・同山口尙芳を帶同してフィッシュを訪ひ、單に米國政府とのみ商議すべからざることを通告す、爾後大使等一行は從前の如く專ら列國聘問を旨とすることとし、其の新に拜受せる國書及び委任狀は終に空しく之れを携帶して歸朝することとなれり、〇太政官日誌、公文錄、敍任錄、詔勅錄、本朝公信、大使信報、外務省記、在歐米中公信、諸官進退狀、任解日錄、三條實美書翰、岩倉家藏書類、岩倉具視書翰、岩倉具視書翰案、木戶孝允書翰、大久保利通書翰、伊藤博文書翰、寺島宗則書翰、大原重實書翰、大隈重信關係文書、花房子爵家文書、木戶孝允日記、嵯峨實愛日記、吉井友實日記、保古飛呂比、米歐回覽實記、岩倉公實記、尾崎三良自敍略傳

露國代理公使を御引見

十五日　午前十時小御所代に出御、新任露西亞國總領事兼代理公使ビゥツオフを引見したまふ、ビゥツオフ、函館在留の同國領事オラロースキーを從へ、外務卿副島種臣の誘導によりて參進し、露西亞國皇帝が日本國との交誼を堅固ならしめんと欲し、ビゥツオフを代理公使に任じて日本に派遣せしめられたること、竝びに日本國の幸福を希望せらるゝは皇帝の至情にして、ビゥツオフ兩國政

府の間に立ちて其の職務に全力を盡すべき旨を陳上す、乃ち、

卿曾テ久シク我國ニ在リ我國ノ情故ヲ知ル而シテ今重任ヲ膺ケ來テ玆ニ貴國皇帝ノ意衷ヲ陳述スル所ノモノ常ニ朕カ企望スル所ト符合セリ將來卿ノ勤ムル處ノ者モ亦推テ知ルヘシ朕信ス兩國間存スル所ノ懇親益厚カラン事ヲ

貴國親王遠ク東方ヘ航海セラル、由モシ我國ヲ經過セラルレハ朕親ク面晤セン事ヲ今ヨリ樂ミ思フ

英國代理公使等を御引見

との勅語を賜ふ、畢りて控所に於て茶菓を公使等に賜ふこと例の如し、露國が本邦に公使を駐在せしめたるは是れを以て嚆矢と爲す、午後二時再び小御所代に出御、新任英吉利國公使館書記官兼代理公使ワットサン及び來遊の同國貴族フラントフルドを引見したまふ、ワットサン等外務卿に導かれて參進するや、英國皇帝の安否を問はせられ、初めての面會を悅ばせらるゝ意の勅語をワットサンに賜ふ、ワットサン、全權公使不在中其の代理を命ぜられしこと、日本國の進步は歐洲諸國の齊しく注目する所にして、是の際職を日本國に奉ずるは外臣の光榮なる旨を陳上す、乃ちワットサンが公使の代理として交際事務を管理することを諒承したまへる旨の勅語あり、次いでフラントフルドに對せられ、初めて面會す、緩々逗留すべしとの勅語を賜ふ、是れより先、ワットサン著任して

拝謁を請ふに方り、泰西諸國一般の風習に據り、天皇の正立して賜謁あらせられんことを外務卿に乞ふ、外務卿、外國の使節たるもの、其の國に入りては其の國の儀禮に從ふべきなりとして、一旦は之れを峻拒せしも、終に立禮を用ゐらるゝことに決せりと云ふ、○外事錄、勅語錄、勅語言上、皇國駐在外國使臣履歷附錄、ヘラルド新聞抄譯、副島伯經歷談

京都在住の正二位橋本實麗東上し、是の月九日參內、宮內省に就きて天氣を奉伺す、是の日、御暇乞のため再び參內す、乃ち御學問所代に之れを召さる、實麗參進して天顏を拜し、更に聽されて上段の間長押際に進み、拜伏して親子內親王の傳言を奏聞す、勅答あり、實麗、天皇の洋服を著御して椅子に凭らせらるゝを拜し、又官人宮中に於て靴を脫せず、侍從等椅子に著して事務を執り、廊屋敷くに絨毯を以てせるを見て、其の變革の甚しきに驚く、○公文錄、橋本實麗日記

國書調印の式を定む

是の歲正月、式部寮國書調印の式を定めて正院に上申す、是の日、正院裁可の旨を外務卿に達す、其の儀、先づ小御所代上段に出御あり、大臣・參議及び外務卿・式部寮官員中段の座に相對して著く、次に侍從長國書を開きて御前の机上に上る、乃ち宸筆を染めたまふ、次に式部寮官員之れを請下して中段の卓上に置き、大內史國璽を鈐す、次に外務卿進みて之れに奉證し、式部寮官員之れを上る、畢りて入御あらせらる、若し外務卿不參の節は外務省に廻送して奉證し、直に返上せしむ、

○儀式錄、太政類典

大辨務使寺島宗則に紫組掛緒を賜ふ、○太政官日誌、叙任錄、諸官進退狀

師範學校の設立

東京に師範學校を設立することを聽許す、是れより先、東京・京都二府を始め各府縣に小學校の設立せらるゝものありと雖も、其の數甚だ多からず、德川幕府時代より繼續せる寺子屋なるもの、依然として普通教育の主要機關たり、故に小學校に於ける設備・教授法等も頗る不完全にして、東京府の小學校すら悉く寺院を以て校舍に代用せる狀態にして、其の主要科目は讀書・作文・習字・算術等に過ぎず、是の歲四月二十二日、文部省は小學教師教導場設立の議を正院に提出して、現時の兒童教育に關し其の五弊を擧げ、且之れが矯正の案を具す、其の要に曰く、一、父兄たるもの子弟幼時の修學を度外視す、二、學ばざるの徒は志行賤劣、遂に流落して自ら救ふこと能はざる者多し、三、學ぶ者と雖も多くは寺子屋に之れを委す、其の師たる者概ね教育の何物たるを辨ぜず、其の筆算師と稱し書讀師と稱する者も纔かに其の一端を知るに止まるのみ、四、或は之れを教ふと雖も、一定の規律なくして終日囂々の聲を聞くのみ、五、稀に學校の設ありと雖も、其の教ふる所は概ね舊習に循ひて成規なく、徒らに四書五經の類を暗誦するに過ぎず、以上の弊習を矯正するの法は他なし、優良なる小學教師を養成し、以て教則を齊整するにあり、是れ方今の急務たり、宜しく速か

に泰西文明國に則り、小學教師教導場を東京に設立し、教育の道をして世に普及せしむべし、其の方法は外國人一人を聘して教師とし、生徒百十四人を募るべし、而して生徒中二十四人を以て助教と名づけ、之れをして教師の教授を受けしめ、他生九十人をして助教の教授を受けしむ、又小學校に於て採用すべき書籍・器具の類は悉く之れを亞米利加合衆國に求めんとすと、正院之れを聽許す、昨十四日、文部省は更に教導場を師範學校と稱し、且設立の趣旨・校則を布告せんことを請ふ、是の日、之れを聽許す、尋いで第一大學區第一番中學舊南校雇教師米國人スコットを教師と爲し、九月、舊昌平學校内に於て開校す、是れ我が國に於ける師範學校の嚆矢にして、現今の東京高等師範學校の前身なり、〇公文錄、太政類典、法令全書、學制五十年史

露國艦隊提督を御引見

十八日　午後二時小御所代に出御、露西亞國水師提督海軍少將フェ・ドロフスキー、ウイデヤス號艦長海軍大佐ナジモフ等を引見したまふ、提督等の同國代理公使ビュツオフに伴はれて參進するや、提督に對し、曾て其の指揮せる軍艦を以て、我が邦人を救護せる厚意を謝したまふ旨の勅語あり、提督、拜謁の榮を得たるを謝したてまつり、且露國軍艦の日本人を救護せしこと叡聞に達して艦長ナジモフ等に謁を賜ひ、尚懇篤なる勅語を賜へるを拜謝し、露國民は日本人に對して常に友誼の誠を盡し厚く和親せんことを欲する旨を陳上す、畢りて公使等の請に依り、其の妻女と倶に吹上御苑

を拝観せしめらる、〇公文錄、外事錄、外務省往復

佛國艦隊提督を御引見

十九日　午前十時小御所代に出御し、佛蘭西國代理公使チュレンに伴はれて參內せる同國支那日本海艦隊指揮長官海軍少將カルノ及び乘組士官等十三人に謁を賜ひ、初めての面會を喜ばせらるゝ旨の勅語をカルノに賜ふ、カルノ、拜謁の榮を得たるを拜謝して退く、〇公文錄、外事錄、宮內少錄日錄

赤坂離宮に行幸

西巡の日近きを以て、午後二時御出門、赤坂離宮に幸す、太政大臣三條實美・宮內卿德大寺實則・侍從長河瀨眞孝・宮內大輔萬里小路博房・同少輔吉井友實等扈從す、皇太后、去月二十四日以來感冒に罹らせられしが、殆ど平癒あらせられ、御對面あり、西洋料理を供進したまふ、乃ち供奉の太政大臣等に御陪食仰付けられ、七時を過ぎて還幸あらせらる、是れ赤坂離宮行幸の始なり、是の日、交魚一折・香爐一箱等を皇太后に贈進したまふ、皇太后、硯・墨其の他西巡中叡慮を慰めたてまつるべき品々を進獻し、二十二日、又交魚一籠を贈進したまふ、〇宮內少錄日錄、青山御所御納戸日記、青山御所詰內匠司日記、青山御所內膳司日錄、外務省往復、吉井友實日記、北條氏恭私記

神宮大宮司等を華族に列す

度會縣貫屬河邊敎長・愛知縣貫屬千秋季福・熊本縣貫屬阿蘇惟敦・小倉縣貫屬到津公誼・同宮成公矩・和歌山縣貫屬紀俊尙を華族に列せらる、河邊氏は天兒屋根命の後裔にして神宮祭主藤波氏と其の祖を同じうし、世々神宮大宮司たり、千秋氏は尾張國造の苗裔にして、世々熱田宮大宮司たり、

阿蘇氏は阿蘇國造の末裔にして、家祖健磐龍命を祀る阿蘇宮の大宮司を世襲し、到津・宮成兩氏は宇佐國造宇佐津彦の後にして、共に宇佐宮大宮司を世襲す、紀氏は神武天皇の御宇以降紀國造に任ぜられ、日前・國懸兩宮神職の上首を世襲す、○太政官日誌、敍任錄、諸官進退狀、內史日錄、諸家系譜

二十日　午後皇后と倶に吹上御苑に出御、九時を過ぎて還御あらせらる、○宮內少錄日錄

明治天皇紀 巻四十六

明治五年

五月

二十一日　二十三日を以て西巡の途に就きたまはんとす、仍りて午前九時賢所に祭典を行はしめ、御拝あらせらる、○宮内少録日録

三條實美に西巡中の庶政を委任せらる

二十二日　勅して太政大臣三條實美に委するに西巡中の庶政を以てしたまふ、勅に曰く、

朕西巡ノ間親ク政ヲ視ル事ヲ得ス凡百ノ事爾實美ニ委任ス爾實美其レ朕カ意ヲ體シテ之ヲ處分セヨ若シ夫重大ノ件ニ至テハ一々之ヲ以聞シテ裁ヲ請ヘ而シテ事ノ緊急ニシテ稽緩スヘカラサルモノハ便宜處決シテ後其事由ヲ以聞スヘシ

○公文錄、詔勅錄、敍任錄、官符原案、三條實美公年譜

後藤象二郎伊地知正治下議院開設を建議す

是の月十五日、左院議長後藤象二郎・同副議長伊地知正治連署して下議院開設の建議を爲す、其の要に曰く、上下同治の制を立つるは五箇條御誓文の主旨なり、上下同治の制立たざる時は歲入・歲出の豫算及び法律の基本を確定すること能はず、廢藩置縣の後旣に朞年に達せんとす、然るに府縣の治未だ統一せざる亦是れがためなり、宜しく歐米諸國の制に倣ひて下議院を開設し、公議・輿論に諮る所あるべしと、是の日、之れを納れ、其の規則調査を左院に命ず、左院は八月に至りて規則書を草せしが、俄かに之れを施行せんは支吾の憂を生ずるの虞あるを以て、九月を期して先づ各府縣の參事・權參事を東京に召集し、議院組織の方法等を評議せしめ、翌明治六年より之れを實施するを以て可とす、是れより先六月下旬、車駕西巡して鹿兒島に幸するや、從二位島津久光施政の方針に就きて獻言する所あり、且參議西鄕隆盛を非議すること甚し、是に於て嚮に議院開設に賛せし隆盛も稍〻躊躇の色あり、廟議爲に動くのみならず、象二郎は民業經營のために挂冠せんの意あり、是を以て其の規則書草案等も遂に正院に進達せられざりしが如し、又左院は下議院開設の建議を爲せる前日を以て、儀制課長少議官宮島誠一郎の提出せる國憲制定の建言を正院に進達せり、○公文錄、西鄕隆盛書翰、國憲編纂起原

司法大輔宍戸璣を罷む、○太政官日誌、諸官進退狀、敍任錄、任解日錄

西巡の途に就かせらる

二十三日　大阪竝びに中國・西國巡幸の途に就きたまふ、參議西鄕隆盛・陸軍少輔西鄕從道・海軍少輔川村純義・宮內卿德大寺實則・侍從長河瀨眞孝・宮內少輔吉井友實・式部助橋本實梁以下侍從・侍醫等七十餘人及び近衞兵一小隊供奉す、午前四時燕尾形ホック掛の正服地質黑絨、金線を以て菊の花葉を胸部等に刺繡し、背面の腰部には鳳凰の刺繡あり、袴は同じく黑絨にして、幅一寸の金モール線一條あり、帽は船形、紺天鵞絨を以て製し、左右兩面に金線にて鳳凰を刺繡し、前後に亙りて金モール線一條あり、を著御し、騎馬にて御出門あらせらる、天皇の該正服を著したまへるは是れを以て始とすと云ふ、四時三十分濱離宮に著し、中島御茶屋にて御小憩の後、參議・諸省長官及び宮內官等奉送裡に五時三十分端艇に乘御し、純義を前導として品川沖に向はせらる、太政大臣三條實美御艦龍驤迄奉送し、護衞艦長等各艦の端艇に乘じて警衞す、六時三十分龍驤に著したまふ、艦長海軍大佐伊東祐麿舷門に奉迎し、海軍樂手樂を奏し、直に錦旗を中央檣頭に揭ぐ、又信號旗を飾り、登桁の禮を行ひ、祝砲を發す、諸艦之れに倣ふ、碇泊の英吉利國軍艦亦祝砲を發す、八時四十五分拔錨、第一丁卯艦嚮導として前行し、日進・鳳翔・雲揚・孟春・春日・筑波の六艦及び運輸船有功丸隨從して進む、是の日、海門風穩かにして波平かなり、御艦本牧沖に至るや、神奈川砲臺に於て祝砲を發す、午後相模國金田灣の北東に錨を投ず、是の夜樂隊の奏樂あり、〇太政官日誌、幸啓錄、行幸錄、巡幸日誌、御巡幸日記、西海御巡幸一件、行在所信報寫、西鄕隆盛日記、隨幸私記、北條氏恭私記、熾仁親王御日記、嵯峨實愛日記、伏見宮家日記、陸軍省大日記、明治天皇御洋服圖、御逸事、法令全書

金田灣發御

二十四日　午前二時四十分御艦金田灣を發す、日進艦嚮導たり、午後二時天色一變し、風起り雨注ぐ、是の夜風雨を衝きて遠州灘を航す、御艦の動搖甚し、○巡幸日誌、御巡幸日記、隨幸私記、北條氏恭私記、兒玉愛二郎談話

湊川神社鎭座式

楠木正成の靈を鎭齋せんがため、攝津國湊川に楠社を造營せしめしが、是の日、鎭座の式を行ひ、湊川神社と稱し、別格官幣社に列する旨を布告す、翌二十五日祭典を執行せしめ、宣命使として式部寮七等出仕四辻公賀を遣はし、幣物として太刀一口栗原信秀作・五色薄絹各ゝ一丈・安藝木綿一斤・晒布一反を賜ふ、天皇、正成の忠烈を深く叡感あらせられ、特に正成神靈の四字を木牌に親書したまひ、靈代として之れを下し賜ふ、神社に別格官幣の社格あるは湊川神社を以て始とす、古制に據れる大中小官幣社と區別せんがための稱なり、○太政官日誌、祭祀錄、公文錄、湊川神社宣命、諸官進退狀、福羽子爵談話要旨

敎部大輔福羽美靜を罷め、從四位宍戸璣を同大輔に任ず、○太政官日誌、辭令錄、敍任錄、任解日錄

鳥羽著御

二十五日　午前九時御艦志摩國鳥羽港に著し、坂手島の西邊に錨を投ず、日進艦祝砲を發す、十一時三十分水路測量のため先著せる第二丁卯艦に移御し、孟春艦を嚮導とし、第一丁卯・雲揚の二艦を從へて伊勢國大湊に向はせらる、午後零時二十分打出濱に著したまふ、第二丁卯艦祝砲を發す、既にして端艇に移御し勢田川を溯りたまふ、是れ海路神宮に詣づるの道なり、一時二軒茶屋に御上陸、度會縣權參事下山尙以下縣官の奉迎を受け、河畔竹屋儀助の家に御小憩の後、山田に向はせらる、鹵

簿は地方官前驅し、工部・海軍・陸軍・大藏の諸省及び式部寮官吏、內外史・參議等之れに次ぎ、次に侍從二人劍璽を捧持す、宸儀、侍從左右に扈從し、近衞兵前後を分衞す、次に侍從長・宮內官扈從す、巡幸中の鹵簿概ね之れに準ず、又天皇は騎馬、供奉の諸官は燕尾服を著し、洋刀を帶して徒步するを例とす、沿道奉迎の庶民、服御の舊制に異なると鹵簿の簡易なるとに驚かざるはなく、路傍に坐して拍手拜禮す、三時山田行在所外宮參集所に入りたまふ、○巡幸日誌、御巡幸日記、伊勢神宮御參拜ニ關スル記錄、隨幸私記、西鄕隆盛日記、北條氏恭私記、供奉近衞將校松下助四郞日誌、御參拜記、兒玉愛二郞談話

豐受太神宮御參拜

二十六日　豐受太神宮御拜のため、午前九時黃櫨染の袍を著し、步して行在所を發したまふ、參議以下扈從す、二の鳥居外にて祓を受けさせられ、玉串門內にて手水を上らしめ、侍從長上る所の木綿鬘を懸け笏を把りたまふ、是れより先、大宮司等正殿を開扉し、幣物竝びに御奉納の新貨幣金貨二十圓・十圓・五圓・二圓・一圓の五種、銀貨一圓・五十錢・二十錢・十錢・五錢の五種を殿內案上に供進す、尋いで瑞垣門を經て內院に入御、正殿南階より昇殿して大床葉薦の上に半帖を敷くに著御あらせらる、侍從二人、劍璽を捧持して階の四級東西に候し、奏任以上の供奉官等瑞垣門內に候す、天皇、式部助橋本實梁が捧ぐる所の玉串を執り、闔外より殿內の案上に奉りて再拜拍手あらせらる、畢りて行在所に還御す、十時更に皇太神宮御拜のため騎馬にて御出門あり、十一時內宮參集所に著御、御晝饌畢りて午後一時御拜あり、其の儀豐受太神宮に

皇太神宮御參拜

同じ、参集所に還御の途次、五十鈴川に於ける鵜飼を天覧あらせらる、漁夫、獲る所の鮎を獻る、金千疋を賜ふ、参集所に還りたまひて奏任以上の縣官・神宮司廳職員に謁を賜ひ、一時二十分参集所御出門、度會縣廳に幸して執務の狀を天覽あり、三時三十分行在所に還御あらせらる、是の日、縣官・神宮司廳職員に酒肴料を賜ふ、神宮司廳職員等、兩宮大宮院百分の一の模型を造りて天覽に供す、○行幸錄、巡幸日誌、御參拜書類、祭典課日誌、御參拜記、裁印錄、西鄕隆盛日記、隨幸私記、北條氏恭私記、伊勢神宮御參拜ニ關スル記錄、神宮要綱

山田發御

二十七日　午前五時騎馬にて山田行在所を發し、六時二軒茶屋に著御、端艇に乘じて勢田川を下り、七時二十分打出濱に至りて第一丁卯艦に移御あらせらる、孟春・雲揚の二艦其の前後を警護し、二見浦を經て八時四十分鳥羽港に著し、直に御艦龍驤に乘御、第一丁卯艦を嚮導として十時三十分發艦あらせらる、紀州灘にて日沒す、是の夜風生じ浪高し、○行幸錄、巡幸日誌、御巡幸日記、西鄕隆盛日記、隨幸私記、北條氏恭私記、供奉近衞將校松下助四郎日誌、金森彌左衞門手記

大阪著御

二十八日　午前十時三十分日岬沖御通航の際、東行の露西亞國軍艦、錦旗を仰瞻して祝砲を發す、午後六時御艦大阪灣内天保山沖に進むや、天保山砲臺より祝砲を發す、七時奉迎のため大阪府出す所の汽艇運貨丸に移御、諸艦、飾旗・登桁・祝砲の禮を行ふ、御船の安治川を溯るや、兩岸に燎火を焚き、每戸燈を點じて迎拜す、八時二十分松島に著御し、運上所前埠頭より御上陸、大阪鎭臺司

令長官陸軍少將四條隆謌・大阪府權知事渡邊昇等の奉迎を受け、大阪府外國事務局樓上に御小憩の後、騎馬にて十時行在所本願寺津村別院に入りたまふ、大阪鎭臺歩騎兵列外に供奉す、市民、軒燈を掲げ街燈を點じ、以て奉迎の意を表し、迎拜者輦路に雲集し、拍手して萬歳を唱ふ近世萬歳と唱ふること、明治二十二年憲法發布の際に始まると云はる、是の日、大阪市民の萬歳を唱へしこと、當時の記録によりて之れを記せるが、果して萬歳と發聲せしか、或は往々本邦及び支那の古典に見えたる呼萬歳の文字を用ゐて歡喜の狀を形容せしに止まるか、未だ明かならず、尙明治三年九月公布の天長節海軍禮式にも、午前十一字に、皆甲板上に列し、位を正ふし、萬歳を唱ふの文あり、、松島居留地の外國人亦路傍に燎火を焚き、脱帽敬禮して奉迎す、○巡幸日誌、御巡幸日記、西郷隆盛日記、隨幸私記、北條氏恭私記、供奉近衞將校松下助四郎日誌、陸軍省大日記、明治天皇大阪行幸誌、重要雜錄、法令全書

京都府山科郷士等の請を許し、東京附近に於て荒蕪不毛の地四十二町歩を下賜することに內決せしが、廣大の地、一時に下付し難きを以て、是の日、先づ東京府下內藤新宿・角筈村の地總計二萬五千六百餘坪を賜ふ、山科郷は所謂禁裏御料にして、御直料又は本御料と唱へ、往古より御膳米を上納す、其の緣由によりて郷士等衞士の列に加へられ、非常の際禁門を警衞すべきの命を拜す、特に慶應三年以來は行幸供奉・京都市中警備等に力む、明治三年其の勤務を解かれ歸農せしめらるゝや、奉公の念已み難く、輦轂の下に六七十人を移住せしめて開墾の業を興し、以て供御の料を獻り、又窮乏の村民等を救助せんとす、乃ち同年十一月原野の下賜を請へるなり、○太政官日誌、公文錄

二十九日　大阪に駐まりたまふ、午前、天機奉伺として參候せる大阪鎭臺司令長官四條隆謌・大阪

府權知事渡邊昇・堺縣令税所篤等文武官十二人に謁を賜ふ、又府下百歲以上の高齡者を行在所に召して金を賜ふ、夜、市民永代濱に於て烟火を揚ぐ、行在所樓上より之れを天覽あらせらる、是の日、神戸より多度津に航したまふを改め、大阪より丸龜に直航することと治定したまふ、〇巡幸日誌、西鄉隆盛日記、隨幸私記、明治天皇大阪行幸誌

皇太后、午前八時轎輿に乘じて赤坂離宮御出門、濱離宮に行啓し、魚を網するを御覽、黃昏に及びて還啓あらせらる、〇青山御所御納戸日記、省中布達留、東京府往復簿

大阪發御

三十日　京都に幸せんとし、午前四時三十分騎馬にて大阪行在所御出門、五時八軒屋乘船場より河船紅梅丸に乘御して淀川を溯りたまふ、午後四時伏見に著御、京都府知事長谷信篤・同參事槇村正直竝びに在京都華族中山忠能等の奉迎を受け、寺田屋前濱より御上陸、河畔なる舊本陣福井與左衞門の家に小憩したまひ、騎馬にて進發したまふ、大阪鎭臺騎兵前後を奉護し、同鎭臺司令長官四條隆謌步兵二小隊を率ゐて殿す、伏見街道を進み、藤森藤森神社神主藤森長將の家・大佛前下京第二十七區小學校に休憩あらせらる、既にして日暮る、乃ち火を點じて發し、五條を西へ、順路京都御所に向ひたまふ、市內街燈を點じ、每戸軒燈を揭げて奉迎の意を表す、儀仗簡易齊整、沿道の群衆、鞍上の英姿を仰瞻して拍手禮拜し、親しく天顏を拜して感泣せざる者なく、歡迎の情自ら他方に異なり、八時著御、建禮門を入り、紫

京都著御

宸殿を經て御座所御學問所に入りたまふ、是の日、復、大阪以西の航路を改め、大阪より直に下關に航し、還幸の際丸龜・神戸に御上陸のことと定めたまふ、○巡幸日誌、御巡幸一件、西海御巡幸一件、祕史局編冊、西鄕隆盛日記、隨幸私記、北條氏恭私記、供奉近衞將校松下助四郎日誌、中山忠能備忘、冷泉爲理日記、明治天皇大阪行幸誌、重要雜錄

六月

月次祭復興

一日　室町幕府末期以降廢絕せる六月・十二月の月次祭を復興し、是の日、六月の同祭を修せしめらる、仍りて午前十時式部寮員著床し、八神殿を開扉し、神饌を供し、式部頭祝詞を奏す、次に神宮月次祭幣物發遣の儀を行ひ、幣物を度會縣權參事下山尙に付し、而して之れを神宮に致さしむ、但し十二月以後は神宮神官を式部寮に召し、直に幣物を付して發遣することとし、神殿に於ける祭儀竝びに神宮幣物發遣の式を行ふことを廢す、又六年十二月以降は發遣の日を六月・十二月の四日と改む、○祭祀錄

午前九時從一位中山忠能天機を候す、御座所に召して種々談話あらせらる、忠能或は悅び或は歎く、忠能鯉魚二口を獻る、十時正服を著して小御所に出御し、京都府知事・同參事以下奏任以上の諸官に賜謁あらせらる、尋いで京都在住の皇族及び麝香間祇候鷹司輔凞・同中山忠能・同近衞忠凞・同大炊御門家信・同廣幡忠禮・同中御門經之に謁を賜ひ、更に京都在住の非役華族を召見あらせらる、

尙賜謁に當り、華族一同に對し、宮內卿德大寺實則をして勅語を宣せしめ、諭すに、宇內開化の形勢に著眼して舊來の陋習を去り、實地の學を講じ有用の業を修めて範を衆に示すべきを以てしたまふ、是れ去歳十月一般華族に下し〻諭旨を更に親しく垂示したまへるものなり、午後五時直衣金巾子・切袴を著し、紫宸殿階下より騎して御出門、

桂宮に行幸

桂宮に幸して淑子內親王に御對顏あり、實則・侍從長河瀨眞孝及び侍從等騎馬にて扈從す、親子內親王の來會あり、又舊女官數人を召見し、兩內親王に各各縮緬五匹・絨氈三枚・白銅燭臺等を賜ふ、六時還幸あらせらる、淑子內親王、豫め設くる所の饗膳を御所に贈進す、○巡幸日誌、御巡幸一件、詔勅錄、西鄉隆盛日記、隨幸私記、中山忠能備忘、橋本實麗日記、冷泉爲理日記、梅溪通善日記、京都府史

孝明天皇陵御參拜

二日　暑氣甚し、孝明天皇後月輪東山陵を拜せんとし、午前五時騎馬にて御出門、宮內卿德大寺實則・侍從長河瀨眞孝等騎して扈從す、七時泉涌寺便殿中門外假建に著御、神饌供進の儀畢るや、洋裝を束帶に更め、步して坂路を陵前に進ませらる、手水の儀あり、侍從上る所の笏を把りて御拜所に著御、地方官をして幣物を供せしめ、玉串を奉りて御拜あり、畢りて便殿に復したまふ、九時發御、

博覽會に行幸

建仁寺竝びに知恩院に幸す、兩寺に於て京都博覽會社經營する所の博覽會開催せらるゝを以てなり、京都府參事槇村正直の前導にて陳列品を巡覽したまひ、委曲御下問あり、新發明の米搗器及び西陣製作の米織絹・兩面繻子・蝙蝠傘等に就きては參事特に奏上する所あり、知恩院に於て御晝饌を取

り、午後二時還幸あらせらる、是の日、守脩親王に夏直垂地一卷を賜ひ、又舊女官・隱居女房等に各〻金を賜ふ、淑子内親王・守脩親王、挑燈三個・晒布三反を進獻す、未の刻過從一位中山忠能參候す、晩餐に陪せしめ、天盃・天酌を賜ふ、○行幸錄、巡幸日誌、御巡幸一件、重要雜錄、西郷隆盛日記、隨幸私記、北條氏恭私記、中山忠能備忘、供奉近衞將校松下助四郎日誌、梨本宮御達竝諸願伺屆留、京都府史

皇后、午前九時赤坂離宮に行啓、皇太后を訪はせらる、皇太后饗膳を進めたまふ、款話に時を移させられ、黄昏に及びて還啓す、是の日、皇后、花香爐一箱・交魚一折を皇太后に贈進し、皇太后亦印籠等數品を數珠袋に入れて皇后に贈りたまふ、皇后の皇太后を赤坂離宮に訪ひたまへるは、之れを以て始とす、○青山御所御納戸日記、省中布達留

京都府廳に行幸

中學校に臨幸

新英學校及女紅場に臨幸

三日 午前七時騎馬にて御出門、京都府廳（舊二條城）に臨幸あり、知事長谷信篤・參事槇村正直等の奉迎を受けて便殿（百花間）に入御あらせらる、知事、府下の戸籍及び學校・物産等の表を上る、尋いで小廣間に出御して執務の狀を覽たまひ、廳員に酒肴料を賜ふ、畢りて城北の中學校に幸し、中學生及び附屬小學生（華士族・卒の子弟）の課業を天覽あり、知事・參事等、句讀・暗誦・算術・外國語等に就きて其の學力を試む、十時中學校を發して夷川通土手町新英學校及女紅場に臨幸し、學堂の玉座に著きたまふ、御晝饌畢るの後、歐學舍獨逸語教師ルドルフ・レーマン、同英語教師チャールス・ボールドウ

ィン、同佛蘭西語教師レオン・デュリイ夫妻及び新英學校及女紅場英語教師ボルンビー・イーバンス夫妻等、各〻擔任する所の生徒を率ゐて順次參進し、課業を天覽に供す、畢りて各教師に謁を賜ひ、

生徒教育盡力ノ段朕甚タ之ヲ嘉ス朕更ニ汝等ノ勉勵シ生徒ヲシテ益研學解ラサラシメンコトヲ望ム

との勅語あり、各〻絹一匹及び酒肴料を賜ふ、次に女紅場に臨御あらせらる、生徒約百五十人、御前に進みて英語の頌歌を合唱す、京都勸業場製作の生絲を陳列せるを天覽、學堂の玉座に復したまへば、イーバンス夫妻洋酒・菓子等を供進す、天皇、府下教育の盛況を悅ばせられ、宮內卿德大寺實則をして、之れを嘉し、尙勉勵を望ませらるゝ旨を知事に傳宣せしめたまふ、午後二時還幸あらせらる、京都府中學校は明治三年十二月の開校にして、東京府中學校と共に本邦中學校の創始たり、當時附屬小學を合せて約七百人の生徒を有す、歐學舍は同年十一月京都府の開設する所、又新英學校及女紅場は、華士族等の子女に英語及び高等の手藝を授くる目的を以て、本年四月之れを創立す、尋いで一般平民子女の入學をも許すに至れり、是れ京都府立第一高等女學校の前身にして、卽ち府縣立高等女學校の嚆矢なり、○行幸錄、巡幸日誌、御巡幸一件、西鄕隆盛日記、隨幸私記、北條氏恭私記、中山忠能備忘、冷泉爲理日記、府立第一高等女學校沿革、京都府史、京都府誌

京都發御大阪に向はせらる

四日　午前五時騎馬にて御出門、京都を發したまふ、供奉の諸官騎して扈從す、劍璽は箱に納めて侍從二人之れを御馬前に奉ずるの例なりしが、之れを更め、辛櫃に納めて奉舁せしめ、侍從をして護衞せしめらる、東本願寺舊枳殼邸當時鐵道寮京都出張所・竹田村安樂壽院に御小憩あり、八時伏見に著御、舊本陣福井與左衞門の家に入りたまふ、途上廣橋胤保の邸に於て親子内親王の奉送せるに御會釋を賜ふ、從一位中山忠能深く憂ふる所あり、伏見御小休所に參候し、巡幸中の御注意と還幸の速かならんことを奏聞す、尋いで寺田屋前濱より河船紅梅丸に乘御し、京都府知事及び京都華族等の奉送裡に淀川を下りたまふ、午後一時御船の淀を過ぐるや、迎拜の庶民兩岸に雲集して齊しく拍手拜禮す、枚方に至りたまへば、人民總代船を艤して奉迎し、鏡餅を供獻す、三時三十分、大阪櫻宮造幣寮應接所前棧橋に著御、造幣權頭益田孝德後、孝・造幣寮雇外國人首長英吉利國人トーマス・キンドル竝びに大阪鎭臺司令長官四條隆謌・大阪府權知事渡邊昇等の奉迎を受け、直に行在所造幣寮應接所に入りたまふ、尋いで孝德・キンドルに謁を賜ふ、○巡幸日誌、御巡幸日記、御巡幸一件、御臨幸一件、祕史局編册、西鄕隆盛日記、隨幸私記、北條氏恭私記、中山忠能備忘、橋本實麗日記、梅溪通善日記、明治天皇大阪行幸誌、京都府史、有地品之允談話、兒玉愛二郎談話、編修官復命書

舊牛久藩知事山口弘達・舊福山藩知事阿部正桓・從五位稻垣太良舊山上藩知事稻垣太淸嗣子・舊西尾藩知事松平乘秩・舊足利藩知事戸田忠行・舊岩槻藩知事大岡忠貫、家祿・私財等を割きて舊藩債一部の支消に充

てんことを請ふ、乃ち之れを聴許す、又正桓が縣費補足のため貯金八千百餘圓を提供せんの請を聴す、〇太政官日誌、公文錄

造幣寮に臨幸

五日　午前八時歩して造幣寮行在所南鄰に幸し、機械場に臨御して試驗分析・熔金・熔銀・伸金・秤量・燒生・極印の七局及び機關室、鍛冶・轆轤・銅細工・彫刻の諸場竝びに地金局等を御巡覽あり、權頭益田孝德の通譯にて雇外國人首長トーマス・キンドルの說明を聽き、又孝德・キンドルの執務室を覽たまふ、十時騎馬にて發し、大阪府廳舊西町奉行所に幸す、權知事渡邊昇府政概要を上る、執務天覽あり、酒肴料を廳員に賜ひ、十一時三十分行在所に還幸あらせらる、午後キンドル等造幣寮雇外國人十五人を召見して、

大阪府廳に臨幸

造幣ノ諸場爰ニ其基業ヲ創立シ其規模ヲ整正ス此レ偏ニ汝等ノ勉力ニ依ル朕深ク之ヲ嘉賞ス

との勅語を賜ふ、キンドル等大に感激し、創業以來の千辛萬苦も頓に忘るゝに至る、畢りて權頭以下造幣寮奏任官に謁を賜ひ、酒肴料を寮員に、倭錦二卷をキンドルに賜ふ、尙雇外國人に物を賜ふこと各〻差あり、孝德、西洋料理の晩餐を進獻す、宮内少輔吉井友實等に御陪食仰付けらる、是の夜、市民、櫻宮祠畔の堤上に於て烟火を放揚して天覽に供す、〇巡幸日誌、御臨幸一件、西鄉隆盛日記、明治天皇大阪行幸誌

午前八時皇太后・皇后馬車に同乘して濱離宮に行啓、更に新造の河川遊航用御料船に乘じて隅田川

を遊覽したまひ、兩國橋附近に御上陸、舊熊本藩知事細川護久の今戸の別邸に於て午餐を取らせらる、護久の父韶邦の妻禮子は故一條忠香の養女にして皇后の義姉に當れるを以て、召して謁を賜ふ、

○宮內少錄日錄、青山御所御納戶日記、東京府往復簿、諸家系譜、新聞雜誌

練兵場に幸して操練を御覽

六日　午前七時騎馬にて大阪行在所御出門、城南の練兵場に幸し、大阪鎭臺步兵三大隊・騎兵二小隊・砲兵二隊の操練を天覽あらせらる、陸軍少輔西鄕從道・大阪鎭臺司令長官四條隆謌之れが指揮長官たり、畢りて將卒等に葛・砂糖を賜ふ、又第一兵營步兵・第二兵營砲兵を御巡覽あり、尋いで舊大阪城に幸し、鎭臺及び騎兵兵營竝びに第三兵營步兵・病院等を御巡覽、十一時城西の開成所文部省直轄に

開成所に臨幸

幸す、校長肥田昭敷等奉迎して便殿に導きたてまつる、御晝饌を取らせらるゝの後、傳習所に臨御して英語教師グリーン、佛語教師クーザンの生徒試業を天覽、理學所に臨御して理化學教師ヘルマン・リットルの理化學實驗及び教場・器械類を御巡覽あり、便殿に復御してリットル、クーザン、グリーンに謁を賜ひ、勅するに、其の盡力を嘉し、更に勉勵して生徒をして益〻研學せしむべき旨を以てし、校長・教授に謁を賜ひ、酒肴料をリットル等外國人教師三人竝びに職員一同に賜ふ、午

大阪醫學校に臨幸

後一時開成所を發したまふ、偶〻雨降る、乃ち外套を著して大阪醫學校文部省直轄に幸し、生徒の試業及び諸器械を天覽、教師エルメレンスに謁を賜ひて勅語開成所に於けると同意あり、又奏任教師に謁を賜ひ、酒

肴料をエルメレンス竝びに職員一同に賜ひ、二時行在所に還幸あらせらる、明治元年、親征のため蹕を大阪に駐めたまへる際、貧民救助の目的を以て、病院を大阪に建設すべしとの勅命あり、是の聖旨に基づきて興れるもの則ち大阪醫學校なり、是の日、大阪力士の請願を許し、午後四時より行在所庭上に於ける陣幕・八陣等力士の相撲を天覽、夜に入りて造幣寮雇外國人供覽の米國人曲馬及び大阪鎭臺放揚の烟火等を覽たまふ、又造幣權頭益田孝德等の請ふ所を容れたまひ、行在所たる造幣寮應接所に泉布觀の號を賜ふ、史記に「寶貨之行如泉布」とあるに據りたまへるなるべし、○行幸錄、巡幸日誌、陸軍省大日記、御臨幸一件、大阪鎭臺編册、祕史局編册、西鄕隆盛日記、隨幸私記、供奉近衞將校松下助四郎日誌、明治天皇大阪行幸誌、法令全書、大阪醫科大學一覽

大阪發御

七日　午前六時御出門、行在所前棧橋より河船に乘御して大阪を發したまふ、大阪府・大阪鎭臺・造幣寮の諸官奉送し、供奉諸艦長各〻端艇に乘じて扈從す、七時松島に著御、大阪府外國事務局前埠頭より汽艇運貨丸に移乘して安治川を下り、八時二十分天保山沖碇泊の御艦龍驤に乘御あらせらる、諸艦、飾旗・登桁・祝砲の禮を行ふこと式の如し、十時錨を揚ぐ、天色澄淸、錦旗海に映じて閃々たり、明石海門を出で、午後九時二十分讚岐國小豆島の西灣に至り、長者ケ岬と黑崎との間に泊したまふ、是の夜炎熱甚し、○巡幸日誌、御臨幸一件、御巡幸日記、陸軍省大日記、西鄕隆盛日記、隨幸私記、北條氏恭私記、明治天皇大阪行幸誌、小豆郡志

八日　午前四時揚錨せんとするに方りて驟雨あり、雲霧濛々として咫尺を辨ぜず、仍りて揚錨を停

めしめらる、十一時雨歇み霧散ず、乃ち御發艦、大槌島を經て高見島・粟島の海峽を過ぎ、午後六時備後國鞆港に至りて泊したまふ、是の夜亦炎熱甚し、○巡幸日誌、御巡幸日記、西郷隆盛日記、隨幸私記、北條氏恭私記

九日　黎明微陰、既にして西風大に起り、航行困難の兆あり、乃ち揚錨を停めしめしが、午前六時風勢漸く衰へ、稍ゝ日光を見るに至れるを以て鞆港を發したまふ、百貫島より三原の海門に入り、岡室海峽を經て八島を過ぎたまふ、時に日已に暮る、是の夜周防灘を航行す、○巡幸日誌、御巡幸日記、隨幸私記

下關著御

十日　午前八時御艦早鞆瀬戸に入る、諸艦、飾旗・祝砲等の禮を行ふ、門司沖にて端艇に移御し、第二丁卯艦を從へて下關に航したまふ、諸艦長各艦の端艇に乘じて扈從す、九時大小路埠頭より御上陸、山口縣參事中野梧一・同權參事久保斷三の奉迎を受け、騎馬にて阿彌陀寺町紅石《べにし》山下の行在所伊藤九三の家に入りたまふ、遐邇の民庶鹵簿を拜せんとして海陸に充塞し、歡呼の聲湧くが如く、市中到る所軒燈を掲げて奉迎の意を表す、是れより先、此の地の有志相議り、無料寢食所を教法寺に設け、以て拜觀者の便に供す、○行幸錄、巡幸日誌、御巡幸日記、御巡幸錄、西郷隆盛日記、隨幸私記、北條氏恭私記

山口小倉兩縣の縣治の情況を御下問

十一日　酷暑、午後四時從四位前原一誠の萩に在るを召見して親しく勅語を下したまひ、晒布二匹を賜ふ、尋いで山口縣正權參事を召して縣治の情況、士民の狀態、中小學施設の事等を御下問、縣官に酒肴料を賜ふ、又天機奉伺として來關せる小倉縣參事伊藤武重を召見して椅子に凭らしめ、侍

臣を以て縣治の情況を問はしめたまふ、武重奏するに、縣民一般新政を喜べる事、戸籍の調査を了し、郡村の整理、租税の改正に著手せる事、商社の創立、牧場の開設、郷學の振興等を請願する者多き事、數千の士族中困窮の者なきにあらずと雖も、開墾教育事業等に努力する者多く、且舊諸藩士和合せる事、舊藩札と新紙幣との交換につき疑惑を抱く者ありしが、説諭する所ありて漸く了解せる事等を以てす、次に濱田縣權令佐藤信寛を召見して管下に於ける震災の情況を問ひたまひ、侍従長河瀨眞孝をして、救恤のため御手許金三千圓を下し賜ふ旨を口達せしめらる、濱田縣下に震災のありしは二月六日にして、全壞家屋四千餘戸・燒失家屋二百三十戸・死者五百三十餘人に及ぶ、信寛聖恩に感激して俯伏涕泣し、侍立の臣僚亦覺えず衣襟を濕す、之れを傳聞せる濱田の人民等、下關に馳せ集まりて跪拜し、天恩を奉謝せりと云ふ、是の日、山口縣各地より產出する所の偕老同穴・平家蟹・魚貝の類竝びに硯材・珍花・藥草等を天覽に供す、魚類は、行在所庭前に小艇二隻を置き、潮水を湛へて之れを放つ、又内膳司料理掛松本義路が眞魚箸の庖丁を天覽あらせらる、○公文錄、巡幸日誌、御巡幸記錄、西海御巡幸一件、西鄉隆盛日記、隨幸私記、伊藤武重書翰

濱田縣下震災の情況を御下問

十二日　暑氣昨日の如し、午前七時騎馬にて御出門、侍従長河瀨眞孝・宮內少輔吉井友實等を隨へ、大倉埠頭より端艇に乘御して發し、門司より回航せる日進艦に移御して六連島燈臺に幸す、第一丁

六連島燈臺に臨幸

卯艦嚮導たり、十時著御、燈臺助原隆義を前導として燈臺を覽たまふ、燈臺は客歳築く所、石造にして水面を抜くこと八十九尺、光燿海上十二浬に達す、燈明番助英吉利國人クラーク及び燈臺職員・燈臺寮官吏等に酒肴料を賜ひ、十一時御乘艦、午後一時下關に還幸あらせらる、途次伊崎より上陸して櫻山招魂場に臨幸の豫定なりしが、干潮に際して果したまはず、仍りて侍從番長を遣はし、勅して金幣を賜ふ、勅語に曰く、

汝等曩ニ乾綱ノ不振皇威ノ不宣ヲ憂ヘ盡忠致死人ヲシテ感奮興起セシム朕今巡行追感殊ニ深シ仍テ侍從番長正六位高島昭光ヲ遣シ汝等ノ墓ヲ弔シ且金幣ヲ賜フ　宣

櫻山招魂場は、元治元年同志相謀り、奇兵隊戰死者のために築く所にして、爾後戰死者ある毎に必ず之れを合祀す、午後、市民、阿彌陀寺町海上に小艇を聯繫して其の上に土俵を設け、相撲を演じて天覽に供す、東西相角して負くる者は卽ち自ら海に投ず、行在所庭丘に新設せる納涼臺より之れを覽たまふ、是れより先、縣官、縣民有志が行在所修繕・玉座鋪設其の他一切の費用を負擔せんと請願せること、又端船使用料・傭人賃金等は本人に請求の意なきことを上申す、各〻其の篤志を賞して之れを許さず、○行幸錄、詔勅錄、巡幸日誌、御巡幸記錄、御巡幸日記、西鄉隆盛日記、隨幸私記、北條氏恭私記、供奉近衞將校松下助四郎日誌、西鄉隆盛書翰、遺老談話筆記、明治天皇御駐輦當時之件聽取書

神宮を始め諸社に僧尼の參詣するを許し、祭日たりとも妨なき旨を公布す、是れ、神官・僧侶を教

導職と爲し、共に布教に從事せしむることとなれるに因りてなり、又僧尼をして喪に服すること常人と同じからしむ、○太政官日誌、公文錄

舊豐津藩知事小笠原忠忱、舊藩債の一部を私債として支消せんことを請へるを以て、是の日、之れを聽許す、○太政官日誌

下關發御

十三日　午前七時騎馬にて行在所御出門、大倉埠頭より端艇に乘じて縣官等奉送裡に下關を發したまふ、第二丁卯艦及び供奉諸艦長護衞したてまつる、八時門司沖に於て龍驤艦に乘御あらせらる、諸艦、飾旗・祝砲等の禮を行ふこと式の如し、九時錨を揚げ、第一丁卯・第二丁卯の兩艦を嚮導として海峽を過ぎ、玄海灘に出づ、風威强からずと雖も、波濤頗る高くして船艦の動搖甚し、樂隊樂を奏して進航す、烏帽子島の北方を過ぐる頃日已に沒す、是の夜月明、右方遙に壹岐を望み、左に近く加唐《かから》島・馬渡《まだら》島を望み、烟火を放揚しつゝ風濤の間を航す、今朝下關に於ては奉送の庶民海岸に群集して海路の平安を祈りたてまつる、縣官等前日賜はれる酒肴を分與し、老幼一齊に萬歲を唱ふ、○巡幸日誌、御巡幸記錄、御巡幸日記、西鄉隆盛日記、隨幸私記、北條氏恭私記

長崎著御

十四日　拂曉二神島の南方に至りたまふ、波浪愈ゝ高く、江島・大立島の間潮勢急なること箭の如し、福田沖に於て艦列を整へ、午後四時長崎港口に進むや、砲臺及び露西亞國軍艦祝砲を發し、亞

米利加合衆國軍艦其の他碇泊の內外商船悉く飾旗の禮を行ふ、御艦樂を奏して此の間を徐行す、五時二十分入港し、飽浦と大浦との中間に投錨す、長崎縣權令宮川房之御艦に候して奉迎す、既にして端艇に移御し、諸艦長を護衞とし權令を前導として發したまふや、露國軍艦登桁の禮を行ひ、士官をして艦上に整列せしめ、兵卒をして舷門に捧銃の禮を行はしむ、我が諸艦亦飾旗・登桁・祝砲の禮を行ふこと式の如し、尋いで大波戸場に特設せる棧橋より御上陸、長崎縣權參事森岡昌純及び鎭西諸縣巡察のため偶ゝ此の地に在りし大藏少丞林友幸等の奉迎を受け、騎馬にて六時行在所高木貫一郎の家に入りたまふ、鹵簿の進むや、沿道の群集地上に拜伏し、肅然として聲を發する者なし、是の日、市內每戶注連を飭り、萬歲奉祝と書せる挑燈を揭げ、又各町無數の挑燈を以て種々の形象・文字等を摸し、之れに點火す、港內碇泊の艦船亦種々の點燈を爲す、特に露國軍艦の彩燈を點じて艦體を輝かしたるもの、最も人目を炫せり、大浦居留地に於ける各商館亦各ゝ意匠を競ひて梁柱に燈火を連綴し、農民等四方の山巓に燎火を焚くこと數處、水陸相映じて天地赫灼たり、當時近縣各地の挑燈は之れを購ひ盡せるを以て、遠く清國地方より購入したりと云ふ、是れより先、巡幸の布達あるや、遐邇の民力役に服せんことを乞ひて止まず、各村數百人一團となりて、御國恩奉報などと書せる旗を飜し、來りて道路修理の業に就く、又縣下の米商等、國恩奉謝のため米穀を廉賣す、○巡

幸日誌、長崎縣御駐輦中御巡幸日誌、御巡幸日記、西海御巡幸一件、西鄉隆盛日記、隨幸私記、北條氏恭私記、供奉近衛將校松下助四郎日誌、增永愼平日記抄、遠近見聞集、長崎エッキスプレッス新聞

十五日　縣下各地の產物竝びに縣民所藏の古書畫・舊器の類を天覽あらせらる、是の日、長崎在留の各國領事・露國軍艦坐乘海軍少將フェ・ドロフスキー其の他外國人等の拜謁を請ふ者ありしが、行在所狹隘なれば之れを聽したまはず、頃日炎暑烈し、縣官、氷塊を天津に求めて行在所に備ふ、是の夜、行在所後庭に面せる風頭《かざがしら》山頂に於て烟火を揚ぐ、○長崎縣御駐輦中御巡幸日誌、西鄉隆盛日記、隨幸私記

靜岡縣士族山岡鐵太郎を侍從に任ず、○太政官日誌、諸官進退狀、辭令錄、敍任錄、任解日錄

長崎縣廳に臨幸

十六日　午前七時騎馬にて行在所御出門、長崎縣廳に幸す、權令宮川房之、管內略表・地圖等を上る、執務の狀を天覽、畢りて大波戶場より端艇に乘じ、諸艦長を護衞として、九時長崎造船所所轄小菅修船場に幸し、修船架に汽船を曳き揚ぐる情況及び各工場を巡覽したまひ、同所埠頭より御乘船、十一時飽浦の工部省所轄長崎造船所に幸す、御晝餐畢りて各部の工作を巡覽したまふの後、端艇にて發し、大波戶場より御上陸、行在所に還幸あらせらる、是の日、長崎造船所雇外國人フラキーに海氣織一匹を、同キル、同ダグラスの二人及び縣官・造船所官吏に酒肴料を賜ひ、又廣運館教師ストート、同ペルピンヤ、醫學校教師レーウエン、同ゲールツ四人に酒肴料を賜ふ、廣運館・醫學校は共に文部省に直屬す、今次臨幸の豫定なりしが、暑中休暇に際して果したまはず、參議西鄉

長崎造船所に臨幸

隆盛、聖駕を奉迎せずして休業せる兩校の處置を憤り、當事者をして進退伺を提出せしめたりと云ふ、午後、長崎縣權令以下奏任官及び大藏少丞林友幸等を召して謁を賜ふ、權令、管下の概勢を奏して勅問に奉答し、少丞、巡察せし鎭西諸縣の情況を奏聞す、是の夜、行在所庭前に於て海軍樂隊をして樂を奏せしめらる、市內點燈の狀愈〻盛にして曉に至れども滅せず、御艦龍驤を始め我が諸艦亦燈を點じて悉く艦體を裝飾す、行在所は島原町にありて其の地民家を下瞰し得べし、傳へ云ふ、一日、一婦人の行水を爲すの狀玉眸に入るや、左右を顧みたまひて、彼を見よ、自身其の背を洗ふ、怜悧ならずやと仰せらると、縣民某建白書を上り、天皇の洋服著御を止めたまはんことを請ふ、宮內卿德大寺實則之れを隆盛に謀る、隆盛某を引見し、大喝して曰く、汝未だ世界の大勢を知らざるかと、某恐懼して退けりと云ふ、長崎エッキスプレッス新聞は奉迎の情況を謹錄し、而して曰く、今次の巡幸は長崎市民の頑迷を覺醒し固陋を撲滅し、文明進歩の前途に横はる所の荊棘を芟除して、世運の開發に資すべき新思想を鼓吹したまへり云々と、〇行幸錄、巡幸日誌、長崎縣御駐輦中御巡幸日誌、御巡幸日記、西郷隆盛日記、隨幸私記、北條氏恭私記、御逹留、遠近見聞集、長崎エッキスプレッス新聞、兒玉愛二郎談話、長崎史蹟人物誌、編修官復命書

十七日　午前六時騎馬にて御出門、大波戸場より端艇に乘じ、縣官及び大藏少丞林友幸等の奉送裡に長崎を發したまふ、諸艦長の護衞例の如し、七時龍驤艦に移御あらせらる、內外諸艦、飾旗・登

肥後國小島著御

桁・祝砲等の禮を行ふこと式の如し、尋いで錨を揚げ、第一丁卯艦を嚮導として御發艦、野母崎を經て天草灘に入り、午後三時早崎海峽を通過し、湯島の北方に沿ひて進ませらる、七時四十分肥後國小島《おじま》沖に投錨す、白川縣權參事奉迎し天機を候す、直に汽艇野母丸に乘御、坪井川の河口にて更に端艇に移御し、流を溯りたまふ、諸艦長各艦の端艇に乘じて護衞す、九時下松尾村字潟に著御、白川縣參事山田武甫等奉迎し、鎭西鎭臺兵二小隊兩岸に堵列す、九時三十分騎馬にて小島に著し、行在所米村基三郎の家に入りたまふ、小島は飽田郡の一小邑にして、行在所に充つべき屋舍なかりしが、基三郎、其の家の南鄰に素朴なる一宇を新築し、以て行在所に供す、階上・階下共に十帖・四帖の二室あるのみなり、○巡幸日誌、長崎縣御駐輦中御巡幸日誌、御巡幸日記、明治五年御巡幸熊本縣下資料、御巡幸ニ關スル書類、小島行幸記、西鄕隆盛日記、隨幸私記、北條氏恭私記、供奉近衞將校松下助四郎日誌、增永愼平日記抄、遺老談話筆記

去歲六月、大祓の舊儀を復興し、漸次官民をして執行せしむべき旨を令せらる、乃ち是の日、大祓式を制定し、毎年六月・十二月の晦日、官國幣社以下諸社に於て之れを行ひ、官民をして悉く修祓を受けしむ、○公文錄

皇后、相模國箱根宮ノ下溫泉に浴したまはんがため、午前六時轎輿に乘じて御出門、宮ノ下に行啓あらせらる、宮内大丞杉孫七郎・權大侍醫伊東盛貞・權典侍高倉壽子等供奉す、神奈川・藤澤・小

小島發御

熊本著御

田原を經て二十日宮ノ下に著し、旅館安藤兵治に入りたまふ、〇太政官日誌、宮内少錄日錄、青山御所御納戶日記、皇后宮宮ノ下行啓供奉日記、新聞雜誌

十八日　午前六時騎馬にて小島を發したまふ、供奉の諸官悉に徒歩して扈從せしが、是の日、宮內卿・侍從長・侍從等騎して從ふ、鎭西鎭臺兵列外にありて警衞す、下代村を經て高橋町民が坪井川に架したる新橋を渡御し、熊本に向はせらる、沿道の民、或は戶を鎖して檐下に拜伏するあり、或は翠簾・注連を飭り鏡餠を供して奉迎するあり、九時熊本に著し行在所學舍、會輔堂と稱すに入りたまふ、御座所は絨氈を敷き、紅絹緣の疊二帖を置きて玉座と爲し、椅子・卓子・劍掛等を備ふ、次室敷くに紅絹緣の疊を以てす、而して玄關より御座所に至る間は通路に白布を延べ、玄關及び門には幕を張り、門前に臺挑燈を出す、尙御寢の間には寢臺を備ふ、行在所著御の後、鎭西鎭臺司令長官桐野利秋及び佐官二人に謁を賜ひ、午後、縣下各地の產物及び縣民所藏の古書畫・舊器の類を天覽あり、產物中、南關素麵・阿蘇人參・山鹿燈籠等を留めたまふ、是の日、玉名郡腹赤村の鄕士古莊源次郎腹赤三尾を獻る、景行天皇熊襲征討の際、同郡長渚濱の漁夫之れを獲て進獻せし故事に據れるなり、金二千疋を賜ふ、又化學試驗所として有志の組織せる舍密社より化學實驗品・人造氷及び製氷器械等を獻ず、內膳官、舍密社に就きて製氷の法を傳習すと云ふ、是れより先、大阪に於て人造氷を造幣寮より獻れることあり、〇巡幸日誌、御巡幸日記、西鄕隆盛日記、隨幸私記、北條氏恭私記、供奉近衞將校松下助四郎日誌、御巡幸ニ關スル書類、鎭西鎭臺編册、明治五年御巡幸熊本縣下資料、伊喜見文

吾手記、遺老談話筆記

醫學校洋學校生徒の試業を御巡覽

鎭西鎭臺に臨幸

十九日　暑氣酷烈、午前五時騎馬にて御出門、古城《ふるじろ》に幸して醫學校・洋學校生徒試業を御巡覽あり、謁を醫學校雇教師和蘭國人マンスフェルト、洋學校雇教師亞米利加合衆國人ゼーンスに賜ひ、其の盡力を嘉し、更に勉勵すべき旨を勅し、扇子及び酒肴料を賜ふ、マンスフェルト上疏して肉食の要を說き、牧畜勸奬の急務を述べ、是れ則ち利用厚生の道にして、學術硏磨と相倂行すべきなりと論ず、七時古城の北門より出でたまひ、舊熊本城內を通御し、鎭西鎭臺に幸す、途上、營門外に整列せる鎭臺兵を閱し、鎭臺にて御小憩、將校に謁を賜ひ、將卒等に菓子料を賜ふ、畢りて舊熊本城內を御巡覽、天守閣上に御小憩の後、舊藩知事細川護久の別邸に幸す、邸は城東一里を距る水前寺に在り、園池廣大にして清泉湧出す、供奉の諸官、池中の魚を漁して天覽に供す、午後六時行在所に還幸あらせらる、是の日、特に酒肴料を縣官に賜ふ、〇巡幸日誌、西郷隆盛日記、隨幸私記、北條氏恭私記、供奉近衞將校松下助四郞日誌、御巡幸ニ關スル書類、明治五年御巡幸熊本縣下資料、鎭西醫報、遺老談話筆記、編修官復命書

二十日　午前八時阿蘇宮大宮司阿蘇惟敦の天機を候せるに謁を賜ふ、惟敦、祖先傳來の文書・器物等を天覽に供す、尋いで白川縣參事山田武甫以下奏任官等を召し、天機奉伺として參候せる八代縣參事太田黑惟信等と共に謁を賜ひ、武甫・惟信をして各縣下の情況を奏聞せしめらる、午後四時騎

熊本發御

白川縣廳に臨幸

馬にて御出門、熊本を發したまふ、侍從等は騎馬し、他は徒歩にて扈從す、途上、二本木村なる白川縣廳に臨幸あり、參事、管内一覽表・行刑表・賊難表等を上る、執務の狀及び別室に陳列せる縣内產物竝びに縣民上下日常の食物・農具等を天覽、廳員に酒肴料を賜ひて發したまふ、高橋町を經て七時小島に著し、御小休所米村基三郎の家に入りたまふ、十一時端艇に乘御し、縣官等の奉送裡に坪井川を下らせらる、供奉諸艦長の護衞例の如し、河口にて汽艇野母丸に移御あらせらる、小島に於ける御乘船時刻の甚だ遲れたるは、偶〻干潮に際したるを以てなり、參議西鄕隆盛、御小休所に於て海軍少輔川村純義を責むるに潮流干滿の測定を誤れるを以てし、激怒の餘、座に在る西瓜を取りて庭上に抛つ、西瓜粉碎す、天皇階上より之れを叡覽あり、後年臣僚に御陪食を仰付けらるゝの際、當時を想起したまひて、其の光景を語らせらるゝこと數〻なりと云ふ、○巡幸日誌、御巡幸日記、西鄕隆盛日記、隨幸私記、北條氏恭私記、供奉近衞將校松下助四郎日誌、御巡幸ニ關スル書類、明治五年御巡幸熊本縣下資料、有地品之允談話、兒玉愛二郎談話、遺老談話筆記

舊村岡藩知事山名義路、舊藩債の一部を私債として支消せんことを請へるを以て、是の日、之れを聽許す、○太政官日誌

二十一日　本日を以て官幣大社熱田神宮例祭日と定め、祭典を執行せしむ、仍りて式部寮七等出仕四辻公賀をして參向せしめ、幣帛を供せしめたまふ、爾後以て恆例と爲す、○祭祀錄

午前一時天皇小島沖に達し龍驤艦に移御あらせらるゝや、二時錨を揚ぐ、春日艦長伊東祐亨薩海の航路に熟せるを以て同艦を嚮導とし、日進・第一丁卯・第二丁卯・孟春・筑波の五艦を随へて宇土海を發す、雲揚・鳳翔の二艦は昨日先發せり、既にして早崎海峡を過ぎ、天草灘に出で、晩暮坊岬に達す、筑紫富士の稱ある開聞ヶ嶽の雲表に聳ゆるあり、更に佐田岬の燈光を指して進み、大隅國伊座敷の海岸に沿ひて鹿兒島灣に入る、〇巡幸日誌、御巡幸日記、隨幸私記

鹿兒島著御

二十二日　午前六時二十分御艦及び供奉の諸艦、櫻島と沖小島《おこ》との間を經て艦列を整へ、進みて鹿兒島港に入る、砲臺の祝砲、諸艦の飾旗・登桁・祝砲等式の如く、鎭西鎭臺第二分營司令官陸軍少佐樺山資紀、分營兵四中隊を率ゐて岸上を警衛す、既にして端艇に移御、諸艦長護衛例の如し、鹿兒島縣參事大山綱良・陸軍大佐野津鎭雄是れより先、東京を發して此の地に在り、等の奉迎を受けたまひて御上陸、鎭臺兵を前後に分列し、騎馬にて七時行在所舊鹿兒島城内鎭西鎭臺分營に入らせらる、沿道奉迎の士民地上に拜伏し、歡喜の聲街衢に盈つ、從二位島津久光天機を奉伺し、魚果を獻ず、乃ち謁を賜ふ、又縣内產する所の礦物・荔枝・龍眼肉・穀物・竹器・磁器・硝子器等を行在所に陳列せるを覽たまふ、是の夜、市民、行在所門外操練場に太鼓形其の他種々の大燈籠を點じ、毎戸軒燈を揭げて奉迎の意を表す、〇巡幸日誌、御巡幸日記、西鄕隆盛日記、隨幸私記、北條氏恭私記、供奉近衞將校松下助四郎日誌、是枝生胤日誌抄錄、明治天皇御行幸日誌、遺老談話筆記

二十三日　午前七時行在所庭上に假設せる御拜所に於て彥火瓊瓊杵尊可愛山陵・彥火火出見尊高屋山上陵・彥波瀲武鸕鷀草葺不合尊吾平山上陵を遙拜し、鹿兒島・都城兩縣官をして陵前に幣物を供進せしめたまふ、八時騎馬にて操練場に幸し、鎭西鎭臺第二分營兵を天覽あり、將卒に菓子料を賜ふ、畢りて本學校に幸す、女學校・小學校生徒等輦路の兩側に整列して奉迎す、本學校は高等普通學科を授くる縣立學校にして、小學を附屬す、御小憩の後、漢學・英學・醫學試業を天覽、雇教師英吉利國人ウィリス、同和蘭國人シケーブルを召して勅語を賜ふこと例の如し、尋いで謁を教官蓮池新十郎に賜ひ、生徒の擊劍・體操等を御巡覽、酒肴料を教師・職員に賜ひ、畢りて鹿兒島縣廳に幸す、執務の狀を天覽、酒肴料を廳員に下賜し、十時三十分行在所に還幸あらせらる、午後二時鹿兒島縣參事大山綱良・都城縣參事桂久武及び從四位岩下方平・從五位海江田信義を召して謁を賜ひ、各〻晒布一匹を賜ふ、又奏任縣官・鎭西鎭臺第二分營將校等に謁を賜ふ、五時操練場に於て和鞍乘・馬寄の技を演ずるあり、城墻近く新設せる御物見より之れを覽たまふ、馬寄は騎手數百人各〻馬を御して馳驅するの稱なり、是の日、侍從番長醍醐忠順を勅使として戊辰役戰死者を合祀せる鶴ケ峰招魂場に遣はし、盡忠致死の往時を追感あらせられ、金幣を賜ふ旨の勅語を宣せしめらるゝこと、下關櫻山招魂場に同じ、○行幸錄、詔勅錄、巡幸日誌、御巡幸日記、西鄕隆盛日記、隨幸私記、北條氏恭私記、供奉近衞將校松下助四郎日誌、劍法叡覽之雜記、明治天皇御行幸日誌、鹿兒島招魂社由

本學校に臨幸

鹿兒島縣廳に臨幸

緒、遺老談話筆記、西國御巡幸回顧談、鹿兒島縣教育概要、編修官復命書

陸海對抗演習を御覽

二十四日　午前六時騎馬にて御出門、陸海軍對抗演習を天覽のため、鹿兒島港新波戸場御覽所船形砲臺に臨幸す、是の日、海軍は午前六時諸艦準備を整へ、龍驤艦を旗艦、第二丁卯艦を斥候艦と爲し、而して斥候艦を除くの外、旗艦及び第一丁卯・日進・春日・孟春・筑波・鳳翔・雲揚の諸艦、悉く櫻島と沖小島との間に整列す、龍驤艦長海軍大佐伊東祐麿指揮官たり、陸軍も亦同時に兵本縣の士族を以て之れに充つ、を天保山・洲崎・辨天・祇園洲等の砲臺に配置す、而して天皇の御覽所に著したまふや、直に開戰して相砲撃す、黑煙海上を蔽ひ砲聲山岳に轟く、八時三十分に至りて止む、是れ文久三年七月英吉利國艦隊が鹿兒島を襲撃せし狀を摸せるなりと云ふ、尋いで陸軍の射的あり、實彈或は榴彈を以て海上の標的を射ること數百發、十時に至りて終る、又船形砲臺の背面に於て本學校選拔生徒の水泳を天覽に供す、尋いで海上を磯に幸せんとせしが、偶ゝ風浪激しきを以て騎馬にて發せらる、

陶器會社に臨幸

十一時三十分田ノ浦に到り、陶器會社に臨御して薩摩燒陶器の製作を天覽あらせらる、職工は文祿年間朝鮮國より歸化せし者の遠裔にして、苗代川に別に一部落を爲せり、是の日、朝鮮國の衣冠を著けて製作に從事す、田ノ浦より新道を海に沿ひて進ませられ、正午磯に著御、紡績場技師チッセンの家に於て西洋料理の御晝饌を供進す、畢りて紡績場に臨幸し、蒸氣機關・製絲の實況等を天覽

大砲製造所御巡覽

あり、場は島津氏の經營する所なり、尋いで海岸に出で、少時御野立所に憩はせらる、此の間曳網を天覽に供す、午後一時三十分造兵司所管の大砲製造所に臨幸し、鑄砲・製彈・木工・鍛冶・硝子等の諸工場及び造船所を御巡覽、畢りて三時鳳翔艦に乘御あらせらる、供奉の諸官・諸艦長等雲揚艦に乘じて扈從す、四時鹿兒島港に著し直に御上陸、行在所に還幸あらせらる、是の日、海軍將卒に菓子料を、砲臺砲手たりし本縣士族竝びに大砲製造所員等に酒肴料を賜ふ、夜、市民等烟火を放揚して奉迎の意を表す、後年臣僚に御陪食を仰付けらるゝの際、當時を想起したまひ、朕巡幸して鹿兒島に在りし日、供奉數人を從へて一外國人の家に休憩せることあり、老婆西洋料理・茶菓等を供して款待甚だ厚し、但し朕の誰れなるかを知らざるが如くなりきと談笑あらせらるゝこと數〻ありと云ふ、蓋しチッセンの家に於ける午餐の事の茫乎として御記憶に存せるなるべし、○行幸錄、巡幸日誌、御巡幸日記、西鄕隆盛日記、隨幸私記、北條氏恭私記、供奉近衞將校松下助四郎日誌、劍法叡覽之雜記、明治天皇御行幸日誌、遺老談話筆記、西國御巡幸同顧談、鹿兒島紡績所沿革、新道之碑、末松謙澄談話、編修官復命書

二十五日　海軍少輔川村純義、磯の山中に於て鹿狩を催し、天覽に供せんとす、然れども烈風に因りて臨幸あらせられず、純義、御練兵御用掛岡田善長・同大河内正質等と赴き、鹿數頭を獲て之れを獻る、又市民、城外操練場に木柵を構へて猪豕を放ち、獵犬をして之れを逐はしむ、土俗呼びて猪喰《ししくら》はせと稱す、御物見より之れを覽たまふ、其の狀頗る慘酷、爲に天機麗しからざるを拜せりと

云ふ、是の日、朝來微陰、北東の風止まず、午後風力益〻強く波浪愈〻高く、晡時に及びて雨亦加はれるを以て、明日の發艦を停めたまふ、日向灘は平素航し易からざるの所、殊に北東の風は同海航行者の最も忌む所なるを以てなり、夜半風雨益〻暴烈を加ふ、○巡幸日誌、御巡幸日記、西郷隆盛日記、隨幸私記、北條氏恭私記、供奉近衞將校松下助四郎日誌、劍法叡覽之雜記、是枝生胤日誌抄錄、遺老談話筆記、西國御巡幸回顧談

二十六日　拂曉風力未だ衰へず、晡時雨漸く歇む、鹿兒島駐在の琉球國使臣豐見城親方・池城親方等天機を奉伺し、方物を獻る、謁を賜ひ、各〻倭錦二卷を下賜せらる、今夕近鄕の農民等操練場に集まり、御田植踊の技を天覽に供す、踊は、七八人一團となり、木刀・鎌・棍棒等を以て相擊つの狀を演ずるものなり、○巡幸日誌、御巡幸日記、西郷隆盛日記、隨幸私記、明治天皇御行幸日誌、劍法叡覽之雜記、島津久光公實紀、尙泰侯實錄、鹿兒島縣敎育概要

二十七日　風尙止まずして灣內波浪高し、午前十時操練場に於て、土民櫻島踊を天覽に供す、纏を立て、鼓を打ち、鉦を鳴らし、法に依りて進止す、甲冑を著する者亦七八人あり、朝鮮征伐の際、明兵の來襲に遭ひし狀を摸せるものなりと傳ふ、二十五日入港碇泊の澳地利國軍艦、是の日始めて天皇の西巡を知り、祝砲を發す、龍驤艦之れに答砲す、○巡幸日誌、御巡幸日記、西郷隆盛日記、隨幸私記、北條氏恭私記、劍法叡覽之雜記

山內豐信薨去

是の月二十一日、舊高知藩主麝香間祗候正二位山內豐信薨去す、享年四十有六、是の日、其の勳功を賞し、勅して從一位を贈らせらる、勅に曰く、

讜議侃々首唱大政復古偉勳赫々夙贊皇圖維新洵是國家柱石實爲臣庶儀型茲聞溘亡曷勝痛悼因贈從一位以表彰　宣

二十八日葬斂の式を行ふや、特に一等官に準じて近衞歩騎砲兵の儀仗を附せしめ、又幣帛紅白絹・綿・鰹節・神饌を賜ふ、○太政官日誌、公文錄、詔勅錄、敍任錄、官符原案、雜事錄、山内容堂豐信國事關係略年譜

島津久光建白書を上る

二十八日　北東の風尚歇まず、加治木鄕農民等、操練場に於て太鼓踊を演ず、其の狀、欛長く鍔大なる木刀を帶し、各ゝ太鼓を鳴らして舞踊す、又市民相撲の技を天覽に供す、是の日、從二位島津久光行在所に至り、宮内卿德大寺實則に就きて天機を奉伺し、且意見十四箇條を上る、一に曰く、至尊御學問の事、二に曰く、國本を立て紀綱を張るべき事、三に曰く、服制を定め容貌を嚴かにすべき事、四に曰く、學術を正しくすべき事、五に曰く、愼みて人才を擇ぶべき事、六に曰く、外國交際を謹み審かに彼我の分を辨ずべき事、七に曰く、貴賤の分を明かにすべき事、八に曰く、利欲を遠ざけ節義を重んじ詐術を退け誠實を貴ぶべき事、九に曰く、兵氣を振興し軍律を正しくすべき事、十に曰く、淫亂を嚴禁し男女の別を明かにすべき事、十一に曰く、言路を開くべき事、十二に曰く、讞獄を愼み賞罰を正しくすべき事、十三に曰く、租を輕くし斂を薄くすべき事、十四に曰く、詳かに出納を量るべき事、而して其の副書の要に曰く、別紙十四箇條は臣が積年思慮する所にして、

明治二年春上京せし際建白せんとせしが、其の機を得ざりき、今聖駕を奉迎するに方りて、獻芹の微衷默する能はず、且世態の急迫傍觀坐視するに忍びず、仍りて因循固陋の卑見を省せず突然之れを捧呈す、方今の如き政體にては、國運日を逐うて衰へ、萬古不易の帝業も或は共和政治の惡弊に陷り、終には洋夷の屬國たらんとす、實に痛嘆措く能はずと、又舊藩臣西鄕隆盛・同大久保利通等をして大政に參與せしむるの不可なるを陳述して退出す、天皇、久光の家臣を召し、久光に賜ふに大和錦・畫軸宋范仁作の鯉魚を以てせらる、○巡幸日誌、隨幸私記、劍法叡覽之雜記、島津久光建白書、西鄕隆盛書翰、島津久光公實紀

近時自葬を行ふ者あるを以て之れを禁ず、又教導職の請を聽し、神官をして葬儀に關係せしむ、○太政官日誌、公文錄

二十九日　風位猶一定せず、仍りて鹿兒島に駐まりたまふ、二十四箇村の農民等操練場に集まりて太鼓踊を演じ、天覽に供す、○巡幸日誌、御巡幸日記、劍法叡覽之雜記

大祓

大祓、巡幸中なるを以て節折の儀を止め、午後四時賢所御服間を便殿として御禊を行はしめらる、其の儀、侍從、天皇・皇太后・皇后の荒世・和世の御服を案上に具備するや、大掌典昇殿して祝詞を奏す、畢りて侍從贖物の御服を執りて大掌典に授く、先づ荒世、次に和世、尋いで大掌典之れを捧持して濱離宮に至り海に流す、又大祓の儀は賢所庭上神樂舍代に於て御禊と同時に行はる、其の

儀、祓物絹・布、袍袴の料なり、・大麻の具備畢るや、式部寮諸官に次ぎて正院・左院・諸省・開拓使の勅奏判任官總代各〻一人著床し、次に大掌典、式部頭の命により進みて大祓詞を讀み、掌典大麻を執りて祓ふ、尋いで中掌典、祓物を執りて贖物と同じく海に流す、○祭祀錄、嵯峨實愛日記

明治天皇紀 巻四十七

明治五年

七月

一日 午後北風西に轉じ、波浪亦大に靜まれるを以て、明日鹿兒島發御の旨を仰出さる、從二位島津久光、男忠經をして代りて天機を奉伺せしむ、近鄕各村の農民等、操練場に群集して種々の舞踊を演ず、〇巡幸日誌、御巡幸日記、西鄕隆盛日記、隨幸私記、島津久光公實紀

鹿兒島發御

二日 午前三時騎馬にて行在所御出門、縣官等の奉送裡に端艇に乘じて鹿兒島港を發したまふ、諸艦長護衞例の如し、四時二十分御艦龍驤に乘御あらせらる、諸艦、飾旗・登桁・祝砲等の禮を行ふこと式の如し、五時四十分諸艦錨を揚げ、春日艦を嚮導として進航す、筑波艦は大砲・彈藥輸送の用務あり、第二丁卯艦は薩海測量の事ありて共に滯留す、是の日、南風起り天色和平なりと雖も波

丸龜著御

浪尚高し、終夜日向灘を航す、鹿兒島にありては、御發艦後、衆庶に行在所の拜觀を許すや、天明を俟たずして群民參集し、神代三陵御遙拜に供せし薦、御涼榻裝飾の杉の葉等を拜戴して之れを災異祓禳の神符と爲せりと云ふ、是の類、他の地方にも往々行はれしを傳聞す、群黎が皇室尊崇の念の熾なる一斑を知るに足るべし、〇巡幸日誌、御巡幸日記、西郷隆盛日記、隨幸私記、北條氏恭私記、供奉近衞將校松下助四郎日誌、是枝生胤日誌抄錄、遺老談話筆記、海軍省報告書

三日　波濤尚高し、御艦龍驤及び春日・日進の二艦は其の列を亂さずと雖も、他の小艦は漸く後れて終に艦影を沒す、午前十時豐後國鶴見岬を北西に望見する頃より波浪大に靜穩なり、午後二時三十分速吸瀬戸を過ぎて伊豫灘に入る、八島の東方に於て日既に晡す、潮流に乘じて艦脚の疾きこと箭の如し、〇巡幸日誌、御巡幸日記、隨幸私記

四日　午前三時岡室海門に達す、時に一天暗黑にして海上濛々たり、海峽の通過難きを以て、天明を待ちて海峽に入る、半にして微雨俄かに至る、進みて讚岐國筆ノ海に入る、煙雨のため咫尺を辨ぜず、午後三時下眞島沖に投錨す、時に雨少しく歇む、乃ち外套を著し直に端艇に乘御あらせらる、諸艦長の護衞、各艦の飾旗・登桁・祝砲等例の如し、丸龜新堀埠頭より御上陸、香川縣參事林茂平・大阪鎭臺第二分營司令官陸軍中佐林淸康等の奉迎を受け、雨中を騎馬にて四時行在所舊城內舊丸龜縣廳に入りたまふ、輦路雲集の士民拍手拜禮し、萬歲を奉唱す、分營兵行在所前に整列して奉迎す、是の

夜大雷雨、風強くして海上浪高し、爲に御寢具の揚陸等困難なりしかば、十二時を過ぎて寢御あらせらる、〇巡幸日誌、御巡幸日記、隨幸私記、北條氏恭私記、丸龜市御巡幸記、香川縣廳各課雜集、明治天皇丸龜御駐輦記、陸軍省大日記、遺老談話筆記、有地品之允談話

崇徳淳仁兩天皇陵御遙拜

五日　夜來の雷雨霽る、午前九時行在所東庭に下御し、假設の御拜所に於て崇德天皇白峯陵・淳仁天皇淡路陵を遙拜あらせられ、縣官をして各陵前に幣物を供進せしめたまふ、尋いで謁を香川縣參事林茂平・大阪鎭臺第二分營司令官林淸康に賜ひ、宮内卿德大寺實則を以て茂平に廢藩置縣後の民情等を御下問あり、十時行在所前街路に於て分營兵三小隊の整列式を行ふを階上より天覽、縣官に酒肴料を、分營將卒に菓子料を賜ふ、是の夜、市民毎戸軒燈を揭げて奉迎の意を表し、諸艦飾るに燈火を以てす、尙當時皇后、相模國宮ノ下溫泉場に滯留したまふに依り、東京還幸の際、熱海に御上陸、宮ノ下に幸したまふ豫定なりしが、是の日、之れを止めらる、

近衛局内紛議あり西郷隆盛等を急遽歸京せしめらる

又參議西郷隆盛・近衛副都督陸軍少輔西郷從道に勅し、鳳翔艦に乘じて急遽歸京せしめたまふ、鹿兒島より扈從せし陸軍大佐野津鎭雄之れと同行す、是れより先、近衛局内に紛議を生じ、去月二十九日近衛都督陸軍大輔山縣有朋、重任に堪へずとて辭表を提出す、蓋し當時の近衛兵は鹿兒島・山口・高知の舊三藩より徵集せし舊御親兵にして、有朋之れを統轄す、其の將士甚だ精鋭なりと雖も又頗る制御し難く、平素有朋に心服せざる將卒等往々其の命令に反抗し、遂に紛糾解くべからざるに至れるものの如し、乃ち隆

盛等をして東京に歸還せしめ、之れが融和を計らしめんと欲したまへるなり、○公文錄、行幸錄、巡幸日誌、御巡幸日記、宮內少錄日錄、西鄕隆盛日記、隨幸私記、北條氏恭私記、供奉近衞將校松下助四郞日誌、香川縣廳各課雜集、明治天皇丸龜御駐輦記、陸軍省大日記、丸龜市御巡幸記、參考史料雜纂、西鄕隆盛書翰、山縣有朋談話、菊地則常談話、大西鄕全集、西鄕隆盛傳、編修官復命書、拔萃新聞誌

丸龜發御

六日　午前三時騎馬にて御出門、新堀埠頭より端艇に乘じて縣官等奉送裡に丸龜を發したまふ、諸艦長の護衞例の如し、四時龍驤艦に移御あらせらる、諸艦、飾旗・登桁・祝砲の禮を行ふこと式の如し、五時春日艦を嚮導とし、日進艦を從へて御發艦、午後三時五十分兵庫港に著したまふ、先著の雲揚・孟春・第一丁卯・鳳翔の四艦及び港內碇泊の亞米利加合衆國軍艦等、飾旗・登桁・祝砲の禮を行ふ、直に端艇に乘御して四時三十分運上所前に御上陸、兵庫縣令神田孝平等の奉迎を受け、騎馬にて五時二十分行在所兵庫縣廳に入りたまふ、大阪鎭臺司令長官四條隆謌、步兵二小隊・騎兵二十騎を率ゐて前後を警衞す、沿道の群集拍手拜禮し、外國人亦帽を脫して敬禮す、是の夜、我が艦隊竝びに米國軍艦燈を點じて艦體を飾り、又烟火を放揚す、樓觀より之れを天覽あらせらる、○巡幸日誌、御巡幸日記、明治天皇丸龜御駐輦記、陸軍省大日記、隨幸私記、北條氏恭私記、供奉近衞將校松下助四郞日誌、兵庫縣廳記錄、拔萃新聞誌

神戶著御

七日　七夕の節なり、午前八時供奉の勅奏任官・兵庫縣出張大阪鎭臺將校の參賀を受けたまふ、尋いで兵庫縣令神田孝平以下奏任官行在所に參候す、乃ち謁を賜ふ、親王及び群僚參賀等の皇居に於

て行はるゝことと上巳の節に同じ、午後行在所内に於て相撲の技を天覧に供す、是の日、雲揚・鳳翔・孟春の三艦は、十二日を以て還幸あらせらるべき命を齎し、先發して東京に向ふ、又露西亞國皇子アレキシス・アレキサンドロウィッチ親王の渡來を迎ふるため、特に供奉艦日進を長崎に遣はしたまふ、○巡幸日誌、御巡幸日記、随幸私記、青山御所御納戸日記、嵯峨實愛日記、三條實美書翰、海軍省報告書

兵庫縣廳に臨幸

八日　午前七時兵庫縣廳に臨御す、縣令神田孝平管内概見表を上る、執務の状を御巡覽、縣官に酒肴料を賜ふ、尋いで別格官幣社湊川神社に臨御あらせられんとせしが、風雨のため之れを止め、勅使を遣はして幣物・神饌を賜ふ、宣命に曰く、

湊川神社に勅使を差遣

天皇乃大命尓坐世挂卷母恐支

湊川神社乃大前尓侍從番長從六位堤正誼乎使止爲弖白給波久白左久食國止所知食須大八洲國乃此國々乎大御親巡行幸志見行志給布止爲弖此處尓至良世給布賀故尓大前尓御幣帛及御酒御饌奉良志米給布

天皇乃大命乎聞食世止恐美恐美母白須

又兵庫縣出張大阪鎭臺歩騎兵に菓子料を、明親館雇教師佛蘭西國人リュ・トロンクワに酒肴料を賜ふ、午後十時御發艦の豫定なりしが、拂曉より大雨、東風强くして海波高きを以て之れを延べたまふ、○行幸錄、巡幸日誌、御巡幸日記、随幸私記、北條氏恭私記、供奉近衞將校松下助四郎日誌、湊川神社宣命

九日　風雨尚歇まざるを以て輦を神戸に駐めたまふ、午後雨漸く霽れ風位亦西に轉ず、仍りて明日昧爽御發艦の旨を仰出さる、〇行幸錄、巡幸日誌、御巡幸日記、隨幸私記

舊西條藩知事松平賴英、舊藩債の一部を私債として消却せんことを請へるを以て、是の日、之れを聽許す、〇太政官日誌、公文錄

神戸發御

十日　午前二時騎馬にて御出門、神戸港埠頭より端艇に乘じ、縣官・大阪鎭臺將卒等奉送裡に發御、諸艦長護衞例の如し、三時御艦龍驤に移乘あらせらる、諸艦、飾旗・登桁の禮を行ふこと式の如し、祝砲は日出前なるを以て發せず、三時四十五分春日艦を從へて御發艦、第一丁卯艦は修理のため兵庫港に留まる、七時三十分由良海峽を過ぎ、正午日岬に達せらる、海上波穩かに風順にして航行最も駛し、是の夜、紀伊・志摩・伊勢の海洋を通航あらせらる、〇行幸錄、巡幸日誌、御巡幸日記、隨幸私記、北條氏恭私記、陸軍省大日記

十一日　御艦遠州灘を航行す、風穩かに浪靜かなりと雖も暑氣酷烈なり、午後九時十五分金田灣に投錨す、〇行幸錄、巡幸日誌、御巡幸日記、隨幸私記、北條氏恭私記

横濱著御

十二日　午前四時金田灣を發す、南西の風漸く強く、波浪頗る高し、觀音崎を經て本牧沖に達するや、前夜品川沖に先著せし有功丸來り報じて曰く、品川灣激浪湧き御艦著し難しと、乃ち針路を横濱港に轉ぜしめたまふ、七時十五分同港に入りて投錨す、碇泊の澳地利洪噶利・亞米利加合衆國・

伊太利・佛蘭西各國の軍艦、飾旗・登桁・祝砲の禮を行ふ、九時端艇に移御あらせらる、各國軍艦更に祝砲を發し、龍驤・春日の二艦亦飾旗・登桁の禮を行ひ祝砲を發す、時に風浪益〻烈しくして、供奉官及び護衞諸艦長の端艇は御船に續ぐ能はず、之れがため十時上陸あらせらると雖も儀衞整はず、埠頭より徒歩にて神奈川縣廳舊横濱役所に入りたまふ、侍從二人御旗を捧持して前行し、宮內卿德大寺實則・侍從長河瀨眞孝・宮內少輔吉井友實・同少丞兒玉愛二郎の四人扈從するのみなり、午後五時縣廳使用の馬車に駕して御出門、假運轉中の汽車にて横濱停車場を發し、六時四十五分品川停車場に著したまふ、太政大臣三條實美以下參議・諸省長官・麝香間祗候等奉迎す、龍驤・春日の二艦、横濱港より轉航し來りて飾旗・祝砲の禮を行ふ、八時三十分馬車にて皇城に還幸あらせらる、五月二十三日東京發輦より日を計ふれば四十有九日、其の海路を算すれば約千八百浬、時炎暑の候に際すと雖も、玉體愈〻淸安、聖意益〻盛にして、到る所風俗・民情を察し愛撫の叡慮を垂れたまふ、人民感仰悅服して復古の盛業を謳歌せざる者なし、○太政官日誌、巡幸日誌、御巡幸日記、宮內少錄日錄、青山御所御納戶日記、隨幸私記、北條氏恭私記、熾仁親王御日記、西鄕隆盛日記、嵯峨實愛日記、兒玉愛二郞談話

皇城に還幸

十三日　皇太后鯉魚一折を獻り、天皇亦各地の產物竝びに鯉魚一折を皇太后に贈進したまふ、親王及び百官參內して還幸を賀したてまつる、二十日、午後二時皇太后皇城に行啓、親しく還幸を祝し

たまふ、〇巡幸日誌、宮内少錄日錄、青山御所御納戸日記、内匠司日記、熾仁親王御日記、隨幸私記

是の日より三日間御操練を廢したまふ、〇宮内少錄日錄

御講學

十八日　本日より一・六の休日を除き、日々午前の御講學を始めたまふ、貞愛親王陪學例の如し、〇伏見宮家日記

皇后宮ノ下より還啓

皇后、十五日相模國宮ノ下溫泉場を御發駕、小田原・藤澤・神奈川を經て、是の日、午後一時還啓あらせらる、〇太政官日誌、幸啓錄、府縣往復留、宮内少錄日錄、青山御所御納戸日記、東京日日新聞

茨城縣下の騷擾

茨城縣下の情勢不穩なるを以て、大藏大丞渡邊清を同縣に遣はし、縣令心得を以て縣治に當らしめ、且東京鎭臺に命じて步兵二小隊を同縣に急派せしむ、同縣は德川幕府時代より勤王・佐幕兩黨の軋轢甚しくして、父子兄弟と雖も相視ること讐敵の如きものあり、其の因襲の久しき、遂に一般の習風を成し、治化頗る困難なり、二十一日清著任するや、數日にして舊水戸城火あり、倉庫を除き建物全部烏有に歸す、出火の原因詳かならずと雖も、同縣士族の所爲たる疑ありて縣下騷擾す、八月五日、東京鎭臺第四分營を舊水戸城内に置き、尋いで司法大丞兼大檢事島本仲道を水戸に遣はし、放火騷擾の元兇を捕へて糺問せしむ、連累者百人に及ぶ、清亦縣民の說諭に力むる所あり、漸くにして鎭定す、〇太政官日誌、公文錄、敍任錄、官符原案、水戸城出火關係書類、舊水戸城放火一件書類、太政類典、新聞雜誌

西郷隆盛近衛局内紛議の解決に努む

十九日　近衛局内に於ける薩長の確執止まざるを以て、常に宸襟を悩ましたまひしが、嚮に近衛都督陸軍大輔山縣有朋辭表を提出せりとの報丸龜行在所に達するや、深く軫憂あらせられ、直に供奉の參議西鄕隆盛・近衛副都督陸軍少輔西鄕從道に歸京を命じたまひしことは既記の如し、隆盛等命を奉じて東京に歸還し、百方斡旋に力むる所あり、漸くにして妥協を見るに至りしが、是の日、隆盛を召して親しく陸軍元帥兼任を命じ、近衛都督たらしめ、有朋の近衛都督を免じたまふ、尋いで

西鄕隆盛を陸軍元帥近衛都督と爲す

二十九日、更に隆盛を陸軍元帥兼參議に任じたまふ、近衛都督たること故の如し、又八月九日に至りて從道の近衛副都督を免ず、元帥は去歲八月兵部省に之れを置く、但し其の任命は隆盛を以て嚆矢とす、○太政官日誌、諸官進退狀、辭令錄、敍任錄、任解日錄、陸軍省大日記、西鄕隆盛書翰、伊藤博文書翰、諸家履歷

二十四日　本願寺に銀孔雀の置物一具を、東本願寺に金龍の置物一具を賜ひ、興正寺に唐物小屛一隻を賜ふ、是れ維新の際、力を王事に盡せるを叡感あらせらるゝに由る、○太政官日誌、辭令錄、內史日錄、官符原案

二十五日　勅して御生母從二位中山慶子の宮中雜役を免じ、又乘輿のまゝ切手門に至るを聽し、食膳は之れを賜ふに足打を以てせしめたまふ、尋いで八月、慶子宮中退出を仰付けられ、自邸に歸休す、○省中布達留、中山慶子履歷書

二十六日　二十二日夜大風雨あり、東京鎭臺步兵五番大隊・同九番大隊・同十三番大隊の營舍倒潰

し、卽死する者伍長以下八人、負傷する者權曹長以下百四十五人に及べり、天皇之れを憐ませられ、是の日、權大侍醫竹内正信を遣はして慰問せしめたまふ、〇公文錄、宮内少錄日錄

午後一時山里御苑に出御、更に馬車にて吹上御苑に幸し、三時還御あらせらる、〇宮内少錄日錄

蘭國公使歸國につき御引見

二十九日　和蘭國辨理公使ファン・デル・フーフェン、特命全權大使岩倉具視同國訪問につき、之れが迎接竝びに條約改訂・下關償金に關する交涉等の用務のため、急遽歸國すべき命に接せるに依り、御暇乞のため拜謁を請ふ、仍りて午後一時小御所代に於て謁を賜ひ、歸著の上は宜しく朕が意を貴國皇帝に傳へられんことを望む、且遠洋萬里の航行恙なからんことを祈るとの勅語を賜ふ、又延遼館に於て酒饌を賜はんとせしが、發程の期迫れるを以て公使之れを拜辭す、〇公文錄、外事錄、勅語言上、皇國駐在外國使臣履歷附錄

八月

書籍館の開設

一日　是れより先、文部省博物局は人材教育竝びに文化進步のため、舊大學講堂を假館として書籍館を設け、紅葉山文庫・舊大學所藏の書を始め、汎く群書を蒐集して日々公衆の閱覽に供することとし、是の日、始めて開館す、〇公文錄、太政類典、文部省第一年報、帝國圖書館一覽、學制五十年史

學制の頒布

二日　客歲七月廢藩置縣の擧あるや、文部省は敎育制度の統一を斷行せんとして學制の制定に力む

る所あり、既にして其の案成れるを以て之れを正院に提出し、是の歳六月二十四日裁可を得たり、仍りて是の日、學事奬勵に關する被仰出書の公布あり、翌三日、文部省は學制を頒布す、被仰出書の趣旨は、世人多く修學を以て士人以上の業と爲し、農工商及び婦女子の如きは之れを學ぶの要なしと思惟し、又士人以上の稀に學ぶ者と雖も、動もすれば學問が身を立つるの基たることを忘れて徒らに詞章を弄し空論を唱へ、之れを身に行ひ事に施すこと能はざるの輩あるを以て、是れ等の通弊を除き、華士族・卒より農工商の徒及び婦女子に至るまで等しく學に就かしめ、必ず邑に不學の戸なく、家に不學の人なからしめんことを期し、又高等の學問は其の人の材能に任すべしと雖も、苟くも子弟をして小學に學ばしめざる者は、父兄たるの義務を盡さずと警告し、以て力を特に初等教育に用ゐたるにあり、是れ卽ち學制の精神なり、又學制の大要は、全國を分ちて八大學區とし、毎區に大學を設け、又大學區を各三十二中學區に分ちて毎區に中學を置き、更に中學區を分ちて各二百十小學區と爲し、各區に小學を設く、卽ち大學八・中學二百五十六・小學五萬三千七百六十を設立するの計畫にして、一小學區は人口約六百、一中學區は約十三萬を標準と爲し、男女六歳を以て悉く小學に入らしむ、而して小學には、尋常小學の外、女兒小學・村落小學・貧人小學・小學私塾・幼稚小學及び廢人學校の特種小學あり、又師範學校を設けて小學校教師養成の所と爲し、其の

學事奬勵に關する被仰出書

學制の大要

開設を以て當今の急務とす、中學は小學卒業者に普通の學科を授くる所と爲し、別に工業學校・商業學校・通辯學校・農業學校及び諸民學校等の目あり、大學は高尙の學術を敎ふる專門科の學校にして、學科は理學・文學・法學・醫學の四科と爲す、尋いで九月八日、學制實施の方法を詳細に規定せる中學敎則略・小學敎則を頒布す、翌六年三月に至り、更に海外留學生規則・神官僧侶學校規則を定め、之れを學制二編として追加頒布す、同年四月貸費生規則を追補し、又學制二編追加を布達して專門學校に關する規程を設け、法學校・醫學校・理學校・諸藝學校・鑛山學校・工業學校・農業學校・商業學校・獸醫學校等、各專門學校の學科準則を示す、專門學校とは外國敎師を以て高尙なる學術を敎授する學校の汎稱なり、而して別に外國語學校を設け、專門學校に入るべき者及び通譯たらんとする者の研學する所と爲す、前後兩編を通じ總て二百十三章、其の範を泰西に採りしが、主として佛蘭西國の制度に據れるものにして、我が國に於て敎育制度の組織的畫一を見たるは是れを以て始とす、抑〻學制頒布以前に於ける學校敎育の概況を觀るに、高等敎育若しくは專門敎育を施す所としては東京に南校・東校あり、前者は泰西の新學術を研究し、後者は西洋醫術を研究する所にして、倶に文部省の所管なり、又陸軍・海軍兩省所管に各兵學寮あり、其の他各地方にも舊藩學の外に洋學・醫學專修の學校あり、私塾にも和漢學を授くるものの外に泰西の學術を修する

學制頒布以前の學校敎育の概況

も維新の前後より東京に續出し、福澤諭吉の慶應義塾、尺振八の共立學舍、箕作秋坪の三叉學舍、中村正直の同人社、鳴門義民の金蘭社等其の著名なるものなり、更に初等教育・中等教育の情況を觀るに、當時初等教育の振はざりしことは五月十五日の條に既に記しゝが如し、中等教育に至りては其の機關殆ど備らず、三年九月東京府始めて中學校を開設し、尋いで京都府亦中學校を開始すと雖も、其の教則たるや、高等普通教育と專門教育との區別すら判然たらざるが如し、實業教育の機關に至りては未だ見るべきものあらず、工學校設立の廟議成れりと雖も未だ開校を見るに至らず、又女子教育の如きも、去歲十二月文部省が女學校を東京に創設し、是の歲四月京都府が新英學校及女紅場を設立せるが如き狀態なり、而して前者は小學教科に英語學を加味したる程度のもの、後者は英語學竝びに和洋の技藝を授くる所なり、之れを要するに、政府は明治新政の綱領たる五箇條の御誓文により、漸次舊來の陋習を破りて智識を世界に求め、國家有用の材德を養成して、以て聖旨に悖らざらんことを期し、各藩亦時勢の要求に應じて藩學を改革し、泰西の制度を參酌し、外國人を招聘して人材の養成を企つるあり、我が教育界は新學術・新思想の輸入と共に大に活氣を呈するに至れりと雖も、學制頒布以前にありては、猶德川幕府時代の舊態を一洗して統一せる新制度を實施すること能はず、且一般に專門教育を第一とし、普通教育を第二と爲すの傾向なりき、○公文錄、太政類典、

法令全書、日本教育史資料、京都府誌、學制五十年史、教育五十年史

茨城縣權參事たりし同縣士族山口正定を侍從に任ず、〇太政官日誌、諸官進退狀、任解日錄、敍任錄、辭令錄、宮內少錄日錄

司法省職制竝びに事務章程を定む

三日　司法省職制竝びに事務章程二十二章百八箇條を定め、裁判所・檢事局・明法寮をして省務を分掌せしめ、又裁判所を分ちて、司法省臨時裁判所・司法省裁判所・出張裁判所・府縣裁判所・各區裁判所の五種と爲す、九月一日より之れを施行す、又八月二十八日警保寮を司法省に置き、頭・助・大中少屬及び大少警視・大少警部・巡査等を置く、〇太政官日誌、內史日錄、太政類典、法規分類大全、江藤南白

小笠原長行の自首

四日　明治元年三月舊幕府老中小笠原長行、竊かに江戶を脫して東奧・蝦夷の地に遁れ、尋いで東京に歸り、踪跡を韜晦せしに、去月其の非を悔いて自訴す、仍りて養父小笠原長國に御預を命ぜしが、是の日、特旨を以て之れを赦免す、〇太政官日誌、公文錄、諸官進退狀、內史日錄、明山公遺績

邦家親王薨去

五日　一品邦家親王伏見宮病篤し、危篤の報天聽に達するや、昨四日侍從伏原宣足・大侍醫岩佐純をして存問せしめ、菓子一折を賜ひしが、是の日、薨去す、年七十一、天皇深く震悼したまひ、歌舞・音曲の類を停止せしむること三日、且祭粢料金五百圓を賜ふ、又九日靈祭を修するに方り、侍從東園基愛を勅使として其の邸に遣はし、幣物紅白絹各二匹・綿十屯・鰹節五連・神饌五臺を賜ふ、十二日靈柩東京を發して京都に向ふ、乃ち近衞儀仗兵を賜ひて品川まで護衞せしめ、又侍從北條氏恭を同驛に遣はし

たまふ、二十五日京都相國寺に於て葬斂の式を行ふ、仍りて大掌典慈光寺有仲をして墓前に參向せしめ、幣物・神饌を賜ふ、大阪鎭臺歩騎兵儀仗として靈柩を護衞し、且弔砲を發す、二十四日定規に由り、親王御息所景子に終身祿百石を賜ふ、○太政官日誌、祭祀錄、宮内少錄日錄、内史日錄、諸官進退狀、敍任錄、辭令錄、皇親錄、重要雜錄、皇族家記、朝彦親王御手日記、伏見宮家日記

天皇皇后の御寫眞撮影

皇太后の御寫眞撮影

曩に天皇・皇后、寫眞師内田九一を召して各〻御撮影あり、是の日、宮内大輔萬里小路博房を以て之れを皇太后に贈進したまふ、九月三日、皇太后亦宮城に行啓せられ、九一を召して御撮影あり、十五日、九一、天皇・皇太后の御寫眞大小合せて七十二枚を上納す、當時の宸影、一は束帶にして、一は直衣を著御し金巾子を冠したまふ、是れより先二月、特命全權副使大久保利通・同伊藤博文が書記官小松濟治を隨へて米國より歸朝するに際し、特命全權大使岩倉具視、濟治をして御寫眞拜戴を宮内省に申請せしむ、宮内省は御寫眞出來せば直に外務省を經て之れを送付せんとせしが、五月兩副使再渡米の期に至りても未だ成らざりしが如し、天皇又馬上の英姿を撮影せしめたまへることあり、其の日時は未だ明かならずと雖も、宮内少錄日錄に據れば、明治六年二月六日以前の事に屬するものの如し、○青山御所御納戸日記、宮内少錄日錄、赤坂出張調度局日記、内匠司日記、御物御寫眞、御寫眞錄、峽中新聞

日比谷門等外郭二十一門を撤廢す

八日　日比谷門を始め外郭二十一門日比谷・數寄屋橋・鍛冶橋・呉服橋・常盤橋・神田橋・一ツ橋・雉子橋・山下・幸橋・新シ橋・虎門・赤坂・喰違・四谷・市ケ谷・牛込・小石川・水道橋・筋

違・浅草を撤廢す、建設以來多くの年所を經て漸く腐朽し、風雨・地震等のため破損すること尠からざるを以てなり、但し礎石・石垣等は之れを存し、其の地所を東京府に交付す、又馬場先・和田倉・舊本丸大手・平川・竹橋・清水・田安・半藏・外櫻田の內郭九門を正院の管轄とす、○公文錄

十三日　文部大輔福岡孝弟を司法大輔に任ず、○太政官日誌、諸官進退狀、敍任錄、辭令錄、任解日錄

十四日　例幣使として神宮に參向せしめたまふ式部頭坊城俊政に京都御文庫圖書の調査を命ぜらる、○辭令錄、諸官進退狀、敍任錄

外國人護衞別手組廢止

從來各國公使及び東京開市場居留外國人・各省雇外國人等護衞のため、特に東京府に別手組を置きしが、府下邏卒の制漸く整備せるを以て、之れを廢せしむ、○太政官日誌、公文錄

十八日　式部助橋本實梁を官幣大社鹿島神宮祭に遣はして幣帛を供せしめ、今年より同社例祭日を本日と定め、每年勅使を參向せしむる旨を奉告せしめらる、又大掌典慈光寺有仲を豐國社例祭に遣はして幣帛を賜ひ、爾後每年勅使參向の旨を奉告せしめたまふ、當時豐國社は社殿の造營未だ成らざるを以て、京都妙法院前側町鎭座府社新日吉神社の神饌所に於て祭典を修せり、尋いで二十日、實梁を官幣大社香取神宮祭に遣はして幣帛を供せしめ、今年より同社例祭日を同日と定め、每年勅使を參向せしむる旨を奉告せしめたまふ、○祭祀錄、京都叢書

外務大丞花房義質を朝鮮國に派遣

外務大丞花房義質を朝鮮國に遣はす、去歳外務大丞宗重正の使者として同國に遣はしゝ舊嚴原藩重臣相良正樹等、是の歳正月草梁倭館に至りしが、訓導病と稱して面接を肯ぜず、三月に至りて、禮曹參判・東萊府使・釜山僉使に贈る所の重正の書翰の謄本及び正樹が來意を告ぐる所の口陳書等を訓導代理に授與す、五月訓導倭館に來りて曰く、來意の件、須く議を國中に徵して決答せん、是れ朝命なり、但し其の期限に至りては豫約すべからずと、其の意曖昧模糊、徒らに時日を遷延せんとするにあるが如し、是に於て正樹等直に東萊に入りしが、府使面接を峻拒し、且館門を出で禁界を犯越して妄りに入府せるを詰責す、正樹等之れを爭ふとも其の效なからんを察して歸館し、曩に外務省遣はす所の外務少記吉岡弘毅と協議を盡す所あり、六月十六日、同行の外務權大錄森山茂・同廣津弘信と俱に釜山を發して歸朝の途に就く、是れより先五月、廟議、草梁倭館駐在吏員の任免、朝鮮國交際事務の處理竝びに漂民處置の件を以て外務省管轄と爲し、從來吏員として在館せる宗重正の家臣等に悉く退還を命ず、然れども草梁倭館たるや、修交・貿易の事務所にして、對馬の商賈等が居留せる所なれば、卒かに舊吏員を罷めば忽ち事務の澁滯を來さんこと顯然たり、當時外務卿副島種臣以爲らく、草梁倭館は嘉吉以降四百年間我が國民の來往居住する所にして、微少なりと雖も我が國權の行はれし地、今後國威發揚のため必要なり、今卒かに廢棄すべからず、此の際適當の改革を行ひ、更に朝使派遣の日を俟つに如かずと、乃ち是の月十日、之れが處分案を具して正院に上陳する所あり、廟議之れを納れて宸裁を仰ぐ、是の日、之れを裁可し、勅して其の施行を種臣に命じたまふ、勅旨の要に曰く、一、草梁館司竝びに代官所は舊の如く之れを存置すべし、二、無用の吏員等は悉く歸朝せしむべし、三、商賈の去留は其の意に任すべし、四、勘合印朝鮮國より對馬に授くる所の銅印は舊章を用ゐるべし、五、歲遣船毎年對馬より朝鮮國に遣はす所の便船を停むべし、六、宗重正の負債明治二年以降四年に至る間の公貿滯納品を支償すべし、七、對馬に滯留せる朝鮮國漂民を盡く送還すべしと、而して同日之れが措辨のため、外務大丞花房義質を朝鮮國に派遣す、森山茂・廣津弘信等之れに隨ふ、○太政官日誌、公文錄、勅書竝御委任狀、詔勅錄、內史日錄、敍任錄、諸官進退狀、嵯峨實愛日記、朝鮮交際始末、朝鮮事務書、太政類典

十九日　昨秋大藏省營繕寮京都出張所を廢するに方り、京都御所・在京都府諸山陵・恭明宮及び皇室と緣由深き京都府社寺の修繕等を同寮より京都府に依託せり、仍りて同府の申請に依り、是の日、政府は之れが費用として、歲額金三千圓を同府に交付することと定む、○公文錄

二十一日　山里御苑に出御、午後二時二十分騎馬にて同御苑より吹上御苑に幸す、○宮內少錄日錄

山梨縣農民の騷擾

二十三日　從來山梨縣には一種の租法ありて、納稅額の三分の二を米納として大切《だいきれ》と稱し、三分の一を金納として小切《せうきれ》と稱す、武田信玄の制する所なりと云ふ、然るに今次大切・小切の法廢せらる

と聞くや、山梨・八代兩郡の農民等税額增加を豫想して騷擾し、是の日、兇器を携へ租法復舊歎願と稱して甲府に至る者約六千人、是れより先、縣令土肥實匡説諭を加ふと雖も肯かず、又暴徒の甲府に入るを阻止せんとせしかども果さず、是に於て一時の權道を以て願意聽許の旨を掲示し、又出兵を陸軍省に請ふ、暴徒願意達せりとて歸村せしが、一部の者は留まりて翌二十四日商家を破毀し火を放ちて暴虐を擅にす、尋いで東京鎭臺第二分營歩兵一小隊及び大藏省七等出仕岩橋轍輔・大警視田邊良顯等の至るありて鎭撫に力め、又首魁等を捕縛し、幾ならずして鎭定す、又九月三日、美々津縣佐土原近郊の農民、納税及び舊藩札の價位等に就きて不平を鳴らし、屯集する者三四千人、縣官の説諭に因りて六日退散せしかど、騷擾は更に同縣高鍋附近の農民に波及し、集まる者三千人、二十九日各々兇器を携へて舊城下に迫り、年貢米の割引、自耕田畑の改正、雜税・夫役の減免等を歎願して止まず、縣官百方説諭して歸村せしむ、然るに十月四日、佐土原の農民五六千人兇器を携へて再び蜂起す、縣令、士族・卒等を募りて鎭撫に當り、漸くにして事無きを得たり、當時大藏少丞林友幸九州を巡視して高鍋に在りしを以て、縣官と協力して鎭撫に盡力せり、○公文錄、太政類典、新聞雜誌、維新農民蜂起譚

美々津縣農民の騷擾

二十四日　故ありて本日の御操練を延引したまふ、尋いで來月二日より偶數の日、吹上御苑に於て

マリア・ルーズ號事件

近衛歩兵二小隊を指揮して練習したまふことに定めらる、○宮内少錄日錄、近衛局編册

神奈川縣權令大江卓、祕露國船マリア・ルーズ號事件を審判して其の判決を下す、是れより先、同船司祕露國人ドン・リカルド・ヘルラー、淸國民二百數十人を淸國澳門葡萄牙國植民地に勾略し、四月二十二日同港を發して祕露國に監送するの途次、偶〻船體を損せるに因り、修理のため六月四日横濱に入港す、一夜、一淸國民該船より脫逸して漂蕩し、港內碇泊の英吉利國軍艦に救はれ、神奈川縣廳に交付せられたるが、船司等の虐待を訴へて保護を懇請す、仍りてヘルラーを喚問し、淸國民を好遇すべきことを諭して之れを還付し、且嚴誡して其の脫船を咎むることなからしむ、然るに船司の之れを懲戒すること苛酷を極むるのみならず、他を虐待すること依然たり、英國代理公使ワットサン之れを聞くや、マリア・ルーズ號船に至りて其の實狀を目擊するに、歐米各國が嚴禁する奴隷の境遇に等しきを認知し、之れを外務卿副島種臣に報じて糺問を慫慂す、米國代理公使セパルト亦我が外務卿に書を致して之れに贊同す、條約未締の國民が我が領海內に於て此の悖逆を敢爲するは固より看過すべきにあらざるを以て、種臣直に朝旨を奉じ、先づ神奈川縣廳に其の出港を禁ずべきことを電命し、而して其の事情を嚴探せしめしに、船司等が無智なる淸國民を欺瞞し、事實上奴隷に陷るゝ契約を澳門在留の葡萄牙・祕露兩國官憲の證明下に結ばしめたる上、之れを艙中に囚禁し

て有らゆる迫害を加へたる事實判明せり、仍りて該事件を外務省の所管と爲し、軍艦を派遣してマリア・ルーズ號の脱出に備へ、去月十三日、神奈川縣參事大江卓を神奈川縣權令に任じて事件の審理を命ず、是の時に當り、淸國民等は船司の不法行爲に對し神奈川縣廳に出訴せるを以て、卓、原被兩告を召喚し、司法省權大判事玉乃世履・外務大丞花房義質・司法省雇外國人等及び各國領事列席の下に之れを審判したる結果、船司犯罪の確證を得たるを以て、淸國民を悉く上陸せしめて縣廳に收容し、又船司處罰の斷案を作りて二十四日之れが朝裁を經たり、而して事の愼重ならんを欲し、其の斷案を各國領事に示して意見を徵せるに、英國領事獨り之れを妥當と爲すのみ、米國領事は事自國に關係なきを以て口を緘せるが、他は皆千八百六十七年慶應三年十月に成れる横濱居留地取締規則第四條條約未締の國民を糺問するに方りては、若し要あらば各國領事の意見を徵すべし云々、に據らざる裁判方法を非難し、或は事件の發生を日本領域外に於けるものと看做して日本政府に其の裁判權ありやと疑へり、是に於て卓更に之れを上申せるに、種臣斷案に由るべしと嚴令す、卓乃ち二十七日を以て原被兩告に判決を下し、被告船司の罪を杖百に充つべきものと斷じ、而して特に寛典を以て之れを赦して其の出港を許可し、原告淸國民に對しては、其の自主權を認めて船司の覊梏を脱せしむ、是の時に方りて、澳門在留の葡國鎭臺兼特命全權公使ビスコント・ド・サム・ジャンワリオ、本邦駐劄佛國代理公使チュレン及び祕露國の利益を代表する米國特命全權公使シー・イー・デ・ロング等亦書を我が外務卿に致して其の處置を詰問し、或は其の不當を警告す、種臣、所信を披瀝して毫も讓らず、尋いで是の月八日に至るや、ヘルラーは傭入契約履行の訴訟を神奈川縣廳に提出せり、其の趣旨は、澳門に於ける契約を合法的にして有力なるものと爲し、之れを破棄せる淸國民を各國領事列席の正式判廷に於て審判せる上、被告に契約履行の義務ある旨を宣すべく、若し契約履行を拒むに於ては、之れがため原告に負はしむる損害を悉く辨償せしむべしと云ふにあり、之れに對する淸國民の辨駁書亦提出せられたるを以て、卓は十六日を以て此の裁判を縣廳に開始し、愼重審判の末、是の日、遂に被告勝訴の判決を爲せり、其の理由の要旨に曰く、該契約は被告を奴隷たらしむるの陷穽に過ぎざるものにして、國際法違犯たるや論を俟たず、而して公道に背違し、且日本の國律と相容れざるものたり、仍りて效力無しと斷ずと、此に至りてヘルラーは船體・船具を放棄して上海に遁逃せり、斯くの如くにして我が政府の英斷は遂に事件を正大に解決し、無辜の淸國民を救濟するを得たり、九月二日、其の裁斷案等を各國公使等に配布して事の眞相を海外に闡明するや、各國政府は交〻我が國の義擧を敬歎し、其の公平なる裁斷は當に全世界の公法たるべしと稱贊して止まず、是れより先、種臣は淸國政府に告ぐるに勾略民救濟の顚末を以てす、乃ち江蘇同知陳福勳を我が國に派して之れが處置を計らしむ、種臣、福勳を見て、收容せる清國民を悉く交付すべきを聲明し、且延遼館に次せしめて之れを優遇す、十一月、清國政府書を我が政府に致して其の好誼を深謝す、〇公文錄、祕魯國マリヤルヅ船一件、祕露國風帆船マリヤルーヅ號處置一件、敍任錄、花房子爵家文書、保古飛呂比、公卿補任、副島伯經歷偶談、花房義質君事略

三十日　從一位中山忠能及び御生母從二位中山慶子に日比谷門外有樂町元博覽會事務局を住宅として賜ひ、馬場先門內舊賜邸は之れを教部省に交付せしめらる、又移轉費として金二千五百圓を二人に賜ふ、〇太政官日誌、公文錄、中山忠能略譜

是の月　官吏の維新以來引續き精勤し、或は特別の功勞あり、而して在官中死亡せる者には、共に祭粢料を下賜することとす、其の額、太政大臣は千六百圓、左右大臣は千二百圓、一等官は千圓、以下遞減して等外四等十二圓に至る、是れ免官の際奉職年限に應じて下賜する所の金額に準ぜるなり、〇公文錄

九月

陸軍大元帥同元帥の服制を定む

四日　陸軍大元帥・陸軍元帥の服制を定む、孰れも帽は黑色、上衣・袴は紺色にして、帽及び上衣袖印の金線、大元帥は大小各二條、元帥は大二條・小一條、袴の金線は、大元帥・元帥共に大小各一條なり、又釦は總て金色櫻花章とす、天皇大元帥たる時は、釦を金色菊章とし、帽・上衣に更に

金線一小條を加ふ、○太政官日誌、公文錄、海陸軍省往復、太政官編册

東京京都間電信開通

七日　東京京都間の電信線成れるを以て、通信を開始す、○公文錄、法規分類大全

九日　重陽の節なり、親王及び百官の參賀等端午の節に同じ、又是れより先、本日詠進の歌題を「見菊」と仰出さる、○青山御所御納戸日記、熾仁親王御日記、嵯峨實愛日記

東京横濱間鐵道開業

開業式に行幸

十二日　東京横濱間鐵道開業の典を行ひたまふ、明治二年十一月廟議鐵道布設を決定するや、先づ東京横濱間を竣成せんとし、翌三年三月其の工事に著手す、爾來功程を進め、是の歲五月品川横濱間開通し、新橋横濱間十八哩の工事の全く落成せるは本月にして、我が國に於ける鐵道の嚆矢なり、初め開業式擧行を是の月九日と仰出されしが、雨天にて之れを延べたまふ、是の日、霖雨全く霽れ、快晴にして微風なし、午前九時直衣を著し、駟馬片幌の馬車に乘御して御出門駁者二人、烏帽子・直垂を著す、東京府知事代理權參事川勝廣一前驅し、熾仁親王及び太政大臣三條實美以下參議・侍從長・侍從竝びに麝香間祇候等扈從す、近衞步兵三大隊・東京鎭臺步兵三大隊輦路に堵列せり、車駕新橋鐵道館に著するや、近衞步兵一大隊捧銃の禮を行ひ、工部少輔山尾庸三・鐵道頭井上勝・工部省奏任官及び諸省勅任官・各國公使竝びに朝覲のため上京せる琉球國使節等奉迎す、各國公使に特に御會釋あり、鐵道頭鐵道圖一卷を捧呈す、尋いで工部少輔・鐵道頭を前導として南廊をプラットホームに進み、

玉車に乗御あらせらる、南廊通御の際、諸省奏任官廊の兩側に整列して拜禮す、熾仁親王及び太政大臣・侍從長等陪乘し、諸省勅任官・琉球國使節及び工部省奏任官・各國公使等亦供奉の列に加はる、十時御發車、伶人竝びに海軍樂手樂を奏し、近衛砲兵隊及び品川灣碇泊の軍艦祝砲の禮を行ふ、十一時横濱鐵道館に著御、東京鎭臺砲兵隊及び横濱港碇泊の軍艦、祝砲を發すること式の如し、伶人奏樂裡に御降車、神奈川縣權令大江卓等奏任官吏・各國領事及び近衛歩兵一大隊の奉迎を受け、鐵道館便殿に入御し、玉座朱塗の御椅子に著きたまふ、侍從長・侍從・麝香間祗候等其の左右に侍立し、太政大臣以下勅任官及び諸省奏任の諸官、玉座の前面左側に南面し、外務卿・各國公使・各國領事及び地方官等、同右側に北面して參列するや、百官に對して勅語を賜ふ、曰く、

今般我國鐵道ノ首線工竣ルヲ告ク朕親ラ開行シ其便利ヲ欣フ嗚呼汝百官此盛業ヲ百事維新ノ初ニ起シ此鴻利ヲ萬民永享ノ後ニ惠ントス其勵精勉力實ニ嘉尙スヘシ朕我國ノ富盛ヲ期シ百官萬民ノ爲メニ之ヲ祝ス朕更ニ此業ヲ擴張シ此線ヲシテ全國ニ蔓布セシメンコトヲ庶幾ス

次に庶民に對して、

東京横濱間ノ鐵道朕親ク開行ス自今此便利ニヨリ貿易愈繁昌庶民益富盛ニ至ランコトヲ望ム

との勅語あり、伊太利國特派全權公使コント・アレサンドロ・フェ・ドスチャニ、各國公使總代と

して進み祝辭を奏し、今日の祝典は陛下善政の光輝の發現にして、正に駸々として歩を進め、昭々たる文明の域に伍列するの徵證なりと奉頌す、乃ち勅答を賜ふ、曰く、

我國鐵道ノ首線ヲ竣リ朕親ラ開行スルノ日ニ方リテ列國公使等齊ク來リテ祝意ヲ表セラル朕欣喜ノ至リニ堪ヘサルナリ朕更ニ庶幾クハ自今中外人民共ニ鴻利ヲ享ケ永ク幸福ヲ保チ公使等ノ祝詞ニ負カサランコトヲ祈ル

次に横濱居留外國商人頭取十二人の總代として、英吉利國人マルシャル、便殿の階上に昇りて祝辭を奏す、之れを嘉納し勅答を賜ふ、其の略に曰く、凡そ我が國に在住せる者は固よりにして、此の地に生れ出でたる者も、又假に此の地に寓せる者も、又偶〻此の地に來れる者も、又自ら好みて來航せる者も、齊しく保護に泄れず、權義を失せず、其の康福をして益〻盛ならしめ、我が國歩をして文明に向はしめんとす、猶斯の事業を盛大にし、和樂なる交誼の存せる間は、中外の人民をして洽く提撕の下に在らしむべしと、外務卿副島種臣之れを傳宣す、次に横濱商人頭取五人の總代として、原善三郎祝辭を奏す、神奈川縣權令をして勅答を傳宣せしめらる、畢りて館內樓上に御小憩あり、正午横濱御發車、午後一時新橋鐵道館に著し、便殿に入御あらせらる御發著の際に於ける奏樂等前に準ず、供奉の內外臣僚及び諸省奏任官等盡く參進列立するの後、百官に對して勅語あり横濱に於けるに同じ、太政大臣三條

實美百官總代として祝辭を奏す、其の文に曰く、

東京横濱ノ間鐵道ノ工成リ爰ニ我　天皇陛下群臣ヲ率テ親臨其開業ヲ落ス臣等此盛典ニ於テ謹テ一辭ヲ奉シ之ヲ祝ス抑國益ヲ興シ民利ヲ與ルハ經世ノ要治國ノ務トス　陛下大政維新ノ始ヨリ夙夜勵精百度皇張大ニ更始スル所アリテ全國ノ景象漸ク昌盛ノ運ニ進マントス乃チ此工業ノ如キ國ニ益アリ民ニ利ナル固ヨリ言ヲ俟ス是偏ニ　陛下勵精ト群臣ノ協力トニ由レリ臣等更ニ望ラクハ此擧ヲ首歩トシ其大益厚利ヲ全國ニ洽カラシメ人民ヲシテ永世感戴シテ不朽ニ傳ヘシメンコトヲ

次に庶民に勅語を賜ふこと横濱に於けるが如し、畢りて東京商人頭取八人の總代として、三井八郎右衞門祝辭を奏す、勅答あり、東京府知事大久保一翁之れを傳宣す、尋いで工部少輔山尾庸三以下大少丞・局長・鐵道頭及び鐵道寮奏任官・雇外國人職長を召して勅語を賜ひ、其の勉力奏功を嘉賞したまふ、庸三、工部省官吏を代表して祝辭を上りて曰く、

誠恐謹言ス今般東京横濱間ノ鐵道成功ニ因リ　天皇陛下　臨幸大ニ開行ノ典ヲ擧サセラレ百官萬民ニ　勅宣ノ後當承ノ官員奬勞ノ　綸諭ヲ蒙ル臣等幸ニ　聖時ニ遭逢シ盛儀ニ拜列シ又此　恩諭ヲ蒙リ歡忻悚懼竝至リ感激ニ堪ヘス候臣等恭シク思惟仕候ニ抑此大業ノ竣功ヲ得ルハ其始メ二三ノ重臣衆口ヲ顧ミス苦慮建議ヲ致セシト　陛下ノ叡智明斷トニ因リ大政維新國事多端ノ際ニ於テ

此大工作ヲ創起セラレ大藏又能ク廣費ヲ度支シテ竟ニ此首線ヲ成就シ始メテ鐵道ノ至便ヲ衆庶ニ明示スルニ由リ朝野擧テ　此鴻業ノ興隆ヲ企望スルニ至ル是全ク　陛下ノ大仁ニシテ卽チ萬民ノ幸福ナリ臣等叨リニ微勞ヲ有シテ敢テ　恩賞ニ當ランヤ更ニ今又其盛典ヲ擧行セラル、ニ當リ陛下　皇國ノ富盛ヲ期シ此線ヲ全國ニ蔓布センコトヲ庶幾シ給フノ旨　勅諭有ラセラレ臣等愈感勵ニ堪ヘス更ニ夙夜努力シテ　此鴻業皇張ノ時ニ迨ヒテ　聖恩ノ萬一ニ報センコトヲ期スヘク候仰キ願ハクハ　皇國ノ工事日月ニ盛大ヲ爲シテ　聖旨速カニ貫徹シ愈國益ヲ興シ愈國民ヲ利シテ陛下ノ大功大德ヲ萬々歳ニ垂示シ玉ハンコトヲ臣等誠恐誠恐謹言

是に於て式全く畢れり、乃ち各國公使等に御會釋を賜ひて發御、二時二十五分還幸あらせらる、還幸後、各國公使竝びに太政大臣以下諸省勅任官・工部省奏任官・雇外國人等に延遼館に於て酒饌を賜ふ、是の日、新橋・横濱兩鐵道館域内に拜觀場を設け、内外の士女を選びて盛儀を瞻仰せしめ、停車場及び線路に沿へる便宜の場所に於て衆庶の拜觀するを許す、又濱離宮の園庭を開放して諸種の技藝を演ぜしめ、以て官民歡樂の所と爲し、且東京・横濱兩市の商賈に酒肴を賜ひ、百官に休暇を賜ふ、越えて十月九日、延遼館に於て鐵道建築師長英吉利國人ヴィカルス・ボイル、鐵道差配役同國人ウィリアム・カーギル、同ロベルトソン等に酒饌を賜ひて其の勞を慰し、同二十五日、參議

大隈重信・工部大輔伊藤博文が鐵道創建の際首として物議を排し、遂に成功に至らしめたるを賞して各〻劍一口を賜ひ、尙鐵道頭井上勝・同助竹田春風・鐵道寮七等出仕伊東勅典等が督役の功及び鐵道差配役カーギル、同スチュールド、同ロベルトソン以下工部省雇外國人等の勤勞を賞して物を賜ふこと各〻差あり、カーギル、鐵道開業式に臨幸あらせらると聞くや、八月、英國製御料馬車一臺・カリフォルニア産馬匹二頭及び銀飾馬裝を獻る、乃ち金二千圓・蒔繪書棚一個・花瓶一對をカーギルに賜ふ、○太政官日誌、公文錄、詔勅錄、儀式錄、裁印錄、重要雜錄、恩賜錄、辭令錄、官符原案、宮内少錄日錄、内史日錄、熾仁親王御日記、嵯峨實愛日記、陸軍省日誌、陸軍省大日記、赤坂出張調度司日記、新橋行幸次第、琉球使臣上京書類、正使伊江王子參京日記、御逸事、日本鐵道史、大隈伯昔日譚、博聞新誌、新聞雜誌

十三日　丁卯・戊辰の際、國事に關して順逆を誤り、法憲に觸れたる輩、漸次非常の寛典に處せられ、既に本年正月舊會津藩主松平容保以下特命を以て赦免せらる、是を以て其の連累者にして寛典に泄れたる者今や無かるべしと雖も、或は舊府藩縣にて處刑せられたる者の中、之れに類する犯罪者ありて未だ寛典に處せられざる者あらんを虞り、是の日、司法省は各府縣に令するに、若し是れ等の徒あらば悉く赦免して其の旨を上申すべきを以てす、○公文錄、法令全書

琉球國主尙泰を琉球藩王に封じ華族に列せらる

十四日　琉球國主尙泰を琉球藩王に封じ、華族に列したまふ、琉球國は古來沖繩島と稱し、南海十二島の一なり、文治二年島津氏の始祖忠久、薩摩・大隅・日向三國の守護職に補せらるゝや、併せ

て南海十二島の地頭職を命ぜらる、正平・文中の頃沖縄島に內亂起り、中山・山南・山北の三に分れて相爭ふ、當時我が國亦兵馬騷擾の際なれば、島津氏の威令行はれざりしならん、中山王は明國の力を藉りて全島を統一せんと欲し、文中元年明國洪武五年使を明國に遣はして其の封册を乞ふ、明主朱元璋之れを容れ、國號を琉球と改めしむ、是れ彼が漢土に朝貢せる始なり、然れども敢へて我との關係を絕てるにはあらず、或は書を呈し或は方物を獻ること舊の如し、嘉吉元年征夷大將軍足利義教更めて島津忠國に琉球國を加封す、朝鮮の役起るや、我の監視至らざるを機とし、其の貢納を怠るに至る、仍りて屢〻其の來聘を督責すと雖も曾て承服せず、是を以て慶長十四年島津家久、兵を發して之れを討つ、既にして國主尙寧城を以て降る、幕府乃ち其の領十二萬七千石餘の內、大島・德島等五島三萬二千八百石餘を以て島津氏の直轄と爲せり、元來琉球は洋中の一小島にして、我が國と漢土との間に介在し、兩國に交通せずば國を保つこと能はざる事情あるを以て、幕府、其の漢土との關係を默認して敢へて咎めず、但し其の國務に至りては、島津氏をして那覇に官廨を置きて之れを督せしめ、他國の干涉を許さず、彼亦館舍を鹿兒島に設け、官吏を派して恆に在留せしむ、爾來變革なし、然れども國主以下王政維新の日に方りて尙舊法をのみ固守して敢へて移らず、仍りて是の歲正月、鹿兒島縣參事大山綱良、積年の弊習を釐革せんと欲し、伊地知貞馨・奈良原繁等を同國に遣はす、貞馨等示すに恩威を以てし、懇諭之れ力む、國主尚泰終に之れに應ず、是の時に當り大藏大輔井上馨、琉球國の版籍を收めて其の所轄を明かにせざるべからずとの議を上り、正院の諮問、左院の答議等あり、六月、綱良は更に琉球國在留の貞馨等に命じて曰く、王政維新以來琉球國主未だ朝覲の禮を修めず、仍りて國主をして速かに慶賀の使節を上京せしむべしと、貞馨等示諭する所あり、泰之れを領承し、其の臣伊江王子尚健朝直を正使とし、宜野灣親方向有恆朝保を副使とし、喜屋武親雲上向維新朝扶を贊議官として上京せしむ、七月二十七日使節一行鹿兒島に著し、是の月三日を以て東京に入り、是の日、午後一時御車寄より參內す、外務丞出迎して之れを櫻間に延く、既にして天皇、侍臣等を從へて奏樂裡に大廣間に出御あり、太政大臣三條實美・外務卿副島種臣御前に侍立し、各省長次官等左右に候す、式部助正使を導きて參進す、副使・贊議官之れに隨ふ、式部助、使節等の名を披露す、使節等磬折拜禮す、次に使節、天皇・皇后に上る所の國主の表竝びに貢獻目錄等を式部助に手交す、助進みて之れを讀み、畢りて捧呈す、天皇に上れる表に曰く、

恭惟　皇上登極以來乾綱始張庶政一新黎庶皇恩ニ浴シ歡欣鼓舞セサルナシ尚泰南陬ニ在テ伏シテ盛事ヲ聞キ懽抃ノ至リニ勝ヘス今正使尚健副使向有恆贊議官向維新ヲ遣シ謹ンテ朝賀ノ禮ヲ修メ且方物ヲ貢ス伏シテ奏聞ヲ請フ

明治五年九月

皇后に上れる表に曰く、

恭惟　皇后位ヲ中宮ニ正シ徳　至尊ニ配シ天下ノ　母儀トナリ四海日ニ文明ノ域ニ進ミ黎庶生ヲ樂ミ業ニ安ス尚泰海陬ニ在テ伏シテ盛事ヲ聞キ懽抃ノ至リニ勝ヘス以下天皇に上れるに同じ、

乃ち、

琉球ノ薩摩ニ附庸タル年久シ今維新ノ際ニ會シ上表且方物ヲ獻ス忠誠無二朕之ヲ嘉納ス

との勅語あり、使節等又各自天皇に獻る所の方物の目錄を奏上し、而して式部助を經て之れを上る、乃ち能く其の主の意を奉じて入朝し、自ら方物を獻れるを嘉納あらせらるゝ旨の勅語を賜ふ、尋いで天皇、尙泰を琉球藩王と爲し華族に列するの詔書を外務卿に授けたまふ、卿之れを宣讀して使節に傳ふ、詔書に曰く、

朕上天ノ景命ニ膺リ萬世一系ノ帝祚ヲ紹キ奄ニ四海ヲ有チ八荒ニ君臨ス今琉球近ク南服ニ在リ氣類相同ク言文殊ナル無ク世々薩摩ノ附庸タリ而シテ爾尙泰能ク勤誠ヲ致ス宜ク顯爵ヲ予フヘシ陞シテ琉球藩王ト爲シ敍シテ華族ニ列ス咨爾尙泰其レ藩屛ノ任ヲ重シ衆庶ノ上ニ立チ切ニ朕カ意ヲ體シテ永ク皇室ニ輔タレ欽ヨ哉

詔書は金罫紙を用ゐ、國璽と御璽とを鈐し、之れを白地金襴の袋に納む、使節等謹みて聖恩の優渥

なるを感謝し、泰に代りて詔命の辱きを拜す、次に式部助、恩賜品目を宣讀して之れを使節に授く、畢りて奏樂裡に入御あらせられ、使節等櫻間に退く、太政大臣・參議等厚く使節等を接遇し、其の遠來を勞ひ封册の榮命を祝す、使節等賢所參拜の後退出す、是の日賜ふ所の品は、琉球藩王に大和錦五卷・遊獵銃三挺・鞍鐙一具、同妻に大和錦五卷・七寶燒大花瓶一對・新製紙敷物三枚にして、皇后は、藩王に金地織天鵞絨二卷・博多織三卷・西洋敷物三卷を、同妻に天鵞絨五卷・西洋敷物三卷を賜ふ、又使節以下隨從の者に物を賜ふこと各〻差あり、○太政官日誌、公文錄、詔勅錄、正使伊江王子參京日記、琉球使臣上京書類、東京日記、琉球使臣滯留中日記略、宮內省雜錄、儀式錄附存、外務省往復、任解日錄、嵯峨實愛日記、三條家書類、山縣有朋建議

皇太后、午前九時濱離宮に行啓、延遼館を御巡覽、又網打等を覽たまひ、午後四時三十分還啓あらせらる、○青山御所御納戶日記、赤坂出張調度司日記、外務省往復、長秋宮類聚稿

海軍兵員徵募規則を布告す

海軍省は海軍步兵半大隊・砲兵一座を編成せんとせしが、在來の兵員竝びに諸工・火夫の定員、病氣其の他の事故等にて減少せるを以て、府縣より兵員・職工等を徵募せんとし、海軍兵員徵募規則を布告す、其の兵員入籍志願者の年齡は十八歲より二十五歲を限り、勤仕年限を五箇年或は七箇年とす、又樂手・鼓手は十八歲以下十五歲以上とし、職工は年齡に關せず、體格强健・技術練達の者を選ぶ、○公文錄、海軍省報告書、法令全書

僧侶をして苗字を稱せしめ、之れを管轄廳に屆出でしむ、○太政官日誌、公文錄

十五日　從來神宮神號に太の字を書せるを改めて、大の字を用ゐしめらる、其の太の字を書せし起原は詳かならずと雖も、古事記・日本書紀及び萬葉集等の古書、概ね大の字に作れるのみならず、集古十種古摹本にも大神宮とあり、且大の字は「オホ」と訓し、太は「フト」と訓するが古書の例なるを以て、是の御改定あり、○太政官日誌、公文錄、祭祀錄

越中島に行幸近衞兵の操練を御覽

近衞兵操練天覽のため、午前七時騎馬にて御出門、越中島調練場に幸す、近衞都督陸軍元帥西鄕隆盛指揮長官として步騎砲諸隊を引率し、西丸大手門外に奉迎して敬禮の式を行ふ、畢りて前衞騎兵は直に前驅し、各隊亦順次扈從し行軍す、越中島に到るや、各隊は便路より調練場に入る、既にして調練場に著御、指揮長官・指揮官奉迎の禮を行ひ、直に其の左右に侍し、整列せる諸隊の右翼より左翼に奉導す、天皇、順次之れを閱し、畢りて步兵隊の打方、砲兵隊の實彈射擊及び騎兵隊の運動を天覽、午後三時前還幸あらせらる、是の月四日天覽の豫定なりしが、雨天のため之れを延べたまへるなり、○幸啓錄、宮內少錄日錄、陸軍省日誌、陸軍省大日記、近衞局編册、海陸軍省往復、熾仁親王御日記、嵯峨實愛日記

天台・眞言兩宗より分れて別に一派を爲し、專ら加持・祈禱を事とする修驗宗を廢し、其の徒をして天台・眞言兩宗に復歸せしめ、其の還俗を願ふ者は之れを聽す、各宗僧侶を教導職に補し、教義

神嘗祭

を釐正せんとする際、修驗宗の存在すること支障尠からざるを以てなり、〇太政官日誌、公文錄

十七日　神嘗祭につき、神宮を遙拜したまふ、午前八時參議・左院議長・諸省卿・式部助御遙拜所簀子に候し、諸省輔・勅任官等庭上の幄舍に著くの後、天皇出御して御遙拜あり、畢りて便殿に復したまふ、次に參議・左院議長・諸省卿輔・勅任官等、庭上拜禮の座に於て再拜す、尋いで賢所祭典を修したまふ、其の儀、勅任官昇殿して便宜の所に候するや、便殿に出御あり、次に大掌典等神饌を傳供す、從一位中山忠能御手代たり、畢りて內陣に出御、參議・左院議長・諸省卿進みて神殿に昇り、式部助祝詞を奏す、次に御手代捧ぐる所の玉串を奉りて御拜あり、御鈴例の如し、畢りて便殿に復したまふ、參議以下勅任官庭上に下りて拜禮を行ひ、本座に復す、次に撤饌の儀ありて入御あらせらる、尙神宮には式部頭坊城俊政を遣はして奉幣せしめたまふ、十時皇后便殿に於て御遙拜あり、又賢所を拜したまふ、十一時より親王及び麝香間祗候・奏任官以下・非役華族等をして賢所に參拜せしむ、是の日、服者の參朝を禁じ、休暇を百官に賜ふ、又神嘗祭式を改め、皇大神宮・豐受大神宮供進の幣帛を改定して各ゝ金幣百圓と爲し、伶人八人を參向せしめて神饌供撤の際奏樂せしめたまひ、且寬永年間景善作る所の和琴一面を奉納あらせらる、是れより先、神嘗祭遙拜式を全國に頒ち、毎歲九月十七日地方官・庶民をして之れを遵行せしむ、〇太政官日誌、祭祀錄、裁印錄、宮內少錄日錄、諸官進退狀、辭令錄、

熾仁親王御日記、橋本實麗日記

澳國公使歸國につき御引見

十八日　澳地利洪噶利國辨理公使ヘンリー・カリッセ、暇を得て歸國せんとするを以て、午前十時小御所代に引見したまふ、公使、外務卿副島種臣に導かれて參進し、兩國交誼の親厚を喜び、駐在中の厚遇竝びに國都維也納に於ける萬國博覽會に特に叡慮を用ゐたまへるを感謝し、聖運の無疆を祝したてまつる、乃ち、卿歸國せば朕が懇親を希ふ意を皇帝に傳へらるべし、且博覽會には我が臣民を差遣すべきを以て、卿幸に斡旋せんことを望むとの勅語を賜ふ、公使拜承の旨を陳上して退く、是の日、七寶燒花瓶一對・蒔繪文臺一脚・同硯箱一個を公使に賜ふ、○外事錄、公文錄、宮內少錄日錄、勅語言上、皇國駐在外國使臣履歷附錄、外交贈答錄

琉球藩使節に內謁見を賜ふ

琉球藩正使尙健・同副使向有恆・同贊議官向維新を召して內謁見を賜ふ、皇太后亦參內して皇后と倶に謁を賜ふ、使節等方物を兩后に獻る、尋いで山里御苑御茶屋に於て晝饌を賜ひ、又歌當座御會を吹上御苑瀧見御茶屋に催し、使節等を召さる、有恆和歌を能くするを以て特に催したまへるなり、

使節等を歌當座御會に召さる

降雨のため出御あらせられず、熾仁親王及び太政大臣三條實美・外務卿副島種臣・宮內卿德大寺實則・宮內大輔萬里小路博房・同少輔吉井友實・從一位中山忠能・從三位毛利元德・同島津忠義等參席し、兼題水石契久・探題紅葉の組題の披講あり、從一位九條道孝・正二位松平慶永讀師たり、御製に曰く、

水石契久

けふさらに久しき契むすひてよ
いはほにかゝる瀧の白糸

初紅葉

立ならふ庭の梢のはつ紅葉
いよ〳〵そはん色をこそまて

皇后の御歌に曰く、

さゝれ石のいはほとならん萬代も
にこらぬ池によする白波

有恆、兼題をば、

動きなき御代を心の岩かねに
かけて絶せぬ瀧の白糸

と詠じ、當座に紅葉如醉と云ふ題を探りて、

くみかはすまとゐの外の紅葉まて

明治五年九月

ゑひの盛と見ゆるけふ哉

と詠じて上る、二十九日、御製・御歌及び參會者の詠を有恆に下賜せらる、使節等上京以來日々優恩に浴す、殊に是の月六日は濱離宮を拜觀し、十二日は鐵道開業式に參列を許され、十九日は軍艦雲揚に乘じて横須賀に赴き造船所を觀覽し、歸途横濱を遊覽す、又天長節には拜領の直垂を著して盛宴に陪す、既にして歸藩の日迫れるを以て、二十四日御暇乞のため宮內省に出頭す、皇太后・皇后より種々の恩賜あり、十月二日東京を發して歸途に就く、〇儀式錄、正使伊江王子參京日記、琉球使臣上京書類、東京日記、青山御所御納戸日記、熾仁親王御日記、宮內少錄日錄、外務省往復、九條公爵家文書、尙泰侯實錄、國の花、新聞雜誌

琉球藩王に貨幣三萬圓を賜ふ

二十日　琉球藩王尙泰に貨幣三萬圓を賜ひ、之れを藩內に融通せしむ、從來琉球に通用せるは寛永通寶のみなり、又二十四日、衣冠一具の恩賜あり、二十九日、之れを遇するに一等官を以てし、邸宅を東京飯田町黐木坂に於て賜ふ、〇太政官日誌、公文錄、內史日錄、正使伊江王子參京日記、琉球使臣上京書類、宮內省雜錄

陸軍省雇敎師佛國軍人マルクリー等を御引見

午後一時陸軍省雇教師首長佛蘭西國參謀中佐マルクリー、同教師同國工兵大尉ジュルタン、同騎兵大尉デシャルム、同步兵大尉エスマン、同砲兵大尉ルボン、同步兵大尉ペルソン、同步兵中尉ヲールを召し、小御所代に於て謁を賜ふ、陸軍大輔山縣有朋、マルクリー等を誘導して參進し、其の氏名を披露するや、マルクリーが善く陸軍を敎練し、且力を一般の兵事に盡すを嘉し、又ジュルタン

等六人がマルクリーと協力勉勵するを喜ばせらるゝ意の勅語あり、マルクリー進みて、陛下のため教師一同軍制及び教練等に身力を致さんことを奉答して退く、控所に於て茶菓を賜ふこと例の如し、
○外事錄、公文錄、勅語錄、海陸軍省往復、陸軍省日誌、陸軍省大日記、兵學寮編册

天長節

二十二日　天長節、午前六時賢所・皇靈・八神殿を祭り、皇運の隆昌と萬民の繁榮とを祈らしめ、侍従富小路敬直をして代りて玉串を奉らしめたまふ、尋いで親王及び大臣以下諸省・開拓使・東京府勅奏任官及び在京各府縣奏任以上の諸官總て四百人を召して賜宴の儀あり、各〻直垂を著して參内するや、九時直衣を著して大廣間に出御し、御帳臺の御座に著きたまふ、參列の親王及び諸官磬折す、次に勅語を賜ふ、曰く、

茲ニ朕カ誕辰ニ方リ群臣ヲ會同シ酺宴ヲ張リ舞樂ヲ奏セシム汝群臣朕カ偕ニ樂シムノ意ヲ體シ其レ能ク歡ヲ盡セヨ

太政大臣三條實美群臣に代り、奉答の辭を上りて曰く、

茲ニ天長ノ佳節ニ方リ　陛下群臣ヲ會同シ酺宴ヲ賜ヒ舞樂ヲ奏セシメ特ニ辱クモ偕樂ノ　寵命ヲ拜ス群臣感喜ノ至ニ勝ヘス豈ニ歡ヲ盡クシ樂ミヲ極メサルヘケンヤ乃チ恭ク　陛下ノ聖誕ヲ祝シ萬壽無疆ヲ祈リ奉ル

日比谷陸軍操練所に諸兵を親閲せらる

尋いで御膳を供す、但し初獻のみ、他は豫め之れを供す、臣下の饌亦豫め之れを居う、御箸下るや臣下之れに應ず、此の間舞樂東遊あり、畢りて入御あらせらる、十一時馬車に駕して御出門、日比谷陸軍操練所に幸して近衛歩兵・東京鎭臺兵・陸軍兵學寮諸兵を親閲したまふ、車駕皇城を發するや、近衛砲兵隊操練所に於て祝砲を放つこと百一發、東京府知事大久保一翁前驅し、近衛騎兵前後を警衞し、太政大臣・參議・左院正副議長・各省長次官・式部頭・侍從等扈從す、西丸大手門を出で、途上東京鎭臺兵の整列せるを觀たまひつゝ外櫻田門を出で、操練所北門より入御、直に近衛歩兵を閲し、畢りて南門より出御、兵學寮諸兵を天覽ありて還幸あらせらる、午後三時再び大廣間に出御し、麝香間祗候・非役有位華族及び琉球藩使臣等總て二百八十人を召して宴を賜ふこと午前に同じ、從一位中山忠能奉答の辭を上る、舞樂は迦陵頻・胡蝶を奏せしめらる、京都在住の親王及び麝香間祗候・非役有位華族には京都府廳に於て酒饌を賜ひ、其の他在京判任官以下・在地方勅奏判任官以下には各ゝ其の廳に於て酒饌を賜ふ、午後四時各國公使を延遼館に召して酒饌を賜ひ、熾仁親王をして接伴せしめらる、是の日、陪宴の大臣以下勅任官・麝香間祗候等各ゝ八丈島織一反を賜はる、亞米利加合衆國特命全權公使シー・イー・デ・ロング、祝辭を外務卿副島種臣に致して奏聞を請ふ、其の要略に曰く、陛下が二千五百年間踏襲の立法及び政治を斷乎として變革したまへるは、陛下の叡智雄略に出でたるものにして史上に比類あるなし、今や萬國の君主並びに首領は悉く陛下の信友たり、其の居民に至りても身體健康、希望旺盛にして福祉日に至り、菜穀豐熟し田野に滿てり、惟ふに有爲の人民忽然として新に生ぜしが如く世態の一變せるは他國の企及すべからざる所なり、後來貴國の歷史を繙かん者は、必ずや當世を以て百代に超越せりと論ずべし云々と、是の日天氣殊に晴朗、上下歡を同じくし遠近喜を一にす、三井組・小野組酒千樽を獻る、曩に三井八郎右衞門・小野善助等、東京商人頭取として東京横濱間鐵道開業式に參列を聽され、勅語を賜はりしを喜びて祝意を表せるなり、其の內九百九十樽を東京市民に賜ふ、尋いで八郎右衞門・善助に各〻盃一組・白羽二重一匹を、三井三郎助・小野善次郎等六人に各〻盃一組を賞賜す、○太政官日誌、公文錄、儀式錄、詔勅錄、裁印錄、幸啓錄、宮內少錄日錄、陸軍省日誌、陸軍省大日記、青山御所御納戶日記、熾仁親王御日記、嵯峨實愛日記、橋本實麗日記、梅溪通善日記、冷泉爲理日記、有栖川宮御達竝諸願伺屆留、太政大臣參議外務卿連署書翰、正使伊江王子參京日記、琉球使臣上京書類、東京府往復

二十五日　侍從番長醍醐忠順の請を允許して侍從に任じ、尋いで十月三日、侍從山岡鐵太郎を侍從番長に任ず、○太政官日誌、宮內少錄日錄、諸家系譜

山岡鐵太郎を侍從番長に任ず

二十七日　舊大多喜藩主大河內正質、舊藩債の一部を私債として消卻せんことを請へるを以て、是の日、之れを聽許す、○公文錄

是の月　山里・吹上兩御苑を界する道灌堀幅十五間に鐵製の釣橋を架せんとし、去る四月其の工を起して本月竣功す、大藏省雇外國工師二人、其の設計・監督に當りしが如し、○宮内少錄日錄、太政類典、東京市史稿

明治天皇紀　巻四十八

明治五年

十月

藝娼妓等の解放

二日　年期奉公其の他種々の名目を以て男女を虐使し、事實上人身賣買に等しき所業を爲すを嚴禁し、藝娼妓等の年期奉公人を悉く解放して、之れに關する貸借の訴訟は一切受理せざることと爲し、農工商業習熟のため奉公する所の徒弟と雖も、滿七箇年を過ぐるを許さず、其の他普通の奉公人は總て一箇年を限らしむ、人身を賣買して之れを虐使するは古來禁制する所なり、然れども永年期奉公等の名を藉りて其の自由を奪ひ、牛馬に等しく之れを苦使するの惡風は依然として止まず、時に其の悲慘を訴ふる者あれども、其の斷訟に於て條理貫徹し難きが多し、是に於て司法省は其の陋習を一洗せんと欲し、曩に案を具して上陳する所あり、尋いで大藏省、正院の諮問に應じ所見を陳じて曰く、賣奴と擇ぶ所なき藝娼妓の類の存するは聖代の闕典たり、殊に目下神奈川縣廳に命じて、祕露國船マリア・ルーズ號船司が横濱港に於て運送中の略賣清國人を虐待せし事件を審問せしむる所以は、畢竟公明正大の理に基づき、他國民をして仁政に浴せしめんとするに外ならざるべし、然るに人身賣買に類する所業の國內に行はるゝは實に上下の大恥たり、宜しく速かに之れを禁止すべしと、廟議遂に司法省の建議を納る、○太政官日誌、公文錄、江藤南白

貞愛親王に佛語學習を命ぜらる

四日　貞愛親王參內す、天皇、宮內卿德大寺實則をして爾後佛蘭西語を講習すべき旨を親王に傳へしめたまふ、七日、親王、聖旨を奉じて第一大學區第一番中學舊南校に入學す、○伏見宮家日記、皇族家記、貞愛親王事蹟

七日　從五位毛利元功、舊德山藩負債の一部を私債として消却せんことを請へるを以て、是の日、之れを聽許す、○公文錄

王子村附近御遊覽

八日　午前九時騎馬にて御出門、東京府下王子村附近に幸す、皇太后・皇后馬車に駕して列を同じうしたまふ、鄕社王子神社祠掌大岡家等の家に於て御晝餐を取り、午後飛鳥山の秋色を賞覽し、瀧野川村金剛寺の紅葉、染井村伊藤金五郞栽培の菊花を觀たまひ、五時還幸あらせらる、○宮內少錄日錄、省中布達留、青山御所御納戶日記、北條氏恭私記、長秋宮類聚稿、王子權現稻荷兩社別當金輪寺御由緒書、八木伊穗吉談話筆記、廣瀨賢信談話筆記、高木新太郞談話筆記

九日　晃親王、大嘗會の行はれしを奉祝し、且天機を奉伺せんがため東上せんことを請ひ、又輦轂

の下に移住せんと欲せしが、聴許を得たるを以て、是の日、京都より東京に移る、〇重要雑錄、太政類典

十一日　午前十一時吹上御苑に出御、紅葉御茶屋に於て御晝餐を取り、午後六時還御あらせらる、〇宮內少錄日錄

十四日　去る七月朝彥王五十日間の暇を賜はりて京都に歸るや、更に追願して東上の期の稽延を聽されしが、是の月十二日、養痾のため京都に寄寓せんことを情願す、是の日、之れを聽したまふ、〇朝彥親王御手日記、伏見宮家日記、諸願伺屆、伏見宮御達竝諸願伺屆留、皇親錄、重要雜錄、皇族家記

外務省に特命全權公使辨理公使代理公使を置く

外務省官制を更革して、大辨務使・中辨務使・少辨務使及び大記・少記を廢し、特命全權公使・辨理公使・代理公使及び書記官を置き、寺島宗則を特命全權公使に、鮫島尙信を辨理公使に、森有禮を代理公使に任ず、〇太政官日誌、公文錄、內史日錄、任解日錄、敍任錄、辭令錄

非常號砲の設置

十五日　中仕切門內に非常號砲を設く、從來非常號砲は本丸跡に設置の時號砲を以て兼用せしめ、而して時號砲は陸軍省武庫司の管轄に屬し、非常號砲は近衞局の管轄に屬せり、然るに本丸跡に通ずる諸門は常に閉鎖せらるゝを以て、非常の場合、其の號令迅速に達し難し、仍りて之れを改定せるものにして、常に十八斤以上の大砲二門を備ふ、〇公文錄

舊笠間藩知事牧野貞寧、曩に舊笠間縣公廨費として提出せし金員を上納せんことを請へるを以て、

是の日、之れを聽許す、〇公文錄

露國皇子の來朝

十七日　露西亞國皇子アレキシス・アレキサンドロウィッチ親王參朝の式あり、皇子は同國皇帝アレキサンドル二世の第三皇子にして、年齒方に二十三、世界周航のため、軍艦スウェットラーナ號士官として同艦に乘り組み、歐洲各國を歷訪し、亞米利加合衆國・南亞米利加洲を歷て印度洋に出で、支那海に入り、將に露西亞國領を巡察せんとして其の途次來朝す、是れより先、皇子來朝の事上聞に達せるを以て、五月露國代理公使ビュツオフ參內の節、貴國皇子遠く東方へ航海せらるゝ由、若し我が國を經由せられなば面晤せんことを欲すとの勅語あり、又政府をして、明治二年來朝あり し英吉利國第二王子の例に準じ、國賓を以て之れを待遇せしめ、從二位伊達宗城等に接待御用掛を命じ、皇子東京滯留中の接伴を熾仁親王に命じたまふ、尋いで西幸供奉中の日進艦を神戶より長崎に派遣して之れを迎へしめらる、去月二十五日皇子香港より長崎港に著す、翌日、宗城、皇子をスウェットラーナ號に訪ひ、迎聘の聖旨を傳へ、且其の安著を祝す、尋いで皇子、軍艦ウイデヤス號竝びに日進艦を從へて長崎港を發し、神戶・大阪に立寄りて是の月十三日橫濱に著港す、雲揚艦之れを城ケ島附近に迎ふ、十四日皇子上陸するや、熾仁親王迎接して聖旨を傳ふ、十六日、皇子、侍從長兼海軍中將ポシェット、侍從兼海軍少將フェ・ドロフスキー等を從へて橫濱を發し入京す、熾

露國皇子參內

仁親王之れを新橋停車場に迎へ、馬車を同じくして延遼館に誘導す、是の日午後一時、皇子、ビゥツオフ及びポシェット、フェ・ドロフスキー等を隨へ、宗城に導かれて御車寄より參內す、乃ち奏樂裡に大廣間に出御、東面して立御あらせらる、熾仁親王其の南方に侍立し、太政大臣三條實美以下參議等、下段に各〻東面して侍立す、外務卿副島種臣及び宗城、皇子を御前に導き、西面して熾仁親王と相對立せしむ、ビゥツオフ、ポシェット、フェ・ドロフスキー及びスウェットラーナ號・ウイデヤス號兩艦長等は皇子に隨從して進み、各〻下段に北面して列立す、天皇、皇子に對せられ、

各國御巡囘ノ折柄望ノ如ク御光來ヲ得滿悅之事ニ候貴國皇帝皇后陛下御安泰ニテ全邦モ亦安寧ニ可有之元來貴國ト我國ハ近隣ニテ從來之交モ亦淺カラス然ルニ此度殿下ノ御入來有シハ後來兩國之歡交彌以テ厚カルヘキ徵候ニシテ朕ノ欣喜何事カ是ニ如ン

との勅語あり、皇子奉答して曰く、予貴國に初めて上陸せし以來、到る所に於て款待を受けたり、今又懇篤なる勅語を辱うして更に感謝の意を深くす、陛下の寵遇及び貴國の優待等は、總て之れを我が父帝に具奏すべし、但し長く滯留すること能はざるは遺憾とする所なり、今次の渡航及び天機奉伺は、父帝が平素懇望して止まざる所の兩國の交誼をして益〻堅固ならしむべし、是れ予の大に欣喜する所なりと、畢りて皇子退き、ビゥツオフ等各〻一揖して退下す、既にして天皇、馬車に乘

じて吹上御苑瀧見御茶屋に臨御あり、熾仁親王及び太政大臣・外務卿・宮內卿等陪侍す、宗城、皇子及び隨員を同御茶屋に誘導す、皇子等、親王及び太政大臣の出迎を受け、御前に參進して胡床に著す、尋いでビゥツオフ、ポシェット、フェ・ドロフスキーに各ゝ勅語を賜ひ、ビゥツオフ等奉答す、畢りて茶菓の饗あり、皇子と款話を交へさせらる、〇外事錄、公文錄、露國大公爵アレキシー親王來遊之件、勅語錄、敍任錄、辭令錄、宮內少錄日錄、熾仁親王御日記、嵯峨實愛日記、有栖川宮御達竝諸願伺屆留、海軍省報告書、法令全書、新聞雜誌

露國皇子を延遼館に御訪問

十八日　露西亞國皇子を訪問したまはんとし、正午御出門、熾仁親王及び太政大臣・宮內卿・侍從長等を從へて延遼館に幸す、先づ濱離宮に幸し、接待御用掛伊達宗城をして御訪問の聖旨を皇子に致さしめ、而して庭園より歩して延遼館に至らせらる、皇子奉迎して鷹狩間に奉導す、少時御對話の後、玄關二の間に出御、伶人をして庭上に於て春庭樂・胡飲酒・迦陵頻・長慶子等の舞樂を奏せしめ、皇子と俱に之れを覽たまふ、畢りて皇子と濱離宮御苑內を逍遙したまひ、中島御茶屋に於て茶菓・三鞭酒を饗し、陪侍の諸臣にも之れを賜ふ、天皇、玉盃を取りて立御し、皇子竝びに露國皇帝の安泰を祝し、又親しく贈品目錄を皇子に授けらる、贈品は金裝太刀一振・古銅花瓶一對・畫帖三箱・織物五卷大和錦二卷・色織天鵞絨三卷・梅鶴蒔繪書棚一個なり、隨員にも物を賜ふこと各ゝ差あり、尋いで皇子歸館し、午後四時還幸あらせらる、〇外事錄、宮內少錄日錄、熾仁親王御日記、諸官進退狀

十九日　去歳五月新貨條例を發布し、金本位制を採用して新貨を鑄造せしが、之れがため五十錢以下の銀貨は、銀貨本位の秤量に比して輕減せられ、其の結果政府に於ては利益尠からずと雖も、銀貨量目の輕減は、內外の不信を招き、其の流通を阻害する虞あり、又十圓以下の金貨は、其の徑大に過ぎ其の厚さ薄きに過ぐるを以て、極印摩滅し易きのみならず、其の形狀精巧ならず、仍りて大藏省は之れを改良するの要ありと爲し、正院に稟申する所あり、是の日、之れを允可して、十圓以下の金貨の徑を減じて厚さを增し、又五十錢以下の銀貨の量目を悉く增加し、且五十錢・二十錢の徑を減ずることとし、十一月十四日を以て之れを布告す、又大藏省は、造幣權頭益田孝德・造幣寮雇外國人首長トーマス・キンドル等が、世界各國の制に傚ひ、宸影を貨幣面に現はさんとの建議を納れ、貨幣の量目・大小を改良すると同時に、之れが改刻を爲さんことを併せ請ふ、批して聽さず、○公文錄、法令全書

二十日　後桃園天皇・光格天皇・仁孝天皇各例祭には、每年京都府官吏をして陵祭を執行せしむることと定めたまへるを以て、是の日、其の旨を京都府に令す、○太政官日誌、祭祀錄

露國皇子と倶に近衛兵等を親閲せらる

二十一日　午前九時露西亞國皇子參內あり、大廣間に延見し、尋いで皇子と馬車に駕して御出門、熾仁親王同乘し、太政大臣・參議・外務卿・宮內卿等及び露國代理公使ビュツオフ、侍從長ポシェ

ット、侍從フェ・ドロフスキー等扈從す、十時日比谷陸軍操練所に著御、車上より近衞・東京鎭臺・陸軍兵學寮諸兵の整列せるを閲したまひ、分列式畢りて十一時三十分還幸、直に皇子を御學問所代に延き茶菓を饗せらる、皇后亦出でて皇子に面接したまふ、皇子其の厚遇を感謝し退出す、是の日、飾隊式の整備間然する所なかりしを大に喜ばせられ、十一月七日、陸軍省雇外國人教師首長マルクリーに香文筥一個を賜ふ、〇太政官日誌、外事錄、公文錄、露國大公爵アレキシー親王來遊之件、官符原案、内史日錄、宮内少錄日錄、熾仁親王御日記、海陸軍省往復、陸軍省日誌、陸軍省大日記、兵學寮編册、有栖川宮御達竝諸願伺屆留、新聞雜誌

二十二日　金穀貸借等に關する庶民相互の訴訟にして慶應三年十二月晦日以前に係るものは、總て之れを受理せざる旨を布告す、〇太政官日誌、公文錄

二十三日　横濱に幸して露西亞國皇子と倶に海軍艦隊操練を覽たまはんとし、午前六時十五分御出門、新橋停車場より皇子と同車にて八時横濱に著御し、鐵道館に入りたまひしが、偶ゝ降雨の至るありて歇まず、仍りて操練天覽を稽延し、十一時四十分還幸あらせらる、尙皇子は横濱に留まり、露國公使館に入る、〇太政官日誌、外事錄、公文錄、露國大公爵アレキシー親王來遊之件、内史日錄、宮内少錄日錄、熾仁親王御日記

横濱に行幸
露國皇子と倶に艦隊操練を御覽

二十五日　午前六時十五分熾仁親王及び太政大臣・參議・宮内卿・侍從長等直垂帯劍を從へて御出門、新橋停車場より汽車に乘御し、八時十五分横濱鐵道館に著したまふ、露西亞國皇子及び各國公使・

神奈川縣權令大江卓等同館に奉迎す、天皇直に皇子及び熾仁親王と倶に馬車に乘御、横濱港に幸し、中埠頭より端艇に乘御あらせらる、同港碇泊の內外諸艦、飾旗・登桁・祝砲の禮を行ふこと式の如し、九時皇子と龍驤艦に御移乘あり、勅して露國皇族旗を錦旗と共に中央檣頭に揭げしめたまふ、尋いで皇子を誘導して甲板に出御し、兵員の整列を天覽あり、又艦內御巡覽の後、端艇を以て皇子と倶に露國軍艦スウェットラーナ號に轉乘したまふ、熾仁親王及び太政大臣・參議・外務卿・宮內卿・海軍少輔川村純義・海軍少將中牟田倉之助等扈從す、皇子御晝餐を供進す、畢りて艦內を巡覽したまひ、我が艦隊龍驤・日進・雲揚・第一丁卯・鳳翔・筑波の六隻をして操練を行はしめらる、尋いでスウェットラーナ號端艇に乘御し、同艦を辭したまふ、皇子艦上にありて奉送し、スウェットラーナ號祝砲を發す、午後三時三十分中埠頭に御上陸、横濱鐵道館に於て御小憩の後、汽車にて新橋に著し、六時三十分還幸あらせらる、皇子は天皇に後れて上陸し、直に露國公使館に入る、○外事錄、公文錄、露國大公爵アレキシー親王來遊之件、宮內少錄日錄、熾仁親王御日記、有栖川宮御達竝諸願伺屆留、海陸軍省往復、海軍省報告書

教部省を文部省に併す

教部省を文部省に併せ、教部卿嵯峨實愛を罷め、文部卿大木喬任をして教部卿を、教部大輔宍戸璣をして文部大輔を、教部少輔黑田淸綱をして文部少輔を兼任せしむ、是の日、實愛を更に麝香間祗候と爲す、○太政官日誌、公文錄、官符原案、敍任錄、辭令錄、內史日錄、任解日錄、嵯峨實愛日記、三條實美書翰

嘉彰親王英國より歸朝

二十六日　嘉彰親王英吉利國倫敦に留學中なりしが、父邦家親王薨去に因り、去月八日出發、是の日歸朝す、親王の英國に到れるは明治三年十二月にして、爾來勉學すと雖も常に其の業の成らざるを憂ひ、寧ろ庶民に列せられ、私費留學を許されんことを望みしが、會〻訃音に接して歸朝することとなれり、〇皇親錄、東伏見宮御達諸願伺屆書、伏見宮家日記、皇族家記、岩倉具視書翰

二十七日　露西亞國皇子横濱公使館を出でて歸艦し、北海道に航せんとす、仍りて是の日、宮內少輔吉井友實に命じ、日進艦に乘じて之れを函館に送らしめたまふ、又皇子隨從のポシェット、フェ・ドロフスキー及び侍從兼スウェットラーナ號艦長クレーメルの請に由り、御寫眞を三人に賜ふ、二十八日皇子横濱港を發し、十一月三日函館港に入り、同港に留まること五日、我が厚待殊遇至らざるなし、尋いで八日皇子浦鹽斯德に向ひて函館を發す、〇太政官日誌、外事錄、公文錄、露國大公爵アレキシー親王來遊之件、諸官進退狀、海軍省報告書、熾仁親王御日記、宮內少錄日錄、海軍省往復

大隈重信を博覽會事務總裁と爲す

澳地利國政府が千八百七十三年明治六年を以て萬國博覽會を維也納に開催せんとするや、我が政府は去歲之れを贊同し、尋いで博覽會事務局を正院に設け、熾仁親王及び參議大隈重信等に澳地利國博覽會御用掛を命ぜしが、是の日、更に重信を博覽會事務總裁と爲し、工部省三等出仕佐野常民を同副總裁と爲す、是れより先、英吉利國倫敦に於て千八百七十一年以降每年開設の萬國博覽會あり、又

同年亞米利加合衆國サン・フランシスコに於て萬國博覽會の開設あり、我が政府は貿易の盛大ならんことを期して全國の商賈に出品を勸誘する所ありしが、政府自ら進みて贊同し出品せるは、實に澳國博覽會を以て嚆矢と爲す、○太政官日誌、公文錄、敍任錄、外務卿輔英公使應接博覽會一件、熾仁親王御日記、明治四年對話書、華族履歷

工部少輔山尾庸三を工部大輔に任ず、○太政官日誌、諸官進退狀、敍任錄、辭令錄

赤坂離宮に行幸

二十八日　午前九時御出門、赤坂離宮に幸して皇太后を存問し、蜜柑・鰻等を贈進したまふ、皇太后御晝饌を供進し、饗膳を倶にしたまふ、午後五時還幸あらせらる、三十日午後一時、皇太后皇城に行啓あり、○青山御所御納戶日記、宮內少錄日錄、內匠司日記

後桃園天皇例祭

二十九日　後桃園天皇例祭、其の儀、午前十時式部寮官吏著床して皇靈を開扉し、神饌を供し、式部頭祝詞を奏す、次に御代拜侍從東園基愛玉串を奉り、式部頭以下拜禮を行ひ、撤饌の儀ありて各各退出す、又陵祭を行はしめらる、其の儀、午前十時京都府知事長谷信篤以下泉山の陵前に參向し、參事等供饌の儀を行ひ、參事祝詞を奏して幣物を供す、知事進みて玉串を奉り、宣命を奏し、各員の拜禮ありて幣物・神饌を撤し、各〻退出す、○祭祀錄、宮內少錄日錄

十一月

一日　午後騎馬にて吹上御苑に出御あり、十六日正午亦騎馬にて同御苑に出御、午後六時還御あら

せらる、〇宮内少録日録

二日　從來皇族の家祿及び賄向は大藏省に於て處理せしが、自今之れを宮内省の管理に移し、皇族の債權・債務は總て大藏省をして處理せしむ、又十四日宮内省に令して皇族の進退・家事等を管理せしむ、但し事件に由りては正院の指令を請はしむ、〇太政官日誌、公文錄、例規錄、恩賜錄、重要雜錄、朝彥親王御手日記、諸願伺屆、宮方御家祿御借債御貸附留、皇族家記

海軍省條例の制定

海軍省條例を定め、省內に主船寮・水路寮・兵學寮・軍醫寮・機關司・造兵司・武庫司の外、水兵本部・裁判所及び提督府を置きて海軍事務を總轄し、又祕史・軍務・會計の三局を置きて各〻省務を分掌することとし、本日より之れを施行せしむ、〇公文錄、法令全書

三日　舊鴨方藩知事池田政保、舊藩負債の一部を私債として消卻せんことを請へるを以て、是の日、之れを聽許す、〇公文錄

舊諸縣より收受せし船舶を回漕取扱所に貸與して日本國郵便蒸氣船會社を組織せしめ、而して國內各港に郵便物を運送せしむ、〇太政官日誌、公文錄

蜂須賀茂韶東京より青森等への鐵道布設を建議す

是れより先九月二十七日、英吉利國留學の舊德島藩知事蜂須賀茂韶書を上り、華士族の有志等と協力して鐵道會社を組織し、東京より青森或は新潟等に通ずる線路を布設せんとするの意見を述べ、

之れが允許を請へり、偶〻特命全權大使右大臣岩倉具視同國倫敦に在りて東京横濱間鐵道開業式擧行の報を接受し、且茂詔の意見を聽くや、是の日、一書を太政大臣三條實美に致して東北鐵道布設の必要を論じ、茂詔の建議採納を慫慂す、其の要に曰く、華族出資の鐵道事業たるや、國庫を糜せずして東北の交通・運輸を便にし、物產繁殖の根基を樹つるのみならず、北海道開拓事業に於ても亦無限の裨益あり、且華族をして報國の實效を擧げて尸位素餐の譏を免れしめ、其の財本の利に衣食して家聲を辱めず、延いて豪富・巨商を鼓舞するに足るべし、其の築造の方法に至りては、米國に傚ひて總ての工事をして簡易輕便ならしめ、須く開通の速かならんことを欲すと、〇日本鐵道布設意見書、岩倉具視書翰、三條實美公年譜資料、岩倉公實記

岩倉具視等英國皇帝に謁す

五日　七月十四日特命全權大使岩倉具視の一行英國倫敦に到る、偶〻同國皇帝避暑のため遊幸中なりしが、還幸ありしに依り、是の日、具視、副使木戶孝允・同大久保利通等を從へて旅館を發し、午後一時ウィンザー城に詣りて皇帝に謁し、奉命の主旨を陳上して國書を捧呈す、皇帝之れを受け、國交の益〻固く益〻厚くして、兩國貿易の愈〻盛ならんことを希ふ旨の勅答書を具視に授けらる、是の日、大使・副使等始めて新制の大禮服を著用す、〇岩倉公歐米巡回帝王大統領謁見式、岩倉公歐米巡回帝王大統領へ口上控、木戶孝允手記抄、寺島宗則書翰、米歐回覽實記、岩倉公實記

七日　皇靈追祭の式年は、從來世上一般の例に據らせられしが、之れを改定して、一年・三年・五年・十年・二十年・三十年・四十年・五十年・百年と爲し、以後は百年毎に之れを祭ることと爲したまふ、○太政官日誌、祭典錄、祭祀錄、裁印錄、太政類典

平民にして官吏に任ぜられたる者の家族の待遇に就きては、別に規定なかりしが、是れより先三月二十七日、勅奏判任官たる平民の家族は、其の子・其の孫に至るまで總て士族を以て之れを待遇することと定め、是の日、之れを公布す、○太政官日誌、公文錄、太政類典

八日　午後二時、皇后、東京府士族間宮好輔の母八十、華族姉小路公義家令跡見攝齋の女花蹊、印旛縣士族奥原源次右衞門の養女晴湖を召して、其の書畫揮毫等を覽たまふ、○御用召達書、東京府往復、新聞雜誌

改暦の式を行はせらる

九日　太陰暦を廢して太陽暦を用ゐんがため、改暦の式を行はせらる、其の儀、午前十時賢所便殿に出御して神宮を遙拜し、暦法を改正して、明治五年十二月三日を以て明治六年一月一日と爲す旨を親告したまふ、次に賢所・皇靈に同じく御奉告ありて入御あらせらる、尋いで正院に臨御し、改暦の詔書を太政大臣三條實美に授けたまふ、詔書に曰く、

改暦の詔書

朕惟フニ我邦通行ノ暦タル太陰ノ朔望ヲ以テ月ヲ立テ太陽ノ躔度ニ合ス故ニ二三年間必ス閏月ヲ置カサルヲ得ス置閏ノ前後時ニ季候ノ早晩アリ終ニ推歩ノ差ヲ生スルニ至ル殊ニ中下段ニ掲ル所

ノ如キハ率ネ妄誕無稽ニ属シ人知ノ開達ヲ妨ルモノ少シトセス蓋シ太陽暦ハ太陽ノ躔度ニ従テ月ヲ立ツ日子多少ノ異アリト雖トモ季候早晩ノ變ナク四歳毎ニ一日ノ閏ヲ置キ七千年ノ後僅ニ一日ノ差ヲ生スルニ過キス之ヲ太陰暦ニ比スレハ最モ精密ニシテ其便不便モ固リ論ヲ俟タサルナリ依テ自今舊暦ヲ廢シ太陽暦ヲ用ヒ天下永世之ヲ遵行セシメン百官有司其レ斯旨ヲ體セヨ

實美拝見して之れを參議に傳ふ、參議・左院議長・諸省長官等順次相傳へて拝見し、末座より之れを參議に返納す、尋いで入御し、改暦の式茲に畢る、乃ち詔諭を奉じて一箇年を三百六十五日と爲し、之れを十二箇月に分ち、四年毎に一日の閏を置く、又時刻の算法も、從來一晝夜を其の長短に隨ひて十二分せしを改めて二十四に等分し、子の刻より午の刻に至る間を午前と稱し、午の刻より子の刻に至る間を午後と稱し、各〻之れを十二時に分つ、而して六年一月一日より總て改正に依らしむ、且時刻を算するに字と呼びしを廢して時と稱せしめ、祭日等は之れを相當せる新暦日に改めしむ、但し改暦のため農民耕稼の期を誤ることあらんを慮り、舊暦に刪正を加へて之れを新暦の下に附載することとす、改暦の理由は詔書に明かなり、抑〻持統天皇の朝、宋の元嘉暦、唐の儀鳳暦を用ゐしより、德川幕府の季世天保壬寅元暦を用ゐるに至る間に於て暦を改むること七回に及べり、然れども孰れも太陰暦なり、太陰暦は太陰の運行に基づける暦法なるを以て、月の盈虚を知り海潮の干満を見るには甚だ便なりと雖も、其の暦年太陽年と合せざるを以て、時々閏月を置きて之れを等しからしめ、暦日と季節との一致を圖らざるべからず、而も置閏の前後に於て甚しき差異あるを免れざるなり、然るに太陽暦は全く月の盈虚に關せず、太陽年を以て其の暦年と爲せり、故に暦日と季節と常に齟齬することなく、四歳に一度閏日を置くのみ、數十年後の日月蝕も容易に之れを擧示するを得べし、又太陰暦の如く年々月の大小に變更あることなし、是れ歐米諸國に於て普通に行はるゝ所の暦法なり、又我が國の時刻法は、一晝夜を分ちて十二辰刻と爲し、更に百刻に分ちたれども、日出・日沒を六つ時と一定せるを以て、四時晝夜に伸縮を生ずるに隨ひて、一辰刻の長さに長短を生ずるの不便あり、泰西時刻法の正確なるに比すべくもあらず、太陰暦は、又國家の財政經濟の上より之れを觀るも、改めざるべからざるの必要に迫れり、從來官吏の俸給其の他の諸給等は年を以て之れを計算せしが、客歲九月以降之れを改めて月給制度と爲せり、是を以て、十三箇月より成れる閏年にありては、俸給等の支出額總て十二分の一を增加せざるべからず、然るに當時の國庫は、平年の支出すら甚だ困難なる事情ありしがため、二三年每に生ずる閏年に對して豫め其の準備を爲すの餘力を有せず、而して閏年は正に近く明年に迫れり、此の困難を濟はんには曆法を改むるより外なきなり、斯くの如く太陽曆を太陰曆に比較すれば、之れが使用の結果より生ずる利害得失は固より明かなりと雖も、暦法の改革は其の影響する所甚だ大なるを以て、之れを斷行せんこと容易の業にあらざるなり、然れども之れを放任せんか、國家の不利、人民の不幸測り知るべからず、是に於て、廟堂議を盡して之れが改革を伏奏す、天皇、右院に諮詢して遂に之れを裁可し、茲に改暦の詔書を發したまへり、尋いで十二月二日、新暦を神宮に奉納したまふ、○太政官日誌、公文錄、儀式錄、詔勅錄、裁印錄、嵯峨實愛日記、冷泉爲理日記、保古飛呂比、朝彥親王御手日記、法規分類大全、岩倉公實記、大隈伯昔日譚

伊國公使を御引見

伊太利國特派全權公使コント・アレサンドロ・フェ・ドスチャニ、皇孫誕生を報ずる同國皇帝の親書を捧呈せんがため拜謁を請へるを以て、午後一時小御所代に召して謁を賜ふ、公使參進して皇帝の命を陳上し、親書を捧呈す、乃ち之れを受け、慶賀の至に堪へざる旨を述べたまひ、且答書は不日皇帝に呈すべしとの勅語あり、畢りて公使退く、控所に於て茶菓を賜ふ、○外事錄、公文錄、外務省記、勅語言上、宮內少錄日錄、外務省往復

故邦家親王第十二王女貴子、舊松江藩知事松平定安嗣子從五位松平直應に降嫁す、○伏見宮御達竝諸願伺屆留、伏見宮家日記、皇族家記

舊鳥取藩知事池田慶德、岩代國三春產靑馬一頭を獻る、○諸願伺屆

草梁倭館の接收

十日　是れより先八月二十八日、外務大丞花房義質、朝鮮國草梁倭館處分の命を奉じて護衞艦春日

に搭じ、汽艇有功丸を随へて品川を發す、而して大阪・神戸に於て朝鮮國に支償すべき貨物を積載し、又對馬國嚴原に滯留せる朝鮮國漂民十三人を率ゐて釜山浦草梁倭館の前灣に投錨せるは九月十五日なり、即夜對馬の貿易事務所たる代官所に就きて貿易の出入を檢し、尋いで舊嚴原藩主宗重正の家臣たる在館吏員を汰し、外務省官吏を以て館司・一代官と爲し、無用の者は悉く歸國せしむ、是に於て草梁倭館の事務初めて外務省管轄たるの實を擧ぐるに至れり、又一代官をして、重正解職のため使船・貿易等舊例に從ふ能はざるを以て、重正の舊債を精算すべきに依り、速かに來館して之れを查收すべきことを別差に告げしむ、此の通告を發すると殆ど同時に、彼より、代官歸國すと聞きしが、累年の負債を償卻せざるの意なりやとの一書を送り來る、是れ蓋し義質等が支償の物品を携帶せざるべしと推測し、之れを名として舊代官等を留め、以て更革を妨げんとせるなり、故に我が通告に接するや、忽ち其の意を轉じて曰く、朝官の書を受納するの理なし、宜しく對馬の吏員より之れを出すべしと、再往辯論するの結果は、別差新任にて事例に昧し、前訓導不日復職すべきを以て、暫時の猶豫を請ふと稱するに至る、義質等、軍艦碇泊の事、徒らに彼をして疑懼を懷かしめ、事の進捗に障害あるを察知せるのみならず、漂民の交付、館内の處理等既に之れを了せるを以て、九月二十四日一行は釜山を發して嚴原に退去す、其の後、前訓導の復職するあり、然れども大邸に赴きて在らず、十月下旬を以て歸府すべしとの報告あれども、其の言固より信ずべからざるを以て、義質は一代官等に其の交渉を託し、且外務少記森山茂を嚴原に留めて臨機の處置を爲さしむることとし、十月二十一日嚴原を出發、是の月六日歸京し、是の日、之れを復命す、其の後、代官償品の査收を促せども、彼は、在館の吏員悉く朝廷の遣はす所にして、償品も亦朝廷の支出する所なれば、領納すべからずと稱して之れを斥く、〇公文錄、朝鮮交際始末、花房義質君事略

赤坂離宮に行幸

十二日　午前九時御出門、赤坂離宮に幸す、午後皇太后、御苑内御茶屋に於て御間の物を供進したまふ、供奉の宮内卿德大寺實則・宮内大輔萬里小路博房・同大丞阿野公誠等に御陪食仰付けられ、六時還幸す、是の日、鯉五尾を皇太后に贈進したまふ、〇幸啓錄、宮内少錄日錄、青山御所御納戸日記、内匠司日記、北條氏恭私記

大禮服通常禮服の制定

大禮服及び通常禮服を制定す、衣服の制、維新の當初にありては未だ一定せず、上下混淆し、人各各之れを異にせるを以て、政府夙に服飾を統一せんの計畫ありて、數〻要路の者に之れを諮問し、其の調査に從事すと雖も、容易に其の歸趣を見るに至らず、漸く陸海軍將卒の服制の定まれるのみ、其の朝儀に用ゐる服飾の如きも、依然舊風を踏襲して衣冠を以て第一とし、狩衣・直垂等之れに亞ぎ、麻裃を以て下級者の禮服と爲せり、然るに去歲八月、内勅を大臣・參議等に下して服制更革の要を諭し、今歲西巡に際しては、洋服を著して其の範を垂示したまふ、是に於て一般服制の方針亦

確立し、從前の衣冠は祭服として專用し、狩衣・直垂・裃等は總て廢せらる、其の制、大禮服は文官の用ゐる所にして、帽は船形、衣は燕尾形、金線若しくは銀線を以て刺繡を施し、之れを在官者・非役有位者の二類に別つ、而して其の第一類を勅任・奏任・判任の三種に、其の第二類を四位以上・五位以下の二種に分つ、其の帽・上衣は何れも黑羅紗を用ゐ、下衣・袴は、勅任官・四位以上白羅紗を、奏任官・五位以下鼠羅紗を、判任官紺羅紗を用ゐる、通常禮服は上下一般著用する所のものにして、衣は燕尾服、帽はシルクハットなり、但し禮服調製に至らざる間は、姑く直垂・裃を代用することを許す、尋いで二十七日、新年朝拜・元始祭・新年宴會・神宮例祭・神武天皇即位日・神武天皇例祭・孝明天皇例祭・天長節及び外國公使參朝の日には大禮服を著し、參賀・禮服御用召竝びに敍任拜禮には通常禮服を著せしむ、○太政官日誌、公文錄、官中日記、嵯峨實愛日記、兵部省往復、太政類典、法令全書、復古記

神武天皇即位の年を紀元元年と定む

十五日　改曆の擧あるや、延議紀元を立つるに決し、天裁を仰ぐ、乃ち今明治五年を距ること二千五百三十一年、神武天皇の橿原宮に即位したまへる辛酉の年を以て紀元元年とし、且即位の日一月二十九日後、二月十一日に改む、を祝日と定めて祭典を行ふことを恆例と爲したまふ、是の日、之れを公布す、○太政官日誌、法令全書、法規分類大全

新年天長節の賀表書式を定む

新年・天長節の賀表書式を定む、勅奏任官は、謹奉賀新年・謹奉賀天長節と記し、月日の下に官位

苗字名を署し、所屬長官執奏を請ふの書を添へて、之れを式部寮に出す、但し奏任官は連署することを得、又有位華族の書式は奏任官に準じ、而して之れを所轄地方廳に出し、地方長官之れが執奏を請ふ、在京の勅奏任官・有位華族等は參朝拜賀すべきを以て賀表を上るに及ばず、又判任官は各所屬官廳に於て其の官苗字名を連署し、長官其の拜賀を受けたることを言上する旨を書して式部寮に出す、又料紙は、勅奏任官は大奉書折紙四つ折、判任官は同横綴、添書は奉書半切とす、○法令全書

國立銀行條例の制定

國立銀行條例及び國立銀行成規を頒ちて銀行設立を聽許す、維新當時に於ける本邦經濟界は頗る不振を極めたり、之れを救治するには金融の疏通を圖り、殖産興業を奬勵せざるべからず、是に於て明治二年、通商司監督の下に爲替會社と稱する特種の金融機關を設け、各地の富豪を慫慂して連合結社せしめたり、其の資本は豪商より之れを募り、政府亦資金を貸付して證券發行の特典を付與し、預金・貸付・爲替等の業を營ましむ、爾來爲替會社の設立せられたるもの、東京・横濱・京都・大阪・神戸・大津・新潟・敦賀の八箇所に及び、八會社證券發行許可の總計は八百六十四萬九千五百九十五兩餘に上れり、然れども營業の方法宜しきを得ざりしを以て、其の損失尠からず、殊に客歳七月、大藏省は財政組織を改正するに際し、通商司を廢せるを以て事業愈〻振はず、永續の望なきに至れり、資本運轉の機關たる爲替會社の情況斯くの如くなるを以て、政府に於ても民間にありて

も、共に完全なる銀行の組織を希望せり、是れ國立銀行條例制定の一因由なり、而して別に其の制定を促せるものあり、卽ち政府發行紙幣の消卻問題なりとす、明治元年政府は國庫の窮乏を補ひ殖產の資に供せんがため不換紙幣たる太政官金札を發行せしが、世上一般に其の通用を拒否し、價格日に低落して止まざるを以て、遂に其の發行額を制限し、且新貨と兌換すべき旨を布告し、漸く金札の信用を得るに至りしが、更に其の流通を阻礙するの弊を生ずるに至れり、卽ち金札の贋造にして、政府は之れが防遏に努むる所あり、是の時に當り大藏少輔伊藤博文は、貨幣の新鑄、楮幣の改造を以て國家の急務なりとし、深く理財に關する方法を調査せんがため、三年閏十月自ら請うて亞米利加合衆國に渡航し、客歲五月歸朝するや、廟堂に說くに、彼の國ナショナルバンクの制に傚ひて紙幣發行の特權を有する銀行を設立し、以て金融の機關たらしむると共に政府發行の紙幣を消卻せしめんことを以てす、十一月に至りて議漸く之れを斷行することに決し、乃ち大藏大丞兼紙幣頭澁澤榮一・紙幣權頭芳川顯正等をして、米國紙幣條例に基づきて國立銀行條例及び之れが施行細則たる成規の編纂に從事せしむることとなれり、而して其の草案の成れるは是の歲六月十七日にして、八月五日之れを裁可あらせらる、國立銀行條例によれば、國立銀行は人口十萬以上の都會に於ては五十萬圓以上の資本金を有すべく、一萬人未滿の地と雖も五萬圓以上の資本金を有せざるべからず、而して其の十分の六は政府發行の太政官金札・民部省金札・新紙幣等を以て大藏省に上納し、之れと同額の公債證書を同省より受け、更に之れを抵當として大藏省より同額の銀行兌換紙幣一圓・二圓・五圓・十圓・二十圓・五十圓・百圓・五百圓の八種を受け取りて發行す、又資本金十分の四は卽ち準備金にして、金貨を以て之れを貯藏し、發行紙幣交換の用に供するものとす、尋いで六年三月、政府は金札引換公債證書條例を頒布し、先に布告せし金札新貨交換の件實行し難きを以て、金札所有者の希望に應じて、年六分利附公債證書を付與すべしと達せり、是に於て國立銀行は、政府紙幣を以て此の金札引換公債證書と交換し、更に本證書を擔保として紙幣を發行すべきものとなれり、國立銀行條例の要點は上述の如くにして、是れに由りて金融を圓滑ならしめ、併せて政府の不換紙幣を大藏省に回收せんとす、○太政官日誌、公文錄、官中日記、銀行課第一次報告、大藏省考課狀、紙幣寮年報書、太政類典、法令全書、法規分類大全、青淵先生六十年史、明治憲政經濟史論、世外侯事歷維新財政談、明治財政史

赤坂離宮に行幸

十七日　午前十時御出門、赤坂離宮に幸す、尋いで皇后の行啓あり、皇太后、御晝餐・御間の物を供進、午後六時還御あらせらる、是の日雪降る、天皇、鴨・蜜柑を皇太后に贈進したまふ、○宮内少錄日錄、青山御所御納戸日記、内匠司日記、供御日錄

御寫眞の下賜

十八日　本年二月特命全權大使岩倉具視、御寫眞拜戴を請ひ、尋いで具視及び特命全權副使大久保利通・同伊藤博文等に御寫眞大型下賜のことありしが如し、又是の月十五日、新に亞米利加合衆國駐

割を命ぜられし辨理公使上野景範及び伊太利國在勤を命ぜられし總領事中山讓治、御寫眞を賜はりて公使館・領事館に奉揭せんことを宮內省に請ふ、御寫眞を公使館・領事館等に下賜するの件は、省議既に決すと雖も、全部謹製を了したる後同時に下賜せんとして未だ其の事に及ばざりしが、二十五日讓治出發せんとするを以て、是の日、之れを在伊國領事館に賜ふ、〇御寫眞錄

光格天皇例祭

十九日　光格天皇例祭、其の儀、後桃園天皇例祭に同じ、又京都府官吏をして後月輪陵を祭らしめたまふ、其の儀亦同じ、但し山陵に於ける宣命奉讀を停めさせらる、是の日、正二位飛鳥井雅典陵前に參向し、祭儀に關係なく御代拜を奉仕す、蓋し先般皇靈追祭の式年を改むと雖も、本年天皇の三十三回忌に當れるを以てなるべし、〇祭祀錄、宮內少錄日錄、重要雜錄

日清修好條規批准

客歲七月欽差全權大臣大藏卿伊達宗城と清國欽差全權大臣直隸總督李鴻章との間に修好條規の調印を了するや、外務卿岩倉具視其の條文に疑義を挿む、故に全權大使として歐米に赴くに方り、外務卿副島種臣に囑するに、歐米諸國と條約の改定を遂ぐるまで清國との締約を延期すべきを以てす、是に於て是の歲二月二日、外務大丞兼少辨務使柳原前光を清國に遣はし、鴻章に會して之れが延期を商議せしむ、鴻章肯ぜずして曰く、曩に十箇年を期して該條約を實地に試みんことを約し、其の間妄りに改むべからずとせるは、敢へて該條約を固執せんと欲するにあらず、兩皇の欽命を重んじ、

兩國の信義を明かにせんがためのみ、若し貴國が歐米諸國との條約を改定せる結果、此の條約に不便を生ぜば、別に續約を議し、隨時改正を加へて可ならずやと、前光強ふる能はず、同行の外務少記鄭永寧を上海に留めて七月八日歸朝し、鴻章の意見を傳へて廟議の決を請ふ、廟議、天裁を仰ぎて鴻章の言を容れ、永寧をして其の旨を鴻章に告げしむ、是の日、天皇、詔書を種臣に下し、清國に赴きて條約批准書を互換せしめ、併せて同國皇帝の成婚及び親政を賀せしめ、授くるに國書を以てしたまふ、國書に曰く、

大日本國大皇帝敬テ

大淸國大皇帝ニ白ス曩ニ兩國倶ニ泰西ノ諸國ト交通往來ス而シテ獨リ兩國未タ親善ヲ修メス故ニ去歲親臣大藏卿伊達宗城ヲ簡派シテ貴國ト條約ヲ議定シ已ニ批准ヲ予フ允トニ宜ク使ヲ派シテ互換スヘシ適聞

大皇帝既ニ婚ヲ成シ且政ヲ親ラセントスト朕深ク之ヲ歡喜ス乃チ時ニ外務大臣副島種臣ヲ貴國ニ遣ハシ和約ヲ交換シ併セテ慶賀ヲ伸シム朕固ヨリ種臣ノ喉舌ト爲スニ堪ヘタルヲ知テ專ラ各國ノ事務ヲ總理セシメタレハ朕ニ代テ擔當シ言ニ好ニ歸セサルハ無シ冀クハ

大皇帝交誼ヲ思ヒ鄰好ヲ篤クシ玆ノ使臣ヲ待スルニ優ニ仁厚ヲ加ヘ此ヨリ兩國慶ヲ蒙リ永久渝ラ

サランコトヲ特ニ茲ニ敬テ白シ併テ
大皇帝ノ多福眉壽ヲ祈ル
○太政官日誌、公文錄、諸官進退狀、敍任錄、副島大使適淸概略、本朝公信、外務省記

博覽會事務局に行幸

午前九時博覽會事務局に臨幸し、澳地利國及び英吉利國博覽會出品を覽たまふ、午後一時皇太后・皇后亦同車にて行啓あらせらる、○宮內少錄日錄、青山御所御納戸日記、新聞雜誌

新嘗祭

二十二日　下の卯の日に當るを以て、新に式典を整へ新嘗祭を行はせらる、其の儀、午後二時神殿山里御苑に新に建設す、但し假建、を裝飾して、殿內四隅に歌の屛風を繞らし、榊を殿前左右に樹て、鏡・劍・玉を懸け五色の絹を著く、四時式部寮員神座を殿內に設け、忌火の燈籠を神座の間の四隅に點ず、五時參列の幟仁親王・熾仁親王及び參議西鄕隆盛・同板垣退助以下左院・諸省長次官等便宜の所山里御苑御茶屋に候す、尋いで天皇山里御苑御茶屋に幸し、六時祭服を著して神殿に出御あらせらる、式部頭坊城俊政前行し、宮內卿德大寺實則之れに次ぎ、次に侍從二人各〻脂燭を秉る、宸儀、侍從長劍璽を奉じて從ひ、親王及び參議以下の諸官扈從し、御茶屋より神殿に通ずる廊を進ませられ、御座に著したまふ、侍從長劍璽を簀子に候し、式部頭及び從一位中山忠能廂の座に、自餘の諸官等庭上の幄舍に著く、次に式部頭進みて降神の儀を行ふ、次に神饌行立あり、掌典・釆女之れを奉仕す、

此の間、神樂歌を奏す、天皇、手水の儀ありて親ら神饌を天神地祇に供し、直會の式を行はせらる、畢りて更に手水を執らせらる、此の間、親王及び諸官階下に進みて庭上より拜禮す、次に撤饌・昇神の儀ありて入御あらせらる、供奉は出御の時に同じ、午前一時再び神殿に渡御して曉の祭典を行ひたまふ、其の儀前に同じ、又神宮・皇靈・八神殿・官國幣社に幣帛を奉り、祭典を執行せしめらるゝに依り、是の日、午前八時神宮奉幣使・地方官を太政官に召し、大廣間に於て班幣の式を行ふ、又前夜鎭魂祭を修せしめらるゝこと例の如し、小御所代を宮内省廳代として之れを行ふ、本日休暇を百官に賜ひ、服者の參朝を停む、○太政官日誌、祭祀錄、諸官進退狀、青山御所御納戸日記、熾仁親王御日記、北條氏恭私記

官國幣社以下に元始祭式を頒つ

二十三日　元始祭は天津日嗣の本始を歲首に祀りたまふ儀にして、一月三日を祭日とし、賢所竝びに八神・天神地祇・歷代皇靈を親祭したまふ、仍りて地方に於ても此の大典を遵奉し、官國幣社以下諸社に於て祭祀を修し、官民悉く參拜することとし、是の日、其の祭式を頒布す、又孝明天皇例祭一月三十日・神武天皇卽位日一月二十九日には、各府縣廳域内淸淨の地を擇び、各山陵に向ひて遙拜場を設け、官員をして拜禮を行はしめ、又鄕村社祠官に遙拜式を下付し、氏子をして遙拜せしむることとす、尋いで二十六日神宮元始祭式を定む、○太政官日誌、太政類典

二十四日　熾仁親王・貞愛親王を召して御寫眞を賜ふ、十二月一日、麝香間祗候嵯峨實愛歲末祝賀

のため宮内省に出頭するや、又御寫眞を賜ふ、〇熾仁親王御日記、伏見宮家日記、嵯峨實愛日記

二十五日　神武天皇即位の年を紀元元年とし、即位の日に當れる一月二十九日を祝日と治定せるを以て、親しく之れを告げたまはんとし、是の日、吹上御苑に假に神殿を設け、神籬を樹てゝ神武天皇の尊靈を鎭齋し、午前九時御拜あらせらる、御告文に曰く、

此乃大前爾白左久橿原宮爾志弖天津日嗣知食志志初乃年乎太陽曆乃紀元止爲弖其御位爾即加比給世志日爾當禮留一月乃廿九日乎言壽乃日止定米弖年毎爾齋支祭良牟止須是以先此狀乎告奉留賀爲乃故爾御食御酒魚乎始弖種種乃物乎奉良志米弖拜美奉留事乎聞食世止白須

是の日、在京勅任官以上の諸官參列拜禮す、又祭儀畢るの後、祭場を以て遙拜所と爲し、親王及び麝香間祇候・非役華族竝びに奏任以下の各官廳諸員・在京地方官等をして參拜せしめ、百官に休暇を賜ふ、又翌二十六日より三日間東京府民に參拜を許す、〇太政官日誌、公文錄、儀式錄、宮内少錄日錄、嵯峨實愛日記、有栖川宮御達竝諸願伺届留、法令全書

二十六日　貞愛親王をして東京に居住せしめ、神田小川町堀留の拜借邸を賜ふ、又英吉利國より歸朝せし嘉彰親王に金七千圓を賜ひて邸宅建築の費に充てしめたまふ、〇太政官日誌、皇親錄、宮内少錄日錄、伏見宮御達竝諸願伺届留、東伏見宮御達諸願伺届書、伏見宮家日記、皇族家記、貞愛親王事蹟

岩倉具視等佛國大統領に謁す

是の月十六日、特命全權大使岩倉具視の一行は英吉利國倫敦を發し、卽日佛蘭西國巴里に到著す、是の日午後二時十五分、具視、副使及び辨理公使鮫島尙信を隨へ、大統領ルイ・アドルフ・チエールの邸に至りて大統領に謁し、奉命の主旨を陳述して國書を呈す、大統領之れを受け、將來互に貿易の利益を擴充し、兩國人民の交情益〻親密に至らんことを特に希望する旨の答辭あり、○岩倉公歐米巡回帝王大統領謁見式、岩倉公歐米巡回帝王大統領へ口上控、木戶孝允日記、米歐回覽實記、岩倉公實記

二十七日　皇城內諸門の警衞は、近衞局之れを掌るの規定なりと雖も、矢來門の如きは式部寮の所管に屬し、又切手門及び吹上・山里諸門の如きは宮內省直丁之れを監視し、其の統一を缺けるを以て、是の日、總て近衞兵を以て警衞せしむることとす、○公文錄、規制錄、土地建物錄、宮內少錄日錄

賢所御神樂

二十八日　賢所御神樂、午後四時奉仕の式部寮・宮內省諸官著床し、奏樂裡に賢所・皇靈を開扉し、各〻神饌を供す、次に便殿に出御あり、參議板垣退助及び左院・諸省の長官若しくは次官著床するや、內陣に進御す、參議以下昇殿して南廊に候す、次に賢所・皇靈に順次御拜あり、玉串を奉り祝詞を奏したまふ、賢所御鈴例の如し、祝詞に曰く、

此乃大前爾白左久今年乃今日乃祭爾百官人等乎率弖恐美拜美恆例乃隨爾大御饌奉利歌人乎集倍弖神事仕奉良志牟留事乎平良氣久安良氣久聞食志弖朝廷乎始米弖天下四方乃國乃公民爾至留万弖爾彌榮爾榮志米給倍止白須事乎聞食世止白須

次に參議以下拜禮し、畢りて庭上の本座に復す、次に式部寮・宮內省奏任官以下庭上に於て拜禮す、尋いで庭燎を點じ御神樂を奏す、畢りて撤饌の儀あり、而して入御あらせらる、此の間に侍從を以て、人長執る所の榊の枝を天皇に上る、次に閉扉の儀ありて十一時各ゝ退出す、○祭祀錄、宮內少錄日錄

徵兵制の確立

詔して徵兵の制を設け、丁壯をして悉く兵籍に編入せしめ、以て國家保護の基を立てたまふ、詔書に曰く、

全國徵兵の詔

朕惟ルニ古昔郡縣ノ制全國ノ丁壯ヲ募リ軍團ヲ設ケ以テ國家ヲ保護ス固ヨリ兵農ノ分ナシ中世以降兵權武門ニ歸シ兵農始テ分レ遂ニ封建ノ治ヲ成ス戊辰ノ一新ハ實ニ千有餘年來ノ一大變革ナリ此際ニ當リ海陸兵制モ亦時ニ從ヒ宜ヲ制セサルヘカラス今本邦古昔ノ制ニ基キ海外各國ノ式ヲ斟酌シ全國募兵ノ法ヲ設ケ國家保護ノ基ヲ立ント欲ス汝百官有司厚ク朕カ意ヲ體シ普ク之ヲ全國ニ告諭セヨ

太政官の告諭書

太政官は卽ち聖旨を奉じて告諭書を作り、十二月一日を以て詔書と共に之れを頒布す、其の要略に曰く、我が朝上古の制、海內擧げて兵ならざるはなく、而して天子之れが元帥たり、保元・平治以後朝綱頽弛し、兵權終に武門の手に墜ち、國は封建の勢を爲し、人は兵農の別を爲す、然るに大政一新して今や郡縣の古に復し、士は從前の士にあらず、民は從前の民にあらず、等しく是れ皇國の

徴兵令の發布

民なり、國に報ずるの道亦固より其の別あるべからず、而して民の心力を盡して國に報ずるは其の本分たり、西人之れを稱して血税と謂ふ、且國家に災害あらんか、之れを防ぐは則ち自己の災害を防ぐの基たり、然れば國民の兵役に就くは固より自然の理にして、偶然作意の法にあらず、今、古昔の軍制を補ふに泰西諸國の長を以てし、海陸二軍を備へて之れを全國に徴す、鄕長・里正此の旨を奉じ、徴兵令に依りて民庶を説諭し、護國の大本を知らしむべしと、尋いで翌六年一月十日徴兵令を發布す、抑ゝ慶應三年德川慶喜兵馬の權を奉還すと雖も、當時朝廷は未だ一兵を有せず、海陸の守備概ね諸藩の兵を採りて之れに充てたり、明治二年六月諸藩版籍を奉還す、然れども各舊藩主、知藩事として民衆に臨み、依然兵馬・收税の兩權を有して三百年來の威力を繼續し、護國の任務は武士の負擔すべきものと思惟せり、且諸藩の兵制區々にして殆ど統一する所なし、兵部大輔大村永敏夙に之れを憂ひ、擧國皆兵の主義を實行せんの企畫あり、然れども因襲の久しき、遽かに武士の常職を解きて兵農合一の古制に復せんこと、容易の業にあらざるを以て、先づ兵式を一定せんとし、將士の養成に力めしが、未だ其の抱負を遂行するに至らずして歿す、三年八月山縣有朋兵部少輔として軍政の衝に當るに及び、全國募兵の目的を達せんと欲し、十一月徴兵規則を頒ちて試みに畿内五箇國に之れを實施せしが、遂に其の功を收むること能はざりき、去歳十二月有朋時に兵部大輔たり、兵部

國民皆兵制に關する是非論

少輔川村純義・同西鄉従道と倶に建議して、内地の守備、沿海の防禦及び軍須の充實を以て急務とすべきを論じ、各府縣の大小廣狭に應じて勇敢の丁男を選び、常備兵・豫備兵を設けんことを說く、然るに全國皆兵の制を立つるに對して異議を唱ふる者尠からず、曰く、武事を辨へざる農工商の子弟をして兵役に服せしむとも、其の任に堪ふべきにあらずと、曰く、我が國の地位と形勢とは、全く歐洲の大陸諸國と類を異にするを以て、必ずしも獨逸・佛蘭西・露西亞諸邦の如く、徵兵の制を用ゐて大兵を備ふるに及ばず、宜しく英吉利國・亞米利加合衆國等に則りて志願兵の制度と爲すべしと、然れども全國皆兵論者等は、維新の戰亂に勝ち誇りたりし薩長其の他諸强藩の兵士が、餘勇尙勃々として禁ずる能はざるの槪あるを以て、志願兵の制を用ゐんか、之れに應ずる者は必ず是れ等舊諸强藩の兵士にして、敗戰せし東北諸藩の兵士等は、自ら之れを忌避するに至るべく、事玆に至らば封建の再現亦測り知るべからずと論じ、且財政上より之れを觀るも、志願兵は徵兵に比して多額の經費を要すれば、永久の兵制としては國庫の能く堪ふべきにあらずと爲し、又將來憲法政治を施行して擧國齊しく參政權を享有せしむることを豫期するに於ては、全國皆兵主義の徵兵令を制定して、國家防護の任務も亦擧國齊しく之れを負擔せしむるが當然なりと主張す、殊に有朋は、舊山口藩に於て奇兵隊を一般四民より募集し、勇敢なる精兵を作り得たるの經驗と、歐洲諸國の兵制

徴兵令發布後の情勢

を視察したるの結果とに據り、斷乎として其の所信を主張す、是に於て廟議遂に徴兵制度を立つることに決し、全國皆兵主義は玆に始めて實現するに至れるなり、然るに徴兵令の出づるや、國家の防護を以て自任せる士族等は、匹夫・傖父として卑むる所の農工商人と相伍するを恥と爲し、農工商の子弟は、兵役の義務卽ち護國の權利なることを辨知せず、怯懦自屈して新制を喜ばず、爲に世論亦囂々たり、且封建の舊夢未だ覺めず、諸般の改革に不滿の念を懷ける者は、此の機に乘じ種々流言を放ちて頑民を煽動し、竟に暴動を惹起す、所謂血税騷動にして、彼の告諭中なる血税の文字を曲解し、美作・伯耆・出雲・讚岐等の民相尋いで蜂起するに至れり、然れども當局者毫も顧慮する所なく、銳意之れが實施に努め、其の實效を期待せしが、偶ゝ佐賀・萩・熊本・鹿児島の戰亂あり、諸軍著々として訓練の實效を奏せしかば、爾後、復、該制度を非難する者なきに至れり、○太政官日誌、公文錄、詔勅錄、官符原案、大村永敏書翰跋、法規分類大全、法令全書、復古記、岩倉公實記、大隈伯昔日譚、陸軍省沿革史、明治憲政經濟史論

八月二十四日左院國旗に就き建言して曰く、皇國從來日章を以て國旗と定めらると雖も、政府に關係する事のみに用ゐ、未だ人民をして一般に之れを用ゐしむることなし、慣習の久しき終に政府の記旗と誤解するに至らん、宜しく西洋各國民が其の國旗を適宜に用ゐるが如く、祝日・祭日等に總て之れを用ゐしむべしと、九月十二日東京横濱間鐵道開業式の擧行せらるゝや、横濱市は到る所に

國旗或は御紋章を附せる旗幟を掲揚せり、是の月、東京日本橋瀬戸物町石井安衞等三人、是の盛觀に傚ひ、新曆第一年の元旦に府民をして國旗竝びに御紋章の旗幟を揭げて祝意を表せしめ、尙之れを諸祭禮にも用ゐしめられんことを府知事に出願し、且其の製造を三人に命ぜられんことを請ふ、乃ち是の日、政府は、各區戶長・府民等協議して、一月一日に國旗を揭揚することの差支なき旨を府知事に令す、爾後府縣より祝日・祭日等國旗揭揚に關する稟申ある每に批して之れを許す、〇公文錄、法令全書、新聞雜誌

地方官及び戶長等にして、太政官の布告、諸省の布達に悖り、或は之れが揭示を怠るが如きことあり、又人民の願・伺・屆等を壅塞し、移住・往來の自由を抑制する等、人民の權利を妨ぐることあり、斯かる場合、人民の之れを地方裁判所又は司法省裁判所に訴ふることを聽す、〇公文錄

十二月

一日　是れより先、大分縣大分郡椿山官林拂下の風說あり、村民等水源の涸渴せんことを憂ひ、且新政を憚ばざる者ありて人心稍〻動搖す、是の日、小狹間村後藤吉十郞なる者、土民を嘯集して訴ふる所あらんとし、兇器を携へて將に縣廳に迫らんとす、縣官之れを途に要して說諭する所ありしが、卻りて暴民のために殺傷せらる、暴徒進みて大分町に入り、民家を毀壞し、縣廳の門扉を燒く、

大分縣下の騷擾

縣官發砲して之れを退く、六年一月一日、吉十郎等、牛馬の屠殺及び神木の伐採を禁じ、神佛の信奉舊の如くならんこと等十三箇條を擧げて强訴す、然れども概ね許されざるを以て暴徒等再び縣廳を襲はんとす、翌二日、海部郡内亦動搖し、大擧して縣廳に迫らんとす、參事森下景端・權參事澤原源太郎以下百方鎭撫に努め、又管内舊諸縣の解隊兵を募集して漸く暴徒を郊外に驅逐し、遂に吉十郎等四百二十餘人を捕縛す、十二日、政府は、小倉縣の報告に依りて之れを知るや、陸軍省をして鎭西鎭臺に鎭撫を命ぜしむ、尋いで悉く鎭靜す、四月三十日、魁首吉十郎等三人を斬罪に、一人を絞罪に處す、其の餘刑せらるゝ者二萬七千九百餘人に及ぶ、○太政官日誌、公文錄

二日　大祓の儀あり、仍りて午後一時小御所代に出御、節折を修したまふ、宮内卿・式部頭・侍從・掌典等其の儀に奉仕す、儀、例の如し、○公文錄、祭祀錄、宮内少錄日錄

元田永孚聖德輔導につき建言す

是の歲　六月宮内省六等出仕元田永孚、書を太政大臣三條實美に上り、聖德輔導の要を論述す、既にして西巡より還幸あらせらるゝや、再び建言する所あり、其の要に曰く、西巡に依りて供奉の宮内卿輔及び侍讀等との親睦愈ゝ深く、且實地の御經驗に依りて聖益ゝ聖ならんと期待したてまつりしが、竊かに御動靜を拜察するに、文武・道義の御嗜よりは御苑遊幸の御樂深くあらせらる、此の時に於て、賢才を左右に擢用し、百方輔佐の道を盡すにあらずば、血氣益ゝ剛厲に至らせられ、直

言・極諫も及ぶべからざらんとす、侍讀の臣等日々進講すとも何の益かあらん、前に論述せしが如く、宜しく宮內卿輔・侍從長・侍從番長の更迭を斷行し、又大臣・參議の內を以て、大師傅保の任を兼ねしめ、宮內卿輔・侍從長をして、少師傅保の職に任ぜしむべし、但し其の實行至難なりとせば、姑く宮內卿兼侍從長德大寺實則の兼官を罷めて卿專任と爲し、更に陸軍少輔西鄉從道・侍從山岡鐵太郎を侍從長と爲し、宮內大監大野義範を侍從番長とせば可なるべし、又元宮內大丞杉孫七郎の後任に福島縣權令安場保和を擧用せば、能く卿輔を扶翼して、侍從長・侍從番長等との和合に力を致すべきなり云々、〇三條實美公年譜資料、元田男爵家文書

明治天皇紀 第二

昭和四十四年 三月三十一日 第一刷発行
平成十二年 十月二十日 第二刷発行

著作権者 宮内庁

発行者 林英男

発行所 株式会社 吉川弘文館
郵便番号一一三―〇〇三三
東京都文京区本郷七丁目二番八号
電話〇三―三八一三―九一五一(代表)
振替口座〇〇一〇〇―五―二四四

ISBN4-642-03522-2

印刷　株式会社　精興社
製本　誠製本株式会社
本文用紙　北越製紙株式会社
表紙クロス　東洋クロス株式会社
製函　加藤製函印刷株式会社